本書爲國家古籍整理出版專項經費資助項目

中國佛教典籍選刊

景德傳燈録

上

〔宋〕道原 撰
尚之煜 點校

中華書局

圖書在版編目(CIP)數據

景德傳燈録/(宋)道原撰;尚之煜點校. —北京:中華書局,2022.6(2024.11重印)
(中國佛教典籍選刊)
ISBN 978-7-101-15742-0

Ⅰ.景… Ⅱ.①道…②尚… Ⅲ.僧侶-列傳-中國-古代 Ⅳ.B942.92

中國版本圖書館CIP數據核字(2022)第086667號

封面題簽:劉德輝
責任編輯:劉浜江
封面設計:周 玉
責任印製:管 斌

中國佛教典籍選刊
景德傳燈録
(全三册)
〔宋〕道 原 撰
尚之煜 點校
*
中 華 書 局 出 版 發 行
(北京市豐臺區太平橋西里38號 100073)
http://www.zhbc.com.cn
E-mail:zhbc@zhbc.com.cn
河北博文科技印务有限公司印刷
*
850×1168毫米 1/32 · 41印張 · 6插頁 · 770千字
2022年6月第1版 2024年11月第3次印刷
印數:3801-4800册 定價:158.00元

ISBN 978-7-101-15742-0

中國佛教典籍選刊編輯緣起

佛教是世界三大宗教之一，約自東漢明帝時開始傳入中國，但在當時並没有産生多大影響。到魏晉南北朝時期，佛教和玄學結合起來，有了廣泛而深入的傳播。隋唐時期，中國佛教走上了獨立發展的道路，形成了衆多的宗派，在社會、政治、文化等許多方面特别是哲學思想領域産生了深刻的影響。這時佛教已經中國化，完全具備了中國自己的特點。而且，隨着印度佛教的衰落，中國成了當時世界佛教的中心。宋以後，隨着理學的興起，佛教被宣布爲異端而逐漸走向衰微。但是，佛教的部分理論同時也被理學所吸收，構成了理學思想體系中的有機組成部分。直到近代，佛教的思想影響還在某些著名思想家的身上時有表現。總之，研究中國歷史和哲學史，特别是魏晉南北朝隋唐時期的哲學史，佛教是一項重要内容。佛學作爲一種宗教哲學，在人類的理論思維的歷史上留下了豐富的經驗教訓。因此，應當重視佛學的研究。

佛教典籍有其獨特的術語概念以及細密繁瑣的思辨邏輯，研讀時要克服一些特殊的困難，不少人視爲畏途。解放以後，由於國家出版社基本上没有開展佛教典籍的整理出版工作，因此，對於系統地開展佛學研究來説，急需解决基本資料缺乏的問題。目前對佛學有較深研究的專家、學者，不少人年事已高，如果不抓緊組織他們整理和注釋佛教典籍，將來再開展這項工作就會遇到更多困難，也不利於中青年研究工作者的成長。爲此，我們在廣泛徵求各方面意見的基礎上，初步擬訂了中國佛教典籍選刊的整理出版計劃。其中，有重要的佛教史籍，有中國佛教幾個主要宗派（天台宗、三論宗、唯識宗、華嚴宗、禪宗）的代表性著作，也有少數與中國佛學淵源關係較深的佛教譯籍。所有項目都要選擇較好的版本作爲底本，經過校勘和標點，整理出一個便於研讀的定本。對於其中的佛教哲學著作，還要在此基礎上，充分吸取現有研究成果，寫出深入淺出、簡明扼要的注釋來。

由於整理注釋中國佛教典籍困難較多，我們又缺乏經驗，因此，懇切希望能够得到各方面的大力支持和協助，使這項工作得以順利完成。

中華書局編輯部

一九八二年六月

前言

一、概引

景德傳燈録，三十卷，北宋法眼宗禪僧道原撰。此書流傳千餘年，是我國歷史上著名的禪宗典籍，晁公武郡齋讀書志釋書類有評云：「其書披奕世祖圖，采諸方語録……億等潤色其文，是正差繆，遂盛行於世，爲禪學之源。」

「景德」爲宋真宗年號（一〇〇四—一〇〇七），於此年間，道原呈書於當朝，復經翰林楊億（字大年，建州浦城人，當時詩文名家，臨濟宗傳人，禪修深湛。見本書序及附録）等刊削潤色，至大中祥符年間（一〇〇八—一〇一六）面世盛行。所謂「傳燈」，意表以法傳人、以心傳心，譬猶傳燈遞承光明，亦甚合禪宗六祖慧能六祖壇經所言「一燈能除千年暗，一智能滅萬年愚」之意。

景德傳燈録之問世，正式拉開了禪宗「燈録」之作的序幕。此後有天聖廣燈録、建中靖國續燈録相繼面世，稱爲「北宋三燈」；至南宋，則有聯燈會要、嘉泰普燈録，稱爲「南宋二燈」，合稱「五燈」。

當然，當時燈録的大量出現自有其理。簡而論之，經唐末五代之亂，部分文人士大夫寄托於禪理禪修，甚至遁入空門，此種思想情趣亦引來了禪風之變，出現了禪與儒的融通、禪與教的融通、文字禪等傾向。

二、關於作者

道原的生平情况，根據現有的材料來看，並不詳明。據天聖廣燈録（卷二十七）、五燈會元（卷十）等資料大體可知：道原爲天台德韶禪師之法嗣，法眼宗開創者清涼文益禪師（謚號大法眼禪師）之法孫，於北宋景德、大中祥符年間，爲蘇州承天寺永安禪院禪師。道原禪師在其當代即聲名甚著，楊億武夷新集佛祖同參集序稱：「東吴道原禪師者，乃覺場之龍象，實人天之眼目。」

就法眼宗的傳承而言，景德傳燈録所收納的「有機緣語」禪僧，已延及道原的後一世，但或礙於本人編著之故，道原自己的條目並未收入此書中，而此後的天聖廣燈録、五燈會元等都有收録，引叙多則機緣語。如天聖廣燈録卷二十七有載：

又僧問：「如何是佛法道理？」師云：「與蛇畫足，爲鼠穿逾。」進云：「還報國恩也無？」師云：「不唯負國，兼乃謗吾。」

又僧問：「如何是祖師西來意？」師云：「問者如牛毛。」進云：「請師答牛毛之問。」師云：「師子咬人不逐塊。」進云：「恁麽即學人造次也。」師云：「一等學問，罕有闍梨。」

問：「蓮花未出水時如何？」師云：「馨香菡萏。」進云：「出水後如何？」師云：「絶消息。」

我們就此公案大體可見道原的禪修境界、應機接引學人的手段及法眼宗的家風，從而可體味道原編撰景德傳燈録的婆心善行。

就此還應提及，本來順理成章的景德傳燈録作者問題，在歷史上却曾現波折。正因景德傳燈録問世最先，流傳甚廣，影響甚大，禪宗各流派暗中競争，致使百年之後，竟有人發啓該書作者另有其人的疑竇。如南宋紹興二年（一一三二），長樂鄭昂於景德傳燈録跋中認爲，其書應爲臨濟禪僧拱辰所撰：

景德傳燈録，本住湖州鐵觀音院僧拱辰所撰。書成，將游京師投進，途中與一僧同舟，因出示之。一夕，其僧負之而走。及至都，則道原者已進而被賞矣……拱辰

謂：「吾之意，欲明佛祖之道耳。夫既已行矣，在彼在此同。吾其爲名利乎？」絶不復言。拱辰之用心如此。（全文見本書附録）

儘管此後有所論議，但在相當長的時間内，社會仍以認可道原爲主流。如南宋五燈會元卷十，即有道原進呈景德傳燈録的説明。但拱辰所作之説影響至近現代，如民國初年刊行的四部叢刊三編中的景德傳燈録，出版家、大學者張元濟先生的跋文有稱「著此書者名道原，而實拱辰也」。孰是孰非，道理何在呢？我們認爲，對此疑案最後的澄清，應歸功於近現代史學泰斗陳垣先生，此簡引其論：

今以拱辰世系考之，拱辰者，金山曇頴之嗣，李遵勖之侄禪師也，金山頴、西余辰之名，始見建中靖國録四及八。道原之名見天聖録，又見傳法正宗記，先於建中靖國録者凡八十年。景德録十三、正宗記八，記臨濟之嗣，皆止於拱辰之前二代，尚未有金山頴之名，拱辰更無論矣。

道元、拱辰確實卒年無考，然兩家先世卒年幸存，亦略可比較。韶國師卒於開寶五年壬申，年八十二，道原當生於五代之時。金山頴卒於嘉祐五年庚子，年七十二，後韶之卒凡八十九年。則辰與原實不相接，何由有同舟相遇之事乎！楊億序明言「裁定

此書，周歲方畢」，既係同途入都，何能進呈被賞如是之速乎！（陳垣中國佛教史籍概論，中華書局，一九六二年，第九七頁）

由此可見，景德傳燈録爲北宋法眼宗禪僧道原所撰，應無疑慮。

三、内容體制

景德傳燈録凡三十卷，内容豐富，「由七佛以至大法眼之嗣，凡五十二世，一千七百一人」。但慧能之後，僅以南嶽、青原兩系分叙，其下不復再分小宗，致使其後「五祖分燈」之頭緒不甚清晰。爲融通書中内容，此就傳承梗概略作提示。

此書先叙七佛，即釋迦佛祖及其前所傳説的六佛。其後叙天竺祖師，即宗下所謂「西天四七」（即古印度二十八代祖師），其中第一代迦葉，爲釋迦佛祖所傳而正式立宗者；第二十八代祖師達磨東渡，爲中華宗下初祖。達磨五傳至南宗慧能，即宗下所謂「東土二三」（即東土六代祖師）。書中重點所述，即爲南宗慧能之下，分出南嶽懷讓、青原行思兩個系統。南嶽懷讓傳馬祖道一，青原行思傳石頭希遷，成爲南宗主流，滋潤華夏。繼此發展，南嶽馬祖一系衍生爲溈仰、臨濟二宗；而青原石頭一系，衍生爲曹洞、雲門、法眼三宗，合稱爲「禪宗五家」（或「南禪五家」）。青原系下八世至清凉文益禪師（開創法眼宗），九世至天台德韶禪師，十世至永安道原禪師。從此角度，我們可以看到從印度禪發展到中華禪的清楚脈絡，及中華禪的流衍、發展、變化。

還需注意，景德傳燈録既爲青原系法眼宗禪僧所作，自然要詳其本派。書中記青原法嗣者十三卷，記南嶽法系者只八卷，所記世系多少、内容詳略亦多不同。此亦可旁證景德傳燈録非臨濟宗禪僧拱辰所撰，更應是法眼宗禪僧道原所作。

景德傳燈録的體制特點，概言之，融合了傳統文體的譜録體與記言體爲一統，以譜録爲經，以記言爲緯，又以記言爲主體，既嚴整又靈活生動。體現在書的内容上，就是對録選人等先列明其法系傳承，簡要其生平，進而詳録其機緣語，雖爲法嗣而無機緣語者，列入卷首細目但不録入正文。正是這些機緣語，成爲後世修學禪道的指南。

此種作法，看似是對中華禪初期達磨至慧能所宣導的「教外别傳」「不立文字」「直指人心」「見性成佛」宗旨的反動，由「不立文字」轉向「不離文字」，實際上應看作禪宗因時因事因地順勢變通，其主旨仍是萬變不離其宗。不離文字，是借過往禪師引人悟入的機緣語，以有言之機緣指示無言之心體。正如後人所謂「指月」，喻以語言文字爲示月之指，指非月而能引人見月，如悟得心體，自然離却語言文字。書中禪師列傳，强調「無機緣語句不録」，即是很好的證明。

四、點校凡例

景德傳燈録道原、楊億的原刊本，久已不可得，現公認較可信的刊本爲宋代三合本（組合三種宋代舊本景印而成）及元延祐本（重刻本）等。此次點校，以大正藏（第五十一册）所收元延祐本（簡稱大正本）爲底本，以四部叢刊三編所收「宋代三合本」（簡稱四部本）爲主校本，以中華大藏經第七十四卷所收趙城金藏本（簡稱趙城本）爲參校本。對底本文字有疑有異者，先對照主校本，次對照參校本，並出校記。

底本每卷開頭附有細目，今據細目並參考對應正文爲書中每一條目補加小標題。

底本卷三十後有天聖廣燈録所引楊億一章、元釋希渭題記等内容，今合併爲附録，附在全書最末。

景德傳燈録正文間穿插的小注頗多，可給人多種啓發。此簡引陳垣先生的評説以爲助讀：

惟此本雖非原本，其大體尚爲道原、楊億之舊，觀書中小注可證。本書小注可分三種：一、爲道原、楊億舊注，多半屬此。二、爲宋刻本附注，如卷三達摩章末注云：

「凡此年代之差，皆由寶林傳錯誤，而楊文公不復考究耳。」據此則知宋時刻本對原書認爲差誤者，尚不敢擅改原文，只加注説明而已。三、爲元延祐本附注，如卷六越州大珠慧海章末注云：「此下舊本有洪州百丈山惟政禪師傳，今移在第九卷百丈山海和尚下。」是也。據此知延祐本對原書認爲不合而有改變者，亦加注聲明，不任便改動也。（引同陳垣上書，第九五頁）

邯鄲學步橋畔　尚之煜

二〇二一年立春後一日

目録

景德傳燈録序……一
重刊景德傳燈録狀……五
西來年表……七
景德傳燈録卷第一……三五
叙七佛……三五
毘婆尸佛……三六
尸棄佛……三六
毘舍浮佛……三七
拘留孫佛……三七
拘那含牟尼佛……三七
迦葉佛……三八
釋迦牟尼佛……三八
天竺二十五祖内一祖旁出無録……四〇
第一祖摩訶迦葉……四〇
第二祖阿難……四二
第三祖商那和修……四四
第四祖優波毱多……四五
第五祖提多迦……四七
第六祖彌遮迦……四八
第七祖婆須蜜……四九
第八祖佛陀難提……五〇
第九祖伏馱蜜多……五一

第十祖脇尊者……五一
第十一祖富那夜奢……五二
第十二祖馬鳴大士……五三
第十三祖迦毘摩羅……五四
第十四祖龍樹尊者……五六
景德傳燈録卷第二……五九
天竺三十五祖內一十三祖見録，內二十二
祖旁出無録……六〇
第十五祖迦那提婆……六〇
第十六祖羅睺羅多……六一
第十七祖僧伽難提……六三
第十八祖伽耶舍多……六四
第十九祖鳩摩羅多……六五
第二十祖闍夜多……六六
第二十一祖婆修盤頭……六八
第二十二祖摩拏羅……六九
第二十三祖鶴勒那……七一
第二十四祖師子比丘……七三
第二十五祖婆舍斯多……七四
第二十六祖不如密多……七六
第二十七祖般若多羅……七七
景德傳燈録卷第三……七九
中華五祖并旁出尊宿……八〇
第二十八祖菩提達磨……八〇
第二十九祖慧可大師……九二
僧那禪師……九五
向居士……九六
相州隆化寺慧滿禪師……九六

第三十祖僧璨大師……九七
第三十一祖道信大師……九九
第三十二祖弘忍大師……一〇〇
景德傳燈録卷第四……一〇三
第三十一祖道信大師旁出法嗣……一〇八
金陵牛頭山六世祖宗……一〇八
第一世法融禪師……一〇八
第二世智巖禪師……一一四
第三世慧方禪師……一一五
第四世法持禪師……一一六
第五世智威禪師……一一六
第六世慧忠禪師……一一七
前法融禪師下三世旁出法嗣……一一八
金陵鍾山曇璀禪師……一一八
前智威禪師下三世旁出法嗣……一一九
宣州安國寺玄挺禪師……一一九
潤州鶴林玄素禪師……一一九
舒州天柱山崇慧禪師……一二〇
前潤州鶴林寺玄素禪師法嗣……一二一
杭州徑山道欽禪師……一二一
前杭州徑山道欽禪師法嗣……一二三
杭州鳥窠道林禪師……一二三
前杭州鳥窠道林禪師法嗣……一二四
杭州招賢寺會通禪師……一二四
前慧忠禪師兩世旁出法嗣……一二五
天台山佛窟巖惟則禪師……一二五
前天台山佛窟巖惟則和尚法嗣……一二六
天台山雲居智禪師……一二六

第三十二祖弘忍大師旁出法嗣 …… 一二七
北宗神秀禪師第一世 …… 一二七
嵩嶽慧安國師 …… 一二八
袁州蒙山道明禪師 …… 一二九
前北宗神秀禪師法嗣第二世 …… 一三一
五臺山巨方禪師 …… 一三一
河中府中條山智封禪師 …… 一三一
兗州降魔藏禪師 …… 一三二
壽州道樹禪師 …… 一三二
淮南都梁山全植禪師 …… 一三三
前嵩嶽慧安國師法嗣 …… 一三三
洛京福先寺仁儉禪師 …… 一三三
嵩嶽破竈墮和尚 …… 一三四
嵩嶽元珪禪師 …… 一三六
前嵩山普寂禪師法嗣第三世 …… 一三九
終南山惟政禪師 …… 一三九
益州無相禪師法嗣第四世 …… 一四〇
益州保唐寺無住禪師 …… 一四〇
景德傳燈録卷第五 …… 一四三
第三十三祖慧能大師及其法嗣 …… 一四四
第三十三祖慧能大師 …… 一四四
第三十三祖慧能大師法嗣 …… 一五〇
西域堀多三藏 …… 一五〇
韶州法海禪師 …… 一五〇
吉州志誠禪師 …… 一五一
匾擔山曉了禪師 …… 一五二
河北智隍禪師 …… 一五二
洪州法達禪師 …… 一五三

壽州智通禪師……一五五
江西志徹禪師……一五五
信州智常禪師……一五七
廣州志道禪師……一五八
廣州法性寺印宗和尚……一五九
吉州青原山行思禪師……一六〇
南嶽懷讓禪師……一六二
温州永嘉玄覺禪師……一六四
司空山本净禪師……一六九
婺州玄策禪師……一七三
曹谿令韜禪師……一七四
西京光宅寺慧忠國師……一七四
西京荷澤神會禪師……一七九
卧輪禪師偈……一八〇

景德傳燈録卷第六……一八一

南嶽懷讓禪師第一世……一八二
江西道一禪師……一八二
南嶽懷讓禪師第二世上……一八六
前馬祖道一禪師法嗣……一八六
越州大珠慧海禪師……一八六
洪州泐潭法會禪師……一九一
池州杉山智堅禪師……一九一
洪州泐潭惟建禪師……一九二
澧州茗谿道行禪師……一九二
撫州石鞏慧藏禪師……一九三
唐州紫玉山道通禪師……一九四
江西北蘭讓禪師……一九五
洛京佛光如滿禪師……一九六

袁州南源道明禪師……一九六
忻州酈村自滿禪師……一九七
朗州中邑洪恩禪師……一九八
洪州百丈山懷海禪師……一九八
景德傳燈録卷第七……二〇七
南嶽懷讓禪師第二世中……二〇八
前馬祖道一禪師法嗣……二〇八
潭州三角山總印禪師……二〇八
池州魯祖山寶雲禪師……二〇八
洪州泐潭常興禪師……二〇九
虔州西堂智藏禪師……二一〇
京兆府章敬寺懷惲禪師……二一三
定州柏巖明哲禪師……二一三
信州鵝湖大義禪師……二一四
伊闕伏牛山自在禪師……二一五
幽州盤山寶積禪師……二一六
毘陵芙蓉山太毓禪師……二一七
蒲州麻谷山寶徹禪師……二一七
杭州鹽官鎮國海昌院齊安禪師……二一八
婺州五洩山靈默禪師……二二〇
明州大梅山法常禪師……二二二
京兆興善寺惟寬禪師……二二三
湖南東寺如會禪師……二二五
鄂州無等禪師……二二六
廬山歸宗寺智常禪師……二二七
景德傳燈録卷第八……二三一
南嶽懷讓禪師第二世下……二三一

前馬祖道一禪師法嗣……二三三
汾州無業禪師……二三三
澧州大同廣澄禪師……二三四
池州南泉普願禪師……二三四
五臺山隱峯禪師……二四三
温州佛嶴和尚……二四五
烏臼和尚……二四五
潭州石霜大善和尚……二四六
石臼和尚……二四六
本谿和尚……二四七
石林和尚……二四七
亮座主……二四七
黑眼和尚……二四八
米嶺和尚……二四八
齊峯和尚……二四八
大陽和尚……二四九
紅螺和尚……二四九
泉州龜洋山無了禪師……二五〇
利山和尚……二五一
韶州乳源和尚……二五一
松山和尚……二五一
則川和尚……二五二
南嶽西園蘭若曇藏禪師……二五三
百靈和尚……二五三
鎮州金牛和尚……二五四
洞安和尚……二五四
忻州打地和尚……二五四
潭州秀谿和尚……二五五

磁州馬頭峯神藏禪師……二五五
潭州華林善覺禪師……二五五
汀州水塘和尚……二五六
古寺和尚……二五六
江西椑樹和尚……二五七
京兆草堂和尚……二五七
袁州陽岐山甄叔禪師……二五八
濛谿和尚……二五八
洛京黑澗和尚……二五九
京兆興平和尚……二五九
逍遥和尚……二五九
福谿和尚……二六〇
洪州水老和尚……二六〇
浮盃和尚……二六一
潭州龍山和尚……二六二
襄州居士龐藴……二六三
景德傳燈録卷第九……二六五
南嶽懷讓禪師第三世上……二六七
前百丈懷海禪師法嗣……二六七
潭州溈山靈祐禪師……二六七
洪州黄檗希運禪師……二七三
杭州大慈山寰中禪師……二七七
天台平田普岸禪師……二七八
筠州五峯常觀禪師……二七九
潭州石霜山性空禪師……二七九
福州大安禪師……二八〇
福州古靈神贊禪師……二八二
廣州和安寺通禪師……二八三

江州龍雲臺禪師……二八四
京兆衛國院道禪師……二八四
鎮州萬歲和尚……二八五
洪州百丈山惟政禪師……二八五
洪州東山慧和尚……二八六
清田和尚……二八七
大于和尚……二八七
前虔州西堂藏禪師法嗣……二八八
虔州處微禪師……二八八
前蒲州麻谷山寶徹禪師法嗣……二八八
壽州良遂禪師……二八八
前湖南東寺如會禪師法嗣……二八九
吉州薯山慧超禪師……二八九
京兆章敬寺懷惲禪師法嗣……二八九
京兆大薦福寺弘辯禪師……二八九
福州龜山智真禪師……二九一
朗州東邑懷政禪師……二九二
金州操禪師……二九二
朗州古堤和尚……二九二
河中公畿和尚……二九三
黃蘗希運禪師傳心法要……二九三
裴休相國傳心偈……三〇三
景德傳燈録卷第十……三〇五
南嶽懷讓禪師第三世下……三〇八
前池州南泉普願禪師法嗣……三〇八
湖南長沙景岑……三〇八
荊南白馬曇照禪師……三一七
終南山雲際師祖禪師……三一七

鄧州香嚴下堂義端禪師……三一七
趙州觀音院從諗禪師……三一八
池州靈鷲閑禪師……三一七
鄂州茱萸山和尚……三一七
衢州子湖巖利蹤禪師……三一八
洛京嵩山和尚……三一九
日子和尚……三二〇
蘇州西山和尚……三二〇
宣州刺史陸亘大夫……三二一
池州甘贄行者……三二一
前杭州鹽官齊安禪師法嗣……三二二
襄州關南道常禪師……三二二
洪州雙嶺玄真禪師……三二三
杭州徑山鑒宗禪師……三二三
前五洩山靈默禪師法嗣……三二三
福州長谿龜山正原禪師……三二三
前洛京佛光寺如滿禪師法嗣……三二四
杭州刺史白居易……三二四
前大梅山法常禪師法嗣……三二五
新羅國迦智禪師……三二五
杭州天龍和尚……三二五
前永泰寺靈湍禪師法嗣……三二五
湖南上林戒靈禪師……三二五
五臺山秘魔巖和尚……三二六
湖南祇林和尚……三二六
前幽州盤山寶積禪師法嗣……三二六
鎮州普化和尚……三二六
前龍牙山圓暢禪師法嗣……三二八

嘉禾藏廙禪師……三三八
前歸宗寺智常禪師法嗣……三三八
福州芙蓉山靈訓禪師……三三八
漢南穀城縣高亭和尚……三三九
新羅大茅和尚……三三九
五臺山智通禪師……三四〇
前華嚴寺智藏禪師法嗣……三四〇
黄州齊安和尚……三四〇
景德傳燈録卷第十一……三四三
南嶽懷讓禪師第四世上……三四六
前潙山靈祐禪師法嗣……三四六
袁州仰山慧寂禪師……三四六
鄧州香嚴智閑禪師……三五四
襄州延慶山法端大師……三五七
杭州徑山洪諲禪師……三五八
福州靈雲志勤禪師……三六〇
益州應天和尚……三六二
福州九峯慈慧禪師……三六二
京兆米和尚……三六二
晉州霍山和尚……三六三
襄州王敬初常侍……三六三
前福州大安禪師法嗣……三六四
益州大隋法真禪師……三六四
韶州靈樹如敏禪師……三六六
福州壽山師解禪師……三六七
饒州嶢山和尚……三六八
泉州莆田縣國歡崇福院慧日大師……三六九

台州浮江和尚……………………三六九
潞州渌水和尚……………………三六九
廣州文殊院圓明禪師……………三七〇
前趙州從諗禪師法嗣……………三七〇
洪州武寧縣新興嚴陽尊者………三七〇
揚州城東光孝院慧覺禪師………三七一
隴州國清院奉禪師………………三七二
婺州木陳從朗禪師………………三七三
婺州新建禪師……………………三七三
杭州多福和尚……………………三七三
益州西睦和尚……………………三七四
前衢州子湖巖利蹤禪師法嗣……三七四
台州勝光和尚……………………三七四
漳州浮石和尚……………………三七四
紫桐和尚…………………………三七五
日容和尚…………………………三七五
前鄂州茱萸和尚法嗣……………三七五
石梯和尚…………………………三七五
天龍和尚法嗣……………………三七六
婺州金華山俱胝和尚……………三七六
前長沙景岑禪師法嗣……………三七七
明州雪竇山常通禪師……………三七七
前關南道常禪師法嗣……………三七八
襄州關南道吾和尚………………三七八
漳州羅漢和尚……………………三七九
前高安大愚禪師法嗣……………三七九
筠州末山尼了然…………………三七九
景德傳燈録卷第十二……………三八一

南嶽懷讓禪師第四世下……三八五
前洪州黄蘗山希運禪師法嗣……三八五
鎮州臨濟義玄禪師……三八五
陳尊宿……三九〇
杭州千頃山楚南禪師……三九七
福州烏石山靈觀禪師……三九八
杭州羅漢院宗徹禪師……三九九
裴休……四〇〇
南嶽懷讓禪師第五世……四〇二
前袁州仰山慧寂禪師法嗣……四〇二
仰山西塔光穆禪師……四〇二
晉州霍山景通禪師……四〇三
杭州文喜禪師……四〇四
新羅五觀山順支……四〇五
仰山南塔光涌禪師……四〇五
仰山東塔和尚……四〇五
前臨濟義玄禪師法嗣……四〇六
灌谿志閑禪師……四〇六
幽州譚空和尚……四〇七
鎮州寶壽沼和尚……四〇八
鎮州三聖院慧然禪師……四〇九
魏府大覺禪師……四一〇
魏府興化存獎禪師……四一一
定州善崔禪師……四一三
鎮州萬歲和尚……四一三
雲山和尚……四一三
桐峯菴主……四一三
杉洋菴主……四一四

涿州紙衣和尚……四一四
虎谿菴主……四一五
覆盆菴主……四一五
襄州歷村和尚……四一六
滄州米倉和尚……四一六
睦州陳尊宿法嗣……四一六
睦州刺史陳操……四一六
前香嚴智閑禪師法嗣……四一七
吉州止觀和尚……四一七
壽州紹宗禪師……四一七
襄州延慶法端……四一八
益州南禪無染大師……四一八
益州長平山和尚……四一八
益州崇福演教大師……四一八

安州大安山清幹禪師……四一九
終南山豐德寺和尚……四一九
均州武當山佛巖暉禪師……四一九
江西廬山雙谿田道者……四一九
前福州雙峯和尚法嗣……四二〇
雙峯古禪師……四二〇
前徑山第三世洪諲禪師法嗣……四二〇
洪州米嶺和尚……四二〇
前揚州光孝院慧覺和尚法嗣……四二一
道巘禪師……四二一
南嶽懷讓禪師第六世……四二三
前仰山南塔光涌禪師法嗣……四二三
越州清化全付禪師……四二三
郢州芭蕉山慧清禪師……四二四

韶州昌樂縣黄連山義初……四五
韶州慧林鴻究……四六
前仰山西塔光穆禪師法嗣……四六
吉州資福如寶禪師……四六
前灌谿志閑禪師法嗣……四八
池州魯祖山教和尚……四八
魏府興化存獎禪師法嗣……四九
汝州寶應和尚……四九
前寶壽沼和尚法嗣……四二
汝州西院思明禪師……四二
寶壽和尚……四三
前三聖慧然禪師法嗣……四三
鎮州大悲和尚……四三
淄州水陸和尚……四三
前魏府大覺和尚法嗣……四三
廬州大覺和尚……四三
廬州澄心院旻德和尚……四三
汝州南院和尚……四三
景德傳燈録卷第十三……四五
南嶽懷讓禪師第七世……四一
前郢州芭蕉山慧清禪師法嗣……四一
郢州興陽山清讓禪師……四一
洪州幽谷山法滿禪師……四一
前吉州資福如寶禪師法嗣……四一
吉州資福貞邃禪師……四一
吉州福壽和尚……四二
潭州鹿苑和尚……四二
前汝州寶應和尚法嗣……四三

汝州風穴延沼禪師……四四三
前汝州西院思明禪師法嗣……四五二
郢州興陽歸静禪師……四五三
前韶州慧林鴻究禪師法嗣……四五三
韶州靈瑞和尚……四五三
南嶽懷讓禪師第八世……四五三
前風穴延沼禪師法嗣……四五三
汝州廣慧真禪師……四五三
汝州首山省念禪師……四五四
前潭州報慈歸真大師德韶法嗣……四五九
蘄州三角山志謙禪師……四五九
郢州興陽詞鐸禪師……四五九
南嶽懷讓禪師第九世……四六〇
前汝州首山省念禪師法嗣……四六〇
汾州善昭禪師……四六〇
曹谿別出第二世……四六〇
前南陽慧忠國師法嗣……四六一
吉州耽源山真應禪師……四六一
洛陽荷澤神會大師法嗣……四六二
黄州大石山福琳禪師……四六二
沂水蒙山光寶禪師……四六二
曹谿別出第五世……四六三
前遂州道圓禪師法嗣……四六三
終南山圭峯宗密禪師……四六三
景德傳燈録卷第十四……四七五
青原行思禪師第一世……四七七
石頭希遷大師……四七七
青原行思禪師第二世……四七九

前石頭希遷法嗣……四七九
荊州天皇道悟禪師……四七九
京兆尸利禪師……四八二
鄧州丹霞天然禪師……四八三
潭州招提慧朗禪師……四八六
長沙興國寺振朗禪師……四八六
澧州藥山惟儼禪師……四八七
潭州大川和尚……四九三
汾州石樓和尚……四九三
鳳翔府法門寺佛陀和尚……四九四
潭州華林和尚……四九四
潮州大顛和尚……四九五
潭州攸縣長髭曠禪師……四九六
水空和尚……四九六
青原行思禪師第三世……四九七
荊州天皇道悟禪師法嗣……四九七
澧州龍潭崇信禪師……四九七
鄧州丹霞山天然禪師法嗣……四九八
京兆終南山翠微無學禪師……四九八
丹霞山義安禪師……四九九
吉州性空禪師……四九九
本童和尚……四九九
米倉和尚……五〇〇
前藥山惟儼禪師法嗣……五〇〇
潭州道吾山圓智禪師……五〇〇
潭州雲巖曇晟禪師……五〇四
華亭船子和尚……五〇七
宣州椑樹慧省禪師……五〇八

高沙彌……五〇八
鄂州百顔明哲禪師……五〇九
潭州長髭曠禪師法嗣……五一〇
潭州石室善道和尚……五一〇
潮州大顛和尚法嗣……五一三
漳州三平義忠禪師……五一三
潭州大川和尚法嗣……五一四
僊天和尚……五一四
福州普光和尚……五一四

景德傳燈録卷第十五……五一五

青原行思禪師第四世……五一七
前澧州龍潭崇信禪師法嗣……五一七
朗州德山宣鑒禪師……五一七
洪州泐潭寶峯和尚……五二一
前吉州性空禪師法嗣……五二二
歙州茂源和尚……五二二
棗山光仁禪師……五二三
前京兆翠微無學禪師法嗣……五二三
鄂州清平山令遵禪師……五二三
舒州投子山大同禪師……五二四
湖州道場山如訥禪師……五三二
建州白雲約禪師……五三三
潭州前道吾山圓智禪師法嗣……五三三
潭州石霜山慶諸禪師……五三三
潭州漸源仲興禪師……五三六
禄清和尚……五三六
潭州前雲巖曇晟禪師法嗣……五三七
筠州洞山良价禪師……五三七

涿州杏山鑒洪禪師……五四六
潭州神山僧密禪師……五四六
幽谿和尚……五四七
前華亭船子德誠禪師法嗣……五四八
澧州夾山善會禪師……五四八
青原行思禪師第五世上……五五一
前舒州投子山大同禪師法嗣……五五一
投子感温禪師……五五一
福州牛頭微禪師……五五二
西川青城香山澄照大師……五五二
陝府天福和尚……五五二
濠州思明和尚……五五三
鳳翔府招福和尚……五五三
興元府中梁山遵古禪師……五五三
襄州谷隱和尚……五五三
安州九嵕山和尚……五五三
盤山和尚……五五四
安州九嵕敬慧禪師……五五四
東京觀音院巖俊禪師……五五四
前鄂州清平山令遵禪師法嗣……五五五
蘄州三角山令珪禪師……五五五
景德傳燈録卷第十六……五五七
青原行思禪師第五世中……五五八
前朗州德山宣鑒禪師法嗣……五五九
鄂州巖頭全豁禪師……五五九
福州雪峯義存禪師……五六三
天台瑞龍院慧恭禪師……五七一
泉州瓦棺和尚……五七一

襄州高亭簡禪師……五七一
洪州大寧感潭資國和尚……五七二
前潭州石霜山慶諸禪師法嗣……五七二
河中南際山僧一禪師……五七二
潭州大光山居誨禪師……五七三
廬山棲賢懷祐禪師……五七四
筠州九峯道虔禪師……五七四
台州涌泉景欣禪師……五七七
潭州雲蓋山志元……五七七
潭州谷山藏禪師……五七八
福州覆船山洪荐禪師……五七八
朗州德山存德……五七九
吉州崇恩和尚……五七九
石霜輝禪師……五七九
郢州芭蕉和尚……五七九
潭州肥田伏和尚……五八〇
潭州鹿苑暉禪師……五八〇
潭州寶蓋約禪師……五八〇
越州雲門山拯迷寺海晏禪師……五八一
湖南文殊和尚……五八一
鳳翔府石柱和尚……五八一
潭州中雲蓋和尚……五八二
河中府棲巖山大通院存壽禪師……五八三
南嶽玄泰上坐……五八三
前澧州夾山善會禪師法嗣……五八四
澧州樂普山元安禪師……五八四
洪州上藍令超禪師……五九〇
鄆州四禪和尚……五九一

江西逍遥山懷忠禪師……五九一
袁州盤龍山可文禪師……五九二
撫州黄山月輪禪師……五九二
洛京韶山寰普禪師……五九四
太原海湖和尚……五九五
嘉州白水寺和尚……五九六
鳳翔天蓋山幽禪師……五九六
洪州建昌鳳棲山同安和尚……五九六
景德傳燈録卷第十七……五九九
青原行思禪師第五世下……六〇二
袁州洞山良价禪師法嗣……六〇二
洪州雲居道膺禪師……六〇二
撫州曹山本寂禪師……六〇八
洞山道全禪師……六一四
湖南龍牙山居遁禪師……六一四
京兆華嚴寺休静禪師……六一七
京兆蜆子和尚……六一八
筠州九峯普滿大師……六一九
台州幽棲道幽禪師……六一九
後洞山師虔禪師……六二〇
洛京白馬遁儒禪師……六二一
越州乾峯和尚……六二三
吉州禾山和尚……六二三
明州天童山咸啓禪師……六二三
潭州寶蓋山和尚……六二三
益州北院通禪師……六二四
高安白水本仁禪師……六二六
撫州疎山光仁禪師……六二七

澧州欽山文邃禪師……六二八
青原行思禪師第六世之一……六三二
前巖頭全豁禪師法嗣……六三二
台州瑞巖師彦禪師……六三二
懷州玄泉彦禪師……六三三
吉州靈巖慧宗禪師……六三三
福州羅山道閑禪師……六三三
福州香谿從範禪師……六三五
福州羅源聖壽嚴和尚……六三六
前洪州感潭資國和尚法嗣……六三六
安州白兆山竺乾院志圓……六三六
前濠州思明和尚法嗣……六三七
襄州鷲嶺善本禪師……六三七
前潭州大光山居誨禪師法嗣……六三七
潭州谷山有緣禪師……六三七
潭州龍興和尚……六三八
潭州伏龍山和尚……六三八
京兆白雲善藏禪師……六三八
潭州伏龍山和尚……六三九
陝府龍峻山和尚……六三九
潭州伏龍山和尚……六三九
前筠州九峯道虔禪師法嗣……六四〇
新羅清院和尚……六四〇
洪州泐潭寶峯神黨禪師……六四〇
吉州南源山行修……六四〇
洪州泐潭明禪師……六四〇
吉州秋山和尚……六四一
洪州泐潭延茂禪師……六四一

洪州鳳棲山同安院常察禪師……六四一
洪州泐潭匡悟禪師……六四二
吉州禾山無殷禪師……六四二
洪州泐潭牟和尚……六四四
前台州涌泉景欣禪師法嗣
台州六通院紹禪師……六四五
前潭州雲蓋山志元禪師法嗣
潭州雲蓋山志罕禪師……六四五
新羅臥龍和尚……六四六
彭州天台和尚……六四六
前潭州谷山藏禪師法嗣
新羅瑞巖和尚……六四六
新羅泊巖和尚……六四六
新羅大嶺和尚……六四七
前潭州中雲蓋和尚法嗣
潭州雲蓋山景和尚……六四七
景德傳燈録卷第十八……六四九
青原行思禪師第六世之二……六四九
福州雪峯義存禪師法嗣上……六四九
福州玄沙宗一大師……六四九
福州長慶慧稜禪師……六六三
福州大普山玄通禪師……六六九
杭州龍册寺順德大師……六六九
福州長生山皎然禪師……六七五
信州鵝湖智孚禪師……六七七
漳州報恩院懷岳禪師……六七九
杭州西興化度悟真大師……六八〇
福州鼓山興聖國師……六八一

漳州隆壽興法大師……六八五
福州僊宗院仁慧大師……六八六
福州蓮華山永福院超證大師……六八六
杭州龍華寺真覺大師……六八七
明州翠巖永明大師……六九一

景德傳燈録卷第十九……六九三

青原行思禪師第六世之三……六九四

福州雪峯義存禪師法嗣下……六九四
福州安國院明真大師……六九四
襄州雲蓋山雙泉院歸本禪師……六九七
韶州林泉和尚……六九七
洛京南院和尚……六九八
越州洞巖可休禪師……六九八
定州法海院行周禪師……六九八
杭州龍井通禪師……六九九
漳州保福院從展禪師……六九九
泉州睡龍山道溥……七〇五
杭州龍興宗靖禪師……七〇五
福州南禪契璠禪師……七〇六
越州諸暨縣越山師鼐……七〇六
南嶽金輪可觀禪師……七〇七
泉州福清院玄訥禪師……七〇八
韶州雲門山文偃禪師……七〇九
衢州南臺仁禪師……七二〇
泉州東禪和尚……七二〇
餘杭大錢山從襲禪師……七二一
福州永泰和尚……七二一
池州和龍山壽昌院守訥……七二二

建州夢筆和尚……七二二
福州古田極樂元儼禪師……七二三
福州芙蓉山如體禪師……七二三
洛京憩鶴山和尚……七二三
潭州溈山棲禪師……七二四
吉州潮山延宗禪師……七二四
益州普通山普明大師……七二五
隨州雙泉山梁家庵永禪師……七二五
漳州保福院超悟禪師……七二五
太原孚上座……七二六
南嶽般舟道場寶聞大師……七二七
景德傳燈録卷第二十……七二九
青原行思禪師第六世之四……七三三
前洪州雲居山道膺禪師法嗣……七三三
杭州佛日和尚……七三三
蘇州永光院真禪師……七三五
洪州鳳棲山同安丕禪師……七三五
廬山歸宗寺澹權禪師……七三七
池州廣濟和尚……七三八
潭州水西南臺和尚……七三八
歙州朱谿謙禪師……七三九
揚州豐化和尚……七三九
雲居山昭化禪師……七三九
廬山歸宗寺懷惲禪師……七四〇
洪州大善慧海禪師……七四一
朗州德山和尚……七四二
衡州南嶽南臺和尚……七四二
雲居山昌禪師……七四二

池州嵇山章禪師……七四三
晉州大梵和尚……七四三
新羅雲住和尚……七四三
雲居山懷岳……七四三
陘珏和尚……七四四
前撫州曹山本寂禪師法嗣……七四四
撫州荷玉山玄悟大師……七四四
筠州洞山道延禪師……七四六
衡州常寧縣育王山弘通禪師……七四六
撫州金峯從志……七四七
襄州鹿門山華嚴院處真禪師……七四八
撫州曹山慧霞了悟大師……七四九
衡州華光範禪師……七五〇
處州廣利容禪師……七五〇
泉州廬山小谿院行傳禪師……七五一
西川布水巖和尚……七五二
蜀川西禪和尚……七五二
華州草菴法義禪師……七五二
韶州華嚴和尚……七五二
前潭州龍牙山居遁禪師法嗣……七五三
潭州報慈藏嶼匡化大師……七五三
襄州含珠山審哲禪師……七五四
前京兆華嚴寺休靜禪師法嗣……七五五
鳳翔府紫陵匡一定覺大師……七五五
前筠州九峯普滿大師法嗣……七五六
洪州鳳棲山同安院威禪師……七五六
前青林師虔禪師洞山第三世住法嗣……七五六

韶州龍光和尚……七五六
襄州鳳凰山石門寺獻禪師……七五七
襄州萬銅山廣德和尚……七五九
郢州芭蕉和尚……七五九
定州石藏慧炬和尚……七五九
前洛京白馬遁儒禪師法嗣
興元府青剉山和尚……七六〇
前益州北院通禪師法嗣
京兆香城和尚……七六〇
前高安白水本仁禪師法嗣
京兆重雲智暉禪師……七六一
杭州瑞龍院幼璋禪師……七六二
前撫州疎山匡仁禪師法嗣
疎山證禪師……七六四
洪州百丈安和尚……七六五
筠州黄蘗山慧禪師……七六五
隋州隋城山護國院守澄……七六六
洛京長水靈泉歸仁禪師……七六七
延州伏龍山延慶院奉璘禪師……七六七
安州大安山省禪師……七六八
洪州大雄山百丈超禪師……七六九
洪州天王院和尚……七六九
常州正勤院蘊禪師……七六九
襄州後洞山和尚……七七〇
京兆三相和尚……七七〇
前樂普元安禪師法嗣
京兆永安院善静禪師……七七一
蘄州烏牙山彦賓禪師……七七二

鳳翔府青峯山傳楚禪師……七七三
鄧州中度和尚……七七四
嘉州洞谿和尚……七七四
京兆臥龍和尚……七七五
前江西逍遥山懷忠禪師法嗣……七七五
泉州福清院師巍和尚……七七五
京兆白雲無休禪師……七七五
前袁州盤龍山可文禪師法嗣……七七六
江州廬山永安浄悟禪師……七七六
袁州木平山善道禪師……七七六
陝府龍谿和尚……七七八
前撫州黄山月輪禪師法嗣……七七八
郢州桐泉山和尚……七七八
前洛京韶山寰普禪師法嗣……七七八
潭州文殊和尚……七七九
景德傳燈録卷第二十一……七八一
青原行思禪師第七世上……七八三
前福州玄沙師備禪師法嗣……七八三
漳州羅漢院桂琛禪師……七八三
福州臥龍山安國院慧球寂照禪師……七八九
杭州天龍寺重機明真大師……七九一
福州僊宗院契符清法大師……七九二
婺州金華山國泰院瑫禪師……七九三
衡嶽南臺誠禪師……七九四
福州升山白龍院道希禪師……七九四
福州螺峯沖奥明法大師……七九五
泉州睡龍山和尚……七九六

天台山雲峯光緒至德大師……七九七
福州大章山契如庵主……七九七
福州蓮華山永興祿和尚……七九八
天台山國清寺師靜上座……七九八
前福州長慶院慧稜禪師法嗣……七九九
泉州招慶院道匡禪師……七九九
杭州龍華寺彦球實相得一大師……八〇二
杭州臨安縣保安連禪師……八〇三
福州報慈院光雲慧覺大師……八〇三
廬山開先寺紹宗圓智禪師……八〇四
婺州金鱗報恩院寶資曉悟大師……八〇五
杭州傾心寺法瑫宗一禪師……八〇六
福州水陸院洪儼禪師……八〇八
杭州靈隱山廣嚴院咸澤禪師……八〇八
福州報慈院慧朗禪師……八〇九
福州怡山長慶常慧禪師……八〇九
福州石佛院靜禪師……八一〇
處州翠峯從欣禪師……八一〇
福州枕峯觀音院清換禪師……八一〇
福州東禪契訥禪師……八一一
福州長慶院弘辯妙果大師……八一一
福州東禪院可隆了空大師……八一三
福州僊宗院守玭禪師……八一三
撫州永安院懷烈浄悟禪師……八一三
福州閩山令含禪師……八一三
新羅龜山和尚……八一三

吉州龍須山資國院道殷禪師……八一四
福州祥光院澄静禪師……八一四
襄州鷲嶺明遠禪師……八一四
杭州報慈院從瓌禪師……八一五
杭州龍華寺契盈廣辯周智
　大師……八一五
前杭州龍册寺道怤禪師法嗣……八一六
越州清化山師訥禪師……八一六
衢州南禪遇緣禪師……八一六
復州資福院智遠禪師……八一七
前漳州報恩院懷岳禪師法嗣……八一八
潭州妙濟院師浩傳心大師……八一八
前福州鼓山神晏國師法嗣……八一九
杭州天竺山子儀心印水月
　大師……八一九
建州白雲智作真寂禪師……八二一
鼓山智嚴了覺大師……八二三
福州龍山智嵩妙空大師……八二三
泉州鳳凰山彊禪師……八二四
福州龍山文義禪師……八二四
福州鼓山智岳了宗大師……八二五
襄州定慧和尚……八二五
福州鼓山清諤宗曉禪師……八二六
金陵浄德道場沖煦慧悟禪師……八二六
金陵報恩院清護禪師……八二六
景德傳燈録卷第二十二……八二九
青原行思禪師第七世中……八三一
前杭州龍華寺靈照禪師法嗣……八三一

台州瑞巖師進禪師……八三二
台州六通院志球禪師……八三三
杭州雲龍院歸禪師……八三三
杭州餘杭功臣院道閑禪師……八三三
衢州鎮境遇緣禪師……八三三
福州報國院照禪師……八三三
台州白雲迺禪師……八三四
前明州翠巖令參禪師法嗣……八三四
杭州龍册寺子興明悟大師……八三四
温州雲山佛嶼院知默禪師……八三五
前福州安國院弘瑫明真大師法嗣……八三五
福州白鹿師貴禪師……八三五
福州羅山義聰禪師……八三六
福州安國院從貴禪師……八三六
福州怡山長慶藏用禪師……八三七
福州永隆院彦端禪師……八三八
福州林陽山瑞峯院志端禪師……八三八
福州興聖滿禪師……八四〇
福州僊宗院明禪師……八四〇
福州安國院祥和尚……八四〇
前漳州保福院從展禪師法嗣……八四一
泉州招慶院省僜净修大師……八四一
漳州保福院可儔明辯大師……八四三
舒州白水海會院如新禪師……八四三
洪州漳江慧廉禪師……八四四
福州報慈院文欽禪師……八四五
泉州萬安院清運資化禪師……八四五

漳州報恩院道熙禪師……………八四六
泉州鳳凰山從琛洪忍禪師………八四六
福州永隆院瀛和尚………………八四七
洪州清泉山守清禪師……………八四八
漳州報恩院行崇禪師……………八四八
潭州嶽麓山和尚…………………八四九
朗州德山德海禪師………………八四九
泉州後招慶和尚…………………八五〇
朗州梁山簡禪師…………………八五〇
洪州高安縣建山澄禪師…………八五〇
福州康山契穩法寶大師…………八五一
潭州延壽寺慧輪大師……………八五一
泉州西明院琛禪師………………八五二
前南嶽金輪可觀禪師法嗣………八五二
後南嶽金輪和尚…………………八五三
前泉州睡龍道山溥禪師法嗣……八五三
漳州保福院清豁禪師……………八五三
前韶州雲門山文偃禪師法嗣上…八五四
韶州白雲祥和尚…………………八五四
朗州德山第九世緣密圓明
大師……………………………八五五
潭州水西南臺道遵和尚…………八五七
韶州雙峯山興福院竟欽和尚……八五八
韶州資福和尚……………………八五九
廣州新會黃雲元禪師……………八五九
廣州義寧龍境倫禪師……………八六〇
韶州雲門山爽和尚………………八六一
韶州白雲聞和尚…………………八六一

韶州披雲智寂禪師……八六一
韶州净法章和尚……八六一
韶州温門山滿禪師……八六二
嶽州巴陵新開顥鑒大師……八六三
連州地藏院慧慈明識大師……八六三
英州大容諲禪師……八六四
廣州羅山崇禪師……八六四
韶州雲門寶和尚……八六五
郢州臨谿竟脱和尚……八六五
廣州華嚴慧禪師……八六六
韶州舜峯韶和尚……八六六
隋州雙泉山師寬明教大師……八六六
英州觀音和尚……八六八
韶州林泉和尚……八六八
韶州雲門煦和尚……八六八
益州青城香林院澄遠禪師……八六八
景德傳燈録卷第二十三……八七一
青原行思禪師第七世下……八七八
韶州雲門山文偃禪師法嗣下……八七八
南嶽般若寺啓柔禪師……八七八
筠州黄檗山法濟禪師……八七八
襄州洞山守初崇慧大師……八七九
信州康國耀和尚……八八二
潭州谷山豐禪師……八八二
潁州羅漢匡界禪師……八八二
朗州滄谿璘和尚……八八三
筠州洞山普利院清稟禪師……八八三
蘄州北禪寂和尚……八八四

洪州泐潭道謙禪師……八八四
廬州南天王永平禪師……八八五
湖南永安朗禪師……八八五
湖南潭明和尚……八八五
金陵清涼明禪師……八八六
金陵奉先深禪師……八八六
西川青城大面山乘和尚……八八六
潞府妙勝臻禪師……八八七
興元府普通封和尚……八八七
韶州燈峯浄原和尚……八八七
韶州大梵圓和尚……八八八
澧州藥山圓光禪師……八八八
信州鵝湖山雲震禪師……八八九
廬山開先清耀禪師……八八九
襄州奉國清海禪師……八九〇
韶州慈光和尚……八九〇
潭州保安師密禪師……八九〇
前台州瑞巖師彦禪師法嗣……八九一
南嶽横龍和尚……八九一
温州温嶺瑞峯院神禄禪師……八九一
前懷州玄泉彦禪師法嗣……八九二
鄂州黄龍山誨機禪師……八九二
洛京柏谷和尚……八九三
池州和龍和尚……八九三
懷州玄泉第二世和尚……八九三
潞府妙勝玄密禪師……八九四
前福州羅山道閑禪師法嗣……八九四
洪州大寧院隱微禪師……八九四

婺州明招德謙禪師……八九六
衡州華光範禪師……八九九
福州羅山紹孜禪師……九〇〇
西川慧禪師……九〇〇
建州白雲令弇和尚……九〇一
虔州天竺義澄常真禪師……九〇一
吉州清平惟曠真寂禪師……九〇二
婺州金柱義昭和尚……九〇二
潭州谷山和尚……九〇三
湖南瀏陽道吾山從盛禪師……九〇三
福州羅山義因禪師……九〇三
灌州靈巖和尚……九〇四
吉州匡山和尚……九〇四
福州興聖重滿禪師……九〇四
潭州寶應清進禪師……九〇五
前安州白兆山志圓禪師法嗣
朗州大龍山智洪弘濟大師……九〇五
襄州白馬山行靄禪師……九〇五
郢州大陽山行沖禪師……九〇六
安州白兆山竺乾院懷楚禪師……九〇六
蘄州四祖山清皎禪師……九〇六
蘄州三角山志操禪師……九〇七
晉州興教師普禪師……九〇七
蘄州三角山真鑒禪師……九〇七
前潭州藤霞和尚法嗣
澧州藥山和尚……九〇八
前潭州雲蓋山景和尚法嗣
衡嶽南臺寺藏禪師……九〇八

幽州潭柘水從實禪師……九〇九
潭州雲蓋山證覺禪師……九〇九
前廬山歸宗懷惲禪師法祠……九〇九
歸宗寺弘章禪師……九〇九
前池州嵇山章禪師法嗣……九一〇
隨州雙泉山道虔禪師……九一〇
前洪州雲居第四世懷岳禪師
法嗣……九一〇
揚州風化院令崇禪師……九一〇
澧州藥山忠彦禪師……九一一
梓州龍泉和尚……九一一
前筠州洞山道延禪師法嗣……九一一
筠州上藍院慶禪師……九一一
前襄州鹿門山處真禪師法嗣……九一三
益州崇真和尚……九一三
襄州鹿門山第二世譚和尚……九一三
襄州谷隱智静悟空大師……九一三
廬山佛手巖行因禪師……九一三
前撫州曹山第二世慧霞禪師
法嗣……九一四
嘉州東汀和尚……九一四
前華州草庵法義禪師法嗣……九一四
泉州龜洋慧忠禪師……九一四
前襄州含珠山審哲禪師法嗣……九一五
洋州龍穴山和尚……九一五
唐州大乘山和尚……九一五
襄州鳳山延慶院歸曉慧廣
大師……九一五

襄州含珠山真和尚……九一六
前鳳翔府紫陵匡一大師法嗣……九一六
并州廣福道隱禪師……九一六
紫陵微禪師……九一六
興元府大浪和尚……九一七
前洪州鳳棲山同安威禪師法嗣……九一七
陳州石鏡和尚……九一七
前襄州石門山獻禪師法嗣……九一七
石門山乾明寺慧徹禪師……九一七
前襄州萬銅山廣德義和尚法嗣……九一八
襄州廣德延和尚……九一八
前隋州隋城山護國守澄禪師
法嗣……九一九
隋州龍居山智門寺守欽圓照
大師……九一九
隋城山護國知遠演化大師……九一九
安州大安山能和尚……九二〇
潁州薦福院思禪師……九二〇
潭州延壽和尚……九二〇
隋城山護國志朗圓明大師……九二〇
前蘄州烏牙山彦賓禪師法嗣……九二二
安州大安山興古禪師……九二二
蘄州烏牙山行朗禪師……九二二
前鳳翔府青峯和尚法嗣……九二二
西川靈龕和尚……九二二
京兆紫閣山端己禪師……九二三
房州開山懷晝禪師……九二三
幽州傳法和尚……九二三

益州净衆寺歸信禪師……九二三
青峯山清免禪師……九二三
景德傳燈録卷第二十四……九二五
青原行思禪師第八世……九三〇
前漳州羅漢桂琛禪師法嗣……九三〇
昇州清涼院文益禪師……九三〇
襄州清谿山洪進禪師……九三八
昇州清涼院休復悟空禪師……九三九
撫州龍濟山主紹修禪師……九四二
杭州天龍寺秀禪師……九四四
潞州延慶院傳殷禪師……九四五
衡嶽南臺守安禪師……九四五
前福州僊宗契符清法大師法嗣……九四六
福州僊宗洞明真覺大師……九四六
泉州福清廣法大師……九四六
前杭州天龍重機大師法嗣……九四七
高麗雪嶽令光禪師……九四七
前婺州國泰瑫禪師法嗣……九四七
婺州齊雲寶勝禪師……九四七
前福州昇山白龍院道希禪師法嗣……九四八
福州廣平玄旨禪師……九四八
福州昇山白龍清慕禪師……九四八
福州靈峯志恩禪師……九四九
福州東禪玄亮禪師……九四九
漳州報劬院玄應定慧禪師……九五〇
前泉州招慶法因大師法嗣……九五一
泉州報恩院宗顯明慧大師……九五一

金陵龍光院澄忆禪師……九五二
永興北院可休禪師……九五二
郴州太平院清海禪師……九五三
連州慈雲普廣大師……九五三
郢州興陽山道欽禪師……九五四
前婺州報恩寶資禪師法嗣……九五四
處州福林澄和尚……九五四
前處州翠峯從欣禪師法嗣……九五四
處州報恩守真禪師……九五四
前襄州鷲嶺明遠禪師法嗣……九五五
襄州鷲嶺通和尚……九五五
前杭州龍華寺志球禪師法嗣……九五五
杭州仁王院俊禪師……九五五
前漳州保福院可儔禪師法嗣……九五五
漳州隆壽無逸禪師……九五五
前潭州延壽寺慧輪禪師法嗣……九五六
廬山歸宗第十二世道詮禪師……九五六
潭州龍興裕禪師……九五八
前韶州白雲祥和尚法嗣……九五八
韶州大歷和尚……九五八
連州寶華和尚……九五九
韶州月華和尚……九六〇
南雄州地藏和尚……九六〇
英州樂浄含匡禪師……九六一
韶州後白雲和尚……九六二
前朗州德山緣密大師法嗣……九六三
潭州鹿苑文襲禪師……九六三
澧州藥山可瓊禪師……九六三

前西川青城香林澄遠禪師法嗣……九六四
灌州羅漢和尚……九六四
前鄂州黄龍晦機禪師法嗣……九六四
洛京長水紫蓋善沼禪師……九六四
眉州黄龍繼達禪師……九六四
棗樹和尚……九六五
興元府玄都山澄和尚……九六五
嘉州黑水和尚……九六六
鄂州黄龍智顒禪師……九六六
眉州昌福達和尚……九六六
前婺州明招德謙禪師法嗣……九六七
處州報恩契從禪師……九六七
婺州普照瑜和尚……九六七
婺州雙谿保初禪師……九六八
處州涌泉究和尚……九六八
衢州羅漢義和尚……九六九
前朗州大龍山智洪禪師法嗣……九六九
大龍山景如禪師……九六九
朗州大龍山楚勛禪師……九七〇
興元府普通院從善禪師……九七〇
前襄州白馬行靄禪師法嗣……九七一
襄州白馬智倫禪師……九七一
前安州白兆山第二世懷楚禪師
法嗣……九七一
唐州保壽匡祐禪師……九七一
前襄州谷隱智静禪師法嗣……九七一
谷隱知儼禪師……九七一
襄州普寧院法顯禪師……九七二

前廬山歸宗第四世住弘章禪師
法嗣……………………………九七二
東京普浄院常覺禪師……………九七二
前襄州石門山第三世慧徹禪師
法嗣……………………………九七四
石門山紹遠禪師…………………九七四
鄂州靈竹守珍禪師………………九七五
前洪州同安志和尚法嗣…………九七五
朗州梁山緣觀禪師………………九七五
前襄州廣德第二世延和尚法嗣…九七六
襄州廣德周禪師…………………九七六
景德傳燈録卷第二十五……………九七九
青原行思禪師第九世上……………九八〇
金陵清涼文益禪師法嗣……………九八〇
天台山德韶國師……………………九八〇
杭州報恩寺慧明禪師………………九九三
漳州羅漢宣法大師…………………九九五
金陵鍾山章義禪師…………………九九七
金陵報恩匡逸禪師…………………九九八
金陵報慈道場文遂導師……………九九九
漳州羅漢院守仁禪師………………一〇〇一
杭州永明寺道潛禪師………………一〇〇三
撫州黄山良匡禪師…………………一〇〇五
杭州靈隱山清聳禪師………………一〇〇六
金陵報恩院玄則禪師………………一〇〇八
金陵報慈道場玄覺導師……………一〇一〇
金陵浄德道場達觀禪師……………一〇一一
高麗道峯山慧炬國師………………一〇一三

金陵清涼法燈禪師……………… 一〇一三
杭州真身寶塔寺紹巖禪師……… 一〇一七
金陵報恩院法安慧濟禪師……… 一〇一八
撫州崇壽院契稠禪師…………… 一〇二〇
洪州雲居山清錫禪師…………… 一〇二一
洪州百丈山大智院道常禪師…… 一〇二二
天台山般若寺通慧禪師………… 一〇二三
廬山歸宗寺法施禪師…………… 一〇二四
洪州鳳棲山同安院紹顯禪師…… 一〇二六
江州廬山棲賢寺慧圓禪師……… 一〇二六
洪州觀音院從顯禪師…………… 一〇二七
廬州長安院延規禪師…………… 一〇二八
常州正勤院希奉禪師…………… 一〇二八
洛京興善棲倫禪師……………… 一〇三〇
洪州武寧嚴陽新興齊禪師……… 一〇三〇
潤州慈雲匡達禪師……………… 一〇三二

景德傳燈録卷第二十六………………… 一〇三三

青原行思禪師第九世下……………… 一〇三八

金陵清涼文益禪師法嗣……………… 一〇三八

蘇州薦福院紹明禪師…………… 一〇三八
澤州古賢院謹禪師……………… 一〇三八
宣州興福院可勳禪師…………… 一〇三九
洪州上藍院守訥禪師…………… 一〇四〇
撫州覆船和尚…………………… 一〇四〇
杭州奉先寺法明普照禪師……… 一〇四〇
廬山化城寺慧朗禪師…………… 一〇四一
杭州慧日永明寺通辯禪師……… 一〇四一
高麗靈鑒禪師…………………… 一〇四二

荆門上泉和尚……………………一〇四二
廬山大林寺僧遁禪師……………一〇四二
池州仁王院緣勝禪師……………一〇四三
廬山歸宗寺義柔禪師……………一〇四三
前襄州清谿洪進禪師法嗣………一〇四五
相州天平山從漪禪師……………一〇四五
廬山圓通院緣德禪師……………一〇四五
前昇州清涼休復禪師法嗣………一〇四六
昇州奉先寺浄照禪師……………一〇四六
前撫州龍濟山紹修禪師法嗣……一〇四七
河東廣原和尚……………………一〇四七
前衡嶽南臺守安禪師法嗣………一〇四七
襄州鷲嶺善美禪師………………一〇四七
前漳州隆壽院無逸禪師法嗣……一〇四八
隆壽法騫禪師……………………一〇四八
前廬山歸宗寺道詮禪師法嗣……一〇四八
筠州九峯義詮禪師………………一〇四八
前眉州黄龍繼達禪師法嗣………一〇四八
眉州黄龍第二世和尚……………一〇四九
前朗州梁山緣觀禪師法嗣………一〇四九
郢州大陽山警玄禪師……………一〇四九
青原行思禪師第十世……………一〇五〇
前天台山德韶國師法嗣…………一〇五〇
杭州慧日永明寺智覺禪師………一〇五〇
温州大寧院可弘禪師……………一〇五二
蘇州安國長壽院朋彦大師………一〇五三
杭州五雲山華嚴道場志逢
大師……………………………一〇五四

杭州報恩光教寺慧月禪師……一〇五六
杭州報恩光教寺通辯明達禪師……一〇五六
福州廣平院守威宗一禪師……一〇五七
杭州報恩光教寺第五世住永安禪師……一〇五八
廣州光聖道場師護禪師……一〇五九
杭州奉先寺清昱禪師……一〇六〇
台州天台山紫凝普聞寺智勤禪師……一〇六〇
温州雁蕩山願齊禪師……一〇六一
杭州普門寺希辯禪師……一〇六一
杭州光慶寺遇安禪師……一〇六二
天台山般若寺友蟾禪師……一〇六四

婺州智者寺全肯禪師……一〇六四
福州玉泉義隆禪師……一〇六五
杭州龍冊寺第五世住曉榮禪師……一〇六五
杭州臨安縣功臣院慶蕭禪師……一〇六六
越州稱心敬璡禪師……一〇六六
福州嚴峯師术禪師……一〇六六
潞州華嚴慧達禪師……一〇六七
越州剡縣清泰院道圓禪師……一〇六七
杭州九曲觀音院慶祥禪師……一〇六七
杭州開化寺傳法大師……一〇六八
越州蕭山縣漁浦開善寺義圓禪師……一〇六八

温州瑞鹿寺上方遇安禪師……一〇六八
杭州龍華寺慧居禪師……一〇六九
婺州齊雲山遇臻禪師……一〇七〇
温州瑞鹿寺本先禪師……一〇七〇
前杭州報恩寺慧明禪師法嗣……一〇七六
福州長谿保明院通法大師……一〇七六
前杭州永明寺道潛禪師法嗣……一〇七六
杭州千光王寺瓌省禪師……一〇七七
衢州鎮境志澄大師……一〇七七
明州崇福院慶祥禪師……一〇七八
前杭州靈隱寺清聳禪師法嗣……一〇七八
杭州臨安功臣院道慈禪師……一〇七八
秀州羅漢院願昭禪師……一〇七九
處州報恩院師智禪師……一〇七九
衢州瀫寧可先禪師……一〇八〇
杭州臨安光孝院道端禪師……一〇八〇
杭州西山保清院遇寧禪師……一〇八〇
福州支提山雍熙寺辯隆禪師……一〇八〇
杭州瑞龍院希圓禪師……一〇八一
前金陵報慈行言導師法嗣……一〇八一
洪州雲居山義能禪師……一〇八一
前金陵清涼泰欽禪師法嗣……一〇八二
洪州雲居山第十一世住道齊禪師……一〇八二
前金陵報恩院法安禪師法嗣……一〇八三
廬山棲賢寺道堅禪師……一〇八三
廬山歸宗寺第十四世慧誠禪師……一〇八四

前廬州長安院延規禪師法嗣……一〇八五
廬州長安院辯實禪師……一〇八五
潭州雲蓋山海會寺用清禪師……一〇八五
青原行思禪師第十一世……一〇八六
前蘇州長壽院朋彦大師法嗣……一〇八六
長壽第二世法齊禪師……一〇八六
景德傳燈録卷第二十七……一〇八九
禪門達者及諸方雜舉……一〇八九
禪門達者雖不出世有名於時者……一〇八九
寶誌禪師……一〇八九
善慧大士……一〇九一
衡嶽慧思禪師……一〇九五
天台山修禪寺智者禪師……一〇九七
泗州僧伽大師……一一〇二
萬迴法雲公……一一〇三
天台豐干禪師……一一〇四
天台寒山子……一一〇五
天台拾得……一一〇六
明州奉化縣布袋和尚……一一〇七
諸方雜舉徵拈代别語……一一〇九
障蔽魔王領諸眷屬……一一〇九
外道問佛……一一〇九
緊那羅王奏無生樂……一一一〇
罽賓國王秉劍……一一一〇
泗州塔頭侍者……一一一〇
或問僧……一一一一
樂普侍者謂和尚……一一一一
有兩僧各住菴……一一一一

有婆子令人送錢去……………………二二二
有老宿令人傳語……………………二二三
龍濟修山主問翠巖……………………二二三
有僧親附老宿……………………二二三
僧肇法師遭秦主難……………………二二三
僧問老宿……………………二二三
李翺尚書見老宿獨坐……………………二二三
有道流在佛殿前背坐……………………二二三
禪月詩……………………二二三
台州六通院僧欲渡船……………………二二四
聖僧像被屋漏滴……………………二二四
死魚浮於水上……………………二二四
僧問雲臺欽和尚……………………二二四
江南國主問老宿……………………二二四
南泉和尚遷化……………………二二五
江南相馮延巳……………………二二五
有施主婦人入院……………………二二五
法燈問新到僧……………………二二五
僧問仰山……………………二二五
有一行者隨法師入佛殿……………………二二六
偃臺感山主到圓通院……………………二二六
有僧入冥……………………二二六
歸宗柔和尚問僧……………………二二六
劉禹端公因雨問……………………二二七
昔有三僧雲遊……………………二二七
法眼和尚謂小兒……………………二二七
僧問講彌陀經座主……………………二二八
泉州王延彬入招慶院……………………二二八

僧舉佛説法……二二八
誌公云……二二八
雲巖院主遊石室迴……二二九
鹽官會下有一主事僧……二二九
洞山會下有老宿……二二九
臨濟見僧來……二二九
閩王送玄沙和尚上船……二三〇
僧問老宿……二三〇
法眼和尚問講百法論僧……二三〇
僧舉教云……二三〇
洪州大寧院上狀……二三一
洞山行脚時……二三一
法眼和尚因患脚……二三一
九峯和尚入江西城……二三一
僧問龍牙……二三二
十二時中如何著力……二三二
鼓山曰……二三二
有菴主見僧來……二三二
招慶和尚拈鉢囊……二三二
雲門和尚以手入木師子口……二三三
有座主念彌陀名號次……二三三
鷂子趁鴿子……二三三
悟空禪師問忠座主……二三三
僧問老宿……二三三
官人問僧……二三三
廣南有僧住菴……二三四
僧辭趙州和尚……二三四
泗州塔前一僧禮拜……二三四

僧問圓通和尚……一一三四
玄覺和尚聞鳩子叫……一一三五
保福僧到地藏……一一三五
福州洪塘橋上有僧列坐……一一三五
人問僧……一一三五
老宿問僧……一一三六
有僧與童子上經了……一一三六
一僧注道德經……一一三六
雲門和尚問僧……一一三六
因開井被沙塞却泉眼……一一三六
景德傳燈録卷第二十八……一一三七
諸方廣語……一一三七
南陽慧忠國師語……一一三七
洛京荷澤神會大師語……一一三四
江西大寂道一禪師語……一一三五
澧州藥山惟儼和尚語……一一三七
越州大珠慧海和尚語……一一三八
汾州大達無業國師語……一一五一
池州南泉普願和尚語……一一五四
趙州從諗和尚語……一一五九
鎮州臨濟義玄和尚語……一一六〇
玄沙宗一師備大師語……一一六一
漳州羅漢桂琛和尚語……一一六三
大法眼文益禪師語……一一六五
景德傳燈録卷第二十九……一一七一
讚頌偈詩……一一七一
梁寶誌和尚大乘讚十首……一一七一
寶誌和尚十二時頌……一一七五

誌公和尚十四科頌……一七八
菩提煩惱不二……一七八
持犯不二……一七八
佛與衆生不二……一七八
事理不二……一七九
静亂不二……一七九
善惡不二……一七九
色空不二……一八〇
生死不二……一八〇
斷除不二……一八〇
真俗不二……一八一
解縛不二……一八一
境照不二……一八二
運用無礙……一八二
迷悟不二……一八三
歸宗至真禪師智常頌一首……一八三
香嚴襲燈大師智閑頌一十九首……一八三
授指……一八三
最後語……一八三
暢玄與崔大夫……一八四
達道場與城陰行者……一八四
與薛判官……一八四
與臨濡縣行者……一八四
顯旨……一八四
三句後意……一八五
答鄭郎中問二首……一八五
譚道……一八五
與學人玄機……一八五

明道……一八五
玄旨……一八六
與鄧州行者……一八六
三跳後……一八六
上根……一八六
破法身見……一八六
獨脚……一八六
洞山和尚良价頌一首……一八七
無心合道……一八七
龍牙和尚居遁頌一十八首……一八七
玄沙師備宗一大師頌三首……一九〇
招慶省僜真覺大師頌二首……一九〇
示執坐禪者……一九〇
示坐禪方便……一九一
漳州羅漢桂琛和尚明道頌
一首……一九一
南嶽惟勁禪師覺地頌一首七言……一九一
郢州臨谿敬脱和尚入道淺深頌
五首……一九三
大法眼禪師文益頌十四首……一九三
三界唯心……一九三
華嚴六相義……一九四
瞻須菩提……一九四
街鼓鳴……一九四
示捨棄慕道……一九四
金剛經爲人輕賤章……一九四
僧問隨色摩尼珠……一九五
牛頭庵……一九五

乾闥婆城……一一九五
因僧看經……一一九五
問僧云會麽對不會……一一九五
庭柏盆蓮……一一九五
正月偶示……一一九五
寄鍾陵光僧正……一一九六
白居易八漸偈并序……一一九六
觀……一一九六
覺……一一九六
定……一一九六
慧……一一九七
明……一一九七
通……一一九七
濟……一一九七
捨……一一九七
同安察禪師十玄談并序……一一九七
心印……一一九八
祖意……一一九八
玄機……一一九八
塵異……一一九八
演教……一一九九
達本……一一九九
還源……一一九九
迴機……一一九九
轉位……一二〇〇
一色……一二〇〇
雲頂山僧德敷詩十首……一二〇〇
語默難測……一二〇〇

祖教迴異……二〇〇
學雖得妙……二〇一
問來祇對不得……二〇一
無指的……二〇一
自樂僻執……二〇一
問答須知起倒……二〇一
言行相扶……二〇二
一句子……二〇二
古今大意……二〇二
僧潤詩三首……二〇二
因覽寶林傳……二〇二
贈道者……二〇三
贈禪客……二〇三
景德傳燈録卷第三十……二〇五
銘記箴歌……二〇五
傅大士心王銘……二〇五
三祖僧璨大師信心銘……二〇六
牛頭山初祖法融禪師心銘……二〇八
僧亡名息心銘……二一〇
菩提達磨略辨大乘入道四行
弟子曇琳序……二一一
荷澤大師顯宗記……二一三
南嶽石頭和尚參同契……二一四
五臺山鎮國大師澄觀答皇太子
問心要……二一五
杭州五雲和尚坐禪箴……二一六
永嘉真覺大師證道歌……二一七
騰騰和尚了元歌……二二一

南嶽懶瓚和尚歌……………………一三二
石頭和尚草庵歌……………………一三三
道吾和尚……………………………一三三
樂道歌……………………………一三三
一鉢歌……………………………一三三
樂普和尚浮漚歌……………………一三六
蘇溪和尚牧護歌……………………一三六
法燈禪師泰欽古鏡歌三首…………一三七
潭州龍會道尋遍參三昧歌…………一三八
丹霞和尚翫珠吟二首………………一三八
關南長老獲珠吟……………………一三九
香嚴和尚智閑吟二首………………一三〇
勵覺吟……………………………一三〇
歸寂吟贈同住……………………一三〇
韶山和尚心珠歌……………………一三一
附録…………………………………一三三
天聖廣燈録摘引……………………一三三
元釋希渭題記………………………一三六
跋……………………………………一三六
疏……………………………………一三七
景德傳燈録後序……………………一三八
魏府華嚴長老示衆…………………一三九

景德傳燈録序

翰林學士朝散大夫行左司諫知制誥同修國史判史館事
柱國南陽郡開國侯食邑一千百户賜紫金魚袋臣楊億撰

昔釋迦文以受然燈之夙記，當賢劫之次補，降神演化四十九年，開權實、頓漸之門，垂半滿、偏圓之教。隨機悟理，爰有三乘之差。接物利生，乃度無邊之衆。其悲濟廣大矣，其軌式備具矣。而雙林入滅，獨顧於飲光。屈眴相傳，首從於達磨。不立文字，直指心源。不踐楷梯，徑登佛地。逮五葉而始盛，分千燈而益繁。達寶所者蓋多，轉法輪者非一。蓋大雄付囑之旨，正眼流通之道，教外别行，不可思議者也。

聖宋啓運，人靈幽贊。太祖以神武戡亂，而崇净刹、闢度門。太宗以欽明御辯，而述秘詮、暢真諦。皇上睿文繼志，而序聖教、繹宗風。焕雲章於義天，振金聲於覺苑。蓮藏之言密契，竺乾之緒克昌。殖衆善者滋多，傳了義者間出。圓頓之化，流於區域。有東吴僧道原者，冥心禪悅，索隱空宗。披弈世之祖圖，采諸方之語録，次序其源派，錯綜其辭句。由七佛以至大法眼之嗣，凡五十二世，一千七百一人，成三十卷，目之曰景德傳燈録。詣闕奉進，冀於流布。

皇上爲佛法之外護，嘉釋子之勤業，載懷重慎，思致悠久，乃詔翰林學士、左司諫、知制誥臣楊億，兵部員外郎、知制誥臣李維，太常丞臣王曙等，同加刊削，俾之裁定。臣等昧三學之旨，迷五性之方，乏臨川翻譯之能，懵毘邪語默之要，恭承嚴命，不敢牢讓。竊用探索，匪遑寧居。考其論譔之意，蓋以真空爲本。將以述曩聖入道之因，標昔人契理之説。機緣交激，若拄於箭鋒。智藏發光，旁資於鞭影。誘道後學，敷暢玄猷。而捃摭之來，徵引所出，糟粕多在，油素可尋。其有大士示徒，以一音而開演。含靈聳聽，乃千聖之證明。屬概舉之是資，取少分而斯可。若乃别加潤色，失其指歸，既非華竺之殊言，頗近錯雕之傷寶。如此之類，悉仍其舊。况又事資紀實，必由於善叙。言以行遠，非可以無文。其有標録事緣，縷詳軌迹。或辭條之紛糾，或言筌之猥俗，並從刊削，俾之綸貫。至有儒臣居士之問答，爵位姓氏之著明，校歲歷以愆殊，約史籍而差謬，咸用删去，以資傳信。自非啓投針之玄趣，馳激電之迅機，開示妙明之真心，祖述苦空之深理，即何以契傳燈之喻，施刮膜之功？若乃但述感應之徵符，專叙參遊之轍迹，此已標於僧史，亦奚取於禪詮？聊存世系之名，庶紀師承之自。然而舊録所載，或掇粗而遺精。别集具存，當尋文而補闕。率加采擷，爰從附益。逮於序論之作，或非古德之文。間厕編聯，徒增楦釀，「楦釀」二字出唐張燕公文集，謂冗長也。亦用簡别，多所屏去。汔兹周歲，方遂終篇。

臣等性識媿於冥煩，學問慚於涉獵，天機素淺，文力無餘。妙道在人，雖刳心而斯久。玄言絶俗，固牆面以居多。濫膺推擇之私，靡著發揮之効。已克終於紬繹，將仰奉於清閒。莫副宸襟，空塵睿覽。謹上。

重刊景德傳燈録狀

湖州路道場山護聖萬歲禪寺耆舊僧希渭，係慶元路昌國州人氏，俗姓董。自幼投禮本路在城觀音禪寺絶照和尚爲師，訓到法名，投禮慈溪縣開壽普光禪寺龍源和尚薙髮爲僧，仍禮五臺律寺雪涯和尚受具戒。挾策西遊，放包靈隱。後值先師龍源和尚遷住兹山，隨師參請，迨今有年。每念師恩，未由報効。伏覩從上佛祖景德傳燈録三十卷，七佛至法眼之嗣，凡五十二世。景德至延祐丙辰，凡三百一十七年。舊板銷朽無存，後學慕之罔及，爲此發心重刊。忽得本路天聖禪寺松廬和尚所藏廬山穩庵古册，最爲善本，良愜素志。遂於丙辰年正月初十日，將衣鉢估唱，得統金一萬二千餘緡。是日命工刊行于世，流通祖道。

此録總計三十六萬七千九百一十七字，至當年臘月一日畢工。隨即印捨三百部於兩浙，安衆名山方丈、蒙堂、衆寮各一部，以便湖海辨道禪衲參究。集兹善利，用報四恩，併資三有者。

大元延祐三年臘月一日，耆舊僧希渭謹狀。小比丘文雅董役、當山住持嗣祖比丘士洵主緣。

西來年表

	南齊	後魏
	太祖高皇帝，姓蕭，諱道成，受宋禪即位，都金陵	高祖孝文皇帝，諱宏，姓拓跋氏，第六帝。即位，改元延興，當宋明帝泰始七年辛亥歲。至太和十八年，遷都洛陽。二十年，改姓元氏
己未	建元元年	太和三年
庚申	二年	四年
辛酉	三年	五年
壬戌	四年　帝崩	六年
	世祖武帝 諱賾，即位	

癸亥	永明元年	七年
甲子	二年	八
乙丑	三	九
丙寅	四	十
丁卯	五	十一
戊辰	六	十二
己巳	七	十三
庚午	八	十四
辛未	九	十五
壬申	十　豫章王嶷薨	十六

干支	紀事	年
癸酉	十一年 正月，文惠太子薨。七月，帝崩	十七
	鬱林王 諱昭業，即位	
甲戌	隆昌元年 七月，帝廢	十八 遷都洛陽
	海陵王 諱昭文，即位，改元	
	延興元年 十一月，帝廢	
	高宗明帝 諱鸞，十一月，即位，改元	
	建武元年	
乙亥	二年	十九

丙子	三	二十　改姓元氏
丁丑	四　傅大士生	二十一
戊寅	永泰元年　帝崩	二十二
	東昏侯 諱寶卷，即位	
己卯	永元元年	二十三年　帝崩
		世宗宣武皇帝 諱恪，即位，改元
庚辰	二年	景明元年
辛巳	三年　帝廢	二年
	和帝 諱寶融，即位，改元	
	中興元年	

壬午	二年　禪位于梁。	三年
	右南齊蕭氏七主合二十四年，禪梁	
	梁 都金陵	
	高祖武皇帝 諱衍，姓蕭，受禪于齊，建元天監	
	天監元年	
癸未	二	四年
甲申	三	正始元年

乙酉	四	二
丙戌	五	三
丁亥	六	四
戊子	七	永平元年
己丑	八	二
庚寅	九	三
辛卯	十	四
壬辰	十一　傅大士納妻	延昌元年
癸巳	十二	二
甲午	十三　誌公示滅	三

乙未	十四	四　帝崩
丙申	十五	肅宗孝明皇帝　諱詡，即位，改元
		熙平元年
丁酉	十六年	二年
戊戌	十七	神龜元年
己亥	十八	二年
庚子	普通元年　達磨至，傅大士逢嵩頭陀	正光元年　正宗記依梁僧寶唱續法記云：「此年達磨至梁，而入魏。」於理可取
辛丑	二　傅大士唱賣妻子	二
壬寅	三	三

癸卯	四	四
甲辰	五	五
乙巳	六　詔迎傅大士	孝昌元年
丙午	七	二
丁未	大通元年　三月改元。舊本傳燈云：「十月一日達磨至金陵。」誤也	三　傳燈舊云：「十一月二十三日，達磨届于洛陽。」誤也
戊申	二	武泰元年　二月，帝崩。立幼主釗，四月，崩。立莊帝。正宗記引寶唱續法記云：「達磨此年示滅。」於理可取
		敬宗孝莊皇帝　諱子攸，四月即位，改元建義

		建義元年　九月，又改元永安
		永安元年
己酉	中大通元年	二
庚戌	二	三　十二月，帝崩。若依寶唱續法傳，即魏使歸洛，奏遇達磨西歸，當在此年。蓋明帝已崩而孝莊尚在位故也
辛亥	三　太子統薨	**前廢帝** 諱恭，二月即位，改元普泰
		普泰元年
壬子	四	二　二月，帝廢
		後廢帝 諱朗，普泰元年六月，高懽立帝於信都，改元中興元年，至二年四月廢之

		出帝	諱脩廣，普泰二年四月即位，改元太昌
		太昌元年　十二月，又改永熙	
		永熙元年	
癸丑	五	二	
甲寅	六	三年　十月，帝迫於其相高懽，出居關中。懽立清河王世子善見爲主，都鄴，是爲東魏。於是魏分爲東西。十二月，帝遇鴆崩	
		右後魏十二主，合一百四十九年，分爲東、西魏	
		西魏	都長安
		東魏	都鄴
		文皇帝	諱寶炬，京兆王愉之子，宇文泰奉帝
		孝靜帝	諱善見，高懽奉帝即位，改元永熙。三

		即位	年爲天平
			天平元年
乙卯	大同元年	大統元年	二年
丙辰	二年	二年	三年　舊本傳燈云：「十月五日達磨卒，十二月，葬洛陽熊耳山。」時洛陽屬東魏，誤
丁巳	三年	三年	四年
戊午	四年	四年	元象元年
己未	五年	五年	興和元年　舊傳燈云：「奉使自西域回，奏啓達磨壙，見空棺

隻履。」誤

庚申	六年	六年	二年
辛酉	七年	七年	三年
壬戌	八年	八年	四年
癸亥	九年	九年	武定元年
甲子	十年	十年	二年
乙丑	十一年	十一年	三年
丙寅	中大同元年	十二年	四年
丁卯	太清元年	十三年	五年
戊辰	二年　侯景反	十四年	六年

干支	梁	西魏	東魏／北齊
己巳	三年　五月，帝崩	十五年	七年
	簡文帝　諱綱，即位，改元		
庚午	大寶元年	十六年	八年　五月，禪于北齊
			右東魏一主，十七年
			北齊　都鄴
			文宣帝　諱洋，姓高，懽之第三子。五月受禪，建元天保
			天保元年
辛未	二年　侯景廢帝而立豫章王	十七年	二年　三祖見二祖

		壬申	癸酉	甲戌	
棟，尋弑帝。十一月，景又廢棟，自立僭號，元帝討而斬之	**孝元帝** 諱繹，十一月，即位於江陵	承聖元年	二年	三年　十一月，帝爲魏軍所執，尋弑之	**敬帝** 諱方智。元帝既被執，蕭詧自立爲後
廢帝 諱欽，文帝長子，即位，不改號		元年	二年	三年　正月，宇文泰廢帝而立齊王廓	**恭帝** 諱廓，文帝子，宇文泰立之，不改號，止
		三年	四年	五年　思大止大蘇山	

	乙亥	丙子			
梁，都江陵。王僧辯、陳霸先奉帝爲梁主，承聖四年九月即位	紹泰元年	大平元年			
元年　稱元年	二年	三年　十二月，帝遜位于周	右西魏三主合二十三年	**後周**　都長安	**閔帝**　諱覺，姓宇文，文帝泰之子。受禪于西魏，即位，止稱元年
	六年	七年			

	丁丑			
	二年　十月，進丞相陳霸先爵，爲陳王。帝遜位于陳	右梁四主，合五十六年	**陳** 都金陵	**高祖武帝** 諱霸先，姓陳氏，受禪于梁。即位，
元年　南史以次年爲元年	二年　九月，宇文護貶帝爲洛陽公，尋弒之	**明帝** 諱毓，文帝泰之長子，宇文護立之。即位，改元武定	武定元年　南史云亦稱元年，不改號	
	八年			

建元永定	永定元年	戊寅 二年 智者進具	己卯 三年 六月，帝崩	**文帝** 諱蒨，始興王長子，即位	庚辰 天嘉元年	智者謁思大於大蘇山
		二年	武成元年，陳紀云方建年號		二年	**武帝** 諱邕，文帝第四子，以遺詔即位
		九年	十年 十月，帝崩	**廢帝** 諱殷，文宣帝長子	乾明元年 太后令廢帝	**昭帝** 諱演，懽之第六子，八月即位，改元皇建

干支			
			皇建元年
辛巳	二年	保定元年	二年　帝崩
		後梁宣帝崩，子巋立，是爲明帝，改元天保	**武成帝** 諱湛，懽之第九子，即位，改元大寧
			大寧元年
壬午	三年	二年	清河元年
癸未	四年	三年	二年
甲申	五年	四年	三年
乙酉	六年	五年	四年　帝禪位于太子，自稱太上皇

			後主 諱緯，受禪即位，改元天統
			天統元年
丙戌	天康元年　四月，帝崩	天和元年	二年
	廢帝 諱伯宗，文帝長子		
丁亥	光大元年　思大遷南嶽	二年	三年
戊子	二年　帝廢	三年	四年
	宣帝 諱頊，昭烈王之子，以大后命即位		
己丑	天建元年　傅大士卒，智者往	四年	五年

	金陵		
庚寅	二年	五年	武平元年
辛卯	三年	六年	二年
壬辰	四年	建德元年	三年
癸巳	五年	二年	四年
甲午	六年	三年　廢釋道二教	五年
乙未	七年　智者隱天台	四年	六年
丙申	八年	五年	七年　十二月，爲周武所敗，改元隆化。隆化元年，安德王延宗即位於晉陽，改元德昌，尋爲周所虜

		幼主
		名恒，後主以望氣者言有革易，故傳位幼主，自稱太上皇
丁酉	九年　思大卒	六年
		承光元年　正月，幼主即位，在位十八日，與後主並爲周所虜，國滅
		右北齊六主合二十八年，爲周所滅
戊戌	十年	宣政元年　帝總戎北伐，六月，崩于乘輿
		宣帝
		諱斌，武帝長子，即位
己亥	十一年	大成元年　正月，立魯王衍爲皇太子。二月，傳位太子，自稱天元皇

干支	年	紀事
		帝
		静帝 諱衍，後改名闡，宣帝長子，宣帝於鄴宫傳位，改元大象
		大象元年
庚子	十二年	二年　宣帝崩，復釋道二教。以大丞相楊堅爲相國，進爵爲王，備九錫
辛丑	十三年	大定元年　正月，改元。二月，遜位于隋
		右後周五主合二十六年，禪于隋
		隋 都長安
		高祖文皇帝 諱堅，姓楊氏，大定元年二月受禪于周，即位，建元開皇

		開皇元年
壬寅	十四年　正月，帝崩	二年
	後主 諱叔寶，宣帝長子，即位	
癸卯	至德元年	三年
甲辰	二年	四年
乙巳	三年	五年　後梁蕭琮立
丙午	四年	六年　後梁改元廣運
丁未	禎明元年	七年　後梁三主，合三十三年，是歲隋廢之
戊申	二年	八年

己酉	三年　正月，隋將韓擒入建業虜後主，國亡	九年　平陳，天下一統
	右陳五主，合三十三年，隋滅之	
庚戌		十年
辛亥		十一年
壬子		十二年　四祖見三祖
癸丑		十三年　二祖卒
甲寅		十四年
乙卯		十五年
丙辰		十六年

干支		紀年
丁巳		十七年　智者卒
戊午		十八年
己未		十九年
庚申		二十年
辛酉		仁壽元年
壬戌		二年
癸亥		三年
甲子		四年　七月，帝崩
		煬帝 諱廣，高祖第二子，即位
乙丑		大業元年

干支		紀年
丙寅		二年　三祖卒
丁卯		三年
戊辰		四年
己巳	庚午　辛未　壬申　癸酉	五年　六年　七年　八年　九年
甲戌	乙亥　丙子	十年　十一年　十二年
丁丑		十三年　帝幸江都，遥尊爲太上皇
		恭帝　諱侑，煬帝之孫，元德太子昭之子。十一月，唐公入京立帝，改元義寧
		義寧元年
戊寅		二年　二月，煬帝崩。五月，帝遜位于唐

	右隋三主，合三十八年，禪于唐

達磨至中國，今取正宗記爲定。蓋依梁僧寶唱續法記，昔那連耶舍與萬天懿譯七佛至二十八祖傳法事，梁簡文帝因使臣劉懸運往北齊取其書，詔寶唱編入續法記也。

景德傳燈録卷第一

七佛　天竺祖師

七佛

毗婆尸佛　尸棄佛　毗舍浮佛　拘留孫佛　拘那含牟尼佛　迦葉佛　釋迦牟尼佛

天竺二十五祖內一祖旁出無録

第一祖摩訶迦葉　第二祖阿難旁出末田底迦　第三祖商那和修　第四祖優波毱多　第五祖提多迦　第六祖彌遮迦　第七祖婆須蜜　第八祖佛陀難提　第九祖伏馱蜜多　第十祖脇尊者　第十一祖富那夜奢　第十二祖馬鳴大士　第十三祖迦毗摩羅　第十四祖龍樹大士

叙七佛

古佛應世，綿歷無窮，不可以周知而悉數也。故近譚賢劫有千如來，暨于釋迦，但紀七佛。案長阿含經云：「七佛精進力，放光滅暗冥。各各坐諸樹，於中成正覺。」又曼殊室利爲七佛祖師，金華善慧大士登松山頂行道，感七佛引前，維摩接後。今之撰述，斷自七佛而下。

毘婆尸佛

毘婆尸佛過去莊嚴劫第九百九十八尊。偈曰：「身從無相中受生，猶如幻出諸形象。幻人心識本來無，罪福皆空無所住。」長阿含經云：「人壽八萬歲時，此佛出世。」種刹利，姓拘利若，父槃頭，母槃頭婆提，居槃頭婆提城。坐波波羅樹下，説法三會，度人三十四萬八千人。神足二：一名騫茶，二名提舍。侍者無憂。子方膺。

尸棄佛

尸棄佛莊嚴劫第九百九十九尊。偈曰：「起諸善法本是幻，造諸惡業亦是幻。身如聚沫心如風，幻出無根無實性。」長阿含經云：「人壽七萬歲時，此佛出世。」種刹利，姓拘利若，父明相，母光耀，居光相城。坐分陀利樹下，説法三會，度人二十五萬。神足二：一名阿毘浮，二名婆婆。侍者忍行。子無量。

毗舍浮佛

毗舍浮佛莊嚴劫第一千尊。偈曰：「假借四大以爲身，心本無生因境有。前境若無心亦無，罪福如幻起亦滅。」長阿含經云：「人壽六萬歲時，此佛出世。」種刹利，姓拘利若，父善燈，母稱戒，居無喻城。坐婆羅樹下，説法二會，度人一十三萬。神足二：一扶遊，二鬱多摩。侍者寂滅。子妙覺。

拘留孫佛

拘留孫佛見在賢劫第一尊。偈曰：「見身無實是佛身，了心如幻是佛幻。了得身心本性空，斯人與佛何殊别？」長阿含經云：「人壽四萬歲時，此佛出世。」種婆羅門，姓迦葉，父禮得，母善枝，居安和城。坐尸利沙樹下，説法一會，度人四萬。神足二：一薩尼，二毗樓。侍者善覺。子上勝。

拘那含牟尼佛

拘那含牟尼佛賢劫第二尊。偈曰：「佛不見身知是佛，若實有知别無佛。智者能知罪性空，坦然不怖於生死。」長阿含經云：「人壽三萬歲時，此佛出世。」種婆羅門，姓迦葉，父大德，母善勝，居清净城。坐烏暫婆羅門樹下，説法一會，度人三萬。神足二：一舒槃那，二鬱多樓。侍者安和。子道師。

迦葉佛

迦葉佛賢劫第三尊。偈曰：「一切衆生性清净，從本無生無可滅。即此身心是幻生，幻化之中無罪福。」長阿含經云：「人壽二萬歲時，此佛出世。」種婆羅門，姓迦葉，父梵德，母財主，居波羅柰城。坐尼拘律樹下，説法一會，度人二萬。神足二：一提舍，二婆羅婆。侍者善友。子集軍。

釋迦牟尼佛

釋迦牟尼佛，賢劫第四尊。姓刹利，父净飯天，母大清净妙。位登補處，生兜率天上，名曰勝善天人，亦名護明大士。度諸天衆，説補處行，亦於十方界中現身説法。普耀經云：「佛初生刹利王家，放大智光明，照十方世界。地涌金蓮華，自然捧雙足，東西及南北各行於七步，分手指天地，作師子吼聲：『上下及四維，無能尊我者。』」即周昭王二十四年甲寅歲四月八日也。

至四十二年二月八日，年十九，欲求出家，而自念言：「當復何遇？」即於四門遊觀，見四等事，心有悲喜，而作思惟：「此老、病、死，終可厭離。」於是夜子時，有一天人名曰浄居，於窗牖中叉手白太子言：「出家時至，可去矣。」太子聞已，心生歡喜，即逾城而去，於檀特山中修道。始於阿藍迦藍處三年，學不用處定，知非便捨。復至鬱頭藍弗處三年，學非非想定，知非亦捨。又至象頭山，同諸外道日食麻麥，經于六年。故經云：「以無心意、無授行，而悉摧伏諸外道。」先歷試邪法，示諸方便，發諸異見，令至菩提。故普集經云：「菩薩於二月八日明星出時成佛，號天人師。」時年三十矣，即穆王三年癸未歲也。既而於鹿野苑中，爲憍陳如等五人轉四諦法輪而論道果。

說法住世四十九年，後告弟子摩訶迦葉：「吾以清浄法眼、涅槃妙心、實相無相、微妙正法，將付於汝，汝當護持。」并勑阿難：「副貳傳化，無令斷絶。」而說偈言：「法本法無法，無法法亦法。今付無法時，法法何曾法？」爾時，世尊說此偈已，復告迦葉：「吾將金縷僧伽梨衣傳付於汝，轉授補處，至慈氏佛出世，勿令朽壞。」迦葉聞偈，頭面禮足曰：「善哉！善哉！我當依勑，恭順佛故。」

爾時，世尊至拘尸那城，告諸大衆：「吾今背痛，欲入涅槃。」即往熙連河側娑羅雙樹下，右脇累足，泊然宴寂。復從棺起，爲母說法。特示雙足化婆耆，并說無常偈曰：「諸行無常，是生滅法。生滅滅已，寂滅爲樂。」時諸弟子即以香薪競荼毘之，燼後金棺如故。爾時，大衆即於佛前以偈讚曰：「凡俗諸猛熾，何能致火爇？請尊三昧火，闍維金色身。」爾時，金棺從坐而舉，高七多羅樹。往反空中，化火三昧。須臾灰生，得舍利八斛四斗。即穆王五十二年壬申歲二月十五日也。

自世尊滅後一千一十七年，教至中夏，即後漢永平十年戊辰歲也。

天竺二十五祖 內一祖旁出無録〔一〕

第一祖摩訶迦葉

第一祖摩訶迦葉，摩竭陀國人也。姓婆羅門，父飲澤，母香志。昔爲鍛金師，善明金性，使其柔伏。付法傳云：嘗於久遠劫中，毘婆尸佛入涅槃後，四衆起塔，塔中像面上金色有少缺壞。時有貧女將金珠往金師所，請飾佛面。既而因共發願：願我二人爲無姻夫妻。由是因緣，九十一劫身皆金色。後生梵天，天壽盡，生中天摩竭陀國婆羅門家，名曰迦葉

〔一〕此標題原無，據卷首細目補。現有二、三級標題，底本或有或無，前後不一，爲保持全書體例一致，今統一整理如此。下同不注。

波。此云飲光勝尊，蓋以金色爲號也。繇是志求出家，冀度諸有。佛言：「善來比丘。」鬚髪自除，袈裟著體，常於衆中稱歎第一。復言：「吾以清浄法眼將付於汝，汝可流布，無令斷絶。」涅槃經云：爾時世尊欲涅槃時，迦葉不在衆會〔一〕。佛告諸大弟子：「迦葉來時，可令宣揚正法眼藏。」爾時迦葉在耆闍堀山賓鉢羅窟，覩勝光明，即入三昧，以浄天眼觀見世尊於熙連河側入般涅槃，乃告其徒曰：「如來涅槃也，何其駛哉！」即至雙樹間悲戀號泣。佛於金棺内現雙足。

爾時迦葉告諸比丘：「佛已茶毘，金剛舍利非我等事。我等宜當結集法眼，無令斷絶。」乃説偈曰：「如來弟子，且莫涅槃。得神通者，當赴結集。」於是得神通者，悉集王舍耆闍堀山賓鉢羅窟。時阿難爲漏未盡，不得入會。後證阿羅漢果，由是得入。迦葉乃白衆言：「此阿難比丘多聞總持，有大智慧，常隨如來，梵行清浄。所聞佛法，如水傳器，無有遺餘。佛所讚歎，聰敏第一。宜可請彼集修多羅藏。」大衆默然。迦葉告阿難曰：「汝今宜

〔一〕四部本此下有小注云：「嵩禪師正宗記評曰：『昔涅槃會之初，如來告諸比丘曰：「汝等不應作如是語，我今所有無上正法，悉已付囑摩訶迦葉，是迦葉者當爲汝等作大依止。」然正宗者，聖人密相傳授，不可必知其處與時也。以經酌之，則法華先而涅槃後也。方説法華，迦葉預焉，及涅槃而不在其會。吾謂付法之時，其在二經之間耳。或謂靈山拈花，又曰付法於多子塔前，然此未見所出，吾雖稍取，亦不敢果以爲審也。』」

宣法眼。」阿難聞語信受，觀察衆心，而宣偈言：「比丘諸眷屬，離佛不莊嚴。猶如虚空中，衆星之無月。」説是偈已，禮衆僧足，升法坐而説是言：「如是我聞，一時佛住某處説某經教，乃至人天等作禮奉行。」時迦葉問諸比丘：「阿難所言不錯謬乎？」皆曰：「不異世尊所説。」迦葉乃告阿難言：「我今年不久留，今將正法付囑於汝，汝善守護。聽吾偈言：『法法本來法，無法無非法。何於一法中，有法有不法？』」説偈已，乃持僧伽梨衣入雞足山，俟慈氏下生。即周孝王五年丙辰歲也。「五年」當作「四年」。自此至第十三祖迦毘摩羅年數錯誤，今皆依史記年表中六甲改正。

第二祖阿難

第二祖阿難，王舍城人也。姓刹利帝，父斛飯王，實佛之從弟也。梵語「阿難陀」，此云「慶喜」，亦云「歡喜」。如來成道夜生，因爲之名。多聞博達，智慧無礙。世尊以爲總持第一，嘗所讚歎。加以宿世有大功德，受持法藏，如水傳器，佛乃命爲侍者。

後阿闍世王白言：「仁者！如來、迦葉尊勝二師皆已涅槃，而我多故，悉不能覩。仁者般涅槃時，願垂告别。」阿難許之。後自念言：「我身危脆，猶如聚沫。況復衰老，豈堪長久？」又念：「阿闍世王與吾有約。」乃詣王宫告之曰：「吾欲入涅槃，來辭耳。」門者曰：

「王寢，不可以聞。」阿難曰：「俟王覺時，當爲我説。」時阿闍世王夢中見一寶蓋，七寶嚴飾，千萬億衆圍繞瞻仰。俄而風雨暴至，吹折其柄，珍寶瓔珞悉墜於地。心甚驚異。既寤，門者具白上事。王聞語已，失聲號慟，哀感天地。即至毘舍離城，見阿難在恒河〔一〕中流跏趺而坐。王乃作禮而説偈言：「稽首三界尊，棄我而至此。暫憑悲願力，且莫般涅槃。」時毘舍離王亦在河側，復説偈言：「尊者一何速，而歸寂滅場。願住須臾間，而受於供養。」爾時，阿難見二國王咸來勸請，乃説偈言：「二王善嚴住，勿爲苦悲戀。涅槃當我浄，舊本作「静」，此依寶林傳、正宗記易此一字。而無諸有故。」阿難復念：「我若偏向一國而般涅槃，諸國争競，無有是處，應以平等度諸有情。」遂於恒河中流將入寂滅。

是時，山河大地六種震動，雪山中有五百仙人覩兹瑞應，飛空而至，禮阿難足，胡跪白言：「我於長老，當證佛法。願垂大慈，度脱我等。」阿難默然受請，即變殑伽河悉爲金地，爲其仙衆説諸大法。阿難復念：「先所度脱弟子應當來集。」須臾五百羅漢從空而下，爲諸仙人出家受具。其仙衆中有二羅漢，一名商那和修，二名末田底迦，阿難知是法器，乃告之曰：「昔如來以大法眼付大迦葉，迦葉入定而付於我，我今將滅，用傳於汝。汝受吾教，

〔一〕「恒河」，原作「常河」，爲避宋真宗趙恒之諱改，今徑回改。下同不注。

當聽偈言：『本來付有法，付了言無法。各各須自悟，悟了無無法。』」

阿難付法眼藏竟，踊身虚空作十八變，入風奮迅三昧，分身四分：一分奉忉利天，一分奉娑竭羅龍宫，一分奉毘舍離王，舊本作「毘舍離龍王」，今依寶林傳、正宗記除「龍」字。一分奉阿闍世王，各造寶塔而供養之。乃厲王十二年癸巳歲也。當作「十年」。

第三祖商那和修

第三祖商那和修者，正宗記云：梵語「商諾迦」，此云「自然服」，以生時身自有衣也。洪覺範志林云：「謂僧伽梨衣與雲巖同也，而傳燈曰『自然服即西域九枝秀草名』，未詳。」摩突羅國人也。亦名舍那婆斯，姓毘舍多。父林勝，母憍奢耶，在胎六年而生。梵云「商諾迦」，此云「自然服」，即西域九枝秀草名也。若羅漢、聖人降生，則此草生於浄潔之地。和修生時，瑞草斯應。昔如來行化，至摩突羅國，見一青林，枝葉茂盛，語阿難曰：「此林地名優留荼，吾滅度後一百年，有比丘商那和修於此地轉妙法輪。」後百歲，果誕和修。出家證道，受慶喜尊者法眼，化導有情。及止此林，降二火龍，歸順佛教。龍因施其地，以建梵宫。

尊者化緣既久，思付正法。尋於吒利國得優波毱多以爲給侍，因問毱多曰：「汝年幾耶？」答曰：「我年十七。」師曰：「汝身十七？性十七耶？」答曰：「師髮已白，爲髮白耶？心白耶？」師曰：「我但髮白，非心白耳。」毱多曰：「我身十七，非性十七也。」和修知是法器，後三載，遂爲落髮受具。乃告曰：「昔如來以無上法眼藏付囑迦葉，展轉相授而至於我。我今付汝，勿令斷絶。汝受吾教，聽吾偈言：『非法亦非心，舊本作「非法亦非法」，今依寶林傳、正宗記改作「非法亦非心」也。無心亦無法。説是心法時，是法非心法。』」説偈已，即隱於罽賓國南象白山中。

後於三昧中，見弟子毱多有五百徒衆，常多懈慢。尊者乃往彼現龍奮迅三昧以調伏之，而説偈曰：「通達非彼此，至聖無長短。汝除輕慢意，疾得阿羅漢。」五百比丘聞偈已，依教奉行，皆獲無漏。尊者乃作十八變火光三昧，用焚其身。毱多收舍利，葬於梵迦羅山。五百比丘人持一幡，迎導至彼，建塔供養。乃宣王二十三年乙未歲也。當作「二十二年」。

第四祖優波毱多

第四祖優波毱多者，吒利國人也，亦名優波崛多，又名鄔波毱多。姓首陀，父善意。十七出家，二十證果。隨方行化，至摩突羅國，得度者甚衆。由是魔宮震動，波旬愁怖，遂竭其魔力，以害正法。尊者即入三昧，觀其所由。波旬復伺便，密持瓔珞縻之于頸。及尊者出定，乃取人、狗、蛇三屍，化爲華鬘，軟言慰諭波旬曰：「汝與我瓔珞，甚是珍妙。吾有華鬘，以相酬奉。」波旬大喜，引頸受之，即變爲三種臭屍，蟲蛆壞爛。波旬厭惡，大生憂惱，盡己神力，不能移動。乃升六欲天告諸天王，又詣梵王，求其解免。彼各告言：「十力弟子所作神變，我輩凡陋何能去之？」波旬曰：「然則奈何？」梵王曰：「汝可歸心尊者，即能除斷。」乃爲説偈令其迴向曰：「若因地倒，還因地起。離地求起，終無其理。」波旬受教已，即下天宫，禮尊者足，哀露懺悔。毱多告曰：「汝自今去，於如來正法更不作嬈害否？」波旬曰：「我誓迴向佛道，永斷不善。」毱多曰：「若然者，汝可口自唱言『歸依三寶』。」魔王合掌三唱，華鬘悉除。乃歡喜踊躍，作禮尊者而説偈曰：「稽首三昧尊，十力聖弟子。我今願迴向，勿令有劣弱。」

尊者在世化導，證果最多。每度一人，以一籌置於石室。其室縱十八肘，廣十二肘，充滿其間。最後有一長者子，名曰香衆，來禮尊者，志求出家。尊者問曰：「汝身出家？心出家？」答曰：「我來出家，非爲身心。」尊者曰：「不爲身心，復誰出家？」答曰：「夫出家者，無我我故。無我我故，即心不生滅。心不生滅，即是常道。諸佛亦常，心無形相，其體亦然。」尊者曰：「汝當大悟，心自通達。宜依佛、法、僧，紹隆聖種。」即爲剃度，受具足戒。仍告之曰：「汝父嘗夢金日而生汝，可名提多迦。」復謂曰：「如來以大法眼藏次第傳授，以至於我。今復付汝，聽吾偈言：『心自本來心，本心非有法。有法有本心，非心非本法。』」付法已，乃踊身虚空，呈十八變，然復本坐，跏趺而逝。多迦以室内籌用焚其軀，收舍利建塔供養。即平王三十一年庚子歲也。當作「三十年」。

第五祖提多迦

第五祖提多迦者，摩伽陀國人也。初生之時，父夢金日自屋而出，照耀天地，前有大山，諸寶嚴飾，山頂泉涌，滂沱四流。後遇毱多尊者，爲解之曰：「寶山者，吾身也。泉涌者，法無盡也。日從屋出者，汝今入道之相也。照耀天地者，汝智慧超越也。」尊者本名香衆，師因易今名焉。梵云「提多迦」，此云「通真量」也。多迦聞師説已，歡喜踊躍而唱偈言：「巍巍七寶山，常出智慧泉。迴爲真法味，能度諸有緣。」毱多尊者亦説偈曰：「我法傳於汝，當現大智慧。金日從屋出，照耀於天地。」提多迦聞師妙偈，設禮奉持。

後至中印度，彼國有八千大仙，彌遮迦爲首。聞尊者至，率衆瞻禮，謂尊者曰：「昔與師同生梵天，我遇阿私陀僊人授我僊法，師逢十力弟子修習禪那。自此報分殊塗，已經六劫。」尊者曰：「支離累劫，誠哉不虚。今可捨邪歸正，以入佛乘。」彌遮迦曰：「昔阿私陀僊人授我記云：『汝却後六劫，當遇同學，獲無漏果。』今也相遇，非宿緣邪？願師慈悲，令我解脱。」尊者即度出家，命聖授戒。餘僊衆始生我慢，尊者示大神通，於是俱發菩提心，一時出家。乃告彌遮迦曰：「昔如來以大法眼藏密付迦葉，展轉相授而至於我。我今付汝，當護念之。」乃説偈曰：「通達本法心，無法無非法。悟了同未悟，無心亦無法。」

説偈已，踊身虚空，作十八變火光三昧，自焚其軀。彌遮迦與八千比丘同收舍利，於班茶山中起塔供養。即莊王七年己丑歲也。當作「五年」。

第六祖彌遮迦

第六祖彌遮迦者，中印度人也。既傳法已，遊化至北天竺國，見雉堞之上有金色祥雲，歎曰：「斯道人氣也，必有大士爲吾法嗣。」乃入城。於闤闠間有一人手持酒器，逆而問曰：「師何方而來？欲往何所？」師曰：「從自心來，欲往無處。」曰：「識我手中物否？」師曰：「此是觸器而負净者。」曰：「師還識我否？」師曰：「我即不識，識即非我。」又謂曰：「汝試自稱名氏，吾當後示本因。」彼人説偈而答：「我從無量劫，至于生此國。本姓頗羅墮，名字婆須蜜。」師曰：「我師提多迦説，世尊昔遊北印度，語阿難言：『此國中，吾滅後三百年，有一聖人姓頗羅墮，名婆須蜜，而於禪祖當獲第七。』世尊記汝，汝應出家。」彼乃置器禮師，側立而言曰：「我思往劫嘗作檀那，獻一如來寶坐。彼佛記我云：『汝於賢劫釋迦法中宣傳至教。』今符師説，願加度脱。」師即與披剃，復圓戒相，乃告之曰：「正法眼藏今付於汝，勿令斷絶。」乃説偈曰：「無心無可得，説得不名法。若了心非心，始解心心法。」

師説偈已，入師子奮迅三昧，踊身虚空，高七多羅樹，却復本坐化火自焚。婆須蜜收靈骨，貯七寶函，建浮圖寘于上級。即襄王十七年甲申歲也。當作「十五年」。

第七祖婆須蜜

第七祖婆須蜜者，北天竺國人也。姓頗羅墮，常服净衣、執酒器，遊行里閈，或吟或嘯，人謂之狂。及遇彌遮迦尊者，宣如來往誌，自悟前緣，投器出家，授法行化。

至迦摩羅國，廣興佛事。於法坐前，忽有一智者自稱：「我名佛陀難提，今與師論義。」師曰：「仁者！論即不義，義即不論。若擬論義，終非義論。」難提知師義勝，心即欽伏，曰：「我願求道，霑甘露味。」尊者遂與剃度，而授具戒。復告之曰：「如來正法眼藏，我今付汝，汝當護持。」乃説偈曰：「心同虚空界，示等虚空法。證得虚空時，無是無非法。」尊者即入慈心三昧。時梵王帝釋及諸天衆，俱來作禮，而説偈言：「賢劫衆聖祖，而當第七位。尊者哀念我，請爲宣佛地。」尊者從三昧起，示衆云：「我所得法，而非有故。

若識佛地，離有無故。」

說此語已，還入三昧，示涅槃相。難提即於本坐起七寶塔，以葬全身。即定王十九年辛未歲也。當作「十七年」。

第八祖佛陀難提

第八祖佛陀難提者，迦摩羅國人也，姓瞿曇氏。頂有肉髻，辯捷無礙。初遇婆須蜜尊者，出家受教。既而領徒行化，至提伽國城毘舍羅家，見舍上有白光上騰，謂其徒曰：「此家當有聖人，口無言説，真大乘器。不行四衢，知觸穢耳。」言訖，長者出，致禮問：「何所須？」尊者曰：「我求侍者。」曰：「我有一子名伏馱蜜多，年已五十，口未曾言，足未曾履。」尊者曰：「如汝所説，真吾弟子。」尊者見之，遽起禮拜而説偈曰：「父母非我親，誰是最親者？諸佛非我道，誰爲最道者？」尊者以偈答曰：「汝言與心親，父母非可比。汝行與道合，諸佛心即是。外求有相佛，與汝不相似。欲識汝本心，非合亦非離。」伏馱蜜多聞師妙偈，便行七步。師曰：「此子昔曾值佛，悲願廣大。慮父母愛情難捨，故不言不履耳。」時長者遂捨，令出家。尊者尋授具戒，復告之曰：「我今以如來正法眼藏付囑於汝，勿令斷絶。」乃説偈曰：「虚空無内外，心法亦如此。若了虚空故，是達真如理。」伏馱蜜多承師付囑，以偈讚曰：「我師禪祖中，當得爲第八。法化衆無量，悉獲阿羅漢。」爾時，尊者佛陀難提即現神變，却復本坐，儼然寂滅。衆興寶塔，葬其全身。即景王十二年丙寅歲也。當作「十年」。

第九祖伏馱蜜多

第九祖伏馱蜜多者，提伽國人，姓毘舍羅。既受佛陀難提付囑，後至中印度行化。時有長者香蓋，携一子而來，瞻禮尊者曰：「此子處胎六十歲，因號難生。復嘗會一仙者，謂此兒非凡，當爲法器。今遇尊者，可令出家。」尊者即與落髮授戒。羯磨之際，祥光燭坐，仍感舍利三十一作「七」。粒現前，自此精進忘疲。既而師告曰：「如來大法眼藏，今付於汝，汝護念之。」乃説偈曰：「真理本無名，因名顯真理。受得真實法，非真亦非僞。」尊者付法已，即入滅盡三昧而般涅槃。衆以香油、旃檀闍維真體，收舍利，建塔于那爛陀寺。即敬王三十五年甲寅歲也。當作「三十三年」。

第十祖脇尊者

第十祖脇尊者，中印度人也，本名難生。初，尊者將誕，父夢一白象，背有寶坐，坐上安一明珠，從門而入，光照四衆，既覺遂生。後值伏馱尊者，執侍左右，未嘗睡眠，謂其「脇不至席」，遂號脇尊者焉。

初至華氏國，憩一樹下，右手指地而告衆曰：「此地變金色，當有聖人入會。」言訖即變金色。時有長者子富那夜奢，合掌前立。尊者問：「汝從何來？」夜奢曰：「我心非往。」尊者曰：「汝何處住？」曰：「我心非止。」尊者曰：「汝不定耶？」曰：「諸佛亦然。」尊者曰：「汝非諸佛。」曰：「諸佛亦非尊者。」因説偈曰：「此地變金色，預知於聖至。當坐菩提樹，覺華而成已。」夜奢復説偈曰：「師坐金色地，常説真實義。迴光而照我，令入三摩諦。」尊者知其意，即度出家，復具戒品，乃告之曰：「如來大法眼藏，今付於汝，汝護念之。」乃説偈言：「真體自然真，因真説有理。領得真真法，無行亦無止。」

尊者付法已，即現神變而入涅槃，化火自焚。四衆各以衣祴古得切。盛舍利，隨處興塔而供養之。即貞王二十二年己亥歲也。當作「二十七年」。

第十一祖富那夜奢

第十一祖富那夜奢，華氏國人也，姓瞿曇氏，父寶身。既得法於脇尊者，尋詣波羅柰國，有馬鳴大士迎而作禮，因問曰：「我欲識佛，何者即是？」師曰：「汝欲識佛，不識者是。」曰：「佛既不識，焉知是乎？」師曰：「既不識佛，焉知不是？」曰：「此是鋸義。」師曰：「彼是木義。」復問：「鋸義者何？」曰：「與師平出。」又問：「木義者何？」師曰：「汝被我解。」馬鳴豁然惺悟，稽首歸依，遂求剃度。師謂衆曰：「此大士者昔爲毘舍離國王。其國有一類人，如馬裸露，王運神力分身爲蠶，彼乃得衣。王後復生中印度，馬人感戀悲〔一〕鳴，因號馬鳴焉。如來記云：『吾滅度後六百年，當有賢者馬鳴，於波羅奈國摧伏異道，度人無量。』繼吾傳化，今正是時。」即告之曰：「如來大法眼藏，今付於汝。」即說偈曰：「迷悟如隱顯，明暗不相離。今付隱顯法，非一亦非二。」

尊者付法已，即現神變，湛然圓寂。衆興寶塔以閟全身。即安王十四年戊戌歲也。當作「十九年」。

第十二祖馬鳴大士

第十二祖馬鳴大士者，波羅奈國人也。亦名功勝，以有作無作，諸功德最爲殊勝，故名焉。既受法於夜奢尊者，後於華氏國轉妙法輪。忽有老人坐前仆地，師謂衆曰：「此非庸流，當有異相。」言訖不見。俄從地踊出一金色人，復化爲女子，右手指師而說偈曰：「稽首長老尊，當受如來記。今於此地上，宣通第一義。」說偈已，瞥然不見。師曰：「將有魔

〔一〕「悲」，原作「非」，據四部本、趙城本改。

來，與吾校力。」有頃，風雨暴至，天地晦冥。師曰：「魔之來信矣，吾當除之。」即指空中，現一大金龍，奮發威神，震動山岳。師儼然於坐，魔事隨滅。經七日，有一小蟲，大若蟭螟，潛形坐下。師以手取之，示衆曰：「斯乃魔之所變，盜聽吾法耳。」乃放之令去，魔不能動。師告之曰：「汝但歸依三寶，即得神通。」遂復本形，作禮懺悔。師問曰：「汝名誰耶？眷屬多少？」曰：「我名迦毘摩羅，有三千眷屬。」師曰：「汝盡神力變化若何？」曰：「我化巨海，極爲小事。」師曰：「汝化性海得否？」曰：「何謂性海？我未嘗知。」師即爲説性海云：「山河大地，皆依建立，三昧六通，舊云「六神通」，依正宗記除「神」字。由兹發現。」迦毘摩羅聞言，遂發信心，與徒衆三千俱求剃度。師乃召五百羅漢，與授具戒。復告之曰：「如來大法眼藏，今當付汝。汝聽偈言：『隱顯即本法，明暗元不二。今付悟了法，非取亦非離。』」

付法已，即入龍奮迅三昧，挺身空中，如日輪相，然後示滅。四衆以真體藏之龍龕。即顯王三十七年甲午歲也。當作「四十二年」。

第十三祖迦毘摩羅

第十三祖迦毘摩羅者，華氏國人也。初爲外道，有徒三千，通諸異論。後於馬鳴尊者得法，領徒至西印度。彼有太子名雲自在，仰尊者名，請於宮中供養。尊者曰：「如來有教，沙門不得親近國王、大臣權勢之家。」太子曰：「今我國城之北有大山焉，山中有一石窟，師可禪寂于此否？」尊者曰：「諾。」即入彼山，行數里，逢一大蟒，尊者直進不顧，遂盤繞師身。師因與受三歸依，蟒聽訖而去。尊者將至石窟，復有一老人素服而出，合掌問訊。尊者曰：「汝何所止？」答曰：「我昔嘗爲比丘，多樂寂静。有初學比丘數來請益，而我煩於應答，起瞋恨想，命終墮爲蟒身，住是窟中，今已千載。適遇尊者，獲聞戒法，故來謝耳。」尊者問曰：「此山更有何人居止？」曰：「北去十里，有大樹蔭覆五百大龍，其樹王名龍樹，常爲龍衆説法，我亦聽受耳。」尊者遂與徒衆詣彼，龍樹出迎尊者曰：「深山孤寂，龍蟒所居，大德至尊，何枉神足？」師曰：「吾非至尊，來訪賢者。」龍樹默念曰：「此師得決定性，明道眼否？是大聖繼真乘否？」師曰：「汝雖心語，吾已意知。但辦出家，何慮吾之不聖？」龍樹聞已，悔謝。尊者即與度脱，及五百龍衆俱受具戒。復告龍樹曰：「今以如來大法眼藏付囑於汝。諦聽偈言：『非隱非顯法，説是真實際。悟此隱顯法，非愚亦非智。』」

付法已，即現神變，化火焚身。龍樹收五色舍利，建塔瘞之。即赧王四十一年壬辰歲也。當作「四十六年」。

第十四祖龍樹尊者

第十四祖龍樹尊者，西天竺國人也，亦名龍勝。始於毘羅尊者得法，後至南印度。彼國之人多信福業，聞尊者爲説妙法，遞相謂曰：「人有福業，世間第一。徒言佛性〔一〕，誰能覩之？」尊者曰：「汝欲見佛性，先須除我慢。」彼人曰：「佛性大小？」尊者曰：「非大非小，非廣非狹，無福無報，不死不生。」彼聞理勝，悉迴初心。尊者復於座上現自在身，如滿月輪。一切衆唯聞法音，不覩師相。彼衆中有長者子名迦那提婆，謂衆曰：「識此相否？」衆曰：「目所未覩，安能辨識？」提婆曰：「此是尊者現佛性體相，以示我等。何以知之？蓋以無相三昧形如滿月，佛性之義廓然虚明。」言訖，輪相即隱，復居本座，而説偈言：「身現圓月相，以表諸佛體。説法無其形，用辨非聲色。」彼衆聞偈，頓悟無生，咸願出家，以求解脱。尊者即爲剃髮，命諸聖授具。其國先有外道五千餘人，作大幻術，衆皆宗仰。尊者悉爲化之，令歸三寶。復造大智度論中論十二門論垂之於世。後告上首弟子迦那提婆曰：「如來大法眼藏，今當付汝。聽吾偈言：『爲明隱顯法，方説解脱理。於法心

〔一〕「性」，原作「信」，據四部本、趙城本改。

不證，無瞋亦無喜。』」

付法訖，入月輪三昧，廣現神變。復就本座，凝然禪寂。迦那提婆與諸四衆共建寶塔以葬焉。即秦始皇三十五年己丑歲也。

景德傳燈録卷第二

天竺三十五祖內一十三祖見録，內二十二祖旁出無録

第十五祖迦那提婆　第十六祖羅睺羅多　第十七祖僧伽難提　第十八祖伽邪舍多　第十九祖鳩摩羅多　第二十祖闍夜多　第二十一祖婆修盤頭　第二十二祖摩拏羅　第二十三祖鶴勒那　第二十四祖師子尊者

達磨達師子尊者旁出　因陀羅達磨達旁出二祖　瞿羅忌利婆　達磨尸利帝因陀羅旁出四祖　那伽難提　破樓求多羅　波羅婆提　波羅跋摩瞿羅忌利婆旁出二祖　僧伽羅叉　摩帝隸披羅達磨尸利帝旁出二祖　訶利跋茂　和修盤頭破樓求多羅旁出三祖　達摩訶帝　旃陀羅多　勒那多羅婆羅跋摩旁出三祖　盤頭多羅　婆羅婆多　毘舍也多羅僧伽羅叉旁出五祖　毘樓羅多摩　毘栗蜀多羅　優波羶馱　婆難提多已上二十二祖無語句不録

第二十五祖婆舍斯多　第二十六祖不如蜜多　第二十七祖般若多羅〔一〕

〔一〕此下原附有明本細目，與此大同小異，因其爲更後所出，故不取。下同不注。

天竺三十五祖內一十三祖見録，內二十二祖旁出無録

第十五祖迦那提婆

第十五祖迦那提婆者，南天竺國人也，姓毘舍羅。初求福業，兼樂辯論。後謁龍樹大士，將及門，龍樹知是智人，先遣侍者以滿鉢水置於坐前。尊者覩之，即以一鍼投之而進，欣然契會。龍樹即爲説法，不起於坐，見月輪相，唯聞其聲，不見其形。尊者語衆曰：「今此瑞者，師現佛性，表説法非聲色也。」

尊者既得法，後至毘羅國，彼有長者曰梵摩淨德。一日，園樹生大耳如菌，味甚美。唯長者與第二子羅睺羅多取而食之。取已隨長，盡而復生，自餘親屬皆不能見。時尊者知其宿因，遂至其家。長者問其故，尊者曰：「汝家昔曾供養一比丘，然此比丘道眼未明，以虚霑信施，故報爲木菌。惟汝與子正宗云「與次子」。精誠供養，得以享之，餘即否矣。」又問：「長者年多少？」答曰：「七十有九。」尊者乃説偈曰：「入道不通理，復身還信施。汝年八十一，此樹不生耳。」長者聞偈，彌加歎伏，且曰：「弟子衰老，不能事師，願捨次子隨師出家。」尊者曰：「昔如來記此子當第二五百年爲大教主。今之相遇，蓋符宿因。」即與剃髮

執侍。

至巴連弗城，聞諸外道欲障佛法，計之既久。尊者乃執長旛入彼衆中，彼問尊者曰：「汝何不前？」尊者曰：「汝何不後？」又曰：「汝似賤人。」尊者曰：「汝似良人。」又曰：「汝解何法？」尊者曰：「汝百不解。」又曰：「我欲得佛。」尊者曰：「我酌然得佛。」又曰：「汝不合得。」尊者曰：「元道我得，汝實不得。」又曰：「汝既不得，云何言得？」尊者曰：「汝有我故，所以不得。我無我我，故自當得。」彼詞既屈，乃問師曰：「汝名何等？」尊者曰：「我名迦那提婆。」彼既夙聞師名，乃悔過致謝。時衆中猶互興問難，尊者析以無礙之辯，由是歸伏，乃告上足羅睺羅多而付法眼，偈曰：「本對傳法人，爲説解脱理。於法實無證，無終亦無始。」

尊者説偈已，入奮迅定，身放八光，而歸寂滅。學衆興塔而供養之。即前漢文帝十九年庚辰歲也。

第十六祖羅睺羅多

第十六祖羅睺羅多者，迦毘羅國人也。行化至室羅筏城，有河名曰金水，其味殊美，中流復現五佛影。尊者告衆曰：「此河之源凡五百里，有聖者僧伽難提居於彼處。佛誌：

『一千年後，當紹聖位。』」語已，領諸學衆泝流而上。至彼，見僧伽難提安坐入定。尊者與衆伺之，經三七日方從定起。尊者問曰：「汝身定耶？心定耶？」曰：「身心俱定。」尊者曰：「身心俱定，何有出入？」曰：「雖有出入，不失定相。如金在井，金體常寂。」尊者曰：「若金在井，若金出井，金無動静，何物出入？」曰：「言金動静，何物出入？許金出入，金非動静。」尊者曰：「若金在井，出者何金？若金出井，在者何物？」曰：「金若出井，在者非金。金若在井，出者非物。」尊者曰：「此義不然。」曰：「彼理非著。」尊者曰：「此義當墮。」曰：「彼義不成。」尊者曰：「彼義不成，我義成矣。」曰：「我義雖成，法非我故。」尊者曰：「我義已成，我無我故。」曰：「我無我故，復成何義？」尊者曰：「我無我故，故成汝義。」曰：「仁者師於何聖得是無我？」尊者曰：「我師迦那提婆證是無我。」曰：「稽首提婆師，而出於仁者。仁者無我故，我欲師仁者。」尊者曰：「我已無我故，汝須見我我。汝若師我故，知我非我我。」難提心意豁然，即求度脱。尊者曰：「汝心自在，非我所繫。」語已，即以右手擎金鉢，舉至梵宫，取彼香飯，將齋大衆，而大衆忽生厭惡之心。尊者曰：「非我之咎，汝等自業。」即命僧伽難提分坐同食，衆復訝之。尊者曰：「汝不得食，皆由此故。當知與吾分坐者，即過去娑羅樹王如來也。愍物降迹，汝輩亦莊嚴劫中已至三果而未證無漏者也。」衆曰：「我師神力斯可信矣。彼云過去佛者，即竊疑焉。」僧伽難提知衆生慢，乃曰：「世尊在日，世界平正，無有丘陵、江河、溝洫，水悉甘美，草木滋茂，國土豐盈，無八苦，行十善。自雙樹示滅八百餘年，世界丘墟，樹木枯悴，人無至信，正念輕微，不信真如，唯愛神力。」言訖，以右手漸展入地，至金剛輪際，取甘露水，以瑠璃器持至會所。大衆見之，即時欽慕，悔過作禮。於是，尊者命僧伽難提而付法眼，偈曰：「於法實無證，不取亦不離。法非有無相，内外云何起？」

尊者付法已，安坐歸寂，四衆建塔。此當前漢武帝二十八年戊辰歲也。

第十七祖僧伽難提

第十七祖僧伽難提者，室羅閥城寶莊嚴王之子也。生而能言，常讚佛事。七歲即厭世樂，以偈告其父母曰：「稽首大慈父，和南骨血母。我今欲出家，幸願哀愍故。」父母固止之，遂終日不食，乃許其在家出家，號僧伽難提，復命沙門禪利多爲之師。積十九載，未曾退倦。尊者每自念言：「身居王宫，胡爲出家？」一夕天光下屬，見一路坦平，不覺徐行。約十里許，至大巖前，有石窟焉，乃燕寂于中。父既失子，即擯禪利多，出國訪尋其子，不知所在。經十年，尊者得法受記已，行化至摩提國。忽有涼風襲衆，身心悦適非常而不知其然。

尊者曰：「此道德之風也。當有聖者出世，嗣續祖燈乎？」言訖，以神力攝諸大衆遊歷山谷。食頃，至一峯下，謂衆曰：「此峯頂有紫雲如蓋，聖人居此矣。」即與大衆徘徊久之。見山舍一童子，持圓鑑直造尊者前。尊者問：「汝幾歲耶？」曰：「百歲。」尊者曰：「汝年尚幼，何言百歲？」曰：「我不會理，正百歲耳。」尊者曰：「汝善機耶？」曰：「佛言：『若人生百歲，不會諸佛機。未若生一日，而得決了之。』」師曰：「汝手中者，當何所表？」童曰：「諸佛大圓鑑，内外無瑕翳。兩人同得見，心眼皆相似。」彼父母聞子語，即捨令出家。尊者携至本處，受具戒訖，名伽耶舍多。

他時，聞風吹殿銅鈴聲，尊者問師曰：「鈴鳴耶？風鳴耶？」師曰：「非風非鈴，我心鳴耳。」尊者曰：「心復誰乎？」師曰：「俱寂静故。」尊者曰：「善哉！善哉！繼吾道者，非子而誰？」即付法偈曰：「心地本無生，因地從縁起。縁種不相妨，華果亦復爾。」

尊者付法已，右手攀樹而化。大衆議曰：「尊者樹下歸寂，其垂蔭後裔乎？」將奉全身於高原建塔，衆力不能舉，即就樹下起塔。當前漢昭帝十三年丁未歲也。

第十八祖伽耶舍多

第十八祖伽耶舍多者，摩提國人也，姓鬱頭藍。父天蓋，母方聖。嘗夢大神持鑑，因而有娠。凡七日而誕，肌體瑩如瑠璃，未嘗洗沐，自然香潔。幼好閑静，語非常童。持鑑出遊，遇難提尊者得度。

領徒至大月氏國，見一婆羅門舍有異氣，尊者將入彼舍。舍主鳩摩羅多問曰：「是何徒衆？」曰：「是佛弟子。」彼聞佛號，心神竦然，即時閉户。尊者良久，自扣其門，羅多曰：「此舍無人。」尊者曰：「答無者誰？」羅多聞語，知是異人，遽開關延接。尊者曰：「昔世尊記曰：『吾滅後一千年，有大士出現於月氏國，紹隆玄化。』今汝值吾，應斯嘉運。」於是鳩摩羅多發宿命智，投誠出家，受具訖付法。偈曰：「有種有心地，因緣能發萌。於緣不相礙，當生生不生。」

尊者付法已，踊身虚空現十八種神變，化火光三昧，自焚其身。衆以舍利起塔。當前漢成帝二十年戊申歲也。

第十九祖鳩摩羅多

第十九祖鳩摩羅多者，大月氏國婆羅門之子也。昔爲自在天人，欲界第六天。見菩薩瓔珞，忽起愛心，墮生忉利，欲界第二天。聞憍尸迦説般若波羅蜜多，以法勝故，升于梵天，色界。以根利故，善説法要，諸天尊爲導師。以繼祖時至，遂降月氏。

後至中天竺國，有大士名闍夜多，問曰：「我家父母素信三寶，而嘗縈疾瘵，凡所營作，皆不如意。而我鄰家久爲旃陀羅行，而身常勇健，所作和合。彼何幸而我何辜？」尊者曰：「何足疑乎？且善惡之報有三時焉。凡人恒見仁夭暴壽、逆吉義凶，便謂亡因果、虚罪福，殊不知影響相隨，毫氂靡忒。縱經百千萬劫，亦不磨滅。」時闍夜多聞是語已，頓釋所疑。尊者曰：「汝雖已信三業，而未明業從惑生，惑因識有，識依不覺，不覺依心。心本清净，無生滅，無造作，無報應，無勝負，寂寂然，靈靈然。汝若入此法門，可與諸佛同矣。一切善惡，有爲無爲，皆如夢幻。」闍夜多承言領旨，即發宿慧，懇求出家。既受具，尊者告曰：「吾今寂滅時至，汝當紹行化迹。」乃付法眼，偈曰：「性上本無生，爲對求人説。於法既無得，何懷決不決？」師曰：「此是妙音如來見性清净之句，汝宜傳佈後學。」

言訖，即於坐上以指爪剺面，如紅蓮開，出大光明照耀四衆，而入寂滅。闍夜多起塔。當新室十四年壬午歲也。

第二十祖闍夜多

第二十祖闍夜多者，北天竺國人也。智慧淵沖，化導無量。後至羅閲城，敷揚頓教。彼有學衆唯尚辯論，爲之首者名婆修盤頭，此云「遍行」。常一食不卧，六時禮佛，清净無欲，爲衆所歸。尊者將欲度之，先問彼衆曰：「此遍行頭陀能修梵行，可得佛道乎？」衆曰：「我師精進，何故不可？」尊者曰：「汝師與道遠矣！設苦行歷於塵劫，皆虚妄之本也。」衆曰：「尊者藴何德行而譏我師？」尊者曰：「我不求道，亦不顛倒。我不禮佛，亦不輕慢。我不長坐，亦不懈怠。我不一食，亦不雜食。我不知足，亦不貪欲。心無所希，名之曰道。」時遍行聞已，發無漏智，歡喜讚歎。尊者又語彼衆曰：「會吾語否？吾所以然者，爲其求道心切。夫弦急即斷，故吾不贊。令其住安樂地，入諸佛智。」復告遍行曰：「吾適對衆抑挫仁者，得無惱於衷乎？」曰：「我憶念七劫前，生常安樂國。師於智者月净，記我非久當證斯陀含果。時有大光明菩薩出世，我以老故，策杖禮謁。師叱我曰：『重子輕父，一何鄙哉！』時我自謂無過，請師示之。師曰：『汝禮大光明菩薩，以杖倚壁畫佛面，以此過慢，遂失二果。』我責躬悔過以來，聞諸惡言如風如響，況今獲飲無上甘露，而反生熱惱邪？惟願大慈以妙道垂誨。」尊者曰：「汝久植衆德，當繼吾宗。聽吾偈曰：『言下合無生，同於法界性。若能如是解，通達事理竟。』」

尊者付法已，不起於坐，奄然歸寂。闍維收舍利建塔。當後漢明帝十七年甲戌歲也。

第二十一祖婆修盤頭

第二十一祖婆修盤頭者，羅閱城人也。姓毘舍佉，父光蓋，母嚴一。家富而無子，父母禱于佛塔而求嗣焉。一夕，母夢吞明暗二珠，覺而有孕。經七日，有一羅漢名賢衆至其家。光蓋設禮，賢衆端坐受之，嚴一出拜，賢衆避席云：「迴禮法身大士。」光蓋罔測其由，遂取一寶珠跪獻賢衆，試其真僞。賢衆即受之，殊無遜謝。光蓋不能忍，問曰：「我是丈夫，致禮不顧。我妻何德，尊者避之？」賢衆曰：「我受禮納珠，貴福汝耳。汝婦懷聖子，生當爲世燈慧日，故吾避之，非重女人也。」賢衆又曰：「汝婦當生二子，一名婆修盤頭，則吾所尊者也。二名芻尼，此云「野鵲子」。昔如來在雪山修道，芻尼巢於頂上。佛既成道，芻尼受報，爲那提國王。佛記云：『汝至第二五百年生羅閱城毘舍佉家，與聖同胞。』今無爽矣。」後一月果産子〔一〕。

尊者婆修盤頭年至十五，禮光度羅漢出家，感毘婆訶菩薩與之授戒。行化至那提國，彼王名常自在，有二子，一名摩訶羅，次名摩拏羅。王問尊者曰：「羅閱城土風與此同舊本

〔一〕「子」，四部本、趙城本作「二子」。

作「何」。異？」尊者曰：「彼土曾三佛出世，今王國有二師化導。」曰：「二師者誰？」尊者曰：「佛記：『第二五百年，有一神力大士出家繼聖。』即王之次子摩拏羅是其一也。吾雖德薄，敢當其一。」王曰：「誠如尊者所言，當捨此子作沙門。」尊者曰：「善哉大王！能遵佛旨。」即與受具，付法偈曰：「泡幻同無礙，如何不了悟。達法在其中，非今亦非古。」

尊者付法已，踊身高半由旬，屹然而住，四衆仰瞻虔請，復坐跏趺而逝。荼毘得舍利建塔。當後漢殤帝十二年丁巳歲也。當作「安帝十一年」，蓋殤帝在位止一年耳。

第二十二祖摩拏羅

第二十二祖摩拏羅者，那提國常自在王之子也。年三十，遇婆修祖師出家，傳法至西印度。彼國王名得度，即瞿曇種族，歸依佛乘，勤行精進。一日，於行道處現一小塔，欲取供養，衆莫能舉。王即大會梵行、禪觀、呪術等三衆，欲問所疑。時尊者亦赴此會，是三衆皆莫能辯。尊者即爲王廣説塔之所因，阿育王造塔，此不繁録。今之出現，王福力之所致也。王聞是説，乃曰：「至聖難逢，世樂非久。」即傳位太子，投祖出家，七日而證四果。尊者深加慰誨曰：「汝居此國，善自度人。今異域有大法器，吾當化令得度。」曰：「師應迹十方，動念當至，寧勞往邪？」尊者曰：「然。」於是焚香遥語月氏國鶴勒那比丘曰：「汝在彼國教導鶴衆，道果將證，宜自知之。」時鶴勒那爲彼國王寶印説修多羅偈，忽覩異香成穗。王曰：「是何祥也？」曰：「此是西印度傳佛心印祖師摩拏羅將至，先降信香耳。」曰：「此師神力何如？」答曰：「此師遠承佛記，當於此土廣宣玄化。」時王與鶴勒那俱遥作禮。尊者知已，即辭得度比丘，往月氏國，受王與鶴勒那供養。

後鶴勒那問尊者曰：「我止林間已經九白，印度以一年爲一白。有弟子龍子者，幼而聰慧，我於三世推窮，莫知其本。」尊者曰：「此子於第五劫中生妙喜國婆羅門家，曾以旃檀施於佛宇，作槌撞鐘，受報聰敏，爲衆欽仰。」又問：「我有何緣而感鶴衆？」尊者曰：「汝第四劫中嘗爲比丘，當赴會龍宫，汝諸弟子咸欲隨從，汝觀五百衆中無有一人堪任妙供。時諸子曰：『師常説法，於食等者，於法亦等。今既不然，何聖之有？』汝即令赴會。自汝捨生、趣生，轉化諸國，其五百弟子以福微德薄生於羽族，今感汝之惠，故爲鶴衆相隨。」鶴勒那聞語曰：「以何方便令彼解脱？」尊者曰：「我有無上法寶，汝當聽受，化未來際。」而説偈曰：「心隨萬境轉，轉處實能幽。隨流認得性，無喜復無憂。」

時鶴衆聞偈，飛鳴而去，尊者跏趺，寂然奄化。鶴勒那與寶印王起塔。當後漢桓帝十九年乙巳歲也。

第二十三祖鶴勒那

第二十三祖鶴勒那者，「勒那」，梵語，「鶴」即華言。以尊者出世常感群鶴戀慕，故名。月氏國人也。姓婆羅門，父千勝，母金光。以無子故，禱于七佛金幢，即夢須彌山頂一神童持金環云：「我來也。」覺而有孕。年七歲，遊行聚落，覩民間淫祀，乃入廟叱之曰：「汝妄興禍福，幻惑於人。歲費牲牢，傷害斯甚。」言訖，廟貌忽然而壞。由是鄉黨謂之聖子。年二十二出家，三十遇摩拏羅尊者付法眼藏。

行化至中印度，彼國王名無畏海，崇信佛道。尊者爲説正法次，王忽見二人緋素服拜尊者。王問曰：「此何人也？」師曰：「此是日、月天子。吾昔曾爲説法，故來禮耳。」良久不見，唯聞異香。王曰：「日、月國土總有多少？」尊者曰：「千釋迦佛所化世界，各有百億迷盧日月，我若廣説，即不能盡。」王聞忻然。

時尊者演無上道，度有緣衆。以上足龍子早夭，有兄師子，博通彊記，事婆羅門。厥師既逝，弟復云亡，乃歸依于尊者，而問曰：「我欲求道，當何用心？」尊者曰：「汝欲求道，無所用心。」曰：「既無用心，誰作佛事？」尊者曰：「汝若有用，即非功德。汝若無作，即是佛事。經云：『我所作功德，而無我所故。』」師子聞是言已，即入佛慧。時尊者忽指東北問云：「是何氣象？」師子曰：「我見氣如白虹，貫乎天地，復有黑氣五道横亘其中。」尊者曰：「其兆云何？」曰：「莫可知矣。」尊者曰：「吾滅後五十年，北天竺國當有難起，嬰在汝身。吾將滅矣，今以法眼付囑於汝，善自護持。」乃説偈曰：「認得心性時，可説不思議。了了無可得，得時不説知。」師子比丘聞偈欣愜，然未曉將罹何難，尊者乃密示之。

言訖，現十八變而歸寂。闍維畢，分舍利，各欲興塔。尊者復現空中而説偈曰：「一法一切法，一切一法攝。吾身非有無，何分一切塔？」大衆聞偈，遂不復分，就馱都之場而建塔焉。即後漢獻帝二十年己丑歲也。

第二十四祖師子比丘

第二十四祖師子比丘者，中印度人也，姓婆羅門。得法遊方至罽賓國，有波利迦者，本習禪觀，故有禪定、知見、執相、捨相、不語之五衆。尊者詰而化之，四衆皆默然心服。唯禪定師達磨達者，聞四衆被責，憤悱而來。尊者曰：「仁者習定，何當來此？既至于此，胡云習定？」曰：「我雖來此，心亦不亂。定隨人習，豈在處所？」尊者曰：「仁者既來，其習亦至。既無處所，豈在人習？」曰：「定習人故，非人習定。我雖來此，其定常習。」尊者曰：「人非習定，定習人故。當自來時，其定誰習？」彼曰：「如浄明珠，内外無翳。定若通達，必當如此。」師曰：「定若通達，一似明珠。今見仁者，非珠之徒。」彼曰：「其珠明徹，内外悉定。我心不亂，猶若此净。」師曰：「其珠無内外，仁者何能定？穢物非動揺，此定不是净。」達磨達蒙尊者開悟，心地朗然。尊者既攝五衆，名聞遐邇。

方求法嗣，遇一長者引其子問尊者曰：「此子名斯多，當生便拳左手。今既長矣，而終未能舒。願尊者示其宿因。」尊者覩之，即以手接曰：「可還我珠。」童子遽開手奉珠，衆皆驚異。尊者曰：「吾前報爲僧，有童子名婆舍，吾嘗赴西海齋，受嚫珠付之。今還吾珠，理固然矣。」長者遂捨其子出家，尊者即與受具。以前緣故，名婆舍斯多。尊者即謂之曰：「吾師密有懸記，罹難非久。如來正法眼藏，今轉付汝，汝應保護，普潤來際。」偈曰：「正説知見時，知見俱是心。當心即知見，知見即于今。」尊者説偈已，以僧伽梨衣密付斯多，俾之他國隨機演化。斯多受教，直抵南天。尊者以難不可苟免，獨留罽賓。

時本國有外道二人，一名摩目多，二名都落遮，學諸幻法，欲共謀亂。乃盜爲釋子形象，潛入王宫，且曰：「不成即罪歸佛子。」妖既自作，禍亦旋踵。事既敗，王果怒曰：「吾素歸心三寶，何乃搆害十至于斯！」即命破毁伽藍，袪除釋衆。又自秉劍至尊者所，問曰：「師得蘊空否？」尊者曰：「已得蘊空。」曰：「離生死否？」尊者曰：「已離生死。」曰：

「既離生死，可施我頭。」尊者曰：「身非我有，何悋於頭！」王即揮刃斷尊者首，涌白乳高數尺，王之右臂旋亦墮地，七日而終。太子光首歎曰：「我父何故自取其禍！」

時有象白山仙人者深明因果，即爲光首廣宣宿因，解其疑網，事具聖胄集及寶林傳。遂以師子尊者報體而建塔焉。當魏齊王二十年己卯歲也。當作「高貴鄉公六年」，蓋齊王芳立十五年而廢矣。正宗記云：寶林傳誤作己卯。當是齊王芳丁卯歲也，然則乃是八年也。

師子尊者付婆舍斯多心法、信衣，爲正嗣，外傍出達磨達四世二十二師。

第二十五祖婆舍斯多

第二十五祖婆舍斯多者，罽賓國人也，姓婆羅門。父寂行，母常安樂。初，母夢得神劍，因而有孕。既誕，拳左手。遇師子尊者，顯發宿因，密受心印。後適南天至中印度，彼國王名迦勝，設禮供養。時有外道號無我尊，先爲王禮重，嫉祖之至，欲與論義。幸而勝之，以固其事。乃於王前謂祖曰：「我解默論，不假言説。」祖曰：「孰知勝負？」曰：「不争勝負，但取其義。」祖曰：「汝以何爲義？」曰：「無心爲義。」祖曰：「汝既無心，安得義乎？」曰：「我説無心，當名非義。」祖曰：「汝説無心，當名非義。我説非心，當義非名。」曰：「當義非名，誰能辨義？」祖曰：「汝名非義，此名何名？」曰：「爲辨非義，是名無名。」祖曰：「名既非名，義亦非義。辨者是誰？當辨何物？」如是往返五十九翻，外道杜口信伏。于時祖忽然面北合掌長吁曰：「我師師子尊者今日遇難，斯可傷焉。」即辭王南邁，達于南天，潛隱山谷。時彼國王名天德，迎請供養。王有二子，一凶暴而色力充盛，一柔和而長嬰疾苦。祖乃爲陳因果，王即頓釋所疑。又有呪術師忌祖之道，乃潛置毒藥于飲食中。祖知而食之，彼返受禍，遂投祖出家，祖即與受具。

後六十載，太子得勝即位，復信外道，致難于祖。太子不如密多以進諫被囚。王遽問祖曰：「予國素絶妖訛，師所傳者當是何宗？」祖曰：「王國昔來實無邪法，我所得者即是佛宗。」王曰：「佛滅已千二百載，師從誰得耶？」祖曰：「飲光大士親受佛印，展轉至二十四世師子尊者，我從彼得。」王曰：「予聞師子比丘不能免於刑戮，何能傳法後人？」祖曰：「我師難未起時，密授我信衣法偈，以顯師承。」王曰：「其衣何在？」祖即於囊中出衣示王，王命焚之，五色相鮮，薪盡如故。王即追悔，致禮師子。真嗣既明，乃赦太子。

太子遂求出家，祖問太子曰：「汝欲出家，當爲何事？」曰：「我若出家，不爲其事。」祖曰：「不爲何事？」曰：「不爲俗事。」祖曰：「當爲何事？」曰：「當爲佛事。」祖曰：「太子智慧天至，必諸聖降迹。」即許出家。六年侍奉，後於王宫受具。羯磨之際，大地震動，頗多靈異。祖乃命之曰：「吾已衰朽，安可久留。汝當善護正法眼藏，普濟群有。聽吾偈曰：『聖人説知見，當境無是非。我今悟真性，無道亦無理。』」不如密多聞偈再啓祖曰：「法衣宜可傳授。」祖曰：「此衣爲難故，假以證明。汝身無難，何假其衣？化被十方，人自信向。」不如密多聞語，作禮而退。祖現于神變，化三昧火自焚，平地舍利可高一尺，得勝王創浮圖而秘之。當東晉明帝太寧三年乙酉歲也。

第二十六祖不如密多

第二十六祖不如密多者，南印度得勝王之太子也。既受度得法，至東印度。彼王名堅固，奉外道師長爪梵志。暨尊者將至，王與梵志同覩白氣貫于上下。王曰：「斯何瑞也？」梵志預知尊者入境，恐王遷善，乃曰：「此是魔來之兆耳，何瑞之有？」即鳩諸徒衆議曰：「不如蜜多將入都城，誰能挫之？」弟子曰：「我等各有呪術，可以動天地，入水火，何患哉？」尊者至，先見宫牆有黑氣，乃曰：「小難耳。」直詣王所。王曰：「師來何爲？」尊者曰：「將度衆生。」曰：「以何法度？」尊者曰：「各以其類度之。」時梵志聞言，不勝其怒，即以幻法化大山於尊者頂上。尊者指之，忽在彼衆頭上。梵志等怖懼投尊者，尊者愍其愚惑，再指之，化山隨滅。乃爲王演説法要，俾趣真乘。又謂王曰：「此國當有聖人而繼於我。」是時有婆羅門子，年二十許。幼失父母，不知名氏。或自言瓔珞，故人謂之瓔珞童子。遊行閭里，匃求度日，若常不輕之類。人問：「汝何行急？」即答云：「汝何行慢？」或問：「何姓？」乃曰：「與汝同姓。」莫知其故。後王與尊者同車而出，見瓔珞童子稽首於前。尊者曰：「汝憶往事否？」曰：「我念遠劫中與師同居，師演摩訶般若，我轉甚深修多羅。今日之事，蓋契昔因。」尊者又謂王曰：「此童子非他，即大勢至菩薩是也。此聖之後，復出二人。一人化南印度，一人緣在震旦，四五年内却返此方。」遂以昔因，故名般若多羅，付法眼藏，偈曰：「真性心地藏，無頭亦無尾。應緣而化物，方便呼爲智。」

尊者付法已，即辭王曰：「吾化緣已終，當歸寂滅，願王於最上乘無忘外護。」即還本坐，跏趺而逝，化火自焚。王收舍利，塔而瘞之。當東晉孝武帝太元十三年戊子歲也。

第二十七祖般若多羅

第二十七祖般若多羅者，東印度人也。既得法已，行化至南印度。彼王名香至，崇奉佛乘，尊重供養，度越倫等，又施無價寶珠。時王有三子，其季開士也。尊者欲試其所得，乃以所施珠問三王子曰：「此珠圓明，有能及此否？」第一子目浄多羅、第二子功德多羅皆曰：「此珠七寶中尊，固無踰也。非尊者道力，孰能受之？」第三子菩提多羅曰：「此是世寶，未足爲上。於諸寶中，法寶爲上。此是世光，未足爲上。於諸光中，智光爲上。此是世明，未足爲上。於諸明中，心明爲上。此珠光明，不能自照。要假智光，光辯於此。既辯此已，即知是珠。既知是珠，即明其寶。若明其寶，寶不自寶。若辯其珠，珠不自珠。珠不自珠者，要假智珠而辯世珠。寶不自寶者，要假智寶以明法寶。然則師有其道，其寶即現。衆生有道，心寶亦然。」尊者歎其辯慧，乃復問曰：「於諸物中，何物無相？」曰：「於諸物中，不起無相。」又問：「於諸物中，何物最高？」曰：「於諸物中，人我最高。」又問：「於諸物中，何物最大？」曰：「於諸物中，法性最大。」尊者知是法嗣，以時尚未至，且默而混之。及香至王厭世，衆皆號絶，唯第三子菩提多羅於柩前入定。經七日而出，乃求出家。既受具戒，尊者告曰：「如來以正法眼付大迦葉，如是展轉乃至於我。我今囑汝，聽吾偈曰：『心地生諸種，因事復生理。果滿菩提圓，華開世界起。』」

尊者付法已，即於坐上起立，舒左右手，各放光明二十七道，五色光耀。又踊身虚空，高七多羅樹，化火自焚。空中舍利如雨，收以建塔。當宋孝武帝大明元年丁酉歲也。正宗記云：「宋孝武之世也。」又注云：「以達磨六十七年算之，當在宋孝武建元元年甲午也。」

景德傳燈録卷第三

中華五祖并旁出尊宿共二十五人

第二十八祖菩提達磨

道育禪師菩提達磨旁出三人　道副禪師　尼總持已上三人無機緣語句不録

第二十九祖慧可大師

僧那禪師慧可大師旁出七世共一十七人　向居士　相州慧滿禪師已上三人見録　峴山神定禪師　寶月禪師　華閑居士　大士化公　和公　廖居士　曇邃華閑居士出　延陵慧簡曇邃出二人　彭城慧瑳　定林寺慧綱　六合大覺慧綱出　高郵曇影大覺出　泰山明練曇影出　揚州靜泰明練出，已上一十四人無機緣語句不録

第三十祖僧璨大師　第三十一祖道信大師旁出七十六人，見第四卷　第三十二祖弘忍大師旁出一百七人，見第五卷〔一〕

〔一〕弘忍大師旁出實在第四卷。

中華五祖并旁出尊宿

第二十八祖菩提達磨

第二十八祖菩提達磨者，南天竺國香至王第三子也。姓刹帝利，本名菩提多羅。後遇二十七祖般若多羅至本國，受王供養，知師密迹，因試令與二兄辨所施寶珠，發明心要。既而尊者謂曰：「汝於諸法已得通量。夫『達磨』者，通大之義也，宜名達磨。」因改號菩提達磨。師乃告尊者曰：「我既得法，當往何國而作佛事？願垂開示。」尊者曰：「汝雖得法，未可遠遊，且止南天。待吾滅後六十七載，當往震旦，設大法藥，直接上根。慎勿速行，衰於日下。」師又曰：「彼有大士堪爲法器否？千載之下有留難否？」尊者曰：「汝所化之方，獲菩提者不可勝數。吾滅後六十餘年彼國有難，水中文布，自善降之。汝至時，南方勿住。彼唯好有爲功業，不見佛理。汝縱到彼，亦不可久留。聽吾偈曰：『路行跨水復逢羊，獨自悽悽暗度江。日下可憐雙象馬，二株嫩桂久昌昌。』」復演八偈，皆預讖佛教隆替。事具寶林傳及聖胄集。師恭禀教義，服勤左右，垂四十年，未嘗廢闕。逮尊者順世，遂演化本國。

時有二師，一名佛大先，一名佛大勝多，本與師同學佛陀跋陀小乘禪觀。佛大先既遇般若多羅尊者，捨小趣大，與師並化，時號二甘露門矣。而佛大勝多更分途而爲六宗：第一有相宗、第二無相宗、第三定慧宗、第四戒行宗、第五無得宗、第六寂静宗。各封己解，别展化源，聚落峥嶸，徒衆甚盛。大師喟然而歎曰：「彼之一師已陷牛迹，况復支離繁盛而分六宗。我若不除，永纏邪見。」

言已，微現神力，至第一有相宗所。問曰：「一切諸法，何名實相？」彼衆中有一尊長薩婆羅答曰：「於諸相中不互諸相，是名實相。」師曰：「一切諸相而不互者，若名實相，當何定耶？」彼曰：「於諸相中實無有定，若定諸相，何名爲實？」師曰：「諸相不定便名實相，汝今不定，當何得之？」彼曰：「我言不定，不説諸相。當説諸相，其義亦然。」師曰：「汝言不定當爲實相，定不定故即非實相。」彼曰：「定既不定，即非實相，知我非故，不定不變。」師曰：「汝今不變，何名實相？已變已往，其義亦然。」彼曰：「不變當在，在不在故，故變實相以定其義。」師曰：「實相不變，變即非實。於有無中，何名實相？」薩婆羅心知聖師懸解潛達，即以手指虚空曰：「此是世間有相，亦能空故。當我此身得似否？」師曰：「若解實相，即見非相。若了非相，其色亦然。當於色中，不失色體。於非相中，不礙有故。若能是解，此名實相。」彼衆聞已，心意朗然，欽禮信受。

師又瞥然匿跡，至第二無相宗所，問曰：「汝言無相，當何證之？」彼衆中有智者波羅提答曰：「我明無相，心不現故。」師曰：「汝心不現，當何明之？」彼曰：「我明無相，心不取捨。當於明時，亦無當者。」師曰：「於諸有無，心不取捨。又無當者，諸明無故。」彼曰：「入佛三昧，尚無所得，何況無相而欲知之？」師曰：「相既不知，誰云有無？尚無所得，何名三昧？」彼曰：「我説不證，證無所證。非三昧故，我説三昧。」師曰：「非三昧者，何當名之？汝既不證，非證何證？」波羅提聞師辯析，即悟本心，禮謝於師，懺悔往謬。師記曰：「汝當得果，不久證之。此國有魔，非久降之。」言已，忽然不現。

至第三定慧宗所，問曰：「汝學定慧，爲一爲二？」彼衆中有婆蘭陀者答曰：「我此定慧，非一非二。」師曰：「既非一二，何名定慧？」彼曰：「在定非定，處慧非慧。一即非一，二亦不二。」師曰：「當一不一，當二不二。既非定慧，約何定慧？」彼曰：「不一不二，定慧能知。非定非慧，亦復然矣。」師曰：「慧非定故，然何知哉？不一不二，誰定誰慧？」婆蘭陀聞之，疑心冰釋。

至第四戒行宗所，問曰：「何者名戒？云何名行？當此戒行，爲一爲二？」彼衆中有一賢者答曰：「一二二一，皆彼所生。依教無染，此名戒行。」師曰：「汝言依教，即是有染。一二俱破，何言依教？此二違背，不及於行。内外非明，何名爲戒？」彼曰：「我有内外，彼己知竟。浙本「己」字作「已」，依廣燈也。邵本作「無」字，依寶林也。洪舊本作「已」字，正宗記作「以」字。未詳孰是。既得通達，便是戒行。若説違背，俱是俱非。言及清净，即戒即行。」師曰：「俱是俱非，何言清净？既得通故，何談内外？」賢者聞之，即自慚服。

至第五無得宗所，問曰：「汝云無得，無得何得？既無所得，亦無得得。」彼衆中有寶静者答曰：「我説無得，非無得得。當説得得，無得是得。」師曰：「得既不得，得亦非得。既云得得，得得何得？」彼曰：「見得非得，非得是得。若見不得，名爲得得。」師曰：「得既非得，得得無得。既無所得，當何得得？」寶静聞之，頓除疑網。

至第六寂静宗所，問曰：「何名寂静？於此法中，誰静誰寂？」彼有尊者答曰：「此心不動，是名爲寂。於法無染，名之爲静。」師曰：「本心不寂，要假寂静。本來寂故，何用寂静？」彼曰：「諸法本空，以空空故。於彼空空，故名寂静。」師曰：「空空已空，諸法亦爾。寂静無相，何静何寂？」彼尊者聞師指誨，豁然開悟。

既而六衆咸誓歸依，由是化被南天，聲馳五印。遠近學者靡然嚮風，經六十餘載，度無量衆。

後值異見王輕毀三寶，每云：「我之祖宗皆信佛道，陷于邪見，壽年不永，運祚亦促。且我身是佛，何更外求？善惡報應，皆因多智之者妄搆其説。至於國内耆舊，爲前王所奉者，悉從廢黜。」師知已，歎彼德薄，當何救之？又念無相宗中二首領，其一波羅提者，與王有緣，將證其果。其二宗勝者，非不博辯，而無宿因。時六宗徒衆，亦各念言：「佛法有難，師何自安？」師遥知衆意，即彈指應之。六衆聞之云：「此是我師達磨信響，我等宜須速行，以副慈命。」言已，至師所，禮拜問訊。師曰：「今一葉翳虚，孰能剪拂？」宗勝曰：「我雖淺薄，敢憚其行。」師曰：「汝雖辯慧，而道力未全。」宗勝自念：「我師恐我見王作大佛事，名譽顯達，映奪尊威。縱彼福慧爲王，我是沙門受佛教旨，豈難敵也？」言訖，潛去至王所，廣説法要及世界苦樂、人天善惡等事。王與之往返徵詰，無不詣理。王曰：「汝今所解，其法何在？」宗勝曰：「如王治化，當合其道。王所有道何在？」王曰：「我所有道，將除邪法。汝所有法，將伏何人？」師不起于坐，懸知宗勝義墮。遽告波羅提曰：「宗勝不禀吾教，潛化於王，須臾即屈，汝可速救。」波羅提恭禀師旨，云：「願假神力。」言已，雲生足下，至王前默然而住。時王正問宗勝，忽見波羅提乘雲而至，愕然忘其問答，曰：「乘空之者，是正是邪？」答曰：「我非邪正，而來正邪。王心若正，我無邪正。」王雖驚異，而驕慢方熾，即擯宗勝令出。波羅提曰：「王既有道，何擯沙門？我雖無解，願王致問。」王怒而問曰：「何者是佛？」答曰：「見性是佛。」王曰：「師見性否？」答曰：「我見佛性。」王曰：「性在何處？」答曰：「性在作用。」王曰：「是何作用？我今不見。」答曰：「今見作用，王自不見。」王曰：「於我有否？」答曰：「王若作用，無有不是。王若不用，體亦難見。」王曰：「若當用時，幾處出現？」答曰：「若出現時，當有其八。」王曰：「其八出現，當爲我説。」波羅提即説偈曰：「在胎爲身，處世名人。在眼曰見，在耳曰聞，在鼻辨香，在口談論，在手執捉，在足運奔。遍現俱該沙界，收攝在一微塵。識者知是佛性，不識喚作精魂。」王聞偈已，心即開悟。乃悔謝前非，咨詢法要。朝夕忘倦，迄于九旬。

時宗勝既被斥逐，退藏深山，念曰：「我今百歲，八十爲非，二十年來方歸佛道。性雖愚昧，行絶瑕疵。不能禦難，生何如死！」言訖，即自投崖。俄有一神人以手捧承，置于巖石之上，安然無損。宗勝曰：「我忝沙門，當與正法爲主，不能抑絶王非，是以捐身自責。何神祐助，一至於斯？願垂一語，以保餘年。」於是神人乃説偈曰：「師壽於百歲，八十而造非。爲近至尊故，熏修而入道。雖具少智慧，而多有彼我。所見諸賢等，未嘗生珍敬。二十年功德，其心未恬静。聰明輕慢故，而獲至於此。得王不敬者，當感果如是。自今不疎怠，不久成奇智。諸聖悉存心，如來亦復爾。」宗勝聞偈欣然，即於巖間宴坐。

時異見王復問波羅提曰：「仁者智辯，當師何人？」答曰：「我所出家，即娑羅寺烏沙婆三藏爲授業師。其出世師者，即大王叔菩提達磨是也。」王聞師名，驚駭久之，曰：「鄙薄忝嗣王位，而趣邪背正，忘我尊叔。」遽勅近臣，特加迎請。師即隨使而至，爲王懺悔往非。王聞規誡，泣謝于師，又詔宗勝歸國。大臣奏曰：「宗勝被謫投崖，今已亡矣。」王告師曰：「宗勝之死，皆自於吾。如何大慈，令免斯罪？」師曰：「宗勝今在巖間宴息，但遣使召，當即至矣。」王即遣使入山，果見宗勝端居禪寂。宗勝蒙召乃曰：「深媿王意，貧道誓處巖泉。且王國賢德如林，達磨是王之叔，六衆所師，波羅提法中龍象，願王崇仰二聖以福皇基。」使者復命未至，師謂王曰：「知取得宗勝否？」王曰：「未知。」師曰：「一請未至，再命必來。」良久使還，果如師語。師遂辭王曰：「當善修德，不久疾作，吾且去矣。」經七日，王乃得疾。國醫診治，有加無瘳。貴戚近臣，憶師前記，急發使告師曰：「王疾殆至彌留，願叔慈悲，遠來軫救。」師即至王所，慰問其疾。時宗勝再承王召，即別巖間。波羅提久受王恩，亦來問疾。波羅提曰：「當何施爲，令王免苦？」師即令太子爲王宥罪施恩，崇奉僧寶。復爲王懺悔云：「願罪消滅。」如是者三，王疾有間。

師心念震旦緣熟，行化時至。乃先辭祖塔，次别同學，然至王所，慰而勉之曰：「當勤修白業，護持三寶。吾去非晚，一九即迴。」王聞師言，涕淚交集，曰：「此國何罪？彼土何祥？叔既有緣，非吾所止。唯願不忘父母之國，事畢早回。」王即具大舟，實以衆寶，躬率臣寮送至海壖。

師汎重溟，凡三周寒暑，達于南海，實梁普通八年丁未歲九月二十一日也。廣州刺史蕭昂具主禮迎接，表聞武帝，帝覽奏，遣使齎詔迎請，十月一日至金陵。嵩禪師以梁僧寶唱續法記爲據，作正宗記言：達磨以梁武普通元年庚子歲至此土，其年乃後魏明帝正光元年也。若如此，則與後人滅、啓壙等年皆相合。若據此稱普通八年丁未歲九月二十一日至南海，十月一日至金陵，則甚誤也。蓋普通八年三月已改爲大通元年，則九月不應尚稱普通八年也。南海者，今廣州也，去金陵數千里，刺史奏聞而武帝詔迎，豈可十日之間便至金陵耶？又按南史蕭昂本傳，不言昂爲廣州刺史。但王茂傳末有廣州長史蕭昂，然不知何年在任。今止可云「達于南海實梁普通元年，廣州刺史具主禮迎接，表聞武帝，帝覽奏，遣使齎詔迎請，十月一日至金陵」。帝問曰：「朕即位已來，造寺、寫經、度僧，不可勝紀，有何功德？」師曰：「並無功德。」帝曰：「何以無功德？」師曰：「此但人天小果，有漏之因，如影隨形，雖有非實。」帝曰：「如何是真功德？」答曰：「净智妙圓，體自空寂，如是功德，不以世求。」帝又問：「如何是聖諦第一義？」師曰：「廓然無聖。」帝曰：「對朕者誰？」師曰：「不識。」帝不領悟。師知機不契，是月十九日潛迴廣燈「迴」作「過」字。江北。

十一月二十三日，届于洛陽，當後魏孝明太和十年也。當云「後魏孝明正光元年也」。若據太和十年，乃後魏文帝時，是年即南齊武帝永明四年丙寅歲也。寓止于嵩山少林寺，面壁而坐，終日默然。人莫之測，謂之壁觀婆羅門。

時有僧神光者，曠達之士也。久居伊洛，博覽群書，善談玄理。每歎曰：「孔、老之教，禮術風規。莊、易之書，未盡妙理。近聞達磨大士住止少林，至人不遥，當造玄境。」乃往彼晨夕參承。師常端坐面牆，莫聞誨勵。光自惟曰：「昔人求道，敲骨取髓，刺血濟饑，布髮掩泥，投崖飼虎。古尚若此，我又何人？」其年十二月九日夜，天大雨雪，光堅立不動。遲明，積雪過膝。師憫而問曰：「汝久立雪中，當求何事？」光悲淚曰：「惟願和尚慈悲，開甘露門，廣度群品。」師曰：「諸佛無上妙道，曠劫精勤，難行能行，非忍而忍。豈以小德小智，輕心慢心，欲冀真乘，徒勞勤苦？」光聞師誨勵，潛取利刀自斷左臂置于師前。師知是法器，乃曰：「諸佛最初求道，爲法忘形。汝今斷臂吾前，求亦可在。」師遂因與易名曰慧可。光曰：「諸佛法印，可得聞乎？」師曰：「諸佛法印，匪從人得。」光曰：「我心未寧，乞師與安。」師曰：「將心來，與汝安。」曰：「覓心了不可得。」師曰：「我與汝安心竟。」

後孝明帝聞師異跡，遣使齎詔徵，前後三至，師不下少林。帝彌加欽尚，就賜摩衲袈裟二領、金鉢、銀水瓶、繒帛等。師牢讓三返，帝意彌堅，師乃受之。自爾緇白之衆，倍加信向。迄九年，已欲西返天竺，乃命門人曰：「時將至矣，汝等蓋各言所得乎？」時門人道副對曰：「如我所見，不執文字，不離文字，而爲道用。」師曰：「汝得吾皮。」尼總持曰：「我今所解，如慶喜見阿閦佛國，一見更不再見。」師曰：「汝得吾肉。」道育曰：「四大本空，五陰非有，而我見處，無一法可得。」師曰：「汝得吾骨。」最後，慧可禮拜後，依位而立。師曰：「汝得吾髓。」乃顧慧可而告之曰：「昔如來以正法眼付迦葉大士，展轉囑累而至於我。我今付汝，汝當護持，并授汝袈裟，以爲法信。各有所表，宜可知矣。」可曰：「請師指陳。」師曰：「内傳法印，以契證心。外付袈裟，以定宗旨。後代澆薄，疑慮競生，云吾西天之人，言汝此方之子，憑何得法？以何證之？汝今受此衣法，却後難生，但出此衣并吾法偈，用以表明，其化無礙。至吾滅後二百年，衣止不傳，法周沙界。明道者多，行道者少。説理者多，通理者少。潛符密證，千萬有餘。汝當闡揚，勿輕未悟。一念迴機，便同本得。聽吾偈曰：『吾本來茲土，傳法救迷情。一華開五葉，結果自然成。』」師又曰：「吾有楞伽經四卷，亦用付汝。此蓋依寶林傳之説也，按宣律師續高僧傳可大師傳云：「初，達磨以楞伽經授可曰：『我觀漢地唯有此經，仁者依行，自得度世。』」若如傳所言，則是二祖未得法時，達磨授楞伽使觀之耳。今傳燈乃於付法傳衣之後言師又曰：「吾有楞伽經四卷，亦用付汝。」則恐誤也。兼言「吾有」，則似世間未有也。此但可依馬祖所言，云「又引楞伽經文以印衆生心地」，則於理無害耳。即是如來心地要門，令諸衆生開示悟入。吾自到此，凡五度中毒。我常自出而試之，置石石裂。緣吾本離南印來此東土，見赤縣神州有大乘氣象，遂踰海越漠，爲法求人，際會未諧，如愚若訥。今得汝傳授，吾意已終。」別記云：師初居少林寺九年，爲二祖説法，秖教曰「外息諸緣，内心無喘，心如牆壁，可以入道」。慧可種種説心性理道未契。師秖遮其非，不爲説無念心體。慧可曰：「我已息諸緣。」師曰：「莫不成斷滅去否？」可曰：「不成斷滅。」師曰：「何以驗之，云不斷滅？」可曰：「了了常知故，言之不可及。」師曰：「此是諸佛所傳心體，更勿疑也。」言已，乃與徒衆往禹門千聖寺，止三日。

有期城太守楊衒之早慕佛乘，問師曰：「西天五印，師承爲祖，其道如何？」師曰：「明佛心宗，行解相應，名之曰祖。」又問：「此外如何？」師曰：「須明他心，知其今古，不厭有無，於法無取，不賢不愚，無迷無悟。若能是解，故稱爲祖。」又曰：「弟子歸心三寶亦有年矣，而智慧昏蒙，尚迷真理。適聽師言，罔知攸〔一〕措。願師慈悲，開示宗旨。」師知懇

〔一〕「攸」，原作「收」，據四部本、趙城本改。

到，即説偈曰：「亦不覩惡而生嫌，亦不觀善而勤措。亦不捨智而近愚，亦不抛迷而就悟。達大道兮過量，通佛心兮出度。不與凡聖同躔，超然名之曰祖。」衒之聞偈，悲喜交并，曰：「願師久住世間，化導群有。」師曰：「吾即逝矣，不可久留。根性萬差，多逢患難。」衒之曰：「未審何人，弟子爲師除得？」師曰：「吾以傳佛秘密，利益迷途。害彼自安，必無此理。」衒之曰：「師若不言，何表通變觀照之力？」師不獲已，乃爲讖曰：「江槎分玉浪，管炬開金鎖。五口相共行，九十無彼我。」衒之聞語，莫究其端，默記于懷，禮辭而去。師之所讖，雖當時不測，而後皆符驗。

時魏氏奉釋，禪儁如林，光統律師、流支三藏者，乃僧中之鸞鳳也，覩師演道，斥相指心。每與師論議，是非鋒起。師遐振玄風，普施法雨，而偏局之量，自不堪任，競起害心，數加毒藥。至第六度，以化緣已畢，傳法得人，遂不復救之，端居而逝。即後魏孝明帝太和十九年丙辰歲十月五日也。依續法記則十月五日乃孝莊帝永安元年，即梁大通二年戊申歲，其年即明帝武泰元年也。二月，明帝崩，四月，莊帝即位，改元建義，至九月，又改永安也。後云「汝主已厭世」，謂是歲明帝崩也。據傳燈云丙辰歲，即東魏文帝大統二年，西魏静帝天平三年，梁大同二年，與厭世之説全乖也。又太和十九年，乃後魏文帝時，即南齊明帝建武二年乙亥歲。殊相遼邈耳。其年十二月二十八日，葬熊耳山。起塔於定林寺。

後三歲，魏宋雲奉使西域迴，遇師于葱嶺，見手携隻履，翩翩獨逝。雲問：「師何往？」師曰：「西天去。」又謂雲曰：「汝主已厭世。」雲聞之茫然，别師東邁。暨復命，即明帝已登遐矣，而孝莊即位。雲具奏其事，帝令啓壙，唯空棺，一隻革履存焉。若依續法記，則後三歲乃莊帝永安三年庚戌歲，當梁武中大通二年也。其年十二月莊帝方崩，奉使迴時帝尚在耳。若據傳燈，則後三歲乃己未歲，即西魏文帝大統五年，東魏静帝興和元年，當梁武大同五年也，如此則豈復有孝莊帝耶？又稱宋雲遇師於葱嶺，尤誤也。宋雲使西域迴時，已在魏明帝正光年中矣。然則遇師於葱嶺者，蓋是魏末别遣使往西域迴耳。但當云「後三歲魏使有自西域迴者，遇師於葱嶺，見手携隻履，翩翩獨逝。問：『師何往？』曰：『西天去。』又謂使曰：『汝主已厭世。』使聞之茫然，别師東邁。暨復命，即明帝已登遐矣，而孝莊即位。奉使具奏其事，帝令啓壙，唯空棺，一隻革履存焉。」舉朝爲之驚歎，奉詔取遺履於少林寺供養。至唐開元十五年丁卯歲，爲信道者竊在五臺華嚴寺。今不知所在。初，梁武遇師因緣未契，及聞化行魏邦，遂欲自撰師碑而未暇也，後聞宋雲事乃成之。代宗謚圓覺大師，塔曰空觀。

師自魏丙辰歲告寂，迄皇宋景德元年甲辰，得四百六十七年矣。當云「自魏至庚子歲告寂，迄皇宋景德元年甲辰，得四百七十五年矣」。凡此年代之差，皆由寶林傳錯誤，而楊文公不復考究耳。

第二十九祖慧可大師

第二十九祖慧可大師者，武牢人也，姓姬氏。父寂，未有子時，嘗自念言：「我家崇善，豈無令子？」禱之既久，一夕感異光照室，其母因而懷妊。及長，遂以照室之瑞，名之曰光。自幼志氣不群，博涉詩書，尤精玄理，而不事家産，好遊山水。後覽佛書，超然自得，即抵洛陽龍門香山，依寶静禪師出家，受具於永穆寺。浮游講肆，遍學大、小乘義。年三十二，却返香山，終日宴坐。又經八載，於寂默中倏見一神人，謂曰：「將欲受果，何滯此耶？大道匪遥，汝其南矣。」光知神助，因改名神光。翌日覺頭痛如刺，其師欲治之，空中有聲曰：「此乃换骨，非常痛也。」光遂以見神事白於師，師視其頂骨，即如五峯秀出矣，乃曰：「汝相吉祥，當有所證。神令汝南者，斯則少林達磨大士必汝之師也。」光受教，造于少室，其得法、傳衣事跡，達磨章具之矣。

自少林託化西歸，大師繼闡玄風，博求法嗣。至北齊天平二年，當作「天保二年」，乃辛未歲也。天平，東魏年號，二年乙卯也。有一居士年踰四十，不言名氏，聿來設禮而問師曰：「弟子身纏風恙，請和尚懺罪。」師曰：「將罪來，與汝懺。」居士良久云：「覓罪不可得。」師曰：「我與汝懺罪竟，宜依佛、法、僧住。」曰：「今見和尚，已知是僧，未審何名佛、法？」師曰：「是心是佛，是心是法。法、佛無二，僧寶亦然。」曰：「今日始知罪性不在内，不在外，不在中間，如其心然，佛、法無二也。」大師深器之，即爲剃髮，云：「是吾寶也，宜名僧璨。」其年三月十八日於光福寺受具，自兹疾漸愈。

執侍經二載，大師乃告曰：「菩提達磨舊本云達磨菩提。遠自竺乾以正法眼藏密付於吾，吾今授汝，并達磨信衣。汝當守護，無令斷絶。聽吾偈曰：『本來緣有地，因地種華生。本來無有種，華亦不曾生。』」大師付衣法已，又曰：「汝受吾教，宜處深山。未可行化，當有國難。」璨曰：「師既預知，願垂示誨。」師曰：「非吾知也，斯乃達磨傳般若多羅懸記云『心中雖吉外頭凶』是也。吾校年代，正在于兹。當諦思前言，勿罹世難。然吾亦有宿累，今要酬之。善去善行，俟時傳付。」

大師付囑已，即於鄴都隨宜説法，一音演暢，四衆歸依。如是積三十四載，遂韜光混跡，變易儀相，或入諸酒肆，或過於屠門，或習街談，或隨厮役。人問之曰：「師是道人，何故如是？」師曰：「我自調心，何關汝事？」又於筦城縣匡救寺三門下談無上道，聽者林會。時有辯和法師者，於寺中講涅槃經，學徒聞師闡法，稍稍引去。辯和不勝其憤，興謗于邑宰翟仲侃，仲侃惑其邪説，加師以非法，師怡然委順，識真者謂之償債。時年一百七歲，即隋文帝開皇十三年癸丑歲三月十六日也。皓月供奉問長沙岑和尚：「古德云：『了即業障本來空，未了應須償宿債。』只如師子尊者、二祖大師，爲什麽得償債去？」長沙云：「大德不識本來空。」彼云：「如何是本來空？」長沙云：「業障是。」又問：「如何是業障？」長沙云：「本來空是。」彼無語。長沙便示一偈云：「假有元非有，假滅亦非無。涅槃償債義，一性更無殊。」後葬於磁州滏陽縣東北七十里。唐德宗謚大祖禪師。自師之化，至皇宋景德元年甲辰，得四百一十三年。當作「一十二年」。

僧那禪師

僧那禪師，姓馬氏，少而神俊，通究墳典。年二十一，講禮易於東海，聽者如市。暨南祖相部，學衆隨至。會二祖説法，與同志十人投祖出家。自爾手不執筆，永捐世典，唯一衣一鉢，一坐一食，奉頭陀行。

既久侍於祖，後謂門人慧滿曰：「祖師心印，非專苦行，但助道耳。若契本心，發隨意真光之用，則苦行如握土成金。若唯務苦行而不明本心，爲憎愛所縛，則苦行如黑月夜履于險道。汝欲明本心者，當審諦推察，遇色遇聲，未起覺觀時心何所之？是無耶？是有耶？既不墮有無處所，則心珠獨朗，常照世間，而無一塵許間隔，未嘗有一刹那頃斷續之相。故我初祖兼付楞伽經四卷，謂我師二祖曰：『吾觀震旦，唯有此經可以印心，仁者依行，自得度世。』又二祖凡説法竟，乃曰：『此經四世之後變成名相，深可悲哉！』我今付汝，宜善護持，非人慎勿傳之。」付囑已，師乃遊方，莫知其終。

向居士

向居士。幽棲林野，木食澗飲。北齊天保初，聞二祖盛化，乃致書通好曰：「影由形起，響逐聲來。弄影勞形，不識形爲影本。揚聲止響，不知聲是響根。除煩惱而趣涅槃，喻去形而覓影。離衆生而求佛果，喻默聲而尋響。故知迷悟一途，愚智非别。無名作名，因其名則是非生矣。無理作理，因其理則争論起矣。幻化非真，誰是誰非？虚妄無實，何空何有？將知得無所得，失無所失。未及造謁，聊申此意。伏望答之。」「弄影」當作「棄影」，唯恐當時筆誤耳。蓋第三十卷鎮國大師答皇太子問心要云：「若求真去妄，猶棄影勞形。若體妄即真，似處陰休影。」此用莊子之説，「勞形」謂走而避影也。

二祖大師命筆迴示曰：「備觀來意皆如實，真幽之理竟不殊。本迷摩尼謂瓦礫，豁然自覺是真珠。無明智慧等無異，當知萬法即皆如。愍此二見之徒輩，申辭措筆作斯書。觀身與佛不差别，何須更覓彼無餘？」

居士捧披祖偈，乃伸禮覲，密承印記。

相州隆化寺慧滿禪師

相州隆化寺慧滿禪師，滎陽人也，姓張氏。始於本寺遇僧那禪師開示，志存儉約，唯蓄二鍼，冬則乞補，夏乃捨之。自言：「一生心無怯怖，身無蚤虱，睡而不夢。」常行乞食，住無再宿，所至伽藍則破柴製履。貞觀十六年，於洛陽會善寺側宿古墓中，遇大雪，旦入寺，見曇曠法師，曠怪所從來。師曰：「法有來耶？」曠遣尋來處，四邊雪積五尺許。曠曰：「不可測也。」

尋聞有括録事，諸僧逃隱。師持鉢周行聚落，無所滯礙，隨得隨散，索爾虚閑。有請宿齋者，師曰：「天下無僧，方受斯請也。」又嘗示人曰：「諸佛説心，令知心相是虚妄。今乃重加心相，深違佛意。又增論議，殊乖大理。」故常賫楞伽經四卷，以爲心要，如説而行。蓋遵歷世之遺付也。後於陶冶中無疾坐化，壽七十許。

第三十祖僧璨大師

第三十祖僧璨大師者，不知何許人也。初以白衣謁二祖，既受度傳法，隱于舒州之皖公山。屬後周武帝破滅佛法，師往來太湖縣司空山，居無常處，積十餘載，時人無能知者。至隋開皇十二年壬子歲，有沙彌道信，年始十四，來禮師曰：「願和尚慈悲，乞與解脱法門。」師曰：「誰縛汝？」曰：「無人縛。」師曰：「何更求解脱乎？」信於言下大悟，服勞九載，後於吉州受戒，侍奉尤謹。師屢試以玄微，知其緣熟，乃付衣法。偈曰：「華種雖因地，從地種華生。若無人下種，華地盡無生。」師又曰：「昔可大師付吾法，後往鄴都行化，三十年方終。今吾得汝，何滯此乎？」即適羅浮山，優游二載，却旋舊址。逾月，士民奔趨，大設檀供。師爲四衆廣宣心要訖，於法會大樹下合掌立終，即隋煬帝大業二年丙寅十月十五日也。唐玄宗謚鑑智禪師、覺寂之塔。至皇宋景德元年甲辰歲，凡四百載矣。

初，唐河南尹李常，素仰祖風，深得玄旨，天寶乙酉歲，遇荷澤神會，問曰：「三祖大師葬在何處？或聞入羅浮不迴，或説終於山谷。未知孰是？」會曰：「璨大師自羅浮歸山谷，得月餘方示滅，今舒州見有三祖墓。」常未之信也。會謫爲舒州別駕，因詢問山谷寺，衆僧曰：「聞寺後有三祖墓，是否？」時上坐慧觀對曰：「有之。」常欣然與寮佐同往瞻禮，又啓壙取真儀闍維之，得五色舍利三百粒。以百粒出己俸建塔焉，百粒寄荷澤神會，以徵前言，百粒隨身，後於洛中私第設齋以慶之。

時有西域三藏犍那等在會中，常問三藏：「天竺禪門祖師多少？」犍那答曰：「自迦葉至般若多羅有二十七祖。若叙師子尊者傍出達磨達四世二十二人，總有四十九祖。若從七佛至此璨大師，不括横枝，凡三十七世。」常又問會中耆德曰：「嘗見祖圖，或引五十餘祖。至於支派，差殊宗族不定，或但有空名者，以何爲驗？」時有智本禪師者，六祖門人也，答曰：「斯乃後魏初佛法淪替，有沙門曇曜於紛紜中以素絹單録得諸祖名字，或忘失次第，藏衣領中，隱于巖穴。經三十五載，至文成帝即位，法門中興，曇曜名行俱崇，遂爲僧統，乃集諸沙門，重議結集，目爲付法藏傳。其間小有差互，即曇曜抄録時怖懼所致。又經一十三年，帝令國子博士黄元真與北天竺三藏佛陀扇多、吉弗煙等重究梵文，甄別宗旨，次叙師承，得無祇謬也。」

第三十一祖道信大師

第三十一祖道信大師者，姓司馬氏，世居河内，後徙於蘄州之廣濟縣。師生而超異，幼慕空宗諸解脱門，宛如宿習。既嗣祖風，攝心無寐，脇不至席者僅六十年。隋大業十三載，領徒衆抵吉州。值群盜圍城，七旬不解，萬衆惶怖。師愍之，教令念摩訶般若。時賊衆望雉堞間若有神兵，乃相謂曰：「城内必有異人，不可攻矣。」稍稍引去。

唐武德甲申歲，師却返蘄春，住破頭山，學侶雲臻。一日，往黄梅縣路逢一小兒，骨相奇秀，異乎常童。師問曰：「子何姓？」答曰：「姓即有，不是常姓。」師曰：「是何姓？」答曰：「是佛性。」師曰：「汝無性耶？」答曰：「性空故。」師默識其法器，即俾侍者至其家，於父母所乞，令出家。父母以宿緣故，殊無難色，遂捨爲弟子，名曰弘忍。舊本無「名曰弘忍」四字，今此添入。若不言名，以至付法傳衣者，是何人耶？兼後有「忍曰」二字，亦自不明耳。以至付法傳衣。偈曰：「華種有生性，因地華生生。大緣與信合，當生生不生。」遂以學徒委之。

一日，告衆曰：「吾武德中遊廬山，登絶頂望破頭山，見紫雲如蓋，下有白氣，横分六道，汝等會否？」衆皆默然，忍曰：「莫是和尚他後横出一枝佛法否？」師曰：「善。」

後貞觀癸卯歲，太宗嚮師道味，欲瞻風彩，詔赴京。師上表遜謝，前後三返，竟以疾辭。第四度命使曰：「如果不起，即取首來。」使至山諭旨，師乃引頸就刃，神色儼然。使異之，迴以狀聞。帝彌加歎慕，就賜珍繒，以遂其志。

迄高宗永徽辛亥歲閏九月四日，忽垂誡門人曰：「一切諸法悉皆解脱，汝等各自護念，流化未來。」言訖，安坐而逝，壽七十有二，塔于本山。明年四月八日，塔户無故自開，儀相如生。爾後，門人不敢復閉。代宗謚大醫禪師、慈雲之塔。自圓寂至皇宋景德元年甲辰，凡三百五十六載。當云「三百五十四載」。

第三十二祖弘忍大師

第三十二祖弘忍大師者，蘄州黄梅人也，姓周氏。生而岐嶷，童遊時逢一智者，歎曰：「此子闕七種相，不逮如來。」後遇信大師，得法嗣，化於破頭山。咸亨中，有一居士姓盧名慧能，自新舊本誤作「蘄」字。州來參謁，師問曰：「汝自何來？」曰：「嶺南。」師曰：「欲須何事？」曰：「唯求作佛。」師曰：「嶺南人無佛性，若爲得佛？」曰：「人即有南北，佛性豈然？」師知是異人，乃訶曰：「著槽廠去。」能禮足而退。便入碓坊，服勞於杵臼之間，晝夜不息。經八月，師知付授時至，遂告衆曰：「正法難解，不可徒記吾言持爲己任。汝等各自隨意述一偈，若語意冥符，則衣法皆付。」時會下七百餘僧，上座神秀者學通内外，衆所宗仰，咸共推稱云：「若非尊秀，疇敢當之？」神秀竊聆衆譽，不復思惟，乃於廊壁書一偈云：「身是菩提樹，心如明鏡臺。時時勤拂拭，莫遣有塵埃。」師因經行，忽見此偈，知是神秀所述，乃讚歎曰：「後代依此修行，亦得勝果。」其壁本欲令處士盧珍繪楞伽變相，及見題偈在壁，遂止不畫，各令誦念。能在碓坊忽聆誦偈，乃問同學：「是何章句？」同學曰：「汝不知和尚求法嗣，令各述心偈？此則秀上座所述，和尚深加歎賞，必將付法傳衣也。」能曰：「其偈云何？」同學爲誦。能良久曰：「美則美矣，了則未了。」同學訶曰：「庸流何知？勿發狂言！」能曰：「子不信耶？願以一偈和之。」同學不答，相視而笑。能至夜，密告一童子引至廊下，能自秉燭，令童子於秀偈之側寫一偈云：「菩提本非樹，心鏡亦非臺。本來無一物，何假拂塵埃？」大師後見此偈，云：「此是誰作？亦未見性。」衆聞師語，遂不之顧。

逮夜，乃潛令人自碓坊召能行者入室，告曰：「諸佛出世爲一大事，故隨機小大而引導之，遂有十地、三乘、頓漸等旨以爲教門。然以無上微妙、秘密圓明、真實正法眼藏付于上首大迦葉尊者。展轉傳授二十八世，至達磨届于此土，得可大師，承襲以至于吾。今以法寶及所傳袈裟用付於汝，善自保護，無令斷絶。聽吾偈曰：『有情來下種，因地果還生。無情既無種，無性亦無生。』」能居士跪受衣法，啓曰：「法則既授，衣付何人？」師曰：「昔達磨初至，人未知信，故傳衣以明得法。今信心已熟，衣乃争端，止於汝身，不復傳也。且當遠隱，俟時行化。所謂授衣之人，命如懸絲也。」能曰：「當隱何所？」師曰：「逢『懷』即止，遇『會』且藏。」能禮足已，捧衣而出，是夜南邁，大衆莫知。忍大師自此不復上堂，凡三日。大衆疑怪致問，祖曰：「吾道行矣，何更詢之？」復問：「衣法誰得耶？」師曰：「能者得。」於是衆議盧行者名能，尋訪既失，懸知彼得，即共奔逐。

忍大師既付衣法，復經四載，至上元二年，乙亥歲乃唐高宗時也。至肅宗時復有上元年號，其二年歲在辛丑也。忽告衆曰：「吾今事畢，時可行矣。」即入室安坐而逝，壽七十有四。建塔於黄梅之東山。代宗皇帝謚大滿禪師、法雨之塔。自大師滅度至皇宋景德元年甲辰，凡三百三十年。

景德傳燈録卷第四

第三十一祖道信大師旁出法嗣九世共七十六人

金陵牛頭山六世祖宗

第一世法融禪師　第二世智巖禪師　第三世慧方禪師　第四世法持禪師　第五世智威禪師　第六世慧忠禪師已上六人見録

前六世祖宗法嗣共七十人

法融禪師下三世旁出一十二人

金陵鍾山曇璀禪師一人見録　荆州大素禪師　幽棲月空禪師　白馬道演禪師　新安定莊禪師　彭城智瑳禪師　廣州道樹禪師　湖州智爽禪師　新州杜默禪師　上元智誠禪師　定真禪師智誠禪師出　如度禪師定真禪師出，已上一十一人無機緣語句不録

智巖禪師下旁出八人

東都鏡潭禪師　襄州志長禪師　湖州義真禪師　益州端伏禪師　龍光龜仁禪師

襄陽辯才禪師　漢南法俊禪師　西州敏古禪師已上八人無機緣語句不録

法持禪師下旁出二人

牛頭山玄素禪師　天柱弘仁禪師已上二人無機緣語句不録

智威禪師下四世旁出一十二人

宣州安國寺玄挺大師智威禪師出三人　潤州鶴林玄素禪師　舒州天柱山崇慧禪師

杭州徑山道欽禪師玄素禪師出　杭州烏窠道林禪師道欽禪師出　杭州招賢寺會通禪師烏窠旁出，已上六人見録　靈巖寶觀禪師智威禪師出　金華山曇益禪師玄素禪師旁出二人　吴門圓鏡禪師　木渚山悟禪師徑山欽禪師旁出三人　青陽廣敷禪師　杭州巾子山崇慧禪師已上六人無機緣語句不録

已上舊本世次不明，今各依本章添注法嗣，共成四世也

慧忠禪師下兩世旁出三十六人除天台雲居智及潤州棲霞源二人外，餘皆忠禪師出

天台山佛窟巖惟則禪師　天台山雲居智禪師惟則禪師出，已上二人見録　牛頭山道性禪師　江寧智燈禪師　解縣懷信禪師　鶴林全禪師　北山懷古禪師　明州觀宗禪師

牛頭山大智禪師　白馬善道禪師　牛頭山智真禪師　牛頭山譚顒禪師　牛頭山雲

韜禪師　牛頭山凝禪師　牛頭山法梁禪師　江寧行應禪師　牛頭山惠良禪師　興善道融禪師　蔣山照明禪師　牛頭山法燈禪師　牛頭山定空禪師　牛頭山慧涉禪師　幽棲道遇禪師　牛頭山凝空禪師　蔣山道初禪師　幽棲藏禪師　牛頭山靈暉禪師　幽棲道穎禪師　牛頭山巨英禪師　釋山法常禪師　龍門凝寂禪師　莊嚴遠禪師　襄州道堅禪師　尼明悟　居士殷净已　潤州棲霞寺清源禪師慧涉出，已上三十四人無機緣語句不録

第三十二祖弘忍大師五世旁出一百七人

第一世一十三人

北宗神秀禪師　嵩嶽慧安國師　袁州蒙山道明禪師已上三人見録　楊州奉法寺曇光禪師　隋州禪慥禪師　金州法持禪師　資州智侁禪師　舒州法照禪師　越州義方禪師　枝江道俊禪師　常州玄賾禪師　越州僧達禪師　白松山劉主簿已上一十人無機緣語句不録

第二世三十七人

北宗神秀禪師法嗣一十九人

五臺山巨方禪師　河中府中條山智封禪師　兗州降魔藏禪師　壽州道樹禪師　淮南都梁山全植禪師已上五人見録　荆州辭朗禪師　嵩山普寂禪師　大佛山香育禪師　西京義福禪師　忽雷澄禪師　東京日禪師　太原遍浄禪師　南嶽元觀禪師　汝南杜禪師　嵩山敬禪師　京兆小福禪師　晉州霍山觀禪師　潤州茅山崇珪禪師　安陸懷空禪師已上一十四人無機縁語句不録

前嵩嶽慧安國師等法嗣一十八人

洛京福先寺仁儉禪師慧安國師出六人　嵩嶽破竈墮和尚　嵩嶽元珪禪師已上三人見録
常山坦然禪師　鄴都圓寂禪師　西京道亮禪師　楊州大總管李孝逸道亮禪師旁出五人
工部尚書張錫　國子祭酒崔融　秘書監賀知章　睦州刺史康詵　正壽禪師隋州神慥禪師出　洪州崇寂禪師蒙山道明禪師出三人　江西瓌禪師　撫州神貞禪師　資州處寂禪師資州智詵禪師出　義興神斐禪師玄賾禪師出二人　湖州暢禪師已上一十五人無機縁語句不録

第三世四十九人

前荆州辭朗禪師法嗣三人

紫金玄宗禪師　明州大梅山車禪師　塼界慎徽禪師已上三人無機縁語句不録

前嵩山普寂禪師等法嗣四十六人

終南山惟政禪師普寂禪師出二十四人，一人見録　廣福慧空禪師　常越禪師　襄州夾石山思禪師　明瓚禪師　敬愛寺真禪師　兖州守賢禪師　定州石藏禪師　南嶽澄心禪師　南嶽日照禪師　洛京同德寺幹禪師　蘇州真亮禪師　瓦棺寺璿禪師　弋陽法融禪師　廣陵演禪師　陝州慧空禪師　洛京真亮禪師　澤州亘月禪師　亳州曇真禪師　都梁山崇演禪師　京兆章敬寺澄禪師　嵩陽寺一行禪師　京兆山北寺融禪師　曹州定陶丁居士　大雄猛禪師西京義福禪師出八人　西京大震動禪師　神斐禪師

西京大悲光禪師　西京大隱禪師　定境禪師　道播禪師　玄證禪師　西京寂滿禪師降魔藏禪師出三人　西京定莊禪師　南嶽慧隱禪師　神照禪師南嶽元觀禪師出　京兆藍田深寂禪師小福禪師出三人　太白山日没雲禪師　東白山法超禪師　峴山幽禪師霍山觀禪師出　益州無相禪師資州處寂禪師出四人　益州長松山馬禪師　超禪師　梓州曉了禪師　西京智游禪師義興斐禪師出二人　東都智深禪師已上四十五人無機緣語句不録

第四世七人

前興善惟政禪師法嗣二人

衡州定心禪師　敬愛寺志真禪師已上二人無機緣語句不録

前益州無相禪師等法嗣五人

益州保唐寺無住禪師無相禪師出四人，一人見録　荆州明月山融禪師　漢州雲頂山王頭陀　益州浄衆寺神會禪師　武誠禪師塼界慎徽禪師出，已上四人無機緣語句不録

第五世一人

前敬愛寺志真禪師法嗣一人

嵩山照禪師一人無機緣語句不録

第三十一祖道信大師旁出法嗣

金陵牛頭山六世祖宗

第一世法融禪師

第一世法融禪師者，潤州延陵人也，姓韋氏。年十九，學通經史。尋閲大部般若，曉達真空。忽一日歎曰：「儒道世典，非究竟法。般若正觀，出世舟航。」遂隱茅山，投師落髮。後入牛頭山幽棲寺北巖之石室，有百鳥銜華之異。

唐貞觀中，四祖遥觀氣象，知彼山有奇異之人，乃躬自尋訪。問寺僧：「此間有道人否？」曰：「出家兒那箇不是道人？」祖曰：「阿那箇是道人？」僧無對。别僧云：「此去山中十里許，有一懶融，見人不起，亦不合掌，莫是道人？」祖遂入山，見師端坐自若，曾無所顧。祖問曰：「在此作什麽？」師曰：「觀心。」祖曰：「觀是何人？心是何物？」師無對，便起作禮。師曰：「大德高棲何所？」祖曰：「貧道不決所止，或東或西。」師曰：「還識道信禪師否？」曰：「何以問他？」師曰：「嚮德滋久，冀一禮謁。」曰：「道信禪師貧道是也。」師曰：「因何降此？」祖曰：「特來相訪，莫更有宴息之處否？」師指後面云：「别有小庵。」遂引祖至庵所，遶庵唯見虎狼之類。祖乃舉兩手作怖勢，師曰：「猶有這箇在。」祖曰：「適來見什麽？」師無對。少選，祖却於師宴坐石上書一「佛」字，師覩之竦然。祖曰：「猶有這箇在。」師未曉，乃稽首請説真要。祖曰：「夫百千法門，同歸方寸。河沙妙德，總在心源。一切戒門、定門、慧門，神通變化，悉自具足，不離汝心。一切煩惱業障本來空寂，一切因果皆如夢幻。無三界可出，無菩提可求。人與非人，性相平等。大道虚曠，絶思絶慮。如是之法，汝今已得，更無闕少，與佛何殊？更無别法，汝但任心自在，莫作觀行，亦莫澄心，莫起貪瞋，莫懷愁慮，蕩蕩無礙，任意縱横。不作諸善，不作諸惡，行住坐卧，觸目遇緣，總是佛之妙用。快樂無憂，故名爲佛。」師曰：「心既具足，何者是佛？何者是心？」祖曰：「非心不問佛，問佛非不心。」師曰：「既不許作觀行，於境起時心如何對治？」祖曰：「境緣無好醜，好醜起於心。心若不彊名，妄情從何起？妄情既不起，真心任遍知。汝但隨心自在，無復對治，即名常住法身，無有變異。吾受璨大師頓教法門，今付於汝。汝今諦受吾言，只住此山。向後當有五人達者，紹汝玄化。」圭峯判：「爲泯絶無寄宗，引破相教而印之。」有僧問南泉：「牛頭未見四祖時，爲什麽鳥獸銜華來供養？」南泉云：「只爲步步蹋佛階梯。」洞山云：「如掌觀珠，意不暫捨。」僧云：「見後爲什麽不來？」南泉云：「直饒不來，猶較王老師一線道。」洞山云：「通身去也。」又一尊宿答前兩問，皆云：「賊不打貧兒家。」僧問一老宿：「牛頭未見四祖時如何？」云：「如條貫葉。」僧云：「見後如何？」云：「秋夜紛紛。」又僧問吴越永明潛禪師：「牛頭未見四祖時如何？」潛云：「牛頭。」僧云：「見後如何？」潛云：「牛頭。」諸方舉唱甚多，不可備録。祖付法訖，遂返雙峯山終老，師自爾法席大盛。

唐永徽中，徒衆乏糧，師往丹陽緣化。去山八十里，躬負米一石八斗，朝往暮還，供僧三百，二時不闕。三年，邑宰蕭元善請於建初寺講大般若經，聽者雲集。至滅静品，地爲之震動，講〔一〕罷歸山。

〔一〕「講」，原作「謂」，據四部本、趙城本改。

博陵王問師曰：「境緣色發時，不言緣色起。云何得知緣，乃欲息其起？」師答曰：「境色初發時，色境二性空。本無知緣者，心量與知同。照本發非發，爾時起自息。抱暗生覺緣，心時緣不逐。至如未生前，色心非養育。從空本無念，想受言念生。起法未曾起，豈用佛教令。」

問曰：「閉目不見色，境慮乃便多。色既不關心，境從何處發？」師曰：「閉目不見色，內心動慮多。幻識假成用，起名終不過。知色不關心，心亦不關人。隨行有相轉，鳥去空中真。」

問曰：「境發無處所，緣覺了知生。境謝覺還轉，覺乃變爲境。若以心曳心，還爲覺所覺。從之隨隨去，不離生滅際。」師曰：「色心前後中，實無緣起境。一念自凝忘，誰能計動静？此知自無知，知知緣不會。當自檢本形，何須求域外？前境不變謝，後念不來今。求月執玄影，討迹逐飛禽。欲知心本性，還如視夢裏。譬之六月冰，處處皆相似。避空終不脱，求空復不成。借問鏡中像，心從何處生？」

問曰：「恰恰用心時，若爲安隱好？」師曰：「恰恰用心時，恰恰無心用。曲譚名相勞，直説無繁重。無心恰恰用，常用恰恰無。今説無心處，不與有心殊。」

問曰：「智者引妙言，與心相會當。言與心路别，合則萬倍乖。」師曰：「方便説妙言，破病大乘道。非關本性譚，還從空化造。無念爲真常，終當絶心路。離念性不動，生滅無乖誤。谷響既有聲，鏡像能迴顧。」

問曰：「行者體境有，因覺知境亡。前覺及後覺，并境有三心。」師曰：「境用非體覺，覺罷不應思。因覺知境亡，覺時境不起。前覺及後覺，并境有三遲。」

問曰：「住定俱不轉，將爲正三昧，諸業不能牽，不知細無明，徐徐躡其後。」師曰：「復聞别有人，虚執起心量。三中事不成，不轉還虚妄。心爲正受縛，爲之浄業障。心塵萬分一，不了説無明。細細習因起，徐徐名相生。風來波浪轉，欲静水還平。更欲前途説，恐畏後心驚。無念大獸吼，性空下霜雹。星散穢草摧，縱横飛鳥落。五道定紛綸，四魔不前却。既如猛火燎，還如利劍斫。」

問曰：「賴覺知萬法，萬法本來然。若假照用心，只得照用心，不應心裏事。」師曰：「賴覺知萬法，萬法終無賴。若假照用心，應不在心外。」

問曰：「隨隨無簡擇，明心不現前。復慮心闇昧，在心用功行，智障復難除。」師曰：「有此不可有，尋此不可尋。無簡即真擇，得闇出明心。慮者心冥昧，存心託功行。何論智障難，至佛方爲病。」

問曰：「折中消息間，實亦難安帖。自非用行人，此難終難見。」師曰：「折中欲消息，消息非難易。先觀心處心，次推智中智。第三照推者，第四通無記，第五解脱名，第六等真僞，第七知法本，第八慈無爲，第九遍空陰，第十雲雨被。最盡彼無覺，無明生本智。鏡像現三業，幻人化四衢。不住空邊盡，當照有中無。不出空有内，未將空有俱。號之名折中，折中非言説。安帖無處安，用行何能決？」

問曰：「别有一種人，善解空無相。口言定亂一，復道有中無。同證用常寂，知覺寂常用。用心會真理，後言用無用。智慧方便多，言辭與理合。如如理自如，不由識心會。既知心會非，心心復相泯。如是難知法，永劫不能知。同此用心人，法所不能化。」師曰：「别有證空者，還如前偈論。行空守寂滅，識見暫時翻。會真是心量，終知未了原。又説息心用，多智疑相似。良由性不明，求空且勞己。永劫住幽識，抱相都不知。放光便動地，於彼欲何爲？」

問曰：「前件看心者，復有羅縠難。」師曰：「看心有羅縠，幻心何待看？况無幻心者，從容下口難。」

問曰：「久有大基業，心路差互間。得覺微細障，即達於真際。自非善巧師，無能決此理。仰惟我大師，當爲開要門。引導用心者，不令失正道。」師曰：「法性本基業，夢境成差互。實相微細身，色心常不悟。忽逢混沌士，哀怨愍群生。託疑廣設問，抱理内常明。生死幽徑徹，毀譽心不驚。野老顯分答，法相媿來儀。蒙發群生藥，還如色性爲。」

顯慶元年，邑宰蕭元善請出山住建初。師辭不獲免，遂命入室上首智巖付囑法印，令以次傳授。將下山，謂衆曰：「吾不復踐此山矣。」時鳥獸哀號，踰月不止。庵前有四大桐樹，仲夏之月忽自凋落。明年丁巳閏正月二十三日終於建初，壽六十四，臘四十一。二十七日窆于雞籠山，會送者萬餘人。其牛頭山舊居，金源、虎咆泉、錫杖泉、金龜等池，宴坐石室，今悉存焉。

第二世智巖禪師

第二世智巖禪師者，曲阿人也，姓華氏。弱冠智勇過人，身長七尺六寸。隋大業中爲郎將，常以弓挂一濾水囊，隨行所至汲用。累從大將征討，頻立戰功。

唐武德中，年四十，遂乞出家。入舒州皖公山，從寶月禪師爲弟子。後一日宴坐，覩異僧身長丈餘，神姿爽拔，詞氣清朗，謂師曰：「卿八十生出家，宜加精進。」言訖不見。

嘗在谷中入定，山水瀑漲，師怡然不動，其水自退。有獵者遇之，因改過修善。復有昔同從軍者二人，聞師隱遁，乃共入山尋之。既見，因謂師曰：「郎將狂耶？何爲住此？」答曰：「我狂欲醒，君狂正發。夫嗜色淫聲，貪榮冒寵，流轉生死，何由自出？」二人感悟歎息而去。

師貞觀十七年歸建業，入牛頭山，謁融禪師發明大事。禪師謂師曰：「吾受信大師真訣，所得都亡。設有一法勝過涅槃，吾説亦如夢幻。夫一塵飛而翳天，一芥墮而覆地，汝今已過此見，吾復何云？山門化導，當付之於汝。」師禀命爲第二世，後以正法付方禪師，住白馬、棲玄兩寺，又遷住石頭城。於儀鳳二年正月十日示滅，顔色不變，屈伸如生。室有異香，經旬不歇，遺言水葬。壽七十有八，臘三十有九。

第三世慧方禪師

第三世慧方禪師者，潤州延陵人也，姓濮氏。投開善寺出家，及進具，洞明經論。後入牛頭山，謁巖禪師諮詢秘要，巖觀其根器堪任正法，遂示以心印，師豁然領悟。於是不出林藪，僅踰十年，四方學者雲集。

師一旦謂衆曰：「吾欲他行，隨機利物，汝宜自安也。」乃以正法付法持禪師，遂歸茅山。數載，將欲滅度，見有五百許人髻髮後垂，狀如菩薩，各持幡華云：「請法師講。」又感山神現大蟒身至庭前，如將泣別。師謂侍者洪道曰：「吾去矣，汝爲吾報諸門人。」及門人奔至，師已入滅，時唐天册元年八月一日。山林變白，谿澗絶流七日，道俗悲慕，聲動山谷。壽六十有七，臘四十。

第四世法持禪師

第四世法持禪師者，潤州江寧人也，姓張氏。幼歲出家，年三十遊黄梅忍大師坐下，聞法心開。後復遇方禪師爲之印可，乃繼迹山門，作牛頭宗祖。及黄梅謝世，謂弟子玄曠曰：「後傳吾法者可有十人，金陵法持是其一也。」後以法眼付智威禪師。於唐長安二年九月五日，終於金陵延祚寺無常院。遺囑令露骸松下，飼諸鳥獸。迎出日，空中有神幡從西而來，繞山數匝，所居故院竹林變白，七日而止。壽六十有八，臘四十一。

第五世智威禪師

第五世智威禪師者，江寧人也，姓陳氏，住迎青山。始丱歲，忽一日家中失之，莫知所往。及父母尋訪，乃知已依天寶寺統法師出家矣。

年二十受具，後聞法持禪師出世，乃往禮謁，傳受正法焉。自爾江左學徒皆奔走門下，其中有慧忠者，目爲法器。師嘗有偈示曰：「莫繫念念，成生死河。輪迴六趣海，無見出長波。」慧忠偈答曰：「念想由來幻，性自無終始。若得此中意，長波當自止。」師又示偈曰：「余本性虚無，緣妄生人我。如何息妄情？還歸空處坐。」慧忠偈答曰：「虚無是實體，人我何所存？妄情不須息，即汎般若船。」師知其了悟，乃付以山門，遂隨緣化導。於唐開元十七年二月十八日，終於延祚寺。將示滅，謂弟子云：「將屍林中，施諸鳥獸。」壽七十有七。

第六世慧忠禪師

第六世慧忠禪師者，潤州上元人也，姓王氏。年二十三，受業於莊嚴寺。其後聞威禪師出世，乃往謁之。威纔見曰：「山主來也。」師感悟微旨，遂給侍左右。後辭，詣諸方巡禮。威於具戒院見凌霄藤遇夏委悴，人欲伐之。因謂之曰：「勿剪。慧忠還時，此藤更生。」及師迴，果如其言。即以山門付囑訖，出居延祚寺。

師平生一衲不易，器用唯一鐺。嘗有供僧穀兩廩，盜者窺伺，虎爲守之。縣令張遜者，至山頂謁問師：「有何徒弟？」師曰：「有三五人。」遜曰：「如何得見？」師敲禪床，有三虎哮吼而出，遜驚怖而退。後衆請入城，居莊嚴舊寺，師欲於殿東別創法堂。先有古木，群鵲巢其上，工人將伐之。師謂鵲曰：「此地建堂，汝等何不速去？」言訖，群鵲乃遷巢他樹。初築基，有二神人定其四角，復潛資夜役，遂不日而就。繇是，四方學徒雲集坐下矣。得法者有三十四人，各住一方轉化多衆。師嘗有安心偈示衆曰：「人法雙净，善惡兩忘。真心真實，菩提道場。」

唐大曆三年，石室前挂鐺樹、挂衣藤忽盛夏枯死。四年六月十五日，集僧布薩訖，命侍者净髮浴身。至夜，有瑞雲覆其精舍，空中復聞天樂之聲。詰旦，怡然坐化。時風雨暴作，震折林木，復有白虹貫于巖壑。五年春荼毘，獲舍利不可勝計。壽八十七。

前法融禪師下三世旁出法嗣

金陵鍾山曇璀禪師

金陵鍾山曇璀禪師者，吴郡人也，姓顧氏。初謁牛頭融大師，大師目而奇之，乃告之曰：「色聲爲無生之鴆毒，受想是至人之坑穽。子知之乎？」師默而審之，大悟玄旨。尋晦迹鍾山，多歷年所，茅庵瓦缶以終老焉。唐天授三年二月六日，怙然入定，七日而滅。壽六十二。

前智威禪師下三世旁出法嗣

宣州安國寺玄挺禪師

宣州安國寺玄挺禪師者，不知何許人也。嘗一日，有長安講華嚴經僧來，問五祖云：「真性緣起，其義云何？」祖默然。時師侍立次，乃謂曰：「大德正興一念問時，是真性中緣起。」其僧言下大悟。又或問：「南宗自何而立？」師曰：「心宗非南北。」

潤州鶴林玄素禪師

潤州鶴林玄素禪師者，潤州延陵人也，姓馬氏。唐如意年中，受業於江寧長壽寺。晚參智威禪師，遂悟真宗。後居京口鶴林寺。嘗一日，有屠者禮謁，願就所居辨供。師欣然而往，衆皆訝之。師曰：「佛性平等，賢愚一致，但可度者，吾即度之，復何差別之有？」

或有僧問：「如何是西來意？」師曰：「會即不會，疑即不疑。」師又曰：「不會不疑底？不疑不會底？」又有僧扣門，師問：「是什麽人？」曰：「是僧。」師曰：「非但是僧，佛來亦不著。」曰：「佛來爲什麽不著？」師曰：「無汝止泊處。」

天寶十一年十一月十一日中夜，無疾而滅。壽八十五，建塔於黄鶴山。勅謚大津禪師、大和寶航之塔。

舒州天柱山崇慧禪師

舒州天柱山崇慧禪師者，彭州人也，姓陳氏。唐乾元初，往舒州天柱山創寺。永泰元年，勅賜號天柱寺。

僧問：「如何是天柱境？」師曰：「主薄山高難見日，玉鏡峯前易曉人。」

問：「達磨未來此土時，還有佛法也無？」師曰：「未來時且置，即今事作麽生？」曰：「某甲不會，乞師指示。」師曰：「萬古長空，一朝風月。」良久又曰：「闍黎會麽？自己分上作麽生？干他達磨來與未來作麽？他家來，大似賣卜漢相似。見汝不會，爲汝錐破卦文，纔生吉凶。在汝分上，一切自看。」僧問：「如何是解卜底人？」師曰：「汝纔出門時，便不中也。」

問：「如何是天柱家風？」師曰：「時有白雲來閉户，更無風月四山流。」

問：「亡僧遷化，向什麽處去也？」師曰：「灊嶽峯高長積翠，舒江明月色光暉。」

問：「如何是大通智勝佛？」師曰：「曠大劫來未曾擁滯，不是大通智勝佛是什麽？」曰：「爲什麽佛法不現前？」師曰：「只爲汝不會，所以成不現前。汝若會去，亦無佛道可成。」

問：「如何是道？」師曰：「白雲覆青嶂，蜂鳥步庭華。」

問：「從上諸聖有何言説？」師曰：「汝今見吾，有何言説？」

問：「宗門中請師舉唱。」師曰：「石牛長吼真空外，木馬嘶時月隱山。」

問：「如何是和尚利人處？」師曰：「一雨普滋，千山秀色。」

問：「如何是天柱山中人？」師曰：「獨步千峯頂，優游九曲泉。」

問：「如何是西來意？」師曰：「白猿抱子來青嶂，蜂蝶銜華緑蘂間。」

師居山演道凡二十二載。大曆十四年七月二十二日歸寂，起塔于寺北。真身見在。

前潤州鶴林寺玄素禪師法嗣

杭州徑山道欽禪師

杭州徑山道欽禪師者，蘇州崑山人也，姓朱氏。初服膺儒教，年二十八，玄素禪師遇之，因謂之曰：「觀子神氣温粹，真法寶也。」師感悟，因求爲弟子。素躬與落髮，乃戒之曰：「汝乘流而行，逢『徑』則止。」師遂南行，抵臨安，見東北一山，因訪於樵子，曰：「此徑山也。」乃駐錫焉。

有僧問：「如何是道？」師云：「山上有鯉魚，水底有蓬塵。」

馬祖令人送書到，書中作一圓相，師發緘，於圓相中作一畫，却封迴。忠國師聞，乃云：「欽師猶被馬師惑。」

僧問：「如何是祖師西來意？」師曰：「汝問不當。」曰：「如何得當？」師曰：「待吾滅後即向汝説。」

馬祖令門人智藏來問：「十二時中以何爲境？」師曰：「待汝迴去時有信。」藏曰：「如今便迴去。」師曰：「傳語却須問取曹谿。」

唐大曆三年，代宗詔至闕下，親加瞻禮。一日，師在内庭見帝，起立，帝曰：「師何以起？」師曰：「檀越何得向四威儀中見貧道？」帝悦，謂忠國師曰：「欲錫欽師一名。」忠欣然奉詔，乃賜號國一焉。後辭歸本山，於貞元八年十二月示疾，説法而逝。壽七十有九，勅謚曰大覺禪師。

前杭州徑山道欽禪師法嗣

杭州鳥窠道林禪師

杭州鳥窠道林禪師，本郡富陽人也，姓潘氏。母朱氏夢日光入口，因而有娠。及誕，異香滿室，遂名香光焉。九歲出家，二十一於荆州果願寺受戒。後詣長安西明寺復禮法師，學華嚴經、起信論。復禮示以真妄頌，俾修禪那。師問曰：「初云何觀？云何用心？」復禮久而無言，師三禮而退。屬唐代宗詔徑山國一禪師至闕，師乃謁之，遂得正法。

及南歸，先是孤山永福寺有辟支佛塔，時道俗共爲法會，師振錫而入，有靈隱寺韜光法師問曰：「此之法會，何以作聲？」師曰：「無聲誰知是會？」後見秦望山有長松，枝葉繁茂，盤屈如蓋，遂棲止其上，故時人謂之鳥窠禪師。復有鵲巢于其側，自然馴狎，人亦目爲鵲巢和尚。

有侍者會通，忽一日欲辭去。師問曰：「汝今何往？」對曰：「會通爲法出家，以和尚不垂慈誨，今往諸方學佛法去。」師曰：「若是佛法，吾此間亦有少許。」曰：「如何是和尚佛法？」師於身上拈起布毛吹之，會通遂領悟玄旨。

元和中，白居易出守兹郡，因入山禮謁，乃問師曰：「禪師住處甚危險。」師曰：「太守危險尤甚。」曰：「弟子位鎮江山，何險之有？」師曰：「薪火相交，識性不停，得非險乎？」又問：「如何是佛法大意？」師曰：「諸惡莫作，衆善奉行。」白曰：「三歲孩兒也解恁麽道。」師曰：「三歲孩兒雖道得，八十老人行不得。」白遂作禮。

師於長慶四年二月十日告侍者曰：「吾今報盡。」言訖坐亡。壽八十有四，臘六十三。

有云師名圓修者，恐是謚號。

前杭州鳥窠道林禪師法嗣

杭州招賢寺會通禪師

杭州招賢寺會通禪師，本郡人也，姓吴氏，本名元卿。形相端嚴，幼而聰敏。唐德宗時爲六宫使，王族咸美之。春時見昭陽宫華卉敷榮，翫而久之。倏聞空中有聲曰：「虚幻之相，開謝不停，能壞善根，仁者安可嗜之？」師省念稚齒崇善，極生厭患。帝一日遊宫，問曰：「卿何不樂？」對曰：「臣幼不食葷羶，志願從釋。」曰：「朕視卿若昆仲，但富貴欲出于人表者不違卿，唯出家不可。」既浹旬，帝覩其容顇，詔王賓相之，奏曰：「此人當紹隆三寶。」帝謂師曰：「如卿願，任選日遠近奏來。」師荷德致謝。尋得鄉信，言母患，乞歸寧省。帝厚其所賜，勅有司津遣師至家。

未幾，會韜光法師，勉之謁鳥窠，爲檀越，與結庵創寺。寺成啓曰：「弟子七歲蔬食，十一受五戒，今年二十有二，爲出家故休官，願和尚授與僧相。」曰：「今時爲僧，鮮有精苦者，行多浮濫。」師曰：「本净非琢磨，元明不隨照。」曰：「汝若了净智妙圓，體自空寂，即真出家，何假外相？汝當爲在家菩薩，戒施俱修，如謝靈運之儔也。」師曰：「然理雖如此，於事何益？」儻垂攝受，則誓遵師教。」如是三請，皆不諾。時韶光堅白鳥窠曰：「宮使未嘗娶，亦不畜侍女。禪師若不拯接，誰其度之？」鳥窠即與披剃具戒。師常卯齋，晝夜精進，誦大乘經而習安般三昧。尋固辭遊方，鳥窠以布毛示之，悟旨，時謂布毛侍者。鳥窠章叙訖。暨鳥窠歸寂垂二十載，武宗廢其寺。師與衆僧禮辭靈塔而邁，莫知其終。

前慧忠禪師兩世旁出法嗣

天台山佛窟巖惟則禪師

天台山佛窟巖惟則禪師者，京兆人也，姓長孫氏。初謁牛頭忠禪師，大悟玄旨，後隱於天台瀑布之西巖。唐元和中，法席漸盛，始自目其巖爲佛窟焉。

一日，示衆云：「天地無物也，我無物也，然未嘗無物。斯則聖人如影，百年如夢，孰爲生死哉？至人以是獨照，能爲萬物之主。吾知之矣，汝等知之乎？」

有僧問：「如何是那羅延箭？」師云：「中的也。」

忽一日告門人曰：「汝當自勉，吾何言哉？」後二日夜，安坐示滅。壽八十，臘五十有八。

前天台山佛窟巖惟則和尚法嗣

天台山雲居智禪師

天台山雲居智禪師。嘗有華嚴院僧繼宗問：「見性成佛，其義云何？」師曰：「清净之性本來湛然，無有動摇，不屬有無、净穢、長短、取捨，體自翛然，如是明見乃名見性。性即佛，佛即性，故云見性成佛。」曰：「性既清净，不屬有無，因何有見？」師曰：「見無所見。」曰：「無所見，因何更有見？」師曰：「見處亦無。」曰：「如是見時，是誰之見？」師曰：「無有能見者。」曰：「究竟其理如何？」師曰：「汝知否？妄計爲有即有，能所乃得名迷，隨見生解，便墮生死。明見之人即不然，終日見，未嘗見。求見處體相不可得，能所俱絶，名爲見性。」曰：「此性遍一切處否？」師曰：「無處不遍。」曰：「凡夫具否？」師曰：「上言無處不遍，豈凡夫而不具乎？」曰：「因何諸佛菩薩不被生死所拘，而凡夫獨縈此苦，何曾得遍？」師曰：「凡夫於清净性中計有能所，即墮生死。諸佛、大士、善知，清净性中不屬有無，即能所不立。」曰：「若如是説，即有了、不了人。」師曰：「了尚不可得，豈有能了人乎？」曰：「至理如何？」師曰：「我以要言之，汝即應念清净性中無有凡聖，亦無了人、不了人。凡之與聖，二俱是名。若隨名生解，即墮生死。若知假名不實，即無有當名者。」又曰：「此是極究竟處。若云『我能了，彼不能了』，即是大病。見有净穢、凡聖，亦是大病。作無凡聖解，又屬撥無因果。見有清净性可棲止，亦大病。作不棲止解，亦大病。然清净性中雖無動揺，具不壞方便應用及興慈運悲。如是興運之處，即全清净之性，可謂見性成佛矣。」繼宗踴躍，禮謝而退。

第三十二祖弘忍大師旁出法嗣

北宗神秀禪師第一世

北宗神秀禪師者，耶舍三藏誌云：「艮地生玄旨，通尊媚亦尊。比肩三九族，足下一毛分。」開封尉氏人也，姓李氏。少親儒業，博綜多聞。俄捨愛出家，尋師訪道。至蘄州雙峯東山寺，遇五祖忍師，以坐禪爲務，乃歎伏曰：「此真吾師也。」誓心苦節，以樵汲自役而求其道。忍默識之，深加器重，謂之曰：「吾度人多矣，至於悟解，無及汝者。」忍既示滅，秀遂住江陵當陽山。

唐武后聞之，召至都下，於内道場供養，特加欽禮。命於舊山置度門寺，以旌其德。時王公士庶，皆望塵拜伏。暨中宗即位，尤加禮重。大臣張説嘗問法要，執弟子之禮。師有偈示衆曰：「一切佛法，自心本有。將心外求，捨父逃走。」

神龍二年，於東都天宫寺入滅，賜謚大通禪師。羽儀法物，送殯於龍門。帝送至橋，王公士庶皆至葬所。張説及徵士盧鴻一各爲碑誄。門人普寂、義福等，並爲朝野所重。

嵩嶽慧安國師

嵩嶽慧安國師，耶舍三藏誌云：「九女出人倫，八女絶婚姻。朽床添六脚，心祖衆中尊。」荆州枝江人也，姓衛氏。隋文帝開皇十七年，括天下私度僧尼，勘師，云：「本〔一〕無名。」遂遁于山谷。大業中，大發丁夫開通濟渠，饑殍相枕。師乞食以救之，獲濟者甚衆。煬帝徵師，不赴，潛入太和山。暨帝幸江都，海内擾攘，乃杖錫登衡嶽寺，行頭陀行。唐貞觀中，至黄梅謁忍祖，遂得心要。麟德元年，遊終南山石壁，因止焉。高宗嘗召，師不奉詔。遍歴名迹，至嵩少，云：「是吾終焉之地也。」自爾禪者輻湊。

有坦然、懷讓二人來參，問曰：「如何是祖師西來意？」師曰：「何不問自己意？」曰：「如何是自己意？」師曰：「當觀密作用。」曰：「如何是密作用？」師以目開合示之。

〔一〕「本」，原作「木」，據四部本、趙城本改。

然言下知歸，更不他適。讓機緣不逗，辭往曹谿。

武后徵至輦下，待以師禮，與神秀禪師同加欽重。后嘗問師甲子，對曰：「不記。」后曰：「何不記耶？」師曰：「生死之身，其若循環。環無起盡，焉用記爲？況此心流注，中間無間，見漚起滅者，乃妄想耳。從初識至動相滅時，亦只如此，何年月而可記乎？」后聞，稽顙信受。尋以神龍二年，中宗賜紫袈裟，度弟子二七人，仍延入禁中供養。三年，又賜摩衲一副。

師辭〔一〕嵩嶽。是年三月三日，囑門人曰：「吾死已，將屍向林中，待野火焚之。」俄爾萬迴公來，見師倡狂，握手言論，傍侍傾耳，都不體會。至八日，閉户偃身而寂，春秋一百二十八。隋開皇二年壬寅生，唐景龍三年己酉滅。時稱老安國師。門人遵旨，舁置林間，果野火自然闍維，得舍利八十粒，内五粒色紅紫，留於宫中。至先天二年，門人建浮圖。

袁州蒙山道明禪師

袁州蒙山道明禪師者，鄱陽人，陳宣帝之裔孫也。國亡落於民間，以其王孫嘗受署，

〔一〕「師辭」，四部本作「辭歸」。

因有將軍之號。少於永昌寺出家，慕道頗切。往依五祖法會，極意研尋。初無解悟，及聞五祖密付衣法與盧行者，即率同意數十人，躡迹追逐至大庾嶺。師最先見，餘輩未及。盧行者見師奔至，即擲衣鉢於盤石，曰：「此衣表信，可力争耶？任君將去。」師遂舉之，如山不動，踟躇悚慄，乃曰：「我來求法，非爲衣也。願行者開示於我。」祖曰：「不思善，不思惡。正恁麽時，阿那箇是明上坐本來面目？」師當下大悟，遍體汗流，泣禮數拜。問曰：「上來密語密意外，還更别有意旨否？」祖曰：「我今與汝説者，即非密也。汝若返照自己面目，密却在汝邊。」師曰：「某甲雖在黄梅隨衆，實未省自己面目。今蒙指授入處，如人飲水，冷暖自知，今行者即是某甲師也。」祖曰：「汝若如是，則是吾與汝同師黄梅，善自護持。」師又問：「某甲向後宜往何所？」祖曰：「逢『袁』可止，遇『蒙』即居。」師禮謝，遽迴至嶺下，謂衆人曰：「向陟崔嵬遠望，杳無蹤迹，當别道尋之。」皆以爲然。

師既迴，遂獨往廬山布水臺，經三載後始往袁州蒙山，大唱玄化。初名慧明，以避師上字故名道明，弟子等盡遣過嶺南參禮六祖。

前北宗神秀禪師法嗣第二世

五臺山巨方禪師

五臺山巨方〔一〕禪師，安陸人也，姓曹氏。幼禀業於明福院朗禪師，初講經論，後參禪會。及造北宗，秀師問曰：「白雲散處如何？」師曰：「不昧。」秀又問：「到此間後如何？」師曰：「正見一枝生五葉。」秀默許之。入室侍對，庶幾無爽。尋至上黨寒嶺居焉，數歲之間，衆盈千數。後於五臺山闡化，涉二十餘載入滅，年八十一。以唐開元十五年九月三日，奉全身入塔。

河中府中條山智封禪師

河中府中條山智封禪師，姓吴氏。初習唯識論，滯於名相，爲知識所詰。乃發憤罷講，遊行登武當山，見秀禪師，疑心頓釋。思養聖胎，乃辭去。居于蒲津安峯山，不下十年，木食澗飲。屬州牧衛文昇請歸城内，建新安國院居之，緇素歸依，憧憧不絶。使君問曰：「某今日後如何？」師曰：「日從濛汜出，照樹全無影。」使君初不能諭，拱揖而退。少選開曉，

〔一〕「方」，原作「玄」，據卷首細目、四部本、趙城本改。

釋然自得。

師來往中條山二十餘年，得其道者不可勝紀。滅後，門人於州城北建塔焉。

兖州降魔藏禪師

兖州降魔藏禪師，趙郡人也，姓王氏，父爲豪〔一〕掾。師七歲出家，時屬野多妖鬼，魅惑於人。師孤形制伏，曾無少畏，故得降魔名焉。即依廣福院明讚禪師出家，服勤受法。後遇北宗盛化，便誓摳衣。秀師問曰：「汝名降魔，此無山精木怪，汝翻作魔耶？」師曰：「有佛有魔。」秀曰：「汝若是魔，必住不思議境界。」師曰：「是佛亦空，何境界之有？」秀懸記之曰：「汝與少皞之墟有緣。」師尋入泰山，數稔，學者雲集。一日，告門人曰：「吾今老朽，物極有歸。」言訖而逝，壽九十一。

壽州道樹禪師

壽州道樹禪師，唐州人也，姓聞氏。幼探經籍，年將五十，因遇高僧誘諭，遂誓出家。禮本部明月山慧文爲師。師恥乎年長，求法淹遲，勵志遊方，無所不至。後歸東洛遇秀禪師，言下知微，晚成法器。

〔一〕「豪」，四部本、趙城本作「亳」。

乃卜壽州三峯山，結茅而居。常有野人，服色素朴，言譚詭異，於言笑外化作佛形，及菩薩、羅漢、天仙等形，或放神光，或呈聲響。師之學徒覩之，皆不能測。如此涉十年，後寂無形影。師告衆曰：「野人作多色伎倆，眩惑於人。只消老僧不見不聞，伊伎倆有窮，吾不見不聞無盡。」

唐寶曆元年示疾而終，壽九十二，明年正月建塔。

淮南都梁山全植禪師

淮南都梁山全植禪師，光州人也，姓芮氏。初結庵居止，太守衛文卿命本州長壽寺開法聚徒。文卿問曰：「將來佛法隆替若何？」師曰：「真實之物，無古無今，亦無軌躅。有爲之法，四相遷流，法當隍厄。君侯可見。」

師年九十三而終，唐會昌四年甲子九月七日入塔。

前嵩嶽慧安國師法嗣

洛京福先寺仁儉禪師

洛京福先寺仁儉禪師，自嵩山罷問，放曠郊鄽，時謂之騰騰和尚。唐天册萬歲中，天后詔入殿前。仰視天后，良久曰：「會麽？」后曰：「不會。」師曰：「老僧持不語戒。」言訖而天后覽而嘉之，厚加賜賚，師皆不受。又令寫歌辭傳布天下，其辭並敷演真理，以警時俗。唯了元歌一首盛行於世。

嵩嶽破竈墮和尚

嵩嶽破竈墮和尚，不稱名氏，言行叵測，隱居嵩嶽。山塢有廟甚靈，殿中唯安一竈，遠近祭祠不輟，烹殺物命甚多。師一日領侍僧入廟，以杖敲竈三下云：「咄！此竈只是泥瓦合成，聖從何來？靈從何起？恁麽烹宰物命。」又打三下，竈乃傾破墮落。安國師號爲破竈墮。須臾，有一人青衣峨冠，忽然設拜師前。師曰：「是什麽人？」云：「我本此廟竈神，久受業報。今日蒙師説無生法，得脱此處，生在天中，特來致謝。」師曰：「是汝本有之性，非吾彊言。」神再禮而没。少選，侍僧等問師云：「某等諸人久在和尚左右，未蒙師苦口直爲某等。竈神得什麽徑旨，便得生天？」師曰：「我只向伊道是泥瓦合成，别也無道理爲伊。」侍僧等立而無言。師曰：「會麽？」主事云：「不會。」師曰：「本有之性，爲什麽不會？」侍僧等乃禮拜。師曰：「墮也！墮也！破也！破也！」後有義豐禪師舉白安國師，國師歎曰：「此子會盡物我一如，可謂如朗月處空，無不見者，難遘伊語脈。」豐禪師乃低頭叉手而問云：「未審什麽人遘他語脈？」國師曰：「不知者。」

又僧問：「物物無形時如何？」師曰：「禮即唯汝非我，不禮即唯我非汝。」其僧乃禮謝。師曰：「本有之物，物非物也。所以道心能轉物，即同如來。」

又僧問：「如何是修善行人？」師曰：「捻槍帶甲。」云：「如何是作惡行人？」師曰：「修禪入定。」僧云：「某甲淺機，請師直指。」師曰：「汝問我惡，惡不從善。汝問我善，善不從惡。」良久又曰：「會麼？」僧云：「不會。」師曰：「惡人無善念，善人無惡心。所以道善惡如浮雲，俱無起滅處。」其僧從言下大悟。

有僧從牛頭處來，師乃曰：「來自何人法會？」僧近前叉手繞師，一匝而出。師曰：「牛頭會下，不可有此人。」僧乃迴師上邊，叉手而立。師云：「果然！果然！」僧却問云：「應物不由他時如何？」師曰：「争得不由他？」僧云：「恁麼即順正歸原去也。」師曰：「歸原何順？」僧云：「若非和尚，幾錯招愆。」師曰：「猶是未見四祖時道理也，見後通將來。」僧却繞師一匝而出。師曰：「順正之道，今古如然。」僧作禮。

又僧侍立久，師乃曰：「祖祖佛佛，只説如人本性本心，別無道理。會取！會取！」僧禮謝。師乃以拂子打之，曰：「一處如是，千處亦然。」僧乃叉手近前，應喏一聲。師曰：「更不信！更不信！」

僧問：「如何是大闡提人？」師曰：「尊重禮拜。」又問：「如何是大精進人？」師曰：「毀辱瞋恚。」其後莫知所終。

嵩嶽元珪禪師

嵩嶽元珪禪師，伊闕人也，姓李氏。幼歲出家，唐永淳二年受具戒，隸閑居寺。習毘尼無解，後謁安國師，印以真宗頓悟玄旨，遂卜廬於嶽之龐塢。

一日，有異人者峨冠袴褶而至，從者極多，輕步舒徐，稱謁大師。師覩其形貌，奇偉非常，乃諭之曰：「善來仁者，胡爲而至？」彼曰：「師寧識我耶？」師曰：「吾觀佛與衆生等，吾一目之豈分別耶？」彼曰：「我此嶽神也，能生死於人，師安得一目我哉？」師曰：「吾本不生，汝焉能死？吾視身與空等，視吾與汝等，汝能壞空與汝乎？苟能壞空及壞汝，吾則不生不滅也。汝尚不能如是，又焉能生死吾耶？」神稽首曰：「我亦聰明正直於餘神，詎知師有廣大之智辯乎？願授以正戒，令我度世。」師曰：「汝既乞戒，即既戒也。所以者何？戒外無戒，又何戒哉？」神曰：「此理也我聞茫昧，止求師戒我身爲門弟子。」師即爲張坐，秉鑪正几曰：「付汝五戒，若能奉持，即應曰能，不能即曰否。」神曰：「謹受教。」師曰：「汝能不婬乎？」曰：「亦娶也。」師曰：「非謂此也，謂無羅欲也。」曰：「能。」

師曰：「汝能不盜乎？」曰：「何乏我也，焉有盜取哉？」師曰：「非謂此也，謂饗而福淫，不供而禍善也。」曰：「能。」師曰：「汝能不殺乎？」曰：「實司其柄，焉曰不殺？」師曰：「非謂此也，謂有濫誤疑混也。」曰：「能。」師曰：「汝能不妄乎？」曰：「我正直，焉能有妄乎？」師曰：「非謂此也，謂先後不合天心也。」曰：「能。」師曰：「汝不遭酒敗乎？」曰：「能。」師曰：「如上是爲佛戒也。」又言：「以有心奉持而無心拘執，以有心爲物而無心想身。能如是，則先天地生不爲精，後天地死不爲老，終日變化而不爲動，畢盡寂默而不爲休。悟此則雖娶非妻也，雖饗非取也，雖柄非權也，雖作非故也，雖醉非惛也。若能無心於萬物，則羅欲不爲婬，福淫禍善不爲盜，濫誤疑混不爲殺，先後違天不爲妄，惛荒顛倒不爲醉，是謂無心也。無心則無戒，無戒則無心，無佛無衆生，無汝及無我。無汝，孰爲戒哉？」神曰：「我神通亞佛。」師曰：「汝神通十句，五能五不能，佛則十句，七能三不能。」神悚然避席，跪啓曰：「可得聞乎？」師曰：「汝能戾上帝，東天行而西七曜乎？」曰：「不能。」師曰：「汝能奪地祇，融五嶽而結四海乎？」曰：「不能。」師曰：「是謂五不能也。佛能空一切相，成萬法智，而不能即滅定業。佛能知群有性，窮億劫事，而不能化導無緣。佛能度無量有情，而不能盡衆生界，是謂三不能也。定業亦不牢久，無緣亦謂一期，衆生界本無增減，更〔一〕無一人能主有法。有法無主，是謂無法。無法無主，是謂無心。如我解，佛亦無神通也，但能以無心通達一切法爾。」神曰：「我誠淺昧，未聞空義。師所授戒，我當奉行。今願報慈德，効我所能。」師曰：「吾觀身無物，觀法無常，塊然更有何欲？」神曰：「師必命我爲世間事，展我小神功，使已發心、初發心、未發心、不信心、必信心五等人目我神蹤，知有佛有神，有能有不能，有自然有非自然者。」師曰：「無爲是，無爲是。」神曰：「佛亦使神護法，師寧隳叛佛耶？願隨意垂誨。」師不得已而言曰：「東巖，寺之障，莽然無樹，北岫有之，而皆舊本作「背」字〔二〕。非屏擁，汝能移北樹於東嶺乎？」神曰：「已聞命矣。然昏夜間必有諠動，願師無駭。」即作禮辭去。師門送而且觀之，見儀衛逶迤，如王者之狀。嵐靄煙霞，紛綸間錯，幢幡環珮，凌空隱没焉。其夕，果有暴風吼雷，奔雲震電，棟宇摇蕩，宿鳥聲諠。師謂衆曰：「無怖，無怖，神與我契矣。」詰旦和霽，則北巖松栝盡移東嶺，森然行植。師謂其徒曰：「吾没後無令外知，若爲口實，人將妖我。」

以開元四年丙辰歲囑門人曰：「吾始居寺東嶺，吾滅，汝必寘吾骸于彼。」言訖，若委

〔一〕「更」，四部本作「亘」，趙城本作「且」。
〔二〕四部本、趙城本無此小注。

蜕焉。春秋七十三，門人建塔焉。

前嵩山普寂禪師法嗣第三世

終南山惟政禪師

終南山惟政禪師，平原人也，姓周氏。受業於本州延和寺詮澄法師，得法於嵩山普寂禪師。既決了真詮，即入太一山中，學者盈室。

唐大和中，文宗嗜蛤蜊，沿海官吏先時遞進，人亦勞止。一日，御饌中有擘不張者，帝以其異，即焚香禱之。俄變爲菩薩形，梵相具足。即貯以金粟檀香合，覆以美錦，賜興善寺，令衆僧瞻禮。因問群臣：「斯何祥也？」或言：「太一山有惟政禪師，深明佛法，博聞彊識。」帝即令召至，問其事。師曰：「臣聞物無虚應，此乃啓陛下之信心耳。故契經云：『應以此身得度者，即現此身而爲説法。』」帝曰：「菩薩身已現，且未聞説法。」師曰：「陛下覩此，爲常非常耶？信非信耶？」帝曰：「希奇之事，朕深信焉。」師曰：「陛下已聞説法了。」時皇情悦豫，得未曾有，詔天下寺院各立觀音像以答殊休。因留師於内道場，累辭入山。復詔令住聖壽寺。

至武宗即位，師忽入終南山隱居。人問其故，師曰：「吾避仇矣。」後終於山舍，年八十七。闍維收舍利四十九粒，以會昌三年九月四日入塔。

益州無相禪師法嗣第四世

益州保唐寺無住禪師

益州保唐寺無住禪師，初得法於無相大師，乃居南陽白崖山，專務宴寂。經累歲，學者漸至，勤請不已。自此垂誨，雖廣演言教，而唯以無念爲宗。

唐相國杜鴻漸出撫坤維，聞師名，思一瞻禮。大曆元年九月，遣使到山延請。時節度使崔甯亦命諸寺僧徒遠出迎引，十月一日至空慧寺。時杜公與戎帥召三學碩德俱會寺中，致禮訖，公問曰：「頃聞師嘗駐錫於此，而後何往耶？」曰：「無住性好疎野，多泊山間，自賀蘭、五臺周遊勝境。聞先師居貴封大慈寺，説最上乘，遂遠來摳衣，忝預函丈。後棲遲白崖，已逾多載。今幸相公見召，敢不從命。」公曰：「弟子聞金和尚説無憶、無念、莫妄三句法門，是否？」曰：「然。」公曰：「此三句是一是三？」曰：「無憶名戒，無念名定，莫妄名慧，一心不生，具戒定慧，非一非三也。」公曰：「後句『妄』字，莫是從『心』之『忘』乎？」曰：「從『女』者是也。」公曰：「有據否？」曰：「法句經云：『若起精進心，是妄非精進。若能心不妄，精進無有涯。』」公聞，疑情盪焉，又問：「師還以三句示人否？」曰：「對初心學人還令息念，澄停識浪，水清影現，悟無體念，寂滅現前，無念亦不立也。」于時庭樹鵶鳴，公問：「師聞否？」曰：「聞。」鵶去已，又問：「師聞否？」曰：「聞。」公曰：「鵶去無聲，云何言聞？」師乃普告大衆：「佛世難值，正法難聞，各各諦聽，聞無有聞，非關聞性。本來不生，何曾有滅？有聲之時，是聲塵自生。無聲之時，是聲塵自滅。而此聞性，不隨聲生，不隨聲滅。悟此聞性，則免聲塵之所轉。當知聞無生滅，聞無去來。」公與僚屬大衆稽首，又問：「何名第一義？第一義者從何次第得入？」師曰：「第一義者無有次第，亦無出入。世諦一切有，第一義即無。諸法無性性，説名第一義。佛言：『有法名俗諦，無性第一義。』」公曰：「如師開示，實不可思議。」公又曰：「弟子性識微淺，昔因公暇，撰得起信論章疏兩卷，可得稱佛法否？」師曰：「夫造章疏皆用識心，思量分別，有爲有作，起心動念，然可造成。據論文云：『當知一切法，從本以來離言説相，離名字相，離心緣相，畢竟平等，無有變異，唯有一心，故名真如。』今相公著言説相，著名字相，著心緣相。既著種種相，云何是佛法？」公起作禮曰：「弟子亦曾問諸供奉大德，皆讚弟子不可思議，當知彼等但徇人情。師今從理解説，合心地法，實是真理不可思議。」公又問：「云何不生？云何不滅？如何得解脱？」師曰：「見境心不起名不生，不生即不滅，既無生滅，即不被前塵所縛，當處解脱。不生名無念，無念即無滅，無念即無縛，無念即無脱。舉要而言，識心即離念，見性即解脱。離識心見性外，更有法門證無上菩提者，無有是處。」公曰：「何名識心、見性？」師曰：「一切學道人隨念流浪，蓋爲不識真心。真心者，念生亦不順生，念滅亦不依寂。不來不去，不定不亂，不取不捨，不沈不浮。無爲無相，活鱍鱍平常自在。此心體畢竟不可得，無可知覺。觸目皆如，無非見性也。」公與大衆作禮，稱讚踊躍而去。

後〔一〕居保唐寺而終。

〔一〕「後」上四部本、趙城本有「無住禪師」四字。

景德傳燈録卷第五

第三十三祖慧能大師

第三十三祖慧能大師法嗣四十三人

西印度堀多三藏　韶州法海禪師　吉州志誠禪師　匾擔山曉了禪師　河北智隍禪師　洪州法達禪師　壽州智通禪師　江西志徹禪師　信州智常禪師　廣州志道禪師　廣州法性寺印宗和尚　吉州青原山行思禪師　南嶽懷讓禪師　温州永嘉玄覺禪師　司空山本浄禪師　婺州玄策禪師　曹谿令韜禪師　西京光宅寺慧忠禪師　西京荷澤寺神會禪師已上一十九人見録　韶州祇陀禪師　撫州浄安禪師　嵩山尋禪師　羅浮山定真禪師　南嶽堅固禪師　制空山道進禪師　善快禪師　韶山緣素禪師　宗一禪師　會稽秦望山善現禪師　南嶽梵行禪師　并州自在禪師　西京咸空禪師　峽山泰祥禪師　光州法浄禪師　清涼山辯才禪師　廣州吴頭陀　道英禪師　智本禪師　廣州清苑法真禪師　玄楷禪師　曇璀禪師　韶州刺史韋據　義興孫菩薩已

上二十四人無機緣語句不録

第三十三祖慧能大師及其法嗣

第三十三祖慧能大師

第三十三祖慧能大師者，俗姓盧氏，其先范陽人。父行瑫，武德中左宦于南海之新州，遂占籍焉。三歲喪父，其母守志鞠養。及長，家尤貧窶，師樵采以給。一日，負薪至市中，聞客讀金剛經，悚然問其客曰：「此何法也？得於何人？」客曰：「此名金剛經，得於黄梅忍大師。」師遽告其母，以爲法尋師之意。直抵韶州，遇高行士劉志略，結爲交友。尼無盡藏者，即志略之姑也，常讀涅槃經。師暫聽之，即爲解説其義。尼遂執卷問字，師曰：「字即不識，義即請問。」尼曰：「字尚不識，曷能會義？」師曰：「諸佛妙理非關文字。」尼驚異之，告鄉里耆艾云：「能是有道之人，宜請供養。」於是居人競來瞻禮。近有寶林古寺舊地，衆議營緝，俾師居之。四衆霧集，俄成寶坊。

師一日忽自念曰：「我求大法，豈可中道而止？」明日遂行，至昌樂縣西山石室間，遇智遠禪師，師遂請益。遠曰：「觀子神姿爽拔，殆非常人。吾聞西域菩提達磨傳心印于黄梅，汝當往彼參決。」師辭去，直造黄梅之東禪，即唐咸亨二年也。忍大師一見，默而識之。後傳衣法，令隱于懷集、四會之間。

至儀鳳元年丙子正月八日届南海，遇印宗法師於法性寺講涅槃經。師寓止廊廡間，暮夜風颺刹幡，聞二僧對論，一云「幡動」，一云「風動」。往復酬答，未曾契理。師曰：「可容俗流輒預高論否？直以風幡非動，動自心耳。」印宗竊聆此語，竦然異之。翌日邀師入室，徵風幡之義，師具以理告。印宗不覺起立云：「行者定非常人，師爲是誰？」師更無所隱，直叙得法因由。於是印宗執弟子之禮，請受禪要，乃告四衆曰：「印宗具足凡夫，今遇肉身菩薩。」即指坐下盧居士云：「即此是也。」因請出所傳信衣，悉令瞻禮。至正月十五日，會諸名德，爲之剃髮。二月八日，就法性寺智光律師受滿分戒。其戒壇即宋朝求那跋陀三藏之所置也。三藏記云：「後當有肉身菩薩在此壇受戒。」又梁末真諦三藏於壇之側手植二菩提樹，謂衆曰：「却後一百二十年，有大開士於此樹下演無上乘，度無量衆。」師具戒已，於此樹下開東山法門，宛如宿契。明年二月八日，忽謂衆曰：「吾不願此居，要歸舊隱。」時印宗與緇白千餘人，送師歸寶林寺。韶州刺史韋據請於大梵寺轉妙法輪，并受無相心地戒。門人紀録，目爲壇經，盛行於世。然返曹谿，雨大法雨，學者不下千數。

中宗神龍元年降詔云：「朕請安、秀二師宮中供養，萬機之暇，每究一乘。二師並推讓云：『南方有能禪師，密受忍大師衣法，可就彼問。』今遣内侍薛簡馳詔迎請，願師慈念，速赴上京。」師上表辭疾，願終林麓。薛簡曰：「京城禪德皆云：『欲得會道，必須坐禪習定。若不因禪定而得解脱者，未之有也。』未審師所説法如何？」師曰：「道由心悟，豈在坐也？經云：『若見如來，若坐若卧，是行邪道。』何故？無所從來，亦無所去。若無生滅，是如來清净禪。諸法空寂，是如來清净坐。究竟無證，豈況坐耶？」簡曰：「弟子之迴，主上必問，願和尚慈悲，指示心要。」師曰：「道無明暗，明暗是代謝之義，明明無盡，亦是有盡。」簡曰：「明喻智慧，暗況煩惱。修道之人儻不以智慧照破煩惱，無始生死憑何出離？」師曰：「若以智慧照煩惱者，此是二乘小兒羊鹿等機，上智大根悉不如是。」簡曰：「如何是大乘見解？」師曰：「明與無明，其性無二。無二之性，即是實性。實性者，處凡愚而不減，在賢聖而不增，住煩惱而不亂，居禪定而不寂。不斷不常，不來不去，不在中間及其内外，不生不滅，性相如如，常住不遷，名之曰道。」簡曰：「師説不生不滅，何異外道？」師曰：「外道所説不生不滅者，將滅止生，以生顯滅，滅猶不滅，生説無生。我説不生不滅者，本自無生，今亦無滅，所以不同外道。汝若欲知心要，但一切善惡都莫思量，自然得入清浄心體，湛然常寂，妙用恒沙。」簡蒙指教，豁然大悟，禮辭歸闕，表奏師語。有詔謝師，并賜磨衲袈裟、絹五百匹、寶鉢一口。十二月十九日，勑改古寶林爲中興寺。三年十一月十八日，又勑韶州刺史重加崇飾，賜額爲法泉寺，師新州舊居爲國恩寺。

一日，師謂衆曰：「諸善知識，汝等各各浄心，聽吾説法。汝等諸人自心是佛，更莫狐疑，外無一物而能建立，皆是本心生萬種法故。經云：『心生種種法生，心滅種種法滅。』若欲成就種智，須達一相三昧，一行三昧。若於一切處而不住相，彼相中不生憎愛，亦無取捨，不念利益成壞等事，安閑恬静，虚融澹泊，此名一相三昧。若於一切處，行住坐卧，純一直心，不動道場，真成浄土，名一行三昧。若人具二三昧，如地有種，能含藏長養，成就其實。一相一行，亦復如是。我今説法，猶如時雨，溥潤大地。汝等佛性，譬諸種子，遇兹霑洽，悉得發生。承吾旨者，決獲菩提。依吾行者，定證妙果。」

先天元年，告諸徒衆曰：「吾忝受忍大師衣法，今爲汝等説法，不付其衣。蓋汝等信根淳熟，決定不疑，堪任大事。聽吾偈曰：『心地含諸種，普雨悉皆生。頓悟華情已，菩提果自成。』」師説偈已，復曰：「其法無二，其心亦然。其道清浄，亦無諸相。汝等慎勿觀浄及空其心，此心本浄，無可取捨。各自努力，隨緣好去。」師説法利生經四十載，其年七月六日，命弟子往新州國恩寺建報恩塔，仍令倍工。又有蜀僧名方辯，來謁師云：「善捏塑。」師正色曰：「試塑看。」方辯不領旨，乃塑師真，可高七寸，曲盡其妙。師觀之曰：「汝善塑性，不善佛性。」酬以衣物，僧禮謝而去。

先天二年七月一日，謂門人曰：「吾欲歸新州，汝速理舟檝。」時大衆哀慕，乞師且住。師曰：「諸佛出現，猶示涅槃。有來必去，理亦常然。吾此形骸，歸必有所。」衆曰：「師從此去，早晚却迴。」師曰：「葉落歸根，來時無日。」又問：「師之法眼，何人傳受？」師曰：「有道者得，無心者通。」又問：「後莫有難否？」曰：「吾滅後五六年，當有一人來取吾首。聽吾記曰：『頭上養親，口裏須餐。遇滿之難，楊柳爲官。』」又云：「吾去七十年，有二菩薩從東方來，一在家一出家，同時興化建立吾宗，締緝伽藍，昌隆法嗣。」言訖，往新州國恩寺，沐浴訖，跏趺而化。異香襲人，白虹屬地，即其年八月三日也。時韶、新兩郡各修靈塔，道俗莫決所之。兩郡刺史共焚香祝云：「香煙引處，即師之欲歸焉。」時鑪香騰涌，直貫曹谿。以十一月十三日入塔，壽七十六。時韶州刺史韋據撰碑。門人憶念「取首」之記，遂先以鐵葉漆布固護師頸。塔中有達磨所傳信衣，西域屈眴布也，緝木綿華心織成，後人以碧絹爲裏。中宗賜磨衲、寶鉢，方辯塑真道具等，主塔侍者尸之。

開元十年壬戌八月三日夜半，忽聞塔中如拽鐵索聲。僧衆驚起，見一孝子從塔中走出，尋見師頸有傷，具以賊事聞於州縣。縣令楊侃、刺史柳無忝得牒，切加擒捉。五日，於石角村捕得賊人，送韶州鞫問。云：「姓張名净滿，汝州梁縣人。於洪州開元寺受新羅僧金大悲錢二十千，令取六祖大師首，歸海東供養。」柳守聞狀，未即加刑。乃躬至曹谿，問師上足令韜曰：「如何處斷？」韜曰：「若以國法論，理須誅夷。但以佛教慈悲，寃親平等，況彼求欲供養，罪可恕矣。」柳守嘉歎曰：「始知佛門廣大。」遂赦之。爾後，甚有名賢贊述及檀施珍異，文繁不録。

上元元年，肅宗遣使就請師衣鉢歸内供養。至永泰元年五月五日，代宗夢六祖大師請衣鉢。七日，勅刺史楊瑊云：「朕夢感能禪師請傳法袈裟却歸曹溪，今遣鎮國大將軍劉崇景頂戴而送。朕謂之國寶，卿可於本寺如法安置，專令僧衆親承宗旨者，嚴加守護，勿令遺墜。」後或爲人偷竊，皆不遠而獲。如是者數四。憲宗謚大鑒禪師，塔曰元和靈照。皇宋開寶初，王師平南海，劉氏殘兵作梗，師之塔廟鞠爲煨燼，而真身爲守塔僧保護，一無所損。尋有制興修，功未竟。會太宗即位，留心禪門，頗增壯麗焉。

大師自唐先天二年癸丑入滅，至今景德元年甲辰歲，凡二百九十二年矣。得法者，除印宗等三十三人，各化一方，標爲正嗣。其外藏名匿迹者，不可勝紀。今於諸家傳記中略録十人，謂之旁出。

第三十三祖慧能大師法嗣

西域堀多三藏

西域堀多三藏者，天竺人也。東遊韶陽見六祖，於言下契悟。後遊五臺，至定襄縣歷村，見一僧結庵而坐，三藏問曰：「汝孤坐奚爲？」曰：「觀静。」三藏曰：「觀者何人？静者何物？」其僧作禮，問曰：「此理何如？」三藏曰：「汝何不自觀自静？」彼僧茫然，莫知其對。三藏曰：「汝出誰門耶？」曰：「神秀大師。」三藏曰：「我西域異道最下根者，不墮此見。兀然空坐，於道何益？」其僧却問三藏：「所師何人？」三藏曰：「我師六祖，汝何不速往曹谿，決其真要？」其僧即捨庵，往參六祖，具陳前事。六祖垂誨，與三藏符合，其僧信入。三藏後不知所終。

韶州法海禪師

韶州法海禪師者，曲江人也。初見六祖，問曰：「即心即佛，願垂指喻。」祖曰：「前念不生即心，後念不滅即佛。成一切相即心，離一切相即佛。吾若具説，窮劫不盡，聽吾偈曰：『即心名慧，即佛乃定。定慧等持，意中清凈。悟此法門，由汝習性。用本無生，雙修是正。』」法海信受，以偈贊曰：「即心元是佛，不悟而自屈。我知定慧因，雙修離諸物。」〈壇經云「門人法海者」，即禪師是也。〉

吉州志誠禪師

吉州志誠禪師者，吉州太和人也。少於荆南當陽山玉泉寺奉事神秀禪師。後因兩宗盛化，秀之徒衆往往譏南宗曰：「能大師不識一字，有何所長？」秀曰：「他得無師之智，深悟上乘，吾不如也。且吾師五祖親付衣法，豈徒然哉？吾所恨不能遠去親近，虚受國恩。汝等諸人無滯於此，可往曹谿質疑。他日迴復，還爲吾説。」師聞此語，禮辭至韶陽，隨衆參請，不言來處。時六祖告衆曰：「今有盜法之人潛在此會。」師出禮拜，具陳其事。祖曰：「汝師若爲示衆？」對曰：「常指誨大衆令住心觀静，長坐不卧。」祖曰：「住心觀静，是病非禪。長坐拘身，於理何益？聽吾偈曰：『生來坐不卧，死去卧不坐。元是臭骨頭，何爲立功過？』」師曰：「未審大師以何法誨人？」祖曰：「吾若言有法與人，即爲誑汝，但且隨方解縛，假名三昧。聽吾偈曰：『一切無心自性戒，一切無礙自性慧。不增不退自金剛，身去身來本三昧。』」師聞偈悔謝，即誓依歸，乃呈一偈曰：「五藴幻身，幻何究竟？迴趣真如，法還不浄。」祖然之，尋迴玉泉。

匾擔山曉了禪師

匾擔山曉了禪師者，傳記不載，唯北宗門人忽雷澄撰塔碑盛行于世。略曰：師住匾擔山，法號曉了，六祖之嫡嗣也。師得無心之心，了無相之相。無相者森羅眩目，無心者分別熾然。絶一言一響，響莫可傳，傳之行矣。言莫可窮，窮之非矣。師自得無無之無，不無於無也。吾今以有有之有，不有於有也。不有之有，去來非增。不無之無，涅槃非滅。嗚呼！師住世兮曹谿明，師寂滅兮法舟傾。師譚無説兮寰宇盈，師示迷徒兮了義乘。匾擔山色垂玆色，空谷猶留曉了名。

河北智隍禪師

河北智隍禪師者，始參五祖法席，雖嘗咨決，而循乎漸行。後往河北結庵長坐，積二十餘載，不見惰容。及遇六祖門人策禪師遊歷于彼，激以勤求法要，師遂捨庵往參六祖。祖愍其遠來，便垂開抉。師於言下豁然契悟，前二十年所得心都無影響。其夜河北檀越士庶忽聞空中有聲曰：「隍禪師今日得道也。」後迴河北，開化四衆。

洪州法達禪師

洪州法達禪師者，洪州豐城人也。七歲出家，誦法華經，進具之後，來禮祖師，頭不至地。祖呵曰：「禮不投地，何如不禮？汝心中必有一物，藴習何事耶？」師曰：「念法華經已及三千部。」祖曰：「汝若念至萬部，得其經意，不以爲勝，則與吾偕行，汝今負此事業都不知過。聽吾偈曰：『禮本折慢幢，頭奚不至地？有我罪即生，亡功福無比。』」祖又曰：「汝名什麽？」對曰：「名法達。」祖曰：「汝名法達，何曾達法？」復説偈曰：「汝今名法達，勤誦未休歇。空誦但循聲，明心號菩薩。汝今有緣故，吾今爲汝説。但信佛無言，蓮華從口發。」師聞偈，悔過曰：「而今而後，當謙恭一切。惟願和尚大慈，略説經中義理。」祖曰：「汝念此經，以何爲宗？」師曰：「學人愚鈍，從來但依文誦念，豈知宗趣？」祖曰：「汝試爲吾念一遍，吾當爲汝解説。」師即高聲念經，至方便品，祖曰：「止。此經元來以因緣出世爲宗，縱説多種譬喻，亦無越於此。何者因緣？唯一大事，一大事即佛知見也。汝慎勿錯解經意，見他道開示悟入自是佛之知見，我輩無分。若作此解，乃是謗經毁佛也。彼既是佛，已具知見，何用更開？汝今當信，佛知見者，只汝自心，更無别體。蓋爲一切衆生自蔽光明，貪愛塵境，外緣内擾，甘受驅馳。便勞他從三昧起，種種苦口勸令寢息。莫向外求，與佛無二，故云『開佛知見』。汝但勞勞執念謂爲功課者，何異犛牛愛尾也？」師曰：「若然者但得解義，不勞誦經耶？」祖曰：「經有何過，豈障汝念？只爲迷悟在人，損益由汝。聽吾偈曰：『心迷法華轉，心悟轉法華。誦久不明己，與義作讎家。無念念即正，有念念成邪。有無俱不計，長御白牛車。』」師聞偈，再啓曰：「經云：『諸大聲聞乃至菩薩，皆盡思度量，尚不能測於佛智。』今令凡夫但悟自心，便名佛之知見，自非上根，未免疑謗。又，經説三車，大牛之車與白牛車如何區別？願和尚再垂宣説。」祖曰：「經意分明，汝自迷背。諸三乘人不能測佛智者，患在度量也。饒伊盡思共推，轉加懸遠。佛本爲凡夫説，不爲佛説。此理若不肯信者，從他退席。殊不知坐却白牛車，更於門外覓三車。況經文明向汝道，無二亦無三，汝何不省？三車是假，爲昔時故。一乘是實，爲今時故。只教汝去假歸實，歸實之後實亦無名。應知所有珍財盡屬於汝，由汝受用。更不作父想，亦不作子想，亦無用想，是名持法華經。從劫至劫，手不釋卷，從晝至夜，無不念時也。」師既蒙啓發，踊躍歡喜，以偈贊曰：「經誦三千部，曹谿一句亡。未明出世旨，寧歇累生狂。羊鹿牛權設，初中後善揚。誰知火宅内，元是法中王。」祖曰：「汝今後方可名爲念經僧也。」師從此領玄旨，亦不輟誦持。

壽州智通禪師

壽州智通禪師者，壽州安豐人也。初看楞伽經約千餘遍，而不會三身、四智，禮師求解其義。祖曰：「三身者，清浄法身，汝之性也。圓滿報身，汝之智也。千百億化身，汝之行也。若離本性，別說三身，即名有身無智。若悟三身無有自性，即名四智菩提。聽吾偈曰：『自性具三身，發明成四智。不離見聞緣，超然登佛地。吾今爲汝說，諦信永無迷。莫學馳求者，終日說菩提。』」師曰：「四智之義可得聞乎？」祖曰：「既會三身，便明四智，何更問邪？若離三身，別譚四智，此名有智無身也，即此有智還成無智。」復說偈曰：「大圓鏡智性清浄，平等性智心無病。妙觀察智見非功，成所作智同圓鏡。五八六七果因轉，但用名者無實性。若於轉處不留情，繁興永處那伽定。」轉識爲智者，教中云轉前五識爲成所作智，轉第六識爲妙觀察智，轉第七識爲平等性智，轉第八識爲大圓鏡智。雖六七因中轉，五八果上轉，但轉其名而不轉其體也。師禮謝，以偈贊曰：「三身元我體，四智本心明。身智融無礙，應物任隨形。起修皆妄動，守住匪真精。妙言因師曉，終亡污染名。」

江西志徹禪師

江西志徹禪師者，江西人也，姓張氏，名行昌。少任俠。自南北分化，二宗主雖亡彼我，而徒侣競起愛憎。時北宗門人自立秀師爲第六祖，而忌能大師傳衣爲天下所聞。然祖是菩薩，預知其事，即置金十兩於方丈。時行昌受北宗門人之囑，懷刃入祖室，將欲加害。祖舒頸而就，行昌揮刃者三，都無所損。祖曰：「正劍不邪，邪劍不正。只負汝金，不負汝命。」行昌驚仆，久而方甦，求哀悔過，即願出家。祖遂與金云：「汝且去，恐徒衆翻害於汝。汝可他日易形而來，吾當攝受。」行昌稟旨宵遁，終投僧出家，具戒精進。

一日，憶祖之言，遠來禮覲。祖曰：「吾久念於汝，汝來何晚？」曰：「昨蒙和尚捨罪，今雖出家苦行，終難報於深恩，其唯傳法度生乎？弟子嘗覽涅槃經，未曉常無常義，乞和尚慈悲，略爲宣説。」祖曰：「無常者，即佛性也。有常者，即善惡一切諸法分別心也。」曰：「和尚所説大違經文也。」祖曰：「吾傳佛心印，安敢違於佛經？」曰：「經説佛性是常，和尚却言無常。善惡諸法乃至菩提心皆是無常，和尚却言是常。此即相違，令學人轉加疑惑。」祖曰：「涅槃經吾昔者聽尼無盡藏讀誦一遍，便爲講説，無一字一義不合經文，乃至爲汝終無二説。」曰：「學人識量淺昧，願和尚委曲開示。」祖曰：「汝知否？佛性若常，更説什麽善惡諸法，乃至窮劫無有一人發菩提心者。故吾説無常，正是佛説真常之道也。又一切諸法若無常者，即物物皆有自性，容受生死，而真常性有不遍之處。故吾説常者，正是佛説真無常義也。佛比爲凡夫外道執於邪常，諸二乘人於常計無常，共成八倒，故於涅槃了義教中破彼偏見，而顯説真常、真我、真浄。汝今依言背義，以斷滅無常及確定死常，而錯解佛之圓妙最後微言。縱覽千遍，有何所益？」行昌忽如醉醒，乃説偈曰：「因守無常心，佛演有常性。不知方便者，猶春池執礫。我今不施功，佛性而見前。非師相授與，我亦無所得。」祖曰：「汝今徹也，宜名志徹。」師禮謝而去。

信州智常禪師

信州智常禪師者，本州貴谿人也。髫年出家，志求見性。一日，參六祖，祖問：「汝從何來？欲求何事？」師曰：「學人近往洪州建昌縣白峯山，禮大通和尚，蒙示見性成佛之義，未決狐疑。至吉州遇人指迷，令投謁和尚，伏願垂慈攝受。」祖曰：「彼有何言句？汝試舉似於吾，與汝證明。」師曰：「初到彼，三月未蒙開示。以爲法切故，於中夜獨入方丈禮拜哀請。大通乃曰：『汝見虚空否？』對曰：『見。』彼曰：『汝見虚空有相貌否？』對曰：『虚空無形，有何相貌？』彼曰：『汝之本性猶如虚空，返觀自性，了無一物可見，是名正見。無一物可知，是名真知。無有青黄長短，但見本源清浄，覺體圓明，即名見性成佛，亦名極樂世界，亦名如來知見。』學人雖聞此説，猶未決了。乞和尚誨示，令無凝滯。」祖曰：「彼師所説猶存見知，故令汝未了。吾今示汝一偈曰：『不見一法存無見，大似浮雲遮日面。不知一法守空知，還如太虚生閃電。此之知見瞥然興，錯認何曾解方便？汝當一念自知非，自己靈光常顯見。』」師聞偈已，心意豁然，乃述一偈曰：「無端起知解，著相求菩提。情存一念悟，寧越昔時迷。自性覺源體，隨照枉遷流。不入祖師室，茫然趣兩頭。」

廣州志道禪師

廣州志道禪師者，南海人也。初參六祖曰：「學人自出家，覽涅槃經僅十餘載，未明大意，願和尚垂誨。」祖曰：「汝何處未了？」對曰：「『諸行無常，是生滅法。生滅滅已，寂滅爲樂。』於此疑惑。」祖曰：「汝作麽生疑？」對曰：「一切衆生皆有二身，謂色身、法身也。色身無常，有生有滅。法身有常，無知無覺。經云『生滅滅已，寂滅爲樂』者，未審是何身寂滅？何身受樂？若色身者，色身滅時，四大分散全是苦，苦不可言樂。若法身寂滅，即同草木瓦石，誰當受樂？又，法性是生滅之體，五蘊是生滅之用，一體五用，生滅是常。生則從體起用，滅則攝用歸體。若聽更生，即有情之類不斷不滅。若不聽更生，即永歸寂滅，同於無情之物。如是則一切諸法，被涅槃之所禁伏，尚不得生，何樂之有？」祖曰：「汝是釋子，何習外道斷常邪見，而議最上乘法？據汝所解，即色身外別有法身，離生滅求於寂滅。

又推涅槃常樂，言有身受者。斯乃執吝生死，耽著世樂。汝今當知，佛爲一切迷人認五蘊和合爲自體相，分別一切法爲外塵相，好生惡死，念念遷流，不知夢幻虚假，枉受輪迴。以常樂涅槃翻爲苦相，終日馳求。佛愍此故，乃示涅槃真樂，刹那無有生相，刹那無有滅相，更無生滅可滅，是則寂滅見前。當見前之時，亦無見前之量，乃謂常樂。此樂無有受者，亦無不受者，豈有一體五用之名？何況更言涅槃禁伏諸法，令永不生？斯乃謗佛毁法。聽吾偈曰：『無上大涅槃，圓明常寂照。凡愚謂之死，外道執爲斷。諸求二乘人，目以無爲作。盡屬情所計，六十二見本。妄立虚假名，何爲真實義？唯有過量人，通達無取捨。以知五蘊法，及以蘊中我。外現衆色象，一一音聲相。平等如夢幻，不起凡聖見。不作涅槃解，二邊三際斷。常應諸根用，而不起用想。分別一切法，不起分別想。劫火燒海底，風鼓山相擊。真常寂滅樂，涅槃相如是。吾今彊言説，令汝捨邪見。汝勿隨言解，許汝知少分。』」

師聞偈，踊躍作禮而退。

廣州法性寺印宗和尚

廣州法性寺印宗和尚者，吴郡人也，姓印氏。從師出家，精涅槃大部。唐咸亨元年抵京師，勑居大敬愛寺。固辭，往蘄春謁忍大師。後於廣州法性寺講涅槃經，遇六祖能大師，始悟玄理，以能爲傳法師。又採自梁至唐諸方達者之言，著心要集，盛行于世。先天二年二月二十一日，終于會稽山妙喜寺，壽八十有七。會稽王師乾立塔銘焉。

吉州青原山行思禪師

吉州青原山行思禪師，本州安城人也，姓劉氏。幼歲出家，每群居論道，師唯默然。後聞曹谿法席，乃往參禮。問曰：「當何所務即不落階級？」祖曰：「汝曾作什麽？」師曰：「聖諦亦不爲。」祖曰：「落何階級？」曰：「聖諦尚不爲，何階級之有？」祖深器之。會下學徒雖衆，師居首焉，亦猶二祖不言，少林謂之得髓矣。

一日，祖謂師曰：「從上衣法雙行，師資遞授，衣以表信，法乃印心。吾今得人，何患不信？吾受衣以來，遭此多難，況乎後代爭競必多。衣即留鎮山門，汝當分化一方，無令斷絶。」師既得法，住吉州青原山静居寺。

六祖將示滅，有沙彌希遷即南嶽石頭和尚也。問曰：「和尚百年後，希遷未審當依附何人？」祖曰：「尋思去。」及祖順世，遷每於静處端坐，寂若忘生。第一坐問曰：「汝師已逝，空坐奚爲？」遷曰：「我稟遺誡，故尋思爾。」第一坐曰：「汝有師兄行思和尚，今住吉州，汝因緣在彼。師言甚直，汝自迷耳。」遷聞語，便禮辭祖龕，直詣静居。師問曰：「子何方而來？」遷曰：「曹谿。」師曰：「將得什麽來？」曰：「未到曹谿亦不失。」師曰：「恁麽用去曹谿作什麽？」曰：「若不到曹谿，争知不失？」遷又問曰：「曹谿大師還識和尚否？」師曰：「汝今識吾否？」曰：「識又争能識得？」師曰：「衆角雖多，一麟足矣。」遷又問：「和尚出嶺多少時？」師曰：「我却不知汝早晚離曹谿？」曰：「希遷不從曹谿來。」師曰：「我亦知汝去處也。」曰：「和尚幸是大人，莫造次。」他日，師復問遷：「汝什麽處來？」曰：「曹谿。」師乃舉拂子曰：「曹谿還有這箇麽？」曰：「非但曹谿，西天亦無。」師曰：「子莫曾到西天否？」曰：「若到即有也。」師曰：「未在，更道。」曰：「和尚也須道取一半，莫全靠學人。」師曰：「不辭向汝道，恐已後無人承當。」

師令希遷持書與南嶽讓和尚曰：「汝達書了速迴。吾有箇鈯斧子，與汝住山。」遷至彼未呈書，便問：「不慕諸聖，不重己靈時如何？」讓曰：「子問太高生，何不向下問？」遷曰：「寧可永劫沈淪，不慕諸聖解脱。」讓便休，遷迴至静居，師問曰：「子去未久，送書達否？」遷曰：「信亦不通，書亦不達。」師曰：「作麽生？」遷舉前話了，却云：「發時蒙和尚許鈯斧子，便請取。」師垂一足，遷禮拜，尋辭往南嶽。玄沙云：「大小石頭和尚被讓師推倒，至今起不得。」

荷澤神會來參，師問曰：「什麽處來？」會曰：「曹谿。」師曰：「曹谿意旨如何？」會振身而已，師曰：「猶滯瓦礫在。」曰：「和尚此間莫有真金與人否？」師曰：「設有與汝，向什麼處著？」玄沙云：「果然。」雲居錫云：「只如玄沙道果然，是真金？是瓦礫？」僧問：「如何是佛法大意？」師曰：「廬陵米作麼價？」

師既付法石頭，唐開元二十八年庚辰十二月十三日陞堂告衆，跏趺而逝。信宗謚弘濟禪師、歸真之塔。

南嶽懷讓禪師

南嶽懷讓禪師者，姓杜氏，金州人也。年十五，往荊州玉泉寺依弘景律師出家，受具之後，習毗尼藏。一日，自歎曰：「夫出家者，爲無爲法。」時同學坦然知師志高邁，勸師謁嵩山安和尚。安啓發之，乃直詣曹谿[一]參六祖。祖問：「什麼處來？」曰「嵩山來。」祖曰：「什麼物恁麼來？」曰：「説似一物即不中。」祖曰：「還可修證否？」曰：「修證即不無，污染即不得。」祖曰：「只此不污染，諸佛之所護念。汝既如是，吾亦如是。西天般若多羅讖汝足下出一馬駒，蹋殺天下人。病[二]在汝心，不須速説。」師豁然契會，執侍左右一十

[一]「谿」，原作「豁」，據四部本、趙城本改。
[二]「病」，原作「並」，據四部本、趙城本改。

五載。

唐先天二年，始往衡嶽，居般若寺。開元中，有沙門道一即馬祖大師也。住傳法院，常日坐禪。師知是法器，往問曰：「大德坐禪圖什麼？」一曰：「圖作佛。」師乃取一塼，於彼庵前石上磨。一曰：「師作什麼？」師曰：「磨作鏡。」一曰：「磨塼豈得成鏡耶？」「坐〔一〕禪豈得成佛耶？」一曰：「如何即是？」師曰：「如人駕車，不行，打車即是？打牛即是？」一無對。師又曰：「汝學坐禪？爲學坐佛？若學坐禪，禪非坐卧。若學坐佛，佛非定相。於無住法，不應取捨。汝若坐佛，即是殺佛。若執坐相，非達其理。」一聞示誨，如飲醍醐，禮拜問曰：「如何用心即合無相三昧？」師曰：「汝學心地法門，如下種子。我説法要，譬彼天澤。汝緣合故，當見其道。」又問曰：「道非色相，云何能見？」師曰：「心地法眼能見乎道，無相三昧亦復然矣。」一曰：「有成壞否？」師曰：「若以成壞聚散而見道者，非見道也。聽吾偈曰：『心地含諸種，遇澤悉皆萌。三昧華無相，何壞復何成？』」一蒙開悟，心意超然。侍奉十秋，日益玄奥。

師入室弟子總有六人，師各印可云：「汝等六人同證吾身，各契一路。一人得吾眉，善

〔一〕「坐」上四部本、趙城本有「師曰」二字。

威儀。常浩。一人得吾眼，善顧眄。智達。一人得吾耳，善聽理。坦然。一人得吾鼻，善知氣。神照。一人得吾舌，善譚説。嚴峻。一人得吾心，善古今。道一。」又曰：「一切法皆從心生，心無所生，法無能住。若達心地，所作無礙。非遇上根，宜慎辭哉！」

有一大德問：「如鏡鑄像，像成後，鏡明向什麽處去？」師曰：「如大德爲童子時相貌何在？」法眼別云：「阿那箇是大德鑄成底像？」曰：「只如像成後，爲什麽不鑑照？」師曰：「雖然不鑑照，謾他一點不得。」

後馬大師闡化於江西，師問衆曰：「道一爲衆説法否？」衆曰：「已爲衆説法。」師曰：「總未見人持箇消息來。」衆無對。因遣一僧去云：「待伊上堂時，但問『作麽生』，伊道底言語記將來。」僧去，一如師旨。迴謂師曰：「馬師云：『自從胡亂後，三十年不曾闕鹽醬喫。』」師然之。

天寶三年八月十一日圓寂於衡嶽，勅謚大慧禪師、最勝輪之塔。

温州永嘉玄覺禪師

温州永嘉玄覺禪師者，永嘉人也，姓戴氏。丱歲出家，遍探三藏，精天台止觀圓妙法門，於四威儀中常冥禪觀。

後因左谿朗禪師激勵，與東陽策禪師同詣曹谿。初到振錫携瓶，繞祖三匝。祖曰：「夫沙門者具三千威儀、八萬細行，大德自何方而來？生大我慢。」師曰：「生死事大，無常迅速。」祖曰：「何不體取無生、了無速乎？」曰：「體即無生，了本無速。」祖曰：「如是！如是！」于時大衆無不愕然。師方具威儀參禮，須臾告辭。祖曰：「返太速乎？」師曰：「本自非動，豈有速耶？」祖曰：「誰知非動？」曰：「仁者自生分別。」祖曰：「汝甚得無生之意。」曰：「無生豈有意耶？」祖曰：「無意誰當分別？」曰：「分別亦非意。」祖歎曰：「善哉！善哉！少留一宿。」時謂「一宿覺」矣。策公乃留，師翌日下山迴温江。學者輻湊，號真覺大師。著證道歌一首及禪宗悟修圓旨，自淺之深。慶州刺史魏靖緝而序之，成十篇，目爲永嘉集，並盛行于世。

慕道志儀第一。夫欲修道，先須立志，及事師儀，則彰乎軌訓。故標第一，明慕道儀式。

戒憍奢意第二。初雖立志修道，善識軌儀。若三業憍奢，妄心擾動，何能得定？故次第二，明戒憍奢意也。

净修三業第三。前戒憍奢，略標綱要。今子細檢責，令過不生。故次第三，明净修三業，戒乎身、口、意也。

奢摩他頌第四。已檢責身、口，令麁過不生。次須入門修道，漸次不出定慧。五種起心，六種料簡。故次第四，明奢摩他頌也。

毘婆舍那頌第五。非戒不禪，非禪不慧。上既修定，定久慧明。故次第五，明毘婆舍那頌也。

優畢叉頌第六。偏修於定，定久則沈。偏學於慧，慧多心動。故次第六，明優畢叉頌等於定慧，令不沈動，使定慧均等，捨於二邊。

三乘漸次第七。定慧既均，則寂而常照。三觀一心，何疑不遣？何照不圓？自解雖明，悲他未悟，悟有深淺。故次第七，明三乘漸次也。

事理不二第八。三乘悟理，理無不窮。窮理在事，了事即理。故次第八，明事理不二，即事而真，用祛倒見也。

勸友人書第九。事理既融，内心自瑩。復悲遠學，虛擲寸陰。故次第九，明勸友人書也。

發願文第十。勸友人雖是悲他，專心在一，情猶未普。故次第十，明發願文，誓度一切。

復次觀心十門。初則言其法爾，次則出其觀體，三則語其相應，四則警其上慢，五則誡其疎怠，六則重出觀體，七則明其是非，八則簡其詮旨，九則觸途成觀，十則妙契玄源。

第一言法爾者。夫心性虚通，動静之源莫二。真如絶慮，緣計之念非殊。惑見紛馳，窮之則唯一寂。靈源不狀，鑒之則以千差。千差不同，法眼之名自立。一寂非異，慧眼之號斯存。理量雙銷，佛眼之功圓著。是以三諦一境，法身之理常清。三智一心，般若之明常照。境智冥合，解脱之應隨機。非縱非横，圓伊之道玄會。故知三德妙性，宛爾無乖，一心深廣，難思何出？要而非路，是以即心爲道者，可謂尋流而得源。

第二出其觀體者。只知一念，即空不空，非空非不空。

第三語其相應者。心與空相應，則譏毁讚譽，何憂何喜？身與空相應，則刀割香塗，何苦何樂？依報與空相應，則施與劫奪，何得何失？心與空不空相應，則愛見都忘，慈悲普救。身與空不空相應，則内同枯木，外現威儀。依報與空不空相應，則永絶貪求，資財給濟。心與空不空、非空非不空相應，則實相初明，開佛知見。身與空不空、非空非不空相應，則一塵入正受，諸塵三昧起。依報與空不空、非空非不空相應，則香臺寶閣嚴土化生。

第四警其上慢者。若不爾者，則未相應也。

第五誡其疎怠者。然渡海應上船，非船何以能渡？修心必須入觀，非觀何以明心？心尚未明，相應何日？思之勿自恃也。

第六重出觀體者。只知一念即空不空，非有非無。不知即念即空不空，非非有，非非無。

第七明其是非者。心不是有，心不是無，心不非有，心不非無。是有是無即墮是，非有非無即墮非。如是只是是非之非，未是非是非非之是。今以雙非破兩是，是破非是猶是非。又以雙非破兩非，非破非非即是是，如是只是非是非非之是，未是不非不不非、不是不不是。是非之惑綿微難見，神清慮静細而研之。

第八簡其詮旨者。然而至理無言，假文言以明其旨。旨宗非觀，藉修觀以會其宗。若旨之未明，則言之未的。若宗之未會，則觀之未深。深觀乃會其宗，的言必明其旨。旨宗既其明會，旨觀何得復存耶？

第九觸途成觀者。夫再演言詞，重標觀體，欲明宗旨，無異言觀。有逐方移，方移則言理無差，無差則觀旨不異。不異之旨即理，無差之理即宗。旨一而二名，言觀明其弄胤耳。

第十妙契玄源者。夫悟心之士，寧執觀而迷旨？達教之人，豈滯言而惑理？理明則言語道斷，何言之能議？旨會則心行處滅，何觀之能思？心言不能思議者，可謂妙契寰中矣。

師先天二年十月十七日安坐示滅，十一月十三日塔于西山之陽，勅謚無相大師，塔曰淨光。宋朝〔一〕淳化中，太宗皇帝詔本州重修龕塔。

司空山本淨禪師

司空山本淨禪師者，絳州人也，姓張氏。幼歲披緇于曹谿之室，受記隸司空山無相寺。唐天寶三年，玄宗遣中使楊光庭入山采常春藤，因造丈室禮問曰：「弟子慕直斯久，願和尚慈悲，略垂開示。」師曰：「天下禪宗碩學咸會京師，天使歸朝，足可咨決。貧道隈山傍水，無所用心。」光庭泣拜。師曰：「休禮貧道，天使爲求佛邪？問道邪？」曰：「弟子智識昏昧，未審佛之與道其義云何？」師曰：「若欲求佛，即心是佛。若欲會道，無心是道。」曰：「云何即心是佛？」師曰：「佛因心悟，心以佛彰。若悟無心，佛亦不有。」曰：「云何無心是道？」師曰：「道本無心，無心名道。若了無心，無心即道。」光庭作禮信受。

既迴闕，庭具以山中所遇奏聞，即勅光庭詔師。十二月十三日到京，勅住白蓮亭。越

〔一〕「宋朝」，四部本、趙城本作「皇朝」。

明年正月十五日，召兩街名僧碩學赴内道場，與師闡揚佛理。時有遠禪師者，抗聲謂師曰：「今對聖上校量宗旨，應須直問直答，不假繁辭。只如禪師所見，以何爲道？」師答曰：「無心是道。」遠曰：「道因心有，何得言無心是道？」師曰：「道本無名，因心名道。心名若有，道不虚然。窮心既無，道憑何立？二俱虚妄，總是假名。」遠曰：「禪師見有身心是道以否？」師曰：「山僧身心本來是道。」曰：「適言無心是道，今又言身心本來是道，豈不相違？」師曰：「無心是道，心泯道無，心道一如，故言無心是道。身心本來是道，道亦本是身心。身心本既是空，道亦窮源無有。」曰：「觀禪師形質甚小，却會此理。」師曰：「大德只見山僧相，不見山僧無相，見相者是大德所見。經云：『凡所有相，皆是虚妄。』若見諸相非相，即悟其道。若以相爲實，窮劫不能悟道。」曰：「今請禪師於相上説於無相。」師曰：「净名經云：『四大無主，身亦無我。無我所見，與道相應。』大德若以四大有主是我，若有我見，窮劫不可會道也。」遠公聞語失色，逡巡避席。師有偈曰：「四大無主復如水，遇曲逢直無彼此。净穢兩處不生心，壅決何曾有二意？觸境但似水無心，在世縱横有何事？」復云：「一大如是，四大亦然。若明四大無主，即悟無心。若了無心，自然契道。」

又有志明禪師者問曰：「若言無心是道，瓦礫無心亦應是道？」又云：「身心本來是道，四生十類皆有身心，亦應是道？」師曰：「大德若作見聞覺知之解，與道懸殊。即是求見聞覺知之者，非是求道之人。經云：『無眼、耳、鼻、舌、身、意。』六根尚無，見聞覺知憑何而立？窮本不有，何處存心？焉得不同草木瓦礫？」志明杜口而退。師又有偈曰：「見聞覺知無障礙，聲香味觸常三昧。如鳥空中只麽飛，無取無捨無憎愛。若會應處本無心，始得名爲觀自在。」

又有真禪師者問云：「道既無心，佛有心否？佛之與道，是一是二？」師曰：「不一不異。」曰：「佛度衆生爲有心故，道不度人爲無心故。一度一不度，何得無二？」師曰：「若言佛度衆生，道無度者，此是大德妄生二見。如山僧即不然，佛是虚名，道亦妄立。二俱不實，總是假名，一假之中何分二？」問曰：「佛之與道從是假名，當立名時，是誰爲立？若有立者，何得言無？」師曰：「佛之與道因心而立。推窮立心，心亦是無。心既是無，即悟二俱不實。知如夢幻，即悟本空。彊立佛道二名，此是二乘人見解。」師乃説無修無作偈曰：「見道方修道，不見復何修？道性如虚空，虚空何所修？遍觀修道者，撥火覓浮漚。但看弄傀儡，線斷一時休。」

又有法空禪師者問曰：「佛之與道俱是假名，十二分教亦應不實，何以從前尊宿皆言修道？」師曰：「大德錯會經意。道本無修，大德彊修。道本無作，大德彊作。道本無事，彊生多事。道本無知，於中彊知。如此見解，與道相違。從前尊宿不應如是，自是大德不會。請思之。」師又有偈曰：「道體本無修，不修自合道。若起修道心，此人不會道。棄却一真性，却入鬧浩浩。忽逢修道人，第一莫向道。」

又有安禪師者問曰：「道既假名，佛云妄立，十二分教亦是接物度生。一切是妄，以何爲真？」師曰：「爲有妄故，將真對妄。推窮妄性本空，真亦何曾有故？故知真妄總是假名，二事對治，都無實體，窮其根本，一切皆空。」曰：「既言一切是妄，妄亦同真。真妄無殊，復是何物？」師曰：「若言何物，何物亦妄。經云：『無相似，無比況，言語道斷，如鳥飛空。』」安公慚伏，不知所措。師又有偈曰：「推真真無相，窮妄妄無形。返觀推窮心，知心亦假名。會道亦如此，到頭亦只寧。」

又有達性禪師者問曰：「禪是至妙至微，真妄雙泯，佛道兩亡，修行性空，名相不實。世界如幻，一切假名。作此解時，不可斷絶衆生善惡二根。」師曰：「善惡二根，皆因心有。窮心若有，根亦非虛。推心既無，根因何立？經云：『善不善法，從心化生。善惡業緣，本無有實。』」師又有偈曰：「善既從心生，惡豈離心有？善惡是外緣，於心實不有。捨惡送何處？取善令誰守？傷嗟二見人，攀緣兩頭走。若悟本無心，始悔從前咎。」

又有近臣問曰：「此身從何而來？百年之後復歸何處？」師曰：「如人夢時從何而來？睡覺時從何而去？」曰：「夢時不可言無，既覺不可言有。雖有有無，來往無所。」師曰：「貧道此身亦如其夢。」又有偈曰：「視生如在夢，夢裏實是鬧。忽覺萬事休，還同睡時悟。智者會悟夢，迷人信夢鬧。會夢如兩般，一悟無別悟。富貴與貧賤，更亦無別路。」

上元二年五月五日歸寂，勅謚大曉禪師。

婺州玄策禪師

婺州玄策禪師者，婺州金華人也。出家遊方，届于河朔。有智隍禪師者曾謁黄梅五祖，庵居二十年，自謂正受。師知隍所得未真，往問曰：「汝坐於此作麽？」隍曰：「入定。」師曰：「汝言入定，有心耶？無心耶？若有心者，一切蠢動之類皆應得定。若無心者，一切草木之流亦合得定。」曰：「我正入定時，則不見有有無之心。」師曰：「既不見有有無之心，即是常定。何有出入？若有出入，則非大定。」隍無語，良久問：「師嗣誰？」師曰：「我師曹谿六祖。」曰：「六祖以何爲禪定？」師曰：「我師云：『夫妙湛圓寂，體用如如。五陰本空，六塵非有。不出不入，不定不亂。禪性無住，離住禪寂。禪性無生，離生禪想。心如虚空，亦無虚空之量。』」隍聞此説，遂造于曹谿請決疑翳，而祖意與師冥符，隍始開悟。師後却歸金華，大開法席。

曹谿令韜禪師

曹谿令韜禪師者，吉州人也，姓張氏。依六祖出家，未嘗離左右。祖歸寂，遂爲衣塔主。唐開元四年，玄宗聆其德風，詔令赴闕，師辭疾不起。上元元年，肅宗遣使取傳法衣入内供養，仍勅師隨衣入朝，師亦以疾辭。終于本山，壽九十五，勅謚大曉禪師。

西京光宅寺慧忠國師

西京光宅寺慧忠國師者，越州諸暨人也，姓冉氏。自受心印，居南陽白崖山黨子谷，四十餘祀不下山門，道行聞于帝里。唐肅宗上元二年，勅中使孫朝進齎詔徵赴京，待以師禮。初居千福寺西禪院，及代宗臨御，復迎止光宅精藍十有六載，隨機説法。時有西天大耳三藏到京，云得他心慧眼，帝勅令與國師試驗。三藏才見師，便禮拜，立於右邊。師問曰：「汝得他心通耶？」對曰：「不敢。」師曰：「汝道老僧即今在什麼處？」曰：「和尚是一國之師，何得却去西川看競渡？」師再問：「汝道老僧即今在什麼處？」曰：「和尚是一國之師，何得却在天津橋上看弄猢猻？」師第三問語亦同前，三藏良久罔知去處。師叱曰：「遮野狐精，他心通在什麽處？」三藏無對。僧問仰山曰：「大耳三藏第三度爲什麽不見國師？」仰山曰：「前兩度是涉境心，後入自受用三昧，所以不見。」又有僧舉前語問玄沙，玄沙曰：「汝道前兩度還見麽？」玄覺云：「前兩度若見，後來爲什麽不見？且道利害在什麽處？」僧問趙州曰：「大耳三藏第三度不見國師，未審國師在什麽處？」趙州云：「在三藏鼻孔上。」僧問玄沙：「既在鼻孔上，爲什麽不見？」玄沙云：「只爲太近。」

一日，喚侍者，侍者應諾。如是三召，皆應諾。師曰：「將謂吾孤負汝，却是汝孤負吾。」僧問玄沙：「國師喚侍者，意作麽生？」玄沙云：「却是侍者會。」雲居錫云：「且道侍者會不會？若道會，國師又道『汝孤負吾』，若道不會，玄沙又道『却是侍者會』，且作麽生商量？」玄覺徵問僧：「什麽是侍者會處？」僧云：「若不會，争解恁麽應？」玄覺云：「汝少會在。」又云：「若於這裏商量得去，便見玄沙。」僧問法眼：「國師喚侍者，意作麽生？」法眼云：「且去，别時來。」雲居錫云：「法眼恁麽道，爲復明國師意？不明國師意？」僧問趙州：「國師喚侍者，意作麽生？」趙州云：「如人暗裏書字，字雖不成，文彩已彰。」

南泉到參，師問：「什麽處來？」對曰：「江西來。」師曰：「還將得馬師真來否？」曰：「只遮是。」師曰：「背後底。」南泉便休。長慶稜云：「大似不知。」保福展云：「幾不到和尚此間。」雲居錫云：「此二尊者盡扶背後。只如南泉休去，爲當扶面前？扶背後？」

麻谷到參，繞禪床三匝，於師前振錫而立。師曰：「既如是，何用更見貧道？」麻谷又振錫，師叱曰：「遮野狐精，出去！」

師每示衆云：「禪宗學者，應遵佛語。一乘了義，契自心源。不了義者，互不相許，如獅子身蟲。夫爲人師者，若涉名利，别開異端，則自他何益？如世大匠，斤斧不傷其手。香象所負，非驢能堪。」

有僧問：「若爲得成佛去？」師曰：「佛與衆生一時放却，當處解脱。」問：「作麽生得相應去？」師云：「善惡不思，自見佛性。」問：「若爲得證法身？」師曰：「越毘盧之境界。」曰：「清净法身作麽生得？」師曰：「不著佛求耳。」問：「阿那箇是佛？」師曰：「即心是佛。」曰：「心有煩惱否？」師曰：「煩惱性自離。」曰：「豈不斷耶？」師曰：「斷煩惱者，即名二乘。煩惱不生，名大涅槃。」問：「坐禪看静，此復若爲？」師曰：「不垢不净，寧用起心而看净相？」又問：「禪師見十方虚空是法身否？」師曰：「以想心取之是顛倒見。」問：「即心是佛，可更修萬行否？」師曰：「諸聖皆具二嚴，豈撥無因果耶？」又曰：「我今答汝，窮劫不盡，言多去道遠矣。所以道説法有所得，斯則野干鳴。説法無所得，是名師子吼。」

南陽張濆行者問：「伏承和尚説無情説法，某甲未體其事，乞和尚垂示。」師曰：「汝若問無情説法，解他無情方得聞我説法。汝但聞取無情説法去。」濆曰：「只約如今有情方便之中，如何是無情因緣？」師曰：「如今一切動用之中，但凡聖兩流都無少分起滅，便是出識，不屬有無，熾然見覺，只聞無其情識繫執，所以六祖云：『六根對境，分別非識。』」

有僧到參禮，師問：「藴何事業？」曰：「講金剛經。」師曰：「最初兩字是什麽？」曰：「『如是』。」師曰：「是什麽？」無對〔一〕。

有人問：「如何是解脱？」師曰：「諸法不相到，當處解脱。」曰：「恁麽即斷去也。」師曰：「向汝道諸法不相到，斷什麽？」

師見僧來，以手作圓相，相中書「日」字。僧無對。

師問本净禪師：「汝已後見奇特言語如何？」净曰：「無一念心愛。」師曰：「是汝屋裏事。」

肅宗問：「師得何法？」師曰：「陛下見空中一片雲麽？」帝曰：「見。」師曰：「釘釘著？懸掛著？」又問：「如何是十身調御？」師乃起立，曰：「還會麽？」曰：「不會。」師曰：「與老僧過净瓶來。」又曰：「如何是無諍三昧？」師曰：「檀越蹋毗盧頂上行。」曰：

〔一〕「無對」，四部本、趙城本作小注。

「此意如何？」師曰：「莫認自己清净法身。」又問師，師都不視之。曰：「朕是大唐天子，師何以殊不顧視？」師曰：「還見虚空麽？」曰：「見。」師曰：「他還眨目視陛下否？」

魚軍容問：「師住白崖山，十二時中如何修道？」師唤童子來，摩頂曰：「惺惺直然惺惺，歷歷直然歷歷，已後莫受人謾。」

師與紫璘供奉論義，既陞坐，供奉曰：「請師立義，某甲破。」師曰：「立義竟。」供奉曰：「是什麽義？」師曰：「果然不見，非公境界。」便下坐。一日，師問紫璘供奉：「佛是什麽義？」曰：「是覺義。」師曰：「佛曾迷否？」曰：「不曾迷。」師曰：「用覺作麽？」無對。又問：「如何是實相？」師曰：「把將虚底來。」曰：「虚底不可得。」師曰：「虚底尚不可得，問實相作麽？」

僧問：「如何是佛法大意？」師曰：「文殊堂裏萬菩薩。」曰：「學人不會。」師曰：「大悲千手眼。」

耽源問：「百年後有人問極則事作麽生？」師曰：「幸自可憐生，須要箇護身符子作麽？」

師以化緣將畢，涅槃時至，乃辭代宗。代宗曰：「師滅度後，弟子將何所記？」師曰：

「告檀越，造取一所無縫塔。」曰：「就師請取塔様。」師良久曰：「會麽？」曰：「不會。」師曰：「貧道去後有侍者應真却知此事。」大曆十年十二月九日右脇長往，弟子奉靈儀於黨子谷建塔，勅謚大證禪師。代宗後詔應真入内，舉問前語，真良久曰：「聖上會麽？」曰：「不會。」真述偈曰：「湘之南，潭之北，中有黄金充一國。無影樹下合同船，瑠璃殿上無知識。」應真後住耽源山。

西京荷澤神會禪師

西京荷澤神會禪師者，襄陽人也，姓高氏。年十四爲沙彌謁六祖，祖曰：「知識遠來大艱辛，將本來否？若有本則合識主，試説看。」師曰：「以無住爲本，見即是主。」祖曰：「遮沙彌争合取次語！」便以杖打，師於杖下思惟曰：「大善知識，歷劫難逢，今既得遇，豈惜身命？」自此給侍。

他日祖告衆曰：「吾有一物，無頭無尾，無名無字，無背無面，諸人還識否？」師乃出曰：「是諸佛之本原，神會之佛性。」祖曰：「向汝道『無名無字』，汝便唤『本原』『佛性』？」師禮拜而退。師尋往西京受戒，唐景龍中却歸曹谿。

祖滅後二十年間，曹谿頓旨沈廢於荆、吴，嵩嶽漸門盛行於秦、洛。乃入京，天寶四年方定兩宗，南能頓宗，北秀漸教。乃著顯宗記，盛行于世。

一日，鄉信至，報二親亡。師入堂白槌曰：「父母俱喪，請大衆念摩訶般若。」衆纔集，師便打槌曰：「勞煩大衆！」

師於上元元年五月十三日中夜奄然而化，俗壽七十五。二年，建塔於洛京龍門，勑於塔所置寶應寺。大曆五年賜號真宗般若傳法之堂，七年又賜般若大師之塔。

卧輪禪師偈

有僧舉卧輪禪師偈云：「卧輪有伎倆，能斷百思想。對境心不起，菩提日日長。」六祖大師聞之曰：「此偈未明心地，若依而行之，是加繫縛。」因示一偈曰：「慧能没伎倆，不斷百思想。對境心數起，菩提作麽長。」此二偈諸方多舉，故附於卷末。卧輪者，非名即住處也。

景德傳燈録卷第六

南嶽懷讓禪師法嗣

第一世九人

江西道一禪師一人見録，姓馬，時謂馬祖　南嶽常浩禪師　智達禪師　坦然禪師　潮州神照禪師　揚州大明寺嚴峻禪師　新羅國本如禪師　玄晟禪師　東霧山法空禪師

已上八人無機緣語句不録

第二世三十七人〔一〕馬祖法嗣

越州大珠慧海禪師　洪州泐潭山法會禪師　池州杉山智堅禪師　洪州泐潭惟建禪師　澧州茗谿道行禪師　撫州石鞏慧藏禪師　唐州紫玉山道通禪師　江西北蘭讓禪師　洛京佛光如滿禪師　袁州南源道明禪師　忻州酈村自滿禪師　朗州中邑洪恩禪師　洪州百丈山懷海禪師禪門規式附，已上十三人見録　鎬英禪師　崇泰禪師　王

〔一〕實爲三十六人。

姥山脩然禪師　華州伏棲寺策禪師　澧州松滋塔智聰禪師　唐州雲秀山神鑒禪師　揚州棲靈寺智通禪師　坑州智藏禪師　京兆懷韜禪師　處州法藏禪師　河中府懷則禪師　常州明幹禪師　鄂州洪潭禪師　象原懷坦禪師　潞府青蓮元禮禪師　河中府保慶禪師　甘泉志賢禪師　大會山道晤禪師　潞府法柔禪師　京兆咸通寺覺平禪師　義興勝辯禪師　海陵慶雲禪師　洪州開元寺玄虛禪師已上二十三人無機緣語句不録

南嶽懷讓禪師第一世

江西道一禪師

江西道一禪師，漢州什邡人也，姓馬氏。容貌奇異，牛行虎視，引舌過鼻，足下有二輪文。幼歲依資州唐和尚落髮，受具於渝州圓律師。唐開元中，習禪定於衡嶽傳法院，遇讓和尚，同參九人唯師密受心印。讓之一，猶思之遷也，同源而異派。故禪法之盛，始于二師。劉軻云：「江西主大寂，湖南主石頭。往來憧憧，不見二大士，爲無知矣。」西天般若多羅記達磨云：「震旦雖闊無別路，要假姪孫脚下行。金雞解銜一顆米，供養十方羅漢僧。」又六祖能和尚謂讓曰：「向後佛法從汝邊去，馬駒蹋殺天下人。」厥後江西法嗣布於天下，時號馬祖焉。始自建陽佛迹嶺，遷至臨川，次至南康龔公山。大曆中，隸名於開元精舍。時連帥路嗣恭聆風景慕，親受宗旨。由是四方學者雲集坐下。

一日，謂衆曰：「汝等諸人，各信自心是佛，此心即是佛心。達磨大師從南天竺國來，躬至中華，傳上乘一心之法，令汝等開悟。又引楞伽經文，以印衆生心地，恐汝顛倒不自信。此心之法，各各有之，故楞伽經云：『佛語心爲宗，無門爲法門。』又云：『夫求法者應無所求。』心外無別佛，佛外無別心。不取善，不捨惡，浄穢兩邊，俱不依怙。達罪性空，念念不可得，無自性故。故三界唯心，森羅萬象，一法之所印。凡所見色，皆是見心，心不自心，因色故有〔一〕。汝但隨時言說，即事即理，都無所礙。菩提道果，亦復如是。於心所生，即名爲色，知色空故，生即不生。若了此心〔二〕，乃可隨時著衣喫飯，長養聖胎，任運過時，更有何事？汝受吾教，聽吾偈曰：『心地隨時說，菩提亦只寧。事理俱無礙，當生即不生。』」

僧問：「和尚爲什麽說即心即佛？」師云：「爲止小兒啼。」僧云：「啼止時如何？」師

〔一〕「有」下四部本、趙城本有「心」字。
〔二〕「心」，四部本、趙城本作「意」。

云：「非心非佛。」僧云：「除此二種人來，如何指示？」師云：「向伊道不是物。」僧云：「忽遇其中人來時如何？」師云：「且教伊體會大道。」

僧問：「如何是西來意？」師云：「即今是什麽意？」

龐居士問：「如水無筋骨，能勝萬斛舟，此理如何？」師云：「遮裏無水亦無舟，説什麽筋骨？」

一日，師上堂，良久，百丈收却面前席，師便下堂。百丈問：「如何是佛法旨趣？」師云：「正是汝放身命處。」師問百丈：「汝以何法示人？」百丈竪起拂子。師云：「只遮箇？爲當别有？」百丈抛下拂子。

僧問：「如何得合道？」師云：「我早不合道。」僧問：「如何是西來意？」師便打，乃云：「我若不打汝，諸方笑我也。」

有小師行脚迴，於師前畫箇圓相，就上禮拜了立。師云：「汝莫欲作佛否？」云：「某甲不解揑目。」師云：「吾不如汝。」小師不對。

鄧隱峯辭師，師云：「什麽處去？」對云：「石頭去。」師云：「石頭路滑。」對云：「竿木隨身，逢場作戲。」便去。纔到石頭，即繞禪床一匝，振錫一聲，問：「是何宗旨？」石頭云：「蒼天！蒼天！」隱峯無語，却迴舉似於師。師云：「汝更去，見他道『蒼天』，汝便嘘嘘。」隱峯又去石頭，一依前問：「是何宗旨？」石頭乃嘘嘘，隱峯又無語。歸來，師云：「向汝道石頭路滑。」

有僧於師前作四畫，上一長，下三短，問云：「不得道一長三短，離此四字，外請和尚答。」師乃畫地一畫云：「不得道長短，答汝了也。」忠國師聞，別云：「何不問老僧？」

有一講僧來，問云：「未審禪宗傳持何法？」師却問云：「坐主傳持何法？」彼云：「忝講得經論二十餘本。」師云：「莫是師子兒否？」云：「不敢。」師作嘘嘘聲。彼云：「此是法。」師云：「是什麽法？」云：「師子出窟法。」師乃默然。彼云：「此亦是法。」師云：「是什麽法？」云：「師子在窟法。」師云：「不出不入是什麽法？」無對。百丈代云：「見麽？」遂辭出門。師召云：「坐主！」彼即迴首。師云：「是什麽？」亦無對。師云：「遮鈍根阿師！」

洪州廉使問云：「弟子喫酒肉即是？不喫即是？」師云：「若喫是中丞禄，不喫是中丞福。」

師入室弟子一百三十九人，各爲一方宗主，轉化無窮。師於貞元四年正月中，登建昌石門山，於林中經行，見洞壑平坦處，謂侍者曰：「吾之朽質，當於來月歸兹地矣。」言訖而迴。至二月四日，果有微疾，沐浴訖，跏趺入滅。元和中，追謚大寂禪師，塔曰大莊嚴。今海昏縣影堂存焉。高僧傳云：「大覺禪師，按權德輿作塔銘言：『馬祖終於開元寺，荼毘於石門而建塔也。』」至會昌沙汰後，大中四年七月，宣宗勑江西觀察使裴休重建塔并寺，賜額寶峯。

南嶽懷讓禪師第二世上

前馬祖道一禪師法嗣

越州大珠慧海禪師

越州大珠慧海禪師者，建州人也，姓朱氏。依越州大雲寺道智和尚受業。初至江西參馬祖，祖問曰：「從何處來？」曰：「越州大雲寺來。」祖曰：「來此擬須何事？」曰：「來求佛法。」祖曰：「自家寶藏不顧，拋家散走作什麽？我遮裏一物也無，求什麽佛法？」師遂禮拜，問曰：「阿那箇是慧海自家寶藏？」祖曰：「即今問我者是汝寶藏。一切具足，更無欠少，使用自在，何假向外求覓？」師於言下自識本心，不由知覺，踊躍禮謝。

師事六載，後以受業師年老，遽歸奉養，乃晦迹藏用，外示癡訥。自撰頓悟入道要門論一卷，被法門師姪玄晏竊出江外呈馬祖。祖覽訖告衆云：「越州有大珠，圓明光透，自在無遮障處也。」衆中有知師姓朱者，迭相推識結契，來越上尋訪依附。時號大珠和尚者，因馬祖示出也。師謂曰：「禪客，我不會禪，並無一法可示於人。故不勞汝久立，且自歇去。」時學侶漸多，日夜叩激。事不得已，隨問隨答，其辯無礙。廣語出別卷。

時有法師數人來謁，曰：「擬伸一問，師還對否？」師曰：「深潭月影，任意撮摩。」問：「如何是佛？」師曰：「清潭對面，非佛而誰？」衆皆茫然。法眼云：「是即没交涉。」良久，其僧又問：「師說何法度人？」師曰：「貧道未曾有一法度人。」曰：「禪師家渾如此。」師却問曰：「大德說何法度人？」曰：「講金剛般若經。」師曰：「講幾坐來？」曰：「二十餘坐。」師曰：「此經是阿誰說？」僧抗聲曰：「禪師相弄，豈不知是佛說耶？」師曰：「若言如來有所說法，則爲謗佛，是人不解我所說義。若言此經不是佛說，則是謗經。請大德說看。」無對。師少頃又問：「經云：『若以色見我，以音聲求我，是人行邪道，不能見如來。』大德且道，阿那箇是如來？」曰：「某甲到此却迷去。」師曰：「從來未悟，說什麽却迷？」僧曰：「請禪師爲說。」師曰：「大德講經二十餘坐，却未識如來。」其僧再禮拜：「願垂開示。」師曰：「如來者，是諸法如義，何得忘却？」曰：「是，是諸法如義。」師曰：「大德，是亦未是？」曰：「經文分明，那得未是？」師曰：「大德如否？」曰：「如。」師曰：「木石如否？」曰：「如。」師曰：「大德如同木石如否？」曰：「無二。」師曰：「大德與木石何别？」僧無對。良久，却問：「如何得大涅槃？」師曰：「不造生死業。」對曰：「如何是生死業？」師曰：「求大涅槃是生死業，捨垢取浄是生死業，有得有證是生死業，不脱對治門是生死業。」曰：「云何即得解脱？」師曰：「本自無縛，不用求解。直用直行，是無等等。」僧曰：「如禪師和尚者實謂希有。」禮謝而去。

有行者問：「即心即佛，那箇是佛？」師云：「汝疑那箇不是佛？指出看。」無對。師云：「達即遍境是，不悟永乖疎。」

有律師法明謂師曰：「禪師家多落空。」師曰：「却是坐主家多落空。」法明大驚曰：「何得落空？」師曰：「經論是紙墨文字，紙墨文字者俱空。設於聲上建立名句等法，無非是空。坐主執滯教體，豈不落空？」法明曰：「禪師落空否？」師曰：「不落空。」曰：「何却不落空？」師曰：「文字等皆從智慧而生，大用現前，那得落空？」法明曰：「故知一法不達，不名悉達。」師曰：「律師不唯落空，兼乃錯用名言。」法明作色，問曰：「何處是錯？」師曰：「律師未辨華、竺之音，如何講説？」曰：「請禪師指出法明錯處。」師曰：「豈不知『悉達』是梵語邪？」律師雖省過，而心猶憤然。具梵語「薩婆曷剌他悉陀」，中國翻云「一切義成」。舊云「悉達多」，猶是訛略梵語也。又問曰：「夫經、律、論是佛語，讀誦依教奉行，何故不見性？」師曰：「如狂狗趁塊，師子齩人。經、律、論是自性用，讀誦者是性法。」法明曰：「阿彌陀佛有父母及姓否？」師曰：「阿彌陀姓憍尸迦，父名月上，母名殊勝妙顏。」曰：「出何教文？」師曰：「出陀羅尼集。」法明禮謝讚歎而退。

有三藏法師問：「真如有變易否？」師曰：「有變易。」三藏曰：「禪師錯也。」師却問三藏：「有真如否？」曰：「有。」師曰：「若無變易，決定是凡僧也。豈不聞善知識者能迴三毒爲三聚净戒，迴六識爲六神通，迴煩惱作菩提，迴無明爲大智？真如若無變易，三藏真是自然外道也。」三藏曰：「若爾者，真如即有變易。」師曰：「若執真如有變易，亦是外道。」曰：「禪師適來説真如有變易，如今又道不變易，如何即是的當？」師曰：「若了了見性者，如摩尼珠現色，説變亦得，説不變亦得。若不見性人，聞説真如變便作變解，聞説不變便作不變解。」三藏曰：「故知南宗實不可測。」

有道流問：「世間有法過自然否？」師曰：「有。」曰：「何法過得？」師曰：「能知自然者。」曰：「元氣是道否？」師曰：「元氣自元氣，道自道。」曰：「若如是者，則應有二。」

師曰：「知無兩人。」又問：「云何爲邪？云何爲正？」師曰：「心逐物爲邪，物從心爲正。」

有源律師來問：「和尚修道還用功否？」師曰：「用功。」曰：「如何用功？」師曰：「饑來喫飯，困來即眠。」曰：「一切人總如是同師用功否？」師曰：「不同。」曰：「何故不同？」師曰：「他喫飯時不肯喫飯，百種須索。睡時不肯睡，千般計校。所以不同也。」律師杜口。

有韞光大德問：「禪師自知生處否？」師曰：「未曾死，何用論生？知生即是無生法，無離生法説有無生。祖師云：『當生即不生。』」曰：「不見性人亦得如此否？」師曰：「自不見性，不是無性。何以故？見即是性，無性不能見。識即是性，故名識性。了即是性，唤作了性。能生萬法，唤作法性，亦名法身。馬鳴祖師云：『所言法者，謂衆生心，若心生故，一切法生。若心無生，法無從生，亦無名字。』迷人不知法身無象，應物現形，遂唤『青青翠竹，總是法身，鬱鬱黄華，無非般若』。黄華若是般若，般若即同無情。翠竹若是法身，法身即同草木。如人喫筍，應總喫法身也。如此之言，寧堪齒録？對面迷佛，長劫希求。全體法中，迷而外覓。是以解道者，行住坐卧，無非是道。悟法者，縱横自在，無非是法。」大德又問：「太虚能生靈智否？真心緣於善惡否？貪欲人是道否？執是執非人向後心通否？

觸境生心人有定否？住寂寞人有慧否？懷傲物人有我否？執空執有人有智否？尋文取證人、苦行求佛人、離心求佛人、執心是佛人，此智稱道否？請禪師一一爲説。」師曰：「太虛不生靈智，真心不緣善惡，嗜欲深者機淺，是非交争者未通，觸境生心者少定，寂寞忘機者慧沈，傲物高心者我壯，執空執有者皆愚，尋文取證者益滯，苦行求佛者俱迷，離心求佛者外道，執心是佛者爲魔。」大德曰：「若如是應，畢竟無所有。」師曰：「畢竟是大德，不是畢竟無所有。」大德踴躍禮謝而去。此下舊本有洪州百丈山惟政禪師傳，今移在第九卷百丈山海和尚下。

洪州泐潭法會禪師

洪州泐潭法會禪師，問馬祖：「如何是西來祖師意？」祖曰：「低聲，近前來。」師便近前，祖打一摑，云：「六耳不同謀，來日來。」師至來日，猶〔一〕入法堂云：「請和尚道。」祖云：「且去！待老漢上堂時出來，與汝證明。」師乃悟，云：「謝大衆證明。」乃繞法堂一匝便去。

池州杉山智堅禪師

池州杉山智堅禪師，初與歸宗、南泉行脚時路逢一虎，各從虎邊過了。南泉問歸宗

〔一〕「猶」，四部本作「獨」。

云：「適來見虎似箇什麽？」宗云：「似箇猫兒。」宗却問師，師云：「似箇狗子。」宗又問南泉，泉云：「我見是箇大蟲。」

師喫飯次，南泉收生飯，云：「生。」師云：「無生。」南泉云：「無生猶是末。」南泉行數步，師召云：「長老！長老！」南泉迴頭云：「怎麽？」師云：「莫道是末。」一日，普請擇蕨菜，南泉拈起一莖云：「遮箇大好供養。」師云：「非但遮箇，百味珍羞，他亦不顧。」南泉云：「雖然如此，箇箇須嘗他始得。」玄覺云：「是相見語？不是相見語？」僧問：「如何是本來身？」師云：「舉世無相似。」

洪州泐潭惟建禪師

洪州泐潭惟建禪師，一日，在馬祖法堂後坐禪。祖見，乃吹師耳，兩吹師起定，見是和尚，却復入定。祖歸方丈，令侍者持一椀茶與師。師不顧，便自歸堂。

澧州茗谿道行禪師

澧州茗谿道行禪師。師有時云：「吾有大病，非世所醫。」後有僧問先曹山：「承古人有言：『吾有大病，非世所醫。』未審唤作什麽病？」曹云：「攢簇不得底病。」云：「一切衆生，還有此病也無？」曹云：「人人盡有。」云：「人人盡有，和尚還有此病也無？」曹云：

「正覓起處不得。」云：「一切衆生爲什麽不病？」曹云：「衆生若病，即非衆生。」云：「未審諸佛還有此病也無？」曹云：「有。」云：「既有，爲什麽不病？」曹云：「爲伊惺惺。」

僧問：「如何修行？」師云：「好箇阿師，莫客作。」僧云：「畢竟如何？」師云：「安置即不堪。」

又僧問：「如何是正修行路？」師云：「涅槃後有。」僧云：「如何是涅槃後有？」師云：「不洗面。」僧云：「學人不會。」師云：「無面得洗。」

撫州石鞏慧藏禪師

撫州石鞏慧藏禪師，本以弋獵爲務，惡見沙門。因逐群鹿，從馬祖庵前過，祖乃逆之，藏問：「和尚見鹿過否？」祖曰：「汝是何人？」曰：「獵者。」祖曰：「汝解射否？」曰：「解射[一]。」祖曰：「汝一箭射幾箇？」曰：「一箭射一箇。」祖曰：「汝不解射。」曰：「和尚解射否？」祖曰：「解射。」曰：「和尚一箭射幾箇？」祖曰：「一箭射一群。」曰：「彼此是命，何用射他一群？」祖曰：「汝既知如是，何不自射？」曰：「若教某甲自射，即無下手處。」祖曰：「遮漢曠劫無明煩惱今日頓息。」藏當時毁棄弓箭，自以刀截髮，投祖出家。

〔一〕「解射」，原作「射射」，據四部本、趙城本改。

一日，在厨中作務次，祖問曰：「作什麽？」曰：「牧牛。」祖曰：「作麽生牧？」曰：「一迴入草去，便把鼻孔拽來。」祖曰：「子真牧牛。」師便休。師住後，常以弓箭接機。如三平和尚章述之。

師問西堂：「汝還解捉得虚空麽？」西堂云：「捉得。」師云：「作麽生捉？」堂以手撮虚空。師云：「作麽生恁麽捉虚空？」堂却問：「師兄作麽生捉？」師把西堂鼻孔拽，西堂作忍痛聲，云：「大殺拽人鼻孔，直得脱去。」師云：「直須恁麽捉虚空始得。」

衆僧参次，師云：「適來底什麽處去也？」有僧云：「在。」師云：「在什麽處？」其僧彈指一聲。

僧到禮拜，師云：「還將那箇來否？」僧云：「將得來。」師云：「在什麽處？」僧彈指三聲。

問：「如何免得生死？」師云：「用免作什麽？」僧云：「如何免得？」師云：「遮底不生死。」

唐州紫玉山道通禪師

唐州紫玉山道通禪師者，廬江人也，姓何氏。幼隨父守官泉州南安縣，因而出家。唐天寶初，馬祖闡化建陽，居佛迹巖，師往謁之。尋遷於南康龔公山，師亦隨之。貞元四年二月初，馬祖將歸寂，謂師曰：「夫玉石潤山秀麗，益汝道業，遇可居之。」師不曉其言。是秋，與伏牛山自在禪師同遊洛陽，迴至唐州西見一山，四面懸絶，峯巒秀異。因詢鄉人，云：「是紫玉山。」師乃陟山頂，見有石方正，瑩然紫色，歎曰：「此其紫玉也。」始念先師之言乃懸記耳，遂剪茆構舍而居焉。後學徒四集。

僧問：「如何出得三界？」師云：「汝在裏許得多少時也？」僧云：「如何出離？」師云：「青山不礙白雲飛。」

于頔相公問：「如何是黑風吹其船舫，漂墮羅刹鬼國？」師云：「于頔客作漢，問恁麽事怎麽？」于公失色，師乃指云：「遮箇是漂墮羅刹鬼國。」于又問：「如何是佛？」師喚：「于頔！」頔應諾，師云：「更莫别求。」有僧舉似藥山，藥山云：「縛殺遮漢也。」僧云：「和尚如何？」藥山亦喚云：「某甲！」僧應諾，藥山云：「是什麽？」

元和八年，弟子金藏參百丈迴禮覲，師云：「汝其來矣，此山有主也。」於是囑付金藏訖，策杖徑去襄州，道俗迎之。至七月十五日無疾而終，壽八十有三。

江西北蘭讓禪師

江西北蘭讓禪師。湖塘亮長老問：「伏承師兄畫得先師真，暫請瞻禮。」師以兩手撥胸開示之，亮便禮拜。師云：「莫禮！莫禮！」亮云：「師兄錯也！某甲不禮師兄。」師云：「汝禮先師真。」亮云：「因什麽教某甲莫禮？」師云：「何曾錯？」

洛京佛光如滿禪師

洛京佛光如滿禪師。曾住五臺山金閣寺。唐順宗問：「佛從何方來？滅向何方去？既言常住世，佛今在何處？」師答曰：「佛從無爲來，滅向無爲去。法身等虚空，常在無心處。有念歸無念，有住歸無住。來爲衆生來，去爲衆生去。清净真如海，湛然體常住。智者善思惟，更勿生疑慮。」帝又問：「佛向王宫生，滅向雙林滅。住世四十九，又言無法説。山河及大海，天地及日月。時至皆歸盡，誰言不生滅？疑情猶若斯，智者善分別。」師答曰：「佛體本無爲，迷情妄分別。法身等虚空，未曾有生滅。有緣佛出世，無緣佛入滅。處處化衆生，猶如水中月。非常亦非斷，非生亦非滅。生亦未曾生，滅亦未曾滅。了見無心處，自然無法説。」帝聞大悦，益重禪宗。

袁州南源道明禪師

袁州南源道明禪師。上堂云：「快馬一鞭，快人一言。有事何不出頭來？無事，各自珍重！」便下堂。有僧問：「一言作麽生？」師乃吐吞云：「待我有廣長舌相，即向汝道。」

洞山來參，方上法堂，師云：「已相看了也。」洞山便下去。至明日却上，問云：「昨日已蒙和尚慈悲，大知什麼處是與某甲已相看處。」師云：「心心無間斷，流入於性海。」洞山云：「幾放過。」洞山辭去，師云：「多學佛法，廣作利益。」洞山云：「多學佛法即不問，如何是廣作利益？」師云：「一物莫違即是。」

僧問：「如何是佛？」師云：「不可道爾是也。」

忻州酈村自滿禪師

忻州酈村自滿禪師。上堂云：「古今不異，法爾如然，更復何也？雖然如此，遮箇事大有人罔措在。」時有僧問：「不落古今，請師直道。」師云：「情知汝罔措。」僧欲進語，師云：「將謂老僧落伊古今？」僧云：「如何即是？」師云：「魚騰碧漢，階級難飛。」僧云：「如何即得免茲過咎？」師云：「若是龍形，誰論高下？」其僧禮拜。師云：「苦哉！屈哉！誰人似我？」

師一日謂衆曰：「除却日明夜暗，更説什麼即得？珍重。」時有僧問：「如何是無諍之句？」師云：「喧天動地。」

朗州中邑洪恩禪師

朗州中邑洪恩禪師。仰山初領新戒，到謝戒，師見來，於禪床上拍手云：「和和！」仰山即東邊立，又西邊立，又於中心立，然後謝戒了，却退後立。師云：「什麼處得此三昧？」仰云：「於曹谿脱印子學來。」師云：「汝道曹谿用此三昧接什麼人？」仰云：「接一宿覺用此三昧。」仰云：「和尚什麼處得此三昧來？」師云：「某甲於馬大師處學此三昧。」問：「如何得見性？」師云：「譬如有屋，屋有六窗，内有一獼猴。東邊喚山山，山山應如是，六窗俱喚俱應。」仰山禮謝，起云：「所蒙和尚譬喻，無不了知。更有一事，只如内獼猴困睡，外獼猴欲與相見如何？」師下繩床，執仰山手作舞云：「山山與汝相見了。譬如蟭螟蟲在蚊子眼睫上作窠，向十字街頭叫喚云：『土曠人稀，相逢者少。』」雲居錫云：「中邑當時若不得仰山遮一句語，何處有中邑也？」崇壽稠云：「還有人定得此道理麼？若定不得，只是箇弄精魂脚手。佛性義在什麼處？」玄覺云：「若不是仰山，争得見中邑？且道，什麼處是仰山得見中邑處？」

洪州百丈山懷海禪師

洪州百丈山懷海禪師者，福州長樂人也。丱歲離塵，三學該練，屬大寂闡化南康，乃傾心依附，與西堂智藏禪師同號入室，時二大士爲角立焉。

一夕，二士隨侍馬祖翫月次，祖曰：「正恁麽時如何？」西堂云：「正好供養。」師云：「正好修行。」祖云：「經入藏，禪歸海。」

馬祖上堂，大衆雲集，方陞坐，良久，師乃卷却面前禮拜席，祖便下堂。

師一日詣馬祖法塔〔一〕，祖於禪床角取拂子示之，師云：「只遮箇？更別有？」祖乃放舊處云：「爾已後將什麽何爲人？」師却取拂子示之，祖云：「只遮箇？更別有？」師以拂子挂安舊處，方侍立，祖叱之。

自此雷音將震，果檀信請於洪州新吴界，住大雄山，以居處巖巒峻極，故號之百丈。既處之未期月，玄參之賓四方麏至，即有溈山、黄蘗當其首。

一日，師謂衆曰：「佛法不是小事，老僧昔再蒙〔二〕馬大師一喝，直得三日耳聾眼黑。」黄蘗聞舉，不覺吐舌，曰：「某甲不識馬祖，要且不見馬祖。」師云：「汝已後當嗣馬祖。」黄蘗云：「某甲不嗣馬祖。」曰：「作麽生？」曰：「已後喪我兒孫。」師曰：「如是，如是。」

一日，有僧哭入法堂來，師曰：「作麽？」曰：「父母俱喪，請師選日。」師云：「明日

〔一〕「塔」，四部本、趙城本作「堂」。

〔二〕「昔再蒙」，四部本、趙城本作「昔被」。

來，一時埋却。」

師上堂云：「併却咽喉脣吻，速道將來。」潙山云：「某甲不道，請和尚道。」師云：「不辭與汝道，久後喪我兒孫。」五峯云：「和尚亦須併却。」師云：「無人處斫額望汝。」雲巖云：「某甲有道處，請和尚舉。」師云：「併却咽喉脣吻，速道將來。」雲巖曰：「師今有也。」師曰：「喪我兒孫。」

師謂衆曰：「我要一人傳語西堂，阿誰去得？」五峯云：「某甲去。」師云：「汝作麽生傳語？」五峯云：「待見西堂即道。」師云：「道什麽？」五峯云：「却來説似和尚。」

師與潙山作務次，師問：「有火也無？」潙山云：「有。」師云：「在什麽處？」潙山把一枝木吹三兩氣過與師。師云：「如蟲蝕木。」

問：「如何是佛？」師云：「汝是阿誰？」僧云：「某甲。」師云：「汝識某甲否？」僧云：「分明箇。」師乃舉起拂子云：「汝還見麽？」僧云：「見。」師乃不語。

因普請钁地次，忽有一僧聞飯鼓鳴，舉起钁頭，大笑便歸。師云：「俊哉！此是觀音入理之門。」師歸院，乃唤其僧問：「適來見什麽道理，便恁麽？」對云：「適來只聞鼓聲動，歸喫飯去來。」師乃笑。

問：「依經解義，三世佛怨。離經一字，如同魔説。如何？」師云：「固守動用，三世佛怨。此外别求，即同魔説。」

因僧問西堂云：「有問有答，不問不答時如何？」西堂云：「怕爛却作麽？」師聞舉，乃云：「從來疑遮箇老兄。」僧云：「請和尚道。」師云：「一合相不可得。」

師謂衆云：「有一人長不喫飯不道饑，有一人終日喫飯不道飽。」衆皆無對。

雲巖問：「和尚每日區區爲阿誰？」師云：「有一人要。」巖云：「因什麽不教伊自作？」師云：「他無家活。」

僧問：「如何是大乘頓悟法門？」師曰：「汝等先歇諸緣，休息萬事。善與不善，世出世間，一切諸法，莫記憶，莫緣念。放捨身心，令其自在，心如木石，無所辯别。心無所行，心地若空，慧日自現，如雲開日出相似。俱歇一切攀緣，貪瞋愛取，垢浄情盡。對五欲八風，不被見聞覺知所縛，不被諸境所惑，自然具足神通妙用，是解脱人。對一切境心無静亂，不攝不散，透一切聲色，無有滯礙，名爲道人。但不被一切善惡、垢浄、有爲、世間、福智拘繫，即名爲佛慧。是非好醜，是理非理，諸知見總盡，不被繫縛，處心自在，名初發心菩薩，便登佛地。一切諸法本不自空，不自言色，亦不言是非垢浄，亦無心繫縛人。但人自虚妄計著，作若干種解，起若干種知見。若垢淨心盡，不住繫縛，不住解脱，無一切有爲無爲，解平等心量，處於生死，其心自在。畢竟不與虚幻塵勞、藴界生死諸入和合。迥然無寄，一切不拘，去留無礙。往來生死，如門開相似。若遇種種苦樂、不稱意事，心無退屈，不念名聞衣食，不貪一切功德利益，不爲世法之所滯。心雖親受苦樂，不干于懷，麁食接命，補衣禦寒暑，兀兀如愚如聾相似，稍有親分。於生死中廣學知解，求福求智，於理無益，却被解境風漂，却歸生死海裏。佛是無求人，求之即乖！理是無求理，求之即失。若取於無求，復同於有求。此法無實無虚，若能一生心如木石相似，不爲陰界五欲八風之所漂溺，即生死因斷，去住自由，不爲一切有爲因果所縛，他時還與無縛身同利物。以無縛心應一切心，以無縛慧解一切縛，亦能應病與藥。」僧問：「如今受戒，身口清淨，已具諸善，得解脱否？」答：「少分解脱，未得心解脱，未得一切解脱。」問：「云何是心解脱？」答：「不求佛，不求知解，垢淨情盡，亦不守此無求，爲是亦不住盡處，亦不畏地獄縛，不愛天堂樂，一切法不拘，始名爲解脱無礙，即身心及一切皆名解脱。汝莫言有少分戒善，將爲便了。有河沙無漏戒、定、慧門，都未涉一毫在。努力猛作早與，莫待耳聾眼暗，頭白面皺，老苦及身，眼中流淚，心中慞惶，未有去處，到恁麼時，整理脚手不得也。縱有福智多聞都不相救，爲心眼未開。唯緣念諸境，不知返照，復不見佛道。一生所有惡業悉現於前，或忻或怖，六道五蘊，現前盡見。嚴好舍宅，舟船車輿，光明顯赫，爲縱自心貪愛，所見悉變爲好境。隨所見重處受生，都無自由分。龍畜良賤，亦總未定。」問：「如何得自由？」答：「如今對五欲八風，情無取捨，垢净俱亡。如日月在空，不緣而照，心如木石。亦如香象截流而過，更無疑滯，此人天堂地獄所不能攝也。又不讀經看教語言，皆須宛轉歸就自己。但是一切言教，只明如今覺性自己，俱不被一切有無諸法境轉。是導師能照破一切有無境法，是金剛即有自由獨立分。若不能恁麽得，縱令誦得十二韋陀經，只成增上慢，却是謗佛，不是修行。讀經看教，若准世間是好善事，若向明理人邊數，此是壅塞人，十地之人脱不去，流入生死河。但不用求覓知解語義句，知解屬貪，貪變成病。只如今但離一切有無諸法，透過三句外，自然與佛無差。既自是佛，何慮佛不解語？只恐不是佛，被有無諸法轉，不得自由。是以理未立，先有福智載去，如賤使貴。不如於理先立，後有福智，臨時作得，捉土爲金，變海水爲酥酪，破須彌山爲微塵，於一義作無量義，於無量義作一義。」

師有時説法竟，大衆下堂，乃召之，大衆迴首，師云：「是什麽？」藥山目之爲「百丈下堂句」。

唐元和九年正月十七日歸寂，壽九十五。長慶元年勅謚大智禪師，塔曰大寶勝輪。

禪門規式

百丈大智禪師以禪宗肇自少室，至曹谿以來多居律寺，雖別院，然於説法住持未合規度，故常爾介懷。乃曰：「祖之道欲誕布化元，冀來際不泯者，豈當與諸部阿笈摩教爲隨行耶？」舊梵語「阿含」，新云「阿笈摩」，即小乘教也。或曰：「瑜伽論、瓔珞經是大乘戒律，胡不依隨哉？」師曰：「吾所宗非局大小乘，非異大小乘，當博約折中，設於制範，務其宜也。」於是創意別立禪居，凡具道眼有可尊之德者號曰長老，如西域道高臘長呼須菩提等之謂也。既爲化主，即處于方丈，同浄名之室，非私寢之室也。不立佛殿，唯樹法堂者，表佛祖親囑授，當代爲尊也。所褎〔一〕學衆，無多少，無高下，盡入僧堂中，依夏次安排。設長連床、施椸架，掛搭道具。卧必斜枕床脣，右脇吉祥睡者，以其坐禪既久，略偃息而已。具四威儀也。除入室請益，任學者勤怠，或上或下，不拘常准。其闔院大衆，朝參夕聚，長老上堂陞坐，主事徒衆雁立側聆，賓主問醻，激揚宗要者，示依法而住也。齋粥隨宜，二時均遍者，務于節儉，表法食雙運也。行普請法，上下均力也。置十務謂之寮舍，每用首領一人，管多人營事，令各司其局也。主飯者目爲飯頭，主菜

〔一〕「褎」，四部本、趙城本作「裒」。

者目爲菜頭，他皆倣此。或有假號竊形，混于清衆，并別致喧撓之事，即堂維那檢舉，抽下本位掛搭，擯令出院者，貴安清衆也。或彼有所犯，即以拄杖杖之，集衆燒衣鉢道具，遣逐從偏門而出者，示恥辱也。詳此一條，制有四益：一不污清衆，生恭信故。三業不善，不可共住，準律合用梵壇法治之者，當驅出院。清衆既安，恭信生矣。二不毁僧形，循佛制故。隨宜懲罰，得留法服，後必悔之。三不擾公門，省獄訟故。四不洩于外，護宗綱故。四來同居，聖凡孰辨？且如來應世，尚有六群之黨。況今像末，豈得全無？但見一僧有過，便雷例譏誚，殊不知以輕衆壞法，其損甚大。今禪門若稍無妨害者，宜依百丈叢林格式量事區分。且立法防姦，不爲賢士，然寧可有格而無犯，不可有犯而無教。惟百丈禪師護法之益，其大矣哉！禪門獨行，由百丈之始。今略叙大要，遍示後代學者，令不忘本也。其諸軌度，山門備焉。

景德傳燈録卷第七

懷讓禪師第二世中四十五人馬祖法嗣

潭州三角山總印禪師　池州魯祖山寶雲禪師　洪州泐潭常興禪師　虔州西堂智藏禪師　京兆章敬寺懷惲禪師　定州柏巖明哲禪師　信州鵝湖大義禪師　伏牛山自在禪師　幽州盤山寶積禪師　毘陵芙蓉山太毓禪師　蒲州麻谷山寶徹禪師　杭州鹽官齊安禪師　婺州五洩山靈默禪師　明州大梅山法常禪師　京兆興善惟寬禪師　湖南如會禪師　鄂州無等禪師　廬山歸宗寺智常禪師已上十八人見録　韶州渚涇山清賀禪師　紫陰山惟建禪師　封山洪濬禪師　綀山神翫禪師　崛山道圓禪師　玉臺惟然禪師　池州灰山曇覬禪師　荆州新寺寶積禪師　河中府法藏禪師　漢南慈悲寺良津禪師　京兆府崇禪師　南嶽智周禪師　白虎法宣禪師　金窟惟直禪師　台州柏巖常徹禪師　乾元暉禪師　齊州道巖禪師　襄州常堅禪師　荆南寶貞禪師　雲水靖宗禪師　荆州永泰寺靈湍禪師　潭州龍牙山圓暢禪師　洪州雙嶺道方禪師

羅浮山修廣禪師　峴山定慶禪師　越州洞泉惟獻禪師　光明普滿禪師已上二十七人無機緣語句不録

南嶽懷讓禪師第二世中

前馬祖道一禪師法嗣

潭州三角山總印禪師

潭州三角山總印禪師。僧問：「如何是三寶？」師曰：「禾、麥、豆。」曰：「學人不會。」師曰：「大衆欣然奉持。」

師上堂曰：「若論此事，眨〔一〕上眉毛，早已蹉過也。」麻谷便問：「眨上眉毛即不問，如何是此事？」師曰：「蹉過也。」麻谷乃掀禪床，師打之，麻谷無語。長慶代云：「悄然。」

池州魯祖山寶雲禪師

池州魯祖山寶雲禪師。問：「如何是諸佛師？」師云：「頭上有寶冠者不是。」僧云：

〔一〕「眨」，原作「眨」，據四部本、趙城本改。下「眨」字同。

「如何即是？」師云：「頭上無寶冠。」

洞山來參，禮拜後侍立，少頃而出，却再入來。師云：「只恁麽，只恁麽，所以如此。」洞山云：「大有人不肯。」師云：「作麽取汝口辨？」洞山乃侍奉數月。

僧問：「如何是言不言？」師云：「汝口在什麽處？」僧云：「無口。」師云：「將什麽喫飯？」僧無對。洞山代云：「他不飢，喫什麽飯？」

師尋常見僧來，便面壁。南泉聞云：「我尋常向僧道『向佛未出世時會取』，尚不得一箇半箇。他恁麽地，驢年去！」玄覺云：「爲復唱和語？不肯語？」保福問長慶：「只如魯祖節文在什麽處，被南泉恁麽道？」長慶云：「退己讓於人，萬中無一箇。」羅山云：「陳老師當時若見，背上與五火抄。何故如此？爲伊解放不解收。」玄沙云：「我當時若見，也與五火抄。」雲居錫云：「羅山、玄沙總恁麽道，爲復一般？別有道理？若擇得出，許上坐佛法有去處。」玄覺云：「且道玄沙五火抄，打伊著不著？」

洪州泐潭常興禪師

洪州泐潭常興禪師。僧問：「如何是曹谿門下客？」師云：「南來燕。」僧云：「學人不會。」師云：「養羽候秋風。」

僧問：「如何是宗乘極則事？」師云：「秋雨草離披。」

又，南泉躬至，見師面壁，乃拊師背。問：「汝是阿誰？」曰：「普願。」師曰：「如何？」曰：「也尋常。」師曰：「汝何多事？」

虔州西堂智藏禪師

虔州西堂智藏禪師者，虔化人也，姓廖氏。八歲從師，二十五具戒。有相者覩其殊表，謂之曰：「師骨氣非凡，當爲法王之輔佐也。」師遂往佛迹巖參禮大寂，與百丈海禪師同爲入室，皆承印記。

一日，大寂遣師詣長安，奉書于忠國師。國師問曰：「汝師説什麼法？」師從東過西而立。國師曰：「只遮箇？更別有？」師却過東邊立。國師曰：「遮箇是馬師底，仁者作麼生？」師曰：「早箇呈似和尚了。」尋又送書往徑山與國一禪師，語在國一章。屬連帥路嗣恭延請大寂居府，應期盛化。師迴郡，得大寂付授衲袈裟，令學者親近。

僧問馬祖：「請和尚離四句、絶百非，直指某甲西來意。」祖云：「我今日無心情，汝去問取智藏。」其僧乃來問師，師云：「汝何不問和尚？」僧云：「和尚令某甲來問上坐。」師以手摩頭云：「今日頭疼，汝去問海師兄。」其僧又去問海，百丈和尚。海云：「我到遮裏却不會。」僧乃舉似馬祖，祖云：「藏頭白，海頭黑。」

馬祖一日問師云：「子何不看經？」師云：「經豈異邪？」祖云：「然雖如此，汝向後爲人也須得。」曰：「智藏病，思自養，敢言爲人？」祖云：「子末年必興於世也。」馬祖滅後，師唐貞元七年衆請開堂。

李尚書翱嘗問僧：「馬大師有什麽言教？」僧云：「大師或説即心即佛，或説非心非佛。」李云：「總過遮邊。」李却問師：「馬大師有什麽言教？」師呼：「李翱！」翱應諾，師云：「鼓角動也。」

制空禪師謂師曰：「日出太早生。」師曰：「正是時。」

師住西堂後，有一俗士問：「有天堂地獄否？」師曰：「有。」曰：「有佛、法、僧、寶否？」師曰：「有。」更有多問，盡答言「有」。曰：「和尚恁麽道莫錯否？」師曰：「汝曾見尊宿來耶？」曰：「某甲曾參徑山和尚來。」師曰：「徑山向汝作麽生道？」曰：「他道一切總無。」師曰：「汝有妻否？」曰：「有。」師曰：「徑山和尚有妻否？」曰：「無。」師曰：「徑山和尚道無即得。」俗士禮謝而去。

師元和九年四月八日歸寂，壽八十，臘五十五。憲宗謚大宣教禪師，塔曰元和證真。至穆宗，重謚大覺禪師。

京兆府章敬寺懷惲禪師

京兆府章敬寺懷惲禪師，泉州同安人也，姓謝氏。受大寂心印，初住定州柏巖，次止中條山。唐元和初，憲宗詔居上寺，玄學者奔湊。

師上堂示徒曰：「至理忘言，時人不悉，彊習他事以爲功能，不知自性元非塵境，是箇微妙大解脱門。所有鑒覺不染不礙，如是光明未曾休廢。曩劫至今，固無變易，猶如日輪遠近斯照。雖及衆色，不與一切和合。靈燭妙明，非假鍛鍊。爲不了故，取於物象。但如捏目妄起空華，徒自疲勞，枉經劫數。若能返照，無第二人，舉措施爲，不虧實相。」

僧問：「心法雙亡，指歸何所？」師曰：「郢人無污，徒勞運斤。」曰：「請師不返之言。」師曰：「即無返句。」後人舉之於洞山，洞山云：「道即甚易，罕遇作家。」

百丈和尚令一僧來伺候，師上堂次，展坐具禮拜了，起來拈師一隻靸鞋，以衫袖拂却塵了，倒覆向下。師曰：「老僧罪過。」

或問：「祖師傳心地法門，爲是真如心、妄想心、非真非妄心？爲是三乘教外別立心？」師曰：「汝見目前虚空麼？」曰：「信知常在目前，人自不見。」師曰：「汝莫認影像。」曰：「和尚作麽生？」師以手撥空三下，曰：「作麽生即是？」師曰：「汝向後會去在。」

有一僧來，繞師三匝，振錫而立。師曰：「是！是！」長慶代云：「和尚佛法身心何在？」其僧又到南泉，亦繞南泉三匝，振錫而立。南泉云：「不是！不是！此是風力所轉，始終成壞。」僧云：「章敬道是，和尚爲什麽道不是？」南泉云：「章敬即是，是汝不是。」長慶代云：「和尚是什麽心行？」雲居錫云：「章敬未必道是，南泉未必道不是。」又云：「遮僧當初但持錫出去恰好。」

師有小師行脚迴，師問曰：「汝離此間多少年耶？」曰：「離和尚左右將及八年。」師曰：「辨得箇什麽？」小師於地畫一圓相，師曰：「只遮箇？更別有？」小師乃畫破圓相後禮拜。

僧問：「四大五蘊身中，阿那箇是本來佛性？」師乃呼僧名，僧應諾，師良久曰：「汝無佛性。」

唐元和十三年十二月二十二日示滅，建塔于灞水，勑謚大覺禪師、大寶相之塔。

定州柏巖明哲禪師

定州柏巖明哲禪師，嘗見藥山和尚看經，因語之曰：「和尚莫猱人好。」藥山置經云：「日頭早晚也？」師云：「正當午也。」藥山云：「猶有文采在。」師云：「某甲無亦無。」藥山云："老兄好聰明。"師云："某甲只恁麽，和尚作麽生？"藥山云："跛跛挈挈，百醜千拙，且恁麽過時。"

信州鵝湖大義禪師

信州鵝湖大義禪師者，衢州須江人也，姓徐氏。李翺嘗問師："大悲用千手眼作麽？"師云："今上用公作麽？"有一僧乞置塔，李尚書問云："教中不許將屍塔下過，又作麽生？"無對。僧却來問師，師云："他得大闡提。"

唐憲宗嘗詔入内，於麟德殿論議。有一法師問："如何是四諦？"師云："聖上一帝，三帝何在？"又問："欲界無禪，禪居色界，此土憑何而立禪？"師云："法師只知欲界無禪，不知禪界無欲。"法師云："如何是禪？"師以手點空，法師無對。帝云："法師講無窮經論，只遮一點尚不奈何。"師却問諸碩德曰："行住坐卧，畢竟以何爲道？"有對曰："知者是道。"師曰："不可以智知，不可以識識，安得知者是道乎？"有對："無分別是道。"師曰："善能分别諸法相，於第一義而不動，安得無分别是道乎？"有對："四禪八定是道。"師曰："佛身無爲，不墮諸數，安在四禪八定耶？"衆皆杜口。師又舉順宗問尸利禪師："大地衆生如何得見性成佛？"尸利云："佛性猶如水中月，可見不可取。"因謂帝曰："佛性非見心〔一〕見，水中月如何攫取？」帝乃問：「何者是佛性？」師對曰：「不離陛下所問。」帝默契真宗，益加欽重。

師於元和十三年正月七日歸寂，壽七十四，勅謚慧覺禪師、見性之塔。

伊闕伏牛山自在禪師

伊闕伏牛山自在禪師者，吴興人也，姓李氏。初依徑山國一禪師受具，後於南康見大寂發明心地。因爲大寂送書於忠國師，國師問曰：「馬大師以何示徒？」對曰：「即心即佛。」國師曰：「是甚麽語話？」良久又問曰：「此外更有什麽言教？」師曰：「非心非佛，或云不是心、不是佛、不是物。」國師曰：「猶較些子。」師曰：「馬大師即恁麽，未審和尚此間如何？」國師曰：「三點如流水，曲似刈禾鎌。」

師後隱于伏牛山，一日謂衆曰：「即心即佛是無病求病句，非心非佛是藥病對治句。」僧問：「如何是脱灑底句？」師曰：「伏牛山下古今傳。」

師後於隨州開元寺示滅，壽八十一。

〔一〕「心」，四部本、趙城本作「必」。

幽州盤山寶積禪師

幽州盤山寶積禪師。僧問：「如何是道？」師曰：「出。」僧曰：「學人未領旨在。」師曰：「去。」

師上堂示衆曰：「心若無事，萬象不生。意絶玄機，纖塵何立？道本無體，因道而立名。道本無名，因名而得號。若言即心即佛，今時未入玄微。若言非心非佛，猶是指蹤之極則。向上一路，千聖不傳。學者勞形，如猿捉影。夫大道無中，復誰先後？長空絶際，何用稱量？空既如斯，道復何説？夫心月孤圓，光吞萬象。光非照境，境亦非存。光境俱亡，復是何物？禪德，譬如擲劍揮空，莫論及之不及。斯乃空輪無迹，劍刃無虧。若能如是，心心無知。全心即佛，全佛即人。人佛無異，始爲道矣。禪德，可中學道，似地擎山，不知山之孤峻。如石含玉，不知玉之無瑕。若如此者，是名出家。故導師云：『法本不相礙，三際亦復然。無爲無事人，猶是金鎖難。』所以靈源獨耀，道絶無生。大智非明，真空無迹。真如凡聖，皆是夢言。佛及涅槃，並爲增語。禪德，且須自看，無人替代。三界無法，何處求心？四大本空，佛依何住？璿機不動，寂爾無言。覿面相呈，更無餘事。珍重！」

師將順世，告衆曰：「有人貌得吾真否？」衆皆將寫得真呈師，師皆打之。弟子普化出曰：「某甲貌得。」師曰：「何不呈似老僧？」普化乃打筋斗而出。師曰：「遮漢向後如風狂接人去在。」師既奄化，勅謚凝寂大師、真際之塔。

毘陵芙蓉山太毓禪師

毘陵芙蓉山太毓禪師者，金陵人也，姓范氏。年十二禮牛頭山第六世忠禪師落髮，二十三於京兆安國寺受具，後遇大寂密傳祖意。唐元和十三年止毘陵義興芙蓉山。

一日，因行食與龐居士，居士接食次，師云：「生心受施，净名早訶。去此一機，居士還甘否？」居士云：「當時善現，豈不作家？」師云：「非關他事。」居士云：「食到口邊，被他奪却。」師乃下食。居士云：「不消一句。」居士又問師：「馬大師著實爲人處，還分付吾師否？」師云：「某甲尚未見他，作麽知他著實處？」居士云：「只此見知也無討處。」師云：「居士也不得一向言説。」居士云：「一向言説，師又失宗。若作兩向三向，師還開得口否？」師云：「直似開口不得，可謂實也。」居士撫掌而出。

寶曆中歸齊雲入滅，壽八十，臘五十八。大和二年追謚大寶禪師、楞伽之塔。

蒲州麻谷山寶徹禪師

蒲州麻谷山寶徹禪師。一日，隨馬祖行次，問：「如何是大涅槃？」祖云：「急。」師云：「急箇什麽？」祖云：「看水。」

師與丹霞遊山次，見水中魚，以手指之。丹霞云：「天然，天然。」師至來日，又問丹霞：「昨日意作麽生？」丹霞乃放身作卧勢。師云：「蒼天。」又與丹霞行至麻谷山，師云：「某甲向遮裏住也。」丹霞云：「住即且從，還有那箇也無？」師云：「珍重。」

有僧問云：「十二分教某甲不疑，如何是祖師西來意？」師乃起立，以杖繞身一轉，翹一足云：「會麽？」僧無對，師打之。

僧問：「如何是佛法大意？」師默然。其僧又問石霜：「此意如何？」石霜云：「主人勤拳帶累，闍梨拖泥涉水。」耽源問：「十二面觀音是凡是聖？」師云：「是聖。」耽源乃打師一摑，師云：「知汝不到遮箇境界。」

杭州鹽官鎮國海昌院齊安禪師

杭州鹽官鎮國海昌院齊安禪師者，海門郡人也，姓李氏。生時神光照室，復有異僧謂之曰：「建無勝幢，使佛日迴照者，豈非汝乎？」遂依本郡雲琮禪師落髮受具。後聞大寂行化於龔公山，乃振錫而造焉。師有奇相，大寂一見深器異之，乃命入室，密示正法。

僧問：「如何是本身盧舍那佛？」師云：「與我將那箇銅缾來。」僧即取浄缾來，師云：「却送本處安置。」其僧送餅本處了，却來再徵前語，師云：「古佛也過去久矣。」

有講僧來參，師問云：「坐主藴何事業？」對云：「講華嚴經。」師云：「有幾種法界？」對云：「廣説則重重無盡，略説有四種法界。」師竪起拂子云：「遮箇是第幾種法界？」坐主沈吟，徐思其對。師云：「思而知，慮而解，是鬼家活計，日下孤燈，果然失照。」保福聞云：「若禮拜，即喫和尚棒。」禾山代云：「某甲不煩，和尚莫怪。」法眼代撫掌三下。

僧問大梅：「如何是西來意？」大梅云：「西來無意。」師聞乃云：「一箇棺材，兩箇死屍。」玄沙云：「鹽官是作家。」

師唤侍者云：「將犀牛扇子來。」侍者云：「破也。」師云：「扇子破，還我犀牛來。」侍者無對。投子代云：「不辭將出，恐頭角不全。」資福代作圓相，心中書「牛」字。石霜代云：「若還和尚即無也。」保福云：「和尚年尊，别請人好。」

師一日謂衆曰：「虚空爲鼓，須彌爲椎，什麽人打得？」衆無對。有人舉似南泉，南泉云：「王老師不打遮破鼓。」法眼别云：「王老師不打。」

有法空禪師到，請問經中諸義，師一一答了，却云：「自禪師到來，貧道總未得作主人。」法空云：「請和尚更〔一〕作主人。」師云：「今日夜也，且歸本位安置，明日却來。」法空

〔一〕「更」，四部本、趙城本作「便」。

下去。至明旦，師令沙彌屈法空禪師，法空至，師顧沙彌曰：「咄！遮沙彌不了事，教屈法空禪師，却屈得箇守堂家人來。」法空無語。

法昕院主來參，師問：「汝是誰？」對云：「法昕。」師云：「我不識汝。」昕無語。

師後不疾，宴坐示滅，勑謚悟空禪師。

婺州五洩山靈默禪師

婺州五洩山靈默禪師者，毘陵人也，姓宣氏。初謁豫章馬大師，馬接之，因披剃受具。後謁石頭遷和尚，先自約曰：「若一言相契，我即住，不然便去。」石頭知是法器，即垂開示。師不領其旨，告辭而去。至門，石頭呼之云：「闍梨！」師迴顧，石頭云：「從生至老，只是遮箇漢，更莫别求。」師言下大悟，乃踏折拄杖，棲止焉。洞山云：「當時若不是五洩先師，大難承當。然雖如此，猶涉在途。」長慶云：「險。」玄覺云：「那箇是涉在途處？」有僧云：「爲伊三寸途中薦得，所以在途。」玄覺云：「爲復薦得自己？爲復薦得三寸？若是自己，爲什麽成三寸？若是三寸，爲什麽悟去？且道洞山意旨作麽生？莫亂説，子細好〔一〕。」唐貞元初入天台山，住白沙道場，復居五洩。

僧問：「何物大於天地？」師云：「無人識得伊。」僧云：「還可雕琢也無？」師云：

〔一〕「好」，四部本作「看」。

「汝試下手看。」

僧問：「此箇門中始終事如何？」師云：「汝道目前底成來得多少時也？」僧云：「學人不會。」師云：「我此間無汝問底。」僧云：「豈無和尚接人處？」師云：「待汝求接我即接。」僧云：「便請和尚接。」師云：「汝欠少箇什麼？」

問：「如何得無心？」師云：「傾山覆海晏然靜，地動安眠豈采伊？」

師元和十三年三月二十三日，沐浴焚香，端坐告衆云：「法身圓寂，示有去來。千聖同源，萬靈歸一。吾今漚散，胡假興哀？無自勞神，須存正念。若遵此命，真報吾恩。儻固違言，非吾之子。」時有僧問：「和尚向什麼處去？」師曰：「無處去。」曰：「某甲何不見？」師曰：「非眼所覩。」洞山云：「作家。」言畢，奄然順化，壽七十有二，臘四十一。

明州大梅山法常禪師

明州大梅山法常禪師者，襄陽人也，姓鄭氏。幼歲從師於荆州玉泉寺。初參大寂，問：「如何是佛？」大寂云：「即心是佛。」師即大悟。唐貞元中，居於天台山餘姚南七十里梅子真舊隱。

時鹽官會下一僧入山采拄杖，迷路至庵所，問曰：「和尚在此山來多少時也？」師曰："只見四山青又黄。"又問："出山路向什麽處去？"師曰："隨流去。"僧歸，說似鹽官。鹽官曰："我在江西時曾見一僧，自後不知消息，莫是此僧否？"遂令僧去請出師。師有偈曰："摧殘枯木倚寒林，幾度逢春不變心。樵客遇之猶不顧，郢人那得苦追尋？"

大寂聞師住山，乃令一僧到問云："和尚見馬師得箇什麽，便住此山？"師云："馬師向我道即心是佛，我便向遮裏住。"僧云："馬師近日佛法又别。"師云："作麽生别？"僧云："近日又道非心非佛。"師云："遮老漢惑亂人未有了日。任汝非心非佛，我只管即心即佛。"其僧迴，舉似馬祖，祖云："大衆，梅子熟也。"僧問禾山："大梅恁麽道，意作麽生？"禾山云："真師子兒。"自此學者漸臻，師道彌著。

師上堂示衆曰："汝等諸人各自迴心達本，莫逐其末，但得其本，其末自至。若欲識本，唯了自心，此心元是一切世間、出世間法根本故。心生種種法生，心滅種種法滅。心且不附一切善惡而生萬法，本自如如。"僧問："如何是佛法大意？"師云："蒲華柳絮，竹鍼麻線。"

夾山與定山同行，言話次，定山云："生死中無佛，即非生死。"夾山云："生死中有佛，即不迷生死。"二人上山參禮，夾山便舉問師："未審二人見處那箇較親？"師云："一親一疎。」夾山云：「那箇親？」師云：「且去，明日來。」夾山明日再上問師，師云：「親者不問，問者不親。」夾山住後自云：「當時失一隻眼。」

忽一日謂其徒曰：「來莫可抑，往莫可追。」從容間，復聞鼯鼠聲。師云：「即此物，非他物。汝等諸人善護持之，吾今逝矣。」言訖示滅。壽八十八，臘六十有九。

智覺禪師延壽讚曰：「師初得道，即心是佛。最後示徒，物非他物。窮萬法源，徹千聖骨。真化不移，何妨出没？」

京兆興善寺惟寬禪師

京兆興善寺惟寬禪師者，衢州信安人也，姓祝氏。年十三見殺生者，盡然不忍食，乃求出家。初習毘尼修止觀，後參大寂，乃得心要。唐貞元六年始行化於吳越間，八年至鄱陽，山神求受八戒。十三年，止嵩山少林寺。

僧問：「如何是道？」師云：「大好山。」僧云：「學人問道，師何言好山？」師云：「汝只識好山，何曾達道？」

問：「狗子還有佛性否？」師云：「有。」僧云：「和尚還有否？」師云：「我無。」僧云：「一切衆生皆有佛性，和尚因何獨無？」師云：「我非一切衆生。」僧云：「既非衆生，是佛否？」師云：「不是佛。」僧云：「究竟是何物？」師云：「亦不是物。」僧云：「可見可思否？」師云：「思之不及，議之不得，故云不可思議。」

元和四年，憲宗詔至闕下。白居易嘗詣師問曰：「既曰禪師，何以説法？」師曰：「無上菩提者，被於身爲律，説於口爲法，行於心爲禪。應用者三，其致一也。譬如江、河、淮、漢，在處立名，名雖不一，水性無二。律即是法，法不離禪，云何於中妄起分別？」又問：「既無分別，何以修心？」師云：「心本無損傷，云何要修理？無論垢與淨，一切勿起念。」又問：「垢即不可念，淨無念可乎？」師曰：「如人眼睛上，一物不可住，金屑雖珍寶，在眼亦爲病。」又問：「無修無念，又何異凡夫耶？」師曰：「凡夫無明，二乘執著，離此二病，是曰真修。真修者不得勤，不得忘。勤即近執著，忘即落無明。此爲心要云爾。」有僧問：「道在何處？」師曰：「只在目前。」曰：「我何不見？」師曰：「汝有我故，所以不見。」曰：「我有我故即不見，和尚見否？」師曰：「有汝有我，展轉不見。」曰：「無我無汝，還見否？」師曰：「無汝無我，阿誰求見？」

元和十二年二月晦日，升堂説法訖，就化。壽六十三，臘三十九。歸葬於灞陵西原，勅謚大徹禪師、元和正真之塔。

湖南東寺如會禪師

湖南東寺如會禪師者，始興曲江人也。初謁徑山，後參大寂。學徒既衆，僧堂内床榻爲之陷折，時稱「折床會」也。自大寂去世，師常患門徒以「即心即佛」之譚誦憶不已，且謂：「佛於何住而曰即心？心如畫師而云即佛？」遂示衆曰：「心不是佛，智不是道。劍去遠矣，爾方刻舟。」時號東寺爲禪窟焉。

相國崔公群出爲湖南觀察使，見師問曰：「師以何得？」師曰：「見性得。」師方病眼，公譏曰：「既云見性，其奈眼何？」師曰：「見性非眼，眼病何害？」公稽首謝之。法眼别云：「是相公眼。」

師問南泉：「近離什麽處來？」云：「江西。」師云：「將得馬師真來否？」泉云：「只遮是。」師云：「背後底聻！」無對。長慶代云：「太似不知。」保福云：「幾不到和尚此間。」雲居錫云：「此二尊者盡扶背後，只如南泉休去，爲當扶面前？扶背後？」

崔相公入寺，見鳥雀於佛頭上放糞，乃問師曰：「鳥雀還有佛性也無？」師云：「有。」崔云：「爲什麽向佛頭上放糞？」師云：「是伊爲什麽不向鷂子頭上放？」

仰山來參，師云：「已相見了，更不用上來。」仰山云：「恁麽相見，莫不當否？」師歸方丈閉却門。仰山歸，舉似潙山，潙山云：「寂子是什麼心行？」仰山云：「若不恁麼，争識得他？」

復有人問師曰：「某甲擬請和尚開堂得否？」師曰：「待將物裹石頭煖即得。」彼無語。藥山代云：「石頭煖也。」唐長慶癸卯歲八月十九日歸寂，壽八十。勅謚傳明大師，塔曰永際。

鄂州無等禪師

鄂州無等禪師者，尉氏人也，姓李氏。初出家於龔公山，參禮馬大師，密受心要，後住隨州土門。嘗謁州牧王常侍者，師退，將出門，王後呼之云：「和尚！」師迴顧，王敲柱三下。師以手作圓相，復三撥之，便行。師後住武昌大寂寺。

一日，大衆晚參，師見人人上來，師前道「不審」，乃謂衆曰：「大衆，適來聲向什麼處去也？」有一僧竪起指頭，師云：「珍重。」其僧至來朝上參次，師乃轉身面壁而卧，佯作呻吟聲云：「老僧三兩日來不多安樂，大德身邊有什麼藥物，與老僧些少。」僧以手拍净缾云：「遮箇净缾什麼處得來？」師云：「遮箇是老僧底，大德底在什麼處？」僧云：「亦是和尚底，亦是某甲底。」

唐大和四年十月示滅，壽八十二。

廬山歸宗寺智常禪師

廬山歸宗寺智常禪師。上堂云：「從上古德不是無知解，他高尚之士，不同常流。今時不能自成自立，虚度時光。諸子莫錯用心，無人替汝，亦無汝用心處。莫就他覓，從前只是依他解，發言皆滯，光不透脱，只爲目前有物。」

僧問：「如何是玄旨？」師云：「無人能會。」僧云：「向者如何？」師云：「有向即乖。」僧云：「不向者如何？」師云：「誰求玄旨？」又云：「去！無汝用心處。」僧云：「豈無方便門，令學人得入？」師云：「觀音妙智力，能救世間苦。」僧云：「如何是觀音妙智力？」師敲鼎蓋三下云：「子還聞否？」僧云：「聞。」師云：「我何不聞？」僧無語，師以棒趁下。

師嘗與南泉同行，後忽一日相別，煎茶次，南泉問云：「從前與師兄商量語句，彼此已知。此後或有人問畢竟事，作麽生？」師云：「遮一床地大好卓庵。」泉云：「卓庵且置，畢竟事作麽生？」師乃打却茶銚便起，泉云：「師兄喫茶了，普願未曾喫茶。」師云：「作遮箇語話，滴水也銷不得。」

僧問：「此事久遠，如何用心？」師云：「牛皮鞔露柱，露柱啾啾叫。凡耳聽不聞，諸〔一〕

〔一〕「諸」，原作「説」，據四部本、趙城本改。

聖呵呵笑。」

師因俗官來，乃拈起帽子兩帶云：「還會麽？」俗官云：「不會。」師云：「莫怪。老僧頭風，不卸帽子。」

師入園取菜次，師畫圓相圍却一株，語衆云：「輒不得動著遮箇。」衆不敢動。少頃，師復來，見菜猶在，便以棒趁衆僧云：「遮一隊漢無一箇有智慧底。」

師問新到僧：「什麽處來？」僧〔一〕云：「鳳翔來。」師云：「還將得那箇來否？」僧云：「將得來。」師云：「在什麽處？」僧以手從頂，擎捧呈之。師即舉手作接勢，抛向背後。僧無語。師云：「遮野狐兒。」

師刬草次，有講僧來參。忽有一蛇過，師以鋤斷之。僧云：「久響歸宗，元來是箇麁行沙門。」師云：「坐主，歸茶堂内喫茶去。」

雲巖來參，師作挽弓勢。巖良久，作拔劍勢。師云：「來太遲生。」

有僧辭去，師喚：「近前來，吾爲汝説佛法。」僧近前，師云：「汝諸人盡有事在，汝異時却來遮裏，無人識汝。時寒，途中善爲去。」

〔一〕「僧」，原作「師」，據四部本、趙城本改。

師上堂云：「吾今欲説禪，諸子總近前。」大衆進前，師云：「汝聽觀音行，善應諸方所。」僧問：「如何是觀音行？」師乃彈指云：「諸人還聞否？」僧曰：「聞。」師云：「一隊漢向遮裏覓什麽？」以棒趁出，大笑歸方丈。

僧問：「初心如何得箇入處？」師敲鼎蓋三下，云：「還聞否？」僧云：「聞。」師云：「我何不聞？」師又敲三下，問：「還聞否？」僧云：「不聞。」師云：「我何以聞？」僧無語。師云：「觀音妙智力，能救世間苦。」

江州刺史李渤問師曰：「教中所言須彌納芥子，渤即不疑。芥子納須彌，莫是妄譚否？」師曰：「人傳使君讀萬卷書籍，還是否？」李曰：「然。」師曰：「摩頂至踵如椰子大，萬卷書向何處著？」李俛首而已。李異日又問云：「大藏教明得箇什麽邊事？」師舉拳示之，云：「還會麽？」李云：「不會。」師云：「遮箇措大，拳頭也不識？」李云：「請師指示。」師云：「遇人即途中授與，不遇即世諦流布。」

師以目有重瞳，遂將藥手按摩，以致目眥俱赤，世號赤眼歸宗焉。後示滅，勅謚至真禪師。

景德傳燈録卷第八

懷讓禪師第二世下五十六人馬祖法嗣

汾州無業禪師　澧州大同廣澄禪師　池州南泉普願禪師　五臺鄧隱峯禪師　温州佛嶼和尚　烏臼和尚　潭州石霜山大善和尚　石臼和尚　本谿和尚　石林和尚　洪州西山亮坐主　黑眼和尚　米嶺和尚　齊峯和尚　大陽和尚　紅螺山和尚　泉州龜洋無了禪師　利山和尚　韶州乳源和尚　松山和尚　則川和尚　南嶽西園曇藏禪師　百靈和尚　鎮州金牛和尚　洞安和尚　忻州打地和尚　潭州秀谿和尚　磁州馬頭峯神藏禪師　潭州華林善覺禪師　汀州水塘和尚　古寺和尚　江西椑樹和尚　京兆草堂和尚　袁州陽岐山甄叔禪師　濛谿和尚　洛京黑澗和尚　京兆興平和尚　逍遥和尚　福谿和尚　洪州水老和尚　浮杯和尚　潭州龍山和尚　襄州居士龐蘊已上四十三人見録　天目山明覺禪師　王屋山行明禪師　京兆智藏禪師　大陽山希頂禪師　蘇州崑山定覺禪師　隨州洪山大師　連州元堤禪師　泉州無了禪

師　泉州慧忠禪師　安豐山懷空禪師　羅浮山道行禪師　廬山法藏禪師　吕后山寧賁禪師已上一十三人無機緣語句不録

南嶽懷讓禪師第二世下

前馬祖道一禪師法嗣

汾州無業禪師

汾州無業禪師者，商州上洛人也，姓杜氏。初，母李氏聞空中言：「寄居得否？」乃覺有娠。誕生之夕，神光滿室。俯〔一〕及丱歲，行必直視，坐即跏趺。九歲，依開元寺志本禪師受大乘經，五行俱下，諷誦無遺。十二落髮，二十受具戒於襄州幽律師，習四分律疏，才終便能敷演。每爲衆僧講涅槃大部，冬夏無廢。後聞馬大師禪門鼎盛，特往瞻禮。馬祖覩其狀貌瓌偉，語音如鐘，乃曰：「巍巍佛堂，其中無佛。」師禮跪而問曰：「三乘文學，麤窮其旨。常聞禪門即心是佛，實未能了。」馬祖曰：「只未了底心即是，更無别物。」師又問：

〔一〕「俯」，四部本作「甫」。

「如何是祖師西來密傳心印？」祖曰：「大德正鬧在，且去，别時來。」師才出，祖召曰：「大德！」師迴首，祖云：「是什麽？」師便領悟禮拜。祖云：「遮鈍漢，禮拜作麽？」雲居錫拈云：「什麽處是汾州正鬧？」

自得旨，尋詣曹谿，禮祖塔及廬嶽、天台，遍尋聖迹。自洛抵雍，憩西明寺。僧衆舉請充兩街大德，師曰：「非吾本志也。」後至上黨，節度使李抱真重師名行，旦夕瞻奉。師常有倦色，謂人曰：「吾本避上國浩穰，今復煩接君侯〔一〕，豈吾心哉？」乃之緜上〔二〕抱腹山。未久又往清涼金閣寺，重閲大藏，周八稔而畢。復南下至于西河，刺史董叔纏請住開元精舍。師曰：「吾緣在此矣。」緜是雨大法雨，垂二十載。廣語具别録。并、汾緇白，無不嚮化。凡學者致問，師多答之云：「莫妄想。」

唐憲宗屢遣使徵召，師皆辭疾不赴。暨穆宗即位，思一瞻禮，乃命兩街僧録靈阜等齎詔迎請。至彼，作禮曰：「皇上此度恩旨不同常時，願和尚且順天心，不可言疾也。」師微笑曰：「貧道何德？累煩世主。且請前行，吾從别道去矣。」乃沐身剃髮，至中夜告弟子惠

〔一〕「侯」，原作「俟」，據四部本、趙城本改。
〔二〕「緜上」，原作「縣上」，據四部本、趙城本改。

愔等曰：「汝等見聞覺知之性，與太虚同壽，不生不滅。一切境界，本自空寂，無一法可得。迷者不了，即爲境惑，一爲境惑，流轉不窮。汝等當知心性本自有之，非因造作，猶如金剛不可破壞。一切諸法如影如響，無有實者。故經云：『唯有一事實，餘二即非真。常了一切空，無一物當情。』是諸佛用心處，汝等勤而行之。」言訖，跏趺而逝。

荼毘日祥雲五色，異香四徹，所獲舍利璨若玉珠，弟子等貯以金棺。當長慶三年十二月二十一日，葬于石塔，壽六十二，臘四十二。勅謚大達國師，塔曰澄源。

澧州大同廣澄禪師

澧州大同廣澄禪師。僧問：「如何是六根滅？」師云：「輪劍擲空，舊本作「雲」。無傷於物。」

問：「如何是本來人？」師云：「共坐不相識。」僧云：「恁麽即學人禮謝下去。」師云：「暗寫愁腸寄與誰？」

池州南泉普願禪師

池州南泉普願禪師者，鄭州新鄭人也，姓王氏。唐至德二年依大隗山大慧禪師受業，三十詣嵩嶽受戒。初習相部舊章，究毘尼篇聚。次遊諸講肆，歷聽楞伽華嚴，入中百門觀，精練玄義。後扣大寂之室，頓然忘筌，得遊戲三昧。

一日，爲僧行粥次，馬大師問：「桶裏是什麽？」師云：「遮老漢合取口，作恁麽語話？」自餘同參之流，無敢徵詰。

貞元十一年，憩錫于池陽，自構禪齋，不下南泉三十餘載。大和初，宣城廉使陸公亘嚮師道風，遂與監軍同請下山，伸弟子之禮，大振玄綱。自此學徒不下數百，言滿諸方，目爲郢匠。

一日，師示衆云：「道箇如如早是變也，今時師僧須向異類中行。」歸宗云：「雖行畜生行，不得畜生報。」師云：「孟八郎又恁麽去也！」

師有時云：「文殊、普賢昨夜三更每人與二十棒，趁出院也。」趙州云：「和尚棒教誰喫？」師云：「且道王老師過在什麽處？」趙州禮拜而出。玄覺云：「且道趙州休去，是肯南泉？不肯南泉？」

師擬取明日遊莊舍，其夜土地神先報莊主，莊主乃預爲備。師到，問莊主：「争知老僧來，排辦如此？」莊主云：「昨夜土地報道和尚今日來。」師云：「王老師修行無力，被鬼神覷見。」有僧便問：「和尚既是善知識，爲什麽被鬼神覷見？」師云：「土地前更下一分飯。」玄覺云：「什麼處是土地前更下一分飯？」雲居錫云：「是賞伊罰伊？只如土地前見，是南泉？不是南泉？」

師有時云：「江西馬祖説即心即佛，王老師不恁麼道。不是心，不是佛，不是物，恁麼道還有過麼？」趙州禮拜而出。時有一僧隨問趙州云：「上座禮拜了便出，意作麼生？」趙州云：「汝却問取和尚。」僧上問曰：「適來諗上座意作麼生？」師云：「他却領得老僧意旨。」

師一日捧鉢上堂，黄檗和尚居第一座，見師不起。師問云：「長老什麼年中行道？」黄檗云：「空王佛時。」師云：「猶是王老師孫在，下去！」

師一日問黄檗：「黄金爲世界，白銀爲壁落，此是什麼人居處？」黄檗云：「是聖人居處。」師云：「更有一人居何國土？」黄檗乃叉手立。師云：「道不得何不問王老師？」黄檗却問：「更有一人居何國土？」師云：「可惜許！」

師又別時問黄檗：「定慧等學，此理如何？」黄檗云：「十二時中不依倚一物。」師云：「莫是長老見處麼？」黄檗云：「不敢。」師云：「漿水價且置，草鞋錢教阿誰還？」

師見僧斫木，師乃擊木三下，僧放下斧子歸僧堂。師歸法堂，良久却入僧堂，見前僧在衣鉢下坐。師云：「賺殺人！」僧問：「師歸丈室，將何指南？」師云：「昨夜三更失却牛，天明失却火。」

師因東西兩堂各争猫兒，師遇之白衆曰：「道得即救取猫兒，道不得即斬却也。」衆無對，師便斬之。趙州自外歸，師舉前語示之，趙州乃脱履安頭上而出。師曰：「汝適來若在，即救得猫兒也。」

師在方丈與杉山向火次，師云：「不用指東指西，直下本分事道來。」杉山插火著叉手立，師云：「雖然如是，猶較王老師一線道。」

有僧問訊，叉手而立。師云：「太俗生。」其僧便合掌，師云：「太僧生。」僧無對。

一僧洗鉢次，師乃奪却鉢。其僧即空手而立，師云：「鉢在我手裏，汝口喃喃作麽？」僧無對。

師因入菜園見一僧，師乃將瓦子打之。其僧迴顧，師乃翹足，僧無語。師便歸方丈，僧隨後入，問訊云：「和尚適來擲瓦子打某甲，豈不是警覺某甲？」師云：「翹足又作麽生？」僧無對。後有僧問石霜云：「南泉翹足意作麽生？」石霜舉手云：「還恁麽無？」

師示衆云：「王老師[一]要賣身，阿誰要買？」一僧出云：「某甲買。」師云：「他不作

[一]「王老師」，原作「王師老」，據四部本、趙城本改。

貴價，不作賤價，汝作麼生買？」僧無對。卧龍代云：「屬某去也。」禾山代云：「是何道理？」趙州代云：「明年來與和尚縫箇布衫。」

師與歸宗、麻谷同去參禮南陽國師，師先於路上畫一圓相，云：「道得即去。」歸宗便於圓相中坐，麻谷作女人拜。師云：「恁麼即不去也。」歸宗云：「是什麼心行？」師乃相喚迴，不去禮國師。玄覺云：「只如南泉恁麼道，是肯底語？不肯語？」雲居錫云：「比來去禮拜國師，南泉爲什麼却相喚迴？且道古人意作麼生？」

師問神山：「作什麼？」對云：「打羅。」師云：「手打？脚打？」神山云：「請和尚道。」師云：「分明記取，舉似作家。」洞山別云：「無脚手者始解打羅。」

有一坐主辭師，師問：「什麼處去？」對云：「山下去。」師云：「第一不得謗王老師。」對云：「争敢謗和尚？」師乃噴水，云：「多少？」坐主便出去。先雲居云：「非師本〔一〕意。」先曹山云：「賴也。」石霜云：「不爲人斟酌。」長慶云：「請領語。」雲居錫云：「坐主當時出去，是會不會？」

師一日掩方丈門，將灰圍却門外，云：「若有人道得即開。」或有祇對，多未愜師意。趙州云：「蒼天。」師便開門。

〔一〕「本」，原作「木」，據四部本、趙城本改。

師因翫月次，有僧便問：「幾時得似遮箇去？」師云：「王老師二十年前亦恁麼來。」僧云：「即今作麼生？」師便歸方丈。

陸亘大夫問云：「弟子從六合來，彼中還更有身否？」師云：「分明記取，舉似作家。」陸又謂師曰：「和尚大不可思議，到處世界皆成就。」師云：「適來總是大夫分上事。」陸異日又謂師曰：「弟子亦薄會佛法。」師便問：「大夫十二時中作麼生？」陸云：「寸絲不掛。」師云：「猶是階下漢。」師又云：「不見道有道君王不納有智之臣。」

師上堂次，陸大夫云：「請和尚爲衆説法。」師云：「教老僧作麼生説？」陸云：「和尚豈無方便？」師云：「道他欠少什麼？」陸云：「爲什麼有六道四生？」師云：「老僧不教他。」

陸大夫與師見人雙陸，拈起骰子云：「恁麼、不恁麼，只恁麼，信彩去時如何？」師拈起骰子云：「臭骨頭十八。」又問云：「弟子家中有一片石，或時坐，或時卧。如今擬鐫作佛，還得否？」師云：「得。」大夫云：「莫不得否？」師云：「不得！不得！」雲巖云：「坐即佛，不坐即非佛。」洞山云：「不坐即佛，坐即非佛。」

趙州問：「道非物外，物外非道，如何是物外道？」師便打。趙州捉住棒，云：「已後莫錯打人去。」師云：「龍蛇易辨，衲子難謾。」

師喚：「院主！」院主應諾。師云：「佛九十日在忉利天爲母説法，時優填王思佛，請目連運神通三轉，攝匠人往彼雕佛像，只雕得三十一相，爲什麽梵音相雕不得？」院主問：「如何是梵音相？」師云：「賺殺人！」

師問維那〔一〕：「今日普請作什麽？」對云：「拽磨。」師云：「磨從爾拽，不得動著磨中心樹子。」維那無語。保福代云：「比來拽磨，如今却不成。」法眼代云：「恁麽即不拽也。」

一日，有大德問師曰：「即心是佛又不得，非心非佛又不得。師意如何？」師云：「大德且信即心是佛便了，更説什麽得與不得。只如大德喫飯了，從東廊上西廊下，不可總問人得與不得也。」

師住庵時有一僧到庵，師向其僧道：「某甲上山，待到齋時做飯自喫了，送一分來山上。」少時，其僧自喫了，却一時打破家事就床卧。師待不見來便歸庵，見僧卧，師亦去一邊而卧，僧便起去。師住後云：「我往前住庵時，有箇靈利道者，直至如今不見。」

師拈起毬子問僧云：「那箇何似遮箇？」對云：「不似。」師云：「什麽處見那箇，便道

〔一〕「那」，原作「耶」，據四部本、趙城本改。

不似？」僧云：「若問某甲見處，和尚放下手中物。」師云：「許爾具一隻眼。」

陸亘大夫向師道：「肇法師甚奇怪，道萬物同根，是非一體。」師指庭前牡丹華云：「大夫，時人見此一株華如夢相似。」陸罔測。陸又問：「天王居何地位？」師云：「若是天王，即非地位。」陸云：「弟子聞説天王是居初地。」師云：「應以天王身得度者，即現天王身而爲説法。」

陸辭歸宣城治所，師問：「大夫去彼將何治民？」陸云：「以智慧治民。」師云：「恁麼即彼處生靈盡遭塗炭去也。」

師入宣州，陸大夫出迎接，指城門云：「人人盡喚作甕門，未審和尚喚作什麼門？」師云：「老僧若道，恐辱大夫風化。」陸云：「忽然賊來時作麼生？」師云：「王老師罪過。」陸又問：「大悲菩薩用如許多手眼作什麼？」師云：「只如國家又用大夫作什麼？」

師爲馬大師設齋，問衆云：「馬大師來否？」衆無對。洞山云：「待有伴即來。」師云：「子雖後生，甚堪雕琢。」洞山云：「和尚莫壓良爲賤。」

師洗衣次，有僧問：「和尚猶有遮箇在。」師拈起衣云：「争奈遮箇何？」玄覺云：「且道是一箇？是兩箇？」

師問僧良欽："空劫中還有佛否？"對云："有。"師云："是阿誰？"對云："良欽。"師云："居何國土？"無語〔一〕。

僧問："祖祖相傳，合傳何事？"師云："一二三四五。"

問："如何是古人底？"師云："待有即道。"僧云："和尚爲什麽妄語？"師云："我不妄語，盧行者却妄語。"

問："十二時中以何爲境？"師云："何不問王老師？"僧云："問了也。"師云："還曾與汝爲境麽？"

僧問："青蓮不隨風火散時是什麽？"師云："無風火不隨是什麽？"僧無對。師却問："不思善，不思惡，思總不生時，還我本來面目來。"僧云："無容止可露。"洞山云："還曾將示人麽？"

師問坐主云："爾與我講經得麽？"對云："某甲與和尚講經，和尚須與某甲説禪始得。"師云："不可將金彈子博銀彈子去。"座主云："某甲不會。"師云："汝道空中一片雲，爲復釘釘住？爲復藤纜著？"

〔一〕"無語"，四部本、趙城本作小注。

問：「空中有一珠，如何取得？」師云：「斫竹布梯空中取。」僧云：「空中如何布梯？」師云：「汝擬作麽生取？」

僧辭，問云：「學人到諸方，有人問和尚近日作麽生，未審如何祇對？」師云：「但向道近日解相撲。」僧云：「作麽生？」師云：「一拍雙泯。」

問：「父母未生時，鼻孔在什麽處？」師云：「父母已生了，鼻孔在什麽處？」

師將順世，第一座問：「和尚百年後向什麽處去？」師云：「山下作一頭水牯牛去。」僧云：「某甲隨和尚去還得也無？」師云：「汝若隨我，即須啣取一莖草來。」師乃示疾。大和八年甲寅十二月二十五日凌晨，告門人曰：「星翳燈幻亦久矣，勿謂吾有去來也。」言訖而謝，壽八十七，臘五十八。明年春入塔。

五臺山隱峯禪師

五臺山隱峯禪師者，福建邵武人也，姓鄧氏。時稱鄧隱峯。幼〔一〕若不慧，父母聽其出家。初遊馬祖之門，而未能覩奥。復來往石頭，雖兩番不捷，語見馬祖章。而後於馬大師言下契會。

〔一〕「幼」，原作「幻」，據四部本、趙城本改。

師在石頭時，問云：「如何得合道去？」石頭云：「我亦不合道。」師云：「畢竟如何？」石頭云：「汝被遮箇得多少時耶？」

一日，石頭和尚剗草次，師在左側叉手而立，石頭飛剗子向師面前剗一株草。師云：「和尚只剗得遮箇，不剗得那箇。」石頭提起剗子，師接得剗子乃作剗勢。石頭云：「汝只剗得那箇，不解剗得遮箇。」師無對。洞山代云：「還有堆阜麼？」

師一日推土車次，馬大師展脚在路上坐。師云：「請師收足。」大師云：「已展不收。」師云：「已進不退。」乃推車碾過，大師脚損，歸法堂，執斧子云：「適來碾損老僧脚底出來！」師便出，於大師前引頸，大師乃置斧。

師到南泉，覩衆僧參次，南泉指浄缾云：「銅缾是境，缾中有水。不得動著境，與老僧將水來。」師便拈浄缾向南泉面前瀉，南泉便休。

師後到潙山，於上座頭解放衣鉢。潙山聞師叔到，先具威儀下堂内。師見來，便倒作睡勢。潙山便歸方丈，師乃發去。少間，潙山問侍者：「師叔在否？」對云：「已去也。」潙山云：「去時有什麽言語？」對云：「無言語。」潙山云：「莫道無言語，其聲如雷。」

師以冬居衡嶽，夏止清涼。唐元和中荐登五臺，路出淮西，屬吴元濟阻兵違拒王命，官軍與賊交鋒未決勝負。師曰：「吾當去解其患。」乃擲錫空中，飛身而過。兩軍將士仰觀，事符預夢，鬭心頓息。

師既顯神異，慮成惑衆，遂入五臺，於金剛窟前將示滅，先問衆云：「諸方遷化，坐去卧去，吾嘗見之，還有立化也無？」衆云：「有也。」師云：「還有倒立者否？」衆云：「未嘗見有。」師乃倒立而化，亭亭然其衣順體。時衆議舁就荼毘，屹然不動。遠近瞻視，驚歎無已。師有妹爲尼，時在彼，乃俯近而咄曰：「老兄，疇昔不循法律，死更熒惑於人！」於是以手推之，僨然而踣，遂就闍維，收舍利入塔。

温州佛嶼和尚

温州佛嶼和尚。尋常見人來，以拄杖卓地云：「前佛也恁麼，後佛也恁麼。」僧問：「正恁麼時作麼生？」師畫一圓相，僧作女人拜，師乃打之。

僧問：「如何是佛法大意？」師云：「賊也！賊也！」

僧問：「如何是異類？」師敲椀云：「花奴花奴喫飯來！」

烏臼和尚

烏臼和尚。有玄、紹二上座從江西來參師，師乃問云：「二禪伯發足什麼處？」僧云：「江西。」師以拄杖打之。玄云：「久知和尚有此機要。」師云：「爾既不會，後面箇僧祇對看。」後面僧擬近前，師便打，云：「信知同窠無異土，參堂去！」

潭州石霜大善和尚

潭州石霜一作「龍」。大善和尚。僧問：「如何是佛法大意？」師云：「春日鷄鳴。」僧云：「學人不會。」師云：「中秋犬吠。」

師上堂云：「大衆出來！出來！老漢有箇法要，百年後不累爾。」衆云：「便請和尚說。」師云：「不消一堆火。」

洞山問：「几前一童子甚是了事，如今不見，向甚處去也？」師云：「火焰上泊不得，却歸清涼世界去也。」

石臼和尚

石臼和尚。初參馬祖，問：「什麽處來？」師云：「烏臼來。」祖云：「烏臼近日有何言句？」師云：「幾人於此茫然在。」祖云：「茫然且置，悄然一句作麽生？」師乃近前三步，祖云：「我〔一〕有七棒寄打烏臼，爾還甘否？」師云：「和尚先喫，某甲後甘。」却迴烏臼。

〔一〕「我」，四部本無。

本谿和尚

本谿和尚。龐居士問云：「丹霞打侍者，意在何所？」師云：「大老翁見人長短在。」居士云：「爲我與師同參了，方敢借問。」師云：「若恁麼從頭舉來，共爾商量。」居士云：「大老翁不可共爾説人是非。」師云：「念翁老年。」居士云：「罪過，罪過。」

石林和尚

石林和尚。一日，龐居士來，師乃竪起拂子云：「不落丹霞機，試道一句。」居士奪却拂子了，却自竪起拳。師云：「正是丹霞機。」居士云：「與我不落看。」師云：「丹霞患啞，龐翁患聾。」居士云：「恰是也！恰是也！」師無語。居士云：「向道偶爾恁。」師亦無語。

又一日，師問居士云：「某甲有箇借問，居士莫惜言句。」居士云：「便請舉來。」師云：「元來惜言句。」居士云：「遮箇問訊，不覺落他便宜。」師乃掩耳而已。居士云：「作家！作家！」

亮座主

亮座主〔一〕，洪州西山。本蜀人也，頗講經論。因參馬祖，祖問曰：「見説座主大講得經

〔一〕「亮座主」，原作「亮主」，據四部本、趙城本改。

論,是否?」亮云:「不敢!」祖云:「將什麽講?」亮云:「將心講。」祖云:「心如工伎兒,意如和伎者,争解講得經?」亮抗聲云:「心既講不得,虚空莫講得麽?」祖云:「却是虚空講得。」亮不肯,便出。將下階,祖召云:「座主!」亮迴首,豁然大悟,禮拜。祖云:「遮鈍根阿師,禮拜作麽?」亮歸寺告聽衆云:「某甲所講經論,謂無人及得。今日被馬大師一問,平生功夫冰釋而已。」乃隱西山,更無消息。

黑眼和尚

黑眼和尚。僧問:「如何是不出世師?」師云:「善財拄杖子。」問:「如何是佛法大意?」師云:「十年賣炭漢,不知秤畔星。」

米嶺和尚

米嶺和尚。僧問:「如何是衲衣下事?」師云:「醜陋任君嫌,不掛雲霞色。」

師將示滅,乃遺一偈云:「祖祖不思議,不許常住世。大衆審思惟,畢竟只遮是。」

齊峯和尚

齊峯和尚。一日,龐居士入院,師云:「俗人頻頻入僧院,討箇什麽?」居士迴顧兩邊,云:「誰恁道?誰恁道?」師乃咄之。居士云:「在遮裏。」師云:「莫是當陽道麽?」

居士云：「背後底。」師迴首云：「看看。」居士云：「草賊敗！草賊敗！」師無語。居士又問：「此去峯頂有幾里？」師云：「什麽處去來？」居士云：「可畏峻硬，不得問著。」師云：「是多少？」居士云：「一二三。」師云：「四五六。」居士云：「何不道七？」師云：「纔道七便有八。」居士云：「得也！得也！」師云：「一任添取。」居士乃咄之而去，師隨後咄之。

大陽和尚

大陽和尚。伊禪師參次，師云：「伊禪，近日一般禪師向目前指教人了，取目前事作遮箇爲人，還會文彩未兆時也無？」伊云：「擬向遮裏致一問，問和尚不知可否？」師云：「答汝已了，莫道可否。」伊云：「還識得目前也未？」師云：「是目前作麽生識？」伊云：「要且遭人點檢。」師云：「誰？」伊云：「某甲。」師便咄之，伊退步而立。師云：「汝只解瞻前，不解顧後。」伊云：「雪上更加霜。」師云：「彼此無便宜。」

紅螺和尚

紅螺和尚。在幽州有頌示門人曰：「紅螺山子近邊夷，度得之流半是奚。共語問醻全不會，可憐只解那斯祁。」

泉州龜洋山無了禪師

泉州龜洋山無了禪師者，莆田縣壺公横塘人也，姓沈氏。年七歲，父携入白重院，視之如家，因而捨愛。至十八，剃度受具靈巖寺。後參大寂禪師，了達祖乘，即還本院。院之北樵采路絶，師一日策杖披榛而行，遇六眸巨龜，斯須而失，乃庵于此峯，因號龜洋和尚。一日，有虎逐鹿入庵，師以杖格虎，遂存鹿命。

洎將示化，乃述偈曰：「八十年來辨西東，如今不要白頭翁。非長非短非大小，還與諸人性相同。無來無去兼無住，了却本來自性空。」偈畢，儼然告寂。瘞于正堂，垂二十載，爲山泉淹没。門人發塔，見全身水中而浮。

閩王聞之，遣使舁入府庭供養。忽臭氣遠聞，王焚香祝之曰：「可還龜洋舊址建塔。」言訖異香普熏，傾城瞻禮。本道奏謚真寂大師，塔曰靈覺。

後弟子慧忠遇澄汰，終於白衣，就塔之東二百步而葬，謂之東塔。今龜洋二真身，士民依怙，若僧伽之遺化焉。慧忠得法於草庵和尚，如〔一〕本章述之。

〔一〕「如」，四部本無。

利山和尚

利山和尚。僧問：「衆色歸空，空歸何所？」師云：「舌頭不出口。」僧云：「爲什麼不出口？」師云：「内外一如故。」

僧問：「不歷僧祇獲法身，請師直指。」師云：「子承父業。」僧云：「如何領會？」師云：「貶剥不施。」僧云：「恁麽即大衆有賴去。」師云：「大衆且置，作麽生是法身？」僧無對。師云：「汝問，我向爾道。」僧却問：「如何是法身？」師云：「空華陽焰。」僧問：「如何是西來意？」師云：「不見如何。」僧云：「爲什麽如此？」師云：「只爲如此。」

韶州乳源和尚

韶州乳源和尚。上堂云：「西來的的意不妨難道，大衆莫有道得者，出來試道看。」有一僧出，纔禮拜，師便打云：「是什麽時節出頭來！」後人舉似長慶，長慶云：「不妨！不妨！」資福代云：「爲和尚不惜身命。」師見仰山作沙彌時念經，師咄云：「遮沙彌！念經恰似哭聲。」仰山云：「慧寂念經似哭，未審和尚如何？」師乃顧視而已。

松山和尚

松山和尚。一日，命龐居士喫茶，居士舉起托子云：「人人盡有分，因什麽道不得？」

師云：「只爲人人盡有，所以道不得。」居士云：「阿兄爲什麽却道得？」師云：「不可無言也。」居士云：「灼然！灼然！」師便喫茶。居士云：「阿兄喫茶何不揖客？」師云：「誰？」居士云：「龐翁。」師云：「何須更揖？」後丹霞聞舉，乃云：「若不是松山，幾被箇老翁作亂一上。」居士聞之，乃令人傳語丹霞云：「何不會取舉起托子時？」

則川和尚

則川和尚。龐居士看師，師云：「還記得初見石頭時道理否？」居士云：「猶得阿師重舉在。」師云：「情知久參事慢。」居士云：「阿師老耄，不啻龐翁。」師云：「二彼同時，又争幾許？」居士云：「龐翁鮮健，且勝阿師。」師云：「不是勝我，只是欠爾一箇幞頭。」居士云：「恰與師相似。」師大笑而已。

師入茶園内摘茶次，龐居士云：「法界不容身，師還見我否？」師云：「不是老師，怕答公話。」居士云：「有問有答，蓋是尋常。」師乃摘茶不聽，居士云：「莫怪適來容易借問。」師亦不顧，居士喝云：「遮無禮儀老漢！待我一一舉向明眼人在。」師乃抛却茶籃子，便入方丈。

南嶽西園蘭若曇藏禪師

南嶽西園蘭若曇藏禪師者，本受心印於大寂禪師，後謁石頭遷和尚，瑩然明徹。唐貞元二年，遁衡嶽之絕頂，人罕參訪。尋以脚疾移止西園，禪侶繁盛。

師一日自開浴次，僧問：「何不使沙彌？」師乃拊掌三下。洞山云：「一種是時節因緣，就中西園精妙。」僧問曹山：「古人拊掌，豈不明沙彌邊事？」曹山云：「如何是向上事？」僧無對。曹山云：「遮沙彌！」

師養一靈犬，嘗夜經行次，其犬銜師衣，師即歸房。又於門側伏守而吠，頻奮身作猛噬之勢。詰旦，東厨有一大蟒，長數丈，張口呀氣，毒焰熾然。侍者請避之，師曰：「死可逃乎？彼以毒來，我以慈受。毒無實性，激發則彊。慈苟無緣，冤親一揆。」言訖，其蟒按首徐行，倏然不見。復一夕有群盜，犬亦銜師衣。師語盜曰：「茅舍有可意物一任取去，終無所悋。」盜感其言，皆稽首而散。

百靈和尚

百靈和尚。一日，與龐居士路次相逢，師問云：「昔日居士南嶽得意句，還曾舉向人未？」居士云：「曾舉來。」師云：「舉向什麽人？」居士以手自指云：「龐翁！」師云：「直是妙德、空生也歎居士不及。」居士却問：「師得力句是誰知？」師便戴笠子而去。居士云：「善爲道路。」師一去更不迴首。

鎮州金牛和尚

鎮州金牛和尚。師自作飯供養衆僧，每至齋時，舁飯桶到堂前作舞曰：「菩薩子，喫飯來！」乃撫掌大笑，日日如是。僧問長慶：「古人撫掌唤僧喫飯，意旨云何？」長慶云：「大似因齋慶讚。」僧問大光：「未審慶讚箇什麽？」大光是作舞，僧乃禮拜。大光云：「遮野狐精。」東禪齊云：「古人自出手作飯，舞了唤人來喫，意作麽生？還會麽？只如長慶與大光，是明古人意？别爲他分析？今問上座，每日持盂掌鉢時，迎來送去時，爲當與古人一般？别有道理？若道别，且作麽生得别來？若一般，恰到他舞，又被唤作野狐精，有會處麽？若未會，行脚眼在什麽處？」僧問曹山：「古人恁麽是奴兒婢子否？」曹山云：「是。」僧云：「向上事請師道。」曹山咄云：「遮奴兒婢子！」

洞安和尚

洞安和尚。有僧辭師，師云：「什麽處去？」僧云：「本無所去。」師云：「善爲，闍梨！」僧云：「不敢不敢！」師云：「到諸方，分明舉。」

僧侍立次，師問：「今日是幾？」僧云：「不知。」師云：「我却記得。」僧云：「今日是幾？」師云：「今日昏晦。」

忻州打地和尚

忻州打地和尚。自江西領旨，自晦其名。凡學者致問，惟以棒打地而示之，時謂之打地和尚。一日，被僧藏却棒，然後問，師但張其口。僧問門人曰：「只如和尚每有人問便打地，意旨如何？」門人即於竈底取柴一片，擲在釜中。

潭州秀谿和尚

潭州秀谿和尚。一日，谷山問：「聲色純真，如何是道？」師云：「亂道作麽？」谷山却從東邊過西邊立，師云：「若不恁麽，即禍事也。」谷山却過東邊，師乃下禪床，方行兩步，被谷山捉住云：「聲色純真事作麽生？」師便掌谷山，谷山云：「十年後要箇人下茶也無在。」師云：「要谷山老漢作麽？」谷山呵呵大笑三聲。

磁州馬頭峯神藏禪師

磁州馬頭峯神藏禪師。上堂謂衆云：「知而無知，不是無知，而説無知。」南泉云：「恁麽依師道，始道得一半。」黄檗云：「不是南泉駁〔一〕他，要圓前話。」

潭州華林善覺禪師

潭州華林善覺禪師。常持錫夜出林麓間，七步一振錫，一稱觀音名號。夾山善會造庵問曰：「遠聞和尚念觀音，是否？」師曰：「然。」夾山曰：「騎却頭如何？」師曰：「出頭

〔一〕「駁」，原作「駮」，據四部本、趙城本改。

從汝騎，不出頭騎什麽？」

僧參，方展坐具，師曰：「緩緩。」僧曰：「和尚見什麽？」師曰：「可惜許！磕破鐘樓。」其僧從此悟入。

一日，觀察使裴休訪之，問曰：「師還有侍者否？」師曰：「有一兩箇。」裴曰：「在什麽處？」師乃唤：「大空！小空！」時二虎自庵後而出，裴覩之驚悸。師語二虎曰：「有客，且去。」二虎哮吼而去。裴問曰：「師作何行業，感得如斯？」師乃良久曰：「會麽？」曰：「不會。」師曰：「山僧常念觀音。」

汀州水塘和尚

汀州水塘和尚。師勘歸宗：「甚麽處人？」歸宗云：「陳州人。」師云：「多少年紀？」歸宗云：「二十二。」師云：「闍梨未生時，老僧去來。」歸宗云：「和尚幾時生？」師豎起拂子。歸宗云：「遮箇豈有生邪？」師云：「會得即無生。」歸宗云：「未會在。」師無語。

古寺和尚

古寺和尚。丹霞參師，經宿至明旦。煮粥熟，行者只盛一鉢與師，又盛一碗自喫，殊不顧丹霞。丹霞即自盛粥喫，行者云：「五更侵早起，更有夜行人。」丹霞問師：「何不教訓行者，得恁麽無禮？」師云：「净地上不要點污人家男女。」丹霞云：「幾不問過遮老漢。」

江西椑樹和尚

江西椑樹和尚。因卧次，道吾近前牽被覆之。師云：「作麽？」道吾云：「蓋覆。」師云：「卧底是？坐底是？」道吾云：「不在遮兩處。」師云：「争奈蓋覆何？」道吾云：「莫亂道！」

師向火次，道吾問：「作什麽？」師云：「和合。」道吾云：「恁麽即當頭脱去也。」師云：「隔闊來多少時耶？」道吾便拂袖而去。

道吾一日從外歸，師問：「什麽處去來？」道吾云：「親近來。」師云：「用簸遮兩片皮作什麽？」道吾云：「借。」師云：「他有從汝借，無作麽生？」道吾云：「只爲有所以借。」

京兆草堂和尚

京兆草堂和尚。自罷參大寂，遊至海昌。海昌和尚問：「什麽處來？」師云：「道場來。」昌云：「遮裏什麽處？」師云：「賊不打貧人家。」

問：「未有一法時，此身在什麽處？」師乃作一圓相，於中書「身」字。

袁州陽岐山甄叔禪師

袁州陽岐山甄叔禪師。上堂示衆曰：「群靈一源，假名爲佛。體竭形消而不滅，金流朴散而常存。性海無風，金波自涌。心靈絶兆，萬象齊昭。體斯理者，不言而遍歷沙界，不用而功益玄化。如何背覺反合塵勞，於陰界中妄自囚執？」

師始登此山宴處，以至成院聚徒，演法四十餘年。唐元和十五年正月十三日歸寂，荼毘獲舍利七百粒，於東峯下建塔。

濛谿和尚

濛谿和尚。僧問：「一念不生時如何？」師良久，僧便禮拜。師云：「汝且作麽生會？」僧云：「某甲終不無慚愧。」師云：「汝却信得及。」

問：「本分事如何體悉？」師云：「爾何不問？」僧云：「請師答話。」師云：「爾却問得好。」其僧大笑而出。師云：「只有遮師僧靈利。」

有僧從外來，師便喝。僧云：「好箇來由。」師云：「猶要棒在。」僧云：「珍重。」便出。師云：「得能自在。」

洛京黑澗和尚

洛京黑澗和尚。僧問："如何是密室？"師云："截耳卧街。"僧云："如何是密室中人？"師乃换手搥胸。

京兆興平和尚

京兆興平和尚。洞山來禮拜，師云："莫禮老朽。"洞山云："禮非老朽。"師云："非老朽者不受禮。"洞山云："他亦不止。"

洞山問："如何是古佛心？"師云："即汝心是。"洞山云："雖然如此，猶是某甲疑處。"師云："若恁麽，即問取木人去。"洞山云："某甲有一句子，不借諸聖口。"師云："汝試道看。"洞山云："不是某甲。"

洞山辭，師云："什麽處去？"洞山云："沿流無定止。"師云："法身沿流？報身沿流？"洞山云："總不作此解。"師乃撫掌。保福云："洞山自是一家。"乃别云："覓得幾人？"

逍遥和尚

逍遥和尚。一日，師在禪床上坐，有僧鹿西問云："念念攀緣，心心永寂。"師云："昨日晚間也有人恁麽道。"西云："道箇什麽？"師云："不知。"西云："請師説。"師以拂子驀口打，西便出。師告大衆云：「頂門上著一隻眼。」

福谿和尚

福谿和尚。僧問：「古鏡無瑕時如何？」師良久，僧云：「師意如何？」師云：「山僧耳背。」僧又舉前問。師云：「猶較些子。」

僧問：「如何是自己？」師云：「爾問什麽？」僧云：「豈無方便去也？」師云：「爾適來問什麽？」僧云：「得恁麽顛倒。」師云：「今日合喫山僧手裏棒。」

僧問：「緣散歸空，空歸何所？」師云：「某甲！」僧云：「喏！」師云：「空在何處？」僧云：「却請師道。」師云：「波斯喫胡椒。」

洪州水老和尚

洪州水老和尚。初問馬祖：「如何是西來的的意？」祖乃當胸蹋倒，師大悟，起來撫掌呵呵大笑，云：「大奇！百千三昧，無量妙義，只向一毛頭上便識得根原去。」便禮拜而退。師住後告衆云：「自從一喫馬師蹋，直至如今笑不休。」

有僧作一圓相，以手撮向師身上。師乃三撥，亦作一圓相，却指其僧。僧便禮拜，師打云：「遮虚頭漢！」

問：「如何是沙門行？」師云：「動則影現，覺則冰生。」

問：「如何是佛法大意？」師乃拊掌呵呵大笑。凡接機，大約如此。

浮盃和尚

浮盃和尚。有凌行婆來禮拜師，師與坐喫茶。行婆乃問云：「盡力道不得底句，還分付阿誰？」師云：「浮盃無剩語。」婆云：「某甲不恁麽道。」師遂舉前語問婆，婆歛手哭云：「蒼天！中間更有冤苦。」師無語。婆云：「語不知偏正，理不識倒邪，爲人即禍生也。」

後有僧舉似南泉，南泉云：「苦哉浮盃！被老婆摧折。」婆後聞南泉恁道，笑云：「王老師猶少機關在。」有幽州澄一禪客逢見行婆，乃問云：「怎生南泉恁道，猶少機關在？」婆乃哭云：「可悲！可痛！」禪客罔措，婆乃問云：「會麽？」禪客合掌而退〔一〕。婆云：「倚〔二〕死禪和，如麻似粟。」後澄一禪客舉似趙州，趙州云：「我若見遮臭老婆，問教口啞却。」澄一問趙州云：「未審和尚怎生問他？」趙州以棒打云：「似遮箇倚死漢，不打待幾

〔一〕「退」，四部本、趙城本作「對」。

〔二〕「倚」，四部本、趙城本作「伎」。

時？」連打數棒。婆又聞趙州恁道，云：「趙州自合喫婆手裏棒。」後僧舉似趙州，趙州哭云：「可悲！可痛！」婆聞趙州此語，合掌歎云：「趙州眼放光明，照破四天下也。」後趙州教僧去問婆云：「怎生是趙州眼？」婆乃豎起拳頭。趙州聞，乃作一頌送凌行婆云：「當機直面提，直面當機疾。報爾凌行婆，哭聲何得失？」婆以頌答趙州云：「哭聲師已曉，已曉復誰知？當時摩竭國，幾喪目前機。」

潭州龍山和尚

潭州龍山和尚。亦云隱山。問僧：「什麽處來？」僧云：「老宿處來。」師云：「老宿有何言句？」僧云：「説即千句萬句，不説即一字也無。」師云：「恁麽即蠅子放卵。」其僧禮拜，師便打之。

洞山价和尚行脚時，迷路到山，因參禮次，師問：「此山無路，闍梨向什麽處來？」洞山云：「無路且置，和尚從何而入？」師云：「我不曾雲水。」洞山云：「和尚住此山多少時邪？」師云：「春秋不涉。」洞山云：「此山先住？和尚先住？」師云：「不知。」洞山云：「爲什麽不知？」師云：「我不爲人天來。」洞山却問：「如何是賓中主？」師云：「長年不出户。」洞山云：「如何是主中賓？」師云：「青天覆白雲。」洞山云：「賓主相去幾何？」

師云：「長江水上波。」洞山云：「賓主相見，有何言説？」師云：「清風拂白月。」洞山又問：「和尚見箇什麽道理便住此山？」師云：「我見兩箇泥牛鬬入海，直至如今無消息。」師因有頌云：「三間茅屋從來住，一道神光萬境閑。莫作是非來辨我，浮生穿鑿不相關。」

襄州居士龐藴

襄州居士龐藴者，衡州衡陽縣人也，字道玄。世以儒爲業，而居士少悟塵勞，志求真諦。唐貞元初，謁石頭和尚忘言會旨，復與丹霞禪師爲友。

一日，石頭問曰：「子自見老僧已來，日用事作麽生？」對曰：「若問日用事，即無開口處。」復呈一偈云：「日用事無别，唯吾自偶諧。頭頭非取捨，處處勿張乖。朱紫誰爲號？丘山絶點埃。神通并妙用，運水及般柴。」石頭然之，曰：「子以緇耶素耶？」居士曰：「願從所慕。」遂不剃染。

後之江西參問馬祖云：「不與萬法爲侶者是什麽人？」祖云：「待汝一口吸盡西江水，即向汝道。」居士言下頓領玄要，乃留駐參承，經涉二載。有偈曰：「有男不婚，有女不嫁。大家團欒頭，共説無生話。」自爾機辯迅捷，諸方嚮之。

嘗遊講肆，隨喜金剛經，至「無我無人」處致問曰：「座主，既無我無人，是誰講誰聽？」座主無對。居士曰：「某甲雖是俗人，麁知信向。」座主曰：「只如居士意作麼生？」居士乃示一偈云：「無我復無人，作麼有疎親？勸君休歷坐，不似直求真。金剛般若性，外絶一纖塵。我聞并信受，總是假名陳。」座主聞偈，欣然仰歎。居士所至之處，老宿多往復問讎，皆隨機應響，非格量軌轍之可拘也。

元和中北遊襄、漢，隨處而居，或鳳嶺、鹿門，或鄽肆、閭巷。初住東巖，後居郭西小舍。一女名靈照常隨，製竹漉籬令鬻之，以供朝夕。有偈曰：「心如境亦如，無實亦無虚。有亦不管，無亦不居。不是賢聖，了事凡夫。易復易，即此五蘊有真智。十方世界一乘同，無相法身豈有二？若捨煩惱入菩提，不知何方有佛地？」

居士將入滅，令女靈照出視日早晚，及午以報。女遽報曰：「日已中矣，而有蝕也。」居士出户觀次，靈照即登父座，合掌坐亡。居士笑曰：「我女鋒捷矣。」於是更延七日。州牧于公問疾次，居士謂曰：「但願空諸所有，慎勿實諸所無。好住世間，皆如影響。」言訖，枕公膝而化。遺命焚棄江湖，緇白傷悼，謂禪門龐居士即毘耶净名矣。有詩偈三百餘篇傳於世。

景德傳燈録卷第九

懷讓禪師第三世上五十六人

洪州百丈懷海禪師法嗣三十人

潭州溈山靈祐禪師　洪州黄檗山希運禪師法要附卷末　杭州大慈寰中禪師　天台山普岸禪師　筠州常觀禪師　潭州石霜性空禪師　福州大安禪師　古靈神贊禪師　廣州和安通禪師　江州龍雲臺禪師　洛京衛國道禪師　鎮州萬歲和尚　百丈山涅槃和尚　洪州東山和尚已上一十四人見録　高安無畏禪師　東巖道曠禪師　邢州素禪師　唐州大乘山吉本禪師　小乘山慧深禪師　楊州慧照寺昭一禪師　禎州羅浮鑒深禪師　洪州九仙山梵雲禪師　江州廬山操禪師　越州禹迹寺契真禪師　筠州包山天性禪師　明州大梅山彼岸禪師　洪州遼山藏術禪師　昇州祇闍山道方禪師

清田和尚　大于和尚已上一十六人無機緣語句不録〔一〕

前虔州西堂藏禪師法嗣四人

虔州處微禪師一人見録　雞林道義禪師　新羅國慧禪師　新羅國洪直禪師已上三人無機緣語句不録

前蒲州麻谷山寶徹禪師法嗣二人

壽州良遂禪師一人見録　新羅國無染禪師一人無機緣語句不録

前湖南東寺如會禪師法嗣四人

吉州薯山慧超禪師一人見録　舒州景諸禪師　莊嚴寺光肇禪師　潭州幕輔山昭禪師已上三人無機緣語句不録

前京兆章敬寺懷惲禪師法嗣一十六人

京兆薦福弘辯禪師　福州龜山智真禪師　朗州懷政禪師　金州操禪師　朗州古堤和尚　河中公畿和尚已上六人見録　柏林閑雲禪師　宣州玄哲禪師　河中寶堅禪師

〔一〕清田和尚、大于和尚本卷實有録，按例當挪至「洪州東山和尚」後，「一十四」當爲「一十六」，「一十六」當爲「一十四」。

西京道志禪師　絳州神祐禪師　西京智藏禪師　許州無迹禪師　壽州惟肅禪師

新羅國玄昱禪師　新羅國覺體禪師已上一十人無機緣語句不録

南嶽懷讓禪師第三世上

前百丈懷海禪師法嗣

潭州溈山靈祐禪師

潭州溈山靈祐禪師者，福州長谿人也，姓趙氏。年十五辭親出家，依本郡建善寺法常律師剃髮，於杭州龍興寺受戒，究大、小乘經律。二十三遊江西，參百丈大智禪師。百丈一見，許之入室，遂居參學之首。

一日侍立，百丈問：「誰？」師曰：「靈祐。」百丈云：「汝撥鑪中有火否？」師撥云：「無火。」百丈躬起，深撥得少火，舉以示之云：「此不是火？」師發悟，禮謝，陳其所解。百丈曰：「此乃暫時岐路耳。經云：『欲見佛性，當觀時節因緣。』時節既至，如迷忽悟，如忘勿憶，方省己物不從他得。故祖師云：『悟了同未悟，無心得無法。』只是無虛妄凡聖等心，本來心法元自備足。汝今既爾，善自護持。」

時司馬頭陀自湖南來，百丈謂之曰：「老僧欲往潙山，可乎？」司馬頭陀參禪外，蘊人倫之鑒，兼窮地理，諸方剏院多取決焉。對云：「潙山奇絶，可聚千五百衆，然非和尚所住。」百丈云：「何也？」對云：「和尚是骨人，彼是肉山，設居之，徒不盈千。」百丈云：「吾衆中莫有人住得否？」對云：「待歷觀之。」百丈乃令侍者喚第一坐來，即華林和尚也。問云：「此人如何？」頭陀令謦欬一聲，行數步，對云：「此人不可。」又令喚典坐來，即祐師也。頭陀云：「此正是潙山主也。」百丈是夜召師入室，囑云：「吾化緣在此，潙山勝境，汝當居之，嗣續吾宗，廣度後學。」時華林聞之曰：「某甲忝居上首，祐公何得住持？」百丈云：「若能對衆下得一語出格，當與住持。」即指浄瓶問云：「不得喚作浄瓶，汝喚作什麽？」華林云：「不可喚作木楔也。」百丈不肯，乃問師，師踢倒浄瓶。百丈笑云：「第一坐輸却山子也。」遂遣師往潙山。是山峭絶，敻無人煙，師猿猱爲伍，橡栗充食。山下居民稍稍知之，帥衆共營梵宇，連率李景讓奏號同慶寺。相國裴公休嘗咨玄奥，繇是天下禪學若輻湊焉。

師上堂示衆云：「夫道人之心，質直無僞，無背無面，無詐妄心行。一切時中，視聽尋常，更無委曲，亦不閉眼塞耳，但情不附物即得。從上諸聖只是説濁邊過患，若無如許多惡覺，情是想習之事，譬如秋水澄渟，清浄無爲，澹泞無礙。喚他作道人，亦名無事之人。」時有僧問：「頓悟之人更有修否？」師云：「若真悟得本他自知時，修與不修是兩頭語。如今初心雖從緣得，一念頓悟自理，猶有無始曠劫習氣未能頓净，須教渠净除現業流識，即是修也，不道別有法教渠修行趣向。從聞入理，聞理深妙，心自圓明，不居惑地。縱有百千妙義，抑揚當時，此乃得坐披衣，自解作活計。以要言之，則實際理地不受一塵，萬行門中不捨一法。若也單刀趣入，則凡聖情盡，體露真常，理事不二，即如如佛。」

仰山問：「如何是西來意？」師云：「大好燈籠。」仰山云：「莫只遮箇便是麽？」師云：「遮箇是什麽？」仰山云：「大好燈籠。」師云：「果然不識。」

一日，師謂衆云：「如許多人只得大機，舊本云「大識」，今改作「大機」。按廣燈并別録，皆云「只得大機」，而第十六卷九峯慧禪師章中云「只得大體」，未詳孰是〔一〕。不得大用。」仰山舉此語問山下庵主云：「和尚恁麽道，意旨何如？」庵主云：「更舉看。」仰山擬再舉，被庵主踢倒。歸舉似師，師大笑。

師在法堂坐，庫頭擊木魚，火頭擲却火抄，拊掌大笑。師云：「衆中也有恁麽人？」喚來問：「作麽生？」火頭云：「某甲不喫粥，肚飢，所以喜歡。」師乃點頭。東使聞云：「將知潙山

〔一〕四部本、趙城本無此小注。

衆裏無人。」臥龍云：「將知潙山衆裏有人。」

普請摘茶，師謂仰山曰：「終日摘茶，只聞子聲，不見子形，請現本形相見。」仰山撼茶樹，師云：「子只得其用，不得其體。」仰山云：「未審和尚如何？」師良久，仰山云：「和尚只得其體，不得其用。」師云：「放子二十棒。」玄覺云：「且道過在什麽處？」

師上堂，有僧出云：「請和尚爲衆説法。」師云：「我爲汝得徹困也。」僧禮拜。後人舉似雪峯，雪峯云：「古人得恁麽老婆心。」玄沙云：「山頭和尚蹉過古人事也。」雪峯聞之，乃問玄沙：「什麽處是老僧蹉過古人事處？」玄沙云：「大小潙山被那僧一問得百雜碎。」雪峯駭之，乃休。

師謂仰山曰：「寂子速道，莫入陰界。」仰山云：「慧寂信亦不立。」師云：「子信了不立？不信不立？」仰山云：「只是慧寂，更信阿誰？」師云：「若恁麽即是定性聲聞。」仰山云：「慧寂佛亦不見。」

師問仰山：「涅槃經四十卷，多少佛説？多少魔説？」仰山云：「總是魔説。」師云：「已後無人奈子何。」仰山云：「慧寂即一期之事，行履在什麽處？」師云：「只貴子眼正，不説子行履。」

仰山蹋衣次，提起問師云：「正恁麽時，和尚作麽生？」師云：「正恁麽時，我遮裏無作麽生。」仰山云：「和尚有身而無用。」師良久，却拈起問：「汝正恁麽時作麽生？」仰山云：「正恁麼時，和尚還見伊否？」師云：「汝有用而無身。」此語是二月中問答。

師忽問仰山：「汝春間有話未圓，今試道看。」仰山云：「正恁麼時，切忌勃塑。」師云：「停囚長智。」

師一日喚院主，院主來，師云：「我喚院主，汝來作什麼？」院主無對。曹山代云：「也知和尚不喚某甲。」又令侍者喚第一座，第一座來，師云：「我喚第一座，汝來作什麼？」亦無對。曹山代云：「若令侍者喚，恐不來。」法眼別云：「適來侍者喚。」

師問新到僧：「名什麼？」僧云：「名月輪。」師作一圓相，問：「何似遮箇？」僧云：「和尚恁麼語話，諸方大有人不肯在。」師云：「貧道即恁麼，闍梨作麼生？」僧云：「還見月輪麼？」師云：「闍梨恁麼道，此間大有人不肯諸方。」

師問雲巖云：「聞汝久在藥山，是否？」巖云：「是。」師云：「藥山大人相如何？」雲巖云：「涅槃後有。」師云：「涅槃後有如何？」雲巖云：「水灑不著。」雲巖却問師：「百丈大人相如何？」師云：「巍巍堂堂，煒煒煌煌。聲前非聲，色後非色。蚊子上鐵牛，無汝下嘴處。」

師過浄瓶與仰山，仰山擬接，師却縮手云：「是什麼？」仰山云：「和尚還見箇什麼？」師云：「若恁麼，何用更就吾覓？」仰山云：「雖然如此，仁義道中與和尚提瓶挈水，亦是本分事。」師乃過浄瓶與仰山。

師與仰山行次，指柏樹子問云：「前面是什麼？」仰山云：「只遮箇柏樹子。」師却指背後田翁云：「遮阿翁向後亦有五百衆。」師問仰山：「從何處歸？」仰山云：「田中歸。」師云：「禾好刈也未？」仰山云：「好刈也。」師云：「作青見？作黄見？作不青不黄見？」仰山云：「和尚背後是什麼？」師云：「子還見麼？」仰山拈起禾穗云：「和尚何曾問遮箇？」師云：「此是鵝王擇乳。」

冬月，師問仰山：「天寒？人寒？」仰山云：「大家在遮裏。」師云：「何不直説？」仰山云：「適來也不曲，和尚如何？」師云：「直須隨流。」

有僧來禮拜，師作起勢。僧云：「請〔一〕和尚不起。」師云：「老僧未曾坐。」僧云：「某甲亦未曾禮。」師云：「何故無禮？」僧無對。同安代云：「和尚不怪。」

石霜會下有二禪客到，云：「此間無一人會禪。」後普請般柴，仰山見二禪客歇，將一橛柴問云：「還道得麼？」俱無語。仰山云：「莫道無人會禪好。」歸舉似潙山，云：「今日

〔一〕「請」，原作「誰」，據四部本、趙城本改。

二禪客被慧寂勘破。」師云：「什麽處被子勘破？」仰山便舉前話，師云：「寂子又被吾勘破。」雲居錫云：「什麽處是溈山勘破仰山處？」

師睡次，仰山問訊，師便迴面向壁。仰山云：「和尚何得如此？」師起云：「我適來得一夢，汝試爲我原看。」仰山取一盆水，與師洗面。少頃，香嚴亦來問訊。師云：「我適來得一夢，寂子原了，汝更與我原看。」香嚴乃點一椀茶來。師云：「二子見解過於鶖子。」

僧云：「不作溈山一頂笠，無由得到莫傜村，如何是溈山一頂笠？」師即蹋之。

師上堂示衆云：「老僧百年後，向山下作一頭水牯牛，左脇書五字云『溈山僧某甲』。此時喚作溈山僧，又是水牯牛，喚作水牯牛，又云溈山僧。喚作什麽即得？」雲居代云：「師無異號。」資福代作圓相托起。古人頌云：「不道溈山不道牛，一身兩號實難酬。離却兩頭應須道，如何道得出常流？」

師敷揚宗教凡四十餘年，達者不可勝數，入室弟子四十一人。唐大中七年正月九日，盥漱敷坐，怡然而寂。壽八十三，臘六十四。塔于本山，勑謚大圓禪師，塔曰清浄。

洪州黄檗希運禪師

洪州黄檗希運禪師，閩人也。幼於本州黄檗山出家。額間隆起如肉珠，音辭朗潤，志意沖澹。後遊天台逢一僧，與之言笑，如舊相識。熟視之，目光射人，乃偕行。屬澗水暴漲，乃捐笠植杖而止。其僧率師同渡，師曰：「兄要渡自渡。」彼即褰衣躡波，若履平地。迴顧云：「渡來！渡來！」師曰：「咄！遮自了漢。吾早知，當斫汝脛。」其僧歎曰：「真大乘法器，我所不及。」言訖不見。師後遊京師，因人啓發，乃往參百丈，問曰：「從上宗承如何指示？」百丈良久，師云：「不可教後人斷絶去也。」百丈云：「將謂汝是箇人。」乃起入方丈。師隨後入，云：「某甲特來。」百丈云：「若爾，則他後不得孤負吾。」

百丈一日問師：「什麽處去來？」曰：「大雄山下采菌子來。」百丈曰：「還見大蟲麽？」師便作虎聲，百丈拈斧作斫勢，師即打百丈一摑，百丈吟吟大笑，便歸。上堂謂衆曰：「大雄山下有一大蟲，汝等諸人也須好看，百丈老漢今日親遭一口。」

師在南泉時，普請擇菜。南泉問：「什麽處去？」曰：「擇菜去。」南泉曰：「將什麽擇？」師舉起刀子。南泉曰：「大家擇菜去。」

一日，南泉謂師曰：「老僧偶述牧牛歌，請長老和。」師云：「某甲自有師在。」

師辭，南泉門送，提起師笠子云：「長老身材勿量大，笠子太小生。」師云：「雖然如此，大千世界總在裏許。」南泉云：「王老師聻。」師便戴笠子而去。後居洪州大安寺，海衆奔湊。

裴相國休鎮宛陵，建大禪苑，請師説法。以師酷愛舊山，還以黄檗名之。又請師至郡，以所解一編示師。師接置於坐，略不披〔一〕閲。良久，云：「會麽？」公云：「未測。」師云：「若便恁麽會得，猶較些子。若也形於紙墨，何有吾宗？」裴乃贈詩一章曰：「自從大士傳心印，額有圓珠七尺身。挂錫十年棲蜀水，浮盃今日渡章濱。一千龍象隨高步，萬里香華結勝因。擬欲事師爲弟子，不知將法付何人？」觀前所叙，則運禪師居洪州大安寺，後裴公在宣州䢵寺請師居之，號曰黄檗而贈以詩也。然所叙之事，與詩意全不相合。今詳此詩，乃裴公在洪州時作也。言「挂錫十年棲蜀水」者，謂師先住高安之黄蘗已十年也。按前漢地理志，豫章郡建成縣有蜀水。建成者，即唐之高安縣也。「浮盃今日渡章濱」者，謂自黄蘗請師來至洪城也。按前漢地理誌，豫章水出贛縣西南，北入大江。洪州城在章水之濱，而郡名豫章也。又裴公作傳心法要序云：「有大禪師號希運，住洪州高安縣黄蘗山鷲峯下，海衆常千餘人。予會昌二年廉于鍾陵，自山迎至州，憩龍興寺，旦夕問道。大中二年廉于宛陵，復禮迎至所部，寓開元寺」云云。鍾陵，洪州也，宛陵，宣州也。觀此序所述，亦謂師先住高安黄蘗，而裴公請至洪州，與前詩正合。逮其廉于宣州，雖復迎請師，但寓開元寺而已，初無建寺之説，不知本章何以差誤若此？蓋當以裴公法要序與詩爲正。且會昌三年武宗廢教，其二年言師居黄蘗已十載，此必然之理也。裴公在宣州請師，乃大中重興之後，而師再聚徒於黄蘗之時也。故千頃南公章中云，大中初，裴公出撫宛陵，請黄蘗和尚出山，而南公隨之也。其餘在裴公章中辨之矣。師亦無喜色，自爾黄蘗門風盛于江

〔一〕「披」，原作「拔」，據四部本、趙城本改。

表矣。

一日，上堂，大衆雲集，乃曰：「汝等諸人欲何所求？」因以棒趁散，云：「盡是喫酒糟漢，恁麽行脚取笑於人。但見八百一千人處便去，不可只圖熱鬧也。老漢行脚時，或遇草根下有一箇漢，便從頂上一錐，看他若知痛痒，可以布袋盛米供養。可中總似汝如此容易，何處更有今日事也？汝等既稱行脚，亦須著些精神好，還知道大唐國内無禪師麽？」時有一僧出問云：「諸方尊宿盡聚衆開化，爲什麽道無禪師？」師云：「不道無禪，只道無師。闍梨不見馬大師下有八十八人坐道場，得馬師正眼者止三兩人，廬山和尚是其一人。夫出家人須知有從上來事分，且如四祖下牛頭融大師，横説竪説，猶未知向上關棙子。有此眼腦，方辨得邪正宗黨，且當人事宜不能體會得，但知學言語，念向皮袋裏安著，到處稱我會禪，還替得汝生死麽？輕忽老宿，入地獄如箭。我才見入門來，便識得汝了也，還知麽？急須努力，莫容易事，持片衣口食，空過一生，明眼人笑汝久後總被俗漢算將去在。宜自看遠近，是阿誰面上事？若會即便會，若不會即散去。」問：「如何是西來意？」師便打。自餘施設皆被上機，中下之流莫窺涯涘。

唐大中年終於本山，勅謚斷際禪師，塔曰廣業。

杭州大慈山寰中禪師

杭州大慈山寰中禪師，蒲坂人也，姓盧氏。頂骨圓聳，其聲如鍾。少丁母憂，廬于墓所。服闋，思報罔極，於并州童子寺出家，嵩嶽登戒，習諸律學。後參百丈，受心印。辭往南嶽常樂寺，結茅于山頂。

一日，南泉至，問：「如何是庵中主？」師云：「蒼天！蒼天！」南泉云：「蒼天且置，如何是庵中主？」師云：「會即便會，莫忉忉。」南泉拂袖而出。後住浙江北大慈山。

上堂云：「山僧不解答話，只能識病。」時有一僧出師前立，師便下座歸方丈。法眼云：「衆中喚作病在，目前不識。」玄覺云：「且道大慈識病不識病？此僧出來是病不是病？若言是病，每日行住不可總是病。若言不是病，出來又作麽生？」

趙州問：「般若以何爲體？」師云：「般若以何爲體？」趙州大笑而出。師明日見趙州掃地，問：「般若以何爲體？」趙州置箒，拊掌大笑，師便歸方丈。

有僧辭〔一〕，師云：「去什麽處？」僧云：「暫去江西。」師云：「我勞汝一段事得否？」僧云：「和尚有什麽事？」師云：「將取老僧去。」僧云：「更有過於和尚者，亦不能將得

〔一〕「辭」，原作「辨」，據四部本、趙城本改。

去。」師便休。其僧後舉似洞山，洞山云：「闍梨争合恁麽道？」僧云：「和尚作麽生？」洞山云：「得。」法眼别云：「和尚若去，某甲提笠子。」洞山又問其僧：「大慈别有什麽言句？」僧云：「有時示衆云：『説得一丈，不如行取一尺。説得一尺，不如行取一寸。』」洞山云：「我不恁麽道。」僧云：「作麽生？」洞山云：「説取行不得底，行取説不得底。」雲居云：「行時無説路，説時無行路。不説不行時，合行什麽路？」樂普云：「行説俱到，即本事無。行説俱不到，即本事在。」

後屬唐武宗廢教，師短褐隱居。大中壬申歲重剃染，大揚宗旨。咸通三年二月十五日不疾而逝，壽八十三，臘五十四。僖宗謚性空大師、定慧之塔。

天台平田普岸禪師

天台平田普岸禪師，洪州人也。於百丈門下得旨，後聞天台勝概，聖賢間出，思欲高蹈方外，遠追遐躅，乃結茅薙草，宴寂林下。日居月諸，爲四衆所知。創建精藍，號平田禪院焉。有時謂衆曰：「神光不昧，萬古徽猷。入此門來，莫存知解。」

有僧到參，師打一拄杖，其僧近前把住拄杖。師曰：「老僧適來造次。」僧却打師一拄杖，師曰：「作家！作家！」僧禮拜，師把住曰：「是闍梨造次。」僧大笑，師曰：「遮箇師僧今日大敗也。」

有偈示衆曰：「大道虚曠，常一真心。善惡勿思，神清物表。隨緣飲啄，更復何爲？」終于本院，今山門有遺塔存焉。宋朝重加修飾，賜額曰壽昌。岸禪師即壽昌開山和尚也。

筠州五峯常觀禪師

筠州五峯常觀禪師。有僧問：「如何是五峯境？」師云：「險。」僧云：「如何是境中人？」師云：「塞。」

有僧辭，師云：「闍梨向什麼處去？」僧云：「臺山去。」師豎起一指云：「若見文殊了，却來遮裏與汝相見。」僧無對〔一〕。師問一僧：「汝還見牛麼？」僧云：「見。」師云：「見左角？見右角？」僧無對。師自代云：「見無左右。」仰山别云：「還辨左右麼？」

又有僧辭，師云：「汝去諸方去，莫謗老僧在遮裏。」僧云：「某甲不道和尚在遮裏。」師云：「汝道老僧在什麼處？」僧豎起一指，師云：「早是謗老僧也。」

潭州石霜山性空禪師

潭州石霜山性空禪師。僧問：「如何是西來意？」師曰：「若人在千尺井中，不假寸

〔一〕「僧無對」，四部本、趙城本作小注。下「僧無對」三字同。

繩出得此人，即答汝西來意。」僧曰：「近日湖南暢和尚出世，亦爲人東語西話。」師唤：「沙彌！拽出死屍著。」沙彌即仰山也。沙彌後舉問耽源：「如何出得井中人？」耽源曰：「咄！癡漢。誰在井中？」後問潙山：「如何出得井中人？」潙山乃呼：「慧寂！」寂應諾，潙山曰：「出也。」及住仰山，嘗舉前語謂衆曰：「我耽源處得名，潙山處得地。」

福州大安禪師

福州大安禪師者，本州人也，姓陳氏。幼於黄檗山受業，聽習律乘。嘗自念言：「我雖勤苦而未聞玄極之理。」乃孤錫遊方，將往洪州〔一〕，路出上元，逢一老父，謂師曰：「師往南昌，當有所得。」師即造于百丈，禮而問曰：「學人欲求識佛，何者即是？」百丈曰：「大似騎牛覓牛。」師曰：「識後如何？」百丈曰：「如人騎牛至家。」師曰：「未審始終如何保任？」百丈曰：「如牧牛人執杖視之，不令犯人苗稼。」師自兹領旨，更不馳求。同參祐禪師，創居潙山也，師躬耕助道。及祐禪師歸寂，衆請接踵住持。

師上堂云：「汝諸人總來就安求覓什麼？若欲作佛，汝自是佛，而却傍家走忽忽，如渴鹿趁陽焰，何時得相應去？阿爾欲作佛，但無如許多顛倒攀緣、妄想惡覺、垢欲不净衆生之

〔一〕「洪州」，四部本、趙城本作「洪井」。

心，則汝便是初心正覺佛。更向何處別討所以？安在溈山三十來年，喫溈山飯，屙溈山屎，不學溈山禪。只看一頭水牯牛，若落路入草便牽出，若犯人苗稼即鞭撻。調伏既久，可憐生受人言語，如今變作箇露地白牛，常在面前，終日露迴迴地，趁亦不去也。汝諸人各自有無價大寶，從眼門放光，照山河大地。耳門放光，領釆〔一〕一切善惡音響。六門晝夜常放光明，亦名放光三昧。汝自不識取，影在四大身中，內外扶持，不教傾側。如人負重擔，從獨木橋上過，亦不教失脚。且是什麼物任持便得如是？汝若覓豪髮即不見。故誌公和尚云：『內外追尋覓總無，境上施爲渾大有。』」

問：「一切施爲是法身用，如何是法身？」師云：「一切施爲是法身用。」僧云：「離却五蘊，如何是本來身？」師云：「地水火風，受想行識。」僧云：「遮箇是五蘊。」師云：「遮箇異五蘊。」

問：「此陰已謝，彼陰未生時如何？」師云：「此陰未謝，那箇是大德？」僧云：「不會。」師云：「若會此陰，便明彼陰。」

問：「大用現前，不存軌則時如何？」師云：「汝用得但用。」僧乃脱膊遶師三匝。師

〔一〕「釆」，四部本作「辨」。

云：「向上事何不道取？」僧擬開口，師便打云：「遮野狐精，出去！」

有僧上法堂顧視東西，不見師，乃云：「好箇法堂，只是無人。」師從門裏出，云：「作麽？」無對〔一〕。

雪峯和尚因入山采得一枝木，其形似蛇，於背上題云：「本自天然，不假雕琢。」寄來與師。師云：「本色住山人，且無刀斧痕。」

人問師：「佛在何處？」師云：「不離心。」又云：「雙峯上人有何所得？」師云：「法無所得，設有所得，得本無得。」

有僧問云：「黄巢軍來，和尚向什麽處迴避？」師云：「五蘊山中。」僧云：「忽被他捉著時如何？」師云：「惱亂將軍。」

師大化閩城二十餘載，唐中和三年十月二十二日歸黄檗寺示疾而終，塔于楞伽山。勅謚圓智禪師、證真之塔。

福州古靈神贊禪師

福州古靈神贊禪師，本州大中寺受業後行脚，遇百丈開悟，却迴本寺。

〔一〕「無對」，四部本、趙城本作小注。

受業師問曰：「汝離吾在外，得何事業？」曰：「並無事業。」遂遣執役。一日，因澡身命師去垢，師乃拊背曰：「好所佛殿，而佛不聖。」其師迴首視之，師曰：「佛雖不聖，且能放光。」其師又一日在窗下看經，蜂子投窗紙求出，師覩之曰：「世界如許廣闊不肯出，鑽他故紙驢年去得？」其師置經問曰：「汝行脚遇何人？吾前後見汝發言異常。」師曰：「某甲蒙百丈和尚指箇歇處，今欲報慈德耳。」其師於是告衆致齋，請師説法。師登座舉唱百丈門風，乃曰：「靈光獨耀，迥脱根塵。體露真常，不拘文字。心性無染，本自圓成。但離妄緣，即如如佛。」其師於言下感悟曰：「何期垂老得聞極則事！」

師後住古靈，聚徒數載。臨遷化，剃沐聲鍾告衆曰：「汝等諸人還識無聲三昧否？」衆曰：「不識。」師曰：「汝等静聽，莫別思惟。」衆皆側聆，師儼然順寂。塔存本山焉。

廣州和安寺通禪師

廣州和安寺通禪師者，婺州雙林寺受業。自幼寡言，時人謂之不語通也。因禮佛，有禪者問云：「座主禮底是什麼？」師云：「是佛。」禪者乃指像云：「這箇是何物？」師無對。至夜，具威儀禮問禪者云：「今日所問，某甲未知意旨如何？」禪者云：「座主幾夏邪？」師云：「十夏。」禪者云：「還曾出家也未？」師轉茫然，禪者云：「若也不會，百夏奚爲？」禪者乃命師同參馬祖。行至江西，馬祖已圓寂，乃謁百丈，頓釋疑情。

有人問：「師是禪師否？」師云：「貧道不曾學禪。」師良久，却召其人，其人應諾。師指椶櫚樹子。其人無對。

師一日令仰山將床子來，仰山將到，師云：「却送本處。」仰山從之，師云：「床子那邊是什麽物？」仰山云：「無物。」師云：「遮邊是什麽物？」仰山云：「無物。」師召云：「慧寂。」仰山云：「諾。」師云：「去。」

江州龍雲臺禪師

江州龍雲臺禪師。有僧問：「如何是祖師西來意？」師云：「老僧昨夜欄裏失却牛。」

京兆衛國院道禪師

京兆目録及正宗記皆言洛京。衛國院道禪師。僧到參，師問：「何方來？」僧云：「湘南來。」師云：「黄河清未？」僧無對。潙山代云：「小小狐兒，要過但知過，用疑作什麽？」

師因疾，有人來問疾，師不出。其人云：「久聆和尚道德，忽承法體遺和，請和尚相見。」師將鉢鐼盛鉢榰，令侍者擎出呈之。其人無對。

了去。」

鎮州萬歲和尚

鎮州萬歲和尚。僧問：「大衆雲集，合譚何事？」師云：「序品第一。」歸宗柔別云：「禮拜了去。」

洪州百丈山惟政禪師〔一〕

洪州百丈山惟政禪師。此傳舊在第六卷馬祖法嗣中大珠和尚之次，今以機緣推之，即移入此卷百丈海禪師法嗣中，作百丈涅槃和尚機緣也。按唐柳公權書、武翊黄所撰涅槃和尚碑云：「師諱法正，以其善講涅槃經，故以『涅槃』爲稱。」今師本章中有云：「汝與我開田，吾爲汝説大義。」則知其爲涅槃和尚明矣。又稱南泉爲師伯，則知其嗣百丈海公亦明矣。雖然惟政、法正二名不同，蓋傳寫之訛耳，又覺範林間録亦謂舊本之誤。及觀正宗記則有惟政、法正之名，然百丈第代可數，明教但見其名不同，不能辨而俱存之，今當以碑爲正也。而又卿公事苑乃云：「百丈涅槃和尚是潙山嗣子而海公之孫。」此尤大謬也，不足取矣〔二〕。一日，謂僧曰：「汝與我開田了，我爲汝説大義。」僧開田了，歸請師説大義，師乃展開兩手。

有老宿見日影透窗，問師曰：「爲復窗就日？日就窗？」師曰：「長老房内有客，歸去好。」

〔一〕此章四部本、趙城本在卷六越州大珠慧海禪師章下。

〔二〕四部本、趙城本無此小注。

師問南泉曰："諸方善知識，還有不説似人底法也無？"南泉曰："有。"師曰："作麽生？"曰："不是心，不是佛。"師曰："恁麽即説似人了也。"曰："某甲即恁麽。"師曰："師伯作麽生？"曰："我又不是善知識，争知有説不説底法？"師曰："某甲不會，請師伯説。"曰："我大殺爲汝説了也。"

僧問："如何是佛佛道齊？"師曰："定也。"

師因入京，路逢官人命喫飯。忽見驢鳴，官人召云："頭陀！"師舉頭，官人却指驢，師却指官人。法眼别云："但作驢鳴。"

洪州東山慧和尚

洪州東山慧和尚。遊山見一巖，僧問云："此巖有主也無？"師云："有。"僧云："是什麽人？"師云："三家村裏覓什麽？"其僧入〔一〕問："如何是巖中主？"師云："還氣急麽？"

有小師行脚迴，師問："汝離吾在外多少時邪？"小師云："十年。"師云："不用指東指西，直道將來。"小師云："對和尚不敢謾語。"師喝云："遮打野漢！"

〔一〕"入"，四部本、趙城本作"又"。

清田和尚

清田和尚。一日，與瑫上坐煎茶次，師敲繩床三下，瑫亦敲三下。師云：「老僧敲有箇善巧，上座敲有何道理？」瑫曰：「某甲敲有箇方便，和尚敲作麽生？」師舉起盞子，瑫云：「善知識眼應須恁麽。」煎茶了，瑫却問：「和尚適來舉起盞子，意作麽生？」師云：「不可更別有也。」

大于和尚

大于和尚。與南用到茶堂，見一僧近前不審，用云：「我既不納汝，汝亦不見我，不審阿誰？」僧無語。師云：「不得平白地恁麽問伊。」用云：「大于亦無語。」師乃把其僧云：「是爾恁麽，累我亦然。」打一摑，用便笑曰：「朗月與青天。」

侍者到看，師問云：「金剛正定，一切皆然。秋去冬來，且作麽生？」侍者云：「不妨和尚借問。」師云：「即今即得，去後作麽生？」侍者云：「誰敢問著某甲？」師云：「大于還得麽？」侍者云：「猶要別人點檢在。」師云：「輔弼宗師，不廢光彩。」侍者禮拜。

前虔州西堂藏禪師法嗣

虔州處微禪師

虔州處微禪師。僧問：「三乘十二分教體理得妙，與祖師意爲同爲別？」師云：「恁麽即須向六句外鑒，不得隨他聲色轉。」僧曰：「如何是六句？」師曰：「語底默底，不語不默，總是總不是，汝合作麽生？」僧無對。

師問仰山：「汝名什麽？」對曰：「慧寂。」師曰：「那箇是慧？那箇是寂？」曰：「只在目前。」師曰：「猶有前後在。」寂曰：「前後且置，和尚見什麽？」師曰：「喫茶去。」

前蒲州麻谷山寶徹禪師法嗣

壽州良遂禪師

壽州良遂禪師。初參麻谷，麻谷召曰：「良遂！」師應諾，如是三召三應。麻谷曰：「遮鈍根阿師！」師方省悟，乃曰：「和尚莫謾良遂，若不來禮拜和尚，幾空過一生。」麻谷可之。

前湖南東寺如會禪師法嗣

吉州薯山慧超禪師

吉州薯山慧超禪師。洞山來禮拜次，師曰：「汝已住一方，又來遮裏作麽？」對曰：「良价無奈疑何，特來見和尚。」師召良价，价應諾，師曰：「是什麽？」价無語。師曰：「好箇佛，只是無光焰。」

京兆章敬寺懷惲禪師法嗣

京兆大薦福寺弘辯禪師

京兆大薦福寺弘辯禪師。唐宣宗問：「禪宗何有南、北之名？」師對曰：「禪門本無南北，昔如來以正法眼付大迦葉，展轉相傳至二十八祖菩提達磨，來遊此方，爲初祖。暨第五祖弘忍大師在蘄州東山開法，時有二弟子，一名慧能，受衣法，居嶺南爲六祖。一名神秀，在北揚化。其後神秀門人普寂立本師爲第六祖，而自稱七祖。其所得法雖一，而開導發悟有頓漸之異，故曰南頓北漸，非禪宗本有南、北之號也。」帝曰：「云何名戒？」師對曰：「防非止惡謂之戒。」帝曰：「何爲定？」對曰：「六根涉境，心不隨緣名定。」帝曰：「何爲慧？」對曰：「心境俱空，照覽無惑名慧。」帝曰：「何爲方便？」對曰：「方便者，隱實覆相，權巧之門也。被接中下，曲施誘迪，謂之方便。設爲上根言，捨方便但説無上道者，斯亦方便之譚。乃至祖師玄言，忘功絶謂，亦無出方便之迹。」帝曰：「何爲佛心？」對曰：「佛者西天之語，唐言覺，謂人有智慧，覺照爲佛心。心者佛之别名，有百千異號，體唯其一。本無形狀，非青黄赤白、男女等相，在天非天，在人非人，而現天現人，能男能女，非始非終，無生無滅，故號靈覺之性。如陛下日應萬機，即是陛下佛心。假使千佛共傳，而不念别有所得也。」帝曰：「如今有人念佛如何？」對曰：「如來出世爲天人師、善知識，隨根器而説法。爲上根者，開最上乘頓悟至理。中下者，未能頓曉，是以佛爲韋提希權開十六觀門，令念佛生於極樂。故經云：『是心是佛，是心作佛。心外無佛，佛外無心。』」帝曰：「有人持經念佛，持呪求佛如何？」對曰：「如來種種開讚，皆爲最上一乘。如百川衆流，莫不朝宗于海。如是差别諸數，皆歸薩婆若海。」帝曰：「祖師既契會心印，金剛經云『無所得法』，如何？」對曰：「佛之一化，實無一法與人。但示衆人，各各自性，同一法寶藏。當時然燈如來但印釋迦本法而無所得，方契然燈本意。故經云：『無我，無人，無衆生，無壽者，是法平等，修一切善法，不住於相。』」帝曰：「禪師既會祖意，還禮佛轉經否？」對曰：「沙門釋子禮佛轉經，蓋是住持常法，有四報焉。然依佛戒修身，參尋知識，漸修梵行，履踐如來所行之迹。」帝曰：「何爲頓見？何爲漸修？」對曰：「頓明自性，與佛同儔。然有無始染習，故假漸修對治，令順性起用。如人喫飯，不一口便飽。」是日辯，師對七刻。賜紫方袍，號圓智禪師。仍勅修天下祖塔，各令守護。

福州龜山智真禪師

福州龜山智真禪師者，揚州人也，姓柳氏，受業於本州華林寺。唐元和元年，潤州丹徒天香寺受戒，不習經論，唯慕禪那。

初謁惲禪師，惲問曰：「何所而至？」真曰：「至無所至，來無所來。」惲雖默然，真亦自悟。尋抵婺州五洩山，會正原禪伯。長慶二年，同遊建陽，受郡人葉玢請，居東禪。至開成元年，往福州長谿，邑人陳亮、黄瑜請於龜山開剏。

一日，示衆曰：「動容晌目，無出當人，一念凈心，本來是佛。」乃説偈曰：「心本絶塵何用洗，身中無病豈求醫？欲知是佛非身處，明鑑高懸未照時。」

後值武宗澄汰，有偈二首示衆曰：「明月分形處處新，白衣寧墜解空人？誰言在俗妨修道？金粟曾爲長者身。」其二曰：「忍仙林下坐禪時，曾被歌王割截支。況我聖朝無此事，只今休道亦何悲？」

曁宣宗中興，乃不復披緇。咸通六年終于本山，壽八十四，臘六十。勑謚歸寂禪師，塔曰秘真。

朗州東邑懷政禪師

朗州東邑懷政禪師。仰山來參，師問：「汝何處人？」仰山曰：「廣南人。」師曰：「我聞廣南有鎮海明珠，是否？」仰山曰：「是。」師曰：「此珠何形狀？」仰山曰：「白月即現。」師曰：「汝將得來否？」仰山曰：「將得來。」師曰：「何不呈似老僧看？」仰山曰：「昨到潙山亦就慧寂索此珠，直得無言可對，無理可宣。」師曰：「真師子兒大師子吼。」

金州操禪師

金州操禪師。一日，請米和尚齋，不排坐位。米到，展坐具禮拜。師下禪床，米乃就師位而坐，師却席地而坐。齋訖，米便去，侍者曰：「和尚受一切人欽仰，今日坐位被人奪却。」師曰：「三日若來，即受救在。」米果三日後來，云：「前日遭賊。」僧問鏡清：「古人遭賊意如何？」清云：「只見錐頭利，不見鑿頭方。」

朗州古堤和尚

朗州古堤和尚。尋常見僧來，每云：「去！汝無佛性。」僧無對。或有對者，莫契其旨。

一日，仰山慧寂到參，師云：「去！汝無佛性。」寂叉手近前應諾。師笑曰：「子什麽處得此三昧？」寂曰：「我從潙山得。」寂問曰：「和尚從誰得？」師曰：「我從章敬得。」

河中公畿和尚

河中公畿和尚。僧問：「如何是道？如何是禪？」師云：「有名非大道，是非俱不禪。欲識此中意，黄葉止啼錢。」

黄蘗希運禪師傳心法要〔一〕

河東裴休集

有大禪師號希運，住洪州高安縣黄蘗山鷲峯下，乃曹溪六祖之嫡孫、百丈之子、西堂之姪。獨佩最上乘，離文字之印，唯傳一心，更無别法。心體亦空，萬緣俱寂，如大日輪升於虚空中照耀，静無纖埃。證之者無新舊，無淺深。説之者不立義解，不立宗主，不開户牖，直下便是，動念則乖，然後爲本佛。故其言簡，其理直，其道峻，其行孤。四方學徒，望山而趨，覩相而悟。往來海衆常千餘人。

〔一〕此下爲卷末附録，四部本無。

予會昌二年廉于鍾陵，自山迎至州，憇龍興寺，旦夕問道。大中二年廉于宛陵，復禮迎至所部，寓開元寺，旦夕受法。退而紀之，十得一二，佩爲心印，不敢發揚。今恐入神精義不聞於未來，遂出之授門下。僧太舟、法建歸舊山之廣唐寺，請長老法衆問與往日常所親聞同異何如也？時大中十一年十月八日謹記。

自後每段各紀歲月，今删繁爾。

諸佛與一切衆生唯是一心，更無别法。此心無始已來不曾生，不曾滅，不青不黄，無形無相，不屬有無，不計新舊，非長非短，非大非小，超過一切限量、名言、蹤跡對待，當體便是，動念即差。猶如虚空，無有邊際，不可測度。惟此一心即是佛，佛與衆生更無差異。但是衆生著相，外求轉失，使佛覓佛，將心捉心，窮劫盡形，終不能得。不知息念忘慮，佛自現前。

此心即是佛，佛即是衆生，衆生即是佛，佛即是心。爲衆生時此心不減，爲諸佛時此心不添。乃至六度萬行，河沙功德，本自具足，不假修添。遇緣則施，緣息則寂。若不决定信此，而欲著相修行，以求功用，皆是妄想，與道相乖。此心即是佛，更無别佛，亦無别心。此心净明，猶如虚空，無一點相貌。舉心動念，即乖法體，即爲著相，無始來無著相佛。修六度萬行，欲求成佛，即是次第，無始來無次第佛。但悟一心，更無少法可得，此則真佛。佛與衆生，一心無異，猶如虚空，無雜無壞，如大日輪，照四天下。日照之時，明遍天下，虚空不曾明。日没之後，暗遍天下，虚空不曾暗。明暗之景，自相凌奪，虚空之性，廓然不變。佛與衆生，心亦如此。若觀佛作清净、光明、解脱之相，觀衆生作垢濁、暗昧、生死之相，此人作此解，歷河沙劫終不得菩提，即是著相之故。唯此一心，更無微塵許少法可得，即是佛。今學道人不悟此心體，便於心上生心，向外求佛，著相修行，皆是惡法，非菩提道。

供養十方諸佛，不如供養一無心人不可得。無心者，無一切心也。如如之體，内外如木石，不動不轉。内外如虚空，不塞不礙。無能無所，無方所，無相貌，無得失。趣者不敢入此法，恐落空無棲泊處，故望涯而退。文殊當理，普賢當行。理者，真空無礙之理。行者，離相無盡之行。觀音當大慈，勢至當大智。維摩，净名也，净者性也，名者相也，性相不異，號爲净名。諸大菩薩所表者，人皆有之，不離一心，悟之即是。今學道人不向自心中悟，乃於心外求著相取境，皆與道背。恒河沙者，佛説是沙。此沙諸佛、菩薩、釋梵、諸天步履而過，沙亦不喜。牛羊蟲蟻踐踏而行，沙亦不怒。珍寶馨香，沙亦不貪。糞溺臭穢，沙亦不惡。

此心即無心之心，離一切相，衆生、諸佛更無差殊。但能無心，便是究竟。學道人若不直下無心，累劫修行終不成道，被三乘功行拘繫，不得解脱。然證此心有遲疾，有聞法一念便得無心者，有至十信、十住、十行、十迴向乃得無心者，有至十地乃得無心者。長短得無心即住，更無可修，更無可證，實無所得，真實不虚。一念而得，與十地而得者，功用恰齊，更無深淺，只是歷劫枉受辛勤耳。造惡造善，皆是著相。著相造惡，枉受輪迴。著相造善，枉受勞苦。總不如言下自認取本法，此法即心，心外無法。此心即法，法内無心。心自無心，亦無無心者。將心無心，心即成有。默契而已，絶諸思量。故曰：「言語道斷，心行處滅。」此心是本源清浄佛，人皆有之。蠢動畜生與諸佛菩薩一體不異，只爲妄想分別，造種種業果。本佛上實無一物，虚通寂静，明妙安樂而已。深自悟認，直下便是圓滿具足，更無所欠。縱三僧祇精進修行，歷諸地位，及一念證時，只證元來自佛，向上更不添得一物。却觀歷劫功用，總是夢中妄爲。故如來云：「我於阿耨菩提實無所得，若妄有所得，然燈即不與授記。」又云：「是法平等，無有高下，是名菩提。」即此本源清净心，與衆生諸佛，世界山河，有相無相，遍十方界，一切平等，無彼我相。此本源清净心，常自圓明遍照。世人不悟，只認見聞覺知爲心，爲見聞覺知所覆，所以大覩精明本體。但直下無心，本體自現。如大日輪升於虚空，遍照十方，更無障礙。故學道人惟認見聞覺知爲動作，空却見聞覺知即心路，絶無入處，但於見聞覺知處認本心，然本心不屬見聞覺知，亦不離見聞覺知。但莫於見聞覺知上起見解，莫於見聞覺知上動念，亦莫離見聞覺知覓心，亦莫捨見聞覺知取法，不即不離，不住不著，縱横自在，無非道場。

世人聞道諸佛皆傳心法，將謂心上别有一法可證可取，遂將心覓法，不知心即是法，法即是心，不可將心更求於心，歷千萬劫終無得日。不如當下無心，便是本法。如力士額珠隱於額内，向外求覓，周行十方，終不能得。智者指之，當時自見本珠如故。學道人迷自本心，不認爲佛，遂向外求覓，起功用行，依次第證果位，歷劫勤求，元不成道。不如當下無心，決定知一切法，本無所有，亦無所得，無住無依，無能無所，不動妄念，便證菩提。及證道時，只證本心佛，歷劫功用，並是虚修。如力士得珠時，只得本額珠，不關向外尋求之力故。佛言：「我於阿耨菩提實無所得，恐人不信故，引五眼所見，五語所言，真實不虚，是第一義諦。」

學道人勿疑四大爲身，四大無我，我亦無主，故知此身無我亦無主。五陰無我亦無主，故知此心無我亦無主。六根、六塵、六識和合生滅，亦復如是。十八界既空，一切皆空，唯有本心蕩然清浄。有識食，有智食，四大之身，飢瘡爲患，隨事給養，不生貪著，謂之智食。恣情取味，妄生分別，唯求適口，不生厭離，謂之識食。聲聞者，因聲得悟謂之聲聞。但不了自心，於聲教上起解，或因神通，或因瑞相，語言運動，聞有菩提涅槃，三阿僧祇劫修成佛道，皆屬聲聞道，謂之聲聞佛。惟直下頓了自心本來是佛，無一法可得，無一行可修，此是無上道，此是真如佛。學道人只怕一念有，即與道隔矣。念念無相，念念無爲即是佛。學道人若欲得成佛，一切佛法總不用學，惟學無求無著。無求則心不生，無著則心不染，不生不染即是佛。八萬四千法門，對八萬四千煩惱，是教化接引門。本無一法，離即是法，知離者是佛。但離一切煩惱，是無法可得。

學道人欲得知要訣，但莫於心上著一物。言佛法身，猶如虚空，此是喻法身即虚空，虚空即法身。常人將謂法身遍於虚空處，虚空中含容法身。不知虚空即法身，法身即虚空也。若定言有虚空，即虚空不是法身。定言有法身，即法身不是虚空。但不作虚空解，虚空即法身。不作法身解，法身即虚空。虚空與法身無異相，佛與衆生無異相，生死涅槃無異相，煩惱菩提無異相，離一切相即是佛。凡夫取境，道人取心，心境雙忘乃是真法。忘境猶易，忘心至難。人不敢忘心，是恐落空無撈摸處。不知空本無空，唯一真界耳。

此靈覺性無始以來與空虚同壽，未曾生、未曾滅，未曾有、未曾無，未曾穢、未曾浄，未曾喧、未曾寂，未曾少、未曾老，無方所、無内外，無數量、無形相，無色像、無音聲，不可覓，不可求，不可以智識解，不可以言語取，不可以景物會，不可以功用到，諸佛菩薩與一切蠢動衆生，同大涅槃性。性即是心，心即是佛，佛即是法。一念離真，皆爲妄想。不可以心更求於心，不可以佛更求於佛，不可以法更求於法。故修道人直下無心默契，擬心即差，以心傳心，此爲正見。慎勿向外逐境爲心，是認賊爲子。爲有貪瞋癡即立戒定慧。本無煩惱，焉有菩提？故祖師云："佛説一切法，爲除一切心。我無一切心，何用一切法？"本源清浄佛上，更不得著一物。譬如虚空，雖以無量珍寶莊嚴，終不能住。佛性同虚空，雖以無量智慧功德莊嚴，終不能住。但迷本性，轉不見耳。

所謂心地法門，萬法皆依此心建立，遇境即有，無境即無，不可於浄性上專作境解。所言定慧，鑑用歷歷，寂寂惺惺。見聞覺知皆境上作解，暫爲中下人説即得，若欲親證，皆不可作如此解，盡是境縛。法有没處，没於有地，但於一切法不作有見，即見法。

自達磨大師到中國，唯説一性，唯傳一法。以佛傳佛，不説餘佛。以法傳法，不説餘法。法即不可説之法，佛即不可取之佛，乃是本源清浄心也。唯此一事實，餘二則非真。般若爲慧，此慧即無相之本也。

凡夫不趣道，唯恣六情，乃行六道。即學道後，一念計生死，即落諸魔道。一念起諸見，即落外道。見有生，趣其滅，即落聲聞道。不見有生，唯見有滅，即緣覺道。法本不生，今亦不滅，不起二見，不厭不忻，一切諸法唯一心是，然後乃爲佛乘也。

凡人皆逐境生心，心隨欣厭，若欲無境，當忘其心。心忘則境空，境空則心滅。不忘心而除境，境不可除，只益紛擾耳。故萬法唯心，心亦不可得，復何求哉？

學般若法人，不見一法可得，絶意三乘，唯一真實，不可證得，謂我能證能得，皆增上慢人也。法華會下拂衣而去者，皆斯徒也。故佛言：「我於菩提實無所得，默契而已。」

凡人欲修證，但觀五藴皆空，四大無我，真心無相，不去不來，生時性亦不來，死時性亦不去，湛然圓寂，心境一如。但能如此，直下頓了，不爲三世所拘繫，便出世人也，切不得有分毫趣向。若見善相諸佛來迎，及種種現前，亦無心隨去。若見惡相種種現前，亦無畏心。但自忘心，同於法界，便得自在。

凡言化城者，二乘及十地，乃至等覺、妙覺，皆是權立接引之教，並爲化城也。言寶所者，乃真心本佛自性之寶。此寶不屬情量，不可建立，無佛無衆生，無能無所，何處有城？若問此既是化城，何處爲寶所？寶所不可指，指即有寶所，非真實所也，故云在近而已。在近者，不可定量言之，但當體會契之即是。闡提者，信不具也。一切六道衆生，及至二乘不信有佛果，皆謂之斷善根闡提。菩薩深信佛法，不見有大乘、小乘。佛與衆生同一法性，乃謂之善根闡提。大抵因聲教而悟者名聲聞，觀因緣而悟者名緣覺。若不向自心中悟，雖至成佛，亦謂之聲聞佛。學道人於法上悟，不於心上悟，雖歷劫修行，終不是本佛。若不心悟，乃於法悟，即是輕心重法，遂成逐塊，忘於本心。故但契本心，不用求法，心即法也。

凡人多謂境礙心，謂事礙理，常欲逃境以安心，屏事以存理，不知乃是心礙境、理礙事。但令心空境自空，但令理寂事自寂，勿倒用心也。

凡人多不肯空心，恐落空，不知自心本空。愚人除事不除心，智者除心不除事。菩薩心如虚空，一切俱捨，所作福德，皆不貪著。然捨有三等：内外身心，一切俱捨，猶如虚空無所取著，然後隨方應物，能所皆忘，是謂大捨。若一邊行道布德，一邊旋捨，無希望心，是謂中捨。若廣修衆善，有所希望，聞法知空，遂乃不著，是謂小捨。大捨如火燭在前，更無迷悟。中捨如火燭在旁，或明或暗。小捨如火燭在後，不見坑穽。故菩薩心如虚空，一切俱捨。過去心不可得是過去捨，現在心不可得是現在捨，未來心不可得是未來捨，所謂三世俱捨。自如來付法迦葉以來，以心印心，心心不異。印著空則印不成文，印著物則印不成法，故以心印心，心心不異。能印所印，俱難契會，故得者少。然心即無心，得即無得。

佛有三身：法身説自性靈通法，報身説一切清净法，化身説六度萬行法。法身説法不以語言、音聲、形相、文字，無所説，無所證，自性靈通而已，故曰：「無法可説，是名説法。」報身、化身皆隨機感現所説法，亦隨事應根以爲攝化，皆非真法。故曰：

「報化非真佛，亦非説法者。」

所言「同是一精明，分爲六和合」者，一精明者，一心也。六和合者，六根各與塵合，眼與色合，耳與聲合，鼻與香合，舌與味合，身與觸合，意與法合。中間生六識，爲十八界。若了知十八界空無所有，束六和合爲一精明，一精明者即心也。學道人皆知此，但不能免作一精明、六和合解，遂爲法縛，不契本心。如來現世，欲説一乘真法，則衆生不信興謗，没於苦海。若都不説，則佛墮慳貪，不爲衆生普捨妙道，遂方便説三乘。乘有大小，得有深淺，皆非本法。故云：「惟此一乘道，餘二即非真。」然終未能顯一心法，故召迦葉同法座坐，別付一心，離言説法。此一枝法今別行，若能契悟者，便至佛地。

裴休相國傳心偈

予於宛陵、鍾陵〔一〕皆得親黄蘗希運禪師盡傳心要，乃作傳心偈爾。

心不可傳，以契爲傳。心不可見，以無爲見。契亦無契，無亦無無。化城不住，迷額有珠。珠是强名，城豈有形？即心即佛，佛即無生。直下便是，勿求勿營。使佛覓

〔一〕「鍾陵」，原作「鐘陵」，據趙城本改。

佛，倍費功程。隨法生解，即落魔界。凡聖不分，乃離見聞。無心似鏡，與物無競。無念似空，無物不容。三乘外法，歷劫希逢。若能如是，是出世雄。

嘗聞河東大士親見高安導師傳心要，於當年著偈章而示後，頓開聾瞽，焕若丹青。予惜其所遺，綴於本録云爾。慶曆戊子歲，南宗字天真者題。

傳心法要内改十一處，除落三字，添入九字，並按四家録并别録爲據也。

景德傳燈録卷第十

懷讓禪師第三世下六十一人

池州南泉普願禪師法嗣一十七人

湖南長沙景岑禪師　荆南白馬曇照禪師　終南山雲際師祖禪師　鄧州香嚴下堂義端禪師　趙州東院從諗禪師　池州靈鷲閑禪師　鄂州茱萸山和尚　衢州子湖利蹤禪師　洛京嵩山和尚　日子和尚　蘇州西禪和尚　宣州刺史陸亘　池州行者甘贄已上一十三人見録　資山存制禪師　江陵道弘禪師　宣州玄極禪師　新羅國道均禪師已上四人無機緣語句不録

杭州鹽官齊安禪師法嗣八人

襄州關南道常禪師　洪州雙嶺玄真禪師　杭州徑山鑒宗禪師已上三人見録　唐宣宗皇帝　白雲曇靖禪師　潞府渌水文舉禪師　新羅品日禪師　壽州建宗禪師已上五人無機緣語句不録

婺州五洩山靈默禪師法嗣四人

福州龜山正原禪師一人見録　甘泉寺曉方禪師　明州棲心寺藏奐禪師　甘泉寺元遂禪師已上三人無機緣語句不録

洛京佛光寺如滿禪師法嗣一人

杭州刺史白居易一人見録

明州大梅山法常禪師法嗣三人

新羅國迦智禪師　杭州天龍和尚已上二人見録　新羅國忠彦禪師一人無機緣語句不録

荊州永泰寺靈湍禪師法嗣五人

湖南上林戒虚禪師　五臺山秘魔巖和尚　湖南祇林和尚已上三人見録　吕后山文質禪師　蘇州法河禪師已上二人無機緣語句不録

幽州盤山寶積禪師法嗣二人

鎮府普化和尚一人見録　鎮州上方和尚一人無機緣語句不録

京兆興善寺惟寬禪師法嗣六人

京兆法智禪師　京兆無表禪師　京兆慧建禪師　京兆元浄禪師　京兆慧光禪師

京兆義宗禪師已上六人無機緣語句不録

雲水靖宗禪師法嗣二人

華州小馬神照禪師　華州道圓禪師已上二人無機緣語句不録

潭州龍牙山圓暢禪師法嗣二人

嘉禾藏廙禪師一人見録　羊腸藏樞禪師一人無機緣語句不録

汾州無業國師法嗣二人

鎮州常貞禪師　鎮州奉先義禪師已上二人無機緣語句不録

廬山歸宗寺智常禪師法嗣六人

福州芙蓉山靈訓禪師　漢南穀城縣高亭和尚　新羅大茅和尚　五臺山智通禪師已

上四人見録　洪州高安大愚禪師　江州刺史李渤已上二人無機緣語句不録

魯祖山寶雲禪師法嗣一人

雲水和尚一人無機緣語句不録

紫玉山道通禪師法嗣一人

唐襄州節度使于頔一人無機緣語句不録

華嚴寺智巖禪師法嗣一人

黄州齊安和尚一人見録

南嶽懷讓禪師第三世下

前池州南泉普願禪師法嗣

湖南長沙景岑

湖南長沙景岑，號招賢大師，初住鹿苑爲第一世。其後居無定所，但徇緣接物，隨請説法，故時衆謂之長沙和尚。

上堂曰：「我若一向舉揚宗教，法堂裏須草深一丈。我事不獲已，所以向汝諸人道：盡十方世界是沙門眼，盡十方世界是沙門全身，盡十方世界是自己光明，盡十方世界在自己光明裏，盡十方世界無一人不是自己。我常向汝諸人道：三世諸佛共盡法界衆生，是摩訶般若光。光未發時，汝等諸人，向什麼處委？光未發時，尚無佛、無衆生消息，何處得山河國土來？」時有僧問：「如何是沙門眼？」師云：「長長出不得。」又云：「成佛成祖出不得，六道輪迴出不得。」僧云：「未審出箇什麼不得？」師云：「晝見日，夜見星。」僧云：

「學人不會。」師云：「妙高山色青又青。」

僧問：「教中云而常處此菩提座，如何是座？」師云：「老僧正坐，大德正立。」

僧問：「如何是大道？」師云：「没却汝。」

僧問：「諸佛師是誰？」師云：「從無始劫來承誰覆廕？」僧云〔一〕：「未有諸佛已前作麽生？」師云：「魯祖開堂，亦與師僧東道西説。」

僧問：「學人不據地時如何？」師云：「汝向什麽處安身立命？」僧云：「却據地時如何？」師云：「拕出死屍著！」

僧問：「如何是異類？」師云：「尺短寸長。」僧問：「如何是諸佛師？」師云：「不可更拗直作曲邪！」僧云：「請和尚向上説。」師云：「闍梨眼瞎耳聾作麽？」

師遣一僧去問同參會和尚云：「和尚見南泉後如何？」會默然。僧云：「和尚未見南泉已前作麽生？」會云：「不可更別有也。」僧迴舉似師，師示一偈曰：「百丈竿頭不動人，雖然得入未爲真。百丈竿頭須進步，十方世界是全身。」僧問：「只如百丈竿頭如何進步？」師云：「朗州山，澧州水。」僧云：「請師道。」師云：「四海五湖皇化裏。」

〔一〕「云」，原作「師」，據四部本、趙城本改。

有客來謁，師召曰："尚書！"其人應諾。師曰："不是尚書本命。"對曰："不可離却即今祇對，别有第二主人。"師曰："唤尚書作至尊，得麽？"彼云："恁麽總不祇對時，莫是弟子主人否？"師曰："非但祇對與不祇對時，無始劫來是箇生死根本。"有偈曰："學道之人不識真，只爲從來認識神。無始劫來生死本，癡人唤作本來身。"

有秀才看佛名經，問曰："百千諸佛，但見其名，未審居何國土？還化物也無？"師曰："黄鶴樓崔顥題後，秀才還曾題未？"曰："未曾。"師曰："得閑題一篇何妨？"

僧問："南泉遷化向什麽處去？"師云："東家作驢，西家作馬。"僧云："此意如何？"師云："要騎即騎，要下即下。"

僧皓月問："天下善知識證三德涅槃未？"師曰："大德問果上涅槃？因中涅槃？"曰："問果上涅槃。"師曰："天下善知識未證。"曰："爲什麽未證？"師曰："功未齊於諸聖。"曰："功未齊聖，何爲善知識？"師曰："明見佛性，亦得名爲善知識。"曰："未審功齊何道名證大涅槃？"師有偈曰："摩訶般若照，解脱甚深法。法身寂滅體，三一理圓常。欲識功齊處，此名常寂光。"又曰："果上三德涅槃已蒙開示，如何是因中涅槃？"師曰："大德是。"又問："教中説幻意是有邪？"師曰："大德是何言歟？"云："恁麽幻意是無邪？」師曰：「大德是何言歟？」云：「恁麽即幻意是不有不無邪？」師又曰：「大德是何言歟？」云：「如某三明盡，不契於幻意，未審和尚如何明教中幻意？」師曰：「大德信一切法不思議否？」云：「佛之誠言，那敢不信？」師曰：「大德言信，二信之中是何信？」云：「如某所明，二信之中是名緣信。」師曰：「依何教門得生緣信大德？」云：「據華嚴云：『菩薩摩訶薩以無障無礙智慧，信一切世間境界，是如來境界。』又華嚴云：『諸佛世尊悉知世法及諸佛法性無差別，決定無二。』又華嚴云：『佛法世間法，若見其真實，一切無差別。』」師曰：「大德所舉緣信教門甚有來處，聽老僧與大德明教中幻意。若人見幻本來真，是則名爲見佛人。圓通法法無生滅，無滅無生是佛身。」又問：「蚯蚓斷爲兩段，兩頭俱動，佛性在阿那頭？」師云：「動與不動是何境界？」云：「言不干典，非智者所談。只如和尚言『動與不動是何境界』，出自何經？」師曰：「灼[一]然！言不干典，非智者所談。大德豈不見首楞嚴經云：『當知十方無邊，不動虛空，并其動摇，地水火風，均名六大。性真圓融，皆如來藏，本無生滅。』」師有偈云：「最甚深，最甚深，法界人身便是心。迷者迷心爲衆色，悟時刹境是真心。身界二塵無實相，分明達此號知音。」

〔一〕「灼」，四部本、趙城本作「酌」。

又問：「如何是陀羅尼？」師指禪床右邊曰：「遮箇師僧却誦得。」又問：「别有人誦得否？」又指禪床左邊曰：「遮箇師僧亦誦得。」云：「某甲爲什麽不聞？」師曰：「大德豈不聞道真誦無響，真聽無聞？」云：「恁麽則音聲不入法界性也。」師曰：「離色求觀非正見，離聲求聽是邪聞。」云：「如何不離色是正見，不離聲是真聞？」師乃有偈曰：「滿眼本非色，滿耳本非聲。文殊常觸目，觀音塞耳根。會三元一體，達四本同真。堂堂法界性，無佛亦無人。」

僧問：「南泉云：『貍奴白牯却知有，三世諸佛不知有。』爲什麽三世諸佛不知有？」師曰：「未入鹿苑時猶較些子。」僧曰：「貍奴白牯爲什麽却知有？」師曰：「汝争怪得伊？」僧問：「和尚繼嗣何人？」師曰：「我無人得繼嗣。」僧曰：「還參學也無？」師曰：「我自參學。」僧曰：「師意如何？」師有偈曰：「虚空問萬象，萬象答虚空。誰人親得聞？木叉丱角童。」

僧問：「如何是平常心？」師云：「要眠即眠，要坐即坐。」僧云：「學人不會。」師云：「熱即取涼，寒即向火。」

僧問：「向上一路請師道。」師云：「一口針，三尺線。」僧云：「如何領會？」師云：

「益州布，揚州絹。」

僧問：「動是法王苗，寂是法王根，如何是法王？」師指露柱曰：「何不問大士？」因庭前向日，仰山云：「人人盡有遮箇事，只是用不得。」師云：「恰是請汝用。」仰山云：「作麽生用？」師乃蹋倒仰山，仰山云：「直下似箇大蟲。」長慶云：「前彼此作家，後彼此不作家。」乃別云：「邪法難扶。」自此諸方謂爲岑大蟲。

僧問：「本來人還成佛也無？」師云：「汝見大唐天子還自種田割稻否？」僧云：「未審是何人成佛？」師云：「是汝成佛。」僧無語。師云：「會麽？」僧云：「不會。」師云：「如人因地而倒，依地而起，地道什麽？」

三聖令秀上座問云：「南泉遷化向什麽處去？」師云：「石頭作沙彌時參見六祖。」秀云：「不問石頭見六祖，南泉遷化向什麽處去？」師云：「教伊尋思去。」秀云：「和尚雖有千尺寒松，且無抽條石筍。」師默然。秀云：「謝和尚答話。」師亦默然。秀上坐舉似三聖，三聖云：「若實恁麽，猶勝臨濟七步。然雖如此，待我更驗看。」至明日，三聖上問云：「承聞和尚昨日答南泉遷化一則語，可謂光前絶後，今古罕聞。」師亦默然。

僧問：「如何是文殊？」師云：「牆壁瓦礫是。」又問：「如何是觀音？」師云：「音聲語言是。」又問：「如何普賢？」師云：「衆生心是。」又問：「如何是佛？」師云：「衆生色身是。」僧曰：「河沙諸佛體皆同，何故有種種名字？」師云：「從眼根返源名爲文殊，耳根返源名爲觀音，從心返源名爲普賢。文殊是佛妙觀察智，觀音是佛無緣大慈，普賢是佛無爲妙行。三聖是佛之妙用，佛是三聖之真體。用則有河沙假名，體則總名一薄伽梵。」

僧問：「色即是空，空即是色，此理如何？」師偈曰：「礙處非牆壁，通處勿虚空。若人如是解，心色本來同。」又偈曰：「佛性堂堂顯現，住性有情難見。若悟衆生無我，我面何殊佛面？」

僧問：「第六、第七識及第八識畢竟無體，云何得名轉第八爲大圓鏡智？」師有偈曰：「七生依一滅，一滅持七生。一滅滅亦滅，六七永無遷。」

又有僧問：「蚯蚓斷爲兩段，兩頭俱動，未審佛性在阿那頭？」師云：「妄想作麽？」僧云：「其如動何？」師云：「汝豈不知火風未散？」僧問：「如何轉得山河國土歸自己去？」師云：「如何轉得自己成山河國土去？」僧云：「不會。」師云：「湖南城下好養民，米賤柴多足四鄰。」其僧無語。師有偈曰：「誰問山河轉，山河轉向誰？圓通無兩畔，法性本無歸。」

講華嚴大德問：「虚空爲是定有？爲是定無？」師曰：「言有亦得，言無亦得。虚空有時但有假有，虚空無時但無假無。」云：「如和尚所説，有何教文？」師曰：「大德豈不聞首楞嚴經云：『十方虚空生汝心内，猶片雲點太清裏。』豈不是虚空生時但生假名？又云：『汝等一人發真歸元，十方虚空皆悉消殞。』豈不是虚空滅時但滅假名？老僧所以道有是假有，無是假無。」又問：「經云：『如浄琉璃中内現真金像。』此意如何？」師曰：「以浄琉璃爲法界體，以真金像爲無漏智體。體能生智，智能達體，故云『如浄瑠璃中内現真金像』。」

問：「如何是上上人行處？」師曰：「如死人眼。」云：「上上人相見時如何？」師曰：「如死人手。」

問：「善財爲什麽無量劫遊普賢身中世界不遍？」師曰：「爾從無量劫來，還遊得遍否？」云：「如何是普賢身？」師曰：「含元殿裏更覓長安。」

問：「如何是學人心？」師曰：「盡十方世界是爾心。」云：「恁麽則學人無著身處也。」師曰：「是爾著身處。」云：「如何是著身處？」師曰：「大海水深又深。」云：「學人不會。」師曰：「魚龍出入任升沈。」

問：「有人問和尚，即隨因緣答。總無人問，和尚如何？」師曰：「困即睡，健即起。」

云：「教學人向什麽處會？」師曰：「夏天赤骨力，冬寒須得被。」

問：「亡僧什麽處去也？」師有偈云：「不識金剛體，却唤作緣生。十方真寂滅，誰在復誰行？」

南泉有真讚云：「堂堂南泉，三世之源。金剛常住，十方無邊。生佛無盡，現已却還。」

南泉久住，投機偈：「今日還鄉入大門，南泉親道遍乾坤。法法分明皆祖父，迴頭慚愧好兒孫。」師答曰：「今日投機事莫論，南泉不道遍乾坤。還鄉盡是兒孫事，祖父從來不入門。」

師又有勸學偈云：「萬丈竿頭未得休，堂堂有路少人遊。禪師願達南泉去，滿目青山萬萬秋。」

因臨濟和尚云「赤肉團上有無位真人」，師乃有偈云：「萬法一如不用揀，一如誰揀誰不揀？即今生死本菩提，三世如來同箇眼。」

師誡人斫松竹偈云：「千年竹，萬年松，枝枝葉葉盡皆同。爲報四方玄學者，動手無非觸祖公。」

荊南白馬曇照禪師

荊南白馬曇照禪師。常云：「快活！快活！」及臨終時，叫：「苦！苦！」又云：「閻羅王來取我也！」院主問曰：「和尚當時被節度使抛向水中，神色不動，如今何得恁麽地？」師舉枕子云：「汝道當時是？如今是？」院主無對。法眼代云：「此時但掩耳出去。」

終南山雲際師祖禪師

終南山雲際師祖禪師。初在南泉時，問云：「摩尼珠，人不識，如來藏裏親收得。如何是藏？」南泉云：「與汝來往者是藏。」師云：「不來往者如何？」南泉云：「亦是藏。」又問：「如何是珠？」南泉召云：「師祖！」師應諾，南泉云：「去！汝不會我語。」師從此信入。

鄧州香嚴下堂義端禪師

鄧州香嚴下堂義端禪師。示衆云：「兄弟，彼此未了，有什麽事相共商量？我三五日即發去也。如今學者須了却今時，莫愛他向上人無事。兄弟，縱學得種種差別義路，終不代得自己見解。畢竟著力始得，空記持他巧妙章句，即轉加煩亂去。汝若欲相應，但恭恭盡莫停留纖豪，直似虛空，方有少分。以虛空無鎖無壁落，無形無心眼。」有僧問：「古人相見時如何？」師云：「老僧不曾見他古人。」僧云：「今時血脈不斷處，如何仰羡？」師云：「有什麽仰羡處？」

僧問云：「某甲不問閑事，請和尚答話。」師云：「更從我覓什麽？」僧云：「不爲閑事。」師云：「汝教我道。」師又云：「兄弟，佛是塵，法亦是塵。終日馳求，有什麽休歇？但時中不用挂情，情不挂物，無善可取，無惡可棄，莫教被他籠罩著，始是學處。」

有僧云：「曾辭一老宿，示某甲云：『去則親良朋、附道友。』未審老宿意旨如何？」才禮拜次，師云：「禮拜一任，不得認奴作郎。」

僧問：「如何是直截根源？」師乃擲下拄杖入方丈。

一日，師謂衆曰：「語是謗，寂是誑，寂語向上有路在。老僧口門窄，不能與汝説得。」便下堂。僧問：「一句子如何？」師云：「此間一句亦無。」

僧問：「正因爲什麽無事？」師云：「我不曾停留。」又云：「假饒重重剥得净，盡無停留，權時施設，亦是方便接人。若是那邊事，無有是處。」

趙州觀音院從諗禪師

趙州觀音院亦曰東院。從諗禪師，曹州郝鄉人也，姓郝氏。童稚於本州扈通院從師披剃，未納戒，便抵池陽參南泉。值南泉偃息而問曰：「近離什麽處？」師曰：「近離瑞像院。」曰：「還見瑞像麽？」師曰：「不見瑞像，只見卧如來。」曰：「汝是有主沙彌？無主沙彌？」師曰：「有主沙彌。」曰：「主在什麽處？」師曰：「仲冬嚴寒，伏惟和尚尊體萬福。」南泉器之，而許入室。

異日，問南泉：「如何是道？」南泉曰：「平常心是道。」師曰：「還可趣向否？」南泉曰：「擬向即乖。」師曰：「不擬時如何知是道？」南泉曰：「道不屬知、不知。知是妄覺，不知是無記。若是真達不疑之道，猶如太虚廓然虚豁，豈可强是非邪？」師言下悟理，乃往嵩嶽瑠璃壇納戒，却返南泉。

異日，問南泉：「知有底人向什麽處休歇？」南泉云：「山下作牛去。」師云：「謝指示。」南泉云：「昨夜三更月到窗。」

師作火頭，一日閉却門，燒滿屋煙，叫云：「救火！救火！」時大衆俱到，師云：「道得即開門。」衆皆無對。南泉將鎖匙於窗間過與師，師便開門。

又到黄蘗，黄蘗見來，便閉方丈門。師乃把火於法堂内叫云：「救火！救火！」黄蘗開門捉住，云：「道！道！」師云：「賊過後張弓。」

又到寶壽，寶壽見來，即於禪床上背面坐。師展坐具禮拜，寶壽下禪床，師便出。又到鹽官，云：「看箭！」鹽官云：「過也。」師云：「中也。」又到夾山，將拄杖入法堂，夾山曰：「作什麽？」曰：「探水。」夾山曰：「一滴也無，探什麽？」師倚杖而出。

師將遊五臺山次，有大德作偈留云：「何處青山不道場？何須策杖禮清涼？雲中縱有金毛現，正眼觀時非吉祥。」師云：「作麽生是正眼？」大德無對。法眼代云：「請上坐領某甲卑情。」同安顯代云：「是上坐眼。」師自此道化被於北地，衆請住趙州觀音。

上堂示衆云：「如明珠在掌，胡來胡現，漢來漢現。老僧把一枝草爲丈六金身用，把丈六金身爲一枝草用。佛是煩惱，煩惱是佛。」時有僧問：「未審佛是誰家煩惱？」師云：「與一切人煩惱。」僧云：「如何免得？」師云：「用免作麽？」

師掃地，有人問云：「和尚是善知識，爲什麽有塵？」師曰：「外來。」又僧問：「清浄伽藍爲什麽有塵？」師曰：「又一點也。」

又有人與師遊園，見兔子驚走。問云：「和尚是大善知識，爲什麽兔子見驚？」師云：「爲老僧好殺。」

僧問：「覺華未發時，如何辨貞實？」師云：「開也。」僧云：「是貞是實？」師云：「貞是實，實是貞。」僧云：「什麼人分上事？」師云：「老僧有分，闍梨有分。」僧云：「某甲不招納如何？」師佯不聞，僧無語。師云：「去！」

師院有石幢子被風吹折，僧問：「陀羅尼幢子作凡去？作聖去？」師云：「也不作凡，亦不作聖。」僧云：「畢竟作什麼？」師云：「落地去也。」

師問一坐主：「講什麼經？」對云：「講涅槃經。」師云：「問一段義得否？」云：「得。」師以脚踢空，吹一吹云：「是什麼義？」坐主云：「經中無此義。」師云：「五百力士揭石義，便道無。」

大衆晚參，師云：「今夜答話去也，有解問者出來。」時有一僧便出禮拜，師云：「比來抛塼引玉，却引得箇墼子。」保壽云：「射虎不真，徒勞没羽。」長慶問覺上坐，云：「那僧纔出禮拜，爲什麼便收伊爲墼子？」覺云：「適來那邊亦有人恁麼問。」慶云：「向伊道什麼？」云：「也向伊恁麼道。」玄覺云：「什麼處却成墼子去？叢林中道纔出來便成墼子。只如每日出入行住坐卧，不可總成墼子也。且道遮僧出來具眼不具眼？」

有僧遊五臺，問一婆子云：「臺山路向什麼處去？」婆子云：「驀直恁麼去。」僧便去，婆子云：「又恁麼去也。」其僧舉似師，師云：「待我去勘破遮婆子。」師至明日便去，問：「臺山路向什麼處去？」婆子云：「驀直恁麼去。」師便去，婆子云：「又恁麼去也。」師歸院，謂僧云：「我爲汝勘破遮婆子了也。」玄覺云：「前來僧也恁麼道，趙州去也恁麼道，什麼處是勘破婆子？」又云：「非唯被趙州勘破，亦被遮僧勘破。」

僧問：「恁麼來底人，師還接否？」師云：「接。」僧云：「不恁麼來底，師還接否？」師云：「接。」僧云：「恁麼來者從師接，不恁麼來者如何接？」師云：「止！止！不須説，我法妙難思。」

師出院，路逢一婆子問：「和尚住什麼處？」師云：「趙州東院西。」婆子無語。師歸院，問衆僧：「合使那箇西字？」或言「東西」字，或言「棲泊」字。師曰：「汝等總作得鹽鐵判官。」僧曰：「和尚爲什麼恁麼道？」師曰：「爲汝總識字。」法燈别衆僧云：「已知去處。」

僧問：「如何是囊中寶？」師云：「合取口。」法燈别云：「莫説似人。」

有新到僧謂師曰：「某甲從長安來，横擔一條拄杖，不曾撥著一人。」師曰：「自是大德拄杖短。」同安顯别云：「老僧遮裏不曾見恁麼人。」僧無對。法眼代云：「呵呵。」同安顯代云：「也不短。」

有僧寫得師真呈師，師曰：「且道似我不似我？若似我，即打殺老僧。不似我，即燒却真。」僧無對。玄覺代云：「留取供養。」

師敲火問僧云：「老僧唤作火，汝唤作什麼？」僧無語。師云：「不識玄旨，徒勞念靜。」法燈別云：「我不如汝。」

新到僧參，師問：「什麽處來？」僧云：「南方來。」師云：「佛法盡在南方，汝來遮裏作什麽？」僧云：「佛法豈有南北邪？」師云：「饒汝從雪峯、雲居來，只是箇擔板漢。」崇壽稠別云：「和尚是據客置主人。」

僧問：「如何是佛？」師云：「殿裏底。」僧云：「殿裏者豈不是泥龕塑像？」師云：「是。」僧云：「如何是佛？」師云：「殿裏底。」僧問：「學人迷昧，乞師指示。」師云：「喫粥也未？」僧云：「喫粥也。」師云：「洗鉢去。」其僧忽然省悟。

師上堂云：「才有是非紛然失心，還有答話分也無？」後有僧舉示洛浦，洛浦扣齒。又舉示雲居，雲居云：「何必！」僧迴舉示師，師云：「南方大有人喪身失命。」僧云：「請和尚舉。」師才舉前語，僧指傍僧云：「者箇師僧喫却飯了，作恁麽語話。」師乃休。此一段，舊本全無倫理，今依別録改正。

僧問：「久嚮趙州石橋，到來只見掠彴。」師云：「汝只見掠彴，不見趙州橋。」僧云：「如何是趙州橋？」師云：「過來。」又有僧同前問，師亦如前答。僧云：「如何是趙州橋？」師云：「度驢度馬。」僧云：「如何是掠彴？」師云：「箇箇度人。」雲居錫云：「趙州爲當扶石橋？扶掠彴？」

師聞沙彌喝參，向侍者云：「教伊去。」侍者乃教去，沙彌便珍重去。師云：「沙彌得入門，侍者在門外。」雲居錫云：「什麼處是沙彌入門、侍者在門外？遮裏若會得，便見趙州。」

師問新到僧：「什麼處來？」僧云：「從南來。」師云：「還知有趙州關否？」僧云：「須知有不涉關者。」師云：「遮販私鹽漢。」

僧問：「如何是西來意？」師下禪床立，僧云：「莫即遮箇便是否？」師云：「老僧未有語在。」

師問菜頭：「今日喫生菜熟菜？」菜頭拈起菜呈之，師云：「知恩者少，負恩者多。」

僧問：「空劫中還有人修行也無？」師云：「汝喚什麼作空劫？」僧云：「無一物是。」師云：「遮箇始稱得修行，喚什麼作空劫？」僧無語。

僧問：「如何是玄中玄？」師云：「汝玄來多少時邪？」僧云：「玄之久矣。」師云：「闍梨若不遇老僧，幾被玄殺。」

僧問：「萬法歸一，一歸何所？」師云：「老僧在青州作得一領布衫，重七斤〔一〕。」

僧問：「夜離兜率，晝降閻浮，於其中間，摩尼爲什麼不現？」師云：「道什麼？」其僧

〔一〕「斤」下四部本、趙城本有「半」字。

再問，師云：「毘婆尸佛早留心，直至如今不得妙。」

師問院主：「什麽處來？」對云：「送生來。」師云：「鵶爲什麽飛去？」院主云：「怕某甲。」師云：「汝十年知事，作恁麽語話？」院主却問：「鵶爲什麽飛去？」師云：「院主無殺心在〔一〕。」

師托起鉢云：「三十年後若見老僧，留取供養。若不見，即撲破。」一僧出云：「三十年後敢道見和尚？」師乃撲破。

有僧辭，師問：「什麽處去？」僧云：「雪峯去。」師云：「雪峯忽若問汝云和尚有何言句，汝作麽生祇對？」僧云：「某甲道不得，請和尚道。」師云：「冬即言寒，夏即道熱。」又云：「雪峯更問汝畢竟事，作麽生？」其僧又云：「道不得。」師云：「但道親從趙州來，不是傳語人。」其僧到雪峯，一依前語舉似雪峯。雪峯云：「也須是趙州始得。」玄沙聞云：「大小趙州敗闕也不知。」雲居錫云：「什麽處是趙州敗闕處？若檢得出，是上座眼。」

僧問：「如何是趙州一句？」師云：「老僧半句也無。」僧云：「豈無和尚在？」師云：「老僧不是一句。」

〔一〕「在」，四部本、趙城本無。

僧問：「如何是出家？」師云：「不履高名，不求苟得。」

僧問：「澄澄絶點時如何？」師云：「遮裏不著客作漢。」

僧問：「如何是祖師意？」師乃敲床脚，僧云：「只遮莫便是否？」師云：「是〔一〕。」即脱取去。

僧問：「如何是毘盧圓相？」師云：「老僧自幼出家，不曾眼花。」僧云：「豈不爲人？」師云：「願汝常見毘盧圓相。」

人問：「和尚還入地獄否？」師云：「老僧末上入。」曰：「大善知識爲什麽入地獄？」師云：「若不入，阿誰教化汝？」

一日，真定帥王公携諸子入院，師坐而問曰：「大王會麽？」王云：「不會。」師云：「自小持齋身已老，見人無力下禪床。」王公尤加禮重。翌日，令客將傳語，師下禪床受之。少間，侍者問：「和尚見大王來不下禪床，今日軍將來，爲什麽却下禪床？」師云：「非汝所知。第一等人來禪床上接，中等人來下禪床接，末等人來三門外接。」師寄拂子與王公曰：「若問何處得來，但道老僧平生用不盡者。」

〔一〕「是」，原作「云」，據四部本、趙城本改。

師之玄言布於天下，時謂趙州門風，皆悚然信伏矣。唐乾寧四年十一月二日右脇而寂，壽一百二十，有人問：「師年多少？」師云：「一串念珠數不盡。」後謚真際大師。

池州靈鷲閑禪師

池州靈鷲閑禪師。謂衆曰：「是汝諸人本分事，若教老僧道，即與蛇畫足。」此是頓教，諸上坐。」有僧便問：「與蛇畫足即不問，如何是本分事？」師云：「闍梨試道看。」其僧擬再問，師曰：「畫足作麽？」

明水和尚問：「如何是頓獲法身？」師云：「一透龍門雲外望，莫作黄河點額魚。」仰山問：「寂寂無言如何視聽？」師云：「無縫塔前多雨水。」

僧問：「二彼無言時如何？」師云：「是常。」僧云：「還有過常者無？」師云：「有。」僧云：「請師唱起。」師云：「玄珠自朗耀，何須壁外光？」

僧問：「今日供養西川無染大師，未審大師還來否？」師云：「本自無所至，今豈隨風轉？」僧云：「恁麽即供養何用？」師云：「功力有爲互，不换義相涉。」

鄂州茱萸山和尚

鄂州茱萸山和尚，初住隋州護國院，爲第一世。金輪可觀和尚問：「如何是道？」師云：「莫向虚空裏釘橛。」觀云：「虚空是橛？」師乃打之，觀捉住云：「莫打某甲，已後錯打人在。」師便休。雲居錫云：「此人具眼不具眼？因什麽著打？」

趙州諗和尚先到雲居，雲居問曰：「老老大大漢何不覓箇住處？」諗曰：「什麽處住得？」雲居曰：「山前有古寺基。」諗曰：「和尚自住取。」後到師處，師曰：「老老大大漢何不住去？」諗曰：「什麽處住得？」師曰：「老老大大漢住處也不知？」諗曰：「三十年弄馬伎，今日却被驢撲。」雲居錫云：「什麽處是趙州被驢撲處？」

衆僧侍立，師曰：「只恁麽白立，無箇説處，一場氣悶。」有僧擬出問，師乃打之，曰：「爲衆竭力。」便入方丈。

有行者參，師曰：「曾去看趙州麽？」曰：「和尚敢道否？」師云：「非但茱萸，一切人道不得。」曰：「和尚放某甲過。」師曰：「遮裏從前不通人情。」曰：「要且慈悲心在。」師便打，曰：「醒後來爲汝。」

衢州子湖巖利蹤禪師

衢州子湖巖利蹤禪師，澶州人也，姓周氏。幽州開元寺出家，依年受具，後入南泉之室，乃抵于衢州之馬蹄山結茅宴居。唐開成二年，邑人翁遷貴施山下子湖創院。咸通二年，勑賜額曰安國禪院。

一日，上堂示衆曰：「子湖有一隻狗，上取人頭，中取人心，下取人足。擬議即喪身失命。」僧問：「如何是子湖一隻狗？」師曰：「嘷！嘷！」臨濟下二僧到參，方揭簾，師曰：「看狗！」二僧迴顧，師歸方丈。

師與勝光和尚鋤園，師驀按钁，迴視勝光云：「事即不無，擬心即差。」光乃禮拜擬問，師與一蹋便歸院。

有一尼到參，師曰：「汝莫是劉鐵磨否？」尼曰：「不敢。」師曰：「左轉右轉？」尼云：「和尚莫顛倒。」師便打。

師中夜於僧堂前叫：「有賊！」衆皆驚走。師到僧堂後架把住一僧叫云：「維那，捉得也！捉得也！」僧曰：「不是某甲。」師曰：「是即是，只是汝不肯承當。」師有偈示衆曰：「三十年來住子湖，二時齋粥氣力麁。每日上山三五轉，問汝時人會也無。」

師居子湖說法四十五稔，廣明中無疾歸寂。壽八十有一，臘六十一。今本山有塔。

洛京嵩山和尚

洛京嵩山和尚。僧問：「古路坦然時如何？」師曰：「不前。」僧曰：「爲什麽不前？」

師曰：「無遮障處。」

僧問：「如何是嵩山境？」師曰：「日從東出，月向西頹。」曰：「學人不會。」師曰：「東西也不會？」

僧問：「六識俱生時如何？」師曰：「異。」僧曰：「爲什麽如此？」師曰：「同。」

日子和尚

日子和尚。亞谿來參，師作起勢。亞谿曰：「遮老山鬼猶見某甲在。」師曰：「罪過！罪過！適來失祇對。」亞谿欲進語，師乃叱之。亞谿曰：「大陣前不妨難禦。」師曰：「是！是！」亞谿曰：「不是！不是！」趙州云：「可憐兩箇漢，不識轉身句。」

蘇州西山和尚

蘇州西山〔一〕和尚。僧問：「三乘十二分教則不問，如何是祖師西來的的意？」師舉拂子示之，其僧不禮拜。去參雪峯，雪峯問：「什麽處來？」僧云：「浙中來。」雪峯曰：「今夏在什麽處？」曰：「蘇州西禪。」雪峯曰：「和尚安否？」曰：「來時萬福。」雪峯曰：「何不且從容？」曰：「佛法不明。」雪峯曰：「有什麽事？」僧舉前話。雪峯曰：「汝作麽不

〔一〕「山」，四部本作「禪」。

肯？」僧曰：「是境。」雪峯曰：「汝見蘇州城裏人家男女否？」曰：「見。」雪峯曰：「汝見路上林木否？」曰：「見。」雪峯曰：「凡覩人家男女、大地林沼總是境，汝還肯否？」曰：「肯。」雪峯曰：「只如拈起拂子，汝作麽生不肯？」僧乃禮拜曰：「學人取次發言，乞師慈悲。」雪峯曰：「盡乾坤是箇眼，汝向什麽處蹲坐？」僧無語。

宣州刺史陸亘大夫

宣州刺史陸亘大夫。初問南泉曰：「古人瓶中養一鵝，鵝漸長大，出瓶不得。如今不得毁瓶，不得損鵝，和尚作麽生出得？」南泉召曰：「大夫！」陸應諾，南泉曰：「出也！」陸從此開解。暨南泉圓寂，院主問曰：「大夫何不哭先師？」陸曰：「院主道得即哭。」院主無對。長慶代云：「合哭不合哭？」

池州甘贄行者

池州甘贄行者。將錢參貫文入僧堂，於第一坐面前云：「請上座施財。」上坐云：「財施無盡，法施無窮。」甘云：「恁麽道争得某甲錢？」却將出去，上坐無語。又於南泉設粥云：「請和尚念誦。」南泉云：「甘贄行者設粥，請大衆爲狸奴、白牯念摩訶般若波羅蜜。」甘乃禮拜便出去，南泉却到厨内打破鍋子。

雪峯和尚來，甘閉門召云：「請和尚入。」雪峯隔籬掉過納衣，甘便開門禮拜。

有住菴僧緣化什物，甘曰：「若道得即施。」乃書「心」字問：「是什麼字？」僧云：「心字。」又自問其妻：「什麼字？」妻云：「心字。」甘云：「某甲山妻亦合住菴。」其僧無語，甘亦無施。

又，問一僧：「什麼處來？」僧云：「潙山來。」甘云：「曾有僧問潙山：『如何是西來意？』潙山舉起拂子。上坐作麼生會潙山意？」僧云：「借事明心，附物顯理。」甘云：「且歸潙山去好。」保福聞之，乃仰手覆手。

前杭州鹽官齊安禪師法嗣

襄州關南道常禪師

襄州關南道常禪師。僧問：「如何是西來意？」師舉柱杖云：「會麼？」僧云：「不會。」師乃喝出。僧問：「如何是大道之源？」師與一拳。師每見僧來參禮，多以拄杖打趁。或云：「遲一刻。」或云：「打動關南鼓。」而時輩鮮有唱和者。

洪州雙嶺玄真禪師

洪州雙嶺玄真禪師。初問道吾：「無神通菩薩爲什麼足迹難尋？」道吾曰：「同道者方知。」師曰：「和尚還知否？」曰：「不知。」師曰：「何故不知？」曰：「去！不識我語。」

師後於鹽官契會。

杭州徑山鑒宗禪師

杭州徑山鑒宗禪師，湖州長城人也，姓錢氏。依本州開元寺大德高閑出家，學通淨名、思益經。後往鹽官謁悟空大師，決擇疑滯。唐咸通三年，止徑山宣揚禪教。

有小師洪諲，以講論自矜，諲，即徑山第三世法濟大師。師謂之曰：「佛祖正法，直截亡詮。汝算海沙，於理何益？但能莫存知見，泯絶外緣，離一切心，即汝真性。」諲聞茫然，禮辭遊方，至潙山方悟玄旨，乃師潙山。

師咸通七年丙戌閏三月五日示滅，復謚曰無上大師，即徑山第二世也。

前五洩山靈默禪師法嗣

福州長谿龜山正原禪師

福州長谿龜山正原禪師，宣州南陵人也，姓蔡氏。幼厭俗出家，於本州籍山落髮。唐元和十二年丁酉，建州乾元寺受具。尋造五洩山默師之室，決擇玄微。後住龜山，爲第二世也。

師嘗述二偈。其一曰：「滄溟幾度變桑田，唯有虚空獨湛然。已到岸人休戀筏，未曾度者要須船。」其二曰：「尋師認得本心源，兩岸俱玄一不全。是佛不須更覓佛，只因如此便忘緣。」

師咸通十年終于本山，壽七十八，臘五十四，勑謚性空大師、慧觀之塔也。

前洛〔一〕京佛光寺如滿禪師法嗣

杭州刺史白居易

唐杭州刺史白居易，字樂天，久參佛光得心法，兼禀大乘金剛寶戒。元和中，造于京兆興善法堂致四問。語見興善章。十五年牧杭州，訪鳥窠和尚，有問答偈頌。鳥窠章叙訖。嘗致書于濟法師，以佛無上大慧演出教理，安有徇機高下，應病不同，與平等一味之説相反？援引維摩及金剛三昧等六經，闢二義而難之。又以五蘊十二緣説名色前後不類，立理而徵之。並鉤深索隱，通幽洞微。然未覩法師醻對，後來亦鮮有代答者。復受東都凝禪師「八漸」之目，各廣一言而爲一偈，釋其旨趣，自淺之深，猶貫珠焉。凡守任處，多訪祖道，學無常

〔一〕「洛」，原作「落」，據四部本、趙城本改。

師。後爲賓客分司東都，罄己俸修龍門香山寺，寺成自撰記。凡爲文動關教化，無不贊美佛乘，見于本集。其歷官次第歸全代祀，即史傳存焉耳。

前大梅山法常禪師法嗣

新羅國迦智禪師

新羅國迦智禪師。僧問：「如何是西來意？」師云：「待汝裏頭來即與汝道。」僧問：「如何是大梅的旨？」師云：「酪本一時抛。」

杭州天龍和尚

杭州天龍和尚。上堂云：「大衆莫待老僧，上來便上來，下去便下去。各有華藏性海，具足功德，無礙光明。各各參取，珍重！」僧問：「如何是祖師意？」師竪起拂子。僧問：「如何得出三界去？」師云：「汝即今在什麽處？」

前永泰寺靈湍禪師法嗣

湖南上林戒靈禪師

湖南上林戒靈目録作虚。禪師。初參潙山，曰：「大德作什麽來？」師曰：「介胄全具。」潙山曰：「盡卸了來，與大德相見。」師曰：「卸了也。」潙山咄曰：「賊尚未打，卸作什麽！」師無對。仰山代云：「請和尚屏左右。」潙山以手揖云：「喏！喏！」師後參永泰方喻其旨。

五臺山秘魔巖和尚

五臺山秘魔巖和尚。常持一木叉，每見僧來禮拜，即叉却頸，云：「那箇魔魅教汝出家？那箇魔魅教汝行脚？道得也叉下死，道不得也叉下死。速道！」學僧鮮有對者。法眼代云：「乞命。」法燈代云：「但引頸示之。」玄覺代云：「老兒家，放却叉子得也。」

湖南祇林和尚

湖南祇林和尚。每叱文殊、普賢皆爲精魅，手持木劍，自謂降魔。才有僧參禮，便云：「魔來也！魔來也！」以劍亂揮，潛入方丈。如是十二年後，置劍無言。僧問：「十二年前爲什麽降魔？」師曰：「賊不打貧兒家。」曰：「十二年後爲什麽不降魔？」師曰：「賊不打貧兒家。」

前幽州盤山寶積禪師法嗣

鎮州普化和尚

鎮州普化和尚者，不知何許人也。師事盤山密受真訣，而佯狂出言無度。暨盤山順世，乃於北地行化。或城市，或塚間，振一鐸云：「明頭來也打，暗頭來也打。」一日，臨濟令僧捉住云：「不明不暗時如何？」答云：「來日大悲院裏有齋。」

凡見人無高下，皆振鐸一聲，時號普化和尚。或將鐸就人耳邊振之，或拊其背，有迴顧者即展手云：「乞我一錢。」非時遇食亦喫。嘗暮入臨濟院喫生菜飯，臨濟曰：「遮漢大似一頭驢。」師便作驢鳴，臨濟乃休。師曰：「臨濟小厮兒，只具一隻眼。」僧問法眼：「未審臨濟當時下得什麽語？」法眼云：「臨濟留與後人。」

師見馬步使出喝道，師亦喝道，及作相撲勢。馬步使令人打五棒，師曰：「似即似，是即不是。」

師嘗於闤闠間摇鐸唱曰：「覓箇去處不可得。」時道吾遇之，把住問曰：「汝擬去什麽處？」師曰：「汝從什麽處來？」道吾無語，師掣手便去。

一日，入臨濟院，臨濟曰：「賊！賊！」師亦曰：「賊！賊！」同入僧堂，臨濟指聖僧問：「是凡是聖？」師曰：「是聖。」臨濟曰：「作遮箇語話。」師乃撼鐸唱曰：「河陽新婦子，木塔老婆禪。臨濟小厮兒，只具一隻眼。」

師唐咸通初將示滅，乃入市謂人曰：「乞一箇直裰。」人或與披襖，或與布裘，皆不受，振鐸而去。時臨濟令人送與一棺，師笑曰：「臨濟廝兒饒舌。」便受之。乃告辭曰：「普化明日去東門死也。」郡人相率送出城，師厲聲曰：「今日葬不合青烏。」乃曰：「第二日南門遷化。」人亦隨之，又曰：「明日出西門方吉。」人出漸稀。出已還返，人意稍怠。第四日自擎棺出北門外，振鐸入棺而逝。郡人奔走出城，揭棺視之已不見，唯聞鐸聲漸遠，莫測其由。

前龍牙山圓暢禪師法嗣

嘉禾藏廙禪師

嘉禾藏廙禪師，衢州信安人也，姓程氏。唐元和中，辭親往長沙嶽麓寺，禮靈智律師出家。長慶三年，於武陵開元寺受戒。因聽律部，語同學曰：「教門繁廣，宜扣總門。」遂緣會龍牙山暢禪師。龍牙告之曰：「蘊界不真，佛生非我。子之正本，當復何名？」而從誰得？」師一言領悟，迴柯山，避會昌沙汰，後於龍興廣揚道化。乾符六年三月中長往，壽八十二，臘五十六。

前歸宗寺智常禪師法嗣

福州芙蓉山靈訓禪師

福州芙蓉山靈訓禪師。初參歸宗，問：「如何是佛？」宗曰：「我向汝道，汝還信否？」師曰：「和尚發誠實言，何敢不信？」宗曰：「即汝便是。」師曰：「如何保任？」宗曰：「一翳在眼，空華亂墜。」法眼云：「歸宗若無後語，有什麼歸宗也？」師辭歸宗，宗問：「子什麼處去？」師曰：「歸嶺中去。」宗曰：「子在此多年，裝束了却來，爲子説一上佛法。」師結束了上堂。宗曰：「近前來。」師乃近前，宗曰：「時寒，途中善爲。」師聆此一言，頓忘前解。後歸寂，謚弘照大師，塔曰圓相。

漢南穀城縣高亭和尚

漢南穀城縣高亭和尚。有僧自夾山來禮拜，師便打。僧云：「特來禮拜，師何打？」其僧再禮拜，師又打趁。僧迴舉似夾山，夾山云：「汝會也無？」僧云：「不會。」夾山云：「賴汝不會，若會即夾山口瘂。」

新羅大茅和尚

新羅大茅和尚。上堂云：「欲識諸佛師，向無明心内識取。欲識常住不彫性，向萬木遷變處識取。」僧問：「如何是大茅境？」師云：「不露鋒。」僧云：「爲什麼不露鋒？」師云：「無當者。」

五臺山智通禪師

五臺山智通禪師。自稱大禪佛。初在歸宗會下時，忽一夜巡堂叫云：「我已大悟也！」衆駭之。明日，歸宗上堂集衆問：「昨夜大悟底僧出來！」師出云：「智通。」歸宗云：「汝見什麼道理言大悟？試説似吾看。」師對云：「師姑天然是女人作。」歸宗默而異之。師便辭，歸宗門送，與拈笠子。師接得笠子，戴頭上便行，更不迴顧。後居臺山法華寺，臨終有偈曰：「舉手攀南斗，迴身倚北辰。出頭天外見，誰是我般人？」

前華嚴寺智藏禪師法嗣

黄州齊安和尚

黄州齊安和尚。示學衆曰：「言不落句，佛祖徒施。玄韻不墜，誰人知得？」僧問：「如何識得自己佛？」師曰：「一葉明時消不盡，松風韻罷怨無人。」僧曰：「如何是自己佛？」師曰：「草前駿馬實難窮，妙盡還須畜生行。」

人問：「大師年多少？」師曰：「五六四三不得類，豈同一二實難窮？」

師有頌曰：「猛熾焰中人有路，旋風頂上屹然棲。鎮常歷劫誰差互？杲日無言運照齊。」

師後居鳳翔。

景德傳燈録卷第十一

懷讓禪師第四世上八十九人

潭州潙山靈祐禪師法嗣四十三人

袁州仰山慧寂禪師　鄧州香嚴寺智閑禪師　襄州延慶法端禪師十二卷又收在香嚴下，何也　杭州徑山洪諲禪師　福州靈雲志勤禪師　益州應天和尚　福州九峯慈慧禪師　京兆米和尚　晉州霍山和尚　襄州王敬初常侍已上十一〔一〕人見録　福州雙峯和尚　長延圓鑑禪師　志和禪師　洪州西山道方禪師　潙山如真禪師　并州元順禪師　興元府崇皓禪師　鄂州全諗禪師　嵩山神劍禪師　許州弘進禪師　餘杭文立禪師　越州光相禪師　蘇州文約禪師　上元智滿禪師　金州法朗禪師　鄂州黄鶴山超達大師　白鹿從約禪師　西堂復禪師　温州靈空禪師　大潙簡禪師　荆南智朗禪師　潙山普潤禪師　潙山法真禪師　黑山和尚　滁州定山神英禪師　霜山和尚　南源和

〔一〕「十一」，當作「一十」。

尚　潙山冲逸禪師　潙山彦禪師　蘄州三角山法遇禪師　鄧州志詮禪師　荆州弘珪禪師　巖背道曠禪師已上三十三人無機緣語句不録

福州大安禪師法嗣一十人

益州大隨法真禪師　韶州靈樹如敏禪師　福州壽山師解禪師　饒州嶢山和尚　泉州莆田崇福慧日大師　台州浮江和尚　潞州渌水和尚　廣州文殊院圓禪師已上八人見録

温州靈陽禪師　洪州紙衣和尚已上二人無機緣語句不録

杭州徑山鑒宗大師法嗣三人

明州天童山咸啓禪師　背山行真禪師　杭州大慈山行滿禪師已上三人無機緣語句不録

趙州東院從諗禪師法嗣一十三人

洪州新興嚴陽尊者　揚州光孝院慧覺禪師　隴州國清院奉禪師　婺州木陳從朗禪師　婺州新建禪師　杭州多福和尚　益州西睦和尚已上七人見録　潭州麻谷山和尚

觀音院定鄂禪師　宣州茗萍山和尚　太原免道者　幽州燕王　鎮州趙王已上六人無機緣語句不録

衢州子湖巖利蹤禪師法嗣四人

台州勝光和尚　漳州浮石和尚　紫桐和尚　日容和尚已上四人見録

吉州孝義性空禪師法嗣一人

邛州壽興院守閑禪師一人無機緣語句不録

鄂州茱萸和尚法嗣一人

石梯和尚一人見録

天龍和尚法嗣二人

婺州金華山俱胝和尚一人見録　新羅國彦忠禪師一人無機緣語句不録

長沙景岑禪師法嗣二人

明州雪竇山常通禪師一人見録　婺州金華山嚴靈禪師一人無機緣語句不録

襄州關南道常禪師法嗣二人

關南道吾和尚　漳州羅漢和尚已上二人見録

白馬曇照禪師法嗣一人

晉州霍山無名禪師一人無機緣語句不録

新羅大證禪師法嗣二人

文聖大王　憲安大王已上二人無機緣語句不録

小馬神照禪師法嗣一人

緇雲郡連雲院有緣禪師一人無機緣語句不録

高安大愚和尚法嗣一人

筠州末山尼了然一人見録

新羅洪直禪師法嗣二人

興德大王　宣康太子二人無機緣語句不録

許州無跡和尚法嗣一人

道遂禪師一人無機緣語句不録

南嶽懷讓禪師第四世上

前溈山靈祐禪師法嗣

袁州仰山慧寂禪師

袁州仰山慧寂禪師，韶州懷化人也，姓葉氏。年十五欲出家，父母不許。後二載，師斷手二指，跪致父母前，誓求正法，以答劬勞，遂依南華寺通禪師落髮。未登具，即遊方。初謁耽源，已悟玄旨，後參溈山，遂升堂奧。祐問曰：「汝是有主沙彌？無主沙彌？」師曰：「有主。」曰：「在什麼處？」師從西過東立，祐知是異人，便垂開示。師問：「如何是真佛住處？」祐曰：「以思無思之妙，返思靈焰之無窮。思盡還源，性相常住。事理不二，真佛如如。」師於言下頓悟，自此執侍。尋往江陵受戒，住夏探律藏。

後參巖頭，巖頭舉起拂子，師展坐具，巖拈拂子置背後，師將坐具搭肩上而出。巖云：「我不肯汝放，只肯汝收。」

又問石室：「佛之與道相去幾何？」石室云：「道如展手，佛似握拳。」乃辭石室，石室門送，召云：「子莫一向去，已後却來我邊。」（雲居錫云：「要會麼？如今歸堂去，明日却上來。」）

韋宙就溈山請一伽陀，溈山曰：「覿面相呈，猶是鈍漢，豈況形於紙筆？」乃就師請，師於紙上畫一圓相，注云：「思而知之，落第二頭，不思而知，落第三首。」

一日，隨溈山開田，師問曰：「遮頭得恁麼低？那頭得恁麼高？」祐曰：「水能平物，但以水平。」師曰：「水也無憑，和尚但高處高平，低處低平。」祐然之。

有施主送絹，師問：「和尚受施主如是供養，將何報答？」祐敲禪床示之，師曰：「和尚何得將衆人物作自己用？」

祐忽問師：「什麼處去來？」師曰：「田中來。」祐曰：「田中多少人？」師插鍬而立。祐曰：「今日南山大有人刈茅在。」師舉鍬而去。玄沙云：「我若見，即蹋倒鍬子。」僧問鏡清：「仰山插鍬，意旨如何？」清云：「狗銜赦書，諸侯避道。」又問：「只如玄沙蹋鍬，其意如何？」清云：「勿奈船何，打破戽斗。」又問：「南山刈茅，意旨如何？」清云：「李靖三兄久經行陣。」雲居錫云：「且道鏡清下此一判，著不著？」又僧問禾山云：「仰山插鍬，意旨如何？」禾山云：「汝問我。」僧云：「玄沙蹋鍬，意旨如何？」禾山云：「我問汝。」

師在溈山牧牛時，第一座曰：「百億毛頭，百億師子現。」師不答，歸侍立。第一座上問訊，師舉前語問云：「適來道『百億毛頭，百億師子現』，豈不是？」上座曰：「是。」師曰：「正當現時，毛前現？毛後現？」上座曰：「現時不説前後。」師乃出，祐曰：「師子腰折也。」

溈山上座舉起拂子曰：「若人作得道理即與之。」師曰：「某甲作得道理，還得否？」上座曰：「但作得道理便得。」師乃掣拂子將去。雲居錫云：「什麼處是仰山道理？」

一日雨下，上座曰：「好雨，寂闍梨。」師曰：「好在什麼處？」上座無語。師曰：「某甲却道得。」上座曰：「好在什麼處？」師指雨。

溈山與師遊行次，烏銜一紅柿落前。祐將與師，師接得，以水洗了，却與祐。祐曰：

「子什麽處得來?」師曰:「此是和尚道德所感。」祐曰:「汝也不得空然。」即分半與師。玄沙云:「大小潙山被仰山一坐,至今起不得。」

師浣衲衣次,耽源曰:「正恁麽時作麽生?」師曰:「正恁麽時,向什麽處見?」

師盤桓潙山前後十五載。凡有語句,學衆無不弭伏。暨受潙山密印,領衆住王莽山。化緣未契,遷止仰山,學徒臻萃。

師上堂示衆云:「汝等諸人各自回光返顧,莫記吾言。汝無始劫來背明投暗,妄想根深,卒難頓拔。所以假設方便,奪汝麁識,如將黄葉止啼,有什麽是處?亦如人將百種貨物,與金寶作一鋪貨賣,祗擬輕重來機。所以道石頭是真金鋪,我遮裏是雜貨鋪。有人來覓鼠糞,我亦拈與他。來覓真金,我亦拈與他。」時有僧問:「鼠糞即不要,請和尚真金。」師云:「齧鏃擬開口,驢年亦不會。」僧無對〔一〕。師云:「索唤則有交易,不索唤則無我。若説禪宗,身邊要一人相伴亦無,豈況有五百、七百衆耶?我若東説西説,則争頭向前采拾。如將空拳誑小兒,都無實處。我今分明向汝説聖邊事,且莫將心湊泊。但向自己性海如實而修,不要三明六通。何以故?此是聖末邊事。如今且要識心達本,但得其本不愁其

〔一〕「僧無對」,四部本、趙城本作小注。

末。他時後日，自具去在。若未得本，縱饒將情學他亦不得。汝豈不見潙山和尚云：『凡聖情盡，體露真常，事理不二，即如如佛。』」

問：「如何是祖師意？」師以手於空作圓相，相中書「佛」字，僧無語。

師謂第一坐曰：「不思善，不思惡，正恁麼時作麼生？」對曰：「正恁麼時，是某甲放身命處。」師曰：「何不問老僧？」對曰：「正恁麼時不見有和尚。」師曰：「扶吾教不起。」

師因歸潙山省覲，祐問：「子既稱善知識，争辨得諸方來者知有不知有？有師承無師承？是義學是玄學？子試説看。」師曰：「慧寂有驗處，但見諸方僧來，便竪起拂子。問伊：『諸方還説遮箇不説？』又云：『遮箇且置，諸方老宿意作麼生？』」祐歎曰：「此是從上宗門中牙爪。」

祐問：「大地衆生，業識茫茫，無本可據，子作麼生知他有之與無？」師曰：「慧寂有驗處。」時有一僧從面前過，師召云：「闍梨！」其僧回頭。師曰：「和尚，遮箇便是業識茫茫，無本可據。」祐曰：「此是師子一滴乳，迸散六斛驢乳。」

鄭愚相公問：「不斷煩惱而入涅槃時如何？」師竪起拂子。公曰：「入之一字，不要亦得。」師曰：「入之一字，不爲相公。」法燈别云：「相公不用煩惱。」

師問僧："什麽處來？"曰："幽州。"師曰："我恰要箇幽州信，米作麽價？"曰："某甲來時，無端從市中過，蹋折他橋梁。"師便休。

師見僧來竪起拂子，其僧便喝。師曰："喝即不無，且道老僧過在什麽處？"僧曰："和尚不合將境示人。"師乃打之。

師問香嚴："師弟近日見處如何？"嚴曰："某甲卒説不得，乃有偈曰：『去年貧未是貧，今年貧始是貧。去年無卓錐之地，今年錐也無。』"師曰："汝只得如來禪，未得祖師禪。"玄覺云："且道如來禪與祖師禪分不分？"長慶稜云："一時坐却。"

溈山封一面鏡寄師，師上堂提起云："且道是溈山鏡？仰山鏡？有人道得，即不撲破。"衆無對，師乃撲破。

師問雙峯："師弟近日見處如何？"對曰："據某甲見處，實無一法可當情。"師曰："汝解猶在境。"雙峯曰："某甲只如此，師兄如何？"師曰："汝豈無能知無一法可當情者？"溈山聞云："寂子一句疑殺天下人。"玄覺云："金剛經道：『實無一法然燈佛與我受記。』他道『實無一法可當情』，爲什麽道『解猶在境』？且道利害在什麽處？"

僧問："法身還解説法也無？"師曰："我説不得，别有一人説得。"曰："説得底人在什麽處？」師推出枕子。溈山聞云：「寂子用劍刃上事。」

師閉目坐次，有僧潛來身邊立。師開目，於地上作一圓相，相中書「水」字，顧視其僧。僧無語〔一〕。

師携一杖子，僧問：「什麽處得？」師便拈向背後，僧無語。

師問一僧：「汝會什麽？」僧曰：「會卜。」師提起拂子曰：「遮箇六十四卦中阿那卦收？」無對〔二〕。師自代云：「適來是雷天大壯，如今變爲地火明夷。」

師問僧：「名什麽？」曰：「靈通。」師曰：「便請入燈籠。」曰：「早箇入了也。」法眼別云：「唤什麽作燈籠？」

僧問：「古人道見色便見心，禪床是色，請和尚離色指學人心。」師云：「那箇是禪床？指出來。」僧無語。玄覺云：「忽然被伊却指禪床，作麽生對伊好？」有僧云：「却請和尚道。」玄覺代拊掌三下。

僧問：「如何是毘盧師？」師乃叱之。又問：「如何是和尚師？」師曰：「莫無禮。」

〔一〕「僧無語」，四部本、趙城本作小注。
〔二〕「無對」，四部本、趙城本作小注。

師共一僧語，傍有僧曰：「語底是文殊，默底是維摩。」師曰：「不語不默底莫是汝否？」僧默之，師曰：「何不現神通？」僧曰：「不辭現神通，只恐和尚收入教。」師曰：「鑒汝來處，未有教外底眼。」

問：「天堂地獄相去幾何？」師將拄杖畫地一畫。

師住觀音時出牓云：「看經次不得問事。」後有僧來問訊，見師看經，傍立而待。師卷却經，問：「會麼？」僧曰：「某甲不看經，争得會？」師曰：「汝已後會去在。」其僧到巖頭，巖頭問：「什麼處來？」僧云：「江西觀音來。」巖頭云：「和尚有何言句？」其僧舉前語。巖頭云：「遮箇老師，我將謂被故紙埋却，元來猶在。」

僧問：「禪宗頓悟畢竟入門的意如何？」師曰：「此意極難。若是祖宗門下上根上智，一聞千悟，得大總持，此根人難得。其有根微智劣，所以古德道：『若不安禪静慮，到遮裏總須茫然。』」僧曰：「除此格外，還别有方便令學人得入也無？」師曰：「别有别無，令汝心不安。汝是什麼處人？」曰：「幽州人。」師曰：「汝還思彼處否？」曰：「常思。」師曰：「彼處樓臺林苑，人馬駢闐，汝返思底還有許多般也無？」僧曰：「某甲到遮裏，一切不見有。」師曰：「汝解猶在境。信位即是，人位即不是。據汝所解，只得一玄。得坐披衣，向後自看。」其僧禮謝而去。

師始自仰山，後遷觀音，接機利物，爲禪宗標準。遷化前數年，有偈曰：「年滿七十七，老去是今日。任性自浮沈，兩手攀屈膝。」於韶州東平山示滅，年七十七，抱膝而逝。勑謚智通大師、妙光之塔，後遷塔于仰山。

鄧州香嚴智閑禪師

鄧州香嚴智閑禪師，青州人也。厭俗辭親，觀方慕道，依溈山禪會。祐和尚知其法器，欲激發智光。一日，謂之曰：「吾不問汝平生學解，及經卷册子上記得者。汝未出胞胎、未辨東西時本分事，試道一句來，吾要記汝。」師懵然無對。沈吟久之，進數語陳其所解，祐皆不許。師曰：「却請和尚爲説。」祐曰：「吾説得是吾之見解，於汝眼目何有益乎？」師遂歸堂，遍檢所集諸方語句，無一言可將酬對，乃自歎曰：「畫餅不可充飢！」於是盡焚之，曰：「此生不學佛法也，且作箇長行粥飯僧，免役心神。」遂泣辭溈山而去。抵南陽，覩忠國師遺迹，遂憩止焉。一日，因山中芟除草木，以瓦礫擊竹作聲，俄失笑間，廓然惺悟。遽歸，沐浴焚香遥禮溈山，贊云：「和尚大悲，恩逾父母。當時若爲我説却，何有今日事也？」仍述一偈云：「一擊忘所知，更不假修治。動容揚古路，不墮悄然機。

「動容揚古路，不墮悄然機。」此句舊本並福、卲本並無，今以通明集爲據。處處無踪迹，聲色外威儀。諸方達道者，咸言上上機。」

師上堂云：「道由悟達，不在語言。況見密密堂堂，曾無間隔，不勞心意，暫借回光，日用全功，迷徒自背。」

問：「如何是香嚴境？」師曰：「花木不滋。」

問：「如何是仙陀婆？」師敲禪床，曰：「過遮裏來。」

問：「如何是見在學？」師以扇子旋轉示曰：「見麽？」僧無語。

問：「如何是正命食？」師以手撮而示之。

問：「如何是無表戒？」師曰：「待闍梨作俗即説。」

問：「如何是聲色外相見一句？」師曰：「如某甲未住香嚴時，道在什麽處？」僧曰：「恁麽時，亦不敢道有所在。」師曰：「如幻人心心所法。」

僧問：「不慕諸聖、不重己靈時如何？」師曰：「萬機休罷，千聖不携。」此時疎山在衆作嘔聲曰：「是何言歟？」師問：「阿誰？」衆曰：「師叔。」師曰：「不諾老僧耶？」疎山出，曰：「是。」師曰：「汝莫道得麽？」曰：「道得。」師曰：「汝試道看。」曰：「若教某甲道，須還師資禮始得。」師乃下坐禮拜，躡前語問之。疎山曰：「何不道肯重不得全？」師曰：「饒汝恁麽，也須三十年倒屙。設住山無柴燒，近水無水喫。分明記取。」後住疎山，果如師記，至二十七年病瘉。自云：「香嚴師兄記我三十年倒屙，今少三年在。」每至食畢，以手抉而吐之，以應前記。疎山後問道怤長老：「肯重不得全，汝作麽生會？」怤云：「全歸肯重。」疎山云：「不得全又作麽生？」怤云：「箇中無肯路。」疎山云：「始愜病僧意。」

問：「如何是聲前句？」師曰：「大德未問時即答。」僧曰：「即時如何？」師曰：「即時問也。」

問：「如何是直截根源佛所印？」師抛下拄杖散手而去。

問：「如何是師法大意？」師曰：「今年霜降早，喬麥總不收。」

問：「如何是西來意？」師以手入懷，出拳展開與之。僧乃跪膝，以兩手作受勢。師曰：「是什麽？」僧無對。

問：「如何是道？」師曰：「枯木龍吟。」僧曰：「學人不會。」師曰：「髑髏裏眼睛。」玄沙別云：「龍藏枯木。」

問：「離四句絶百非，請和尚道。」師曰：「獵師前不得説本師戒。」

一日，謂衆曰：「如人在千尺懸崖，口銜樹枝，脚無所蹋，手無所攀，忽有人問：『如何是西來意？』若開口答，即喪身失命。若不答，又違他所問。當恁麽時，作麽生？」時有招上座出曰：「上樹時即不問，未上樹時如何？」師笑而已。

師問僧：「什麽處來？」僧曰：「潙山來。」師曰：「和尚近日有何言句？」僧曰：「人問如何是西來意，和尚竪起拂子。」師聞舉，乃曰：「彼中兄弟作麽會和尚意旨？」僧曰：「彼中商量道即色明心，附物顯理。」師曰：「會即便會，不會著什麽死急？」僧却問：「師意如何？」師還舉拂子。玄沙云：「只遮香嚴脚跟猶未點地。」雲居錫云：「什麽是香嚴脚跟未點地處？」

師凡示學徒，語多簡直。有偈頌二百餘篇，隨緣對機，不拘聲律，諸方盛行。後謚襲燈大師。

襄州延慶山法端大師〔一〕

襄州延慶山法端大師。有人問：「蚯蚓斬爲兩段，兩頭俱動，佛性在阿那頭？」師展兩手。洞山別云：「問底在阿那頭？」

師滅後，勅謚紹真大師，塔曰明金。

〔一〕此章第十二卷重出，收在香嚴智閑禪師下。

杭州徑山洪諲禪師

杭州徑山洪諲禪師，吴興人也，姓吴氏。年十九，禮開元寺無上大師落髮。無上大師嗣鹽官，後住徑山爲第二世也。二十二，往嵩嶽受滿足律儀，歸禮本師。師問曰：「汝於時中將何報四恩耶？」諲不能對，三日忘食，乃辭行脚，往謁雲巖，機緣未契。後造溈山，蒙滯頓除。遭唐會昌沙汰，衆皆悲惋。諲曰：「大丈夫鍾此厄會，豈非命也？何乃效兒女子乎！」大中初，復沙門相，還故鄉西峯院。咸通六年上徑山，明年本師遷神，衆請繼躅，爲徑山第三世，於法即溈山之嗣。

僧問：「掩息如灰時如何？」師曰：「猶是時人功幹。」僧曰：「幹後如何？」師曰：「耕人田不種。」僧曰：「畢竟如何？」師曰：「禾熟不臨場。」

僧問：「龍門不假風雷勢便透得者如何？」師曰：「猶是一品二品。」僧曰：「此既是階級，向上事如何？」師曰：「吾不知有汝龍門。」

僧問：「如霜如雪時如何？」師曰：「猶是污染。」曰：「不污染時如何？」師曰：「不同色。」

許州全明上坐先問石霜：「一毫穿衆穴時如何？」石霜云：「直須萬年後。」云：「萬年後如何？」石霜云：「登科任汝登科，拔萃任汝拔萃。」後問師云：「一毫穿衆穴時如何？」師曰：「光靴任汝光靴，結果任汝結果。」

僧問：「如何是長？」師曰：「千聖不能量。」曰：「如何是短？」師曰：「蟭螟眼裏著不滿。」其僧不肯，便去舉似石霜。石霜云：「只爲太近實頭。」僧問：「如何是長？」石霜云：「不屈曲。」曰：「如何是短？」石霜云：「雙陸盤中不喝彩。」

佛日長老訪師，師問曰：「伏承長老獨化一方，何以荐遊峯頂？」佛日曰：「朗月當空挂，冰霜不自寒。」師曰：「莫即是長老家風否？」佛日曰：「峭峙萬重關，於中含寶月。」師曰：「此猶是文言，作麽生是長老家風？」曰：「今日賴遇佛日，佛日却問云：隱密全真時人知有道不得，大省無辜時人知有道得。於此二途，猶是時人升降處。未審長老親道自道如何道？」師曰：「我家道處無箇道。」佛日曰：「如來路上無私曲，便請玄音和一場。」師曰：「任汝二輪更互照，碧潭雲外不相關。」佛日曰：「爲報白頭無限衆，此回年少莫歸鄉。」師曰：「老少同輪無向背，我家玄路勿參差。」佛日曰：「一言定天下，四句爲誰留？」師曰：「汝言有三四，我道其中一也無。」師因有偈曰：「東西不相顧，南北與誰留？汝即言三四，我即一也無。」

光化四年九月二十八日白衆而化。

福州靈雲志勤禪師

福州靈雲志勤禪師，本州長溪人也。初在潙山因桃華悟道，有偈曰：「三十來年尋劍客，幾逢落葉幾抽枝。自從一見桃華後，直至如今更不疑。」祐師覽偈，詰其所悟，與之符契。祐曰：「從緣悟達，永無退失，善自護持。」有僧舉似玄沙，玄沙云：「諦當甚諦當，敢保老兄猶未徹。」衆疑此語，玄沙問地藏：「我恁麼道，汝作麼生會？」地藏云：「不是桂琛，即走殺天下人。」乃返閩川，玄徒臻集。

上堂謂衆曰：「諸仁者，所有長短，盡至不常。且觀四時草木，葉落花開，何況塵劫來天人七趣，地水火風，成壞輪轉，因果將盡，三惡道苦，毛髮不添減，唯根蔕神識常存。上根者遇善友申明，當處解脱，便是道場。中下癡愚，不能覺照，沈迷三界，流轉生死。釋尊爲伊天上人間設教，證明顯發智道。汝等還會麼？」時有僧問：「如何得出離生老病死？」師曰：「青山元不動，浮雲飛去來。」

僧問：「君王出陣時如何？」師曰：「春明門外不問長安。」僧曰：「如何得覲天子？」師曰：「盲鶴下清池，魚從脚底過。」

僧問：「如何是佛法大意？」師曰：「驢事未去，馬事到來。」僧未喻旨，曰：「再請垂示。」師曰：「彩氣夜常動，精靈日少逢。」

雪峯有偈送雙峯出嶺，末句云「雷罷不停聲」，師更之云「雷震不聞聲」。雪峯聞之，乃曰：「靈雲山頭古月現。」

雪峯問云：「古人道『前三三，後三三』，意旨如何？」師云：「水中魚，山上鳥。」峯云：「意旨作麼生？」師云：「高可射兮深可釣。」

問：「諸方悉皆雜食，未審和尚如何？」師云：「獨有閩中異，雄雄鎮海涯。」

問：「久戰砂場，爲什麼功名不就？」師曰：「君王有道三邊静，何勞萬里築長城？」又云：「罷息干戈，束手歸朝時如何？」師云：「慈雲普潤無邊刹，枯樹無花争奈何？」

長生問：「混沌未分時，含生何來？」師曰：「如露柱懷兒。」一作「胎」。曰：「分後如何？」師曰：「如片雲點太清。」曰：「未審太清還受點也無？」師不答。曰：「恁麼即含生不來也？」師亦不答。曰：「直得純清絶點時如何？」師曰：「猶是真常流注。」曰：「如何是真常流注？」師曰：「如鏡長明。」曰：「向上更有事否？」師曰：「有。」曰：「如何是向上事？」師曰：「打破鏡來相見。」

問：「如何是西來意？」師曰：「井底種林檎。」曰：「學人不會。」師曰：「今年桃李貴，一顆直千金。」問：「摩尼珠不隨衆色，未審作什麽色？」師曰：「白色。」僧曰：「恁麽即隨衆色也。」師曰：「趙璧本無瑕，相如誑秦主。」

問：「君王出陣時如何？」師曰：「吕才葬虎耳。」曰：「其事如何？」師曰：「坐見白衣天。」僧曰：「王今何在？」師曰：「莫觸龍顔。」

益州應天和尚

益州應天和尚。僧問：「人人有佛性，如何是和尚佛性？」師曰：「汝唤什麽作佛性？」僧曰：「恁麽即和尚無佛性也。」師乃叫：「快活！快活！」

福州九峯慈慧禪師

福州九峯慈慧禪師。初在潙山遇祐師上堂云：「汝等諸人只得大體，不得大用。」師抽身出去。潙山召之，師更不迴顧。潙山云：「此子堪爲法器。」

師一日辭潙山入嶺云：「某甲辭違和尚，千里之外不離左右。」潙山動容曰：「善爲。」

京兆米和尚

京兆米和尚。亦謂米七師。初參學歸受業寺，有老宿問：「月中斷井索，時人唤作蛇。未審七師見佛唤作什麽？」師曰：「若有佛見，即同衆生。」法眼别云：「此是什麽時節問？」法燈别云：「唤底不是。」老宿曰：「千年桃核。」

師令僧去問仰山云：「今時還假悟也無？」仰山云：「悟即不無，争奈落在第二頭。」師深肯之。又令僧去問洞山云：「那箇究竟作麽生？」洞山云：「却須問他始得。」師亦肯之。

僧問：「如何是衲衣下事？」師云：「醜陋任君嫌，不挂雲霞色。」

晉州霍山和尚

晉州霍山和尚。仰山一僧到，自稱：「集雲峯下四藤條天下大禪佛參。」大禪佛，即十二卷晉州霍山景通和尚也。師乃唤：「維那！搬柴著。」一作「打鍾著」。大禪佛驟步而去。

師聞秘魔巖和尚凡有僧到禮拜，以木叉叉著，師一日遂往訪之。才見，不禮拜，便入秘魔懷裏，秘魔拊師背三下。師起，拍手云：「師兄，我一千里地來。」便回。一作「師兄三千里外賺我來」。

襄州王敬初常侍

襄州王敬初常侍。視事次，米和尚至，王公乃舉筆，米曰：「還判得虚空否？」公擲筆入廳，更不復出。米致疑，至明日，憑鼓山供養主入探其意。米亦隨至，潛在屏蔽間偵伺。供養主才坐，問云：「昨日米和尚有什麽言句，便不得見？」王公曰：「師子齩人，韓獹逐塊。」米師竊聞此語，即省前謬，遽出朗笑，曰：「我會也！我會也！」

嘗問一僧：「一切衆生還有佛性也無？」僧云：「盡有。」公指壁畫狗子云：「遮箇還有也無？」僧無對。公自代云：「看齩著。」

前福州大安禪師亦稱大潙和尚法嗣除落「長慶院」三字。蓋師雖曾居長樂府之西院，没後二十餘年閩帥移招慶，稜和尚來住西院，方奏長慶之額〔一〕。

益州大隋法真禪師

益州大隋法真禪師。僧〔二〕問：「劫火洞然，大千俱壞，未審此箇還壞也無？」師云：「壞。」僧云：「恁麽即隨他去也？」師云：「隨他去也。」

問：「如何是大人相？」師云：「肚上不帖牓。」

師問僧：「什麽處去？」僧云：「西山住庵去。」師云：「我向東山頭唤汝，汝還來得

〔一〕四部本、趙城本無此小注。
〔二〕「僧」，趙城本無。

麼？」僧云：「即不然。」師云：「汝住庵未得。」

問：「生死到來時如何？」師云：「遇茶喫茶，遇飯喫飯。」僧云：「可誰受供養？」師云：「合取鉢盂。」

師庵側有一龜，僧問：「一切衆生皮裹骨，遮箇衆生骨裹皮如何？」師拈草履於龜邊著，僧無語〔一〕。

問：「如何是諸佛法要？」師舉拂子云：「會麼？」僧云：「不會。」師云：「麈尾拂子。」問：「如何是學人自己？」師曰：「是我自己。」僧云：「爲什麼却是和尚自己？」師云：「是汝自己。」

問：「如何是無縫塔？」師云：「高五尺。」僧云：「學人不會。」師云：「鶻崙塼。」問：「和尚百年後法付何人？」師云：「露柱、火爐。」僧云：「還受也無？」師云：「火爐、露柱。」

有行者領衆到，師問：「參得底人，喚東作什麼？」對曰：「不可喚作東。」師咄曰：「臭驢漢！不喚作東，喚作什麼？」行者無語，衆遂散。

〔一〕「僧無語」，四部本、趙城本作小注。

問：「如何是和尚家風？」師云：「赤土畫簸箕。」僧云：「如何是赤土畫簸箕？」師云：「簸箕有脣，米不跳去。」

師問一僧：「講什麽教法？」僧云：「百法論。」師拈杖子云：「從何而起？」對云：「從緣而起。」師云：「苦哉！苦哉！」

師問僧：「什麽處去？」云：「禮普賢去。」師舉拂子云：「文殊、普賢總在遮裏。」僧作圓相抛向後，乃禮拜。師云：「侍者，取一帖茶與遮僧。」

一日，衆僧參次，師口作患風勢云：「還有人醫得吾口麽？」時衆僧競送藥以至。俗士聞之亦多送藥，師並不受。七日後，師自摑口令正，乃云：「如許多時鼓遮兩片皮，至今無人醫得吾口。」

蜀主欽尚，遣使屢徵，師皆辭以老病，署神照大師。

韶州靈樹如敏禪師

韶州靈樹如敏禪師，閩川人也。廣主劉氏奕世欽重，署知聖大師。有僧問：「佛法至理如何？」師展手而已。

問：「如何是和尚家風？」師云：「千年田，八百主。」僧云：「如何是千年田，八百主？」師云：「郎當屋舍没人修。」問：「如何是西來意？」師云：「童子莫傜兒。」僧云：「乞師指示。」師云：「汝從虔州來。」

問：「是什麽得恁麽難會？」師云：「火官頭上風車子。」

有尼送瓷鉢與師，師托起問云：「遮箇出在什麽處？」尼云：「出在定州。」法燈别云：「不遠此間。」師乃撲破，尼無對。保福代云：「欺敵者亡。」

人問：「和尚年多少？」師云：「今日生，來日死。」又問：「和尚生緣什麽處？」師云：「日出東，月落西。」

師四十餘年化被嶺表，頗有異迹。廣主將興兵，躬入院請師決臧否。師已先知，怡然坐化。主怒知事云：「和尚何時得疾？」對曰：「師不曾有疾，適封一函子，令俟王來呈之。」主開函得一帖子，書云：「人天眼目，堂中上座。」主悟師旨，遂寢兵，乃召第一坐開堂説法。即雲門偃和尚法嗣雪峯是也。師全不身散，其葬具龕塔並廣主具辦，今號靈樹真身塔焉。

福州壽山師解禪師

福州壽山師解禪師。行脚時造洞山法席，洞山問云：「闍梨生緣何處？」師云：「和尚若實問，某甲即是閩中人。」洞山云：「汝父名什麽？」師云：「今日蒙和尚致此一問，直得忘前失後。」

師〔一〕住壽山，上堂云：「諸上坐，幸有真實言語相勸，諸兄弟合各自體悉。凡聖情盡，體露真如。但一時卸劫從前虚妄攀緣塵垢心，如虚空相似。他時後日，合識得些子好惡。」

閩帥〔二〕問曰：「壽山年多少？」師云：「與虚空齊年。」曰：「虚空年多少？」師云：「與壽山齊年。」

饒州嶢山和尚

饒州嶢山和尚。有僧問：「如何是西來意？」師曰：「仲冬嚴寒。」問：「如何是和尚深深處？」師曰：「待汝舌頭落地即向汝道。」問：「如何是丈六金身？」師曰：「判官斷案，相公改。」

長慶問：「從上宗乘此間如何言論？」師曰：「有願不負先聖。」長慶云：「不負先聖作麽生？」師曰：「不露。」長慶云：「恁麽即請師領話。」師曰：「什麽處去來？」長慶

〔一〕「師」，原無，據四部本、趙城本補。
〔二〕「帥」，原作「師」，據四部本改。

云：「只者舊作「首」字。什麽處去來？」

泉州莆田縣國歡崇福院慧日大師

泉州莆田縣國歡崇福院慧日大師，福州侯官縣人也，姓黄氏。生而有異，及長名文矩，爲縣獄卒，往往棄役往神光靈觀和尚及西院大安禪師所，吏不能禁。後謁萬歲塔譚空禪師落髮，不披袈裟，不受具戒，唯以雜綵爲挂子。復至觀和尚所，觀曰：「我非汝師，汝去禮西院去。」師携一小青竹杖入西院法堂，安遥見而笑曰：「入涅槃堂去。」師應諾，輪竹杖而入。時有五百許僧染時疾，師以杖次第點之，各隨點而起。閩王禮重，創國歡禪苑以居之。厥後頗多靈跡，唐乾寧中示滅。

台州浮江和尚

台州浮江和尚。有時雪峯和尚領衆到，問云：「即今有二百人寄院過夏，得也無？」師將拄杖劃地一下，云：「著不得即道。」雪峯無語〔一〕。

潞州渌水和尚

潞州渌水和尚。僧問：「如何是祖師西來意？」師云：「還見庭前花藥欄麽？」僧無

〔一〕「雪峯無語」，四部本、趙城本作小注。

語〔一〕。

廣州文殊院圓明禪師

廣州文殊院圓明禪師，福州人，姓陳氏。本參大潙得旨，後造雪峯請益，法無異味。又嘗遊五臺山覩文殊化現，乃隨方建院，以「文殊」爲額。開寶中，前樞密使李崇矩巡護南方，因入師院覩地藏菩薩像，問僧曰：「地藏何以展手？」僧曰：「手中珠被賊偷却也。」李却問師：「既是地藏，爲什麽遭賊？」師曰：「今日捉下也。」李乃謝之。淳化元年示滅，壽一百三十有六。

前趙州從諗禪師法嗣

洪州武寧縣新興嚴陽尊者

洪州武寧縣新興嚴陽尊者。僧問：「如何是佛？」師曰：「土塊。」曰：「如何是法？」師曰：「地動也。」曰：「如何是僧？」師曰：「喫粥喫飯。」

〔一〕「僧無語」，四部本、趙城本作小注。

僧問：「如何是新興水？」師曰：「前面江裏。」僧問：「如何是應物現形？」師曰：「與我拈床子過來。」

師常有一蛇一虎隨從左右，手中與食。

楊州城東光孝院慧覺禪師

楊州城東光孝院慧覺禪師。僧問：「覺花才綻，遍滿娑婆。祖印西來，合譚何事？」師曰：「情生智隔。」曰：「此是教意。」師曰：「汝披什麽衣服！」問：「一棒打破虛空時如何？」師曰：「困即歇去。」

師問宋齊丘：「還會道麽？」宋曰：「道也著不得。」師曰：「有著不得，無著不得。」宋曰：「總不恁麽。」師曰：「著不得底。」宋無對。

師領衆出，見露柱，師合掌曰：「不審，世尊。」一僧曰：「和尚，是露柱。」師曰：「啼得血流無用處，不如緘口過殘春。」僧問：「遠遠投師，師意如何？」曰：「官家嚴切，不許安排。」曰：「師豈無方便？」師曰：「且向火倉裏一宿。」

張居士問：「争奈老何？」師曰：「年多少？」張曰：「八十也。」師曰：「可謂老也。」曰：「究竟如何？」師曰：「直至千歲也未住。」

有人問：「某甲平生愛殺牛，還有罪否？」師曰：「無罪。」曰：「爲什麽無罪？」師曰：「殺一箇，還一箇。」

隴州國清院奉禪師

隴州國清院奉禪師。問：「祖意與教意同别？」師曰：「雨滋三草秀，春風不裹頭。」僧曰：「畢竟是一是二？」師曰：「祥雲競起，巖洞不虧。」

問：「如何是和尚家風？」師曰：「臺梓椅子，火爐𤡬牅。」問：「如何是出家人？」曰：「銅頭鐵額，鳥嘴鹿身。」僧曰：「如何是出家人本分事？」師曰：「早起不審，夜間珍重。」

僧問：「牛頭未見四祖時，爲什麽鳥獸銜花？」師曰：「如陝府人送錢財與鐵牛。」曰：「見後爲什麽不銜花？」師曰：「木馬投明行八百。」

問：「十二時中如何降伏其心？」師曰：「敲冰求火，論劫不逢。」

問：「十二分教是止啼之義，離却止啼請師一句。」師曰：「孤峯頂上雙角女。」

問：「如何是佛法大意？」師曰：「釋迦是牛頭獄卒，祖師是馬面阿婆。」

問：「如何是西來意？」師曰：「東壁打西壁。」問：「如何是撲不破底句？」師曰：

「不隔毫釐，時人遠嚮。」

婺州木陳從朗禪師

婺州木陳從朗禪師。僧問：「放鶴出籠，和雪去時如何？」師曰：「我道不一色。」因金剛倒，僧問：「既是金剛不壞身，爲什麽却倒地？」師敲禪床曰：「行住坐卧。」師將歸寂，有頌曰：「三十年來住木陳，時中無一假功成。有人問我西來意，展似眉毛作麽生？」

婺州新建禪師

婺州新建禪師。不度小師，有僧問：「和尚年老，何不畜一童子侍奉？」師曰：「有瞽聵者爲吾討來。」

僧辭，師問：「什麽處去？」僧曰：「府下開元寺去。」師曰：「我有一信附與了寺主，汝將得去否？」僧曰：「便請。」師曰：「想汝也不奈何！」

杭州多福和尚

杭州多福和尚。僧問：「如何是多福一叢竹？」師曰：「一莖兩莖斜。」曰：「學人不會。」師曰：「三莖四莖曲。」

僧問：「如何是納衣下事？」師曰：「大有人疑在。」曰：「爲什麽如是？」師曰：「月裹藏頭。」

益州西睦和尚

益州西睦和尚。上堂，有一俗士舉手云：「和尚便是一頭驢。」師曰：「老僧被汝騎。」彼無語去。後三日再來，自言：「某甲三日前著賊。」師拈拄杖趁出。

師有時驀喚侍者，侍者應諾。師曰：「更深夜静，共伊商量。」

前衢州子湖巖利蹤禪師法嗣

台州勝光和尚

台州勝光和尚。問：「如何是和尚家風？」師曰：「福州荔枝，泉州刺桐。」問：「如何是佛法兩字？」師曰：「即便道。」僧曰：「請師道。」師曰：「穿耳胡僧笑點頭。」

龍華照和尚來，師把住云：「作麽生？」照云：「莫錯。」師乃放手，照云：「久嚮勝光。」師默然。照乃辭，師門送云：「自此一别，什麽處相見？」照呵呵而去。

漳州浮石和尚

漳州浮石和尚。上堂云：「山僧開卜鋪，能斷人貧富，定人生死。」時有僧出云：「離却生死貧富，不落五行，請師直道。」師云：「金木水火土。」

紫桐和尚

紫桐和尚。僧問：「如何是紫桐境？」師曰：「阿爾眼裏著沙得麼？」曰：「大好紫桐，境也不識。」師曰：「老僧不諱此事。」其僧出去，師下禪床擒住云：「今日好箇公案，老僧未得分文入手。」曰：「賴遇某甲是僧。」師曰：「禍不單行。」

日容和尚

日容和尚巖。音豁。上座參，師拊掌三下，云：「猛虎當軒，誰是敵者？」巖曰：「俊鶻冲天，阿誰捉得？」師曰：「彼此難當。」曰：「且休，未斷遮公案。」師將拄杖舞歸方丈，巖無語。師曰：「死却遮漢也！」雲山云：「巖不別前語。」

前鄂州茱萸和尚法嗣

石梯和尚

石梯和尚。僧新到，於師前立，少頃便出。師曰：「有什麽辨白處？」僧再立良久，師曰：「辨得也！辨得也！」僧曰：「辨後作麽生？」師曰：「埋却得也。」僧曰：「蒼天！蒼天！」師曰：「適來却恁麽，如今還不當。」僧乃出去。

天龍和尚法嗣

婺州金華山俱胝和尚

婺州金華山俱胝和尚。初住庵，有尼名實際到庵，戴笠子執錫繞師三匝云：「道得即拈下笠子。」三問，師皆無對。尼便去，師曰：「日勢稍晚，且留一宿。」尼曰：「道得即宿。」師又無對。尼去後，歎曰：「我雖處丈夫之形，而無丈夫之氣。」擬棄庵往諸方參尋，其夜山神告曰：「不須離此山，將有大菩薩來爲和尚説法也。」果旬日，天龍和尚到庵。師乃迎禮，具陳前事。天龍竪一指而示之，師當下大悟。自此凡有參學僧到，師唯舉一指，無別提唱。

有一童子於外被人詰曰：「和尚説何法要？」童子竪起指頭。歸而舉似師，師以刀斷其指頭。童子叫喚走出，師召一聲，童子回首，師却竪起指頭。童子豁然領解。

師將順世，謂衆曰：「吾得天龍一指頭禪，一生用不盡。」言訖示滅。長慶代衆云：「美食不中飽人喫。」玄沙云：「我當時若見，拗折指頭。」玄覺云：「且道玄沙恁麼道，意作麼生？」雲居錫云：「只如玄沙恁麼道，肯伊不肯伊？若肯，何言拗折指頭？若不肯，俱胝過在什麼處？」先曹山云：「俱胝承當處鹵莽，只認得一機一境，一種是拍手拊掌，是他西園奇怪。」玄覺又云：「且道俱胝還悟也未？若悟，爲什麼道承當處莽鹵？若不悟，又道用一指頭禪不盡。且道曹山意旨在什麽處？」

前長沙景岑禪師法嗣

明州雪竇山常通禪師

明州雪竇山常通禪師，邢州人也，姓李氏。入鵲山出家，年二十本州開元寺受戒，習經律凡七載，乃曰：「摩騰入漢，譯著斯文。達磨來梁，復明何事？」遂遠參長沙岑和尚，岑問曰：「何處人？」師曰：「邢州人。」岑曰：「我道不從彼來。」曰：「和尚還曾住此無？」岑然之，乃容入室。後往洞山、石霜，而法無異味。唐咸通末遊宣城，郡守於謝仙山奏置禪苑，號瑞聖院，請師居焉。

僧問：「如何是密室？」師曰：「不通風。」信曰：「如何是密室中人？」師曰：「諸聖求覩不見。」又曰：「千佛不能思，萬聖不能議。乾坤壞不壞，虚空包不包。一切比無倫，三世唱不起。」問：「如何是三世諸佛出身處？」師曰：「伊不肯知有汝三世。」良久，又曰：「薦否？不然者，且向著佛不得處體取。時中常在，識盡功成，瞥然而起，即是傷他，而況言句乎？」

光啓中，群寇起，師領徒至四明。大順二年，郡守請居雪竇，鬱然盛化。天祐二年乙丑七月示疾，集衆焚香，付囑訖，合掌而逝，壽七十二。其年八月七日，建石塔於院西南隅。

前關南道常禪師法嗣

襄州關南道吾和尚

襄州關南道吾和尚。始經村墅，聞巫者樂神云：「識神無？」師忽然惺悟。後參常禪師，印其所解。復遊德山門下，法味彌著。

凡上堂示徒，戴蓮花笠，披襴執簡，擊鼓吹笛，口稱魯三郎。有時云：「打動關南鼓，唱起德山歌。」僧問：「如何是祖師西來意？」師以簡揖云：「喏。」師有時執木劍，横在肩上作舞。僧問：「手中劍什麽處得來？」師擲於地，僧却置師手中。師曰：「什麽處得來？」僧無對。師曰：「容汝三日内下取一語。」其僧亦無對。師自代拈劍肩上作舞，云：「恁麽始得。」

問：「如何是和尚家風？」師下禪床作女人拜，云：「謝子遠來，都無祇待。」師問灌溪：「作麽生？」灌溪云：「無位。」師云：「莫同虚空麽？」云：「遮屠兒！」師云：「有生可殺即不倦。」

漳州羅漢和尚

漳州羅漢和尚。始於關南常禪師拳下悟旨，語見常禪師章。乃爲歌曰：「咸通七載初參道，到處逢言不識言。心裏癡團若栲栳，三春不樂止林泉。忽遇法王氈上坐，便陳疑懇向師前。師從氈上那伽起，袒膊當胸打一拳。駭散癡團獦狚落，舉頭看見日初圓。從玆蹬蹬以碣碣，直至如今常快活。只聞肚裏飽膨脝，更不東西去持鉢。」又述偈曰：「宇内爲閑客，人中作野僧。任從他笑我，隨處自騰騰。」

前高安大愚禪師法嗣

筠州末山尼了然

筠州末山尼了然。灌溪閑和尚遊方時到山，先云：「若相當即住，不然則推倒禪床。」乃入堂内。然遣侍者問：「上座遊山來？爲佛法來？」閑云：「爲佛法來。」然乃升座，閑上參。然問：「上座今日離何處？」閑云：「離路口。」然云：「何不蓋却！」閑無對，禾山代云：「争得到遮裏？」始禮拜，問：「如何是末山？」然云：「不露頂。」閑云：「如何是末山主？」然云：「非男女相。」閑乃喝云：「何不變去！」然云：「不是神，不是鬼，變箇什麽？」閑於是服膺，作園頭三載。

僧到參，然云：「太繿縷生。」僧云：「雖然如此，且是師子兒。」然云：「既是師子兒，爲什麽被文殊騎？」僧無對。

僧問：「如何是古佛心？」然云：「世界傾壞。」僧云〔一〕：「世界爲什麽傾壞？」然云：「寧無我身。」

〔一〕「僧云」，原作「增云」，據四部本改，趙城本作「曰」。

中國佛教典籍選刊

景德傳燈録

下

〔宋〕道原 撰
尚之煜 點校

中華書局

景德傳燈録卷第二十二

吉州青原山行思禪師第七世中
杭州龍華寺靈照禪師法嗣七人
台州瑞巖師進禪師　台州六通院志球禪師　杭州雲龍院歸禪師　杭州餘杭功臣院
道閑禪師　衢州鎮境遇緣禪師　福州報國院照禪師　台州白雲迺禪師已上七人見録
明州翠巖令參禪師法嗣二人
杭州龍册寺子興禪師　温州佛嶴知默禪師已上二人見録
福州安國院弘瑫禪師法嗣九人
福州白鹿師貴禪師　福州羅山義聰禪師　福州安國從貴禪師　福州怡山藏用禪師
福州永隆彦端禪師　福州林陽志端禪師　福州興聖滿禪師　福州僊宗明禪師　福
州安國祥和尚已上九人見録
漳州保福院從展禪師法嗣二十五人

泉州昭慶省僜禪師　漳州保福可儔禪師　舒州白水如新禪師　洪州漳江慧廉禪師
福州報慈文欽禪師　泉州萬安清運禪師　漳州報恩熙禪師　泉州鳳凰山從琛禪師
福州永隆瀛和尚　洪州清泉山守清禪師　漳州報恩院行崇禪師　潭州嶽麓和尚
朗州德山德海禪師　泉州後昭慶和尚　朗州梁山簡禪師　洪州建山澄禪師　福州
康山契穩禪師　潭州延壽慧輪大師　泉州西明琛禪師已上一十九人見録　福州升山柔
禪師　福州枕峯和尚　朗州法操禪師　襄州鷲嶺和尚　睦州敬連和尚　潭州谷山
句禪師已上六人無機緣語句不録

南嶽金輪觀禪師法嗣一人

後衡嶽金輪和尚一人見録

泉州睡龍山道溥禪師法嗣一人

漳州保福院清豁禪師一人見録

韶州雲門山文偃禪師法嗣上二十五人

韶州白雲祥和尚　朗州德山緣密禪師　潭州南臺道遵禪師　韶州雙峯山竟欽和尚
韶州資福和尚　廣州黄雲元禪師　廣州龍境倫禪師　韶州雲門爽禪師　韶州白雲

聞和尚　韶州披雲智寂禪師　韶州浄法章和尚　韶州温門山滿禪師　岳州巴陵顥鑒大師　連州地藏慧慈大師　英州大容諲禪師　廣州羅山崇禪師　韶州雲門寶禪師　郢州臨谿竟脱和尚　廣州華嚴慧禪師　韶州舜峯韶和尚　隨州雙泉師寬禪師　英州觀音和尚　韶州林泉和尚　韶州雲門煦和尚　益州香林澄遠禪師已上二十五人見録

青原行思禪師第七世中

前杭州龍華寺靈照禪師法嗣

台州瑞巖師進禪師

台州瑞巖師進禪師。師上堂，大衆立久，師曰："媿諸禪德，已省提持。若是徇聲聽響，不如歸堂向火。珍重！"

僧問："如何是瑞巖境？"師云："重重疊嶂南來遠，北向皇都咫尺間。"僧曰："如何是境中人？"師曰："萬里白雲朝瑞岳，微微細雨洒簾前。"僧曰："未審如何親近此人？"師曰："將謂闍梨親入室，元來猶隔萬重關。"

台州六通院志球禪師

台州六通院志球禪師。僧問：「全身佩劍時如何？」師曰：「落。」僧曰：「當者如何？」師曰：「熏天炙地。」

問：「如何是六通境？」師曰：「滿目江山一任看。」僧曰：「如何是境中人？」師曰：「古今自去來。」僧曰：「離二途還有向上事也無？」師曰：「有。」僧曰：「如何是向上事？」師曰：「雲水千徒與萬徒。」

問：「擁毳玄徒，請師指示。」師曰：「紅鑪不墜雁門關。」僧曰：「如何是紅鑪不墜雁門關？」師曰：「青霄豈悋衆人攀？」僧曰：「還有不知者也無？」師曰：「有。」僧曰：「如何是不知者？」師曰：「金牓上無名。」

問：「如何是和尚家風？」師曰：「萬家明月朗。」問：「如何是第二月？」師曰：「山河大地。」

杭州雲龍院歸禪師

杭州雲龍院歸禪師。僧問：「久戰沙場，爲什麼功名不就？」師曰：「過在遮邊。」僧曰：「還有進處也無？」師曰：「冰消瓦解。」

杭州餘杭功臣院道閑禪師

杭州餘杭功臣院道閑禪師。僧問：「如何是功臣家風？」師曰：「俗人東畔立，僧衆在西邊。」問：「如何是學人自己？」師曰：「如汝與我。」僧曰：「恁麽即無二去也。」師曰：「十萬八千。」

衢州鎮境遇緣禪師

衢州鎮境遇緣禪師。僧問：「衆手淘金，誰是得者？」師曰：「谿畔披砂徒自困，家中有寶速須還。」僧曰：「恁麽即始終不從人得去也。」師曰：「饒君便有擎山力，未免肩頭有擔胝。」

福州報國院照禪師

福州報國院照禪師。師上堂曰：「我若全機，汝向什麽處摸索？蓋爲根器不等，便成不具慚愧，還委得麽？如今與諸仁者作箇入底門路。」乃敲繩床兩下，云：「還見麽？還聞麽？若見便見，若聞便聞。莫向意識裏卜度，却成妄想顛倒，無有出期。珍重！」因佛塔被雷霹，有人問：「祖佛塔廟爲什麽却被雷霹？」師曰：「通天作用。」僧曰：

「既是通天作用，爲什麽却霹佛？」師曰：「作用何處見有佛？」僧曰：「争奈狼藉何？」師曰：「見什麽？」

台州白雲迺禪師

台州白雲迺禪師。僧問：「荆山有玉非爲寶，囊内真金賜一言。」師曰：「我家貧。」僧曰：「慈悲何在？」師曰：「空慚道者名。」

前明州翠巖令參禪師法嗣

杭州龍册寺子興明悟大師

杭州龍册寺子興明悟大師。僧問：「正位中還有人成佛否？」師曰：「誰是衆生？」僧曰：「若恁麽即總成佛去也。」師曰：「還我正位來。」僧曰：「如何是正位？」師曰：「汝是衆生。」

問：「如何是無價珍？」師曰：「卞和空抱璞。」僧曰：「忽遇楚王，還進也無？」師曰：「凡聖相繼續。」

問：「古人拈布毛意作麽生？」師曰：「闍梨舉不全。」僧曰：「如何舉得？」師乃拈起袈裟。

温州雲山佛嶼院知默禪師

温州雲山佛嶼院知默禪師。第二世住。師上堂曰：「山僧如今看見諸上坐恁麼行脚，喫辛喫苦，盤山涉澗，終不爲觀看州縣、參尋名山聖迹，莫非爲此一大事。如今且要諸人於本參中通箇消息來，雲山敢與證明，非但雲山證明，乃至禪林佛刹亦與證明。」

僧問：「如何是佛嶼家風？」師曰：「送客不離三步内，邀賓只在草堂前。」

前福州安國院弘瑫明真大師法嗣

福州白鹿師貴禪師

福州白鹿師貴禪師。開堂日，有僧問：「西峽一派不異馬頭，白鹿千峯何似鷄足？」師曰：「大衆一時驗看。」

問：「如何是白鹿家風？」師曰：「向汝道什麼？」僧曰：「恁麼即學人知時去也。」師曰：「知時底人合到什麼田地？」僧曰：「不可更喃喃地。」師曰：「放過即不可。」

問：「牛頭未見四祖時，百鳥銜華供養，見後爲什麼不來？」師曰：「曙色未分人盡望，及乎天曉也如常。」

福州羅山義聰禪師

福州羅山義聰禪師。師上堂，大衆立久，師曰：「若有分付處，羅山即不具眼。若無分付處，即勞而無功。所以維摩昔日對文殊，且道如今會也無？」

僧問：「如何是出窟師子？」師曰：「什麽處不震裂？」僧曰：「作何音響？」師曰：「聾者不聞。」

問：「手指天地，唯我獨尊，爲什麽却被傍者責？」師曰：「謂言胡鬚赤。」僧曰：「只如傍者有什麽長處？」師曰：「路見不平，所以按劍。」

福州安國院從貴禪師

福州安國院從貴禪師。僧問：「禪宫大敞，法衆雲臻，向上一路，請師決擇。」師曰：「素非時流。」

師有時上堂示衆云：「禪之與道，拈向一邊著。佛之與祖，是什麽破草鞋？恁麽告報，莫屈著諸人麽？若道屈著，即且行脚去。若道不屈著，也須合取口始得。珍重！」

又有時上堂曰：「直是不遇梁朝，安國也謾不過。珍重！」

僧問：「請師舉唱宗乘。」師曰：「今日打禾，明日搬柴。」

問：「牛頭未見四祖時如何？」師曰：「香鑪對繩床。」僧曰：「見後如何？」師曰：「門扇對露柱。」

問：「如何是和尚家風？」師曰：「若問家風，即答家風。」僧曰：「學人不問家風時作麽生？」師曰：「胡來漢去。」

問：「諸餘即不問，省要處乞師一言。」師曰：「還得省要麽？」

師下堂曰：「純陀獻供。珍重！」

福州怡山長慶藏用禪師

福州怡山長慶藏用禪師。師上堂，衆集，師以扇子拋向地上，曰：「愚人謂金是土，智者作麽生？後生可畏，不可總守愚去也。還有麽？出來道看。」時有僧出，禮拜，退後而立。師曰：「别更作麽生？」僧曰：「和尚明鑒。」師曰：「千年桃核。」

問：「如何是伽藍？」師曰：「長溪、莆田。」僧曰：「如何是伽藍中人？」師曰：「新羅白水。」

問：「如何是靈泉正主？」師曰：「南山北山。」

問：「如何是和尚家風？」師曰：「齋前厨蒸南白飯，午後鑪煎北苑茶。」

問：「法身還受苦也無？」師曰：「地獄豈是天堂？」僧曰：「恁麼即受苦去也。」師曰：「有什麼罪過？」

福州永隆院彦端禪師

福州永隆院彦端禪師。師上堂，大衆雲集，師從座起作舞，謂大衆曰：「會麼？」衆曰：「不會。」師曰：「山僧不捨道法而現凡夫事，作麼生不會？」

問：「本自圓成，爲什麼却分明晦？」師曰：「汝自檢責看。」

福州林陽山瑞峯院志端禪師

福州林陽山瑞峯院志端禪師，福州人也。依本部南澗寺受業，年二十四謁明真大師。一日，有僧問：「如何是萬象之中獨露身？」明真舉一指，其僧不薦，師於是冥契玄旨。乃入室白曰：「適來那僧問話，志端今有省處。」明真曰：「汝見什麼道理？」師亦舉一指曰：「遮箇是什麼？」明真甚然之。

師上堂，舉拂子云：「曹溪用不盡底，時人喚作頭角生。山僧拈來拂蚊子，薦得乾坤陷落。」

問：「如何是西來意？」師曰：「木馬走似煙，石人趁不及。」

問：「如何是禪？」師曰：「今年早〔一〕去年。」僧曰：「如何是道？」師曰：「冬田半折耗。」

問：「如何是學人自己？」師便與一蹋，僧作接勢。師便與一摑，僧無對。師曰：「賺殺人！」

問：「如何是迥絶人煙處佛法？」師曰：「巔山峭峙碧芬芳。」僧曰：「恁麽即一真之理，華野不殊。」師曰：「不是遮箇道理。」

問：「如何是佛法大意？」師曰：「竹箸一文一雙。」

有僧夜參，師曰：「阿誰？」僧曰：「某甲。」師曰：「泉州沙糖，舶上檳榔。」僧良久，師曰：「會麽？」僧曰：「不會。」師曰：「爾若會，即廓清五蘊，吞盡十方。」

師開寶元年八月内遺偈曰：「年來二月二，別汝暫相棄。爇灰散四林，勿占檀那地。」此偈因侍者傳于外，四衆咸寫而記之。至明年正月二十八日，州民競入山瞻禮，師身無恙，參問如常。至二月一日，州主率諸官同至山，偵伺經宵，院中如市。二日，師齋罷，上堂辭衆。時有圓應長老出衆作禮，問曰：「雲愁霧慘，大衆嗚呼。請師一言，未在告別。」師垂

〔一〕「早」，四部本、趙城本作「旱」。

一足，應曰：「法鏡不臨於此土，寶月又照於何方？」師曰：「非君境界。」應曰：「恁麽即漚生漚滅還歸水，師去師來是本常。」師作噓聲。復有僧問數則語，師皆酬答，然後下座，歸方丈安坐，至亥時問衆曰：「世尊滅度是何時節？」衆曰：「二月十五日子時。」師曰：「吾今日子時前。」言訖長往。

福州興聖滿禪師

福州興聖滿禪師。師上堂曰：「覿面分付，不待文宣，具眼投機，唤作參玄上士。若能如此，所以宗風不墜。」

僧問：「昔日靈山會裏，今朝興聖筵中。和尚親傳，如何舉唱？」師曰：「欠汝一問。」

福州僊宗院明禪師

福州僊宗院明禪師。師上堂曰：「幸有如是門風，何不烜赫地紹續取去？若也紹得，不在三界。若出三界，即壞三界。若在三界，即礙三界。不礙不壞，是出三界？是不出三界？恁麽徹去，堪爲佛法種子，人天有頼。」

有僧問：「拏雲不假風雷便，迅浪如何透得身？」師曰：「何得棄本逐末？」

福州安國院祥和尚

福州安國院祥和尚。師上堂，頃間乃失聲云：「大是無端，雖然如此，事不得已。於中若有未覩者，更開方便，還會麽？」僧問：「不涉方便，乞師垂慈。」師曰：「汝問我答是方便。」

問：「應物現形，如水中月，如何是月？」師提起拂子，僧曰：「古人爲什麽道水月無形？」師曰：「見什麽？」問：「如何是宗乘中事？」師曰：「淮軍散後。」

問：「如何是和尚家風？」師曰：「衆眼難謾。」

前漳州保福院從展禪師法嗣

泉州招慶院省僜净修大師

泉州招慶院省僜净修大師。師初參保福，問答冥符。一日，保福入大殿覩佛像，乃舉手問師曰：「佛恁麽意作麽生？」師對曰：「和尚也是横身。」曰：「一橛我自收取。」師曰：「和尚非唯横身。」保福然之。

後住招慶，初開堂升座，少頃曰：「大衆！向後到處遇道伴，作麽生舉似他？若有人舉得，試對衆舉看。若舉得，免孤負上祖，亦免埋没後來。古人道『通心君子，文外相見』，還有遮箇人麽？況是曹谿門下子孫，合作麽生理論？合作麽生提唱？」

僧問：「昔日覺城東際象王迴旋，今日閩嶺南方如何提接？」師曰：「會麽？」曰：

「恁麽即一機啓處，四句難追，未委從上宗門成得什麽邊事？」師曰：「退後禮拜，隨衆上下。」

問：「全提不到，請師商量。」師曰：「拊掌得麽？」僧曰：「恁麽即領會去也。」師曰：「莫錯。」

問：「如何得不傷於己、不負於人？」師曰：「莫屈著汝遮問麽？」僧曰：「恁麽上來，已蒙師指也。」師曰：「汝又屈著我作麽？」

問：「當鋒一句請師道。」師曰：「嗄。」僧再問，師曰：「瞌睡漢！」

師問僧：「離什麽處？」曰：「報恩。」師曰：「僧堂大小？」曰：「和尚試道看。」師曰：「何不待問？」

問：「學人全身不會，請師指示。」師曰：「還解笑得麽？」師又曰：「叢林先達者不敢相觸忤，若是初心後學未信，直須信取。未省直須省取，不受掠虚，諸人本分去處，未有一時不顯露，未有一物解蓋覆得。如今若要知，不用移絲髮地，不用少許工夫，但向博地位中承當取，豈不省心力？既能省得，便與諸佛齊肩，依而行之。緣此事是箇白浄去處。今日須得白浄身心合他，始得自然合古合今，脱生離死。古人云『識心達本，解無爲法，方號沙門』，如今諸官大衆各須體取好，莫全推過師僧分上。佛法平等，上至諸佛，下至一切，共同此事。既然如此，誰有誰無？勤王之外，亦須努力。適來説如許多般，蓋不得已而已。莫道從上宗門合恁麽語話，只如從上宗門合作麽生？還相悉麽？若有人相悉，山僧今日得雪去也。久立大衆，珍重！」

漳州保福院可儔明辯大師

漳州保福院可儔明辯大師。僧問：「如何是和尚家風？」師曰：「雲在青天水在缾。」問：「如何是吹毛劍？」師曰：「瞥落也。」僧曰：「還用也無？」師曰：「莫鬼語！」

舒州白水海會院如新禪師

舒州白水海會院如新禪師。師上堂，良久乃曰：「禮煩即亂。」僧問：「從上宗乘如何舉唱？」師曰：「轉見孤獨。」僧曰：「親切處乞師一言。」師曰：「不得雪也聽他。」問：「如何是迦葉頓領底事？」師曰：「汝若領得，我即不恡。」僧曰：「恁麽即不煩於師去也。」師曰：「又須著棒，争得不煩？」

僧問：「古人横説竪説，猶未知向上一關棙子。如何是向上一關棙子？」師曰：「賴遇孃生臂短。」

問：「如何是祖師意？」師曰：「要道何難？」僧曰：「便請師道。」師曰：「將謂靈利，又不仙陀。」

問：「羚羊挂角時如何？」師曰：「恁麼來，又恁麼去。」僧曰：「爲什麼如此？」師曰：「只見好笑，不知爲什麼如此。」

洪州漳江慧廉禪師

洪州漳江慧廉禪師。師初開堂，有僧問：「昔日梵王請佛，蓋爲奉法之心，今日朱紫臨筵，未審師如何拯濟？」師曰：「別不施行。」僧曰：「爲什麼不施行？」師曰：「什麼處去來？」

問：「師登寶座，曲爲今時，四衆攀瞻，請師接引。」師曰：「什麼處屈汝？」僧曰：「恁麼即垂慈方便路，直下不孤人也。」師曰：「也須收取好。」

問：「如何是漳江境？」師曰：「地藏皺眉。」曰：「如何是境中人？」師曰：「普賢摻袂。」問：「如何是漳江水？」師曰：「苦。」問：「如何是漳江第一句？」師曰：「到別處不得錯舉。」

福州報慈院文欽禪師

福州報慈院文欽禪師。問：「如何是諸佛境？」師曰：「雨來雲霧暗，晴乾日月明。」問：「如何是妙覺明心？」師曰：「今冬好晚稻，出自秋雨成。」問：「如何是妙覺聞心？」師曰：「雲生碧岫，雨降青天。」

問：「如何是平常心合道？」師曰：「喫茶喫飯隨時過，看水看山實暢情。」

泉州萬安院清運資化禪師

泉州萬安院清運資化禪師。僧問：「龍溪一派，晉水分燈。萬安臨筵，如何指示？」師曰：「作麽生折合？」僧曰：「未審師還許也無？」師曰：「更作麽生？」僧曰：「昔日龍谿密旨，今朝萬安顯揚，人天側聆，願垂開演。」師曰：「還聞麽？」僧曰：「恁麽即五衆已蒙師指的，不異城東十眼開。」師曰：「五衆且置，仁者作麽生？」

問：「久處幽冥，全身不會，乞師指示。」師曰：「莫屈著汝問麽？」曰：「恁麽即禮拜，隨衆上下，師還許也無？」師曰：「静處薩婆訶。」

問：「諸佛出世，震動乾坤。和尚出世，未審如何？」師曰：「向汝恁麽道。」僧曰：「恁麽即不異諸聖去也。」師曰：「莫亂道。」

問：「如何是萬安家風？」師曰：「苔羹倉米飯。」僧曰：「忽遇上客來，將何祇待？」師曰：「飯後三巡茶。」問：「如何是萬安境？」師曰：「一塔松蘿望海清。」

漳州報恩院道熙禪師

漳州報恩院道熙禪師。初與保福送書往泉州王太尉處。太尉問：「漳南和尚近日還爲人也無？」師曰：「若道爲人，即屈著和尚。若道不爲人，又屈著太尉來問。」太尉曰：「道取一句，待鐵牛能齧草，木馬解含煙。」師曰：「某甲借口喫飯。」太尉良久又問：「驢來馬來？」師曰：「驢馬不同途。」太尉曰：「争得到遮裏？」師曰：「特謝太尉領話。」

僧問：「名言妙句即不問，請師真實。」師曰：「不阻來意。」

泉州鳳凰山從琛洪忍禪師

泉州鳳凰山從琛洪忍禪師。問：「如何是和尚家風？」師曰：「門風相似即無阻矣，學人不是其人。」僧曰：「忽遇恁麽人時如何？」師曰：「不可預搔而待癢。」問：「學人根思遲迴，方便門中乞師傍瞥。」師曰：「傍瞥。」僧曰：「深領師旨，安敢言乎？」師曰：「太多也。」

師有時上堂，有僧出來禮拜，退後立，師曰：「我不如汝。」僧應諾。師曰：「無人處放下著。」

問：「昔日靈山會上，佛以一音演説，今日請師一音演説。」師良久，僧曰：「恁麽即大衆頓息疑網去也。」師曰：「莫塗污大衆好。」

問：「諸佛皆以大事因縁故出現於世，未審和尚如何拯濟？」師曰：「大好風涼！」

問：「如何是學人自己事？」師曰：「暗算流年事可知。」

問：「如何是鳳凰境？」師曰：「雪夜觀明月。」

問：「如何是西來意？」師曰：「作人醜差。」僧曰：「爲人何在？」師曰：「莫屈著汝麽！」

福州永隆院瀛和尚

福州永隆院瀛和尚明慧禪師。師上堂曰：「謂言侵早起，更有夜行人。似即似，是即不是。珍重！」

問：「無爲無事人爲什麽却是金鎖難？」師曰：「爲斷麄纖，貴重難留。」曰：「爲什麽道無爲無事人逍遥實快樂？」師曰：「爲鬧亂且要斷送。」有僧參，師曰：「不要得許多般數，速道！速道！」僧無對。

師有時示衆曰：「日出卯用處，不須生善巧。」

問：「如何進向得達本源？」師曰：「依而行之。」

洪州清泉山守清禪師

洪州清泉山守清禪師，福州閩縣人也，姓林氏。出家于巖背山，悟心之後，受請居清泉，玄侶臻集。

問：「如何是佛？」師曰：「問。」僧曰：「如何是祖？」師曰：「答。」

僧問：「和尚見古人，得箇什麽，便住此山？」師曰：「情知汝不肯。」僧曰：「争知某甲不肯？」師曰：「鑒貌辨色。」

問：「親切處乞師一言。」師曰：「莫過此。」

問：「古人面壁爲何事？」師曰：「屈。」曰：「恁麽即省心力。」師曰：「何處有恁麽人？」

問：「諸餘即不問，如何是向上事？」師曰：「消汝三拜？不消汝三拜？」

漳州報恩院行崇禪師

漳州報恩院行崇禪師。問：「如何是佛法大意？」師曰：「碓擣磨磨。」

問：「曹谿一路，請師舉揚。」師曰：「莫屈著曹谿麽？」曰：「恁麽即群生有賴。」師曰：「汝也是老鼠喫鹽。」

問：「不涉公私如何言論？」師曰：「喫茶去！」

問：「丹霞燒木佛，意作麽生？」師曰：「時寒燒火向。」曰：「翠微迎羅漢，意作麽生？」師曰：「别是一家春。」

潭州嶽麓山和尚

潭州嶽麓山和尚。師上堂良久，謂衆曰：「昔日毘盧，今朝嶽麓。珍重！」

問：「如何是聲色外句？」師曰：「猿啼鳥叫。」問：「師唱誰家曲？宗風嗣阿誰？」師曰：「五音六律。」

問：「截舌之句，請師舉揚。」師曰：「日能熱，月能涼。」

朗州德山德海禪師

朗州德山德海禪師。僧問：「靈山一會，何人得聞？」師曰：「闍梨得聞。」曰：「未審靈山説箇什麽？」師曰：「即闍梨會。」

問：「如何是該天括地句？」師曰：「千界摇動。」

問：「從上宗乘以何爲驗？」師曰：「從上且置，即今作麽生驗？」曰：「大衆總見。」師曰：「話墮也。」

問：「如何是祖師西來意？」師曰：「擘！」

泉州後招慶和尚

泉州後招慶和尚。問：「末後一句，請師商量。」師曰：「塵中人自老，天際月常明。」

問：「如何是和尚家風？」師曰：「一瓶兼一鉢，到處是生涯。」

問：「如何是佛法大意？」師曰：「擾擾忽忽，晨雞暮鐘。」

朗州梁山簡禪師

朗州梁山簡禪師。師問新到僧：「什麽處來？」曰：「藥山來。」師曰：「還將得藥來麽？」僧曰：「和尚住山不錯。」

洪州高安縣建山澄禪師

洪州高安縣建山澄禪師。開堂日，有僧問：「牧長請命，和尚如何舉揚宗教？」師曰：「還聞麽？」僧曰：「恁麽即大衆有賴。」師曰：「還是不聞。」

問：「如何是法王劍？」師曰：「可惜許。」曰：「如何是人王劍？」師曰：「塵埋床下履，風動架頭巾。」

問：「一代時教接引今時，未審祖宗如何示人？」師曰：「一代時教已有人問了也。」曰：「和尚如何示人？」師曰：「惆悵庭前紅莧樹，年年生葉不生華。」

問：「故歲已去，新歲到來，還有不受歲者無？」師曰：「作麽生？」僧曰：「恁麽即不受歲也。」師曰：「城上已吹新歲角，窗前猶點舊年燈。」僧曰：「如何是舊年燈？」師曰：「臘月三十日。」

福州康山契穩法寶大師

福州康山契穩法寶大師。初開堂，有僧問：「威音王已後次第相承，未審師今一會法嗣何方？」師曰：「象骨舉手，龍谿點頭。」

問：「圓明湛寂非師旨，學人因底却不明？」師曰：「辨得未？」僧曰：「恁麽即識性無根去也。」師曰：「隔靴搔癢。」

潭州延壽寺慧輪大師

潭州延壽寺慧輪大師。僧問：「寶劍未出匣時如何？」師曰：「不在外。」曰：「出匣後如何？」師曰：「不在内。」

問：「如何是一色？」師曰：「青黄赤白。」曰：「大好一色。」師曰：「將謂無人，也有一箇半箇。」

泉州西明院琛禪師

泉州西明院琛禪師。僧問：「如何是和尚家風？」師曰：「竹箸瓦椀。」僧曰：「忽遇上客來時，如何祇待？」師曰：「黄齏倉米飯。」問：「如何是祖師西來意？」師曰：「問取露柱看。」

前南嶽金輪可觀禪師法嗣

後南嶽金輪和尚

後南嶽金輪和尚。僧問：「如何是金輪第一句？」師曰：「鈍漢。」問：「如何是金輪一隻箭？」師曰：「過也。」曰：「臨機一箭，誰是當者？」師曰：「倒也。」

前泉州睡龍道山溥禪師法嗣

漳州保福院清豁禪師

漳州保福院清豁禪師，福州永泰人也。少而聰敏，禮鼓山興聖國師落髮稟具。初謁大章山契如庵主，有語具如庵主章出焉。後參睡龍。睡龍一日問曰："豁闍梨見何尊宿來？還悟也未？"曰："清豁嘗訪大章，得箇信處。"睡龍於是上堂集大衆，召曰："請豁闍梨出，對衆燒香説悟處，老僧與汝證明。"師乃拈香曰："香已拈，悟即不悟。"睡龍大悦而許之。

上堂，謂衆曰："山僧今與諸人作箇和頭，和者默然，不和者説。"有頃間，又曰："和與不和，切在如今，山僧帶些子事。珍重！"

僧問："家貧遭劫時如何？"師曰："不能盡底去。"曰："爲什麼不盡底去？"師曰："賊是家親。"曰："既是家親，爲什麼翻成家賊？"師曰："内既無應，外不能爲。"曰："忽然捉敗，功歸何所？"師曰："賞亦未曾聞。"曰："恁麼即勞而無功。"師曰："功即不無，成而不處。"曰："既是成功，爲什麼不處？"師曰："不見道太平本是將軍致，不使將軍見太平。"

問："如何是西來意？"師曰："胡人泣，漢人悲。"

師將順世捨衆，欲入山待滅，過苧谿石橋，乃遺偈言："世人休説路行難，鳥道羊腸咫尺間。珍重苧谿谿畔水，汝歸滄海我歸山。"即往貴湖卓庵。未幾，謂門人曰："吾滅後，將遺骸施諸蟲螘，勿置墳塔。"言訖，潛入湖頭山坐磐石，儼然長往。弟子戒因入山尋見，禀遺命延留七日，竟無蟲蠧之所侵食，遂就闍維，散於林野。今泉州開元寺净土院影堂存焉。

前韶州雲門山文偃禪師法嗣上

韶州白雲祥和尚

韶州白雲祥和尚實性大師。初住慈光院，廣主劉氏召入府説法。時有僧問：「覺華才綻，正遇明時。不昧宗風，乞師方便。」師曰：「我王有令。」

問：「教意祖意同别？」師曰：「不别。」曰：「恁麽即同也。」師曰：「不妨領話。」

問：「諸佛未出世，普遍大千，白雲一會如何？」師曰：「賺却幾人來？」曰：「恁麽即四衆何依？」師曰：「勿交涉。」

問：「即心即佛，示誨之辭。不涉前言，如何指教？」師曰：「東西且置，南北作麽生？」

問：「如何是和尚家風？」師曰：「石橋那畔有，遮邊無，會麽？」僧曰：「不會。」師曰：「且作丁公吟。」

問：「衣到六祖爲什麽不傳？」師曰：「海晏河清。」

問：「如何是和尚接人一路？」師曰：「來朝更獻楚王看。」

問：「從上宗乘如何舉揚？」師曰：「今日未喫茶。」

師上堂，謂衆曰：「諸人會麽？但街頭市尾、屠兒魁膾、地獄鑊湯處會取。若恁麽會，堪與人爲師爲匠。若向衲僧門下，天地懸殊。更有一般底，只向長連床上作好人去。汝道此兩般人那箇有長處？無事，珍重！」

師問僧：「什麽處來？」曰：「雲門來。」師曰：「裹許有多少水牛？」曰：「一箇兩箇。」師曰：「好水牛。」

師問僧：「不壞假名而譚實相作麽生？」僧曰：「遮箇是椅子。」師以手撥云：「將鞋袋來！」僧無對。雲門和尚聞之，乃云：「須是他始得。」

師將示滅，白衆曰：「某甲雖提祖印，未盡其中，諸仁者且道其中事作麽生？莫是無邊中間内外已否？如是會解，即大地如鋪沙去，此即他方相見。」言訖告寂。

朗州德山第九世緣密圓明大師

朗州德山第九世緣密圓明大師。師上堂示衆曰：「僧堂前事時人知有，佛殿後事作麽生？」師又曰：「德山有三句語：一句函蓋乾坤，一句隨波逐浪，一句截斷衆流。」時有僧問：「如何是透法身句？」師曰：「三尺杖子攪黄河。」

問：「百華未發時如何？」師曰：「黄河水渾流。」曰：「發後如何？」師曰：「幡竿頭指天。」

問：「不犯辭鋒時如何？」師曰：「天台、南嶽。」曰：「便恁麽去如何？」師曰：「江西、湖南。」

問：「佛未出世時如何？」師曰：「河裏盡是木頭船。」曰：「出世後如何？」師曰：「遮頭蹋著那頭軒。」

問：「己事未明，如何辨得？」師曰：「須彌山頂上。」曰：「直恁麽去如何？」師曰：「脚下水淺深。」

問：「達磨未來時如何？」師曰：「千年松倒掛。」曰：「來後如何？」師曰：「金剛努起拳。」

問：「師未出世時如何？」師曰：「佛殿正南開。」曰：「師出世後如何？」師曰：「白雲山上起。」曰：「出與未出，還分不分？」師曰：「静處薩婆訶。」

問：「如何是和尚家風？」師曰：「南山起雲，北山下雨。」

問：「如何是應用之機？」師喝，僧曰：「只遮箇？爲復别有？」師乃打之。

問：「大用現前，不存軌則時如何？」師曰：「黑地打破甕。」僧退步，師乃打。

問：「佛未出世時如何？」師曰：「猢猻繫露柱。」曰：「出世後如何？」師曰：「猢猻入布袋。」

問：「文殊與維摩對談何事？」師曰：「并汝三人，無繩自縛。」

問：「如何是佛？」師曰：「滿目荒榛。」曰：「學人不會。」師曰：「勞而無功。」

問：「盡大地致一問不得時如何？」師曰：「話墮也。」曰：「大衆總見。」師便打。

潭州水西南臺道遵和尚

潭州水西南臺道遵和尚法雲大師。師上堂，謂衆曰：「從上宗乘合作麽生提綱？合作麽生言論？將佛法兩字當得麽？真如解脱當得麽？雖然如是，細不通風，大通車馬。若約理化門中，一言啓口，震動乾坤，山河大地，海晏河清。三世諸佛，説法現前。若也分明，古佛殿前，同登彼岸。無事，珍重！」

問：「如何是西來意？」師曰：「下坡不走。」

問：「牛頭未見四祖時如何？」師曰：「著衣喫飯。」曰：「見後如何？」師曰：「鉢盂壁上掛。」

問：「如何是真如含一切？」師曰：「分明。」曰：「爲什麽有利鈍？」師曰：「四天打鼓，樓上擊鐘。」

問：「如何是南臺境？」師云：「金剛手指天。」

問：「如何是色空？」師曰：「道士著真紅。」

問：「十二時中時時不離如何？」師曰：「諦。」

韶州雙峯山興福院竟欽和尚

韶州雙峯山興福院竟欽和尚慧真廣悟禪師，益州人也。受業於峨眉洞溪山黑水寺，觀方慕道，預雲門法席，密承指喻，乃開山創院，漸成叢林。開堂日，雲門和尚躬臨證明。

僧問：「如何是佛法大意？」師曰：「日出方知天下朗，無油那點佛前燈？」

問：「如何是雙峯境？」師曰：「夜聽水流庵後竹，晝看雲起面前山。」

問：「如何是法王劍？」師曰：「鉛刀徒逞，不若龍泉。」曰：「用者如何？」師曰：「藏鋒猶不許，露刃更何堪？」

問：「賓頭盧應供四天下，還得遍也無？」師曰：「如月入水。」

問：「如何是用而不雜？」師曰：「明月堂前垂玉露，水精殿裏撒真珠。」

有行者問：「某甲遇賊來時，若殺即違佛教，不殺又違王勅。未審師意如何？」師曰：「官不容針，私通車馬。」

廣主劉氏嘗親問法要。至太平興國二年三月，戒門人曰：「吾不久去世，汝可就本山頂預修墳塔。」至五月二十三日工畢，師曰：「後日子時行矣。」及期，會雲門爽和尚、温門舜峯長老等七人夜話。侍者報三更，師索香焚之，合掌而逝。

韶州資福和尚

韶州資福和尚。僧問：「不問宗乘，請師心印。」師曰：「不答遮箇話。」曰：「爲什麽不答？」師曰：「不副前言。」

問：「覿面難逢處，如何顧險夷？乞師垂半偈，免使後人疑。」師曰：「鋒前一句超調御，擬問如何歷劫違？」曰：「恁麽即東山西嶺，時人知有。未審資福庭前，誰家風月？」師曰：「領取前話。」

廣州新會黄雲元禪師

廣州新會黄雲元禪師。初開堂，以手拊繩床云：「諸人還識廣大須彌之座也無？若不識，看老僧乃升座。」

問：「如何是大漢國境？」師曰：「歌謡滿路。」

問：「教云：『龍披一縷，金翅不吞。』和尚三事，全披如何？」師曰：「還免得麽？」

師上堂，拈古人語云：「觸目未曾無，臨機何不道？」又云：「觸目未曾無，臨機道什麽？」

廣州義寧龍境倫禪師

廣州義寧龍境倫禪師。初開堂，提起拂子曰：「還會麽？若會，即頭上更增頭。若不會，即斷頭取活。」

問：「如何是大漢國境？」師曰：「亂走作麽？」曰：「恰是雨下天晴。」師便打。

問：「如何是龍境水？」師曰：「腥臊臭穢。」曰：「飲者如何？」師曰：「七通八達。」

問：「如何是龍境家風？」師曰：「蟲狼虎豹。」

問：「如何是佛？」師曰：「勤耕田。」曰：「學人不會。」師曰：「早收禾。」

師問僧：「什麽處來？」曰：「黄雲來。」師曰：「作麽生是黄雲郎當媚癡抹躂爲人一句？」僧無對。

師上堂，問衆曰：「作麽生是長連床上取性一句？道將來！」衆無對。

韶州雲門山爽和尚

韶州雲門山爽和尚。師上堂，僧問：「如何是佛？」師曰：「聖躬萬歲。」問：「如何是透法身句？」師曰：「銀香臺上生蘿蔔。」

韶州白雲聞和尚

韶州白雲聞和尚。師上堂，良久，僧出曰：「白雲一路，全因今日。」師曰：「不是！不是！」僧曰：「和尚如何？」師曰：「白雲一路，草深一丈。」問：「學人擬申一問，未審師還答也無？」師曰：「皂莢樹頭懸，風吹曲不成。」問：「受施主供養，將何報答？」師曰：「作牛作馬。」

韶州披雲智寂禪師

韶州披雲智寂禪師。僧問：「如何是披雲境？」師曰：「白日没閑人。」問：「以字不成，八字不是，未審是什麽字？」師説偈答曰：「以字不是八不成，森羅萬象此中明。直饒巧説千般妙，不是謳阿不是經。」

韶州净法章和尚

韶州净法章和尚禪想大師。廣主劉氏問：「如何是禪師？」師乃良久，廣主罔測，因署其號。

僧問：「日月重明時如何？」師曰：「日月雖明，不鑒覆盆之下。」問：「既是金山，爲什麽鑿石？」師曰：「金山鑿石。」問：「如何是道？」師曰：「去去！迢迢十萬餘。」

韶州温門山滿禪師

韶州温門山滿禪師。僧問：「如何是佛？」師曰：「胸題卍字。」曰：「如何是祖？」師曰：「不遊西土。」

有人見壁上畫，問：「既是千尺松，爲什麽却在屋下？」師曰：「芥子納須彌作麽生？」

問：「隔牆見角，便知是牛如何？」師便打。

師與一老宿在國門坐，老宿曰：「紫衣師號又得也，更要箇什麽？」師曰：「要國師。」老宿曰：「佛尚不作，豈況國師？」師乃笑曰：「長老！」

僧問：「如何是和尚家風？」師曰：「汝曾讀書麽？」

僧問：「太子初生，爲什麽不識父母？」師曰：「迥然尊貴。」

嶽州巴陵新開顥鑒大師

嶽州巴陵新開顥鑒大師。初在雲門，雲門舉雪峯和尚云「開却門，達磨來也」問師：「意作麼生？」師曰：「築著和尚鼻孔。」雲門曰：「修羅王發業打須彌山一擲，踍跳上梵天報帝釋，爾爲什麼却去日本國裏藏身？」師曰：「莫恁麼心行好！」雲門曰：「汝道築著又作麼生？」

師住後，僧問：「祖意教意，是同是別？」師曰：「雞寒上樹，鴨寒入水。」

僧問：「三乘十二分教即不疑，如何是宗門中事？」師曰：「不是衲僧分上事。」曰：「如何是衲僧分上事？」師曰：「貪觀白浪，失却手橈。」

師將拂子遺人，人問曰：「本來清浄，用拂子作什麼？」師曰：「既知清浄，莫忘却。」梁山別云：「也須拂却。」

連州地藏院慧慈明識大師

連州地藏院慧慈明識大師。僧問：「既是地藏院，爲什麼塑熾盛光佛？」師曰：「過在什麼處？」

問：「如何是地藏境？」師曰：「無人不遊。」

英州大容諲禪師

英州大容諲禪師。師上堂，僧問：「天賜六銖披掛後，將何報答我皇恩？」師曰：「來披三事衲，歸掛六銖衣。」

問：「如何是大容水？」師曰：「還我一滴來。」

問：「當來彌勒下生時如何？」師曰：「慈氏宫中三春草。」

問：「如何是真空？」師曰：「拈却拒陽。」曰：「如何是妙用？」師乃握拳。僧曰：「真空妙用相去幾何？」師以手撥之。

問：「長蛇偃月即不問，匹馬單槍時如何？」師曰：「麻江橋下，會麽？」曰：「不會。」師曰：「聖壽寺前。」

問：「既是大容，爲什麽趁出僧？」師曰：「大海不容塵，小谿多搕烏合切。㩐。私盍切。」

問：「如何是古佛一路？」師指地，僧曰：「不問遮箇。」師曰：「去。」

師與一老宿相期去别處，尋却因事不去，老宿曰：「佛無二言。」師曰：「法無一向。」

廣州羅山崇禪師

廣州羅山崇禪師。僧問：「如何是大漢國境？」師曰：「玉狗吠時天未曉，金雞啼後五更初。」

問：「丹霞訪居士，女子不携籃時如何？」師曰：「也要到遮裏一轉。」

問：「如何是羅山境？」師曰：「布水千尋。」

韶州雲門寶和尚

韶州雲門寶和尚。師上堂示衆曰：「至道無難，唯嫌揀擇，還有揀擇麼？珍重！」

郢州臨谿竟脱和尚

郢州臨谿竟脱和尚。僧問：「如何是透法身句？」師曰：「明眼人笑汝。」

問：「如何是法身？」師曰：「四海五湖賓。」

問：「如何是本來人？」師曰：「風吹滿面塵。」

問：「牛頭未見四祖時如何？」師曰：「富有多賓客。」曰：「見後如何？」師曰：「貧窮絶往還。」

問：「如何是佛？」師曰：「十字路頭。」曰：「如何是法？」師曰：「三家村裏。」曰：「佛之與法是一是二？」師曰：「露柱渡三江，猶懷感恨長。」

問：「如何是無縫塔？」師曰：「復州城。」曰：「如何是塔中人？」師曰：「龍興寺。」

廣州華嚴慧禪師

廣州華嚴慧禪師。僧問：「承古人有言『妄心無處即菩提』，正當妄時，還有菩提也無？」師曰：「來音已照。」僧曰：「不會。」師曰：「妄心無處即菩提。」

韶州舜峯韶和尚

韶州舜峯韶和尚。初問雲門和尚：「寶月爲什麽於此分輝？」雲門曰：「千光同照。」師曰：「謝和尚指示。」雲門曰：「見什麽？」

僧正入師方丈，乃曰：「方丈得恁麽黑？」師曰：「老鼠窟。」僧正曰：「放猫兒入好。」師曰：「試放看。」僧正無對，師拊掌笑。

師與老宿渡江次，師取錢與渡子，老宿曰：「囊中若有青銅片？」師揖曰：「長老莫笑。」

隋州雙泉山師寬明教大師

隋州雙泉山師寬明教大師。師上堂，舉拂子曰：「遮箇接中下之人。」時有僧問：「上上人來如何？」師曰：「打鼓爲三軍。」

問：「向上宗乘如何舉唱？」師曰：「不敢。」曰：「恁麽即含生有望。」師曰：「脚下水深淺。」

問：「凡有言句盡落有無，不落有無如何？」師曰：「東弗于代。」曰：「遮箇猶落有無。」師曰：「支過雪山西。」

僧問洞山：「如何是佛？」洞山云：「麻三斤。」師聞之，乃曰：「向南有竹，向北有木。」

師後住智門，僧問：「不可以智知，不可以識識時〔一〕如何？」師曰：「不入遮箇野狐群隊。」

問：「如何是定？」師曰：「鰕蟇跳不出斗。」曰：「如何出得去？」師曰：「南山起雲，北山下雨。」

問：「北斗裏藏身，意旨如何？」師曰：「雞寒上樹，鴨寒入水。」

問：「竪起杖子，意旨如何？」師曰：「一葉落知天下秋。」

師後終於智門。

〔一〕「時」，原作「寺」，據四部本、趙城本改。

英州觀音和尚

英州觀音和尚。因穿井，僧問：「井深多少？」師曰：「没汝鼻孔。」問：「牛頭未見四祖時如何？」師曰：「英州觀音。」曰：「見後如何？」師曰：「英州觀音。」

問：「如何是觀音妙智力？」師曰：「風射破窗。」

韶州林泉和尚

韶州林泉和尚。僧問：「如何是林泉主？」師曰：「巖下白石。」曰：「如何是林泉家風？」師曰：「迎賓待客。」

問：「如何是道？」師曰：「迢迢。」曰：「學人便領會時如何？」師曰：「久久忘緣者，寧懷去住情？」

韶州雲門煦和尚

韶州雲門煦和尚。僧問：「如何是祖師西來意？」師曰：「今是什麽意？」僧曰：「恰是。」師乃喝去。

益州青城香林院澄遠禪師

益州青城香林院澄遠禪師。初住西川導江縣迎祥寺天王院。時謂水精宮。僧問：「美味醍醐爲什麽變成毒藥？」師曰：「導江紙。」
問：「見色便見心時如何？」師曰：「適來什麽處去來？」曰：「心境俱亡時如何？」師曰：「開眼坐睡。」
師後住青城香林。僧問：「北斗裏藏身意如何？」師曰：「月似彎弓，少雨多風。」
問：「如何是諸佛心？」師曰：「清即始終清。」曰：「如何領會？」師曰：「莫受人謾好。」
問：「如何是祖師西來意？」師曰：「蹋步者誰？」
問：「如何是和尚妙藥？」師曰：「不離衆味。」曰：「喫者如何？」師曰：「咂啗看。」
問：「如何是室内一燈？」師曰：「三人證龜成鼈。」
問：「如何是衲衣下事？」師曰：「臘月火燒山。」
問：「大衆雲集，請師施設。」師曰：「三不待兩。」
問：「如何是學人時中事？」師曰：「恰恰。」
問：「如何是玄？」師曰：「今日來，明日去。」曰：「如何是玄中玄？」師曰：「長連床上。」

問：「如何是香林一脈泉？」師曰：「念無間斷。」曰：「飲者如何？」師曰：「隨方斗秤。」

問：「如何是衲僧正眼？」師曰：「不分别。」曰：「照用事如何？」師曰：「行路人失脚。」

問：「萬機俱泯迹，方識本來人時如何？」師曰：「清機自顯。」曰：「恁麽即不別人。」師曰：「方見本來人。」

問：「魚游陸地時如何？」師曰：「發言必有後救。」僧曰：「却下碧潭時如何？」師曰：「頭重尾輕。」

問：「但有言句盡是賓，如何是主？」師曰：「長安城裏。」曰：「如何領會？」師曰：「千家萬户。」

景德傳燈録卷第二十三

吉州青原山行思禪師第七世下

韶州雲門山文偃禪師法嗣下三十六人

南嶽般若啓柔禪師　筠州黄檗法濟禪師　襄州洞山守初大師　信州康國耀和尚　潭州谷山豐禪師　潁州羅漢匡果禪師　朗州滄谿璘和尚　筠州洞山清稟禪師　蘄州北禪寂和尚　洪州泐潭道謙禪師　廬州南天王永平禪師　湖南永安朗禪師　湖南潭明和尚　金陵清涼明禪師　金陵奉先深禪師　西川青城乘和尚　潞府妙勝臻禪師　興元普通封和尚　韶州燈峯和尚　韶州大梵圓和尚　澧州藥山圓光禪師　信州鵝湖雲震禪師　廬山開先清耀禪師　襄州奉國清海禪師　韶州慈光和尚　潭州保安師密禪師已上二十六人見録　洪州雲居山融禪師　衡州大聖寺守賢禪師　廬州北天王徽禪師　郢州芭蕉山弘義禪師　眉州福化院光禪師　廬州東天王廣慈禪師　信州西禪欽禪師　江州慶雲真禪師　筠州洞山濚禪師　韶州雙峯慧真大師已上十人

無機緣語句不録

隨州雙泉山永禪師法嗣一人

廣州大通和尚一人無機緣語句不録

台州瑞巖師彦禪師法嗣二人

南嶽横龍和尚　温州瑞峯院神禄禪師已上二人見録

懷州玄泉彦禪師法嗣五人

鄂州黄龍誨機大師　洛京柏谷和尚　池州和龍和尚　懷州玄泉第二世和尚　潞府妙勝玄密禪師已上五人見録

福州羅山道閑禪師法嗣十九人

洪州大寧隱微禪師　婺州明招德謙禪師　衡州華光範禪師　福州羅山紹孜禪師　西川慧禪師　建州白雲令弇禪師　虔州天竺義證禪師　吉州清平惟曠禪師　婺州金柱義昭和尚　潭州谷山和尚　湖南道吾山從盛禪師　福州羅山義因禪師　灌州靈巖和尚　吉州匡山和尚　福州興聖重滿禪師　潭州寶應清進禪師已上十六人見録

漢州綿竹縣延慧禪師　潭州龍會山鑒禪師　安州穆禪師已上三人無機緣語句不録

安州白兆山志圓禪師法嗣十三人

朗州大龍山智洪禪師　襄州白馬山行靄禪師　郢州大陽山行沖禪師　安州白兆山懷楚禪師　蘄州四祖山清皎禪師　蘄州三角山志操禪師　晉州興教師普禪師　蘄州三角山真鑒禪師已上八人見録　郢州興陽山和尚　郴州東禪玄偕禪師　新羅國慧雲禪師　安州慧日院玄諤禪師　京兆大秦寺彦賓禪師已上五人無機緣語句不録

潭州藤霞和尚法嗣二人

澧州藥山第七世和尚一人見録　潭州雲蓋山和尚一人無機緣語句不録

洪州鳳棲山同安常察禪師法嗣一人

袁州仰山良供禪師一人無機緣語句不録

吉州禾山無殷禪師法嗣五人

廬山永安慧度禪師　撫州曹山義崇禪師　吉州禾山契雲禪師　漳州保福和尚　洪州翠巖師陰禪師已上五人無機緣語句不録

潭州雲蓋山景和尚法嗣三人

衡嶽南臺藏禪師　幽州潭柘水從實禪師　潭州雲蓋山證覺禪師三人見録

廬山歸寂寺澹權禪師法嗣二人

鄂州黄龍藴和尚　壽州泊山和尚已上二人無機縁語句不録

廬山歸宗懷惲禪師法嗣二人

歸宗第四世弘章禪師一人見録　歸宗寺巖密禪師一人無機縁語句不録

池州嵇山章禪師法嗣一人

隋州雙泉山道虔禪師一人見録

洪州雲居山懷岳禪師法嗣五人

揚州風化院令崇禪師　澧州藥山忠彦禪師　梓州龍泉和尚已上三人見録　雲居山住縁和尚　雲居山住滿和尚已上二人無機縁語句不録

撫州荷玉山光慧禪師法嗣一人

荷玉山福禪師一人無機縁語句不録

筠州洞山道延禪師法嗣二人

筠州上藍慶禪師一人見録　洞山敏禪師第五世一人無機縁語句不録

撫州金峯從志大師法嗣二人

洪州大寧神降禪師　澧州藥山彦禪師已上二人無機緣語句不録

襄州鹿門山處真禪師法嗣六人

益州崇真和尚　鹿門山第二世譚和尚　襄州谷隱智静大師　廬山佛手巖行因禪師已上四人見録　襄州靈谿山明禪師　洪州大安寺真上坐已上二人無機緣語句不録

撫州曹山慧霞禪師法嗣三人

嘉州東汀和尚一人見録　雄州華嚴正慧大師　泉州招慶院堅上座已上二人無機緣語句不録

華州草庵法義禪師法嗣一人

泉州龜洋慧忠禪師一人見録

潭州報慈藏嶼禪師法嗣一人

益州聖興寺存和尚一人無機緣語句不録

襄州含珠山審哲禪師法嗣六人

洋州龍穴山和尚　唐州大乘山和尚　襄州延慶歸曉大師　襄州含珠山真和尚已上四人見録　含珠山璋禪師　第二世含珠山偃和尚已上二人無機緣語句不録

鳳翔府紫陵匡一大師法嗣三人

并州廣福道隱禪師　紫陵第二世微禪師　興元府大浪和尚已上三人見録

洪州同安威禪師法嗣二人

陳州石鏡和尚一人見録　中同安志和尚一人無機緣語句不録

襄州石門山獻禪師法嗣一人

石門山第二世慧徹禪師一人見録

襄州廣德義和尚法嗣三人

襄州廣德第二世延和尚一人見録　荆州上泉和尚　廣德周和尚已上二人無機緣語句不録

京兆香城和尚法嗣一人

鄧州羅紋和尚一人無機緣語句不録

杭州瑞龍院幼璋禪師法嗣一人

西川德言禪師一人無機緣語句不録

隋州護國守澄禪師法嗣八人

隋州智門守欽大師　護國第二世知遠大師　安州大安山能和尚　潁州薦福院思禪

師　潭州延壽和尚　護國第三世志朗大師已上六人見録　舒州香鑪峯瓊和尚　京兆盤龍山滿和尚已上二人無機緣語句不録

洛京靈泉歸仁禪師法嗣二人

襄州石門寺遵和尚　郢州大陽山堅和尚已上二人無機緣語句不録

京兆永安院善静禪師法嗣一人

大明山和尚一人無機緣語句不録

蘄州烏牙山彦賓禪師法嗣三人

安州大安山興古禪師　蘄州烏牙山行朗禪師已上二人見録　虢州盧山常禪師一人無機緣語句不録

鳳翔府青峯和尚法嗣七人

西川靈龕和尚　京兆紫閣山端己禪師　房州開山懷晝禪師　幽州傳法和尚　益州净衆歸信禪師　青峯第二世清免禪師已上六人見録　鳳翔府長平山滿禪師一人無機緣語句不録

洋州大巖白和尚法師一人

邛州碧雲和尚一人無機緣語句不録

青原行思禪師第七世下

韶州雲門山文偃禪師法嗣下

南嶽般若寺啓柔禪師

南嶽般若寺啓柔禪師。僧問：「西天以臘人爲驗，此土如何？」師曰：「新羅人草鞋。」問：「如何是千聖同歸底道理？」師曰：「未達苦空境，無人不歎嗟。」師上堂，聞三下板聲，大衆始集。師因示一偈曰：「妙哉三下板，諸德盡來參。既善分時節，今吾不再三。」

師次住荆南延壽，後住京兆廣教院示滅。

筠州黄檗山法濟禪師

筠州黄檗山法濟禪師。僧問：「如何是和尚家風？」師曰：「與天下人作牓〔一〕樣。」

〔一〕「牓」，原作「膀」，據四部本、趙城本改。

師上堂示衆曰：「空生大覺中，如海一漚發，各各當人。無事！」又上堂，良久曰：「若識得黄檗帳子，平生行脚事畢。珍重！」

襄州洞山守初崇慧大師

襄州洞山守初崇慧大師。初參雲門，雲門問：「近離什麽處？」師曰：「楂渡。」門曰：「夏在甚處？」師曰：「湖南報慈。」曰：「甚時離彼？」師曰：「八月二十五。」門曰：「放汝三頓棒。」師至明日却上問訊，曰：「昨日蒙和尚放三頓棒，不知過在什麽處？」門曰：「飯袋子！江西、湖南便與麽？」師於言下大悟。遂云：「從今已去，向十字街頭，不畜一粒米，不種一莖菜。接待十方往來，一箇箇教伊拈却膩脂帽子，脱却鶻臭布衫，教伊洒洒落落地作箇明眼衲僧，豈不快哉！」雲門云：「飯袋子！身如椰子大，開得許大口〔一〕。」

〔一〕「襄州洞山守初崇慧大師」至「開得許大口」一段，四部本、趙城本文字多有不同，四部本作：「襄州洞山守初宗慧大師。初參雲門，雲門問：『近離什麽處？』師曰：『楂度。』雲門曰：『夏在什麽處？』師曰：『湖南。』曰：『什麽時離湖南？』師曰：『去秋。』曰：『放汝三十棒。』師曰：『過在什麽處？』曰：『江西湖南便恁麽。』師於言下頓省。」趙城本作：「襄州洞山守初宗慧大師。初參雲門，雲門問：『近離什麽處？』師曰：『楂度。』雲門曰：『夏在什麽處？』師曰：『湖南報慈。』門曰：『甚時離彼？』師曰：『去年八目（月）。』門曰：『放汝三頓棒。』師至明日却上問訊：『昨日蒙和尚放三頓棒，不知過在什麽處？』門曰：『飯袋子！江西湖南便與麽去？』師於此大悟。」

師住後，僧問：「迢迢一路時如何？」師曰：「天晴不肯去，直待雨淋頭。」曰：「諸聖作麽生？」師曰：「入泥入水。」

問：「心未生時，法在什麽處？」師曰：「風吹荷葉動，決定有魚行。」

問：「師登師子座，請師唱道情。」師曰：「晴乾開水道，無事設曹司。」曰：「恁麽即謝師指示。」師曰：「賣鞋老婆脚趔趄。上郎擊切，下七迹切。」

問：「如何是三寶？」師曰：「商量不下。」

問：「如何是無縫塔？」師曰：「十字街頭石師子。」

問：「如何是免得生死底法？」師曰：「見之不取，思之三年。」

問：「離却心機意識，請師一句。」師曰：「道士著黄瓮裏坐。」

問：「非時親覲，請師一句。」師曰：「到處怎生舉？」曰：「據現定舉。」師曰：「放汝三十棒。」曰：「過在什麽處？」師曰：「罪不重科。」

問：「蓮華未出水時如何？」師曰：「楚山頭倒卓。」曰：「出水後如何？」師曰：「漢水正東流。」

問：「如何是吹毛劍？」師曰：「金州客。」

尼問：「車住牛不住時如何？」師曰：「用駕車漢作麼？」

問：「如何是衲僧分上事？」師曰：「雲裏楚山頭，決定多風雨。」

問：「海竭人亡時如何？」師曰：「難得。」曰：「便恁麼去時如何？」師曰：「雲在青天水在缾。」

問：「有無雙泯，權實兩忘，究竟如何？」師曰：「楚山頭倒卓。」曰：「還許學人領會也無？」師曰：「也有方便。」曰：「請師方便。」師曰：「千里萬里。」

問：「牛頭未見四祖時如何？」師曰：「榔栗木拄杖。」曰：「見後如何？」師曰：「竇八布衫。」

問：「如何是佛？」師曰：「灼然諦當。」

問：「萬緣俱息，意旨如何？」師曰：「甕裏石人賣棗團。」

問：「如何是洞山劍？」師曰：「作麼？」僧曰：「學人要知。」師曰：「罪過。」

問：「乾坤休著意，宇宙不留心。學人只恁麼，師又作麼生？」師曰：「峴山亭起霧，灘峻不留船。」

問：「大衆雲臻，請師撮其樞要，略舉大綱。」師曰：「水上浮漚呈五色，海底蝦蟇叫月明。」

問：「正當恁麽時，文殊、普賢在什麽處？」師曰：「長者八十一，其樹不生耳。」曰：「意旨如何？」師曰：「一則不成，二則不是。」

信州康國耀和尚

信州康國耀和尚。僧問：「文殊與維摩對譚何事？」師曰：「汝向髑髏後會始得。」曰：「古人道『髑髏裹薦取』，又如何？」師曰：「汝還薦得麽？」曰：「恁麽即遠人得遇於師去也。」師曰：「莫謾語好。」

潭州谷山豐禪師

潭州谷山豐禪師。亦住興元府普通院。僧問：「師唱誰家曲？宗風嗣阿誰？」師曰：「雪嶺梅華綻，雲洞老僧驚。」

師上堂示衆曰：「駿馬機前異，遊人肘後懸。既參雲外客，試爲老僧看。」才有僧出，師便打云：「何不早出頭來？」

潁州羅漢匡界禪師

潁州羅漢匡界禪師。僧問：「如何是吹毛劍？」師曰：「了。」

問：「和尚百年後，忽有人問和尚向什麽處去，如何𨈆對？」師曰：「久後遇作家，分明舉似。」曰：「誰是知音者？」師曰：「知音者即不恁麽問。」

問：「如何是羅漢境？」師曰：「松檜古貌。」

問：「鑿壁偷光時如何？」師曰：「錯！」曰：「争奈苦志專心。」師曰：「錯！錯！」

朗州滄谿璘和尚

朗州滄谿璘和尚。僧問：「如何是滄谿境？」師曰：「面前水正東流。」

問：「如何是滄谿家風？」師曰：「入來便見。」

問：「是法住法位，世間相常住，雲門和尚向什麽處去也？」師曰：「見麽？」曰：「錯！」師曰：「錯！錯！」

問：「如何是西來意？」師曰：「不錯。」

師因事有頌曰：「天地指前徑，時人莫彊移。箇中生解會，眉上更安眉。」

筠州洞山普利院清禀禪師

筠州洞山普利院第八世住清禀禪師，泉州仙遊人也，姓李氏。幼禮中峯院鴻諡爲師，年十六福州太平寺受戒。初詣南嶽，參惟勁頭陀，未染指。及抵韶陽禮祖塔，迴造雲門，雲門問曰：「今日離什麼處？」曰：「慧林。」雲門舉拄杖曰：「慧林大師恁麼去，汝見麼？」曰：「深領此問。」雲門顧左右微笑而已，師自此入室印悟。乃之金陵，國主李氏請居光睦，未幾復命入澄心堂，集諸方語要。

經十稔，迎住洞山。開堂日，維那白槌曰：「法筵龍象衆〔一〕，當觀第一義。」師曰：「也好消息，只恐汝錯會。」

僧問：「雲門一曲師親唱，今日新豐事若何？」師曰：「也要道却。」

蘄州北禪寂和尚

蘄州北禪寂和尚悟通大師。師問僧：「什麼處來？」曰：「黄州來。」師曰：「在什麼院？」曰：「資福。」師曰：「福將何資？」曰：「兩重公案。」師曰：「争奈在北禪手裏何？」曰：「在手裏即收取。」師便打。

洪州泐潭道謙禪師

洪州泐潭道謙禪師。僧問：「如何是泐潭家風？」師曰：「闍梨到來幾日？」

問：「但有纖毫即是塵，不有時作麼生？」師以手掩兩目，問：「當陽舉唱，誰是聞

〔一〕「衆」，原作「象」，據四部本、趙城本改。

者？」師曰：「老僧不患耳聾。」

廬州南天王永平禪師

廬州南天王永平禪師。僧問：「如何是西來意？」師曰：「不撒沙。」問：「如何是南天王境？」師曰：「一任觀看。」曰：「如何是境中人？」師曰：「且領前話。」

問：「久戰沙場，爲什麽功名不就？」師曰：「只爲眠霜卧雪深。」曰：「恁麽即罷息干戈，束手歸朝去也。」師曰：「指揮使未到，爾作。」

湖南永安朗禪師

湖〔一〕南永安朗禪師。僧問：「如何是洞陽家風？」師曰：「入門便見。」曰：「如何是入門便見？」師曰：「客是相師。」

問：「如何是至極之譚？」師曰：「愛別離苦。」

湖南潭明和尚

湖南潭明和尚。僧問：「如何是湘潭境？」師曰：「山連大嶽，水接瀟湘。」曰：「如何

〔一〕「湖」，原作「潮」，據四部本、趙城本改。

是境中人？」師曰：「便合知時。」

問：「如何是佛法大意？」師曰：「百惑謾勞神。」

金陵清涼明禪師

金陵清涼明禪師。江南國主請師上堂，小長老問：「凡有言句，盡落方便。不落方便，請師速道。」師曰：「國主在此，不敢無禮。」

金陵奉先深禪師

金陵奉先深禪師。江南國主請開堂日，才升座，維那白槌曰：「法筵龍象衆，當觀第一義。」師便云：「果然不識，鈍置殺人。」時有僧出，禮拜問：「如何是第一義？」師曰：「賴遇道了也。」曰：「如何領會？」師曰：「速禮三拜。」師又拈曰：「大衆！汝道鈍置落阿誰分上？」

西川青城大面山乘和尚

西川青城大面山乘和尚。僧問：「如何是相輪峯？」師曰：「直聳煙嵐際。」曰：「向上事如何？」師曰：「入地三尺五。」

問：「如何是佛法大意？」師曰：「興義門前鼕鼕鼓。」曰：「學人不會。」師曰：「朝打三千，暮打八百。」

潞府妙勝臻禪師

潞府妙勝臻禪師。僧問：「如何是妙勝境？」師曰：「龍藏開時，貝葉分明。」問：「金粟如來爲什麽却降釋迦會裏？」師曰：「香山南，雪山北。」曰：「南贍部洲事又作麽生？」師曰：「黄河水急浪華麁。」問：「心心寂滅即不問，如何是向上一路？」師曰：「一條濟水貫新羅。」問：「遠嚮雲門，南北縱横，四維上下，事作麽生？」師曰：「今日明日。」

興元府普通封和尚

興元府普通封和尚。僧問：「今日一會何似靈山？」師曰：「震動乾坤。」問：「如何是普通境？」師曰：「庭前有竹三冬秀，户内無燈午夜明。」

韶州燈峯净原和尚

韶州燈峯净原和尚。師上堂謂衆曰：「古人道『山河大地普真如』，大衆若得真如者，即隱却他山河大地。若不得者，即違他古德至言。衆中道得者出來，道不得即各自歸堂。珍重！」

僧問："如何是和尚爲人一句？"師曰："不著力。"

韶州大梵圓和尚

韶州大梵圓和尚。師上堂示衆曰："大衆！好箇時光，直須努力，時不待人。各自歸堂，參取本善知識去！"

僧問："大衆雲集，請師舉唱。"師曰："有疑請問。"

師因見聖僧，便問僧："此箇聖僧年多少？"僧曰："恰共和尚同年。"師喝之，曰："遮竭斗不易道得！"

澧州藥山圓光禪師

澧州藥山圓光禪師。僧問："藥嶠燈連，師當第幾？"師曰："相逢盡道休官去，林下何曾見一人？"

問："水陸不涉者，師還接否？"師曰："蘇嚕！蘇嚕！"

師問新到僧："南來北來？"曰："北來。"師曰："不落言詮，速道！"曰："某甲是福建道人，善會鄉譚。"師曰："參衆去！"曰："灼然。"師曰："跨跳！"便打。

問："如何是祖師西來意？"師曰："道什麽？"

信州鵝湖山雲震禪師

信州鵝湖山雲震禪師。僧問：「如何是佛？」師曰：「闍梨不是。」師問僧：「近離什麽處？」曰：「兩浙。」師曰：「還將得吹毛劍來否？」僧展兩手，師曰：「將謂是箇爛柯仙，元來却是樗蒱漢。」

問：「如何是鵝湖家風？」師曰：「客是主人相。」師曰：「恁麽即謝師周旋。」師曰：「難下陳蕃之榻。」

廬山開先清耀禪師

廬山開先清耀禪師。僧問：「如何是燈燈不絶？」師曰：「青楊翻遞植。」曰：「學人不會。」師曰：「無根樹下唱虚名。」

問：「披雲一句師親唱，長慶今朝事若何？」師曰：「家家觀世音。」

問：「如何是披雲境？」師曰：「一瓶淥水安窗下，便當生涯度幾秋。」

問：「如何是長慶境？」師曰：「堂裏老僧頭雪白。」曰：「二境同歸，應當别理。」師曰：「在處得人疑。」

問：「古澗寒泉，誰人能到？」師曰：「乾。」曰：「恁麽即到也。」師曰：「深多少？」

襄州奉國清海禪師

襄州奉國清海禪師。僧問：「青青翠竹盡是真如，如何是真如？」師曰：「點瓦成金客，聞名不見形。」曰：「恁麼即禮謝下去也。」師曰：「昔時妄想至今存。」

問：「承古人云：『見月休觀指，歸家罷問程。』如何是家？」師曰：「試舉話頭看。」

問：「放過即東道西説，不放過怎生道？」師曰：「二年同一春。」

韶州慈光和尚

韶〔一〕州慈光和尚。僧問：「即心即佛，誘誨之言。不涉前蹤，如何指教？」師曰：「東西且置，南北事作麼生？」曰：「恁麼即學人罔測也。」師曰：「龍頭蛇尾。」

潭州保安師密禪師

潭州保安師密禪師。僧問：「輥芥投鋒時如何？」師曰：「落在什麼處？」梁山云：「落在汝眼裏。」

問：「不犯辭鋒時如何？」師曰：「天台、南嶽。」曰：「便恁麼時如何？」師曰：「江西、湖南。」

〔一〕「韶」，原作「昭」，據四部本、趙城本改。

前台州瑞巖師彦禪師法嗣

南嶽横龍和尚

南嶽横龍和尚。楚王馬氏請住金輪。

僧問：「如何是金輪第一句？」師曰：「鈍漢。」

問：「如何是金輪一隻箭？」師曰：「過也。」

問：「如何是祖燈？」師曰：「八風吹不滅。」曰：「恁麽即暗冥不生也。」師曰：「白日没閑人。」

温州温嶺瑞峯院神禄禪師

温州温嶺瑞峯院神禄禪師，福州福清人也。本邑天竺寺出家，得法於瑞巖。久爲侍者，後開山創院，學侣依附。師有偈曰：「蕭然獨處意沈吟，誰信無絃發妙音？終日法堂唯静坐，更無人問本來心。」

時有朋彦上坐躡前偈而問曰：「如何是本來心？」師召曰：「朋彦！」彦應諾。師曰：「與老僧點茶來。」彦於是信入。朋彦即廣法大師，後嗣天台國師，住蘇州長壽。

師太平興國元年示滅，壽百有五歲。

前懷州玄泉彦禪師法嗣

鄂州黄龍山誨機禪師

鄂州黄龍山誨〔一〕機禪師，清河人也，姓張氏。唐天祐中，遊化至此山，節帥施俸錢建法宇，奏賜紫衣，號超慧大師，大張法席。

僧問：「不問祖佛邊事，如何是平常之事？」師曰：「我住山得十五年。」

問：「如何是和尚家風？」師曰：「瑠璃鉢盂無底。」

問：「如何是君王劍？」師曰：「不傷萬類。」曰：「佩者如何？」師曰：「血濺梵天。」曰：「大好不傷萬類。」師便打。

問：「佛在日爲衆生説法，佛滅後有人説法也無？」師曰：「慚愧佛。」問：「毛呑巨海，芥納須彌，不是學人本分事。如何是學人本分事？」師曰：「封了合盤市裏揭。」

問：「切急相投，請師通信。」師曰：「火燒裙帶香。」

問：「如何是大疑底人？」師曰：「對坐盤中弓落盞。」曰：「如何是不疑底人？」師

〔一〕「誨」，原作「晦」，據卷首細目、四部本、趙城本改。

曰：「再坐盤中弓落盞。」

問：「風恬浪靜時如何？」師曰：「百丈竿頭五兩垂。」

師將順世，有僧問：「百年後鉢囊子什麽人將去？」師曰：「一任將去。」曰：「裏面事如何？」師曰：「線綻方知。」曰：「什麽人得？」師曰：「待海燕雷聲即向汝道。」言訖告寂。

洛京柏谷和尚

洛京柏谷和尚。僧問：「普滋法雨時如何？」師曰：「有道傳天位，不汲鳳凰池。」

問：「九旬禁足三月事如何？」師曰：「不墜蠟人機。」

池州和龍和尚

池州和龍和尚。僧問：「如何是祖祖相傳底心？」師曰：「再三囑爾。」

問：「如何是從上宗旨？」師曰：「向闍梨口裏著到得麽？」

問：「省要處乞師一接。」師曰：「甚是省要。」

懷州玄泉第二世和尚

懷州玄泉第二世和尚。僧問：「辭窮理盡時如何？」師曰：「不入理，豈同盡？」

問：「妙有玄珠，如何取得？」師曰：「不似摩尼絶影豔，碧眼胡人豈能見？」曰：「有口道不得時如何？」師曰：「三寸不能齊鼓韻，啞人解唱木人歌。」

潞府妙勝玄密禪師

潞府妙勝玄密禪師。僧問：「四山相向時如何？」師曰：「紅日不垂影，暗地莫知音。」曰：「學人不會。」師曰：「鶴透群峯，何伸向背？」

問：「二龍争珠時如何？」師曰：「力士無心獻，奮迅却沈光。」

問：「雪峯一曲千人唱，月裏挑燈誰最明？」師曰：「無音和不齊，明暗豈能收？」

前福州羅山道閑禪師法嗣

洪州大寧院隱微禪師

洪州大寧院隱微禪師，豫章新淦人也，姓楊氏。誕夕有光明貫室，年七歲，依本邑石頭院道堅禪師出家，二十於開元寺智稱律師受具。歷參宗匠，至羅山，法寶大師導以師子在窟出窟之要，因之惺悟，盤桓數稔。尋迴江表，會龍泉邑宰李孟俊請居十善道場，始揚宗致。

師上堂謂衆曰：「還有騰空底麽？出來！」衆無出者，師説偈曰：「騰空正是時，應須眨上眉。從兹出倫去，莫待白頭兒。」

僧問：「如何是十善橋？」師曰：「險。」曰：「過者如何？」師曰：「喪。」問：「資福和尚遷化，向什麽處去也？」師曰：「草鞋破。」

問：「如何是黄梅一句？」師曰：「即今恁麽生。」曰：「如何通信？」師曰：「九江路絶。」

問：「初心後學，如何是學？」師曰：「頭戴天。」曰：「畢竟如何？」師曰：「脚蹈地。」

問：「如何是法王劍？」師曰：「露。」曰：「還殺人也無？」師曰：「作麽？」

問：「如何是龍泉劍？」師曰：「不出匣。」曰：「便請出之。」師曰：「星辰失位。」

問：「國界安寧，爲什麽珠不現？」師曰：「落在什麽處？」

周廣順元年辛亥，金陵李氏嚮德，召入居龍光禪苑，後改名奉先。署〔一〕覺寂禪師。暨建隆二年辛酉，隨江南李氏至洪井，住大寧精舍，重敷玄旨。其年十月示疾，二十七日剃髮澡身，升堂辭衆，安坐而逝。明年二月六日，歸葬于吉州吉水縣，遵遺誡也。壽七十有六，臘五十六。謚玄寂禪師，塔曰常寂。

〔一〕「署」，原作「暑」，據四部本、趙城本改。

鮮敢當其鋒者。

婺州明招德謙禪師

婺州明招德謙禪師。受羅山印記，靡滯於一隅，激揚玄旨。諸耆宿皆畏其敏捷，後學

師在泉州招慶大殿上，以手指壁畫，問僧曰：「那箇是甚麼神？」曰：「護法善神。」師曰：「沙汰時向什麼處去來？」僧無對。師却令僧去問演侍者，演曰：「汝什麼劫中遭此難來？」其僧迴舉似師，師曰：「直饒演上座，他後聚一千衆有什麼用處？」僧乃禮拜，請別語。師曰：「什麼處去也？」

清八路舉仰山插鍬話問師：「古人意在叉手處？意在插鍬處？」師曰：「清上座！」清應諾。師曰：「還曾夢見仰山麼？」清曰：「不要下語，只要上座商量。」師曰：「若要商量，堂頭自有一千五百人老師在。」

師到雙巖，雙巖長老覩師風彩，乃曰：「某甲致一問問闍梨，若道得便捨院，道不得即不捨。金剛經云：『一切諸佛及諸佛法，皆從此經出。』且道，此經是何人説？」師曰：「説與不説，一時拈向那邊著。只如和尚決定，喚什麼作此經？」雙巖無對。師舉經云：「『一切賢聖，皆以無爲法而有差別。』斯則以無爲法爲極則，憑何而有差別？且如差別是過不是

過？若是過，一切賢聖盡有過。若不是過，決定喚什麽作差别？」雙巖亦無語，師曰：「雪峯道底。」

師在婺州智者寺居第一座，尋常不受浄水。主事僧問曰：「因什麽不識觸？浄水不肯受？」師下床，拈起浄瓶曰：「遮箇是浄？」主事無語，師乃撲破浄瓶。師自爾道聲遐播，衆請居明招山開法，四來禪者盈于堂室。

師謂衆曰：「希逢一箇下坡不走，快便難逢。若有同生同死，何妨一展？」

僧問：「師子未〔一〕出窟時如何？」師曰：「俊鷂趁不及。」曰：「出窟後如何？」師曰：「萬里正紛紛。」曰：「欲出不出時如何？」師曰：「嶮。」曰：「向上事如何？」師曰：「眨。」

問：「如何是透法身外一句子？」師曰：「北斗後翻身。」

問：「十二時中如何趣向？」師曰：「抛向金剛地上著。」

問：「文殊與維摩對譚何事？」師曰：「葛巾紗帽已拈向那邊著也。」

問：「如何是和尚家風？」師曰：「齩得著是好手。」

〔一〕「未」，原作「本」，據四部本、趙城本改。

問：「無煙之火是什麽人向得？」師曰：「不惜眉毛底。」曰：「和尚還向得麽？」師曰：「汝道我有多少莖眉毛在？」

師見新到僧才上法堂，乃舉拂子却擲下，其僧珍重便下去。師曰：「作家！作家！」

問：「全身佩劍時如何？」師曰：「忽遇正恁麽時，又作麽生？」僧無對。

師問國泰瑫和尚：「古人道俱胝只念三行呪，便得名超一切人。作麽生與他拈却三行呪，便得名超一切人？」國泰竪起一指，師曰：「不因今日，争識得瓜洲客？」

師有師叔在廨院患甚，附書來問曰：「某甲有此大病，如今正受疼痛，一切處安置伊不得，還有人救得麽？」師乃迴信曰：「頂門上中此金剛箭，透過那邊去也。」

有一僧曾在師法席，辭去住庵，一年後來禮拜曰：「古人道：『三日不相見，莫作舊時看。』」師乃露胸問曰：「汝道我有多少莖蓋膽毛？」僧無對。師却問：「汝什麽時離庵？」曰：「今朝。」師曰：「來時折脚鐺子分付與阿誰？」僧又無語。師乃喝出。

問：「承師有言：『我住明招頂，興傳古佛心。』如何是明招頂？」師曰：「换却眼。」曰：「如何是古佛心？」師曰：「汝還氣急麽？」

問：「學人拏雲攫浪上來，請師展鉢。」師曰：「拶破汝頂。」曰：「也須仙陀去。」師乃棒趁出。

師別有頌示衆曰：「明招一拍和人希，此是真宗上妙機。石火瞥然何處去？朝生鳳子合應知。」

師住明招山四十載，語句流布諸方。將欲遷化，上堂告衆囑付。其夜，展足問侍者曰：「昔釋迦如來展開雙足，放百寶光明，汝道吾今放多少？」侍者曰：「昔日鶴林，今日和尚。」師以手拂眉曰：「莫孤負麼？」又説偈曰：「驀刀叢裏逞全威，汝等應當善護持。火裏鐵牛生犢子，臨岐誰解湊吾機？」偈畢安坐，寂然長往。今塔院存焉。

衡州華光範禪師

衡州華光範禪師。僧問：「靈臺不立，還有出身處也無？」師曰：「有。」曰：「如何是出身處？」師曰：「出。」

問：「如何是西來意？」師曰：「道。」

問：「如何是佛法大意？」師曰：「驗。」

問：「牛頭未見四祖時如何？」師曰：「自由自在。」曰：「見後如何？」師曰：「自由自在。」

問：「如何是佛法中事？」師曰：「了。」

福州羅山紹孜禪師

福州羅山紹孜禪師。上堂，有數僧争出問話，師曰：「但一時出來問，待老僧一時答却。」僧便問：「學人一齊問，請師一齊答。」師曰：「得。」

問：「學人乍入叢林，祖師的的意請師直指。」師曰：「好。」

西川慧禪師

西川慧禪師。初參羅山，見十七卷羅山章〔一〕。羅山問：「什麽處來？」師曰：「遠離西蜀，近發開元。即今事作麽生？」羅山揖曰：「喫茶去！」師良久無言。羅山曰：「秋氣稍暖去。」羅山來日上堂，師出問：「豁開户牖，當軒者誰？」羅山乃喝。師良久，羅山曰：「毛羽未備，且去。」一本云：初參羅山，纔禮拜起，山云：「甚處來？」師云：「遠離西蜀，近發開元。」却近前云：「即今事作麽生？」羅山揖云：「喫茶去！」師擬議問，羅山云：「秋氣稍暖，出去。」師到法堂，自歎云：「我在西川峨眉山脚下，拾得一隻蓬蒿箭，擬擬〔二〕亂天下，今日到福建道陳老師寨裏，弓折箭盡去也。休！休！」羅山明日升堂，師又出問：

〔一〕四部本、趙城本無此小注。
〔二〕「擬」，疑作「撥」。

「豁開户牖，當軒者誰？」山便喝，師無對。山云：「羽毛未備，翼稍未全。且去〔一〕！」師因而摳衣，久承印記。

後謁台州勝光，光在繩床上坐，師直入到身邊，叉手立。光問：「什麽處來？」師曰：「猶待答話在。」師便下去，光拈得拄杖拂子下。僧堂前見師，提起拂子問曰：「闍梨喚遮箇作什麽？」師曰：「敢死喘氣。」光低頭歸方丈。

建州白雲令弇和尚

建州白雲令弇和尚。師上堂，謂衆曰：「遣往先生門，誰云對喪主？珍重！」

僧問：「己事未明，以何爲驗？」師曰：「木鏡照素容。」曰：「驗後如何？」師曰：「不争多。」

問：「三台有請，四衆臨筵。既處當仁，請師一唱。」師曰：「要唱即不難。」曰：「便請師唱。」師曰：「夜静水清魚不食，滿船空載月明歸。」

虔州天竺義澄常真禪師

虔州天竺義澄常真禪師。初參羅山，棲泊數載。後因羅山在疾，師問：「百年後忽有

〔一〕四部本、趙城本無此小注。

人問和尚，以何指示？」羅山乃放身便倒，師從此契悟。

僧問：「如何是佛法大意？」師曰：「寒暑相催。」

問：「聖皇請命，大衆臨筵，請師舉。」師曰：「領領。」曰：「恁麽即人天有賴也。」師曰：「汝作麽生？」

吉州清平惟曠真寂禪師

吉州清平惟曠真寂禪師。師上堂云：「不動神情便有輸贏之意，還有麽？出來！」時有僧出禮拜，師云：「不是作家，出去！」

僧問：「如何是第一句？」師曰：「要頭將取去！」

問：「如何是活人劍？」師曰：「會麽？」曰：「如何是殺人刀？」師叱之。

問：「如何是師子兒？」師曰：「毛頭排宇宙。」

婺州金柱義昭和尚

婺州金柱義昭和尚。僧問：「如何是和尚家風？」師曰：「開門作活。」僧云：「忽遇賊來又怎麽生？」師曰：「然。」

有新到僧參，師揭簾，以手作除帽子勢，僧擬欲近前，師云：「賺殺人！」

師因事而有頌曰：「虎頭生角人難措，石火電光須密布。假饒烈士也應難，懵底那能解差互？」

潭州谷山和尚

潭州谷山和尚。僧問：「省要處乞師一言。」師乃起去。問：「羚羊掛角時如何？」師曰：「爾向什麽處覓？」曰：「掛角後如何？」師曰：「走。」

湖南瀏陽道吾山從盛禪師

湖南瀏陽道吾山從盛禪師。師初住高安龍迴，有僧問：「如何是覿面事？」師曰：「新羅國去也。」問：「如何是龍迴家風？」師曰：「縱横射直。」問：「如何是靈源？」師曰：「嫌什麽！」曰：「近者如何？」師曰：「如人飲水。」問：「窮子投師，乞師拯濟。」師曰：「莫是屈著汝麽？」曰：「争奈窮何？」師曰：「大有人見。」

福州羅山義因禪師

福州羅山義因禪師。師上堂示衆曰：「若是宗師門下客，必不怪於羅山。珍重！」

僧問：「承古人有言：『自從認得曹谿路，了知生死不相關。』曹谿即不問，如何是羅山路？」師展兩手，僧曰：「恁麽即一路得通，諸路亦然。」曰：「什麽諸路？」僧近前立，師曰：「靈鶴煙霄外，鈍鳥不離窠。」

問：「承教中有言：『須法身萬象俱寂，隨智用萬象齊生。』如何是萬象俱寂？」師曰：「有什麽？」曰：「如何是萬象齊生？」師曰：「繩床椅子。」

灌州靈巖和尚

灌州靈巖和尚。僧問：「如何是道中寶？」師曰：「地傾東南，天高西北。」曰：「學人不會。」師曰：「落照機前異。」

師頌石鞏接三平曰：「解擘當胸箭，因何只半人？爲從途路曉，所以不全身。」

吉州匡山和尚

吉州匡山和尚。師有示徒頌曰：「匡山路，匡山路，巖崖嶮峻人難措。遊人擬議隔千山，一句分明超佛祖。」又有白牛頌曰：「我有古壇真白牛，父子藏來經幾秋。出門直透孤峯頂，迴來暫跨虎谿頭。」

福州興聖重滿禪師

福州興聖重滿禪師。上堂示衆曰：「覿面分付，不待文宣。對眼投機，唤作參玄上士。

若能如此，所以宗風不墜。」僧問：「如何是宗風不墜底句？」師曰：「老僧不忍。」

問：「昔日靈山會裏，今朝興聖筵中，和尚親傳，如何舉唱？」師曰：「欠汝一問。」

潭州寶應清進禪師

潭州寶應清進禪師。僧問：「如何是實相？」師曰：「没却汝。」

問：「至理無言，如何通信？」師曰：「千差萬别。」曰：「得力處乞師指示。」師曰：「瞌睡漢。」

前安州白兆山志圓禪師法嗣

朗州大龍山智洪弘濟大師

朗州大龍山智洪弘濟大師。僧問：「如何是佛？」師曰：「即汝是。」曰：「如何領會？」師曰：「更嫌鉢盂無柄那。」

問：「如何是微妙？」師曰：「風送水聲來枕畔，月移山影到床邊。」

問：「如何是極則處？」師曰：「懊惱三春月，不及九秋光。」

襄州白馬山行靄禪師

襄州白馬山行靄禪師。僧問：「如何是清净法身？」師曰：「井底蝦蟇吞却月。」

問：「如何是白馬正眼？」師曰：「向南看北斗。」

郢州大陽山行沖禪師

郢州大陽山行沖禪師。第一世住。僧問：「如何是無盡藏？」師良久，僧無語。師曰：「近前來。」僧才近前，師曰：「去！」

安州白兆山竺乾院懷楚禪師

安州白兆山竺乾院懷楚禪師。第二世住。僧問：「如何是句句須行玄路？」師曰：「沿路直到湖南。」

問：「如何是師子兒？」師曰：「德山嗣龍潭。」

問：「如何是和尚爲人一句？」師曰：「與汝素無冤讎，一句元在遮裏。」曰：「未審在什麽方所？」師曰：「遮鈍漢！」

蘄州四祖山清皎禪師

蘄州四祖山清皎禪師，福州人也，姓王氏。初住郢州大陽山，爲第二世。僧問：「師唱誰家曲？宗風嗣阿誰？」師曰：「楷師巖畔祥雲起，寶壽峯前震法雷。」

師次住安州慧日院，後遷止蘄州四祖山爲第一世。年七十時遺偈云：「吾年八十八，滿頭垂白髮。顒顒鎮雙峯，明明千江月。黄梅揚祖教，白兆承宗訣。日日告兒孫，勿令有斷絶。」

淳化四年癸巳八月二十三日入滅，年八十八。

蘄州三角山志操禪師

蘄州三角山志操禪師。第三世住。僧問：「教法甚多，宗歸一貫，和尚爲什麼説得許多周遊者也？」師曰：「爲爾周遊者也。」曰：「請和尚即古即今。」師以手敲繩床。

晉州興教師普禪師

晉州興教師普禪師。僧問：「盈龍宫、溢海藏真詮即不問，如何是教外别傳底法？」師曰：「眼裏，耳裏，鼻裏。」曰：「只此便是否？」師曰：「是什麽？」僧咄，師亦咄。問僧：「近離什麽處？」曰：「下寨。」師曰：「還逢著賊麽？」曰：「今日捉下。」師曰：「放汝三十棒。」

蘄州三角山真鑒禪師

蘄州三角山真鑒禪師。第四世住。僧問：「師唱誰家曲？宗風嗣阿誰？」師曰：「忽然行政令，便見下堂階。」

前潭州藤霞和尚法嗣

澧州藥山和尚

澧州藥山和尚。第七世住。師上堂謂衆曰：「夫學般若菩薩不懼得失，有事近前。」時有僧問：「藥山祖裔，請師舉唱。」師曰：「萬機挑不出。」曰：「爲什麽萬機挑不出？」師曰：「他緣岸谷。」

問：「如何是藥山家風？」師曰：「葉落不如初。」

問：「法雷哮吼時如何？」師曰：「宇宙不曾震。」曰：「爲什麽不曾震？」師曰：「遍地娑婆未嘗哮吼。」曰：「不哮吼底事如何？」師曰：「闔國無人知。」

前潭州雲蓋山景和尚法嗣

衡嶽南臺寺藏禪師

衡嶽南臺寺藏禪師。問：「遠遠投師，請師一接。」師曰：「不隔户。」

問：「如何是南臺境？」師曰：「松韻拂時石不點，孤峯山下壘難齊。」曰：「如何是境中人？」師曰：「巖前栽野果，接待往來賓。」曰：「恁麽即謝供養。」師曰：「怎生滋味？」

問：「如何是法堂？」師曰：「無壁落。」

問：「不顧諸緣時如何？」師良久。

幽州潭柘水從實禪師

幽州潭柘水從實禪師。僧問：「如何是道？」師曰：「箇中無紫皂。」曰：「如何是禪？」師曰：「不與白雲連。」師問僧：「作什麽來？」曰：「親近來。」師曰：「任汝白雲朝嶽頂，争奈青霄不展顔？」

潭州雲蓋山證覺禪師

潭州雲蓋山證覺禪師。僧問：「如何是和尚家風？」師曰：「四海不曾通。」問：「如何是一塵含法界？」師曰：「通身體不圓。」曰：「如何是九世刹那分？」師曰：「繁興不布彩。」問：「如何是宗門中的的意？」師曰：「萬里胡僧，不入波瀾。」

前廬山歸宗懷惲禪師法祠

歸宗寺弘章禪師

歸宗寺弘章禪師。第四世住。僧問：「學人有疑時如何？」師曰：「疑來多少時也？」

問：「小船渡大海時如何？」師曰：「較些子。」曰：「如何得渡？」師曰：「不過來。」

問：「枯木生華時如何？」師曰：「把一朵來。」

問：「混然覓不得時如何？」師曰：「是什麼？」

前池州嵇山章禪師法嗣

隨州雙泉山道虔禪師

隨州雙泉山道虔禪師。僧問：「洪鍾未扣時如何？」師曰：「絶音響。」曰：「扣後如何？」師曰：「絶音響。」

問：「如何是在道底人？」師曰：「無異念。」

問：「如何是希有底事？」師曰：「白蓮華向半天開。」

師後住安州法雲院示滅。

前洪州雲居第四世懷岳禪師法嗣

揚州風化院令崇禪師

揚州風化院令崇禪師，第一世住。舒州宿松人。七歲出家，二十登戒。契緣於雲居懷岳和尚，開法於信州鵝湖。廬州節帥周本於維揚西南隅創院，請師居之。

僧問："如何是敵國一著棊？"師曰："下將來。"問："一棒打破虚空時如何？"師曰："把將一片來。"

澧州藥山忠彦禪師

澧州藥山忠彦禪師。第八世住。僧問："教云：『諸佛放光明，助發實相義。』光明即不問，如何是助發實相義？"師曰："會麽？"曰："莫便是否？"師曰："是什麽？"問："師唱誰家曲？宗風嗣阿誰？"師曰："雲嶺龍昌月，神風洞上泉。"

梓州龍泉和尚

梓州龍泉和尚。僧問："如何是祖師西來意？"師曰："不在闍梨分上。"問："學人欲跳萬丈洪崖時如何？"師曰："撲殺。"

前筠州洞山道延禪師法嗣

筠州上藍院慶禪師

筠州上藍院慶禪師。初遊方，問雪峯："如何是雪峯的的意？"雪峯以杖子敲師頭，師應諾，峯大笑。師後承洞山印解，居于上藍。

僧問："如何是上藍無刃劍？"師曰："無。"僧曰："爲什麽無？"師曰："闍梨，諸方有。」

前襄州鹿門山處真禪師法嗣

益州崇真和尚

益州崇真和尚。僧問：「如何是禪？」師曰：「澄潭釣玉兔。」

問：「如何是大人相？」師曰：「泥捏三官土地堂。」

襄州鹿門山第二世譚和尚

襄州鹿門山第二世譚和尚志行大師。僧問：「如何是實際理地？」師曰：「南贍部洲、北鬱單越。」曰：「恁麼則事同一家也。」師曰：「隔須彌在。」

問：「遠遠投師，請師接。」師曰：「從什麼處來？」曰：「江北來。」師曰：「南堂裏安下。」

問：「如何是清净法身？」師曰：「戊亥年生。」

襄州谷隱智静悟空大師

襄州谷隱智静悟空大師。僧問：「如何是和尚轉身處？」師曰：「卧單子下。」

問：「如何是道？」師曰：「鳳林關下。」曰：「學人不會。」師曰：「直至荆南。」

問：「如何是指歸之路？」師曰：「莫用伊。」曰：「還使學人到也無？」師曰：「什麽處著得汝？」

問：「靈山一會何異今時？」師曰：「不異如今。」曰：「不異底事作麽生？」師曰：「如來密旨，迦葉不傳。」

廬山佛手巖行因禪師

廬山佛手巖行因禪師者，雁門人也，未詳姓氏。早習儒學，一旦捨俗出家，志求真諦，乃遊方。首謁襄陽鹿門山真禪師，師資道契。尋抵江淮登廬山，山之北有巖如五指，下有石窟，深邃可三丈餘，師宴處其中，因號佛手巖和尚。不度弟子，有鄰庵僧爲之供侍，常有異鹿、錦囊鳥馴繞其側。江南國主李氏嚮仰，三遣使徵召，不起堅請，就棲賢寺開法，不踰月，潛歸巖室。

僧問：「如何是對現色身？」師竪起一指。法眼別云：「還有也未？」

一日，示有微疾，謂侍僧曰：「日將午吾去矣。」侍僧方對，師下床行數步，屹立而化。巖頂上有松一株，同日枯瘁。壽七十餘，國主命畫工寫影，備香薪焚爇，收遺骨塔于巖之陰。

前撫州曹山第二世慧霞禪師法嗣

嘉州東汀和尚

嘉州東汀和尚。僧問：「如何是却去底人？」師曰：「石女紡麻纑。」曰：「如何是却來底人？」師曰：「扇車關摙良計斷。」

前華州草庵法義禪師法嗣

泉州龜洋慧忠禪師

泉州龜洋慧忠禪師，本州僊遊縣人也，姓陳氏。九歲依本山出家，既具戒，杖錫觀方，謁草庵和尚。草庵問曰：「何方而來？」師曰：「六眸峯來。」草庵曰：「還具六通否？」師曰：「患非重瞳。」草庵然之。

師迴故山，屬唐武宗廢教，例爲白衣。暨宣宗中興，師曰：「古人有言：『上昇道士不受籙，成佛沙彌不具戒法。』」遂過中不食，不宇而禪，乃述偈三首曰：「雪後始諳松桂別，雲收方見濟河分。不因世主教還俗，那辨雞群與鶴群？」「多年塵事謾騰騰，雖著方袍未是僧。今日修行依善慧，滿頭留髮候然燈。」「形容雖變道常存，混俗心源亦不昏。更讀善財巡禮偈，當時何處作沙門？」

師始從參禮，以至返初示滅，未嘗下山。葬于無了和尚塔之東隅二百步，目爲東塔。經數載，其塔忽坼裂，連階丈餘。時主塔僧將發之，於夜宴寂中見西塔定身言曰：「吾之遺質既勞汝重瘞，今東塔不煩更出也。」塔主禀乎靈感，召檀信重修補嚴飾，逮今香燈不絶。時謂陳、沈二真身是也。其無了禪師嗣馬祖事迹，廣如别章。

前襄州含珠山審哲禪師法嗣

洋州龍穴山和尚

洋州龍穴山和尚。僧問：「如何是祖師西來意？」師曰：「騎虎唱巴歌。」問：「大善知識爲什麽却與土地燒錢？」師曰：「彼上人者難爲醻對。」

唐州大乘山和尚

唐州大乘山和尚。問：「枯樹逢春時如何？」師曰：「世間希有。」問：「如何是四面上事？」師曰：「升子裏跉跳，斗子内轉身。」

襄州鳳山延慶院歸曉慧廣大師

襄州鳳山延慶院歸曉慧廣大師。僧問：「言語道斷時如何？」師曰：「兩重公案。」曰：「如何領會？」師曰：「分明舉似洞山。」

問：「如何是鳳山境？」師曰：「好生看取。」曰：「如何是境中人？」師曰：「識麽？」

襄州含珠山真和尚

襄州含珠山真和尚。第三世住。僧問：「師唱誰家曲？宗風嗣阿誰？」師曰：「含珠密意，同道者知。」曰：「恁麽即不假羽翼便登翠嶺也。」師曰：「鈍。」

問：「古鏡未磨時如何？」師曰：「昧不得。」曰：「磨後如何？」師曰：「黑如漆。」

前鳳翔府紫陵匡一大師法嗣

并州廣福道隱禪師

并州廣福道隱禪師。僧問：「如何是指南一路？」師曰：「妙引靈機事，澄波顯異輪。」

問：「三家同到請，未審赴誰家？」師曰：「月應千家水，門門盡有僧。」

紫陵微禪師

紫陵微禪師。第二世住。僧問：「如何是紫陵境？」師曰：「寂照燈光夜已深。」曰：「如何是境中人？」師曰：「猿啼虎嘯。」問：「寶劍未出匣時如何？」師曰：「磐陀石上栽上柏。」

興元府大浪和尚

興元府大浪和尚。僧問：「既是喝河神，爲什麽却被水推却？」師曰：「隨流始得妙，倚岸却成迷。」

前洪州鳳棲山同安威禪師法嗣

陳州石鏡和尚

陳州石鏡和尚。僧問：「石鏡不磨，還照也無？」師曰：「前生是因，今生是果。」

前襄州石門山獻禪師法嗣

石門山乾明寺慧徹禪師

石門山乾明寺慧徹禪師。第二世住。問：「金烏出海光天地，與此光陰事若何？」師曰：「龍出洞兮風雨至，海嶽傾時日月明。」

問：「從上諸聖向什麽處去也？」師曰：「露柱掛燈籠。」

問：「師唱誰家曲？宗風嗣阿誰？」師曰：「片雲生鳳嶺，樵子處處明。」

問：「如何是和尚家風？」師曰：「解接無根樹，能挑海底燈。」

問：「如何是祖師西來意？」師曰：「少林澄九鼎，動浪百華新。」

問：「如何是佛法大意？」師曰：「三門外松樹子見生見長。」

問：「一毫未發時如何？」師曰：「羿善不調弓，箭透三江口。」

問：「如何是佛？」師曰：「樵子度荒郊，騎牛草不露。」

前襄州萬銅山廣德義和尚法嗣

襄州廣德延和尚

襄州廣德延和尚。第二世住。初謁廣德義和尚，作禮而問曰：「如何是和尚深深處？」曰：「隱身不必須巖谷，闤闠堆堆覩者希。」師曰：「恁麽即酌水獻華也。」曰：「忽然雲霧靄，闍梨作麽生？」師曰：「采汲不虚施。」曰：「大衆看取第二代廣德。」師次踵山門，聚徒開法。

僧問：「如何是祖師西來意？」師曰：「魚躍無源水，鶯啼萬古松。」

問：「如何是常在底人？」師曰：「臘月死蛇當大路，觸著傷人不奈何。」

問：「如何是大通智勝佛時？」師曰：「盛夏日輪新霽後，汝莫當輝瞪目觀。」曰：「如何是大通智勝佛後？」師曰：「孤輪罷照鷲峯頂，汝報巴猿莫斷腸。」

問：「如何是作得無間業？」師曰：「猛火然鐺煮佛喋。」師因事有頌曰：「才到洪山便垜根，四平八面不言論。他家自有眠雲志，蘆管横吹宇宙分。」

前隋州隨城山護國守澄禪師法嗣

隋州龍居山智門寺守欽圓照大師

隋州龍居山智門寺守欽圓照大師。僧問：「兩鏡相對，爲什麽中間無像？」師曰：「自己亦須隱。」曰：「鏡破臺亡時如何？」師竪起拳。

問：「如何是和尚家風？」師曰：「額上不帖牓。」

隨城山護國知遠演化大師

隨城山護國知遠演化大師。第二世住。僧問：「舉子入門時如何？」師曰：「緣情體物是作麽生？」

問：「乾坤休駐意，宇宙不留心時如何？」師曰：「總是戰争收拾得，却因歌舞破除休。」

問：「直截根源佛所印，摘葉尋枝我不能。意旨如何？」師曰：「罷攀雲樹三秋果，休戀碧潭孤月輪。」

安州大安山能和尚

安州大安山能和尚崇教大師。僧問：「師唱誰家曲？宗風嗣阿誰？」師曰：「打起南山鼓，唱起北山歌。」問：「如何是三冬境？」師曰：「千山添翠色，萬樹鎖銀華。」

潁州薦福院思禪師

潁州薦福院思禪師。曾住唐州天目山。僧問：「古殿無佛時如何？」師曰：「梵音何來？」又問：「不假修證如何得成？」師曰：「修證即不成。」

潭州延壽和尚

潭州延壽和尚。僧問：「師唱誰家曲？宗風嗣阿誰？」師曰：「煬帝以汴水爲榮，老僧以書湖池畔。」

隋城山護國志朗圓明大師

隋城山護國志朗圓明大師。第三世住。僧問：「師唱誰家曲？宗風嗣阿誰？」師曰：「净果嫡子，疎山之孫。」問：「如何是萬法之根源？」師曰：「空中收不得，護國不能該。」

前蘄州烏牙山彦賓禪師法嗣

安州大安山興古禪師

安州大安山興古禪師。僧問：「亡僧遷化，向什麽處去也？」師曰：「昨夜三更月上峯。」

問：「維摩寂默，是説不是説？」師曰：「暗裏石牛兒，超然不出户。」

蘄州烏牙山行朗禪師

蘄州烏牙山行朗禪師。僧問：「未作人身已前作什麽來？」師曰：「海上石牛歌三拍，一條紅線掌間分。」

問：「迦葉上行衣，何人合得披？」師曰：「天然無相子，不掛出塵衣。」

前鳳翔府青峯和尚法嗣

西川靈龕和尚

西川靈龕和尚。僧問：「如何是諸佛出身處？」師曰：「出處非干佛，春來草自青。」

問：「碌碌地時如何？」師曰：「試進一步看。」

京兆紫閣山端己禪師

京兆紫閣山端己禪師。僧問：「四相俱盡，立什麽爲真？」師曰：「爾什麽處去來？」問：「渭水正東流時如何？」師曰：「從來無間斷。」

房州開山懷晝禪師

房州開山懷晝禪師。僧問：「作何行業即得不違千聖？」師曰：「妙行無倫匹，情玄體自殊。」

問：「有耳不臨清水洗，無心誰爲白雲幽？」師曰：「無木掛千金。」曰：「掛後如何？」師曰：「杳杳人難辨。」

幽州傳法和尚

幽州傳法和尚。僧問：「教意與祖意是同是别？」師曰：「華開金線秀，古洞白雲深。」

問：「别人爲什麽徒弟多？師爲什麽無徒弟？」師曰：「海島龍多隱，茆茨鳳不棲。」

益州净衆寺歸信禪師

益州净衆寺歸信禪師。僧問：「蓮華未出水時如何？」師曰：「菡萏滿池流。」曰：「出水後如何？」師曰：「葉落不知秋。」

問：「不假浮囊，便登巨海時如何？」師曰：「紅嘴飛超三界外，緑毛也解道煎茶。」

青峯山清免禪師

青峯山清免禪師。第二世住。僧問：「久醖蒲萄酒，今日爲誰開？」師曰：「飲者方知。」

問：「如何是祖師西來意？」師曰：「耨池無一滴，四海自滔滔。」

景德傳燈録卷第二十四

吉州青原山行思禪師第八世七十四人

漳州羅漢院桂琛禪師法嗣七人

金陵清涼文益禪師　襄州清谿洪進禪師　金陵清涼休復禪師　撫州龍濟紹修禪師

杭州天龍寺秀禪師　潞州延慶傳殷禪師　衡嶽南臺守安禪師已上七人見録

福州僊宗契符大師法嗣二人

福州僊宗洞明大師　泉州福清行欽禪師已上二人見録

杭州天龍重機大師法嗣一人

高麗雪嶽令光禪師一人見録

婺州國泰瑫禪師法嗣一人

婺州齊雲寶勝禪師一人見録

福州昇山白龍道希禪師法嗣五人

福州廣平玄旨禪師　福州白龍清慕禪師　福州靈峯志恩禪師　福州東禪玄亮禪師

漳州報劬玄應禪師已上五人見録

泉州招慶法因大師法嗣七人

泉州報恩宗顯大師　金陵龍光澄忋禪師　永興北院可休禪師　郴州太平清海禪師

連州慈雲慧深大師　郢州興陽道欽禪師已上六人見録　漳州保福清豁禪師一人無機緣語句不録

婺州報恩寶資禪師法嗣一人

處州福林澄和尚一人見録

處州翠峯從欣禪師法嗣一人

處州報恩守真禪師一人見録

襄州鷲嶺明遠禪師法嗣一人

襄州鷲嶺第二世通和尚一人見録

杭州龍華志球禪師法嗣一人

仁王院俊禪師一人見録

漳州保福可儔禪師法嗣一人

漳州隆壽無逸禪師一人見録

潭州延壽寺慧輪禪師法嗣二人

廬山歸宗道詮禪師　潭州龍興裕禪師已上二人見録

韶州白雲祥和尚法嗣六人

韶州大歷和尚　連州寶華和尚　韶州月華和尚　南雄州地藏和尚　英州樂净含匡禪師　韶州後白雲和尚已上六人見録

朗州德山緣密大師法〔一〕嗣二人

潭州鹿苑文襲禪師　澧州藥山可瓊禪師已上二人見録

西川青城香林澄遠禪師法嗣一人

灌州羅漢和尚一人見録

襄州洞山寺初禪師法嗣一人

潭州道崧禪師一人無機緣語句不録

〔一〕「師法」，原作「法師」，據四部本、趙城本改。

鄂州黄龍誨〔一〕機禪師法嗣九人

洛京紫蓋善沼禪師　眉州黄龍繼達禪師　棗樹第二世和尚　興元府玄都山澄和尚　嘉州黑水和尚　鄂州黄龍智顒禪師　眉州福昌〔二〕達和尚已上七人見録　常州慧山然和尚　洪州雙嶺悟海禪師已上二人無機緣語句不録

婺州明招德謙禪師法嗣六人

處州報恩契從禪師　婺州普照瑜和尚　婺州雙谿保初禪師　處州涌泉究和尚　衢州羅漢義和尚已上五人見録　福州興聖調和尚一人無機緣語句不録

郎州大龍山智洪禪師法嗣三人

大龍山景如禪師　大龍山楚勛禪師　興元府普通院從善禪師已上三人見録

襄州白馬行靄禪師法嗣一人

白馬智倫禪師一人見録

安州白兆山懷楚禪師法嗣三人

〔一〕「誨」，原作「晦」，據四部本、趙城本改。

〔二〕「福昌」，正文作「昌福」，四部本、趙城本同。

唐州保壽匡祐禪師一人見録　蘄州自南禪師　果州永慶院繼勳禪師已上二人無機緣語句不録

襄州谷隱智静禪師法嗣二人

谷隱知儼禪師　襄州普寧法顯禪師已上二人見録

廬山歸宗弘章禪師法嗣一人

東京普净院常覺禪師一人見録

鳳翔府紫陵微禪師法嗣二人

鳳翔府大朗和尚　潭州新開和尚已上二人無機緣語句不録

襄州石門山慧徹禪師法嗣二人

石門山紹遠禪師　鄂州靈竹守珍禪師已上二人見録

洪州同安志和尚法嗣二人

朗州梁山緣觀禪師一人見録　陳州靈通和尚一人無機緣語句不録

襄州廣德延和尚法嗣一人

廣德周禪師一人見録

益州净衆寺歸信禪師法嗣一人

漢州靈龕山和尚一人無機緣語句不録

隋州護國知遠禪師法嗣一人

東京開寶常普大師一人無機緣語句不録

青原行思禪師第八世

前漳州羅漢桂琛禪師法嗣

昇州清涼院文益禪師

昇州清涼院文益禪師，餘杭人也，姓魯氏。七歲依新定智通院全偉禪師落髮，弱齡稟具於越州開元寺。屬律匠希覺師盛化于明州鄮山育王寺，師往預聽，習究其微旨。復傍探儒典，遊文雅之場，覺師目爲我門之遊、夏也。師以玄機一發，雜務俱捐，振錫南邁，抵福州長慶法會。雖緣心未息，而海衆推之。尋更結侶，擬之湖外。既行，值天雨忽作，溪流暴漲，蒲報切。暫寓城西地藏院，因參琛和尚。琛問曰：「上座何往？」師曰：「邐迤行脚去〔一〕。」

〔一〕「去」，原作「云」，據四部本、趙城本改。

曰：「行脚事作麽生？」師曰：「不知。」曰：「不知最親切。」師豁然開悟，與同行進山主等四人，因投誠咨決，悉皆契會。次第受記，各鎮一方。師獨於甘蔗洲卓庵，因議留止。進師等以江表叢林欲期歷覽，命師同往，至臨川，州牧請住崇壽院。

初開堂，日中坐茶筵未起，四衆先圍繞法座。時僧正白師曰：「四衆已圍繞和尚法座了。」師曰：「衆人却參真善知識。」少頃升座，大衆禮請訖，師謂衆曰：「衆人既盡在此，山僧不可無言，與大衆舉一古人方便。珍重！」便下座。時有僧出禮拜，師曰：「好問著。」僧方申問次，師曰：「長老未開堂，不答話。」

子方上座自長慶來，師舉先長慶稜和尚偈而問曰：「作麽生是萬象之中獨露身？」子方舉拂子，師曰：「恁麽會又争得？」曰：「和尚尊意如何？」師曰：「唤什麽作萬象？」曰：「古人不撥萬象。」師曰：「萬象之中獨露身，説什麽撥不撥？」子方豁然悟解，述偈投誠。自是諸方會下有存知解者翕然而至，始則行行如也，師微以激發，皆漸而服膺。海參之衆，常不減千計。

師上堂，大衆立久，乃謂之曰：「只恁麽便散去，還有佛法也無？試説看！若無，又來遮裏作麽？若有，大市裏人聚處亦有，何須到遮裏？諸人各曾看還源觀、百門義海、華嚴論、涅槃經諸多策子，阿那箇教中有遮箇時節？若有試舉看。莫是恁麽經裏有恁麽語是此時節麽？有什麽交涉？所以微言滯於心首，常爲緣慮之場，實際居於目前，翻爲名相之境。又作麽生得翻去？若也翻去，又作麽生得正去？還會麽？莫只恁麽念策子，有什麽用處？」

僧問：「如何披露則得與道相應？」師曰：「汝幾時披露即與道不相應？」

問：「六處不知音時如何？」師曰：「汝家眷屬一群子。」師又曰：「作麽生會？莫道恁麽來問便是不得，汝道六處不知音？眼處不知音？耳處不知音？若也根本是有，争解無得？古人道：『離聲色，著聲色。離名字，著名字。』所以無想天修得，經八萬大劫，一朝退墮，諸事儼然。蓋爲不知根本，真實次第修行，三生六十劫，四生一百劫，如是直到三祇果滿。他古人猶道：『不如一念緣起無生，超彼三乘權學等見。』又道：『彈指圓成八萬門，刹那滅却三祇劫。』也須體究。若如此，用多少氣力！」

僧問：「指即不問，如何是月？」師曰：「阿那箇是汝不問底指？」又僧問：「月即不問，如何是指？」師曰：「月。」曰：「學人問指，和尚爲什麽對月？」師曰：「爲汝問指。」

江南國主重師之道，迎入住報恩禪院，署净慧禪師。師上堂，謂衆曰：「古人道：『我立地待汝覰去。』山僧如今坐地，待汝覰去，還有道理也無？那箇親？那箇疎？試裁斷看。」

問：「洪鍾才繫，大衆雲臻，請師如是。」師曰：「大衆會何似汝會？」

問：「如何是古佛家風？」師曰：「什麽處看不足？」

問：「十二時中如何行履即得與道相應？」師曰：「取捨之心成巧僞。」

問：「古人傳衣，當記何人？」師曰：「汝什麽處見古人傳衣？」

問：「十方賢聖皆入此宗，如何是此宗？」師曰：「十方賢聖皆入。」

問：「如何是佛向上人？」師曰：「方便呼爲佛。」

問：「聲色兩字，什麽人透得？」師却謂衆曰：「諸上座，且道遮箇僧還透得也未？若會此問處，透聲色即不難。」

問：「求佛知見，何路最徑？」師曰：「無過此。」

問：「瑞草不凋時如何？」師曰：「謾語。」

問：「大衆雲集，請師頓決疑網。」師曰：「寮舍内商量？茶堂内商量？」

問：「雲開見日時如何？」師曰：「謾語真箇。」

問：「如何是沙門所重處？」師曰：「若有纖毫所重，即不名沙門。」

問：「千百億化身於中，如何是清浄法身？」師曰：「總是。」

問：「簇簇上來，師意如何？」師曰：「是眼不是眼？」

問：「全身是義，請師一決。」師曰：「汝義自破。」

問：「如何是古佛心？」師曰：「流出慈悲喜捨。」

問：「百年暗室，一燈能破，如何是一燈？」師曰：「論什麽百年？」

問：「如何是正真之道？」師曰：「一願也教汝行，二願也教汝行。」

問：「如何是一真之地？」師曰：「地則無一真。」曰：「如何卓立？」師曰：「轉無交涉。」

問：「如何是古佛？」師曰：「即今也無嫌處。」

問：「十二時中如何行履？」師曰：「步步踏著。」

問：「古鏡未開如何顯照？」師曰：「何必再三？」

問：「如何是諸佛玄旨？」師曰：「是汝也有。」

問：「承教有言：『從無住本，立一切法。』如何是無住本？」師曰：「形興未質，名起未名。」

問：「亡僧衣，衆僧唱，祖師衣什麽人唱？」師曰：「汝唱得亡僧什麽衣？」

問：「蕩子還鄉時如何？」師曰：「將什麽奉獻？」曰：「無有一物。」師曰：「日給作麽生？」

師後遷住清涼，上堂示衆曰：「出家人但隨時及節，便得寒即寒，熱即熱。欲知佛性義，當觀時節因緣，古今方便不少。不見石頭和尚因看肇論云：『會萬物爲己者，其唯聖人乎！』他家便道：『聖人無己，靡所不己。』有一片言語唤作參同契，末上云：『竺土大僊心，無過此語也。』中間也只隨時説話。上座今欲會萬物爲己去，蓋爲大地無一法可見。他又囑人云：『光陰莫虛度。』適來向上座道，但隨時及節便得，若也移時失候，即是虛度光陰，於非色中作色解。上座於非色中作色解，即是移時失候。且道色作非色解，還當不當？上座若恁麽會，便是没交涉。正是癡狂兩頭走，有什麽用處？上座但守分，隨時過好。珍重！」

問：「如何是清涼家風？」師曰：「汝到别處，但道到清涼來。」

問：「如何得諸法無當去？」師曰：「什麽法當著上座？」曰：「争奈日夕何？」師

曰：「閑言語。」

問：「觀身如幻化，觀内亦復然時如何？」師曰：「還得恁麽也無？」

問：「要急相應，唯言不二，如何是不二之言？」師曰：「更添些子得麽？」

問：「如何是法身？」師曰：「遮箇是應身。」

問：「如何是第一義？」師曰：「我向汝道是第二義。」

師問修山主：「毫氂有差，天地懸隔。兄作麽生會？」修曰：「毫氂有差，天地懸隔。」師曰：「恁麽會又争得？」修曰：「和尚如何？」師曰：「毫氂有差，天地懸隔。」修便禮拜。東禪齊拈云：「山主恁麽祇對，爲什麽不肯？及乎再請益，法眼亦只恁麽道便得去。且道疑訛在什麽處？若看得透，道上坐有來由。」

師與悟空禪師向火，拈起香匙問悟空云：「不得唤作香匙，兄唤作什麽？」悟空云：「香匙。」師不肯，悟空却後二十餘日方明此語。東禪齊拈云：「叢林中總道悟空好語，法眼須有此語。若恁麽會還夢見也未？除此外别作麽生會法眼意？上坐既不唤作香匙，唤作什麽？别下一轉子看，要知上坐平生眼。」

因僧齋前上參，師以手指簾，時有二僧同去捲簾。師曰：「一得一失。」東禪齊拈云：「上坐且作麽生會？有云爲伊不明旨，便去捲簾。亦有道指者即會，不指而去者即失。恁麽會還可不可？既不許恁麽會，且問上坐，阿那箇得？阿那箇失？」

因雲門問僧：「什麽處來？」云：「江西來。」雲門云：「江西一隊老宿寱語住也未？」僧無對。僧問師：「不知雲門意作麽生？」師曰：「大小雲門被遮僧勘破。」

師問僧：「什麽處來？」曰：「道場來。」師曰：「明合暗合？」僧無語。師令僧取土添蓮盆，僧取土到，師曰：「橋東取？橋西取？」曰：「橋東取。」師曰：「是真實？是虚妄？」

師問僧：「什麽處來？」曰：「報恩來。」師曰：「衆僧還安否？」曰：「安。」師曰：「喫茶去。」

師問僧：「什麽處來？」曰：「泗州禮拜大聖來。」師曰：「今年出塔否？」曰：「出。」師却問傍僧曰：「汝道伊到泗州不到？」

師問寶資長老：「古人道：『山河無隔礙，光明處處透。』作麽生是處處透底光？」資曰：「東畔打羅聲。」歸宗柔别云：「和尚擬隔礙。」

師指竹問僧：「還見麽？」曰：「見。」師曰：「竹來眼裏？眼到竹邊？」僧曰：「總不恁麽。」法燈别云：「當時但擘眼向師。」歸宗别云：「和尚只是不信某甲。」

有俗士獻師畫障子，師看了，問曰：「汝是手巧心巧？」曰：「心巧。」師曰：「那箇是汝心？」俗士無對。歸宗代云：「某甲今日却成容易。」

僧問："如何是第二月？"師曰："森羅萬象。"曰："如何是第一月？"師曰："萬象森羅。"

師緣被於金陵，三坐大道場，朝夕演旨，時諸方叢林咸遵風化。異域有慕其法者，涉遠而至。玄沙正宗中興於江表。師調機順物，斥滯磨昏。凡舉諸方三昧，或入室呈解，或叩激請益，皆應病與藥，隨根悟入者不可勝紀。

以周顯德五年戊午七月十七日示疾，國主親加禮問。閏月五日，剃髮沐身，告衆訖，跏趺而逝，顏貌如生。壽七十有四，臘五十四。城下諸寺院，具威儀迎引。公卿李建勳已下，素服奉全身於江寧縣丹陽鄉起塔，謚大法眼禪師，塔曰無相。

嗣子天台山德韶、吴越國師。文遂、江南國導師。慧炬高麗國師。等一十四人先出世，並爲王侯禮重。次龍光、泰欽等四十九人，後開法各化一方，如本章叙之。後因門人行言署玄覺導師請，重謚大智藏大導師。三處法集及著偈、頌、真讚、銘記、詮注等，凡數萬言，學者繕寫傳布天下。

襄州清谿山洪進禪師

襄州清谿山洪進禪師，曾住鄧州谷口。在地藏時居第一座。一日，有二僧禮拜，地藏和尚曰：「俱錯。」二僧無語，下堂請益修山主，修曰：「汝自巍巍堂堂，却禮拜擬問他人，豈不是錯？」師聞之不肯，修乃問曰：「未審上座作麽生？」師曰：「汝自迷暗，焉可爲人？」修憤然上法堂請益地藏，地藏指廊下曰：「典座入庫頭去也。」修乃省過。

又一日，師問修山主曰：「明知生是不生之性，爲什麽爲生之所留？」修曰：「筍畢竟成竹去，如今作篾使還得麽？」師曰：「汝向後自悟去。」曰：「紹修所見只如此，上坐意旨如何？」師曰：「遮箇是監院房，那箇是典座房？」修禮謝。

師住後，有僧問：「衆盲摸象，各説異端，忽遇明眼人又作麽生？」師曰：「汝但舉似諸方。」

師經行次，衆僧隨從，乃謂衆曰：「古人有什麽言句？大家商量。」時有從漪上座出衆擬問次，師曰：「遮勿毛驢。」漪涣〔一〕然省悟。漪後住天平山。

昇州清涼院休復悟空禪師

昇州清〔二〕涼院休復悟空禪師，北海人，姓王氏。幼出家，十九納戒。嘗自謂曰：「苟

〔一〕「涣」下原衍「漪」字，據四部本、趙城本删。

〔二〕「清」，原作「勢」，據四部本、趙城本改。

尚能詮，則爲滯筏。將趣凝寂，復患墮空。既進退莫決，捨二何之？」乃參尋宗匠，緣會地藏和尚。法眼章述之。後繼法眼，住撫州崇壽。甲辰歲，江南國主創清涼大道場，延請居之。

上堂示衆曰：「古聖才生下，便周行七步，目顧四方云：『天上天下，唯我獨尊。』他便有遮箇方便奇特，只如諸上座初生下時，有箇什麽奇特？試舉看。若道無，即對面諱却。若道有，又作麽生通得箇消息？還會麽？上座幸然有奇特事，因什麽不知去？珍重！」

僧問：「如何是佛？」師曰：「汝是衆生。」曰：「還肯也無？」師曰：「虚施此問。」

問：「如何是西來意？」師曰：「汝道此土還有麽？」

問：「省要處乞師一言。」師曰：「珍重！」

問：「如何是道？」師曰：「本來無一物，何處有塵埃？」僧禮拜，師曰：「莫錯會。」

問：「如何是一塵入正受？」師曰：「色即空。」曰：「如何是諸塵三昧起？」師曰：「空即色。」

問：「諸餘即不問，如何是悟空一句？」師曰：「兩句也。」

問：「牛頭未見四祖時，爲什麽百鳥銜華？」師曰：「未見四祖。」曰：「見後爲什麽不銜華？」師曰：「見四祖。」

問：「如何是自己事？」師曰：「幾處問人來？」

問：「古人得箇什麽即便休歇去？」師曰：「汝得箇什麽即不休歇去？」

問：「如何是學人出身處？」師曰：「千般比不得，萬般況不及。」曰：「請和尚道。」師曰：「古亦有，今亦有。」

問：「如何是亡僧面前觸目菩提？」師曰：「問取髑髏後人。」

問：「如何是諸佛本源？」師曰：「汝唤什麽作諸佛？」

問：「雨華動地，始起雷音，未審和尚此日稱揚何事？」師曰：「向上座道什麽？」

問：「毒龍奮迅，萬象同然時如何？」師曰：「爾什麽處得遮箇問頭？」曰：「恁麽即得遇清涼也。」師曰：「實即得。」

師平日居方丈，唯毳一襪，每哂同參法眼多爲偈頌。晉天福八年癸卯十月朔日，遣僧往保恩院，命法眼禪師至方丈囑付，又致書辭國主，取三日夜子時入滅。國主屢遣使候問，令本院至時擊鍾。及期，大衆並集，師端坐，警衆曰：「無棄光影。」語絶告寂。時國主聞鍾，登高臺遥禮清涼，深加哀慕，仍致祭。荼毘，收舍利建塔。

撫州龍濟山主紹修禪師

撫州龍濟山主紹修禪師。初與大法眼禪師同參地藏，所得謂已臻極。暨同辭至建陽，途中譚次，法眼忽問曰：「古人道『萬象之中獨露身』，是撥萬象？不撥萬象？」師曰：「不撥萬象。」法眼曰：「説什麽撥不撥？」師懵然，却迴地藏，地藏問曰：「子去未久，何以却迴？」師曰：「有事未決，豈憚跋涉山川？」地藏曰：「汝跋涉許多山川，也還不惡。」師未喻旨，乃問曰：「古人道『萬象之中獨露身』，意旨如何？」地藏曰：「汝道古人撥萬象？不撥萬象？」師曰：「不撥。」地藏曰：「兩箇也。」師駭然沈思，而却問曰：「未審古人撥萬象？不撥萬象？」地藏曰：「汝唤什麽作萬象？」師方惺悟，再辭地藏，覲于法眼。法眼語意，與地藏開示前後如一，故法眼先住撫州崇壽，大振宗風。師後居龍濟山，不務聚徒，而學者奔至。

師上堂，示衆曰：「具足凡夫法，凡夫不知。具足聖人法，聖人不會。聖人若會，即是凡夫。凡夫若知，即是聖人。此兩語一理二義，若人辨得，不妨於佛法中有箇入處。若辨不得，莫道不疑。」

問：「見色便見心，露柱是色，如何是心？」師曰：「幸然未會，且莫詐明頭。」

問：「如何得出三界？」師曰：「汝恁麽問，不妨出得三界。」

問：「當陽舉唱，誰是委者？」師曰：「非汝不委。」

問：「如何是萬法主？」師曰：「喚什麽作萬法？」

問：「教云：『須彌納芥子，芥子納須彌。』如何是須彌？」師曰：「穿破汝心。」曰：「如何是芥子？」師曰：「塞却汝眼。」曰：「如何納？」師曰：「把將須彌與芥子來。」曰：「前言何在？」師曰：「前有什麽言？」

師有時示衆曰：「聲色不到，病在見聞。言詮不及，過在脣舌。」僧問：「離却聲色，請和尚道。」師曰：「聲色裏問將來。」

問：「如何是學人心？」師曰：「阿誰恁麽問？」

問：「劫火洞然，大千俱壞，未審這箇還壞也無？」師曰：「不壞。」曰：「爲什麽不壞？」師曰：「爲同於大千。」

問：「如何是觸目菩提？」師曰：「特地令人愁。」

問：「如何是西來意？」師曰：「待汝問西來意，我即向汝道。」

問：「巨夜之中，以何爲眼？」師曰：「暗。」問：「纖毫不隔，爲什麽覰之不見？」師曰：「作家弄影漢。」

問：「古鏡未磨時如何？」師曰：「照破天地。」曰：「磨後如何？」師曰：「黑似漆。」

問：「如何是普眼？」師曰：「纖毫覷不見。」曰：「爲什麽覷不見？」師曰：「爲伊眼太大。」

問：「如何是大敗壞底人？」師曰：「劫壞不曾遷。」曰：「此人還知有佛法也無？」師曰：「若知有佛法，渾成顛倒。」曰：「如何得不顛倒？」師曰：「直須知有佛法。」曰：「如何是佛法？」師曰：「大敗壞。」問：「如何是學人常在底心？」師曰：「還曾問荷玉麽？」曰：「學人不會。」師曰：「不會夏末問曹山。」

師著偈頌六十餘首，及諸銘論、群經略要等，並行于世。

杭州天龍寺秀禪師

杭州天龍寺秀禪師。先住歲豊。師上堂謂衆曰：「諸上座多少無事，十二時中在何世界安身立命？且子細點檢看，何不覓箇歇處？因什麽却與别人點檢？若恁麽去，早落第二頭也。」時有僧問：「承師有言：『恁麽去早落第二頭。』學人總不恁麽上來，師如何辨白？」師曰：「汝却作家。」曰：「恁麽即今日得遇於師也。」師曰：「汝且莫詐明頭。」

問：「承古有言『二人俱錯』，未審古人意旨如何？」師曰：「汝何不自檢責？」曰：「恁麼即人天有賴也。」師曰：「汝不妨靈利。」

本國署清慧大師。

潞州延慶院傳殷禪師

潞州延慶院傳殷禪師。僧問：「見色便見心，燈籠是色，那箇是心？」師曰：「汝不會古人意。」曰：「如何是古人意？」師曰：「燈籠是心。」

問：「若能轉物即同如來，未審轉什麼物？」師曰：「道什麼？」僧擬進語，師曰：「遮漆桶。」

衡嶽南臺守安禪師

衡嶽南臺守安禪師。初住江州悟空院。有僧問：「人人盡有長安路，如何得到？」師曰：「即今在什麼處？」

問：「如何是西來意？」師曰：「是什麼意？」

問：「如何是本來身？」師曰：「是什麼身？」

問：「寂寂無依時如何？」師曰：「寂寂底聻〔一〕。」師因有頌曰：「南臺静坐一鑪香，亘日凝然萬事忘。不是息心除忘想，都緣無事可思量。」

前福州僊宗契符清法大師法嗣

福州僊宗洞明真覺大師

福州僊宗洞明真覺大師。僧問：「拏雲不假風雷便，濬浪如何透得身？」師曰：「何得棄本逐末？」

泉州福清廣法大師

泉州福清廣法大師行欽。初住雲臺院。師上堂謂衆曰：「還有人鑒得出麼？若有人鑒得，是什麼湖裏破草鞋？若也鑒不出，落地作金聲。無事久立。」

僧問：「如何是佛法大意？」師曰：「諸上座大家道取。」

問：「如何是譚真逆俗？」師曰：「客作漢問什麼？」曰：「如何是順俗違真？」師曰：「喫茶去！」

〔一〕「聻」，四部本、趙城本作「你」。

問：「如何是然燈前？」師曰：「然燈後。」曰：「如何是然燈後？」師曰：「然燈前。」曰：「如何是正然燈？」師曰：「喫茶去！」

問：「如何是第二月？」師曰：「汝問我答。」

師問僧：「汝念什麽經？」曰：「法華經。」師曰：「彼此話墮。」

前杭州天龍重機大師法嗣

高麗雪嶽令光禪師

高麗雪嶽令光禪師。僧問：「如何是和尚家風？」師曰：「分明記取。」

問：「如何是諸法之根源？」師曰：「謝指示。」

前婺州國泰瑫禪師法嗣

婺州齊雲寶勝禪師

婺州齊雲寶勝禪師。僧問：「如何是齊雲境？」師曰：「龍潭徹底清，烏龜得繼名。」曰：「莫即遮箇便是麽？」師曰：「道高龍虎伏，八僊連太平。」

問：「如何是齊雲水？」師曰：「龍潭常徹底，擬問即波瀾。」曰：「莫只遮箇便是麽？」師曰：「古殿無香煙，誰人辨清濁？」曰：「未審深深處如何？」師曰：「闍梨欲識深深處，直須脚下絶雲生。」

前福州昇山白龍院道希禪師法嗣

福州廣平玄旨禪師

福州廣平玄旨禪師。曾住黄檗。上堂示衆曰：「還有人證明麽？若有人證明，亦免孤負上祖，埋没後來。若是尋言數句，大藏分明。若是祖宗門中，怪及什麽處？恁麽道亦是傍瞥之辭。」

僧問：「如何是廣平境？」師曰：「地擎名山秀，谿連海水清。」曰：「如何是境中人？」師曰：「汝問我答。」

問：「如何是法身體？」師曰：「廓落虛空絶玷瑕。」曰：「如何是體中物？」師曰：「一輪明月散秋江。」曰：「未審體與物分不分？」師曰：「適來道什麽？」曰：「恁麽即不分也。」師曰：「穿耳胡僧笑點頭。」

福州昇山白龍清慕禪師

福州昇山白龍清慕禪師。僧問：「如何是白龍密用一機？」師曰：「汝每日用什麽？」曰：「恁麽即徒勞側聆。」禪便喝出。

問：「一切衆生日用而不知，如何是日用底？」師曰：「別祇對爾争得！」

問：「不責上來，聲前一句，請師道。」師曰：「莫是不辨麽？」

福州靈峯志恩禪師

福州靈峯志恩禪師。僧問：「如何是吹毛劍？」師曰：「我進前，汝退後。」曰：「恁麽即學人喪身命去也。」師曰：「不打水，魚自驚。」

問：「如何是佛？」師曰：「更是阿誰？」曰：「既然如此，爲什麽迷妄有差殊？」師曰：「但自不亡羊，何須泣岐路？」

問：「如何是靈峯境？」師曰：「萬疊青山如飣出，兩條緑水若圖成。」曰：「如何是境中人？」師曰：「明明密密，密密明明。」

福州東禪玄亮禪師

福州東禪玄亮禪師。僧問：「本無迷悟，爲什麽却有衆生？」師曰：「話墮。」

問：「祖祖相傳傳法印，師今繼嗣嗣何方？」師曰：「特謝證明。」曰：「恁麽即白龍當時親受記，今日應聖度迷津。」師曰：「汝莫錯認定盤星。」

漳州報劬院玄應定慧禪師

漳州報劬院玄應定慧禪師，泉州晉江縣人也，姓吴氏。幼出家，於本州開元寺九佛院稟具。探律乘，閱大藏終秩，乃之福州，謁白龍希和尚，印可心地，却歸本州清豁。會清豁長老罷唱保福，庵于貴湖，一見以同道相契。豁命檀信於庵之西青陽山創室，請師宴處二十餘載。開寶三年，屬泉州帥陳洪進仲子文顥任漳州刺史，於水南創大禪苑曰報劬，屢請師住持，固辭不往。師之兄仁濟爲軍校，文顥因遣仁濟入山，述意勤懇，師不得已出山。時參學四集，僅千五百人，隨從入院，大啓法筵。

僧問：「如何是第一義？」師曰：「如何是第一義？」曰：「學人請益，師何以倒問學人？」師曰：「汝適來請益什麽？」曰：「第一義。」師曰：「汝謂之倒問耶？」

問：「如何是古佛道場？」師曰：「今夏堂中千五百僧。」

陳帥以師之道德聞于太祖皇帝，賜紫衣師號。開寶八年將順世，先七日遺書辭陳守，仍示一偈曰：「今年六十六，世壽有延促。無生火熾然，有爲薪不續。出谷與歸源，一時俱備足。」及期日，誡諸門人：「吾滅後，不得以喪服哭泣，有亂規矩。」言訖坐化。陳守傷歎，盡禮送終。茶毘收靈骨，於院之後山建浮圖。

前泉州招慶法因大師法嗣

泉州報恩院宗顯明慧大師

泉州報恩院宗顯明慧大師。初住興國。有僧問：「新豐一派，興國分流。祖嗣西來，請師舉唱。」師曰：「也在新豐得些子問。」曰：「恁麽即法雨霶霈，群生有賴也。」師曰：「莫閑言語。」

問：「昔日靈山一會，迦葉親聞，未審今日誰是聞者？」師曰：「却憶七葉巖中尊。」

問：「昔日覺城東際，象王迴旋，五衆咸臻。今日太守臨院，如何提接？」師曰：「眨上眉毛著。」曰：「恁麽即一機顯處，萬緣喪盡。」師曰：「何必繁辭？」

問：「如何是西來意？」師曰：「日裏看鵶毛。」

師後住報恩，有僧問：「學人都致一問，請師道。」師曰：「不是創住，遮箇師僧也難容。」

問：「離四句，絶百非，請師道。」師曰：「青紅華滿庭。」

問：「不涉思量處，從上宗乘，請師直道。」師良久，僧曰：「恁麽即聽響之流，徒勞側耳。」師曰：「早是粘膩。」

問：「不責上來，聲前一句，請師直道。」師曰：「汝自何來？」曰：「恁麽即得遇明師也。」師曰：「莫閑言語。」

問：「如何是人王？」師曰：「奉對不敢造次。」曰：「如何是法王？」師曰：「莫孤負好。」曰：「未審人王與法王對譚何事？」師曰：「非汝所聆。」

金陵龍光院澄忋禪師

金陵龍光院澄忋公在切。禪師，廣州人也，姓陳氏。幼出家於本州觀音院，年滿納戒於韶州南華寺，尋遊方抵于泉州，參法因大師，印悟心地。後住舒州山谷寺。

有僧新到，師問：「什麽處來？」曰：「江南來。」師曰：「汝還禮渡江船子麽？」曰：「和尚爲什麽教禮渡江船子？」師曰：「是汝善知識。」

又住齊安、龍光，前後三處，聚徒説法，終于龍光。

永興北院可休禪師

永興北院可休禪師。第二世住。僧問：「如何是西來意？」師曰：「遍滿天下。」僧曰：「莫便是麽？」師曰：「是即牢收取。」

問：「大作業底人來，師還接否？」師曰：「不接。」曰：「爲什麽不接？」師曰：「幸是好人家男女。」

郴州太平院清海禪師

郴州太平院清海禪師。僧問：「古人道『不從請益得』，祖師爲什麽道誰得作佛？」師曰：「悟了方知。」

問：「從上宗乘，次第指授，未審今日如何舉唱？」師曰：「白雲透出深洞裏，名華異草嶺頭生。」

問：「如何是句中人？」師曰：「好辨。」

連州慈雲普廣大師

連州慈雲普廣大師慧深。僧問：「匿王請佛，既奉法於當時。我后延師，蓋興宗於此日。幸施方便，無悋舉揚。」師曰：「不煩再問。」

問：「如何是大〔一〕圓鏡？」師曰：「著。」

問：「如何是向上事？」師曰：「分明聽取。」

〔一〕「大」，原作「人」，據四部本、趙城本改。

郢州興陽山道欽禪師

郢州興陽山道欽禪師。第二世住。僧問：「如何是興陽境？」師曰：「松竹乍栽山影緑，水流穿過院庭中。」問：「如何是佛？」師曰：「更是什麽？」

前婺州報恩寶資禪師法嗣

處州福林澄和尚

處州福林澄和尚。僧問：「如何是伽藍？」師曰：「匆幡㡣。」曰：「如何是伽藍中人？」師曰：「瞻禮即有分。」問：「下堂一句，請師不悋。」師曰：「閑吟唯憶龐居士，天上人間不可陪。」

前處州翠峯從欣禪師法嗣

處州報恩守真禪師

處州報恩守真禪師。僧問：「諸官已結人天會，報恩今日事如何？」師曰：「闍梨到諸方分明舉。」問：「如何是佛法大意？」師曰：「閃爍烏飛急，奔騰兔走頻。」

前襄州鷲嶺明遠禪師法嗣

襄州鷲嶺通和尚

襄州鷲嶺通和尚。第二世住。僧問:「世尊得道,地神報虚空神。和尚得道,未審什麽人報?」師曰:「謝爾報來。」

前杭州龍華寺志球禪師法嗣

杭州仁王院俊禪師

杭州仁王院俊禪師。僧問:「承古有言:『向上一路,千聖不傳。』如何是向上不傳底事?」師曰:「向上問將來。」曰:「恁麽即上來不當去也。」師曰:「既知如此,躡步上來作什麽?」

前漳州保福院可儔禪師法嗣

漳州隆壽無逸禪師

漳州隆壽無逸禪師。初開堂升座,良久,謂衆曰:「諸上座若是上根之士,早已掩耳。中下之流,競頭側聽。雖然如此,猶是不得已而言。諸上座,他時後日,到處有人問著今日事，且作麼生舉似他？若也舉得，舌頭鼓，舌頭論。若也舉不得，如無三寸，且作麼生舉？」僧問：「絶妙宗風，請師垂示。」師良久，僧曰：「恁麼即頓決疑情，便契心源。向上宗乘，如何言論？」師曰：「待汝自悟始得。」

前潭州延壽寺慧輪禪師法嗣

廬山歸宗第十二世道詮禪師

廬山歸宗第十二世道詮禪師，吉州安福人也，姓劉氏。生惡葷血，髫齓禮本州思和尚受業。聞慧輪和尚化被長沙，時馬氏竊據荆楚，與建康接壤，師年二十五，結友冒險遠來參尋。會馬氏滅，劉言有其地〔一〕，以王逵代劉言領其事〔二〕。逵疑師江表諜者，乃令捕執，將沈于江。師怡然無怖，逵異之，且詢輪和尚，輪曰：「斯皆爲法忘軀之人也，聞老僧虚譽，故來決擇耳。」逵悦而釋之，仍加禮重。師棲泊延壽，經十稔，輪和尚歸寂，乃迴廬山開先駐錫。乾德初，於山東南牛首峯下結茆爲室。開寶五年，洪帥林仁肇請居筠陽九峯隆濟院，

〔一〕「地」，原作「他」，據四部本、趙城本改。
〔二〕「以王逵代劉言領其事」，四部本、趙城本作「王逵複代劉言」。

闡揚宗旨，本國賜大沙門號。

僧問：「承聞和尚親見延壽來，是否？」師曰：「山前麥熟也未？」問：「九峯山中還有佛法也無？」師曰：「有。」曰：「如何是九峯山中佛法？」師曰：「山中石頭大底大，小底小。」

尋屬江南國絶，僧徒例試經業，師之徒衆並習禪觀，乃述一偈聞于州牧曰：「比擬忘言合太虛，免教和氣有親疎。誰知道德全無用，今日爲僧貴識書。」時州牧閲之，與僚佐議曰：「旃檀林中必無雜樹，唯師一院，特奏免試經。」

太平興國九年，南康知軍張南金先具疏白師，然後集道俗迎請，坐歸宗道場。

僧問：「如何是歸宗境？」師曰：「千邪不如一直。」

問：「如何是佛？」師曰：「待得雪消後，自然春到來。」

問：「如何是學人自己？」師曰：「床窄先卧，粥稀後坐。」

問：「古人道：『不是風動，不是幡動。』如何？」師曰：「來日路口有市。」

師雍熙二年十一月二十八日中夜趺坐白衆而順寂。壽五十六，臘三十七。荼毘舍利，塔于牛首庵所，師頗有歌頌流傳於世。

潭州龍興裕禪師

潭州龍興裕禪師。僧問：「是何是學人自己？」師曰：「張三、李四。」曰：「比來問自己，爲什麽道張三、李四？」師曰：「汝且莫草草。」問：「諸餘即不問，如何是和尚家風？」師曰：「家風即且置，阿那箇是汝不問底諸餘？」

前韶州白雲祥和尚法嗣

韶州大歷和尚

韶州大歷和尚。初參白雲，白雲舉拳曰：「我近來不恁麽也。」師領旨禮拜，自此入室。

住後，僧問：「如何是西來意？」師曰：「破草鞋。」

問：「如何是無爲？」師乃擺手。

問：「施主供養將何報答？」師以手撚髭。僧曰：「有髭即撚，無髭如何？」師曰：「非公境界。」

師在暗室坐，有僧來不審，師乃與一掌，僧不測。

連州寶華和尚

連州寶華和尚。師上堂示衆曰：「看天看地，新羅國裏，和南不審，日消萬兩黄金。雖然如是，猶是少分。」又曰：「盡十方世界是箇木羅漢，幡竿頭上道將一句來。」又曰：「天上龍飛鳳走，山間虎嘯猿啼，拈向鼻孔，道將一句來。」

僧問：「如何是寶華境？」師曰：「前頭緑水，後面青山。」僧曰：「不會。」師曰：「末後一句。」

師問僧：「什麽處來？」曰：「大容來。」師曰：「大容近日作麽生？」曰：「近來合得一瓮醬。」師曰：「沙彌將一碗水來與遮僧照影。」

因有僧問大容云：「天賜六銖披掛後，將何報答我皇恩？」大容云：「來披三事衲，歸掛六銖衣。」師聞之，乃曰：「遮老凍齈作恁麽語話。」大容聞，令人傳語云：「何似奴緣不斷？」師曰：「比爲抛甎，只圖引玉。」

師見一僧從法堂階下過，師乃敲繩床，僧曰：「若是遮箇，不請拈出。」師喜，下地問之，並無説處。師乃打。

師有時戴冠子，謂衆曰：「若道是俗，且身披袈裟。若道是僧，又頭戴冠子。」大衆無對。

韶州月華和尚

韶州月華和尚。初謁白雲，雲問曰：「業箇什麽？」師對曰：「念孔雀經。」白雲曰：「好箇人家男子，隨鳥雀後。」師聞語驚異，遂依附。久之，乃契旨。尋住月華。

有僧問：「如何是月華家風？」師曰：「若問家風，即答家風。」曰：「學人問家風。」師曰：「金銅羅漢。」

師問僧：「什麽處來？」曰：「大容來。」師曰：「東路來？西路來？」曰：「西路來。」師曰：「還見彌陀麽？」僧良久，禮拜。師曰：「禮拜月華作麽？」

師入京，上堂，有一官人出，禮拜起，低頭良久。師曰：「擊電之機，徒勞佇思。」

有老宿入到法堂，顧視東西，曰：「好箇法堂且無主。」師在方丈聞之，曰：「且坐。」老宿問曰：「玄中最的，猶是龜毛兔角。不向二諦中修，如何密用？」師曰：「側。」曰：「恁麽則拗折拄杖，割斷草鞋去也。」師曰：「細而詳之。」

南雄州地藏和尚

南雄州地藏和尚。上堂有僧問：「既是地藏，地藏還來否？」師曰：「打開佛殿門，裝香換水。」

師與大容和尚在白雲開火路，大容曰：「三道寶階，何似箇火路？」師曰：「甚麽處不是？」

英州樂净含匡禪師

英州樂净含匡禪師。開堂日謂衆曰：「摩竭提國親行此令，去却擔簦，請截流相見。」

僧問：「如何是西來意？」師曰：「側耳無功。」

問：「如何是樂净家風？」師曰：「天地養人。」

問：「如何是樂净境？」師曰：「有功貪種竹，無暇不栽松。」曰：「忽遇客來，將何供養？」師曰：「滿園秋果熟，要者近前嘗。」

問：「不坐菩提座，直過那邊如何？」師曰：「放過。」

問：「師唱誰家曲？宗風嗣阿誰？」師曰：「斬新世界，特地乾坤。」

問：「龍門有意透者如何？」師曰：「灘下接取。」曰：「學人不會。」師曰：「喚行頭來。」

問：「但得本，莫愁末，如何是本？」師曰：「不要問人。」曰：「如何是末？」師乃豎指。

問：「如何是樂净境？」師曰：「滿月團圓菩薩面，庭前椶樹夜叉頭。」

有僧辭，師問：「什麽處去？」曰：「大容去。」師曰：「大容若問樂净近日有何言教，汝作麽生祇對？」僧無語。師代曰：「但道樂净近日不肯大容。」

因普請打籬次，有僧問：「古人種種開方便門，和尚爲什麽却攔截？」師曰：「牢下橛著。」

韶州後白雲和尚

韶州後白雲和尚。初開堂登座，謂衆曰：「不審，從上宗風不容佇思。然念諸佛初心敬禮，後代相承事須有方便，三十年後不得埋没。若是高賢上士，不在其流。後學初心，示汝箇入路，看取大衆頭上。若也不會，聽葛藤去也。」師良久又曰：「上至諸佛，下至含識，共箇真心，且阿那箇是諸人心？莫是情與無情共一體麽？恁麽見解，何似三家村裏？既如是不得，又作麽生會？直下會得，早是自相鈍置。若據祖師門下，豈立遮箇階梯？眨上眉毛，早是蹉過，何況聲前薦得，句後投機？會中還有知音者麽？去却擔簦，請截流相見。」時有僧禮拜，師曰：「俊哉！龍象蹴蹋潤無邊，三乘五性皆惺悟。」僧擬再伸問，師曰：

「去！」

問：「古琴絶韻，請師彈。」師曰：「伯牙雖妙手，時人聽者稀。」曰：「恁麽即再遇子期也。」師曰：「笑發驚絃斷，寧知調不同？」

問：「昔日靈山一會梵王爲主，未審白雲什麽人爲主？」師曰：「有常侍在。」曰：「恁麽即法雨霶霈，群生有賴。」師曰：「汝莫遮裏賣梔子。」

前朗州德山緣密大師法嗣

潭州鹿苑文襲禪師

潭州鹿苑文襲禪師。僧問：「遠遠投師，請師接。」師曰：「五門巷裏無消息。」僧良久，師曰：「會麽？」曰：「不會。」師曰：「長樂坡頭信不通。」

澧州藥山可瓊禪師

澧州藥山可瓊禪師。第九世住。後住江陵延壽。僧問：「請師答話。」師曰：「好。」曰：「還當得也無？」師曰：「更問。」

僧問曰：「巨嶽不曾乏寸土，師今苦口爲何人？」師曰：「延壽也要道過。」曰：「不申此問，焉辨我師？」師喝，其僧禮拜，師便打。

前西川青城香林澄遠禪師法嗣

灌州羅漢和尚

灌州羅漢和尚。僧問：「如何是佛法大意？」師曰：「井中紅焰，日裏浮漚。」曰：「如何領會？」師曰：「遥指搏桑日那邊。」

問：「如何是羅漢境？」師曰：「地連香積水，門對聖峯山。」

問：「既是羅漢，爲什麽却受人轉動？」師曰：「换却眼睛，轉却髑髏。」

前鄂州黄龍誨〔一〕機禪師法嗣

洛京長水紫蓋善沼禪師

洛京長水紫蓋善沼禪師。僧問：「死中得活時如何？」師曰：「抱鎌刮骨熏天地，炮烈棺中求託生。」

問：「才生便死時如何？」師曰：「賴得覺疾。」

眉州黄龍繼達禪師

眉州黄龍繼達禪師。僧問：「如何是衲？」師曰：「針去線不迴。」曰：「如何是帔？」

〔一〕「誨」，原作「晦」，據四部本、趙城本改。

師曰：「横鋪四世界，竪蓋一乾坤。」曰：「道滿到來時如何？」師曰：「要羹與羹，要飯與飯。」

問：「黄龍出世，金翅鳥滿空飛時如何？」師曰：「問汝金翅鳥，還得飽也無？」

棗樹和尚

棗樹和尚。第二世住。問僧：「發足什麽處？」曰：「閩中。」師曰：「俊哉！」曰：「謝師指示。」師曰：「屈哉！」

僧鋤地次，見師乃不審，師曰：「見阿誰了便不審？」曰：「見師不問訊，禮式不全。」師曰：「却是孤負老僧。」其僧歸堂舉似第一座，第一座曰：「和尚近日可畏爲人切。」師聞之，乃打第一座七棒。第一座曰：「某甲恁麽道未有過，打恁麽？」師曰：「枉喫如許多年鹽醋。」又打七棒。

興元府玄都山澄和尚

興元府玄都山澄和尚。僧問：「喜得趨方丈，家風事若何？」師曰：「熏風開曉露，明月正當天。」曰：「如何拯濟？」師曰：「金雞樓上一下鼓。」

問：「如何是沙門行？」師曰：「一切不如。」

嘉州黑水和尚

嘉州黑水和尚。初參黄龍問曰：「雪覆蘆華時如何？」黄龍曰：「猛烈。」師曰：「不猛烈。」黄龍又曰：「猛烈。」師又曰：「不猛烈。」黄龍便打，師因而惺覺。自爾契緣，化行黑水。

鄂州黄龍智顒禪師

鄂州黄龍智顒禪師。第三世住。僧問：「如何是黄龍家風？」師曰：「待賓飣餖果。」僧問：「如何是諸佛之本源？」師曰：「即此一問是何源？」曰：「恁麽即諸佛無異路去也。」師曰：「延平劍已成龍去，猶有刻舟求劍人。」

眉州昌福達和尚

眉州昌福達和尚。僧問：「學人來問師則對，不問時師意如何？」師曰：「謝師兄指示。」問：「本來則不問，如何是今日事？」師曰：「師兄遮問大好。」曰：「學人不會時如何？」師曰：「謾得即得。」

問：「國有寶刀，誰人得見？」師曰：「師兄遠來不易。」曰：「此刀作何形狀？」師曰：「要也道，不要也道。」曰：「請師道。」師曰：「難逢難遇。」

問：「石牛水上卧時如何？」師曰：「異中異，妄計不浮沈。」曰：「便恁麽去時如何？」師曰：「翅天日落，把土成金。」

前婺州明招德謙禪師法嗣

處州報恩契從禪師

處州報恩契從禪師。初開堂，升座欲坐，乃曰：「烈士鋒前還有俊鷹俊鷂兒麽？放一箇出來看。所以道：『烈士鋒前少人陪，雲雷擊鼓劍輪開。誰是大雄獅子種？滿身鋒刃但出來。』」時有僧始出，師曰：「看！好精彩。」僧擬申問，師曰：「什麽處去也？」

問：「獅子未出窟時如何？」師曰：「鋒鋩難擊。」曰：「出窟後如何？」師曰：「藏身無路。」曰：「欲出不出時如何？」師曰：「命似懸絲。」曰：「向去事如何？」師曰：「拶。」

師後住南明，有僧問：「如何是和尚家風？」師曰：「還奈何麽？」

問：「十二時中如何即是？」師曰：「金剛頂上看。」曰：「恁麽即人天有賴。」師曰：「汝又誑謼人天作麽？」

婺州普照瑜和尚

婺州普照瑜和尚。上堂未坐，謂衆曰：「三十年後，大有人向遮裏亡鋒結舌去在。還會麼？灼〔一〕然，若不是真師子兒，爭識得上來機？」

僧問：「師子未出窟時如何？」師曰：「衆獸徒然。」曰：「出窟後如何？」師曰：「孤絶萬里。」曰：「欲出不出時如何？」曰：「當衝者喪。」

問：「向去事如何？」師曰：「決在臨鋒。」師乃頌曰：「決在臨鋒處，天然獅子機。嚬呻出三界，非祖莫能知。」

婺州雙谿保初禪師

婺州雙谿保初禪師。示衆曰：「未透徹，不須呈，十方世界廓然明。孤峯頂上通機照，不用看他北斗星。」

僧問：「九夏靈峯劍，請師不露鋒。」師曰：「未拍金鎖前何不問？」僧曰：「千般徒設用，難出髑髏前。」師曰：「背後礙殺人。」

處州涌泉究和尚

處州涌泉究和尚。師上堂，良久曰：「還有虎狼禪客麼？有則放出一箇來。」時有僧才出，師曰：「還知喪命處麼？」曰：「學人咨和尚。」師曰：「什麼處去也？」

〔一〕「灼」，四部本、趙城本作「的」。

問：「獅子未出窟時如何？」師曰：「抖峘地〔一〕。」曰：「獅子出窟後如何？」師曰：「蓋天蓋地。」曰：「欲出不出時如何？」師曰：「一切人辨不得。」

問：「向去事如何？」師曰：「俊鷂亦迷蹤。」

衢州羅漢義和尚

衢州羅漢義和尚。上堂衆集，有僧才出禮拜，師曰：「不是好底。」僧曰：「龍泉寶劍請師揮。」師曰：「什麽處去也？」曰：「恁麽即龍谿南面盡鋒鋩。」師曰：「收取。」

問：「不落古今，請師道。」師曰：「還怪得麽？」曰：「猶落古今。」師曰：「莫錯。」

前朗州大龍山智洪禪師法嗣

大龍山景如禪師

大龍山景如禪師。第二世住。僧問：「如何是佛法大意？」師喝。僧曰：「尊意如何？」師曰：「會麽？」曰：「不會。」師又喝。

問：「太陽一顯人皆羨，鼓聲才罷意如何？」師曰：「季秋凝後好晴天。」

〔一〕「地」，四部本無。

朗州大龍山楚勛禪師

朗州大龍山楚勛禪師。第四世住。上堂良久，曰：「大衆只恁麼各自散去，已是重宣此義了也，久立又奚爲？然久立有久立底道理，知了經一小劫如一食頃。不知道理，便見茫然。還知麽？有知者出來，大家相共商量。」時有僧出展坐具，曰：「展即遍周沙界，縮即絲髮不存。展即是？不展即是？」師曰：「爾從什麽處得來？」曰：「恁麽即展去也。」師曰：「勿交涉。」

問：「如何是大龍境？」師曰：「諸方舉似人。」曰：「如何是境中人？」師曰：「爾爲什麽謾我？」

問：「亡僧遷化，向什麽處去也？」師曰：「阿彌陀佛。」

僧問：「善法堂中師子吼，未審法嗣嗣何人？」師曰：「猶自恁麽問。」

興元府普通院從善禪師

興元府普通院從善禪師。僧問：「法輪再轉時如何？」師曰：「助上座喜。」曰：「合譚何事？」師曰：「異人掩耳。」曰：「便恁麽領會時如何？」師曰：「錯。」

問：「佩劍叩松關時如何？」師曰：「莫亂作。」曰：「誰不知有？」師曰：「出！」

前襄州白馬行靄禪師法嗣

襄州白馬智倫禪師

襄州白馬智倫禪師。僧問：「如何是佛？」師曰：「真金也須失色。」問：「如何是和尚出身處？」師曰：「牛觝牆。」曰：「學人不會意旨如何？」師曰：「已成八字。」

前安州白兆山第二世懷楚禪師法嗣

唐州保壽匡祐禪師

唐州保壽匡祐禪師。僧問：「如何是佛法大意？」師曰：「近前來！近前來！」僧近前，師曰：「會麽？」曰：「不會。」師曰：「石火電光，已經塵劫。」僧問：「如何是爲人底一句？」師曰：「開口入耳。」僧曰：「如何理會？」師曰：「逢人告人。」

前襄州谷隱智靜禪師法嗣

谷隱知儼禪師

谷隱知儼禪師，登州人也。受業於本州鵲山，得法於前谷隱知靜禪師。繼踵住持，玄侶臻萃。

僧問：「師唱誰家曲？宗風嗣阿誰？」師曰：「白雲南，傘蓋北。」

問：「如何是迦葉親聞底事？」師曰：「速須作却。」

問：「如何是諸佛照不著處？」師曰：「問遮山鬼窟作麽？」曰：「照著後如何？」師曰：「咄！精怪！」

問：「千山萬水如何登涉？」師曰：「舉步便千里萬里。」曰：「不舉步時如何？」師曰：「亦千里萬里。」

襄州普寧院法顯禪師

襄州普寧院法顯禪師。僧問：「曩劫共住，爲什麽不識親疎？」師曰：「誰？」曰：「更待某甲道。」師曰：「將謂不領話。」

問：「萬水千山如何登涉？」師曰：「青霄無間路，到者不迷機。」

前廬山歸宗第四世住弘章禪師法嗣

東京普浄院常覺禪師

東京普浄院常覺禪師者，陳留人也，姓李氏。幼習儒學，絶無干禄之意，志樂山水，頗以遊覽爲務。至廬山歸宗禪師會下，聞法惺悟，遂求出家。未幾，歸宗將順寂，命師撫之曰：「汝於法有緣，他後濟衆人，莫測其量也。」仍以披剃事囑諸門人訖，然後示滅。師至梁乾化二年落髮，明年納戒於東林寺甘露壇。尋遊五臺山，還上都，於麗景門内獨居。二載間，有北鄰信士張生者請師供養。張素探玄理，因叩師垂誨。師乃隨宜開誘，張生於言下發悟，遂設榻留宿。至深夜，與妻竊窺之，見師體遍一榻，頭足俱出。及令婢僕視之，即如常。張生倍加欽慕，曰：「弟子夫婦垂老，今願割宅之前堂以禪丈室。」師欣然受之。至後唐天成三年遂成大院，賜額曰普净。

師以時機淺昧，難任極旨，苟啓之非器，令彼招謗讟之咎，我寧不務開法。每月三八施浴僧道萬計。師常謂諸徒曰：「但得慧門無壅，則福何滯哉？」一日，給事中陶穀入院，致禮而問曰：「經云：『離一切相，則名諸佛。』今目前諸相紛然，如何離得？」師曰：「給事見箇什麽？」陶欣然仰重。自是王公大人屢薦章服、師號，皆却而不受。

以開寶四年十二月二日示疾，十一日告衆，囑付訖，右脇而化。壽七十有六，臘五十有六。今法嗣繼世住持彌盛。

前襄州石門山第三世慧徹禪師法嗣

石門山紹遠禪師

石門山紹遠禪師。第四世住。僧問：「師唱誰家曲？宗風嗣阿誰？」師曰：「十方無異類，揭覺鳳林前。」

問：「先師歸於雁塔，當仁一句請師垂示。」師曰：「脩羅掌内擎日月，夜叉足下踏泥龍。」

問：「金龍不吐凡間霧，請師舉唱鳳凰機。」師曰：「白眉不展手，長安路坦平。」

問：「如何是西來意？」師曰：「布袋盛烏龜。」

問：「如何是石門境？」師曰：「孤峯對鳳嶺。」曰：「如何是境中人？」師曰：「巖中殘雪，處處分輝。」

問：「如何是和尚家風？」師曰：「滴瀝非旨趣，千山不露身。」

問：「如何是古佛心？」師曰：「白牛露地卧清谿。」

問：「生死之河如何過得？」師曰：「風吹荷葉浮萍草。」

問：「如何是三乘教外別傳一句？」師曰：「羊頭車子入長安。」

問：「生死浪前如何話道？」師曰：「毛袋横身絶飲啄，青谿常卧太陽春。」

問：「如何是道？」師曰：「山深水冷。」曰：「如何是道中人？」師曰：「金槌擊金鼓。」

問：「天陰日不出，光輝何處去？」師曰：「鐵蛇横大路，通身黑似煙。」

鄂州靈竹守珍禪師

鄂州靈竹守珍禪師。僧問：「如何是西來意？」師曰：「錫帶胡中土，瓶添漢地泉。」

問：「迷悟不入諸境時如何？」師曰：「境從何來？」曰：「恁麼即入諸境去也。」師曰：「龍頭蛇尾漢！」

前洪州同安志和尚法嗣

朗州梁山緣觀禪師

朗州梁山緣觀禪師。僧問：「如何是和尚家風？」師曰：「資楊水急魚行澀，白鹿松高鳥泊難。」

問：「大衆雲集，白鹿一句，請師闡揚。」師曰：「近日居何國土？」又曰：「梁山高掛秦時鏡，光壽門風不假燈。」

問：「師唱誰家曲？宗風嗣阿誰？」師曰：「龍生龍子，鳳生鳳兒。」

問：「如何是西來意？」師曰：「葱嶺不傳唐土信，胡人謾説太平歌。」

問：「如何是從上傳來底事？」師曰：「渡水胡僧無膝袴，背駝梵夾不持經。」

問：「如何是正法眼？」師曰：「南華裏。」曰：「爲什麽在南華裏？」師曰：「爲汝問正法眼。」

問：「如何是衲衣下事？」師曰：「密。」

有端長老訪師，晤坐譚話，時有僧問：「二尊不並化，爲什麽兩人居方丈？」師曰：「一亦非。」

師有頌曰：「梁山一曲歌，格外人難和。十載訪知音，未嘗逢一箇。」又頌曰：「紅焰藏吾身，何須塔廟新？有人相肯重，灰裏貌全真。」

前襄州廣德第二世延和尚法嗣

襄州廣德周禪師

襄州廣德周禪師。僧問：「見話不學〔一〕時如何？」師曰：「遍界没聾人，誰是知音

〔一〕「學」，四部本作「覺」。

者？」曰：「如何是知音者？」師曰：「斷絃續不得，歷劫響泠泠〔一〕。」

僧問：「承教有言：『阿逸多不斷煩惱，不修禪定，佛記此人成佛無疑。』此理如何？」師曰：「鹽又盡，炭又無。」曰：「鹽盡炭無時如何？」師曰：「愁人莫向愁人道，向道愁人愁殺人。」

〔一〕「泠泠」，原作「冷冷」，據四部本、趙城本改。

景德傳燈録卷第二十五

吉州青原山行思禪師第九世上

金陵清涼文益禪師法嗣上三十人

天台山德韶國師　杭州報恩寺慧明禪師　漳州羅漢智依大師　金陵章義道欽禪師　金陵報恩匡逸禪師　金陵報慈文遂導師　漳州羅漢守仁禪師　杭州永明寺道潛禪師　撫州黄山良匡禪師　杭州靈隱清聳禪師　金陵報恩玄則禪師　金陵報慈行言導師　金陵浄德智筠禪師　高麗道峯慧炬國師　金陵清涼泰欽禪師　杭州寶塔寺紹巖禪師　金陵報恩法安禪師　撫州崇壽契稠禪師　洪州雲居清錫禪師　洪州百丈道常禪師　天台般若敬遵禪師　廬山歸宗策真禪師　洪州同安紹顯禪師　廬山棲賢慧圓禪師　洪州觀音從顯禪師　廬州長安延規禪師　常州正勤希奉禪師　洛京興善棲倫禪師　洪州新興齊禪師　潤州慈雲匡達禪師已上三十人見録

青原行思禪師第九世上

金陵清涼文益禪師法嗣

天台山德韶國師

天台山德韶國師，處州龍泉人也，俗姓陳氏。母葉氏夢白光觸體，因而有娠，及誕，尤多奇異。年十五，有梵僧勉令出家。十七，依本州龍歸寺受業。十八，納戒於信州開元寺。梁開平中〔一〕遊方，詣投子山，見大同禪師，乃發心之始。次謁龍牙遁和尚，問：「雄雄之尊爲什麽近之不得？」龍牙曰：「如火與火。」曰：「忽遇水來，又作麽生？」龍牙曰：「汝不會。」師又問：「天不蓋，地不載，此理如何？」龍牙曰：「合如是。」師不喻旨，再請垂誨，龍牙曰：「道者，汝向後自會去。」次問疎山曰：「百匝千重是何人境界？」疎山曰：「左搓芒繩縛鬼子。」師進曰：「不落古今，請師説。」曰：「不説。」師曰：「爲什麽不説？」曰：「箇中不辨有無。」師曰：「師今善説。」疎山駭之。

師如是歷參五十四善知識，皆法緣未契。最後至臨川謁浄慧禪師，浄慧一見深器之。

〔一〕「梁開平中」，四部本、趙城本作「後唐同光中」。

師以遍涉叢林，亦倦於參問，但隨衆而已。一日，淨慧上堂，有僧問：「如何是曹源一滴水？」淨慧曰：「是曹源一滴水。」僧惘然而退。師於坐側豁然開悟，平生疑滯涣若冰釋，遂以所悟聞于淨慧。淨慧曰：「汝向後當爲國王所師，致祖道光大，吾不如也。」自是諸方異唱，古今玄鍵，與之決擇，不留微迹。

尋迴本道，遊天台山，覩智者顗禪師遺蹤，有若舊居。師復與智者同姓，時謂之後身也。初止白沙，時吴越忠懿王以國王子刺台州，嚮師之名，延請問道。師謂曰：「他日爲霸主，無忘佛恩。」漢乾祐元年戊申，王嗣國位，遣使迎之，申弟子之禮。

有傳天台智者教義寂者，屢言于師曰：「智者之教，年祀寖遠，慮多散落。今新羅國其本甚備，自非和尚慈力，其孰能致之乎？」師於是聞于忠懿王，王遣使及齎師之書，往彼國繕寫，備足而迴，迄今盛行于世矣。

師上堂曰：「古聖方便猶如河〔一〕沙，祖師道非風幡動，仁者心動，斯乃無上心印法門。我輩是祖師門下客，合作麽生會祖師意？莫道風幡不動，汝心妄動。莫道不撥風幡，就風幡通取。莫道風幡動處是什麽？有云：『附物明心，不須認物。』有云：『色即是空。』有

〔一〕「河」，原作「何」，據四部本、趙城本改。

云：『非風幡動，應須妙會。』如是解會，與祖師意旨有何交涉？既不許如是會，諸上座便合知悉。若於遮裏徹底悟去，何法門而不明？百千諸佛方便一時洞了，更有什麽疑情？所以古人道：『一了千明，一迷萬惑。』上座豈是今日會得一則，明日又不會也？莫是有一分向上事難會，有一分下劣凡夫不會？如此見解，設經塵劫，只自勞神乏思，無有是處。」

僧問：「諸法寂滅相，不可以言宣。和尚如何爲人？」師曰：「汝到諸方更問一遍。」曰：「恁麽即絶於言句去也。」師曰：「夢裏惺惺。」

問：「櫓櫂俱停，如何得到彼岸？」師曰：「慶汝平生。」

問：「如何是三種病人？」師曰：「恰問著。」

問：「如何是古佛心？」師曰：「此問不弱。」

問：「如何是六相？」師曰：「即汝是。」

問：「如何是方便？」師曰：「此問甚當。」

問：「亡僧遷化，向什麽處去也？」師曰：「終不向汝道。」曰：「爲什麽不向某甲道？」師曰：「恐汝不會。」

問：「一華開五葉，結果自然成。如何是一華開五葉？」師曰：「日出月明。」曰：「如何是結果自然成？」師曰：「天地皎然。」

問：「如何是無憂佛？」師曰：「愁殺人。」

問：「一切山河大地從何而起？」師曰：「此問從何而來？」

問：「如何是數起底心？」師曰：「争諱得？」

問：「如何是第二月？」師曰：「來處甚分明。」曰：「爲什麽不會？」師曰：「唤什麽作第二月？」

問：「如何是沙門眼？」師曰：「黑如漆。」

問：「絶消息時如何？」師曰：「謝指示。」

問：「如何是轉物即同如來？」師曰：「汝唤什麽作物？」曰：「恁麽即同如來也。」師曰：「莫作野干鳴。」

問：「那吒太子析肉還母，析骨還父，然後於蓮華上爲父母説法，未審如何是太子身？」師曰：「大家見上座問。」曰：「恁麽即大千同一真如性也。」師曰：「依俙似曲才堪聽，又被風吹將别調中。」

問：「六根俱泯，爲什麽理事不明？」師曰：「何處不明？」曰：「恁麽即理事俱如也。」師曰：「前言何在？」

師有時謂衆曰：「大凡言句，應須絶滲漏始得。」時有僧問：「如何是絶滲漏底句？」師曰：「汝口似鼻孔。」

問：「如何是不證一法？」師曰：「待言語在。」曰：「如何是證諸法？」師曰：「醉作麽？」

師有時謂衆曰：「只如山僧恁麽對他，諸上座作麽生體會？莫是真實相爲麽？莫是正恁麽時，無一法可證麽？莫是識伊來處麽？莫是全體顯露麽？莫錯會好。如此見解，唤作依草附木，與佛法天地懸隔。假饒答話簡辯如懸河，只成得箇顛倒知見。若只貴答話簡辯有什麽難？但恐無益於人，翻成賺誤。如上座從前所學簡辯、問答、記持，説道理極多，爲什麽心疑不息？聞古聖方便，特地不會，只爲多虚少實。上座，不如從脚跟下一時覰破，看是什麽道理？有多少法門，與上座作疑求解？始知從前所學底事，只知生死根源，陰界裏活計。所以古人道：『見聞不脱，如水裏月。』無事，珍重！」

師有偈示衆曰：「通玄峯頂，不是人間。心外無法，滿目青山。」

師後於般若寺開堂説法十二會。

第一會：

師初開堂日，示衆云：「一毛吞海，海性無虧。纖芥投鋒，鋒利無動。見與不見，會與不會，唯我知焉。」乃有頌曰：「暫下高峯已顯揚，般若圓通遍十方。人天浩浩無差別，法界縱横處處彰。珍重！」

師陞堂日有僧問：「承古有言：『若人見般若，即被般若縛。若人不見般若，亦被般若縛。』既見般若，爲什麽却被縛？」師云：「爾道般若見什麽？」學云：「不見般若，爲什麽却被縛？」師云：「爾道般若什麽處不見？」又云：「若見般若，不名般若。不見般若，亦不名般若。般若且作麽生説見不見？所以人道：『若欠一法，不成法身。若剩一法，不成法身。若有一法，不成法身。若無一法，不成法身。』此是般若之真宗，諸上座。」

又僧問：「乍離凝峯丈室，來坐般若道場，今日家風，請師一句。」師云：「虧汝什麽處？」學云：「恁麽即雷音震動乾坤地，人人無不盡霑恩。」師云：「幸然未會，且莫探頭，探頭即不中。諸上座相共證明，令法久住，國土安樂。珍重！」

第二會：

師上堂，有僧問：「承教有言：『歸源性無二，方便有多門。』如何是歸源性？」師云：

「爾問我答。」學云：「如何是方便門？」師云：「爾答我問。」學云：「如何趣向？」師云：「顛倒作麼？」

又僧問：「一身即無量身，無量身即一身。如何是無量身？」師云：「一身。」學云：「恁麼即昔日靈山今來親覩。」師云：「理當即行。」又云：「三世諸佛，一時證明上座。上座且作麼生會？若會時不遷，無絲毫可得移易。何以故？爲過去、未來、現在三際是上座，上座且非三際。澤霖大海，滴滴皆滿。一塵空性，法界全收。珍重！」

第三會：

師上堂，有僧問：「四衆雲集，人天恭敬。目覩尊顔，願宣般若。」師云：「分明記取。」學云：「師宣妙法，國王萬歲，人民安樂。」師云：「誰向爾道？」學云：「法爾如然。」師云：「爾靈利！」

又僧問：「三世諸佛不知有，狸奴白牯却知有。既是三世諸佛，爲什麼却不知有？」師云：「却是爾知有。」學云：「狸奴白牯爲什麼却知有？」師云：「爾什麼處見三世諸佛？」

又僧問：「承教有言：『眼不見色塵，意不知諸法。』如何是眼不見色塵？」師云：「却是耳見。」學云：「如何是意不知諸法？」師云：「眼知。」學云：「恁麽即見聞路絶，聲色喧然。」師云：「誰向爾道？」又云：「夫一切問答如針鋒相投，無纖豪參差相。事無不通，理無不備。良由一切言語，一切三昧，横竪深淺，隱顯去來，是諸佛實相門。只據如今，一時驗取。珍重！」

第四會：

師上堂，舉：「古人云：『如何是禪？三界綿綿。如何是道？十方浩浩。』因什麽道三界綿綿？何處是十方浩浩底道理？要會麽？塞却眼，塞却耳，塞却舌、身、意，無空闕處，無轉動處，上座作麽會？横亦不得，竪亦不得，縱亦不得，奪亦不得，無用心處，亦無施設處。若如是會得，始會法門絶擇，一切言語絶滲漏。曾有一僧問：『作麽是絶滲漏底語？』向他道：『口似鼻孔甚好。』上座，如此會自然不通風去。如識得，盡十方世界是金剛眼睛。無事，珍重！」

第五會：

師上堂，有僧問云：「天下太平，大王長壽。如何是王？」師云：「日曉月明。」學云：「如何領會？」師云：「誰是學人？」又云：「天下太平，大王長壽。國土豐樂，無諸患難。

此是佛語，古不易今。不遷一言，可以定古定今。會取好，諸上座。」

又僧問：「承古有言：『有物先天地，無形本寂寥。』如何是有物先天地？」師云：「非同合。」學云：「如何是無形本寂寥？」師云：「誰問先天地？」學云：「恁麽即隨靜林間獨自遊。」師云：「亂道作麽？」又云：「佛法不是遮箇道理。要會麽？言發非聲，色前不物，始會天下太平，大王長壽。久立，珍重！」

第六會：

師上堂示衆云：「佛法現成，一切具足。古人道：『圓同太虚，無欠無餘。』若如是，且誰欠誰剩？誰是誰非？誰是會者？誰是不會者？所以道東去亦是上座，西去亦是上座，南去亦是上座，北去亦是上座。上座因什麽得成東西南北？若會得，自然見聞覺知路絶，一切諸法現前。何故如此？爲法身無相，觸目皆形。般若無知，對緣而照。一時徹底會取好。諸上座！出家兒合作麽生？此是本有之理，未爲分外。識心達本源，故號爲沙門。若識心皎皎地，實無絲豪障礙。上座久立，珍重！」

第七會：

師上堂，有僧問：「欲入無爲海，先乘般若船。如何是般若船？」師云：「常無所住。」

「如何是無爲海？」師云：「且會般若船。」

又僧問：「古德云：『登天不借梯，遍地無行路。』如何是登天不假梯？」師云：「不遺絲髮地。」學云：「如何是遍地無行路？」師云：「適來向爾道什麽？」師又云：「百千三昧門，百千神通門，百千妙用門，盡不出得般若海中。何以故？爲於無住本建立諸法。所以道生滅去來，邪正動静，千變萬化，是諸佛大定門，無過於此。諸上座，大家究取，增於佛法壽命。珍重！」

第八會：

師上堂，有僧問：「世尊有正法眼，付囑摩訶迦葉。只如迦葉在賓鉢羅窟，未審付囑何人？」師云：「教我向誰説？」學云：「恁麽即靈山付囑，不異今日。」師云：「爾什麽處見靈山？」

又僧問：「净慧寶印，和尚親傳。未審今日一會，當付何人？」師云：「鼕鼕鼓，一頭打，兩頭鳴。」學云：「恁麽即千聖同儔，古今不異。」師云：「禪河浪静，尋水迷源。」

又僧清遇云：「帝王請命，師赴王恩。般若會中，請師舉唱。」師云：「分明記取。」學云：「恁麽即雲臺寶網，同演妙音。」師云：「清遇何在？」學云：「法王法如是。」師云：

「阿誰證明？」又云：「靈山付囑分明，諸上座一時驗取。若驗得更無別理，只是如今。譬如太虚，日明雲暗，山河大地，一切有爲世界，悉皆明現，乃至無爲亦復如是。世尊付囑，迄至于今，並無絲豪差別，更付阿誰？所以祖師道：『心自本來心，本心非有法。法法有本心，非心非本法。』此是靈山付囑牓樣。諸上座徹底會取好，莫虚度時光。國王恩難報，諸佛恩難報，父母師長恩難報，十方施主恩難報。況建置如是次第，佛法興隆，若非國王恩力焉得如此？若要報恩，應須明徹道眼入般若性海始得。久立，珍重！」

第九會：

師上堂，有僧問：「承先德云：『人空法亦空，二相本來同。』如何是二相本來同？」師云：「山河大地。」學云：「不會，乞師方便。」師云：「什麽處是不方便處？」

又僧問：「承教有言：『心清淨故法界清淨。』如何是清淨心？」師云：「迦陵頻伽，共命之鳥。」學云：「心與法界是一是二？」師云：「爾自問？別人問？」師又云：「大道廓然，詎齊今古？無名無相，是法是修。良由法界無邊，心亦無際，無事不彰，無言不顯。如是會得，唤作般若現前，理極同真際，一切山河大地，森羅萬象，牆壁瓦礫，並無絲毫可得虧闕。無事久立，珍重！」

第十會：

師上堂，有僧問：「承師有言：『九天擎玉印，七佛兆前心。』如何是印？」師云：「不露文。」「如何是心？」師云：「爾名安嗣。」又云：「法界性海，如函如蓋，如鉤如鎖，如金與金色，位位皆齊，無纖毫參差，不相混濫。非一非異，非同非別。若歸實地去，法法皆到底。不是上來問箇如何若何便是，不問時便非，在長連床上坐時是有，不坐時是無。只如諸方老宿，言教在世，如恒河沙。如來一大藏經，卷卷皆說佛理，句句盡言佛心。因什麼得不會去？若一向織絡言教，意識解會，饒上座經塵沙劫，亦不能得徹。此喚作顛倒知見，識心活計，並無得力處，此蓋爲根脚下不明。若究盡諸佛法源，河沙大藏一時現前，不欠絲豪，不剩絲豪。諸佛時常出世，時常說法度人，未曾間歇。乃至猿啼鳥叫，草木叢林，常助上座發機，未有一時不爲上座，有如是奇特處，可惜許！諸上座，大家究取。令法久住世間，增益人天壽命，國王安樂無事。久立，珍重！」

第十一會：

師上堂，舉：「古人云：『吾有一言，天上人間。若人不會，綠水清山。』且作麼生是一言底道理？古人語須是曉達始得。若是將言而名於言，未有箇會處。良由究盡諸法根蔕始會一言,不是一言半句思量解會唤作一言。若會言語道斷,心行處滅,始到古人境界。亦不是閉目藏睛,暗覩無所見,唤作言語道斷。且莫賺會,佛法不是遮箇道理。要會麼?假饒經塵沙劫説,亦未曾有半句到諸上坐。經塵沙劫不説,亦未曾欠少半句,應須徹底會去始得。若如是斟酌名言,空勞心力,並無用處。與諸上座相共證明,後學初心速須究取。久立,珍重!」

第十二會:

師上堂,有僧問:「髑髏常干世界,鼻孔摩觸家風。如何是髑髏常干世界?」師云:「更待答話在。」學云:「如何是鼻孔摩觸家風?」師云:「時復舉一遍。」

又僧問:「一人執炬,自盡其身。一人抱冰,横屍於路。此二人阿誰辨道?」師云:「不遺者。」學云:「不會,乞師指示。」師云:「爾名敬新。」學云:「未審還有人證明也無?」師云:「有。」學云:「什麼人證明?」師云:「敬新證明。」

又僧問:「牛頭未見四祖時如何?」師云:「異境靈蹤,覩者皆羡。」僧又云:「見後如何?」師云:「適來向爾道什麼?」

又僧問:「承古有言:『敲打虚空鳴㲉㲉,石人木人齊應諾。六月降雪落紛紛,此是如來大圓覺。』如何是敲打虛空底？」師云：「崑崙奴，著鐵袴。打一棒，行一步。」學云：「恁麽即石人木人齊應諾也。」師云：「爾還聞麽？」又云：「諸佛法門時常如是。譬如大海，千波萬浪，未曾暫住，未嘗暫有，未嘗暫無，浩浩地光明自在。宗三世於一毛端，圓古今於一念，應須徹底明達始得。不是問一則語，記一轉話巧作道理。風雲水月，四六八對，便當佛法。莫自賺！諸上座，究竟無益。若徹底會去，實無可隱藏，無刹不彰，無塵不現，直下凡夫位齊諸佛，不用纖豪氣力。一時會取好。無事久立，珍重！」

開寶四年辛未，華頂西峯忽摧，聲震一山。師曰：「吾非久矣。」明年六月，大星隕于峯頂，林木變白，師乃示疾於蓮華峯，參問如常。二十八日集衆言别，跏趺而逝。壽八十二，臘六十五。

杭州報恩寺慧明禪師

杭州報恩寺慧明禪師，姓蔣氏。幼出家，三學精練，志探玄旨，乃南遊於閩越間，歷諸禪會，莫契本心。後至臨川，謁浄慧禪師，師資道合。尋迴鄞水大梅山庵居。時吴越部内禪學者雖盛，而以玄沙正宗置之閫外，師欲整而導之。一日，有二禪客到，師問曰：「上座離什麽處？」曰：「都城。」師曰：「上座離都城到此山，則都城少上座，此山剩上座。剩則心外有法，少則心法不周。説得道理即住，不會即去。」其二禪客不能對。

新到僧問：「如何是大梅主？」師曰：「闍梨今日離什麽處？」僧無對。

師尋還於天台山白沙卓庵，時有朋彦上座，博學强記，來訪師，敵論宗乘。師曰：「言多去道遠矣。今有事借問，只如從上諸聖及諸先德，還有不悟者也無？」朋彦曰：「若是諸聖先德，豈不有悟者哉？」師曰：「一人發真歸源，十方虚空悉皆消殞。今天台山嶷然，如何得消殞去？」朋彦不知所措。自是他宗汎學來者，皆服膺矣。

漢乾祐中，吴越忠懿王延入王府問法，命住資崇院。師盛談玄沙宗一大師及地藏、法眼宗旨臻極，王因命翠巖令參〔一〕等諸禪匠及城下名公定其勝負。天龍禪師問曰：「一切諸佛及佛法皆從此經出，未審此經從何而出？」師曰：「道什麽？」天龍方再問，師曰：「過也。」資巖長老問：「如何是現前三昧？」師曰：「還聞麽？」曰：「某甲不患聾。」師曰：「果然患聾。」師舉雪峯塔銘問老宿云：「夫從緣有者，始終而成壞。非從緣有者，歷劫而長堅。堅之與壞即且置，雪峯只今在什麽處？」法眼別云：「只今是成是壞？」衆皆無對。設有對者，亦不能當其徵詰。時群彦弭伏，王大悦，命師居之，署圓通普照禪師。

〔一〕「參」，原作「三」，據四部本、趙城本改。

師上堂謂衆曰："諸人還委得麽？莫道語默動静無非佛事好。且莫錯會！"

僧問："如何是祖師西來意？"師曰："汝還見香臺麽？"曰："某甲未會，乞師指示。"師曰："香臺也不識。"

問："離却目前機，如何是西來意？"師曰："汝何不問？"曰："恁麽即委是去也。"師曰："也是虛施。"

問："如何是佛法大意？"師曰："我見燈明佛，本光瑞如此。"

問："如何是學人自己？"師曰："特地申問是什麽意？"

問："如何是西來意？"師曰："十萬八千真跋涉，直下西來不到東。"

問："如何是第二月？"師曰："捏目看華華數朵，見精明樹幾枝枝。"

漳州羅漢宣法大師

漳州羅漢宣法大師智依。師上堂曰："盡十方世界，無一微塵許法，與汝作見聞覺知。還信麽？然雖如此，也須悟始得，莫將爲等閑。不見道單明自己，不悟目前，此人只具一隻眼。還會麽？"

僧問："纖塵不立，爲什麽好醜現前？"師曰："分明記取，别處問人。"

問：「大衆雲集，誰是得者？」師曰：「還曾失麽？」

問：「如何是佛？」師曰：「汝是行脚僧。」

問：「如何是寶壽家風？」師曰：「一任觀看。」曰：「恁麽即大衆有賴。」師曰：「汝作麽生？」曰：「終不敢謾大衆。」師曰：「嫌少作麽？」

師問僧：「受業在什麽處？」曰：「在佛迹。」師曰：「佛在什麽處？」曰：「什麽處不是？」師舉起拳曰：「作麽生？」曰：「和尚收取。」曰：「放闍梨七棒。」

師問僧：「今夏在什麽處？」曰：「在無言上座處。」師曰：「還曾問訊他否？」曰：「也曾問訊。」師曰：「無言作麽生問得？」曰：「若得無言，什麽處不問得？」師喝之曰：「恰似問老兄！」

師與彦端長老喫餠餤徒濫切，端曰：「百種千般，其體不二。」師曰：「作麽生是不二體？」端拈起餠餤，師曰：「只者〔一〕百種千般。」端曰：「也是和尚見處。」師曰：「汝也是羅公詠梳頭樣。」

師將示滅，乃謂衆曰：「今晚四大不和暢，雲騰鳥飛，風動塵起浩浩地，還有人治得

〔一〕「者」，四部本、趙城本作「首」。

麽？若治得，永劫不相識。若治不得，時時常見我。」言訖告寂。

金陵鍾山章義禪師

金陵鍾山章義禪師道欽，太原人也。初住廬山棲賢。師上堂曰：「道遠乎哉？觸事而真。聖遠乎哉？體之則神。我尋常示汝，何不向衣鉢下坐地直下參取，要須上來討箇什麽？既上來，我即事不獲已，便舉古德少許方便，抖擻些子龜毛兔角解落。諸上座欲得省要麽？僧堂裏、三門下、寮舍裏，參取好。還有會處也未？若有會處，試説看，與上座證明。」

僧問：「如何是棲賢境？」師曰：「棲賢有什麽境？」

問：「古人拈椎竪拂，還當宗乘中事也無？」師曰：「古人道了也。」

問：「學人創入叢林，乞和尚指示。」師曰：「一手指天，一手指地。」

江南國主請師居章義道場，示衆曰：「總來遮裏立作什麽？善知識如河沙數，常與汝爲伴，行住坐卧，不相捨離。但長連床上穩坐地，十方善知識自來參。上座何不信取，作得如許多難易？他古聖嗟見今時人，不奈何了。」乃曰：「傷夫人情之感〔一〕久矣。目〔二〕對真

〔一〕「感」，四部本、趙城本作「惑」。
〔二〕「目」，原作「口」，據四部本、趙城本改。

而不覺，此乃嗟汝諸人看却不知，且道看却什麽不知？何不體察古人方便？只爲信之不及，致得如此。諸上座但於佛法中留心，無不得者。無事體道去！」

僧問：「如何是西來意？」師曰：「不東不西。」

問：「百年暗室，一燈能破時如何？」師曰：「莫謾語。」

問：「佛法還受變異也無？」師曰：「上座是僧。」

問：「大衆雲集，請師舉揚宗旨。」師曰：「久矣！」

問：「如何是玄旨？」師曰：「玄有什麽旨？」

金陵報恩匡逸禪師

金陵報恩匡逸禪師，明州人也。初住潤州慈雲。江南國主請居上院，署凝密禪師。

一日，上堂，衆集，師顧視大衆曰：「依而行之，即無累矣。還信麽？如太陽赫奕皎然地，更莫思量，思量不及。設爾思量得及，唤作分限智慧。不見先德云：『人無心合道，道無心合人。』人道既合，是名無事人。且自何而凡？自何而聖？此若未會，也只爲迷情所覆，便去不得。迷時即有窒礙，爲對爲待種種不同。忽然惺去，亦無所得。譬如演若達多認影爲頭，豈不是擔頭覓頭？然正迷之時，頭且不失，及乎悟去，亦不爲得。何以故？人迷謂之失，人悟謂之得。得失在於人，何關於動静？」

僧問：「諸佛設法，普潤群機。和尚設法，什麽人得聞？」師曰：「只有汝不聞。」

問：「如何是報恩一句？」師曰：「道不是得麽？」

問：「十二時中思量不到處，如何行履？」師曰：「汝如今在什麽處？」

問：「祖師西來，如何舉唱？」師曰：「不違所請。」

問：「如何是一句？」師曰：「我答争似汝舉？」問：「佛爲一大事因緣出世，未審和尚出世如何？」師曰：「恰好。」曰：「恁麽即大衆有賴。」師曰：「莫錯會。」

金陵報慈道場文遂導師

金陵報慈道場文遂導師，杭州人也，姓陸氏。乳抱中，父母徙家于宣城。纔丱歲，挺然好學，乃禮池州僧正落髮登戒。年十六觀方，禪、教俱習。嘗究首楞嚴經十軸，甄分真妄緣起，本末精博。於是節科注釋，文句交絡。厥功既就，謁于净慧禪師，述己所業，深符經旨。净慧問曰：「楞嚴豈不是有八還義？」師曰：「是。」曰：「明還什麽？」師曰：「明還日輪。」曰：「日還什麽？」師懵然無對。净慧誡令焚其所注之文，師自此服膺請益，始忘知解。

初住吉州止觀，乾德二年國主延入，居長慶，次清涼，次報慈大道場，署雷音覺海大導師，禮待異乎他等。

師上堂，謂衆曰：「天人群生，類皆承此恩力。威權三界，德被四生。共〔一〕禀靈光，咸稱妙義。十方諸佛常頂戴汝，誰敢是非及乎？向遮裏唤作開方便門。對根設教，便有如此如彼，流出無窮。若能依而奉行，有何不可？所以清涼先師道：『佛即是無事人。』且如今，覓箇無事人也不可得。」

僧問：「崇壽佛法，付囑止觀。止觀佛法，付囑何人？」師曰：「汝試舉崇壽佛法看。」

問：「巔山巖崖，還有佛法也無？」師曰：「汝唤什麽作巔山巖崖？」

問：「如何是道？」師曰：「忘想顛倒。」

師謂衆曰：「老僧平生百無所解，日日一般。雖住此間，隨緣任運。今日諸上座與本無異。」僧問：「如何是無異底事？」師曰：「千差萬别。」僧再問，師曰：「止！止！不須説，且會取千差萬别。」

問：「如何是和尚家風？」師曰：「方丈板門扇。」

〔一〕「共」，原作「若」，據四部本、趙城本改。

問：「如何是無相道場？」師曰：「四郎、五郎廟。」

問：「如何是吹毛劍？」師曰：「簳麪杖。」

問：「如何是正直一路？」師曰：「遠遠近近。」曰：「便恁麽去時如何？」師曰：「咄哉！癡人，此是險路。」

師問僧：「從什麽處來？」曰：「撫州曹山來。」師曰：「幾程到此？」曰：「七程。」師曰：「行却許多山林谿澗，何者是汝自己？」曰：「總是。」師曰：「衆生顛倒，認物爲己。」曰：「如何是學人自己？」師曰：「總是。」師又曰：「諸上座各在止觀經冬過夏，還有人悟自己也無？止觀與汝證明，令汝真見，不被邪魔所惑。」

問：「如何是學人自己？」師曰：「好箇師僧，眼目甚分明！」

漳州羅漢院守仁禪師

漳州羅漢院守仁禪師，泉州永春人也。初參浄慧，後迴故郡止東安興教寺上方院。

示衆曰：「只據如今，誰欠誰剩？然雖如此，猶是第二義門。上座若明達得去，也且是一是二，更須子細看。」

僧問：「如何是祖師西來的的意？」師曰：「即今是什麽意？」

問：「如何是涅槃？」師曰：「生死。」曰：「如何是生死？」師曰：「適來道什麽？」

僧衆晚參，師謂衆曰：「物物本來無處所，一輪明月印心池。」便歸方丈。

師次住漳州報恩院，謂衆曰：「報恩遮裏不曾與人揀話，今日與諸上座揀一兩則話，還願樂麽？諸上座，鶴脛長，鳧脛短，甘草甜，黄蘗苦。恁麽揀辨，還愜雅意麽？諸上座，莫道血脈不通，泥水有隔好。且莫錯會。珍重！」

僧問：「如何是西來意？」師曰：「唤什麽作西來意？」曰：「恁麽即無西來也。」師曰：「由汝口頭道。」

問：「如何是報恩家風？」師曰：「無汝著眼處。」問：「學人未委禀承，請師方便。」師曰：「莫相孤負麽？」曰：「恁麽即有師資之分也。」師曰：「叢林見多。」

問：「如何是佛法大意？」師曰：「向汝道什麽？」

問：「如何是無生之相？」師曰：「捨身受身。」曰：「恁麽即生死無過也。」師曰：「料汝恁麽會。」

師又曰：「人人皆備理，一一盡圓常。」問：「如何是圓常之理？」師曰：「無事不參差。」曰：「恁麽即縱横法界也。」師曰：「巧道有何難？」

問：「如何是不到三寸？」師曰：「汝問我答。」

師問僧：「什麽處來？」曰：「福州來。」師曰：「跋涉如許多山嶺，阿那箇是上座自己？」曰：「某甲親離福州。」師曰：「恁麽商量？別有商量？」曰：「更作麽生商量？」師曰：「汝話墮也。」

問：「不昧緣塵，請師一接。」師曰：「喚什麽作緣塵？」僧曰：「若不伸問，焉息疑情？」師曰：「若不是今日，便作官方。」

杭州永明寺道潛禪師

杭州永明寺道潛禪師，河中府人也，姓武氏。初詣臨川謁浄慧禪師，一見異之，便容入室。一日，浄慧問曰：「子於參請外看什麽經？」師曰：「看華嚴經。」浄慧曰：「總、別、同、異、成、壞六相，是何門攝屬？」師對曰：「文在十地品中，據理則世出世間一切法皆具六相。」曰：「空還具六相也無？」師懵然無對。浄慧曰：「子却問吾。」師乃問曰：「空還具六相也無？」浄慧曰：「空。」師於是開悟，踊躍禮謝。浄慧曰：「子作麽生會？」師曰：「空。」浄慧然之。異日，因四衆士女入院，浄慧問師曰：「律中道：『隔壁聞釵釧聲，即名破戒。』見覩金銀合雜，朱紫駢闐，是破戒不是破戒？」師曰：「好箇入路。」浄慧曰：「子向後有五百毳徒，而爲王侯所重在。」

師尋禮辭，駐錫於衢州古寺，閲大藏經而已。後忠懿王錢氏命入府受菩薩戒，署慈化定慧禪師，建大伽藍號慧日永明，請居之。師曰：「欲請塔下羅漢銅像過新寺供養。」王曰：「善矣！予昨夜夢十六尊者，乞隨禪師入寺，何昭應之若是！」仍於師號加應真二字。

師坐永明大道場，常五百衆。師上堂，謂衆曰：「佛法顯然，因什麽却不會去？諸上座，欲會佛法，但問取張三、李四。欲會世法，則參取古佛叢林。無事久立。」

僧問：「如何是永明的的意？」師曰：「今日十五，明朝十六。」曰：「覽師的的意。」師曰：「何處覽？」

問：「如何是永明家風？」師曰：「早被上座答了也。」

問：「三種病人如何接？」師曰：「汝是聾人。」曰：「請師方便。」師曰：「是方便。」

問：「牛頭未見四祖時，爲什麽百鳥銜華？」師曰：「見東見西。」曰：「見後爲什麽不銜華？」師曰：「見南見北。」曰：「昔日作麽生？」師曰：「且會今日。」

問：「如何是第二月？」師曰：「月。」

問：「如何是覿面事？」師曰：「背後是什麽？」

問：「文殊杖劍，擬殺何人？」師曰：「止！止！」曰：「如何是劍？」師曰：「眼是。」

問：「諸餘即不問，向上宗乘亦且置，請師不答。」師曰：「好箇師僧子！」曰：「恁麼即禮拜去也。」師曰：「不要三拜，盡汝一生去。」

一日，大衆參，師指香鑪曰：「汝諸人還見麼？若見，一時禮拜，各自歸堂。」僧問：「至道無言，借言顯道。如何是顯道之言？」師曰：「切忌揀擇。」

問：「如何是慧日祥光？」師曰：「此去報慈不遠。」曰：「恁麼即親蒙照燭也。」師曰：「且喜没交涉。」

撫州黄山良匡禪師

撫州黄山良匡禪師，吉州人也。上堂謂衆曰：「高山頂上空蔬飯，無可祗待諸道者。唯有金剛眼睛，憑助汝發明真心。汝若會得，能破無明黑暗。汝若不會，真箇不壞。」便起歸方丈。

僧問：「如何是黄山家風？」師曰：「築著汝鼻孔。」

問：「如何是物不遷義？」師曰：「春夏秋冬。」

問：「如何是一路涅槃門？」師曰：「汝問宗乘中一句，豈不是？」曰：「恁麼即不哆哆。」師曰：「莫哆哆好。」

問：「衆星攅月時如何？」師曰：「唤什麽作月？」曰：「莫即遮箇便是也無？」師曰：「遮箇是什麽？」

問：「明鏡當臺，森羅爲什麽不現？」師曰：「那裏當臺？」曰：「争奈即今何？」師曰：「又道不現。」

問：「如何是禪？」師曰：「三界綿綿。」曰：「如何是道？」師曰：「四生浩浩。」

杭州靈隱山清聳禪師

杭州靈隱山清聳禪師，福州福清縣人也。初參净慧，一日，净慧指雨謂師曰：「滴滴落上座眼裏。」師初不喻旨，後因閲華嚴經感悟，承净慧印可。迴止明州四明山卓庵。節度使錢億執師事之禮，忠懿王命於臨安兩處開法。後居靈隱上寺，署了悟禪師。

師上堂示衆曰：「十方諸佛常在汝前。還見麽？若言見，將心見？將眼見？所以道一切法不生，一切法不滅。若能如是解，諸佛常現前。」又曰：「見色便見心，且唤什麽作心？山河大地，萬象森羅，青黄赤白，男女等相，是心不是心？若是心，爲什麽却成物象去？若不是心，又道見色便見心。還會麽？只爲迷此而成顛倒，種種不同，於無同異中强生同異。且如今直下承當，頓豁本心，皎然無一物可作見聞。若離心別求解脱者，古人喚作迷波討源，卒難曉悟。」

問：「根塵俱泯，爲什麼事理不明？」師曰：「事理且從，喚什麼作俱泯底根塵？」

問：「如何是觀音第一義？」師曰：「錯。」

問：「無明實性即佛性，如何是佛性？」師曰：「喚什麼作無明？」

問：「如何是和尚家風？」師曰：「亘古亘今。」

問：「不問不答時如何？」師曰：「寱語作麼？」

問：「如何是巖山巖崖裏佛法？」師曰：「用巖山巖崖作麼？」

問：「牛頭未見四祖時如何？」師曰：「青山緑水。」曰：「見後如何？」師曰：「緑水青山。」

師問僧：「汝會佛法麼？」曰：「不會。」師曰：「汝端的不會。」曰：「是。」師曰：「且去，待別時來。」其僧珍重，師曰：「不是遮箇道理。」

問：「如何是摩訶般若？」師曰：「雪落茫茫。」僧無語，師曰：「會麼？」曰：「不會。」師遂有頌曰：「摩訶般若，非取非捨。若人不會，風寒雪下。」

金陵報恩院玄則禪師

金陵報恩院玄則禪師，滑州衛南人也。初問青峯：有本云「白兆」。「如何是佛？」有云「自己」。青峯曰：「丙丁童子來求火。」師得此語，藏之於心。及謁凈慧，詰[一]其悟旨，師對曰：「丙丁是火而更求火，亦似玄則將佛問佛。」凈慧曰：「幾放過，元來錯會。」師雖蒙開發，頗懷猶豫，復退思既殆，莫曉玄理，乃投誠請益。凈慧曰：「汝問，我與汝道。」師乃問：「如何是佛？」凈慧曰：「丙丁童子來求火。」師豁然知歸。後住報恩院。

師上堂，顧視大衆曰：「好箇話頭，只是無人解問得，所以勞他古人三度喚之，諸人即不勞他喚也。此即且從，古人意作麼生？還説得麼？千佛出世，亦不增一絲毫，六道輪迴，也不減一絲毫，皎皎地現無絲頭翳礙。古人道『但有纖毫即是塵』，且如今物象巍然地，作麼生消遣得[二]？汝若於此消遣不得，便是凡夫境界。然也莫嫌朴實説話，也莫嫌説著祖佛。何以故？見説祖佛，便擬超越去。若恁麼會，大没交涉。也須子細詳究看，不見他古德究離生死，亦無剃頭剪爪工夫。如今看見，大難繼續。」

[一]「詰」前四部本、趙城本有「凈慧」二字。
[二]「得」，四部本、趙城本無。

問：「了了見佛性，如何是佛性？」師曰：「不欲便道。」

問：「如何是金剛大士？」師曰：「見也未？」

問：「如何是諸聖密密處？」師曰：「却須會取自己。」曰：「如何是和尚密密處？」師曰：「待汝會始得。」

師謂衆曰：「諸上座盡有常圓之月，各懷無價之珍。所以月在雲中，雖明而不照。智隱惑内，雖真而不通。無事久立。」

問：「如何是不動尊？」師曰：「飛飛颺颺。」

問：「如何是了然一句？」師曰：「對汝又何難？」曰：「恁麽道，莫便是也無？」師曰：「不對又何難？」曰：「深領和尚恁麽道。」師曰：「汝道我道什麽？」

問：「亡僧遷化，向什麽處去也？」師曰：「待汝生即道。」曰：「賓主歷然。」師曰：「汝立地見亡僧。」

問：「如何是學人本來心？」師曰：「汝還曾道著也未？」曰：「只如道著，如何體會？」師曰：「待汝問始得。」

問：「教中有言：『樹能生果，作頗梨色。』未審此果何人得喫？」師曰：「樹從何來？」曰：「學人有分。」師曰：「去果八萬四千。」

問：「如何是不遷？」師曰：「江河競注，日月旋流。」

問：「宗乘中玄要處，請師一言。」師曰：「汝行脚來多少時也？」曰：「不曾逢伴侶。」師曰：「少瞌睡。」

金陵報慈道場玄覺導師

金陵報慈道場玄覺導師行言，泉州晉江人也，得法於净慧禪師。

上堂示衆曰：「凡行脚人參善知識，到一叢林放下瓶鉢，可謂行菩薩之道能事畢矣。何用更來遮裏舉論真如涅槃？此是非時之説。然古人有言：譬如披沙識寶，沙礫若除，真金自現，便唤作常住世間，具足僧寶。亦如一味之雨，一般之地，生長萬物，大小不同，甘辛有異，不可道地與雨有大小之名也。所以道方即現方，圓即現圓。何以故？爾法無偏正，隨相應現，唤作對現色身。還見麽？若不見也莫閑坐地。」

問：「如何是祖師西來意？」師曰：「此問不當。」

問：「坐却是非，如何合得本來人？」師曰：「汝且作麽生坐？」

江南國主新建報慈大道場，命師大闡宗猷，海會二千餘衆，別署導師之號。

師謂衆曰：「此日英賢共會，海衆同臻，諒惟佛法之趣無不備矣。若是英鑒之者，不須待言也。然言之本無，何以默矣？是以森羅萬象，諸佛洪源，顯明則海印光澄，冥昧則情迷自惑。苟非通心上士，逸格高人，則何以於諸塵中發揚妙極，卷舒物象？縱奪森羅，示生非生，應滅非滅，生滅洞已，乃曰真常。言假則影散千途，論真則一空絶迹。豈可以有無生滅而計之者哉？」

問：「國王再請，蓋特薦先朝，和尚今日如何舉唱？」師曰：「汝不是問再唱人。」曰：「恁麼即天上人間無過此也。」師曰：「勿交涉。」

問：「遠遠投師，請垂一接。」師曰：「却依舊處去。」

金陵净德道場達觀禪師

金陵净德道場達觀禪師智筠，河中府人也，姓王氏。弱齡邁俗，依普救寺杲大師披削，年滿受具。始遊方，謁撫州龍濟修山主，親附久之，機緣莫契。後詣金陵報恩道場參净慧，頓悟玄旨。後住廬山棲賢寺。

師上堂，謂衆曰：「從上諸聖方便門不少，大底只要諸仁者有箇見處。然雖未見，且不參差一絲髮許，諸仁者亦未嘗違背一絲髮許。何以故？烜赫地顯露，如今便會取，更不費一豪氣力。還省要麽？設道毘盧有師，法身有主，斯乃抑揚，對機施設。諸仁者，作麽生會對底道理？若也會，且莫嫌他佛語，莫重祖師，直下是自己眼明始得。」

僧問：「如何是的的之言？」師曰：「道什麽？」

問：「紛然覓不得時如何？」師曰：「覓箇什麽不得？」

問：「如何是祖師意？」師曰：「用祖師意作什麽？」

問：「今朝呈遠瑞，正意爲誰來？」師曰：「大衆盡見汝恁麽問。」

乾德三年，江南國主仰師道化，於北苑建大道場曰淨德，延請居之，署大禪師之號。

上堂謂衆曰：「夫欲慕道，也須上上根器始得。造次中下，不易承當。何以故？佛法非心意識境界，上座莫恁麽儱侗地。他古人道：『沙門眼把定世界，函蓋乾坤，綿綿不漏絲髮。所以諸佛讚歎，讚歎不及比喻，比喻不及道。』上座威光赫奕，亘古亘今，幸有如是家風，何不紹續取？爲什麽自生卑劣，枉受辛勤，不能曉悟？只爲如此，所以諸佛出興於世。只爲如此，所以諸佛唱入涅槃。只爲如此，所以祖師特地西來。」

僧問：「諸聖皆入不二法門，如何是不二法門？」師曰：「但恁麽入。」曰：「恁麽即今古同然去也。」師曰：「汝道什麽處是同？」

問：「如何是佛法大意？」師曰：「恰問著。」曰：「恁麽即學人禮拜也。」師曰：「汝作麽生會？」

問：「如何是佛？」師曰：「如何不是？」

師復謂衆曰：「吾不能投身巖谷，滅迹市鄽，而出入禁庭，以重煩世主，吾之過也。」遂屢辭歸故山，國主錫以五峯棲玄蘭若。開寶二年八月十七日，安坐告寂。壽六十四，臘四十四。

高麗道峯山慧炬國師

高麗道峯山慧炬國師，始發機於淨慧之室。本國主思慕，遣使來請，遂迴故地。國主受心訣，禮待彌厚。

一日，請入王府，上堂，師指威鳳樓示衆曰：「威鳳樓爲諸上座舉揚了，諸上座還會麽？儻若會，且作麽生會？若道不會，威鳳樓作麽生不會？珍重！」

師之言教未被中華，亦莫知所終。

金陵清涼法燈禪師

金陵清涼法燈禪師泰欽，魏府人也。生而知道，辯才無礙，入淨慧之室，海衆歸之，僉曰敏匠。初受請，住洪州幽谷山雙林院。

上堂，未升座，乃曰：「此山先代一二尊宿曾説法來，此座高廣，不才何升？昔古有言：『作禮須彌燈王如來，乃可得坐。』且道須彌燈王如來今在何處？大衆要見麽？一時禮拜。」師便升座，良久曰：「爲大衆只如此，也還有會處麽？」

僧問：「如何是雙林境？」師曰：「畫也不成。」曰：「如何是境中人？」師曰：「且去！」又曰：「境也未識且討人。」

問：「一佛出世，震動乾坤。和尚出世，震動何方？」師曰：「什麽處見震動？」曰：「争奈即今何？」師曰：「今日有什麽事？」

有僧出禮拜，師曰：「道者，前時謝汝請，我將什麽與汝好？」僧擬問次，師曰：「將謂相悉，却成不委。」

問：「如何是西來密密意？」師曰：「苦。」

問：「一佛出世，普潤群生。和尚出世，當爲何人？」師曰：「不徒然。」曰：「恁麽即大衆有賴也。」師曰：「何必！」

師告衆曰：「且住得也。久立。官人及諸大衆，今日相請勤重，此箇殊功比喻何及？

所以道未了之人聽一言，只遮如今誰動口？」師便下坐，立倚拄杖而告衆曰：「還會麽？天龍寂聽而雨華，莫作須菩提嶮子畫〔二〕將去，且恁麽信受奉行。」

師次住上藍護國院，僧問：「十方俱擊鼓，十處一時聞。如何是聞？」師曰：「汝從那方來？」

問：「善行菩薩道，不染諸法相。如何是菩薩道？」師曰：「諸法相。」曰：「如何得不染去？」師曰：「染著什麽處？」

問：「不久開選場，還許學人選也無？」師曰：「汝是點額人。」又曰：「汝是什麽科目？」

問：「如何是演大法義？」師曰：「我演何似汝演？」

師次住金陵龍光院，上堂升座，維那白椎云：「法筵龍象衆，當觀第一義。」師曰：「維那是第二義，長老只今是第幾義？」師又舉衣袖謂衆曰：「會麽大衆？此是山呼舞蹈，莫道五百生前曾爲樂主來。或有疑情，請垂見示。」時有僧問：「如何是諸佛正宗？」師曰：「汝是什麽宗？」曰：「如何？」師曰：「如何即不會。」

〔二〕「畫」，四部本、趙城本作「盡」。

問：「上藍一曲師親唱，今日龍光事若何？」師曰：「汝什麽時到上藍來？」曰：「諦當事如何？」師曰：「不諦當即別處覓。」

問：「如何是佛法大意？」師曰：「且問小意，却來與汝大意。」

師後入金陵，住清涼大道場。上堂陞座，僧出問次，師曰：「遮僧最先出，爲大衆已了，答〔一〕國主深恩。」問：「國主請命，祖席重開。學人上來，請師直指心源。」師曰：「上來却下去。」

問：「『法眼一燈，分照天下。』和尚一燈，分付何人？」師曰：「法眼什麽處分照來？」

江南國主爲鄭王時，受心法於淨慧之室。暨淨慧入滅，復嘗問於師曰：「先師有什麽不了底公案？」師對曰：「見分析次。」異日又問曰：「承聞長老於先師有異聞底事？」師作起身勢，國主曰：「且坐。」

師謂衆曰：「先師法席五百衆，今只有十數人在諸方爲導首。爾道莫有錯指人路底麽？若錯指，教他入水入火，落坑落塹。然古人又道：『我若向刀山，刀山自摧折。我若向鑊湯，鑊湯自消滅。』且作麽生商量？言語即熟，及問著便生疎去。何也？只爲隔闊多時，

〔一〕「答」，原作「第」，據四部本、趙城本改。

上座但會我什麽處去不得？有去不得者，爲眼等諸根，色等諸法。諸法且置，上座開眼見什麽？所以道不見一法即如來，方得名爲觀自在。珍重！」

師開寶七年六月示疾，告衆曰：「老僧卧疾，强牽拕與汝相見。如今隨處道場，宛然化城，且道作麽生是化城？不見古導師云：『寶所非遥，須且前進。』及至城所，又道我所化作。今汝諸人試説箇道理看，是如來禪？祖師禪？還定得麽？汝等雖是晚生，須知僥忝我國主，凡所勝地建一道場，所須不闕，只要汝開口。如今不如阿那箇是汝口，争答効他四恩三有？欲得會麽？但識口，必無咎。縱有咎，因汝有。我今火風相逼，去住是常道。老僧住持，將逾一紀，每承國主助發。至于檀越、十方道侣、主事小師，皆赤心爲我，默而難言。或披麻帶布，此即順俗，我道違真，且道順好違好？然但順我道，即無顛倒。我之遺骸，必於南山大智藏和尚左右，乞一墳冢。升沈皎然，不淪化也。努力，努力！珍重！」即其月二十四日，安坐而終。

杭州真身寶塔寺紹巖禪師

杭州真身寶塔寺紹巖禪師，雍州人也，姓劉氏。七歲依高安禪師出家，十八進具於懷暉律師。暨遊方，與天台韶國師同受記於臨川。尋於浙右水心寺掛錫宴寂，後止越州法華山，續入居塔寺上方净院。吴越王命師開法，署了空大智常照禪師。

上堂謂衆曰：「山僧素寡知見，本期閑放，念經待死，豈謂今日大王勤重，苦勉山僧効諸方宿德，施張法筵。然大王致請，也只圖諸仁者明心，此外無别道理。諸仁者還明心也未？莫不是語言譚笑時，凝然杜默時，參尋知識時，道伴商略時，觀山翫水時，耳目絶對時，是汝心否？如上所解，盡爲魔魅所攝，豈曰明心？更有一類人，離身中妄想外，别認遍十方世界，含日月，包太虚，謂是本來真心。斯亦外道所計，非明心也。諸仁者要會麽？心無是者，亦無不是者。汝擬執認，其可得乎？」

問：「六合澄清時如何？」師曰：「大衆誰信汝？」

問：「見月忘指時如何？」師曰：「非見月。」曰：「豈可認指爲月耶？」師曰：「汝參學來多少時也？」

師開寶四年七月示疾，謂門弟子曰：「諸行無常，即常住相。」言訖，跏趺而逝。壽七十三，臘五十五。

金陵報恩院法安慧濟禪師

金陵報恩院法安慧濟禪師，太和人也。印心於法眼之室，初住撫州曹山崇壽院，爲第四世。

上堂謂衆曰：「知幻即離，不作方便。離幻即覺，亦無漸次。諸上座且作麽生會？不作方便，又無漸次，古人意在什麽處？若會得，諸佛常見前。若未會，莫向圓覺經裏討。夫佛法亘古亘今未嘗不見前。諸上座，一切時中咸承此威光，須具大信根，荷擔得起始得。不見佛讚猛利度人堪爲器用，亦不賞他向善久修浄業者，要似他廣額兇屠拋下操刀，便證阿羅漢果，直須恁麽始得。所以長者道：『如將梵位，直授凡庸。』」

僧問：「大衆既臨於法會，請師不吝句中玄。」師曰：「謾得大衆麽？」曰：「恁麽即全應此問也。」師曰：「不用得。」

問：「古人有言：『一切法以不生爲宗。』如何是不生宗？」師曰：「好箇問處。」

問：「佛法中請師方便。」師曰：「方便了也。」

問：「如何是古佛心？」師曰：「何待問？」

江南國主請入居報恩，署號攝衆。師上堂謂衆曰：「此日奉命令住持當院，爲衆演法，適來見維那白槌了多少好！令教當觀第一義，且作麽生是第一義？若遮裏參得，多少省要，如今更別説箇什麽即得？然承恩旨，不可杜默去也。夫禪宗示要，法爾常規，圓明顯露，亘古亘今。至於達磨西來，也只與諸人證明，亦無法可得與人。只道直下是，便教立地覻取。古人雖即道立地覻取，如今坐地還覻得也無？有疑請問。」

僧問：「三德奥樞從佛演，一音玄路請師明。」師曰：「汝道有也未？」

問：「如何是報恩境？」師曰：「大家見汝問。」

師開寶中示滅于本院。

撫州崇壽院契稠禪師

撫州崇壽院契稠禪師，西州〔一〕人也。上堂升座，僧問：「四衆諦觀第一義，如何是第一義？」師曰：「何勞更問？」師又曰：「大衆欲知佛性義，當觀時節因緣。作麽生是時節因緣？上座如今便散去，且道有也未？若無，因什麽便散去？若有，作麽生是第一義？上座，第一義現成，何勞更觀？恁麽顯明，得佛性常照，一切法常住。若見有法常住，猶未是法之真源。作麽生是法之真源？上座不見古人道：『一人發真歸元，十方虚空悉皆消殞。』還有一法爲意解麽？古人有如是大事因緣，依而行之即是，何勞長老多説？衆中有未知者，便請相示。」

〔一〕「西州」，四部本、趙城本作「泉州」。

僧問：「净慧之燈，親然汝水。今日王侯請命，如何是净慧之燈？」師曰：「更請一問。」

問：「古人見不齊處，請師方便。」師曰：「古人見什麽處不齊？」

問：「如何是佛？」師曰：「如何是佛？」曰：「如何領解？」師曰：「領解即不是。」

問：「的的西來意，師當第幾人？」師曰：「年年八月半中秋。」

問：「如何是和尚爲人一句？」師曰：「觀音舉，上藍舉。」

師淳化三年示滅。

洪州雲居山清錫禪師

洪州雲居山清錫禪師，泉州人也。初住龍須山廣平院。有僧問：「如何是廣平境？」師曰：「識取廣平。」曰：「如何是境中人？」師曰：「驗取。」

次住雲居山。僧問：「如何是雲居境？」師曰：「汝唤什麽作境？」曰：「如何是境中人？」師曰：「適來向汝道什麽？」

師後住泉州西明院。有廖天使入院，見供養法眼和尚真，乃問曰：「真前是什麽果子？」師曰：「假果子。」天使曰：「既是假果子，爲什麽將供養真？」師曰：「也只要天使識假。」

問：「如何是佛？」師曰：「容顔甚奇妙。」

洪州百丈山大智院道常禪師

洪州百丈山大智院道常禪師。本山出家，禮照明禪師披剃。尋參浄慧，獲預函丈，因請益，問：「外道問佛，不問有言，不問無言。」敘語未終，浄慧曰：「住！住！汝擬向世尊良久處會去。」師從此悟入。後本山請歸住持，當第十一世，學者尤盛。

師上堂示衆曰：「乘此寶乘，直至道場。每日勞諸上座訪及，無可祇延。時寒，不用久立，却請迴車。珍重！」

僧問：「如何是學人行脚事？」師曰：「拗折拄杖得也未？」

問：「古人有言：『釋迦與我同參。』未審參何人？」師曰：「唯有同參方得知。」曰：「未審此人如何親近？」師曰：「恁麽即不解參也。」

問：「如何是祖師西來意？」師曰：「往往問不著。」

問：「還鄉曲子作麽生唱？」師曰：「設使唱，落汝後。」

問：「如何是百丈境？」師曰：「何似雲居？」問：「如何是百丈爲人一句？」師曰：

「若到諸方，總須問過。」

師又謂衆曰：「實是無事，與上座各各事佛，更有何疑得到遮裏？古人只道：『十方同共聚，箇箇學無爲。此是選佛場，心空及第歸。』心空是及第，且作麽生會心空？不是那裏閉目冷坐是心空，此正是識陰想解。上坐要心空麽？但且識心。所以道過去已過去，未來更莫算。兀然無事坐，何曾有人喚？設有人喚上座，應他好？不應好？若應，阿誰喚上座？若不應，不患聾也。三世體空，且不是木頭。所以古人道：『心空得見法王。』還見法王麽？也只是老病僧。又莫是渠自伐麽？珍重！」

僧問：「如何是佛？」師曰：「汝有多少事不問？」

僧舉：「人問玄沙曰：『三乘十二分教即不問，如何是祖師西來意？』玄沙曰：『三乘十二分教不要。』其僧不會，請師爲説。」師曰：「汝實不會？」曰：「實不會。」師示偈曰：「不要三乘要祖宗，三乘不要與君同。君今欲會通宗旨，後夜猿啼在亂峯。」

師淳化二年示滅，塔于本山。

天台山般若寺通慧禪師

天台山般若寺通慧禪師敬遵。上堂謂衆曰：「皎皎烜赫地，亘古亘今，也未曾有纖豪間斷相，無時無節，長時㨶定上座無通氣處。所以道山河大地是上座善知識，放光動地，觸處露現，實無絲頭許法可作隔礙。如今因什麽却不會，特地生疑去？無事不用久立。」

僧問：「優曇華坼人皆覩，般若家風賜一言。」師曰：「不因上座問，不曾舉似人。」曰：「恁麽即般若雄峯，詎齊今古？」師曰：「也莫錯會。」

問：「牛頭未見四祖時，爲什麽百鳥銜華？」師曰：「汝什麽處見？」曰：「見後爲什麽不銜華？」師曰：「且領話好！」

問：「靈山一會，迦葉親聞。未審今日一會，何人得聞？」師曰：「汝試舉迦葉聞底看。」曰：「恁麽即迦葉親聞去也。」師曰：「亂道作麽？」

師自述真讚曰：「真兮廖廓，郢人圖濩。嶽聳雲空，澄潭月躍。」

廬山歸宗寺法施禪師

廬山歸宗寺法施禪師策真，曹州人也，姓魏氏，本名慧超。升凈慧之堂，問：「如何是佛？」凈慧曰：「汝是慧超。」師從此信入，其語播于諸方。

初自廬山余家峯，請下住歸宗。上堂示衆曰：「諸上座，見聞覺知，只可一度。只如會了，是見聞覺知？不是見聞覺知？要會麽？與諸上座説破了，也待汝悟始得。久立，珍重！」

僧問：「如何是佛？」師曰：「我向汝道，即別有也。」

問：「如何是歸宗境？」師曰：「是汝是〔一〕什麽？」曰：「如何是境中人？」師曰：「出去！」

問：「國王請命，大啓法筵。不落見聞，請師速道。」師曰：「閑言語。」曰：「師意如何？」師曰：「又亂説。」

問：「承教有言：『將此身心奉塵刹，是則名爲報佛恩。』塵刹即不問，如何是報佛恩？」師曰：「汝若是，即報佛恩。」

問：「無情説法，大地得聞。獅子吼時如何？」師曰：「汝還聞麽？」曰：「恁麽即同無情也。」師曰：「汝不妨會。」

問：「古人以不離見聞爲宗，未審和尚以何爲宗？」師曰：「此問甚好。」曰：「猶是三緣四緣。」師曰：「莫亂道。」

師次住金陵奉先寺，未幾復還止報恩道場。太平興國四年歸寂。

〔一〕「是」，四部本、趙城本作「見」。

洪州鳳棲山同安院紹顯禪師

洪州鳳棲山同安院紹顯禪師。僧問：「王恩降旨師親受，熊耳家風乞一言。」師曰：「已道了也。」

問：「千里投師，請師一接。」師曰：「好入處。」

雲蓋山僧乞瓦造殿，有官人問：「既是雲蓋，何用乞瓦？」無對。師代曰：「罕遇奇人。」

江州廬山棲賢寺慧圓禪師

江州廬山棲賢寺慧圓禪師。上堂示衆曰：「出得僧堂門見五老峯，一生參學事畢，何用更到遮裏來？雖然如此，也勞上座一轉。無事，珍重！」

僧問：「不是風動，不是幡動。未審古人意旨如何？」師曰：「大衆一時會取。」

又上堂，有僧擬問，師乃指其僧曰：「住！住！」其僧進步問：「從上宗乘，請師舉唱。」師曰：「前言不搆，後語難追。」曰：「未審今日事如何？」師曰：「不會人言語。」

問：「如何是佛法大意？」師曰：「好。」

問：「如何是棲賢境？」師曰：「入得三門便合知。」

問：「如何是祖師西來意？」師曰：「此欠少。」

問：「祖燈重耀，不吝慈悲，更垂中下。」師曰：「委得麽？」曰：「恁麽即方便門已開。」師曰：「也賺。」

洪州觀音院從顯禪師

洪州觀音院從顯禪師，泉州莆田人也。少依本邑石梯山出家具戒，參法眼受記。初住昇州妙果院，後住兹院，參學頗衆。

師上堂，衆集，良久謂曰：「文殊深贊居士，未審居士受贊也無？若受贊，何處有居士耶？若不受贊，文殊不可虚發言。大衆作麽生會？若會，真箇衲僧。」時有僧問：「居士默然，文殊深贊，此意如何？」師曰：「汝問我答。」曰：「恁麽人出頭來，又作麽生？」師曰：「行到水窮處，坐看雲起時。」

僧問：「如何是觀音家風？」師曰：「眼前看取。」曰：「忽遇作者來，作麽生見待？」師曰：「貧家只如此，未必便言歸。」

問：「久負没絃琴，請師彈一曲。」師曰：「作麽生聽？」其僧側耳，師曰：「賺殺人。」

師謂衆曰：「盧行者當時大庾嶺頭爲明上座言：『莫思善，莫思惡，還我明上座本來面目來。』觀音今日不恁麼道『還我明上座來』，恁麼道是曹谿子孫。若是曹谿子孫，又争合除却四字？若不是，又過在什麼處？試出來商量看。」良久，師又曰：「此一衆真行脚人也。珍重！」

太平興國八年九月中，師謂檀那袁長史曰：「老僧三兩日間歸鄉去。」袁曰：「和尚尊年，何更思鄉？」師曰：「歸鄉圖得好鹽喫。」袁不測其言。翌日，師不疾而坐亡，壽七十有八。袁長史建塔于西山。

廬州長安院延規禪師

廬〔一〕州長安院延規禪師。僧問：「如何是庵中主？」師曰：「到諸方但道從長安來。」

師化緣將畢，以住持付門人辯實，接武説法，乃歸本院西堂示滅。

常州正勤院希奉禪師

常州正勤院希奉禪師，蘇州人也，姓謝氏。住本院爲第二世。

初上堂，示衆曰：「古聖道：『圓同太虛，無欠無餘。』又云：『一一法，一一宗。衆多

〔一〕「廬」，原作「盧」，據四部本、趙城本改。

法，一法宗。』又道：『起唯法起，滅唯法滅。』又云：『起時不言我起，滅時不言我滅。』據此說話，屈滯久在叢林。上座若是初心兄弟，且須體道。人身難得，正法難聞，莫同等閑。施主衣食，不易消遣。若不明道，箇箇盡須還他。上座要會道麽？珍重！」

僧問：「如何是祖師西來意？」師曰：「什麽處得遮箇消息？」

問：「如何是諸法空相？」師曰：「山河大地。」

問：「僧衆雲集，請師舉唱宗乘。」師曰：「舉來久矣。」

問：「佛法付囑國王大臣，今日正勤將何付囑？」師曰：「萬歲！萬歲！」

問：「古人有言：『山河大地是汝真善知識。』如何得山河大地爲善知識去？」師曰：「汝喚什麽作山河大地？」

問〔一〕：「如何是合道之言？」師曰：「汝問我答。」

問：「靈山會上，迦葉親聞。未審今日誰人得聞？」師曰：「迦葉親聞箇什麽？」

問：「古佛道場，學人如何得到？」師曰：「汝今在什麽處？」

問：「如何是和尚圓通？」師敲禪床三下。

〔一〕「問」，原作「師」，據四部本、趙城本改。

問：「如何是脱却根塵？」師曰：「莫妄想。」

問：「人王法王，是一是二？」師曰：「人王法王。」

問：「如何是諸法寂滅相？」師曰：「起唯法起，滅唯法滅。」

問：「如何是未曾生底法？」師曰：「汝争得知？」

問：「無著見文殊，爲什麽不識？」師曰：「汝道文殊還識無著麽？」

問：「得意誰家新曲妙，正勤一句請師宣。」師曰：「道什麽？」曰：「豈無方便也？」師曰：「汝不會我語。」

洛京興善棲倫禪師

洛京興善棲倫禪師。僧問：「如何是佛？」師曰：「向汝恁麽道即得。」問：「如何是西來意？」師曰：「適來猶記得。」

因宫師致政李公繼勳終世，有僧問：「是法住法位，世間相常住。未審宫師李公向什麽處去也？」師曰：「恰被汝問著。」曰：「恁麽即虚申一問？」師曰：「汝不妨靈利。」

洪州武寧嚴陽新興齊禪師

洪州武寧嚴陽新興齊禪師。僧問：「如何得出三界去？」師曰：「汝還信麽？」曰：

「信即深信，乞和尚慈悲。」師曰：「只此信心亘古亘今，快須究取，何必沈吟！要出三界，三界唯心。」

師因雪謂衆曰：「諸上座還見雪麼？見即有眼，不見無眼。有眼即常，無眼即斷。恁麼會得，佛身充滿。」

僧問：「學人辭去泐潭，乞和尚示箇入路。」師曰：「好箇入路，道心堅固。隨衆參請，隨衆作務。要去即去，要住即住。去之與住，更無他故。若到泐潭，不審馬祖。」

潤州慈雲匡達禪師

潤州慈雲匡達禪師。僧問：「佛以一大事因緣故出現於世，未審和尚出世如何？」師曰：「恰好。」曰：「作麼生？」師曰：「不好。」

景德傳燈録卷第二十六

吉州青原山行思禪師第九世下至第十一世

第九世下

金陵清涼文益禪師法嗣下三十三人

蘇州薦福紹明禪師　澤州古賢謹禪師　宣州興福可勳禪師　洪州上藍守訥禪師　撫州覆船和尚　杭州奉先法瓌禪師　廬山化城慧朗禪師　杭州永明道鴻禪師　高麗靈鑒禪師　荆門上泉和尚　廬山大林僧遁禪師　池州仁王緣勝禪師　廬山歸宗義柔禪師已上一十三人見録　泉州上方慧英禪師　荆州護國邁禪師　饒州芝嶺照禪師　廬山歸宗師慧禪師　廬山歸宗省一禪師　襄州延慶通性大師　廬山歸宗夢欽禪師　洪州舍利玄闡禪師　洪州永安明禪師　洪州禪谿可莊禪師　潭州石霜爽禪師　江西靈山和尚　廬山佛手巖因禪師　金陵保安止和尚　昇州華嚴幽禪師　袁州木平道達禪師　洪州大寧道邁禪師　楚州龍興德賓禪師　鄂州黄龍仁禪師　洪州西山

道聳禪師已上二十人無機緣語句不録

襄州清谿洪進禪師法嗣二人

相州天平山從漪禪師　廬山圓通緣德禪師已上二人見録

金陵清涼休復禪師法嗣二人

金陵奉先慧同禪師一人見録　廬山寶慶庵道習禪師一人無語句不録

撫州龍濟山紹修禪師法嗣一人

河東廣原和尚一人見録

衡嶽南臺守安禪師法嗣二人

襄州鷲嶺善美禪師一人見録　安州慧日院明禪師一人無機緣語句不録

漳州報劬院玄應禪師法嗣一人

報劬第二世仁義禪師一人無機緣語句不録

漳州隆壽無逸禪師法嗣一人

漳州隆壽法騫禪師一人見録

廬山歸宗道詮禪師法嗣一人

筠州九峯義詮禪師一人見録

眉州黄龍繼達禪師法嗣一人

第二世黄龍和尚一人見録

朗州梁山緣觀禪師法嗣一人

郢州大陽山警玄禪師一人見録

第十世

天台山德韶國師法嗣四十九人

杭州永明寺延壽禪師　温州大寧可弘禪師　蘇州長壽朋彦大師　杭州五雲山志逢大師　杭州報恩法端禪師　杭州報恩紹安禪師　福州廣平守威禪師　杭州報恩永安禪師　廣州光聖師護禪師　杭州奉先清昱禪師　天台普聞智勤禪師　温州雁蕩願齊禪師　杭州普門希辯禪師　杭州光慶遇安禪師　天台般若友蟾禪師　婺州智者全肯禪師　福州玉泉義隆禪師　杭州龍册曉榮禪師　杭州功臣慶蕭禪師　越州稱心敬璡禪師　福州嚴峯師术禪師　潞州華嚴慧達禪師　越州清泰道圓禪師　杭州九曲慶祥禪師　杭州開化行明大師　越州開善義圓禪師　温州瑞鹿遇安禪師

杭州龍華慧居禪師　婺州齊雲遇臻禪師　温州瑞鹿寺本先禪師已上三十人見録　杭州報恩德謙禪師　杭州靈隱處先禪師　天台善建省義禪師　越州觀音安禪師　婺州仁壽澤禪師　越州雲門重曜禪師　越州大禹榮禪師　越州地藏瓊禪師　杭州靈隱紹光禪師　杭州龍華紹鑾禪師　越州碧泉行新禪師　越州象田默禪師　潤州登雲從堅禪師　越州觀音朗禪師　越州諸暨五峯和尚　越州何山道孜禪師　越州大禹自廣禪師　筠州黄蘗師逸禪師　蘇州瑞光清表禪師已上一十九人無機緣語句不録

杭州報恩寺慧明禪師法嗣一人

福州保明道誠大師一人見録

金陵報慈道場文遂導師法嗣五人

常州齊雲慧禪師　洪州雙嶺祥禪師　洪州觀音真禪師　洪州龍沙茂禪師　洪州大寧奬禪師已上五人無機緣語句不録

杭州永明道潜禪師法嗣三人

杭州千光王瓌省禪師　衢〔一〕州鎮境志澄大師　明州崇福慶祥禪師已上三人見録

〔一〕「衢」，原作「衡」，據正文、四部本、趙城本改。

杭州靈隱清聳禪師法嗣九人

杭州功臣院道慈禪師　秀州羅漢願昭禪師　處州報恩師智禪師　衢〔一〕州瀫寧可先禪師　杭州光孝道端禪師　杭州保清遇寧禪師　福州支提辯隆禪師　杭州瑞龍希圓禪師已上八人見録　杭州國泰德文禪師一人無機縁語句不録

金陵報慈行言導師法嗣二人

洪州雲居義能禪師一人見録　饒州北禪清皎禪師一人無機縁語句不録

金陵清涼泰欽禪師法嗣二人

洪州雲居道齊禪師一人見録　廬山棲賢慧聰禪師一人無機縁語句不録

金陵報恩法安禪師法嗣二人

廬山棲賢道堅禪師　廬山歸宗第十四世慧誠禪師二人見録

廬州長安院延規禪師法嗣二人

廬州長安辯實禪師　潭州雲蓋用清禪師已上二人見録

第十一世

〔一〕「衢」，原作「衡」，據正文、四部本、趙城本改。

杭州永明寺延壽禪師法嗣二人

杭州富陽子蒙禪師　杭州朝明院津禪師已上二人無機緣語句不録

蘇州長壽院朋彥大師法嗣一人

長壽第二世法齊禪師

杭州普門寺希辯禪師法嗣二人

高麗國慧洪禪師　越州上林胡智禪師已上二人無機緣語句不録

青原行思禪師第九世下

金陵清涼文益禪師法嗣

蘇州薦福院紹明禪師

蘇州薦福院紹明禪師。州將錢仁奉請住持，乃問：「如何是和尚家風？」師曰：「一切處看取。」

澤州古賢院謹禪師

澤州古賢院謹禪師。師勘僧云：「如來堅密身，一切〔一〕塵中現。如何是堅密身？」僧竪指，師云：「現即現，爾怎生會？」僧無語。

師侍立次，見浄慧問一僧云：「自離此間，什麽處去來？」曰：「入嶺來。」浄慧曰：「不易。」曰：「虚涉他如許多山水。」浄慧曰：「如許多山水也不惡。」其僧無語，師於此言下大悟。

僧問：「如何是佛？」師曰：「築著汝鼻孔。」

宣州興福院可勳禪師

宣州興福院可勳禪師，建州建陽人也，姓朱氏。自浄慧印心，遂開法住持。

僧問：「如何是興福主？」師曰：「闍梨不識。」曰：「莫只遮便是麽？」師曰：「縱未歇狂，頭亦何失？」

問：「如何是道？」師曰：「勤而行之。」

問：「何云法空？」師曰：「不空。」

師有偈示衆曰：「秋江煙島晴，鷗鷺行行立。不念觀世音，争知普門入？」

〔一〕「切」，原作「功」，據四部本、趙城本改。

洪州上藍院守訥禪師

洪州上藍院守訥禪師。上堂謂衆曰：「盡令提綱，無人掃地。叢林兄弟，相共證明。晚進之流，有疑請問。」

有僧問：「願開甘露門，當觀第一義。不落有無中，請師垂指示。」師曰：「大衆證明。」曰：「恁麽即屈去也。」師曰：「閑言語。」

問：「如何是佛？」師曰：「更問阿誰？」

撫州覆船和尚

撫州覆船和尚。僧問：「如何是佛？」師曰：「不識。」問：「如何是祖師西來意？」師曰：「莫謗祖師。」

杭州奉先寺法明普照禪師

杭州奉先寺法明普照禪師法環。僧問：「釋迦出世，天雨四華，地摇六動。未審和尚今日有何祥瑞？」師曰：「大衆盡見。」曰：「法王法如是也。」師曰：「人王見在。」

問：「净慧寶印，和尚親傳。今日一會，當付何人？」師曰：「誰人無分？」曰：「恁麽即雷音普震無邊剎也。」師曰：「也須善聽。」

廬山化城寺慧朗禪師

廬山化城寺慧朗禪師。江南相宋齊丘請開堂，師升座曰：「今日令公請山僧爲衆，莫非承佛付囑，不忘佛恩。衆中有問話者出來，爲令公結緣。」僧問曰：「令公親降，大衆雲臻。從上宗乘，請師舉唱。」師曰：「莫是孤負令公麽？」

問：「師常苦口，爲什麽學人己事不明？」師曰：「闍梨什麽處不明？」曰：「不明處請師決斷。」師曰：「適來向汝道什麽？」曰：「恁麽即全因今日去也。」師曰：「退後禮三拜。」

杭州慧日永明寺通辯禪師

杭州慧日永明寺通辯禪師道鴻。第三世住。僧問：「遠離天台境，來登慧日峯。久聞師子吼，今日請師通。」師曰：「聞麽？」曰：「恁麽即昔時崇壽，今日永明也。」師曰：「幸自靈利，何須亂道？」

師謂衆曰：「大道廓然，古今常爾。真心周遍，如量之智皎然。萬象森羅，咸真實相。該天括地，亘古亘今。大衆還會麽？還辨白得麽？」

問：「國王嘉命，公貴臨筵。未審今日當爲何事？」師曰：「驗取。」曰：「此意如何？」師曰：「什麽處去來？」曰：「恁麽即猶成造次也。」師曰：「休亂道！」

問：「諸佛出世，放百寶光明。師登寶座，有何祥瑞？」師曰：「可驗。」曰：「法王法如是。」師曰：「也是虚言。」

高麗靈鑒禪師

高麗靈鑒禪師。僧問：「如何是清浄伽藍？」師曰：「牛欄是。」問：「如何是佛？」師曰：「拽出癲漢著！」

荆門上泉和尚

荆門上泉和尚。僧問：「二龍争珠，誰是得者？」師曰：「我得。」

問：「遠遠投師，如何一接？」師接杖視之。其僧禮拜，師便喝。

問：「尺璧無瑕時如何？」師曰：「我不重。」曰：「不重後如何？」師曰：「火裏蝍〔一〕蟉飛上天。」

廬山大林寺僧遁禪師

廬山大林寺僧遁禪師。初住圓通。有僧舉：「僧問玄沙和尚：『向上宗乘此間如何

〔一〕「蝍」，四部本、趙城本作「蝍」。

言論？』玄沙云：『少人聽。』今問師不知玄沙意旨如何？」師曰：「待汝移却石耳峯，我即向汝道。」歸宗柔別云：「且低聲。」

池州仁王院緣勝禪師

池州仁王院緣勝禪師。僧問：「農家擊壤時如何？」師曰：「僧家自有本分事。」曰：「不問僧家本分事，農家擊壤時如何？」師曰：「話頭何在？」

廬山歸宗寺義柔禪師

廬山歸宗寺義柔禪師。第十三世住。師初上堂升座，維那白槌曰：「法筵龍象衆，當觀第一義。」師曰：「若是第一義，且作麼生觀？恁麼道落在什麼處？爲是觀？爲復不許人觀？先德上座，共相證明。後學初心，莫喚作返問語、倒靠語。有疑請問。」

僧問：「諸佛出世，說法度人，感天動地。和尚出世，有何祥瑞？」師曰：「人天大衆前竊語作麼？」

問：「諸官已集，大衆側聆。如何是出世一言之事？」師曰：「大衆證明。」

問：「香煙起處師登座，未審宗乘事若何？」師曰：「教乘也恁麼會。」

問：「優曇華拆人皆覩，達本無心事若何？」師曰：「謾語。」曰：「恁麼即南能別有深深旨，不是心心人不知。」師曰：「事須飽叢林。」

問：「昔日余峯，今日歸宗，未審是一是二？」師曰：「謝汝證明。」

問：「智藏一箭直射歸宗，歸宗一箭當射何人？」師曰：「莫謗我智藏。」

問：「此日知軍親證法，師從何處答深恩？」師曰：「教我道什麽即得？」師又曰：「一問一答，也無了期，佛法也不是恁麽道理。大衆此日之事，故非本心。實謂只箇住山寧有意，向來成佛亦無心。蓋緣是知軍請命，寺衆誠心，既到遮裏，且説箇什麽即得？還相悉麽？此若不及，古人便道：『相逢欲相唤，脈脈不能語。』作麽生會？若會，堪報不報之恩，足助無爲之化。若也不會，莫道長老開堂只舉古人語。此之盛事，天高海深，況喻不及，更不敢讚祝皇風，迴向清列。何以故？古人猶道吾禱久矣，豈況當今聖明者哉！久立，珍重！」

僧問：「如何是空王廟？」師曰：「莫少神？」曰：「如何是廟中人？」師曰：「適來不謾道。」

問：「靈龜未兆時如何？」師曰：「是吉是凶？」

問：「未達其源，乞師方便。」師曰：「達也。」曰：「達後如何？」師曰：「終不恁麽問。」

問：「久發大乘心，中忘此意。如何是此意？」師曰：「又道中忘。」

前襄州清谿洪進禪師法嗣

相州天平山從漪禪師

相州天平山從漪禪師。有僧問：「如何得出三界？」師曰：「將三界來，與汝出。」

僧問：「如何是和尚家風？」師曰：「顯露地。」

問：「如何是佛？」師曰：「不指天地。」曰：「爲什麽不指天地？」師曰：「唯我獨尊。」

問：「如何是天平？」師曰：「八凹九凸。」

問：「洞深杳杳清谿水，飲者如何不升墜？」師曰：「更夢見什麽？」

問：「大衆雲集，合譚何事？」師曰：「香煙起處森羅見。」

廬山圓通院緣德禪師

廬山圓通院緣德禪師，錢塘人也，姓黄氏。初出家，於臨安朗瞻院落髪，依年往天台山受具。始習禪那於天龍順德大師，尋往江表問道，值洪進山主印心。時江南國主於廬山建院，請師開法。

師上堂示衆曰：「諸上座，明取道眼好，是行脚僧本分事。道眼若未明，有什麽用處？只是移盤喫飯。道眼若明，有何障礙？若未明得，强説多端，也無用處，無事也好尋究。」

僧問：「如何是四不遷？」師曰：「地、水、火、風。」

問：「如何是古佛心？」師曰：「水鳥、樹林。」曰：「學人不會。」師曰：「會取學人。」

問：「久負匆絃琴，請師彈一曲。」師曰：「負來得多少時也？」曰：「未審作何音調？」師曰：「話墮也。珍重！」

問：「如何是佛法大意？」師云：「過去燈明佛，本光瑞如此。」

問：「如何是學人自己？」師云：「特地申問是什麽意？」

問：「如何是大梅主？」師云：「闍梨今日離什麽處？」

前昇州清涼休復禪師法嗣

昇州奉先寺净照禪師

昇州奉先寺净照禪師慧同，魏府人也，姓張氏。幼歲出家，禮饒州北禪院惟直禪師披削。年滿受具於撫州希操律師，於清涼得法。

僧問：「唯一堅密身，一切塵中現。又云：『佛身充滿於法界，普現一切群生前。』於此二途，請師説。」師曰：「唯一堅密身，一切塵中現。」

僧問：「如何是古佛心？」師曰：「汝疑阿那箇不是？」

問：「如何是常在底人？」師曰：「更問阿誰？」

前撫州龍濟山紹修禪師法嗣

河東廣原和尚

河東廣原和尚。僧問：「如何是佛法大意？」師示偈曰：「剎剎現形儀，塵塵具覺知。性源常鼓浪，不悟未曾移。」

前衡嶽南臺守安禪師法嗣

襄州鷲嶺善美禪師

襄州鷲嶺善美禪師。第三世住。僧問：「如何是鷲嶺境？」師曰：「峴山對碧玉，江水往南流。」曰：「如何是境中人？」師曰：「有什麽事？」

問：「百川異流，還歸大海。未審大海有幾滴？」師曰：「汝還到海也未？」曰：「到海後如何？」師曰：「明日來向汝道。」

前漳州隆壽院無逸禪師法嗣

隆壽法騫禪師

隆壽法騫禪師，泉州晉江縣人也，姓施氏。母廖氏始娠，頓惡葷腥。及長，捨於本州開元寺菩提院出家納戒，詣漳州參逸和尚得旨。刺史陳洪銛請開堂住持。隆壽第三世住。上堂謂衆曰：「今日隆壽出世，三世諸佛森羅萬象，同時出世，同時轉法輪。諸人還見麽？」僧問：「如何是隆壽境？」師曰：「無汝插足處。」曰：「如何是境中人？」師曰：「未識境在。」

有僧到參，至明日入方丈請師心要。師曰：「昨日相逢序起居，今朝相見事還如。如何却覓呈心要？心要如何特地疎？」

前廬山歸宗寺道詮禪師法嗣

筠州九峯義詮禪師

筠州九峯義詮禪師。僧問：「如何是祖師西來意？」師曰：「有力者負之而趨。」

前眉州黄龍繼達禪師法嗣

眉州黄龍第二世和尚

眉州黄龍第二世和尚。僧問：「如何是密室？」師曰：「斫不開。」曰：「如何是密室中人？」師曰：「非男女相。」

問：「國内按劍者是誰？」師曰：「昌福。」曰：「忽遇尊貴時如何？」師曰：「不遺。」

前朗州梁山緣觀禪師法嗣

郢州大陽山警玄禪師

郢州大陽山警玄禪師。僧問：「叢林浩浩，法鼓喧喧。向上宗乘，如何舉唱？」師曰：「他無箇消息，争肯應當？」曰：「今日宗乘已蒙師指示，未審法嗣嗣何人？」師曰：「梁山點出秦時鏡，長慶峯前一様輝。」

問：「如何是大陽境？」師曰：「孤鶴老猿啼谷韻，瘦松寒竹鎖青煙。」曰：「如何是境中人？」師曰：「作麼！作麼！」

問：「如何是大陽家風？」師曰：「滿鉼傾不出，大地勿饑人。」

問：「如何是佛？」師曰：「汝何不是佛？」曰：「學人不會時如何？」師曰：「迢然不挂三秋月，一句當陽豈在燈？」

問：「如何是祖師西來意？」師曰：「解問不當。」曰：「學人不會時如何？」師曰：「陝府鐵牛人皆嚮，卞和得玉至今傳。」

問：「如何是大陽透法身底句？」師曰：「大洋海底紅塵起，須彌頂上水横流。」

問：「牛頭未見四祖時，爲什麽百鳥銜華？」師曰：「出户烏雞頭戴雪。」曰：「見後爲什麽不銜華？」師曰：「杲日當天後，烏雞出户飛。」

青原行思禪師第十世

前天台山德韶國師法嗣

杭州慧日永明寺智覺禪師

杭州慧日永明寺智覺禪師延壽，餘杭人也，姓王氏。總角之歲，歸心佛乘。既冠，不茹葷，日唯一食。持法華經，七行俱下，才六旬悉能誦之，感群羊跪聽。年二十八，爲華亭鎮將。屬翠巖永明大師遷止龍册寺，大闡玄化。時吴越文穆王知師慕道，乃從其志，放令出家。禮翠巖爲師，執勞供衆，都忘身宰。衣不繒纊，食無重味，野蔬布襦，以遣朝夕。尋往天台山天柱峯，九旬習定，有鳥類尺鷃，巢于衣襵中。暨謁韶國師，一見而深器之，密授玄旨。仍謂師曰：「汝與元帥有緣，他日大興佛事。」密受記。初住明州雪竇山，學侶臻湊。咸平元年，賜額曰資聖寺。

師上堂曰：「雪竇遮裏，迅瀑千尋，不停纖粟，奇巖萬仞，無立足處。汝等諸人，向什麽處進步？」時有僧問：「雪竇一徑如何履踐？」師曰：「步步寒華結，言言徹底冰。」

建隆元年，忠懿王請入居靈隱山新寺，爲第一世。明年，復請住永明大道場，爲第二世，衆盈二千。

僧問：「如何是永明妙旨？」師曰：「更添香著。」曰：「謝師指示。」師曰：「且喜勿交涉。」師有偈曰：「欲識永明旨，門前一湖水。日照光明生，風來波浪起。」

問：「學人久在永明，爲什麽不會永明家風？」師曰：「不會處會取。」曰：「不會處如何會？」師曰：「牛胎生象子，碧海起紅塵。」

問：「成佛成祖亦出不得，六道輪迴亦出不得。未審出箇什麽不得？」師曰：「出汝問處不得。」

問：「承教有言：『一切諸佛及佛法，皆從此經出。』如何是此經？」師曰：「長時轉不停，非義亦非聲。」曰：「如何受持？」師曰：「若欲受持者，應須用眼聽。」

問：「如何是大圓鏡？」師曰：「破砂盆。」

師居永明道場十五載，度弟子一千七百人。開寶七年入天台山，度戒約萬餘人。常與七衆受菩薩戒，夜施鬼神食，朝放諸生類，不可稱算。六時散華行道，餘力念法華經一萬三千部。著宗鏡録一百卷，詩偈賦詠凡千萬言，播于海外。高麗國王覽師言教，遣使齎書，叙弟子之禮，奉金線織成袈裟、紫水精數珠、金澡罐等。彼國僧三十六人，親承印記，前後歸本國，各化一方。以開寶八年乙亥十二月示疾，二十六日辰時，焚香告衆，跏趺而亡。明年正月六日，塔于大慈山。壽七十二，臘四十二。太宗皇帝賜額曰壽寧禪院。

温州大寧院可弘禪師

温州大寧院可弘禪師。僧問：「如何是正真一路？」師曰：「七顛八倒。」曰：「恁麼即法門無别去也。」師曰：「我知汝錯會去。」

問：「皎皎地無一絲頭時如何？」師曰：「話頭已墮。」曰：「乞師指示。」師曰：「適來亦不虚設。」

問：「向上宗乘請師舉揚。」師曰：「汝問太遲生。」曰：「恁麼即不仙陀去也。」師曰：「深知汝恁麼去。」

蘇州安國長壽院朋彦大師

蘇州安國長壽院朋彦大師，永嘉人也，姓秦氏。本州開元寺受業，初參婺州金鱗寶資和尚，後因慧明禪師激發，而歸于天台之室悟正法眼。自此隨緣闡法盛化，姑蘇節帥錢仁奉禮重創院，請轉法輪。本國賜紫衣，署廣法大師。

僧問：「如何是玄旨？」師曰：「四稜塌地。」

問：「如何是絶絲豪底法？」師曰：「山河大地。」曰：「恁麽則即相而無相也。」師曰：「也是狂言。」

問：「如何是徑直之言？」師曰：「千迂萬曲。」曰：「恁麽即無不總是也。」師曰：「是何言歟？」

問：「如何是道？」師曰：「跛〔一〕涉不易。」

師建隆二年辛酉以住持付門人法齊，繼世説法。即其年四月六日示滅，壽四十九，臘三十五。

〔一〕「跛」，原作「跋」，據四部本、趙城本改。

杭州五雲山華嚴道場志逢大師

杭州五雲山華嚴道場志逢大師，餘杭人也。生惡葷血，膚體香潔。幼歲出家于本邑東山朗瞻院，依年受具。通貫三學，了達性相。嘗夢升須彌山，覩三佛列坐。初釋迦，次彌勒，皆禮其足，唯不識第三佛，但仰視而已。時釋迦示之曰：「此是彌勒補處師子月佛。」師方作禮。覺後，因閲大藏經，乃符所夢。天福中，遊方抵天台山雲居道場參國師。賓主緣契，頓發玄秘。

一日，因入普賢殿中宴坐，倏有一神人跪膝于前。師問曰：「汝其誰乎？」曰：「護戒神也。」師曰：「吾患有宿愆未殄，汝知之乎？」曰：「師有何罪，唯一小過耳。」師曰：「何也？」曰：「凡折鉢水亦施主物，師每常傾棄，非所宜也。」言訖而隱。師自此洗鉢水盡飲之，積久因致脾胃疾，十載方愈。凡折退飲食及涕唾便利等，並宜鳴指默念呪，發施心而傾棄之。

吴越國王嚮其道風，召賜紫，署普覺大師。初命住臨安功臣院，玄侶輻湊。師上堂曰：「諸上座，捨一知識而參一知識，盡學善財南游之式樣也。且問上座，只如善財禮辭文殊，擬登妙峯山謁德雲比丘，及到彼所，何以德雲却於別峯相見？夫教意祖意同一方便，終無別理。彼若明得，此亦昭然。諸上座即今簇著老僧，是相見是不相見？此處是妙峯是別峯？脱或從此省去，可謂不孤負老僧，亦常見德雲比丘，未嘗刹那相捨離。還信得及麽？」

僧問：「叢林舉唱，曲爲今時。如何是功臣的的意？」師曰：「見麽？」曰：「恁麽即大衆咸欣也。」師曰：「將謂師子兒。」

問：「佛佛授手，祖祖傳心。未審和尚傳箇什麽？」師曰：「汝承當得麽？」曰：「學人承當不得，還别有人承當得否？」師曰：「大衆笑汝。」

問：「如何是如來藏？」師曰：「恰問著。」

問：「如何是諸佛機？」師曰：「道是得麽？」師一日上堂，良久曰：「大衆看看。」便下座歸方丈。

開寶初，忠懿王創普門精舍，三請住持，再揚宗要，即普門第一世。師上堂曰：「古德爲法行脚，實不憚勤勞。如雪峯和尚三迴到投子，九度上洞山，盤桓往返，尚求箇入路不得。看汝近世參學人，才跨門來，便待老僧接引，指掌説禪。且汝欲造玄極之道，豈同等閑？況此事悟亦有時，躁求焉得？汝等要知悟時麽？如今各且下去，堂中静坐，直待仰家峯點頭，老僧即爲汝分説。」時有僧出曰：「仰家峯點頭也，請師説。」師曰：「大衆且道，此僧會老僧語？不會老僧語？」其僧禮拜。師曰：「今日偶然失鑒。」

問：「如何是普門家風？」師曰：「幾人觀不足。」曰：「如何是普門境？」師曰：「汝到處且問家風了休。」

師開寶四年固辭國主，稱年老，願依林泉頤養。時大將凌超以五雲山新創華嚴道場，奉施爲終老之所。雍熙二年乙酉十一月忽示疾，二十五日，命侍僧辦香水盥沐，跏趺而坐，良久告寂。壽七十七，臘五十八。塔曰寶峯常照。

杭州報恩光教寺慧月禪師

杭州報恩光教寺慧月禪師法端。第三世住。師上堂曰：「數夜與諸上座東語西話，猶未盡其源。今日與諸上座大開方便，一時説却，還願樂也無？久立，珍重！」僧問：「學人恁麽上來，請師接。」師曰：「不接。」曰：「爲什麽不接？」師曰：「爲汝太靈利。」

杭州報恩光教寺通辯明達禪師

杭州報恩光教寺通辯明達禪師紹安。第四世住。師上堂曰：「一句染神，萬劫不朽。今日爲諸上座舉一句，分明記取。珍重！」

僧問：「大衆側聆，請師不吝。」師曰：「奇怪。」曰：「恁麽即今日得遇於師也。」師曰：「是何言歟？」

師有時示衆曰：「幸有樓臺匝地，常提祖印，不妨諸上座參取。久立，珍重！」問：「如何是和尚家風？」師曰：「一切處見成。」曰：「恁麼即亘古亘今也。」師曰：「莫閑言語。」

福州廣平院守威宗一禪師

福州廣平院守威宗一禪師，福州侯官人也。西峯山受業，參天台得旨，國師授之法衣。時有僧問曰：「太庾嶺頭提不起，如何傳授於師？」師拈起衣曰：「有人敢道天台得麽？」時吴越忠懿王嚮德，命闡法住持，署于師名，玄徒臻萃。

上堂示衆曰：「達磨大師云：『吾法三千年後不移絲髮。』山僧今日不移達磨絲髮，先達之者共相證明。若未達者，不移絲髮。」

僧問：「洪鍾韻絶，大衆臨筵。祖意西來，請師提唱。」師曰：「洪鍾韻絶，大衆臨筵。」

問：「古人云：『任汝千聖見，我有天真佛。』如何是天真佛？」師曰：「千聖是弟。」

問：「如何是廣平家風？」師曰：「誰不受用？」

師後遷住怡山長慶。上堂謂衆曰：「不用開經作梵，不用展鈔牒科，還有理論處也無？設有理論處，乃是方便之譚，宗乘事作麽生？」僧問：「如何是西來意？」師曰：「未曾有人答得。」曰：「請師方便。」師曰：「何不更問？」

師後終于長慶。

杭州報恩光教寺第五世住永安禪師

杭州報恩光教寺第五世住永安禪師，温州永嘉人也，姓翁氏。幼歲依本郡彙征大師出家。後唐天成中，隨本師入國，吴越忠懿王命征爲僧正。師尤不喜俗務，擬潛往閩川投訪禪，會屬路岐艱阻，遂迴天台山結茆而止。尋遇韶國師開示，頓悟本心，乃辭出山。征師聞于忠懿王，初命住越州清泰院，次召居上寺，署正覺空慧禪師。

師上堂曰：「十方諸佛一時雲集，與諸上座證明，諸上座與諸佛一時證明。還信麼？切忌卜度。」

僧問：「四衆雲臻，如何舉唱？」師曰：「若到諸方，切莫錯舉。」曰：「非但學人，大衆有賴。」師曰：「禮拜著。」

僧問：「五乘三藏，委者頗多。祖意西來，乞師指示。」師曰：「五乘三藏。」曰：「向上還有事也無？」師曰：「汝却靈利。」

問：「如何是大作佛事？」師曰：「嫌什麼？」曰：「恁麼即親承摩頂去也。」師曰：

「何處見世尊？」

問：「如何是西來意？」師曰：「汝過遮邊立。」僧移步，師曰：「會麽？」曰：「不會。」師示偈曰：「汝問西來意，且過遮邊立。昨夜三更時，雨打虚空濕。電影豁然明，不似蚰蜒急。」

師開寶七年甲戌夏六月示疾，告衆爲別。時有僧問：「昔日如來正法，迦葉親傳。未審和尚玄風，百年後如何體會？」師曰：「汝什麽處見迦葉來？」曰：「恁麽即信受奉行，不忘斯旨也。」師曰：「佛法不是遮箇道理。」言訖坐亡。壽六十四，臘四十四。既闍維，而舌不壞，柔軟如紅蓮葉，今藏于普賢道場中。師以華嚴李長者釋論旨趣宏奥，因將合經成百二十卷雕印，遍行天下。

廣州光聖道場師護禪師

廣州光聖道場師護禪師，閩越人也。自天台得法，化行嶺表。國主劉氏待以師禮，創大伽藍請師居焉，署大義之號。

僧問：「昔日梵王請佛，今日國主臨筵。祖嗣西來如何舉唱？」師曰：「不要西來，山僧已舉唱了也。」曰：「豈無方便？」師曰：「適來豈不是方便？」

問：「國王三請來坐光聖道場，未審和尚法嗣何方？」師曰：「一聲鼙鼓，萬户齊窺。」曰：「恁麽即天台妙旨，光聖親承也。」師曰：「莫亂道。」問：「學人乍入叢林，西來妙訣乞師指示。」師曰：「汝未入叢林，我已示汝了也。」曰：「如何領會？」師曰：「不要領會。」

杭州奉先寺清昱禪師

杭州奉先寺清昱禪師，永嘉人也，得法於天台國師。吴越忠懿王召入問道，命軍使薛温於西湖建大伽藍曰奉先，建大佛寶閣，延請師居之，演暢宗旨，署圓通妙覺禪師。僧問：「如何是西來意？」師曰：「高聲舉似大衆。」

師開寶中示滅于本寺。

台州天台山紫凝普聞寺智勤禪師

台州天台山紫凝普聞寺智勤禪師。僧問：「如何是空手把鋤頭？」師曰：「但恁麽諦信。」曰：「如何是步行騎水牛？」師曰：「汝自何來？」

師有頌示衆曰：「今年五十五，脚未蹋寸土。山河是眼睛，大海是我肚。」

太平興國四年，例試僧經業。山門老宿各寫法名，唯師不閑書札。時通判李憲問禪師：「世尊還解書也無？」師曰：「天下人知。」至淳化初，不疾，命侍僧開浴。浴訖，垂誡徒衆，安坐而逝。塔于本山。三年後門人遷塔發龕，覩師全身不散，容儀儼若，髭髮仍長，迎入新塔。

温州雁蕩山願齊禪師

温州雁蕩山願齊禪師，錢塘人也，姓江氏。少依水心寺紹巖禪師出家受具。初習智者教，精研止觀圓融行門。後參天台國師，發明玄奥，乃住雁蕩山。開寶五年，吴越王長子於西關建光慶寺，請師開法住持，仍於城下諸禪衆中，訪求名行三百人，同入新寺。

師上堂，有僧問：「夜月舒光，爲什麼碧潭無影？」師曰：「作家弄影漢。」其僧從東過西立，師曰：「不唯弄影，兼乃怖頭。」

師居之未幾，固辭入山。太平興國中示滅。

杭州普門寺希辯禪師

杭州普門寺希辯禪師，蘇州常熟人也。幼出家，禮本邑延福院啓祥禪師落髮具戒，詣楞伽山聽律，尋謁天台受心印。乾德初，吴越忠懿王命住越州清泰院，署慧智禪師。開寶中，復召入居普門寺。即第二世住。

師上堂曰："山僧素乏知見，復寡聞持。頃雖侍坐於山中和尚，亦不蒙一句開示。以至今與諸仁者聚會，更無一法可相助發。何況能爲諸仁者區别緇素，商量古今？還怪得山僧麽？若有怪者，且道此人具眼不具眼？有賓主義？無賓主義？晚學初機必須審細。"時有僧問："如何是普門示現神通事？"師曰："恁麽即闍梨怪老僧也。"曰："不怪時如何？"師曰："汝且下堂裏思惟去。"

太平興國三年，吴越王入覲。師隨寶塔至，見于滋福殿，賜紫，號慧明大師。端拱中，上言願還故里，詔從之，賜御製詩。及忠懿王施金，於常熟本山院創塼浮圖七級，高二百尺。功既就，至道三年八月二十五日示疾而逝。壽七十七，臘六十三。塔于院之西北隅。

杭州光慶寺遇安禪師

杭州光慶寺遇安禪師，錢塘人也，姓沈氏。丱歲出家，于天台華頂峯禮庵主重蕭披剃，依年受具。尋遇本山韶國師，密契宗旨。乾德中，吴越忠懿王命住北關傾心院，又召入居天龍寺。開寶七年甲戌，安僖王請於光慶寺攝衆，署善智禪師。

初上堂，有僧問："無價寶珠請師分付。"師曰："善能吐露。"曰："恁麽即人人具足也。"師曰："珠在什麽處？"僧乃禮拜。師曰："也是虚言。"

問：「提綱舉領，盡立主賓。如何是主？」師曰：「深委此問。」曰：「如何是賓？」師曰：「適來向汝道什麽？」曰：「賓主道合時如何？」師曰：「其令不行。」

問：「心月孤圓，光呑萬象。如何是呑萬象底光？」師曰：「大衆總見汝恁麽問。」曰：「光呑萬象從師道，心月孤圓意若何？」師曰：「抖擻精神著。」曰：「鷺倚雪巢猶可辨，光呑萬象事難明。」師曰：「謹退。」

問：「青山緑水處處分明，和尚家風乞垂一句。」師曰：「盡被汝道了也。」曰：「未必如斯，請師答話。」師曰：「不用閑言。」又一僧方禮拜，師曰：「問答俱備。」僧擬伸問，師乃叱之。

師有時示衆曰：「欲識曹谿旨，雲飛前面山。分明真實箇，不用别追攀。」

問：「承古德有言：『井底紅塵生，山頭波浪起。』未審此意如何？」師曰：「若到諸方，但恁麽問。」曰：「和尚意旨如何？」師曰：「適來向汝道什麽？」師又曰：「古今相承，皆云塵生井底，浪起山頭，結子空華，生兒石女。且作麽生會？莫是和聲送事，就物呈心，句裏藏鋒，聲前全露麽？莫是有名無體，異唱玄譚麽？上座自會即得，古人意旨不然。既恁麽會不得，合作麽生會？上座欲得會麽？但看泥牛行處，陽焰翻波，木馬嘶時，空華墜影。聖凡如此，道理分明。何須久立？珍重！」

太平興國三年，隨寶塔見于滋福殿，賜紫，號朗智大師。淳化初還光慶舊寺，三年九月二十一日歸寂。

天台山般若寺友蟾禪師

天台山般若寺友蟾禪師，錢塘臨安人也。幼歲出家，於本邑東山朗瞻院得度。聞天台國師盛化，遠趨函丈密印心地。初命住雲居普賢院，僧侶咸湊。吴越忠懿王署慈悟禪師，遷止上寺，衆盈五百。

僧問：「鼓聲才動，大衆雲臻。向上宗乘，請師舉唱。」師曰：「虧汝什麽？」曰：「恁麽即人人盡霑恩去也。」師曰：「莫亂道。」

雍熙三年，以山門大衆付受業弟子隆一，繼踵開法。至淳化初示滅，歸葬于本山。

婺州智者寺全肯禪師

婺州智者寺全肯禪師。初參天台，天台問：「汝名什麽？」曰：「全肯。」天台曰：「肯箇什麽？」師乃禮拜。住後有僧問：「有人不肯，師還甘也無？」師曰：「若人問我，即向伊道。」

師太平興國中以住持付法嗣弟子紹忠，繼世説法，尋於本寺歸寂。

福州玉泉義隆禪師

福州玉泉義隆禪師。上堂曰：「山河大地，盡在諸人眼睛裏，因什麽説會與不會？」時有僧問曰：「山河大地眼睛裏，師今欲更指歸誰？」師曰：「只爲上座去處分明。」曰：「若不上來伸此問，焉知方便不虚施？」師曰：「依俙似曲才堪聽，又被風吹别調中。」

杭州龍册寺第五世住曉榮禪師

杭州龍册寺第五世住曉榮禪師，温州白鹿人也，姓鄧氏。幼依瑞鹿寺出家登戒，聞天台國師盛化，遂入山參禮受心法。初住杭州富陽净福院，後住龍册寺，二處皆聚徒開法。

僧問：「祖祖相傳未審，和尚傳阿誰？」師曰：「汝還識得祖未？」

僧慧文問：「如何是真實沙門？」師曰：「汝是慧文。」

問：「如何是般若大神珠？」師曰：「般若大神珠，分形萬億軀。塵塵彰妙體，刹刹盡毘盧。」

問：「日用事如何？」師曰：「一念周沙界，日用萬般通。湛然常寂滅，常轉自家風。」

師一日坐妙善臺，受大衆小參。有僧問：「向上事即不問，如何是妙善臺中的的意？」師曰：「若到諸方，分明舉似。」曰：「恁麼即雲有出山勢，水無投澗聲。」師乃叱之。

師淳化元年庚寅八月二十九日於秀州靈光寺浄土院歸寂，預告門人致書辭同道。壽七十一，臘五十六。

杭州臨安縣功臣院慶蕭禪師

杭州臨安縣功臣院慶蕭禪師。僧問：「如何是功臣家風？」師曰：「明暗色空。」曰：「恁麼即諸法無生去也。」師曰：「汝喚什麼作諸法？」師乃頌曰：「功臣家風，明暗色空。法法非異，心心自通。恁麼會得，諸佛真宗。」

越州稱心敬璡禪師

越州稱心敬璡禪師。僧問：「結束囊裝，請師分付。」師曰：「莫諱。」曰：「什麼處孤負和尚？」師曰：「却是汝孤負我。」

師後遷住杭州保安院示滅。

福州嚴峯師术禪師

福州嚴峯師术禪師。初開堂升座，時有極樂和尚問曰：「大衆顒望，請震法雷。」師曰：「大衆還會麼？還辨得麼？今日不異靈山，乃至諸佛國土，天上人間，總皆如是。亘古亘今，常無變異。作麽生會無變異底道理？若會得，所以道無邊刹境，自他不隔於豪端。十世古今，始終不移於當念。」

問：「靈山一會，迦葉親聞。今日巖峯一會，誰是聞者？」師曰：「問者不弱。」

問：「如何是文殊？」師曰：「來處甚分明。」

潞州華嚴慧達禪師

潞州華嚴慧達禪師。僧問：「如何是古佛心？」師曰：「山河大地。」

問：「如何是華嚴境？」師曰：「滿目無形影。」

越州剡縣清泰院道圓禪師

越州剡縣清泰院道圓禪師。僧問：「亡僧遷化，向什麽處去也？」師曰：「今日遷化嶺中上座。」

問：「如何是祖師西來意？」師曰：「不可向汝道庭前柏樹子。」

杭州九曲觀音院慶祥禪師

杭州九曲觀音院慶祥禪師，餘杭人也，姓沈氏。身長七尺餘，辯才冠衆，多聞强記，時天台門下推爲傑出。

僧問："險惡道中，以何爲津梁？"師曰："以此爲津梁。"曰："如何是此？"師曰："築著汝鼻孔。"

杭州開化寺傳法大師

杭州開化寺傳法大師行明，本州人也，姓于氏。少投明州雪竇山智覺禪師披剃。及智覺遷住永明大道場，有徒二千，王臣欽仰，法化彌盛。師自天台受記，迴永明，翼贊本師，海衆傾仰。開寶八年，智覺歸寂，師遂住能仁寺，忠懿王又建大和寺，尋改名六和寺，後太宗皇帝賜號開化。延請住持二處，皆聚徒説法。

僧問："如何是開化門中流出方便？"師曰："日日潮音兩度聞。"問："如何是無盡燈？"師曰："謝闍梨照燭。"太宗皇帝賜紫衣、師號。咸平四年四月六日示滅。

越州蕭山縣漁浦開善寺義圓禪師

越州蕭山縣漁浦開善寺義圓禪師。僧問："一年去，一年來，方便門中請師開。"師曰："分明記取。"曰："恁麼即昔時師子吼，今日象王迴。"師曰："且喜勿交涉。"

温州瑞鹿寺上方遇安禪師

温州瑞鹿寺上方遇安禪師，福州人也。得法於天台，又常閲首楞嚴了義，時謂之安楞巖也。至道元年季春月，將示滅，有法嗣弟子藴仁侍坐，師乃説偈曰：「不是嶺頭携得事，豈從雞足付將來？自古聖賢皆若此，非吾今日爲君裁。」師説偈付囑，以香水沐身，易衣安坐，令舁棺至室，良久自入棺。經三日，門人與本寺瑜闍梨輒啓棺覩，師右脇吉祥而卧。四衆哀慟，師乃再起，上堂説法及訶責垂誡曰：「此度更啓吾棺者，非吾之子。」言訖，復入棺長往。

杭州龍華寺慧居禪師

杭州龍華寺慧居禪師，閩越人也。自天台領旨，吴越忠懿王命住上寺。

初開堂，衆集定，師曰：「從上宗乘，到此如何言論？又如何舉唱？只如釋迦如來説一代時教，如瓶注水。古德尚云：『猶如夢事寱語一般。』且道古德據什麽道理便恁麽道？還會麽？大施門開，何曾擁塞？生凡育聖，不漏纖塵。言凡則全凡，舉聖則全聖，凡聖不相待，箇箇獨尊。所以道山河大地長時説法，長時放光，地水火風，一一如是。」時有僧出禮拜，師曰：「好箇問頭，如法問將來。」僧方進前，師曰：「又勿交涉也。」

僧問：「諸佛出世，放光動地。和尚出世，有何祥瑞？」師曰：「話頭自破。」異日上堂，謂衆曰：「龍華遮裏也只是拈柴擇菜，上來下去，晨朝一粥，齋時一飯，睡後喫茶。但恁麽参取。珍重！」

僧問：「學人未明自己，如何辨得淺深？」師曰：「識取自己眼。」曰：「如何是自己眼？」師曰：「向汝道什麽？」

婺州齊雲山遇臻禪師

婺州齊雲山遇臻禪師，越州人也，姓楊氏。幼歲依本州大善寺出家，年滿登具。預天台之室，親承印記。住齊雲山宴居，法侣咸湊。

僧問：「如何是無縫塔？」師曰：「五六尺。」其僧禮拜。師曰：「塔倒也。」

問：「圓明了知爲什麽不因心念？」師曰：「圓明了知。」曰：「何異心念？」師曰：「汝唤什麽作心念？」

師秋夕閑坐，偶成頌曰：「秋庭肅肅風飕飕，寒星列空蟾魄高。擡頭静坐神不勞，鳥窠無端拈布毛。」

其諸歌偈皆觸事而作，三百餘首流行，見乎别録。至道中，卒于大善寺。

温州瑞鹿寺本先禪師

温州瑞鹿寺本先禪師，温州永嘉人也，姓鄭氏。幼歲於本州集慶院出家，納戒於天台國清寺，得法於天台韶國師。師初遇國師，國師導以「非風幡動，仁者心動」之語，師即時悟解。後乃示徒曰：「吾初學天台法門，諸下便薦，然千日之内，四儀之中，似物礙膺，如讎同所。千日之後，一日之中，物不礙膺，讎不同所，當下安樂，頓覺前咎。」乃述頌三首：

一、非風幡動仁者心動頌曰：「非風幡動唯心動，自古相傳直至今。今後水雲徒欲曉，祖師真實好知音。」

二、見色便見心頌曰：「若是見色便見心，人來問著方難答。若求道理説多般，孤負平生三事衲。」

三、明自己頌曰：「曠大劫來秖如是，如是同天亦同地。同地同天作麽形？作麽形兮無不是。」

師自爾足不歷城邑，手不度財貨，不設卧具，不衣繭絲。卯齋，終日宴坐。申旦誨誘徒衆，朝夕懇至。踰三十載，其志彌厲。

師示衆云：「爾等諸人還見竹林、蘭若、山水、院舍、人衆麽？若道見，則心外有法。若道不見，焉奈竹林、蘭若、山水、院舍、人衆現在摐然地！還會恁麽告示麽？若會，不妨靈利。無事，莫立！」

師示衆云：「佛身充滿於法界，普現一切群生前。隨緣赴感靡不周，而常處此菩提座。若道佛身充滿於法界，去菩薩界、緣覺界、聲聞界、天界、修羅界、人界、畜生界、餓鬼地獄界，如是等界應須勿有蹤跡去始得，爲什麽有此二三説？爲道法界唯是佛身便恁麽道？恁麽道既成二三，又作麽生説？是充滿法界底佛身，向遮裏爲爾等亂道，還得麽？於遮箇説話，若也薦得，不妨省心力。若也薦不得，爾等且道不歷僧祇獲法身是箇甚人？彼此出浴勞倦，不妨且退。」

師有時云：「大凡參學佛法，未必學問話是參學，未必學揀話是參學，未必學代語是參學，未必學别語是參學，未必學捻破經論中奇特言語是參學，未必捻破諸祖師奇特言語是參學。若也於如是等參學，任爾七通八達，於佛法中儻無箇實見處，唤作乾慧之徒。豈不聞古德云：『聰明不敵生死，乾慧豈免苦輪？』諸人若也參學，應須真實參學始得。真實參學也，行時行時參取，立時立時參取，坐時坐時參取，眠時眠時參取，語時語時參取，默時默時參取，一切作務時一切作務時參取。既向如是等時參，且道參箇甚人？參箇什麽説？到遮裏須自有箇明白處始得。若非明白處，唤作造次參學，則無究了。」

又云：「幽林鳥叫，碧澗魚跳，雲片展張，瀑聲嗚咽，爾等還知得如是多景象，示爾等箇入處麽？若也知得，不妨參取好。」

又云：「天台教中説文殊、觀音、普賢三門。文殊門者一切色，觀音門者一切聲，普賢門者不動步而到。我道文殊門者不是一切色，觀音門者不是一切聲，普賢門者是箇什麽？莫道别却天台教説話。無事且退。」

又云：「南泉遷化向甚處去？東家作驢，西家作馬。若是求出三界修行底人，聞遮箇言語不妨狐疑，不妨驚怛。南泉遷化向甚處去？東家作驢，西家作馬。或會云：千變萬化，不出真常。南泉遷化向甚處去？東家作驢，西家作馬。或會云：須會異類中行，始會得遮箇言語。南泉遷化向甚處去？東家作驢，西家作馬。或會云：東家是南泉。南泉遷化向甚處去？東家作驢，西家作馬。或會云：東家郎君子，西家郎君子。南泉遷化向甚處去？東家作驢，西家作馬。或會云：東家是什麽？西家是什麽？南泉遷化向甚處去？東家作驢，西家作馬。或會云：乃作驢叫，又作馬嘶。南泉遷化向甚處去？東家作驢，西家作馬。或會云：唤什麽作東家驢？唤甚麽作西家馬？南泉遷化向甚處去？東家作驢，西家作馬。或會云：既問遷化，答在問處。南泉遷化向甚處去？東家作驢，西家作馬。或會云：作露柱處去。南泉遷化向甚處去？東家作驢，西家作馬。或會云：東家作驢虧南泉甚處？西家作馬虧南泉甚處？如是諸家會也，總於佛法有安樂處。南泉遷化向甚處去？東家作驢，西家作馬。學人不會，要騎便騎，要下便下。遮箇答話，不消得多道理而會，若見法界性去也。勿多事。珍重。」

又云：「晨朝起來，洗手面盥漱了喫茶，喫茶了佛前禮拜，佛前禮拜了和尚、主事處問訊，和尚、主事處問訊了僧堂裏行益，僧堂裏行益了上堂喫粥，上堂喫粥了歸下處打睡，歸下處打睡了起來洗手面盥漱，起來洗手面盥漱了喫茶，喫茶了東事西事，東事西事了齋時僧堂裏行益，齋時僧堂裏行益了上堂喫飯，上堂喫飯了盥漱，盥漱了喫茶，喫茶了東事西事，東事西事了黄昏唱禮，黄昏唱禮〔一〕了僧堂前喝參，僧堂前喝參了主事處喝參，主事處喝參了和尚處問訊，和尚處問訊了初夜唱禮，初夜唱禮了僧堂前喝珍重，僧堂前喝珍重了和尚處問訊，和尚處問訊了禮拜行道誦經念佛。如此之外，或往莊上，或入郡中，或歸俗家，或到市肆。既有如是等運爲，且作麽生説箇勿轉動相底道理？且作麽生説箇那伽常在定無有不定體底道理？還説得麽？若也説得，一任説取。珍重！」

又云：「鑑中形影，唯憑鑑光顯現。爾等諸人所作一切事，且道唯憑箇什麽顯現？還

〔一〕「黄昏唱禮」，原作「黄唱禮昏」，據四部本、趙城本改。

知得麼？若也知得，於參學中千足萬足。無事，莫立！」

又云：「爾等諸人，夜間眠熟不知一切。既不知一切，且問爾等那時有本來性？若道那時有本來性，那時又不知一切，與死無異。若道那時無本來性，那時睡眠忽醒覺知如故。還會麼？不知一切與死無異，睡眠忽省覺知如故。如是等時，是箇什麼？若也不會，各自體究取。無事，莫立！」

又云：「諸法所生，唯心所現。如是言語，好箇入底門户。且問爾等諸人，眼見一切色，耳聞一切聲，鼻嗅一切香，舌知一切味，身觸一切軟滑，意分別一切諸法。只如眼耳鼻舌身意所對之物，爲復唯是爾等心？爲復非是爾等心？若道唯是爾等心，何不與爾等身都作一塊了休，爲什麼所對之物却在爾等眼耳鼻舌身意外？爾等若道眼耳鼻舌身意所對之物非是爾等心，又焉奈諸法所生唯心所現？言語留在世間，何人不舉著？爾等見遮箇説話，還會麼？若也不會，大家用心商量教會去。幸在其中，莫令厭學。無事，且退！」

大中祥符元年二月，師忽謂上足如晝曰：「可造石龕，仲秋望日吾將順化。」如晝稟命，尋即成就。及期，遠近士庶奔趨瞻仰。是日，參問如常。至午時，安坐方丈，手結寶印，復謂如晝曰：「古人云：『騎虎頭，打虎尾，中央事作麼生？』」如晝答云：「也只是如晝。」

師云：「爾問我。」晝乃問：「騎虎頭，打虎尾，中央事和尚作麽生？」師云：「我也弄不出。」言訖奄然，開一目微視而寂。壽六十七，臘四十二。長吏具以事聞，詔本州常加檢視，如晝乃奉師嘗所著竹林集十卷，詩篇歌辭共千餘首，詣闕上進，詔藏秘閣。如晝特賜紫衣。

前杭州報恩寺慧明禪師法嗣

福州長谿保明院通法大師

福州長谿保明院通法大師道誠。師上堂曰：「如爲一人，衆多亦然。珍重！」

僧問：「如何是保明家風？」師曰：「看。」

問：「圓音普震，三等齊聞。竺土仙心，請師密付。」師良久，僧曰：「恁麽即意馬已成於寶馬，心牛頓作於白牛。」師曰：「七顛八倒。」曰：「若不然者，幾招哂笑。」師曰：「禮拜退後。」

問：「如何是和尚西來意？」師曰：「我不曾到西天。」曰：「如何是學人西來意？」師曰：「汝在東土多少時？」

前杭州永明寺道潛禪師法嗣

杭州千光王寺瓌省禪師

杭州千光王寺瓌省禪師，温州陶山人也，姓鄭氏。幼歲出家，精究律部，聽天台文句，棲心於圓頓止觀。後閲楞嚴，文理宏濬，未能洞曉。一夕，誦經既久，就案若假寐，夢中見日輪自空降，開口呑之，自是倏然發悟，差别義門，涣然無滯。後聞國城永明法席隆盛，專申參問，永明唯印前解，無别指喻，即以忠懿王所遺衲衣授之表信〔一〕。後〔二〕住湖西嚴浄院。開寶三年，衢州刺史翁晟仰重師道，乃開西山創大禪苑，太宗皇帝改賜寶雲寺額，請師居之，學者臻萃。師上堂曰：「諸上座，佛法無事。昔之日月，今之日月。昔日風，今日風。昔日上座，今日上座。莫道舉亦了，説亦了，一切成現好。珍重！」師開寶五年壬申七月示疾，不求醫。三日前，有寶樹、浴池現。師曰：「凡所有相，皆是虚妄。」二十七日晡時，集衆言别，安坐而逝。壽六十有七，闍維舍利，門人建塔。

衢州鎮境志澄大師

衢州鎮境志澄大師。僧問：「如何是定乾坤底劍？」師曰：「不漏絲髮。」曰：「用者

〔一〕「信」下四部本、趙城本有「物」字。
〔二〕「後」，四部本、趙城本無。

如何？」師曰：「不知。」

問：「或因普請，鋤頭損傷蝦蟇、蚯蚓，還有罪也無？」師曰：「阿誰是下手者？」曰：「恁麼即無罪過。」師曰：「因果歷然。」

師後遷住杭州西山寶雲寺説法。本國賜紫，署積善大師。

明州崇福院慶祥禪師

明州崇福院慶祥禪師。上堂曰：「諸禪德見性周遍，聞性亦然，洞徹十方，無内無外。所以古人道隨緣無作，動寂常真。如此施爲，全真智用。」

問：「如何是本來人？」師曰：「堂堂六尺甚分明。」曰：「只如本來人，還作如此相貌也無？」師曰：「汝唤什麼作本來人？」曰：「乞師方便。」師曰：「教誰方便？」

前杭州靈隱寺清聳禪師法嗣

杭州臨安功臣院道慈禪師

杭州臨安功臣院道慈禪師。問：「師登寶座，大衆咸臻，請師舉揚宗教。」師曰：「大衆證明。」上座曰：「恁麼即亘古亘今也。」師曰：「也須領話始得。」

秀州羅漢院願昭禪師

秀州羅漢院願昭禪師，錢塘人也。依本部西山保清院受業，自靈隱發明，衆請出世。師上堂曰：「山河大地是真善知識，時常説法，時時度人，不妨諸上座參請。無事，久立！」

僧問：「羅漢家風，請師一句。」師曰：「嘉禾合穗，上國傳芳。」曰：「此猶是嘉禾家風，如何是羅漢家風？」師曰：「或到諸方，分明舉似。」

師後住杭州香嚴寺。僧問：「不立纖塵，請師直道。」師曰：「衆人笑汝。」曰：「如何領會？」師曰：「還我話頭來！」

處州報恩院師智禪師

處州報恩院師智禪師。僧問：「如何是和尚家風？」師曰：「誰人不見？」

問：「如何是一相三昧？」師曰：「青黄赤白。」曰：「一相何在？」師曰：「汝却靈利。」

問：「祖祖相傳傳祖印，師今法嗣嗣何人？」師曰：「靈鷲峯前月輪皎皎。」

衢州瀫寧可先禪師

衢州瀫寧可先禪師。僧問：「如何是瀫寧家風？」師曰：「謝指示。」問：「如何是西來意？」師曰：「怪老僧什麽處？」曰：「學人不會，乞師方便。」師曰：「適來豈不是問西來意？」

杭州臨安光孝院道端禪師

杭州臨安光孝院道端禪師。僧問：「如何是佛？」師曰：「高聲問著。」曰：「莫即便是也無？」師曰：「勿交涉。」

師後住靈隱寺示滅。

杭州西山保清院遇寧禪師

杭州西山保清院遇寧禪師。初開堂升座，有二僧一時禮拜，師曰：「二人俱錯。」僧擬進語，師便下座。

福州支提山雍熙寺辯隆禪師

福州支提山雍熙寺辯隆禪師，明州人也。依靈隱寺了悟禪師出家，遂受心印。

師上堂曰：「巍巍寶相，偪塞虚空。金剛之體，無有破壞。大衆還見不見？若言見也，且實相之體，本非青黄赤白長短方圓，亦非見聞覺知之法。且作麽生説見底道理？若言不見，又道巍巍實相，偪塞虚空，爲什麽不見？」

僧問：「如何是向上一路？」師曰：「脚下底。」曰：「恁麽即尋常履踐。」師曰：「莫錯認。」

問：「如何是堅密身？」師曰：「倮倮地。」曰：「恁麽即不密也。」師曰：「見什麽？」

杭州瑞龍院希圓禪師

杭州瑞龍院希圓禪師。僧問：「如何是和尚家風？」師曰：「特謝闍梨借問。」曰：「借問即不無，家風作麽生？」師曰：「瞌睡漢。」

前金陵報慈行言導師法嗣

洪州雲居山義能禪師

洪州雲居山義能禪師。第九世住。師上堂曰：「不用上來，堂中憍陳如上座爲諸上座轉第一義法輪，還得麽？若自信得，各自歸堂參取。」師下堂後，却問一僧：「只如山僧適來教上座參取聖僧，聖僧還道箇什麽？」僧曰：「特謝和尚再舉。」

問：「如何是佛？」師曰：「即心是佛。」曰：「學人不會，乞師方便。」師曰：「方便呼爲佛，迴光返照，看身心是何物？」

前金陵清涼泰欽禪師法嗣

洪州雲居山第十一世住道齊禪師

洪州雲居山第十一世住道齊禪師，洪州人也，姓金氏。禮百丈山明照禪師得度，遍歷禪會，學心未息。後遇法燈禪師，機緣頓契。暨法燈住上藍院，師乃主經藏。一日，侍立次，法燈謂師曰：「藏主，我有一轉西來意話，汝作麽生會？」師對曰：「不東不西。」法燈曰：「有什麽交涉？」曰：「道齊只恁麽，未審和尚尊意如何？」法燈曰：「他家自有兒孫在。」師於是頓明厥旨。

初住筠州東禪院。僧問：「如何是佛？」師曰：「汝是阿誰？」問：「荆棘林中無出路，請師方便爲畬開。」師曰：「汝擬去什麽處？」曰：「幾不到此。」師曰：「閑言語。」問：「不免輪迴，不求解脱時如何？」師曰：「還曾問建山麽？」曰：「學人不會，乞師方便。」師曰：「放爾三十棒。」

問：「如何是三寶？」師曰：「汝是什麽寶？」曰：「如何？」師曰：「土木瓦礫。」

師次住洪州雙林院，後住雲居山。三處説法，著語要搜玄、拈古代别等集，盛行諸方，此不繁録。至道三年丁酉九月示疾，八日申時令聲鍾集衆，維那白云：「衆已集。」師曰：「老僧三處住持三十餘年，十方兄弟相聚話道，主事、頭首勤心贊助老僧。今日火風相逼，特與諸人相見，諸人還見麽？今日若見，是末後方便。諸人向什麽處見？爲向四大五陰處見？六入十二處見？遮裏若見，便可謂雲居山二十年間後學有賴。吾去後，山門大衆付契環開堂住持，凡事更在勤而行之。各自努力，珍重！」大衆才散，師歸西挾告寂。壽六十九，臘四十八。今塔存本山。

前金陵報恩院法安禪師法嗣

廬山棲賢寺道堅禪師

廬山棲賢寺道堅禪師。有官人問：「某甲收金陵，布陣殺人無數，還有罪也無？」師曰：「老僧只管看。」

問：「如何是祖師西來意？」師曰：「揚瀾、左里無風浪起。」

問：「如何是棲賢境？」師曰：「棲賢有什麽境？」

廬山歸宗寺第十四世慧誠禪師

廬山歸宗寺第十四世慧誠禪師，揚州人也，姓崔氏。幼出家於撫州明水院，受具遊方，緣契慧濟禪師，密承心印。庵于廬山之佘峯。淳化四年孟夏月，歸宗柔和尚歸寂，郡牧與山門徒衆三請師開法住持。

初上堂，未升座，謂衆曰：「天人得道此爲證，恁麼便散去，已是周遮。其如未曉，再爲重敷。」方乃升座，僧問：「郡主臨筵，請師演法。」師曰：「我不及汝。」

問：「如何是佛？」師曰：「如何不是？」

問：「如何是祖師西來意？」師曰：「不知。」師又曰：「問話且住，諸上座問到窮劫，問也不著。山僧答到窮劫，答也不及。何以故？爲上座各有本分事，圓滿十方，亘古亘今，乃至諸佛也不敢錯誤上座，謂之頂族，只助發上座。所以道十方法界諸有情，念念以證善逝果。彼既丈夫我亦爾，何得自輕而退屈？諸上座不要退屈，信取便休。祖師西來，只道見性成佛，其餘所説不及此説。更有箇奇特方便，舉似諸人分明記取，到諸方莫錯舉。久立，珍重！」

異日上堂，僧問：「不通風處如何過得？」師曰：「汝從什麼處來？」

僧舉：「南泉云：『銅瓶是境，瓶中有水。不得動著境，與老僧將水來。』鄧隱峯便拈瓶瀉水，南泉乃休。」師曰：「鄧隱峯甚奇怪，要且亂瀉。」

師接武歸宗十有四載，常聚五百餘衆。景德四年三月十八日，上堂辭衆，安然而化。壽六十有七，臘五十二。全身塔于本山。

前廬州長安院延規禪師法嗣

廬州長安院辯實禪師

廬州長安院辯實禪師。第二世住。僧問：「如何是祖師西來意？」師曰：「少室靈峯住九霄。」

潭州雲蓋山海會寺用清禪師

潭州雲蓋山海會寺用清禪師，河州人也，姓趙氏。本州出家，酷志求法，遠參長安，潛契宗旨。先住韶州東平山，淳化二年知潭州張茂宗請居雲蓋。第六世住。

僧問：「有一人在萬丈井底，如何出得？」師曰：「且喜得相見。」曰：「恁麼即穿雲透月去也。」師曰：「三十三天事作麼生？」僧無語。

問：「如何是雲蓋境？」師曰：「門外三泉井。」曰：「如何是境中人？」師曰：「童行作子。」

師有頌示衆曰：「雲蓋鎖口訣，擬議皆腦裂。拍手趁玄空，雲露西山月。」

僧問：「如何是雲蓋鎖口訣？」師曰：「遍天遍地。」曰：「恁麽即石人點頭，露柱拍手。」師曰：「一瓶浄水一鑪香。」曰：「此猶是井底蝦蟇。」師曰：「勞煩大衆。」

師常節飲〔一〕食，隨衆二時但展鉢而已，或逾年月，亦不調練服餌，無妨作務，有請必開，即便飽食而亡拘執。至道二年四月二日，示疾而逝。闍維，建塔于本山。

青原行思禪師第十一世

前蘇州長壽院朋彦大師法嗣

長壽第二世法齊禪師

長壽第二世法齊禪師，婺州人也，姓丁氏。始講百法、因明二論，尋置講遊方，受心印於廣法大師。建隆二年，廣法歸寂，付授住持。節使錢仁奉禮重，請揚真要。

〔一〕「飲」，原作「段」，據四部本、趙城本改。

有百法座主問：「令公請命，四衆雲臻。向上宗乘，請師舉唱。」師曰：「百法明門論。」曰：「畢竟作麽生？」師曰：「一切法無我。」

問：「城東老母與佛同生，爲什麽却不見佛？」師曰：「不見即道。」曰：「恁麽即見去也。」師曰：「城東老母與佛同生。」

師太平興國三年戊寅捨衆，就本院創別室宴居。咸平三年庚子十二月十一日示滅。壽八十九，臘七十二。

景德傳燈録卷第二十七

禪門達者雖不出世有名於時者一十人見録

金陵寶誌禪師　婺州善慧大士　南嶽〔一〕慧思禪師　天台智顗禪師　泗州僧伽和尚　萬迴法雲公　天台豐干禪師　天台寒山子　天台拾得　明州布袋和尚

諸方雜舉徵拈代別語

禪門達者及諸方雜舉

禪門達者雖不出世有名於時者

寶誌禪師

寶誌禪師，金城人也，姓朱氏。少出家，止道林寺，修習禪定。宋泰始初，忽居止無定，

〔一〕「嶽」，原作「獄」，據四部本、趙城本改。

飲食無時，髪長數寸，徒跣執錫，杖頭擐剪刀、尺、銅鑑，或掛一兩尺帛，數日不食無飢容。時或歌吟，詞如讖記。士庶皆共事之。

齊永明七年，武帝謂師惑衆，收付建康獄。既旦，人見其入市，及檢獄如故。建康令以事聞，帝延於宮中之後堂。師在華林園，忽一日重著三布帽，亦不知於何所得之。俄豫章王、文惠太子相繼薨，武帝尋厭世，齊亦以於季矣。由是禁師出入。

梁高祖即位，下詔曰：「誌公迹拘塵垢，神遊冥寂，水火不能焦濡，蛇虎不能侵懼。語其佛理，則聲聞以上。譚其隱淪，則遯仙高者。豈以俗士常情，空相拘制？何其鄙陋，一至於此！自今勿得復禁。」

帝一日問師曰：「弟子煩惑，何以治之？」師曰：「十二。」識者以爲十二因緣，治惑藥也。又問十二之旨，師曰：「旨在書字時節刻漏中。」識者以爲書之在十二時中。又問：「弟子何時得静心修習？」師曰：「安樂禁。」識者以爲修習禁者，止也，至安樂時乃止耳。

又製大乘贊二十四首，盛行於世。餘諸辭句與夫禪宗旨趣冥會，略録十首及師製十二時頌編于別卷。

天監十三年冬，將卒，忽告衆僧，令移寺金剛神像出置于外，乃密謂人曰：「菩薩將去。」未及旬日，無疾而終，舉體香軟。臨亡，然一燭以付後閤舍人吴慶。慶以事聞，帝歎曰："大師不復留矣。燭者，將以後事囑我乎？"因厚禮葬于鍾山獨龍阜，仍立開善精舍，勅陸倕製銘於冢内，王筠勒碑於寺門，處處傳其遺像焉。

初，師顯迹之始，年可五六十許，及終亦不老，人莫測其年。有徐捷道者年九十三，自言是誌外舅弟，小誌四年，計師亡時蓋年九十七矣。勅謚妙覺大師。

善慧大士

善慧大士者，婺州義烏縣人也。齊建武四年丁丑五月八日降于雙林鄉傅宣慈家，本名翕。梁天監十一年，年十六，納劉氏女，名妙光，生普建、普成二子。二十四，與里人稽亭浦漉魚，獲已，沈籠水中，祝曰："去者適，止者留。"人或謂之愚。

會有天竺僧達磨時謂嵩頭陀。曰："我與汝毘婆尸佛所發誓，今兜率宫衣鉢見在，何日當還？"因命臨水觀其影，見大士圓光寶蓋，大士笑謂之曰："鑪鞴之所多鈍鐵，良醫之門足病人。度生爲急，何思彼樂乎？"嵩指松山頂曰："此可棲矣。"大士躬耕而居之，乃説一偈曰："空手把鋤頭，步行騎水牛。人從橋上過，橋流水不流。"有人盜菽麥、瓜果，大士即與籃籠盛去。日常傭作，夜則行道。見釋迦、金粟、定光三如來，放光襲其體。大士乃曰："我得首楞嚴定，當捨田宅，設無遮大會。"大通二年，唱賣妻子，獲錢五萬以營法會。

時有慧集法師，聞法悟解言：「我師彌勒應身耳。」大士恐惑衆，遂呵之。

六年正月二十八日，遣弟子傅暀致書于梁高祖，書曰：「雙林樹下當來解脱善慧大士白國主救世菩薩：今欲條上、中、下善，希能受持。其上善，略以虚懷爲本，不著爲宗，亡相爲因，涅槃爲果。其中善，略以治身爲本，治國爲宗，天上人間，果報安樂。其下善，略以護養衆生，勝殘去殺，普令百姓俱禀六齋。今聞皇帝崇法，欲伸論義，未遂襟懷，故遣弟子傅暀告白〔一〕。」暀投太樂令何昌，昌曰：「慧約國師猶復置啓，翕是國民，又非長老，殊不謙卑，豈敢呈達？」暀燒手御路，昌乃馳往同泰寺詢皓法師，皓勸速呈。二月二十一日進書，帝覽之，遽遣詔迎。既至，帝問：「從來師事誰耶？」曰：「從無所從，來無所來，師事亦爾。」昭明問：「大士何不論義？」曰：「菩薩所説，非長非短，非廣非狹，非有邊非無邊，如如正理，復有何言？」帝又問：「何爲真諦？」曰：「息而不滅。」帝曰：「若息而不滅，此則有色，有色故鈍。若如是者，居士不免流俗。」曰：「臨財無苟得，臨難無苟免。」帝曰：「居士大識禮。」曰：「一切諸法，不有不無。」帝曰：「謹受居士來旨。」曰：「大千世界，所有色象，莫不歸空。百川叢注，不過於海。無量妙法，不出真如。如來何故於三界九十六

〔一〕「白」，原作「曰」，據四部本、趙城本改。

道中獨超其最？視一切衆生有若赤子，有若自身。天下非道不安，非理不樂。」帝默然，大士辭退。異日，帝於壽光殿請大士〔一〕講金剛經〔二〕。大士登座，執拍板，唱經成四十九頌。

大同五年，奏捨宅於松山下，因雙檮樹而創寺，名曰雙林。其樹連理，祥煙周繞，有雙鶴棲止。

太清二年，大士誓不食，取佛生日焚身供養。至日，白黑六十餘人代不食、燒身，三百人刺心瀝血和香，請大士住世，大士愍而從之。

承聖三年，復捨家資爲衆生供養三寶而説偈曰：「傾捨爲群品，奉供天中天。仰祈甘露雨，流澍普無邊。」

陳天嘉二年，大士於松山頂遶連理樹行道，感七佛相隨，釋迦引前，維摩接後，唯釋尊數顧共語：「爲我補處也。」其山忽起黄雲，盤旋若蓋，因號雲黄山。時有慧和法師不疾而終，嵩頭陀於柯山靈巖寺入滅。大士懸知曰：「嵩公兜率待我，決不可久留也。」時四側華

〔一〕「大士」，四部本、趙城本作「志公」。

〔二〕「金剛經」下四部本、趙城本有「志公曰：『大士能耳。』帝謂：『大士。』」二句。

木方當秀實，欻然枯悴。

太建元年己丑四月二十四日示衆曰：「此身甚可厭惡，衆苦所集，須慎三業，精勤六度，若墜地獄，卒難得脱，常須懺悔。」又曰：「吾去已，不得移寢床。七日，有法猛上人持像及鍾來鎮于此。」弟子問：「滅後形體若爲？」曰：「山頂焚之。」又問：「不遂何如？」曰：「慎勿棺斂，但壘甓作壇，移屍於上，屏風周繞，絳紗覆之。上建浮圖，以彌勒像處其下。」

又問：「諸佛涅槃時皆説功德，師之發迹可得聞乎？」曰：「我從第四天來，爲度汝等，次補釋迦，及傅普敏文殊、慧集觀音、何昌阿難，同來贊助故。大品經云：『有菩薩從兜率來，諸根猛利疾，與般若相應。』即吾身是也。」言訖，趺坐而終，壽七十有三。尋猛師果將到織成彌勒像及九乳鐘留鎮之，須臾不見。大士道具十餘事見在。

晉天福九年甲辰六月十七日，錢王遣使發塔，取靈骨一十六片紫金色及道具，至〔一〕府城南龍山建龍〔二〕華寺寘之，仍以靈骨塑其像。

〔一〕「至」，原作「乃」，據四部本、趙城本改。
〔二〕「龍」，原無，據四部本、趙城本補。

衡嶽慧思禪師

衡嶽慧思禪師，武津人也，姓李氏。頂有肉髻，牛行象視，少以慈恕聞于閭里。嘗夢梵僧勸出俗，乃辭親入道。及稟具，常習坐，日唯一食。誦法華等經滿千遍，又閱妙勝定經，歎禪那功德，遂發心尋友。時慧聞禪師有徒數百，聞禪師始因背手探藏，得中觀論，發明禪理。此論即西天第十四祖龍樹大士所造，遂遥稟龍樹。乃往受法，晝夜攝心，坐夏經三七日，獲宿智通，倍加勇猛。尋有障起，四支緩弱，不能行步，自念曰：「病從業生，業由心起。心源無起，外境何狀？病業與身都如雲影。」如是觀已，顛倒想滅，輕安如故。夏滿，猶無所得，深懷慚愧，放身倚壁，背未至間，豁爾開悟。法華三昧最上乘門一念明達，研練逾久，前觀轉增。名行遠聞，學侶日至，激勵無倦，機感寔繁，乃以大、小乘定慧等法，隨根引喻，俾習慈忍行，奉菩薩三聚戒。衣服率用布，寒則加之以艾。

以北齊天保中，領徒南邁。值梁孝元之亂，權止大蘇山。輕生重法者相與冒險而至，填聚山林。師示衆曰：「道源不遠，性海非遥。但向己求，莫從他覓。覓即不得，得亦不真。」偈曰：「頓悟心源開寶藏，隱顯靈通現真相。獨行獨坐常巍巍，百億化身無數量。縱合偪塞滿虛空，看時不見微塵相。可笑物兮無比況，口吐明珠光晃晃。尋常見説不思議，一語標名言下當。」又偈曰：「天不能蓋地不載，無去無來無障礙。無長無短無青黃，不在中間及内外。超群出衆太虚玄，指物傳心人不會。」其他隨叩而應。

以道俗所施，造金字般若、法華經。時衆請師講二經，隨文發解。復命門人智顗代講，至「一心具萬行」，有疑請決。師曰：「汝所疑乃大品次第意耳，未是法華圓頓旨也。吾昔於夏中一念頓發，諸法見前，吾既身證，不勞致疑。」顗即諮受法華行，三七日得悟。顗即天台教主智者大師，如下章出焉。

陳光大元年六月二十三日，自大蘇山將四十餘僧徑趣南嶽，乃曰：「吾寄此山止期十載，已後必事遠遊，吾前身曾履此處。」巡至衡陽，值一處林泉勝異，師曰：「此古寺也，吾昔曾居。」俾掘之，基址猶存。又指巖下曰：「吾此坐禪，賊斬吾首。」尋得枯骸一聚，自此化道彌盛。陳主屢致慰勞供養，目爲大禪師。

將欲順世，謂門人曰：「若有十人不惜身命，常修法華、般舟、念佛三昧、方等懺悔，期于見證者，隨有所須，吾自供給。如無此人，吾即遠去矣。」時衆以苦行事難，無有答者，師乃屏衆，泯然而逝。小師雲辯號叫，師開目曰：「汝是惡魔，吾將行矣，何驚動妨亂吾邪？癡人出去！」言訖長往。時異香滿室，頂暖身軟，顏色如常。即太建九年六月二十二日也，壽六十有四。

凡有著述，皆口授，無所刪改。撰四十二字門兩卷、無諍行門兩卷，釋論玄、隨自意、安樂行、次第禪要、三智觀門等五部各一卷，並行於世。

天台山修禪寺智者禪師

天台山修禪寺智者禪師智顗，荆州華容人，姓陳氏。母徐氏，始娠，夢香煙五色縈繞〔一〕于懷，誕生之夕，祥光燭于鄰里。幼有奇相，膚不受垢。七歲入果願寺，聞僧誦法華經普門品，即隨念之，忽自憶記七卷之文，宛如宿習。十五禮佛像，誓志出家，怳焉如夢，見大山臨海際，峯頂有僧招手，復接入一伽藍，云：「汝當居此，汝當終此。」十八喪二親，於果願寺依僧法緒出家，二十進具。

陳天嘉〔二〕元年，謁光州大蘇山慧思禪師。思一見乃謂曰：「昔靈鷲同聽法華經，今復來矣。」即示以普賢道場説四安樂行。師入觀三七日，身心豁然，定慧融會，宿通潛發，唯自明了。以所悟白思，思曰：「非汝弗證，非吾莫識。此乃法華三昧前方便，初旋陀羅尼也。

〔一〕「繞」，原作「饒」，據四部本、趙城本改。
〔二〕「天嘉」，四部本、趙城本作「乾明」。

縱令文字之師千萬，不能窮汝之辯。汝可傳燈，莫作最後斷佛種人。」師既承印可，太建元年禮辭，住金陵闡化。凡説法，不立文字，以辯才故，晝夜無倦。

七年乙未，謝遣徒衆，隱天台山佛隴峯。有定光禪師先居此峯，謂弟子曰：「不久當有善知識領徒至此。」俄爾師至，光曰：「還憶疇昔舉手招引時否？」師即悟禮像之徵，悲喜交懷，乃執手共至庵所。其夜，聞空中鍾磬之聲，師曰：「是何祥也？」光曰：「此是犍稚集僧得住之相。此處金地，吾已居之。北峯銀地，汝宜居焉。」開山後，宣帝建修禪寺，割始豐縣租以充衆費。及隋煬帝請師受菩薩戒，師爲帝立法名號總持，帝乃號師爲智者。

師常謂：「法華爲一乘妙典，蕩化城之執教，釋草庵之滯情，開方便之權門，示真實之妙理，會衆善之小行，歸廣大之一乘。」遂出玄義，曰釋名、辨體、明宗、論用、判教相之五重也。

名則法喻齊舉，謂一乘妙法即衆生本性，在無明煩惱不爲所染，如蓮華處于淤泥而體常浄，故以爲名。此經開權顯實，廢權立實，會權歸實，如蓮之華，有含容開落之義。華之蓮，有隱現成實之義，亦謂從本垂迹，因迹顯本。夫經題不越法、喻、人、單、複、具足凡七種，單三、複三、具足一。攝一切名，妙法蓮華即複之一也。法，譬爲複。名以召體，體即實相，謂一切相離實相無體故。宗則一乘因果，開示悟入佛之知見，可尊尚故。用則力用，以開廢會之義，有其力故。然後判教相者，以如來一代之説，總判爲五時八教。

五時者：一、佛初成道，爲上根菩薩説華嚴時。二、爲小機説阿含時。三、彈偏折小，歎大褒圓，説方等時。四、蕩相遣執，説般若時。五、會權歸實，授三乘人及一切衆生成佛記，説法華、涅槃時。八教者：謂化儀四教，即頓、漸、秘密、不定也。化法四教，即藏、生滅四諦。通、無生。別、無量。圓也。無作四諦，唯法華圓理，乃至治生産業，一色一香，無非實相。該三世如來所演，罄殫其致，四正三接，廣如本教。捨此皆魔説故。

教理既明，非觀行無以復性，乃依一心三諦之理，真、俗、中。示三止三觀。一一觀心，念念不可得。先空，次假，後中，離二邊而觀一心，如雲外之月者，此乃別教之行相也。嘗云：破一切惑莫盛乎空，建一切法莫盛乎假，究竟一切性莫大乎中。故一中一切中，無假無空而不中，空、假亦爾，即圓教之行相。如摩醯首羅天之三目，非縱、横、並、別故。第十四祖龍樹菩薩偈云：「因緣所生法，我説即是空。亦名爲假名，亦名中道義。」斯與楞嚴、圓覺經説奢摩他、三摩鉢底、禪那三觀，名目雖殊，其致一也。達磨大師以心傳心，不滯名數，直爲上上根智，俾忘筌忘意，故與此教同而不同。智者禪師窮理盡性備足之門，故與禪宗異而非異也。

三觀圓成，法身不素，即免同貧子也。尚盧學者昧於修性，或墮偏執故，復創六即之義，以絶斯患。

一、理即佛者，十法界衆生，下至蟭螟，同稟妙性。從本以來常住清浄，覺體圓滿，一理齊平故。執名相者，不信即心即佛，覩此而生信也。

二、名字即佛者，雖理性坦平，而隨流者日用不知，必假言教外熏，得聞名字，生信發解故。起信論云：「以有忘想心，故能知名義。」自此已下，簡暗證者。

三、觀行即佛者，既聞名開解，要假前之三觀而返源故。圓教外凡也。圓觀五陰爲不思議境，即五品位，大師示居此位，别教十信及藏、通教，皆名資糧位。

四、相似即佛者，觀行功深，發相似用故。内凡也。圓伏無明入十信鐵輪位，不斷見思惑。至七信以去，見思惑自隕，得六根清浄。如經云「父母所生眼，悉見三千界」云云。思大禪師示居此位，若别教乃地前三十心也。藏、通皆名加行位。楞嚴經、唯識論三十心後，别立四加行。名位雖同，詮旨迥異。惟通悟者善巧融會。

五、分真即佛者，三心開發得真如用，位位增勝故。發圓初住，即銅輪位也。如龍女一念，成佛現百界身。從此轉勝至等覺位，凡四十一心，盡目真因。分位雖殊，圓理無别。若别教即名十地，藏、通皆言見道位。

六、究竟即佛者，無明永盡，覺心圓極，證無所證故。妙覺也。起信云：「始本不二，名究竟覺。」仁王名寂滅上忍也。别教權佛攝對圓行第二位耳。藏、通二教佛可知。

如上六位，既皆即佛，不屈不濫〔一〕。通具法、報、化三身爲正，三寶、三德屬對交〔二〕，終〔三〕乃至十種三法，含攝無遺。偈云：「道識性般若，菩提大乘身。涅槃三寶德，一一皆三法。」隨居四土爲依。四土者，一常寂光，法性土也，法身居之，身土相稱。二實報無障礙，攝二受用也。自受用土，報佛自居。他受用土，登地菩薩所居。三方便有餘，四浄穢同居。並爲應化土也。地前菩薩、二乘、凡夫所居。其實則非身非土，無優無劣，爲對機故，假説身土而分優劣。

師得身土互融，權實無礙故，三十餘年晝夜宣演，生四種益，具四悉檀。悉，遍也。檀，翻名施。禪師之法，遍施有情，隨根得益，如云「世界悉檀，生歡喜益」云云。門人灌頂日記萬言而編結之，總目爲天台教，別即分諸部類。法華玄義、文句、大小止觀、金光明、仁王、浄名、涅槃、諸觀章、十六觀經等，及四教禪門，凡百餘軸。歷代付授，盛于江、浙。

隋開皇十七年十一月十七日，帝遣使詔師，將行，乃告門人曰：「吾今往而不返，汝等當成就佛隴南寺，一依我圖。」侍者曰：「若非師力，豈能成辦？」師曰：「乃是王家所辦，

〔一〕「不屈不濫」，四部本作正文。
〔二〕「交」，四部本作「文」。
〔三〕「終」，原作「絡」，據四部本、趙城本改。

汝等見之，吾不見也。」師初欲建寺於石橋，禪寂見三神人，皂幘絳衣，從一老僧，謂師曰：「若欲造寺，今非其時。三國成一，當有大力施主與師造寺。寺成國即清，宜號爲國清。」言訖不見。開皇十八年，帝遣司馬王弘入山，依圖造寺，方應前誌。師二十一日到剡東石城寺百尺石像前不進，至二十四日，顧侍者曰：「觀音來迎，不久應去。」時門人智朗請曰：「不審何位何生？」師曰：「吾不領衆，必浄六根，捐己利他，獲預五品耳。」五品弟子，即法華三昧前方便之位，與思大禪師昔語冥符。命筆作觀心偈，唱諸法門綱要訖，趺坐而逝。壽六十，臘四十。弟子等迎歸佛隴巖。

大業元年九月，煬帝巡幸淮海，遣使送弟子智璪及題寺額入山，赴師忌齋。到日，集僧開石室，唯覩空榻。時會千僧至，忽剩一人，咸謂：「師化身來受國供。」

師始受禪教，終乎滅度，常披一壞衲，冬夏不釋。來往居天台山二十二年，建造大道場一十二所，國清最居其後，及荆州玉泉寺等共三十六所。度僧一萬五千人，寫經一十五藏，造金銅塑、畫像八十萬尊，事迹甚廣如本傳。

泗州僧伽大師

泗州僧伽大師者，世謂觀音大士應化也。推本則過去阿僧祇殑伽沙劫，值觀世音如來從三慧門而入道，以音聲爲佛事。但以此土有緣之衆，乃謂大師自西國來。唐高宗時至長安、洛陽，行化歷吳、楚間，手執楊枝混于緇流。或問師：「何姓？」即答曰：「我姓何。」又問師：「是何國人？」師曰：「我何國人。」

尋於泗上欲構伽藍，因宿州民賀跋氏捨所居，師曰：「此本爲佛宇。」令掘地，果得古碑云香積寺，即齊李龍建所創。又獲金像，衆謂然燈如來。師曰：「普光王佛也。」因以爲寺額。景龍二年，中宗遣使迎大師至輦轂，深加禮異，命住大薦福寺，帝及百官咸稱弟子。與度慧儼、慧岸、木叉三人，御書寺額。普光王寺。

三年三月三日，大師示滅，勅令就薦福寺漆身起塔，忽臭氣滿城。帝祝送師歸臨淮，言訖異香騰馥。帝問萬迴曰：「僧伽大師是何人耶？」曰：「觀音化身耳。」

乾符中謚證聖大師。皇朝太平興國中，太宗皇帝重創浮圖，壯麗超絶。

萬迴法雲公

萬迴法雲公者，虢州閿鄉人也，姓張氏，唐貞觀六年五月五日生。始在弱齡，嘯傲如狂，鄉黨莫測。一日，令家人灑掃，云：「有勝客來。」是日三藏玄奘自西國還，訪之。公問印度風境，了如所見，奘作禮圍繞，稱是菩薩。有兄萬年久征遼左，母程氏思其音信。公曰：「此甚易爾。」乃告母而往，至暮而還。及持到書，鄰里驚異。有龍興寺沙門大明，少而相狎，公來往明師之室。屬有正諫大夫明崇儼夜過寺，見公左右神兵侍衛，崇儼駭之。詰旦言與明師，復厚施金繒，作禮而去。

咸亨四年，高宗召入内。時有扶風僧蒙澒者，甚多靈迹，先在内，每曰：「迴來！迴來！」及公至，又曰：「替到，當去！」迨旬日而澒卒。

景雲二年辛亥十二月八日，師卒于長安醴泉里，壽八十。時異香氤氳，舉體柔軟。制贈司徒、虢國公，喪事官給。三年正月十五日，窆于京西香積寺。

天台豐干禪師

天台豐干禪師者，不知何許人也。居天台山國清寺，剪髮齊眉，衣布裘。人或問佛理，止答「隨時」二字。嘗誦唱道歌，乘虎入松門，衆僧驚畏。本寺厨中有二苦行，曰寒山子、拾得，二人執爨，終日晤語，潛聽者都不體解，時謂風狂子，獨與師相親。一日，寒山問：「古鏡不磨，如何照燭？」師曰：「冰壺無影像，猨猴探水月。」曰：「此是不照燭也，更請師道。」師曰：「萬德不將來，教我道什麽？」寒、拾俱禮拜。師尋獨入五臺山巡禮，逢一老翁，師問：「莫是文殊否？」曰：「豈可有二文殊？」師作禮未起，忽然不見。趙州沙彌舉似和尚，趙州代豐干云：「文殊！文殊！」後迴天台山示滅。

初閭丘公胤〔一〕，出牧丹丘，將議巾車，忽患頭疼，醫莫能愈。師造之曰：「貧道自天台來謁使君。」閭丘且告之病，師乃索浄器，呪水噴之，斯須立瘥。閭丘異之，乞一言示此去安危之兆，師曰：「到任記謁文殊、普賢。」曰：「此二菩薩何在？」師曰：「國清寺執爨洗器者寒山、拾得是也。」閭丘拜辭方〔二〕行，尋至山寺，問：「此寺有豐干禪師否？寒山、拾得復是何人？」時有僧道翹對曰：「豐干舊院在經藏後，今閴無人矣。寒、拾二人見在僧厨執役。」閭丘入師房，唯見虎迹。復問道翹：「豐干在此作何行業？」翹曰：「唯事舂穀供僧，閑則諷詠。」乃入厨尋訪寒、拾，如下章敘之。

天台寒山子

天台寒山子者，本無氏族。始豐縣西七十里有寒、明二巖，以其於寒巖中居止得名也。容貌枯悴，布襦零落。以樺皮爲冠，曳大木屐，時來國清寺，就拾得取衆僧殘食菜滓食之。或廊下徐行，或時叫噪，望空慢罵。寺僧以杖逼逐，翻身拊掌大笑而去。雖出言如狂，而有意趣。

〔一〕四部本、趙城本下有小注云：「名犯太祖廟諱下字。」
〔二〕「方」，四部本、趙城本作「乃」。

一日，豐干告之曰：「汝與我遊五臺，即我同流。若不與我去，非我同流。」曰：「我不去。」豐干曰：「汝不是我同流。」寒山却問：「汝去五臺作什麽？」豐干曰：「我去禮文殊。」曰：「汝不是我同流。」

暨豐干滅後，閭丘公入山訪之，見寒、拾二人圍鑪語笑。閭丘不覺致拜，二人連聲咄叱。寺僧驚愕曰：「大官何拜風狂漢耶？」寒山復執閭丘手，笑而言曰：「豐干饒舌。」久而放之。自此寒、拾相携出松門，更不復入寺。閭丘又至寒巖禮謁，送衣服藥物，二士高聲喝之曰：「賊！賊〔一〕！」便縮身入巖石縫中，唯曰：「報〔二〕汝諸人，各各努力。」其石縫忽然而合。閭丘哀慕，令僧道翹尋其遺物，於林間得葉上所書辭頌，及題村墅人家屋壁，共三百餘首，傳布人間。曹山本寂禪師注釋，謂之對寒山子詩。

天台拾得

天台拾得者，不言名氏。因豐干禪師山中經行，至赤城道側，聞兒啼聲，遂尋之，見一子可數歲，初謂牧牛子，及問之云：「孤棄于此。」豐干乃名爲拾得，携至國清寺，付典座僧

〔一〕「賊」，四部本、趙城本作「我」。
〔二〕「報」，四部本、趙城本無。

曰：「或人來認，必可還之。」後沙門靈熠攝受，令知食堂香燈。忽一日，輒爾登座，與佛像對盤而餐，復於憍陳如上座塑形前呼曰：「小果聲聞！」僧驅之。靈熠忿然告尊宿等，罷其所主，令厨内滌器。常日齋畢，澄濾食滓，以筒盛之，寒山來即負之而去。

一日掃地，寺主問：「汝名拾得，豐干拾得汝歸。汝畢竟姓箇什麽？在何處住？」拾得放下掃箒，叉手而立，寺主罔測。寒山搥胸云：「蒼天！蒼天！」拾得却問：「汝作什麽？」曰：「豈不見道，東家人死，西家助哀？」二人作舞，哭笑而出。

有護伽藍神廟，每日僧厨下食，爲烏所有。拾得以杖抶之曰：「汝食不能護，安能護伽藍乎？」此夕，神附夢于合寺僧曰：「拾得打我。」詰旦，諸僧説夢符同，一寺紛然。牒申州縣，郡符至云：「賢士隱遁，菩薩應身宜用旌之，號拾得爲賢士。」隱石而逝，見寒山章。時道翹纂録寒山文句，以拾得偈附之。今略録數篇，見別卷。

明州奉化縣布袋和尚

明州奉化縣布袋和尚者，未詳氏族，自稱名契此。形裁腲烏罪切。脮，奴罪切。蹙額皤腹，出語無定，寢卧隨處。常以杖荷一布囊，凡供身之具盡貯囊中。入鄽肆聚落，見物則乞。或醯醢魚葅，才接入口，分少許投囊中，時號長汀子布袋師也。嘗雪中卧，雪不沾身，人以此奇之。或就人乞，其貨則售。示人吉凶，必應期無忒。天將雨，即著濕草屨，途中驟行。遇亢陽，即曳高齒木履，市橋上豎膝而眠。居民以此驗知。

有一僧在師前行，師乃拊僧背一下，僧迴頭，師曰：「乞我一文錢。」曰：「道得即與汝一文。」師放下布囊，叉手而立。

白鹿和尚問：「如何是布袋？」師便放下布袋。又問：「如何是布袋下事？」師負之而去。

先保福和尚問：「如何是佛法大意？」師放下布袋叉手。保福曰：「爲只如此，爲更有向上事？」師負之而去。

師在街衢立，有僧問：「和尚在遮裏作什麽？」師曰：「等箇人。」曰：「來也！來也！」歸宗柔和尚別云：「歸去來！」師曰：「汝不是遮箇人。」曰：「如何是遮箇人？」師曰：「乞我一文錢。」

師有歌曰：「只箇心心心是佛，十方世界最靈物。縱横妙用可憐生，一切不如心真實。騰騰自在無所爲，閑閑究竟出家兒。若覩目前真大道，不見纖毫也大奇。萬法何殊心何異？何勞更用尋經義？心王本自絶多知，智者只明無學地。非聖非凡復若乎，不彊分别聖情孤。無價心珠本圓浄，凡是異相妄空呼。人能弘道道分明，無量清高稱道情。携錦若登故國路，莫愁諸處不聞聲。」又有偈曰：「一鉢千家飯，孤身萬里遊。青目覩人少，問路白雲頭。」

梁貞明二年丙子三月，師將示滅，於嶽林寺東廊下端坐磐石而説偈曰：「彌勒真彌勒，分身千百億。時時示時人，時人自不識。」偈畢，安然而化。其後，他州有人見師，亦負布袋而行，於是四衆競圖其像。今嶽林寺大殿東堂全身見存。

諸方雜舉徵拈代別語

障蔽魔王領諸眷屬

障蔽魔王領諸眷屬，一千年隨金剛齊菩薩覓起處不得，忽因一日得見，乃問云：「汝當於何住？我一千年領諸眷屬覓汝起處不得。」金剛齊云：「我不依有住而住，不依無住而住，如是而住。」法眼舉云：「障蔽魔王不見金剛齊即且從，只如金剛齊還見障蔽魔王麽？」

外道問佛

外道問佛云：「不問有言，不問無言。」世尊良久。外道禮拜云：「善哉世尊！大慈大悲，開我迷雲，令我得入。」外道去已，阿難問佛云：「外道以何所證而言得入？」佛云：

「如世間良馬，見鞭影而行。」玄覺徵云：「什麽處是世尊舉鞭處？」雲居錫云：「要會麽？如今歸堂去，復是阿誰？」東禪齊拈云：「什麽處是外道悟處？衆中道世尊良久時，便是舉鞭處。恁麽會還得已否？」

緊那羅王奏無生樂

緊那羅王奏無生樂供養世尊。王勅：「有情無情，俱隨王去。若有一物不隨王，即去佛處不得。」又無厭足王入大寂定，王勅：「有情無情，皆順於王。如有一物不順王，即入大寂定不得。」雲居錫云：「有情去也且從，只如山河大地是無情之物，作麽生説亦隨王去底道理？」

罽賓國王秉劍

罽賓國王秉劍詣師子尊者前，問曰：「師得蘊空否？」師曰：「已得蘊空。」曰：「既得蘊空，離生死否？」師曰：「已離生死。」曰：「既離生死，就師乞頭還得否？」師曰：「身非我有，豈況於頭？」王便斬之，出白乳，王臂自墮。玄覺徵云：「且道斬著斬不著？」玄沙云：「大小師子尊者不能與頭作主。」玄覺又云：「玄沙恁麽道，要人作主？不要人作主？若也要人作主，蘊即不空。若不要人作主，玄沙恁麽道意在什麽處？試斷看。」

泗州塔頭侍者

泗州塔頭侍者及時鎖門，有人問：「既是三界大師，爲什麽被弟子鎖？」侍者無對。法眼代云：「弟子鎖？大師鎖？」法燈代云：「還我鎖匙來。」又老宿代云：「吉州鎖？虔州鎖？」

或問僧

或問僧：「承聞大德講得肇論是否？」曰：「不敢。」曰：「肇有物不遷義是否？」曰：「是。」或人遂以茶盞就地撲破，曰：「遮箇是遷不遷？」無對。法眼代拊掌三下。

樂普侍者謂和尚

樂普侍者謂和尚曰：「肇法師制得四論甚奇怪。」樂普曰：「肇公甚奇怪，要且不見祖師。」侍者無對。法燈代云：「和尚什麽處見？」雲居錫云：「什麽處是肇公不見祖師處？莫是有許多言語麽？」又云：「肇公有多少言語？」

有兩僧各住菴

有兩僧各住菴，尋常來往。偶旬日不會，一日上山相見。上菴主問曰：「多時不見，在什麽處？」下菴主曰：「只在菴裏造箇無縫塔子。」上菴主曰：「某甲也欲造箇無縫塔，就菴主借取樣子。」曰：「何不早道？恰被人借去也。」法眼舉云：「且道借伊樣子？不借伊樣子？」

有婆子令人送錢去

有婆子令人送錢去，請老宿開藏經，老宿受施利，便下禪床轉一匝，乃云：「傳語婆子，轉藏經了也。」其人迴舉似婆子，婆云：「比來請開全藏，爲甚開半藏？」玄覺徵云：「什麽處是缺半藏處？且道那箇婆子具什麽眼便恁麽道？」

有老宿令人傳語

有老宿〔一〕令人傳語思大禪師：「何不下山教化衆生，目視雲漢作麽？」思大曰：「三世諸佛被我一口呑盡，更有甚衆生可教化？」玄覺徵云：「且道是山頭語？山下語？」

龍濟修山主問翠巖

龍濟修山主問翠巖曰：「四乾闥婆王奏樂供養世尊，直得須彌振動，大海騰波，迦葉起舞，菩薩得忍，不動聲聞頗我，只如迦葉作舞，意旨如何？」對曰：「迦葉過去生中曾作樂人來，習氣未斷。」山主曰：「須彌、大海莫是習氣未斷否？」翠巖無對。法眼代云：「正是習氣。」

有僧親附老宿

有僧親附老宿，一夏不蒙言誨，僧歎曰：「只恁麽空過一夏，不聞佛法。得聞正因，兩字亦得也。」老宿聞之，乃曰：「闍梨莫嚊音西。速，若論正因，一字也無恁麽道了。」叩齒三下，曰：「適來無端恁麽道。」鄰房僧聞曰：「好一鑊羹，被兩顆鼠糞污却。」玄覺徵云：「且道讚歎語？不肯語？若是讚歎，爲什麽道鼠糞污却？若不肯，他有什麽過驗得麽？」

〔一〕「有老宿」，四部本、趙城本作「志公」。

僧肇法師遭秦主難

僧肇法師遭秦主難，臨就刑，説偈曰：「四大元無主，五陰本來空。將頭臨白刃，猶似斬春風。」玄沙云：「大小肇法師，臨死猶寱語。」

僧問老宿

僧問老宿云：「師子捉兔亦全其力，捉象亦全其力。未審全箇什麽力？」老宿云：「不欺之力。」法眼别云：「不會古人語。」

李翱尚書見老宿獨坐

李翱尚書見老宿獨坐，問曰：「端居丈室，當何所務？」老宿曰：「法身凝寂，無去無來。」法眼别云：「汝作什麽來？」法燈别云：「非公境界。」

有道流在佛殿前背坐

有道流在佛殿前背坐，僧曰：「道士莫背佛。」道流曰：「大德，本教中道：『佛身充滿於法界。』向什麽處坐得？」僧無對。法眼代云：「識得汝。」

禪月詩

禪月詩云：「禪客相逢只彈指，此心能有幾人知？」大隨和尚舉問禪月：「如何是此心？」無對。歸宗柔代云：「能有幾人知？」

台州六通院僧欲渡船

台州六通院僧欲渡船，有人問：「既是六通，爲什麼假船？」無對。天台韶國師代云：「不欲驚衆。」

聖僧像被屋漏滴

聖僧像被屋漏滴，有人問：「既是聖僧，爲什麼有漏？」天台國師代云：「無漏不是聖僧。」

死魚浮於水上

死魚浮於水上，有人問僧：「魚豈不是以水爲命？」僧曰：「是。」曰：「爲什麼却向水中死？」無對。杭州天龍機和尚代云：「是伊爲什麼不去岸上死？」

僧問雲臺欽和尚

僧問雲臺欽和尚：「如何是真言？」欽曰：「南無佛陀耶！」大章如菴主別云：「作麼！作麼！」

江南國主問老宿

江南國主問老宿：「予有一頭水牯牛，萬里無寸草，未審向什麼處放？」歸宗柔代云：「好放處！」

南泉和尚遷化

南泉和尚遷化，陸亘大夫來慰，院主問：「大夫何不哭先師？」大夫曰：「院主道得亘即哭。」無對。歸宗柔代云：「哭！哭！」

江南相馮延巳

江南相馮延巳與數僧遊鍾山，至一人泉，問：「一人泉，許多人争得足？」一僧對曰：「不教欠少。」延巳不肯，乃别云：「誰人欠少？」法眼别云：「誰是不足者？」

有施主婦人入院

有施主婦人入院，行衆僧隨年錢。僧曰：「聖僧前著一分。」婦人曰：「聖僧年多少？」僧無對。法眼代云：「心期滿處即知。」

法燈問新到僧

法燈問新到僧：「近離什麽處？」曰：「廬山。」師拈起香合，曰：「廬山還有遮箇也無？」僧無對。師自代云：「尋香來禮拜和尚。」

僧問仰山

僧問仰山：「彎弓滿月鎔鏃意如何？」仰山曰：「鎔鏃。」僧擬開口，仰山曰：「開口驢年也不會。」僧無對。南泉代側身而立。

有一行者隨法師入佛殿

有一行者隨法師入佛殿，行者向佛而唾。法師曰：「行者少去就，何以唾佛？」行者曰：「將無佛處來，與某甲唾。」無對。潙山云：「仁者却不仁者，不仁者却仁者。」仰山代法師云：「但唾行者。」又云：「行者若有語，即向伊道：『還我無行者處來。』」

偃臺感山主到圓通院

偃臺感山主到圓通院相看，第一座問曰：「圓通無路，山主爭得到來？」歸宗柔代云：「不期又得相見。」

有僧入冥

有僧入冥見地藏菩薩，地藏問：「是爾平生修何業？」僧曰：「念法華經。」曰：「止！止！不須説，我法妙難思，爲是説？是不説？」無對。歸宗柔代云：「此迴歸去，敢請流通。」

歸宗柔和尚問僧

歸宗柔和尚問僧：「看什麽經？」曰：「寶積經。」柔曰：「既是沙門，爲什麽看寶積？」無對。柔自代云：「古今用無極。」

劉禹端公因雨問

劉禹端公因雨問先雲居和尚：「雨從何來？」曰：「從端公問處來。」端公歡喜讚歎。雲居却問：「端公從何來？」無語。有老宿代云：「適來道什麼？」歸宗柔别云：「謝和尚再三。」

昔有三僧雲遊

昔有三僧雲遊，擬謁徑山和尚，遇一婆子。時方收稻次，一僧問曰：「徑山路何處去？」婆曰：「驀直去。」僧曰：「前頭水深，過得否？」曰：「不濕脚。」僧又問：「上岸稻得恁麼好，下岸稻得恁麼怯。」曰：「下岸稻總被螃蟹喫却也。」僧曰：「太香生。」曰：「勿氣息。」僧又問婆：「住在什麼處？」曰：「只在遮裏。」三僧乃入店内，婆煎茶一瓶，將盞子三箇安盤上，謂曰：「和尚有神通者即喫茶。」三人無對，又不敢傾茶。婆曰：「看老朽自逞神通也。」於是便拈盞子傾茶行。

法眼和尚謂小兒

法眼和尚謂小兒曰：「因子識得爾爺，爾爺名什麼？」無對。法燈代云：「但將衣袖掩面。」法眼却問一僧：「若是孝順之子，合下得一轉語。且道合下得什麼語？」無對。法眼自代云：「他是孝順之子。」

僧問講彌陀經座主

僧問講彌陀經座主：「水鳥、樹林，皆悉念佛、念法、念僧，作麽生講？」坐主曰：「基法師道：『真友不待請，如母赴嬰兒。』」僧曰：「如何是真友不待請？」法眼代云：「此是基法師語。」

泉州王延彬入招慶院

泉州王延彬入招慶院，見方丈門閉，問演侍者：「有人敢道大師在否？」演曰：「有人敢道大師不在否？」法眼别云：「太傅識大師。」

僧舉佛説法

僧舉：佛説法，有一女人忽來問訊，便於佛前入定。時文殊近前彈指，出此女人定不得，又托昇梵天亦出不得。佛曰：「假使百千文殊，亦出此女人定不得。下方有綱明菩薩，能出此定。」須臾綱明便至，問訊佛了，去女人前彈指一聲，女人便從定而起。五雲和尚云：「不唯文殊不能出此定，但恐如來也出此定不得。只如教意怎生體解？」

誌公云

誌公云：「每日拈香擇火，不知身是道場。」玄沙云：「每日拈香擇火，不知真箇道場。」玄覺徵云：「只如此二尊者語，還有親疎也無？」

雲巖院主遊石室迴

雲巖院主遊石室迴，雲巖問：「汝去入到石室裏許看，爲只恁麽便迴來？」院主無對。洞山代云：「彼中已有人占了也。」雲巖曰：「汝更去作什麽？」洞山曰：「不可人情斷絶去也。」

鹽官會下有一主事僧

鹽官會下有一主事僧將死，鬼使來取。僧告曰：「某甲身爲主事，未暇修行，乞容七日得否？」使曰：「待爲白王，若許即七日後來。不然，須臾便至。」言訖去。至七日後方來，覓其僧不見。後有人舉問一僧：「若來時如何抵擬他？」洞山代云：「被他覓得也。」

洞山會下有老宿

洞山會下有老宿去雲巖迴，洞山問：「汝去雲巖作什麽？」答云：「不會。」洞山自代云：「堆堆地。」

臨濟見僧來

臨濟見僧來，舉起拂子，僧禮拜，師便打。別僧來，師舉拂子，僧並不顧，師亦打。又一僧來參，師舉拂子，僧曰：「謝和尚見示。」師亦打。雲門代云：「只疑老漢。」大覺云：「得即得，猶未見臨濟機在。」

閩王送玄沙和尚上船

閩王送玄沙和尚上船，玄沙扣船召曰：「大王，争能出得遮裏去？在裏許得多少時也？」王曰：「歸宗柔别云：「不因和尚不得到遮裏。」

僧問老宿

僧問老宿：「如何是密室中人？」老宿曰：「有客不答話。」玄沙云：「何曾密？」歸宗柔别老宿云：「爾因什麽得見？」

法眼和尚問講百法論僧

法眼和尚問講百法論僧：「百法是體用雙陳，明門是能所兼舉。座主是能，法座是所，作麽生説兼舉？」有老宿代云：「某甲唤作箇法座。」歸宗柔别云：「不勞和尚如此。」

僧舉教云

僧舉教云：文殊忽起佛見、法見，被佛威神攝向二鐵圍山。五雲曰：「什麽處是二鐵圍山？還會麽？如今若有人起佛法之見，吾與烹茶兩甌。且道賞伊罰伊？同教意不同教意？」

洪州大寧院上狀

洪州大寧院上狀，請第二座開堂。人問：「何不請第一座？」法眼代云：「不勞如此。」

洞山行脚時

洞山行脚時，會一官人曰：「三祖信心銘弟子擬注。」洞山曰：「才有是非，紛然失心。作麼生注？」法眼代云：「恁麼即弟子不注也。」

法眼和尚因患脚

法眼和尚因患脚，僧問訊次，師曰：「非人來時不能動，及至人來動不得。且道佛法中下得什麼語？」僧曰：「和尚且喜得較。」師不肯。自別云：「和尚今日似減。」

九峯和尚入江西城

九峯和尚入江西城，人問：「入鄽教化，以何爲眼？」九峯曰：「日月不曾亂。」法眼别云：「待有眼。」

僧問龍牙

僧問龍牙：「終日區區，如何頓息？」龍牙曰：「如孝子喪却父母始得。」東禪齊云：「衆中道：如喪父母，何有閑暇？恁麼會，還息得人疑情麼？除此外，且作麼生會龍牙意？」

十二時中如何著力

僧問龍牙：「十二時中如何著力？」龍牙曰：「如無手人欲行拳始得。」東禪齊云：「好言語且作麽生會？嘗問一僧，他道無手底人何更行得拳也？及問伊佛法，伊便休去。將知路布説得無用處，不如子細體取古人意好。」

鼓山曰

鼓山曰：「欲知此事如一口劍。」僧問：「學人是死屍，如何是劍？」鼓山曰：「拽出遮死屍著！」僧應諾，便歸僧堂，結束而去。鼓山晚間聞去，乃曰：「好與拄杖。」東禪齊云：「遮僧若不肯鼓山，有什麽過？若肯何得便發去？又鼓山拄杖賞伊罰伊？具眼底上座試商量看！」

有菴主見僧來

有菴主見僧來，竪火筒曰：「會麽？」曰：「不會。」菴主曰：「三十年用不盡底。」僧却問：「三十年前用箇什麽？」歸宗柔代云：「也要知。」

招慶和尚拈鉢囊

招慶和尚拈鉢囊問僧：「爾道直幾錢？」歸宗柔代云：「留與人增價。」

雲門和尚以手入木師子口

雲門和尚以手入木師子口，曰：「咬殺我也，相救！」歸宗柔代云：「和尚出手太殺。」

有座主念彌陀名號次

有座主念彌陀名號次，小師喚："和尚！"及迴顧，小師不對。如是數四，和尚叱曰："三度四度喚，有什麽事？"小師曰："和尚幾年喚他即得，某甲才喚便發業。"法燈代云："咄！叱！"

鷂子趁鴿子

鷂子趁鴿子，飛向佛殿欄干上顫。有人問僧："一切衆生在佛影中常安常樂，鴿子見佛爲什麽顫？"法燈代云："怕佛。"

悟空禪師問忠座主

悟空禪師問忠座主："講什麽經？"曰："法華經。"悟空曰："若有説法華經處，我現寶塔，當爲證明。大德講，什麽人證明？"法燈代云："謝和尚證明。"

僧問老宿

僧問老宿："魂兮歸去來，食我家園葚。如何是家園葚？"玄覺代云："是亦食不得。"法燈别云："污却爾口。"

官人問僧

官人問僧："名什麽？"曰："無揀。"官人曰："忽然將一椀沙與上座，又作麽生？"

曰：「謝官人供養。」法眼別云：「此猶是揀底。」

廣南有僧住菴

廣南有僧住菴，國主出獵，人報菴主：「大王來，請起。」曰：「非但大王來，佛來亦不起。」王問：「佛豈不是汝師？」曰：「是。」王曰：「見師爲什麽不起？」法眼代云：「未足酬恩。」

僧辭趙州和尚

僧辭趙州和尚，趙州謂曰：「有佛處不得住，無佛處急走過，三千里外逢人莫舉。」法眼代云：「恁麽即不去也。」

泗州塔前一僧禮拜

泗州塔前一僧禮拜，有人問：「上座日日禮拜，還見大聖麽？」法眼代云：「汝道禮拜是什麽義？」

僧問圓通和尚

僧問圓通和尚：「一塵才起，大地全收，還見禪床麽？」圓通曰：「唤什麽作塵？」又問法燈曰：「唤什麽作禪床？」東禪齊云：「此二尊宿語，明伊問處？不明伊問處？若明伊問處，還得盡善也未？試斷看！忽然向伊道爾指示，我更要答語，又作麽生會？莫道又答一轉子。」

玄覺和尚聞鳩子叫

玄覺和尚聞鳩子叫，問僧〔一〕：「什麽聲？」僧曰：「鳩子。」師曰：「欲得不招無間業，莫謗如來正法輪。」東禪齊云：「上座道是鳩子聲便成謗法，什麽處是謗處？若道不是，還得麽？上座且道玄覺意作麽生？」

保福僧到地藏

保福僧到地藏，地藏和尚問：「彼中佛法如何？」曰：「保福有時示衆道：『塞却爾眼，教爾覷不見。塞却爾耳，教爾聽不聞。坐却爾意，教爾分别不得。』」地藏曰：「吾問爾，不塞爾眼見箇什麽？不塞爾耳聞箇什麽？不坐爾意作麽生分别？」東禪齊云：「那僧聞了忽然惺去，更不他遊。上座如今還得麽？若不會，每日見箇什麽？」

福州洪塘橋上有僧列坐

福州洪塘橋上有僧列坐，官人問：「此中還有佛麽？」法眼代云：「汝是什麽人？」

人問僧

人問僧：「無爲無事人爲什麽却有金鎖難？」五雲代云：「只爲無爲無事。」

〔一〕「僧」，原作「增」，據四部本、趙城本改。

老宿問僧

老宿問僧：「什麽處來？」曰：「牛頭山禮拜祖師來。」老宿曰：「還見祖師麽？」歸宗柔代云：「大似不相信。」

有僧與童子上經了

有僧與童子上經了，令持經著函内。童子曰：「某甲念底著向那裏？」法燈代云：「汝念什麽經？」

一僧注道德經

一僧注道德經，人問曰：「久嚮大德注道德經。」僧曰：「不敢。」曰：「何如明皇？」法燈代云：「是弟子。」

雲門和尚問僧

雲門和尚問僧：「什麽處來？」曰：「江西來。」雲門曰：「江西一遂老宿寱語住也未？」僧無對。五雲代云：「興猶未已。」後有僧問法眼：「和尚不知雲門意作麽生？」法眼曰：「大小雲門被遮僧勘破。」五雲曰：「什麽處是勘破雲門處？要會麽？法眼亦被後僧勘破也。」

因開井被沙塞却泉眼

因開井被沙塞却泉眼，法眼問僧：「泉眼不通被沙塞，道眼不通被什麽物礙？」僧無對。師自代云：「被眼礙。」

景德傳燈録卷第二十八

諸方廣語一十二人見録

南陽慧忠國師語　洛京荷澤神會大師語　江西大寂道一禪師語　澧州藥山惟儼和尚語　越州大珠慧海和尚語　汾州大達無業國師語　池州南泉普願和尚語　趙州從諗和尚語　鎮州臨濟義玄和尚語　玄沙宗一師備大師語　漳[一]州羅漢桂琛和尚語　大法眼文益禪師語

諸方廣語

南陽慧忠國師語

南陽慧忠國師問禪客：「從何方來？」對曰：「南方來。」師曰：「南方有何知識？」

[一]「漳」，原作「潭」，據四部本、趙城本改。

曰：「知識頗多。」師曰：「如何示人？」曰：「彼方知識直下示學人：即心是佛，佛是覺義，汝今悉具見聞覺知之性。此性善能揚眉瞬目，去來運用，遍於身中，挃頭頭知，挃脚脚知，故名正遍知。離此之外，更無别佛。此身即有生滅，心性無始以來未曾生滅。身生滅者，如龍換骨，蛇脱皮，人出故宅。即身是無常，其性常也。南方所説大約如此。」師曰：「若然者，與彼先尼外道無有差别。彼云：『我此身中有一神性，此性能知痛癢。身壞之時，神則出去。如舍被燒，舍主出去。舍即無常，舍主常矣。』審如此者，邪正莫辨，孰爲是乎？吾比遊方，多見此色，近尤盛矣。聚却三五百衆，目視雲漢，云是南方宗旨，把他壇經改换，添糅鄙譚，削除聖意，惑亂後徒，豈成言教？苦哉！吾宗喪矣。若以見聞覺知是佛性者，净名不應云『法離見聞覺知』。若行見聞覺知是，則見聞覺知非求法也。」僧又問：「法華了義，開佛知見，此復若爲？」師曰：「他云開佛知見，尚不言菩薩二乘，豈以衆生癡倒便同佛之知見耶？」僧又問：「阿那箇是佛心？」師曰：「牆壁瓦礫是。」僧曰：「與經大相違也。涅槃云：『離牆壁無情之物，故名佛性。』今云是佛心，未審心之與性爲别不别？」師曰：「迷即别，悟即不别。」曰：「經云：『佛性是常，心是無常。』今云不别何也？」師曰：「汝但依語而不依義，譬如寒月水結爲冰，及至暖時冰釋爲水。衆生迷時結性成心，衆生悟時釋心成性。若執無情無佛性者，經不應言三界唯心。宛是汝自違經，吾不違也。」問：「無情既有心性，還解説法否？」師曰：「他熾然常説，無有間歇。」曰：「某甲爲什麽不聞？」師曰：「汝自不聞。」曰：「誰人得聞？」師曰：「諸佛得聞。」曰：「衆生應無分邪？」師曰：「我爲衆生説，不爲聖人説。」曰：「某甲聾瞽，不聞無情説法，師應合聞。」師曰：「我亦不聞。」曰：「師既不聞，争知無情解説？」師曰：「我若得聞即齊諸佛，汝即不聞我所説法。」曰：「衆生畢竟得聞否？」師曰：「衆生若聞，即非衆生。」曰：「無情説法，有何典據？」師曰：「不見華嚴云：『刹説，衆生説，三世一切説。』衆生是有情乎？」曰：「師但説無情有佛性，有情復若爲？」師曰：「無情尚爾，況有情耶？」曰：「若然者，前舉南方知識云『見聞是佛性』，應不合判同外道。」師曰：「不道他無佛性，外道豈無佛性耶？但緣見錯，於一法中而生二見，故非也。」曰：「若俱有佛性，且殺有情，即結業互酬，損害無情，不聞有報。」師曰：「有情是正報，計我我所，而懷結恨，即有罪報。無情是其依報，無結恨心，是以不言有報。」曰：「教中但見有情作佛，不見無情受記，且賢劫千佛，孰是無情佛耶？」師曰：「如皇太子未受位時，唯一身爾。受位之後，國土盡屬於王。寧有國土別受位乎？今但有情受記作佛之時，十方國土悉是遮那佛身，那得更有無情受記耶？」

曰：「一切衆生盡居佛身之上，便利穢污佛身，穿鑿踐蹋佛身，豈無罪耶？」師曰：「衆生全體是佛，欲誰爲罪？」曰：「經云：『佛身無罣礙。』今以有爲質礙之物而作佛身，豈不乖於聖旨？」師曰：「大品經云：『不可離有爲而説無爲。』汝信色是空否？」曰：「佛之誠言，那敢不信？」師曰：「色既是空，寧有罣礙？」曰：「衆生佛性既同，只用一佛修行，一切衆生應時解脱。今既不爾，同義安在？」師曰：「汝不見華嚴六相義云：『同中有異，異中有同。成壞總別，類例皆然。』衆生、佛雖同一性，不妨各各自修自得，未見他食我飽。」曰：「有知識示學人：但自識性了，無常時抛却殼漏子一邊著，靈臺智性迥然而去，名爲解脱。此復若爲？」師曰：「前已説了，猶是二乘外道之量。二乘厭離生死，欣樂涅槃。外道亦云：吾有大患，爲吾有身，乃趣乎冥諦。須陀洹人八萬劫，餘三果人六、四、二萬，辟支佛一萬劫，住於定中。外道亦八萬劫，住非非想中。二乘劫滿，猶能迴心向大，外道還却輪迴。」曰：「佛性一種爲别？」師曰：「不得一種。」曰：「何也？」師曰：「或有全不生滅，或半生半滅、半不生滅。」曰：「孰〔一〕爲此解？」師曰：「我此間佛性全不生滅，汝南方佛性半生半滅、半不生滅。」曰：「如何區别？」師曰：「此則身心一如，心外無餘，所以全不

〔一〕「孰」，原作「執」，據四部本、趙城本改。

生滅。汝南方身是無常，神性是常，所以半生半滅、半不生滅。」曰：「和尚色身，豈得便同法身不生滅耶？」師曰：「汝那得入於邪道？」曰：「學人早晚入邪道。」師曰：「汝不見金剛經『色見聲求，皆行邪道』，今汝所見不其然乎？」曰：「某甲曾讀大、小乘教，亦見有説『不生不滅，中道正性』之處，亦見有説『此陰滅，彼陰生，身有代謝，而神性不滅』之文，那得盡撥同外道斷常二見？」師曰：「汝學出世無上正真之道？爲學世間生死斷常二見耶？汝不見肇公云：『譚真則逆俗，順俗則違真。違真故迷性而莫返，逆俗故言淡而無味。中流之人如存若亡，下士拊掌而不顧。』汝今欲學下士笑於大道乎？」曰：「師亦言即心是佛，南方知識亦爾，那有異同？」師不應自是而非他。」師曰：「或名異體同，或名同體異，因茲濫矣。只如菩提、涅槃、真如、佛性，名異體同。真心、妄心、佛智、世智，名同體異。緣南方錯將妄心言是真心，認賊爲子，有取世智稱爲佛智，猶如魚目而亂明珠，不可雷同，事須甄別。」曰：「若爲離得此過？」師曰：「汝但子細反觀陰入界處，一一推窮，有纖豪可得否？」曰：「子細觀之，不見一物可得。」師曰：「汝壞身心相耶？」曰：「身心性離，有何可壞？」師曰：「身心外更有物不？」曰：「身心無外，寧有物耶？」師曰：「汝壞世間相耶？」曰：「世間相即無相，那用更壞？」師曰：「若然者，即離過矣。」禪客唯然受教。

常州僧靈覺問曰：「發心出家，本擬求佛，未審如何用心即得？」師曰：「無心可用，即得成佛。」曰：「無心可用，阿誰成佛？」師曰：「無心自成，佛亦無心。」曰：「佛有大不可思議，爲能度衆生。若也無心，阿誰度衆生？」師曰：「無心是真度生，若見有生可度者，即是有心，宛然生滅。」曰：「今既無心，能仁出世説許多教迹，豈可虚言？」師曰：「佛説教亦無心。」曰：「説法無心，應是無説。」師曰：「説即無，無即説。」曰：「説法無心，造業有心否？」師曰：「無心即無業，今既有業，心即生滅，何得無心？」曰：「無心即成佛，和尚即今成佛未？」師曰：「心尚自無，誰言成佛？若有佛可成，還是有心。有心即有漏，何處得無心？」曰：「既無佛可成，和尚還得佛用否？」師曰：「心尚自無，用從何有？」曰：「茫然都無，莫落斷見否？」師曰：「本來無見，阿誰道斷？」曰：「本來無，莫落空否？」師曰：「空既是無，墮從何立？」曰：「能所俱無，忽有人持刀來取命，爲是有是無？」師曰：「是無。」曰：「痛否？」師曰：「痛亦無。」曰：「痛既無，死後生何道？」師曰：「無死無生亦無道。」曰：「既得無物自在，饑寒所逼，若爲用心？」師曰：「饑即喫飯，寒即著衣。」曰：「知饑知寒，應是有心。」師曰：「我問汝：有心，心作何體段？」曰：「心無體段。」師曰：「汝既知無體段，則是本來無心，何得言有？」曰：「山中逢見虎狼，如何用心？」師曰：「見如不見，來如不來。彼即無心，惡獸不能加害。」曰：「寂然無事，獨脱無心，名爲何物？」師曰：「名金剛大士。」曰：「金剛大士有何體段？」師曰：「本無形段。」曰：「既無形段，唤何物作金剛大士？」師曰：「唤作無形段金剛大士。」曰：「金剛大士有何功德？」師曰：「一念與金剛相應，能滅殑伽沙劫生死重罪，得見殑伽沙諸佛。其金剛大士功德無量，非口所説，非意所陳。假使殑伽沙劫住世説亦不可得盡。」曰：「如何是一念相應？」師曰：「憶智俱忘，即是相應。」曰：「憶智俱忘，誰見諸佛？」師曰：「忘即無，無即佛。」曰：「無即言無，何得唤作佛？」師曰：「無亦空，佛亦空，故曰無即佛，佛即無。」曰：「既無纖豪可得，名爲何物？」師曰：「本無名字。」曰：「還有相似者否？」師曰：「無相似者，世號無比獨尊。汝努力依此修行，無人能破壞者。更不須問，任意遊行，獨脱無畏，常有河沙賢聖之所覆護，所在之處，常得河沙天龍八部之所恭敬，河沙善神來護，永無障難，何處不得逍遥？」又問：「迦葉在佛邊聽，爲聞不聞？」師曰：「不聞聞。」曰：「云何不聞聞？」師曰：「聞不聞。」曰：「如來有説不聞聞？無説不聞聞？」師曰：「如來無説説。」曰：「云何無説説？」師曰：「言滿天下無口過。」

洛京荷澤神會大師語

洛京荷澤神會大師示衆曰：「夫學者須達自源，四果三賢皆名調伏。辟支羅漢未斷其疑，等妙二覺了達分明。覺有淺深，教有頓漸。其漸也，歷僧祇劫猶處輪迴。其頓也，屈伸臂頃便登妙覺。若宿無道種，徒學多知。一切在心，邪正由己。不思一物，即是自心。非智所知，更無别行。悟入此者，真三摩提。法無去來，前後際斷。故知無念，爲最上乘。曠徹清虚，頓開寶藏。心非生滅，性絶推遷。自浄則境慮不生，無作乃攀緣自息。吾於昔日轉不退輪，今得定慧雙修。如拳如手，見無念體。不逐物生，了如來常，更何所起？今此幻質，元是真常。自性如空，本來無相。既達此理，誰怖誰憂？天地不能變其體。心歸法界，萬象一如。遠離思量，智同法性。千經萬論，只是明心。既不立心，即體真理都無所得。告諸學衆，無外馳求。若最上乘，應當無作。珍重！」

人問：「無念法有無否？」師曰：「不言有無。」曰：「恁麼時作麼生？」師曰：「亦無恁麼時。猶如明鏡，若不對像，終不見像。若見無物，乃是真見。」

師於大藏經内有六處有疑，問於六祖：

第一問戒定慧曰：「戒定慧如何？所用戒何物？定從何處修？慧因何處起？所見不

通流。」六祖答曰：「定則定其心，將戒戒其行，性中常慧照，自見自知深。」

第二問：「本無今有有何物？本有今無無何物？誦經不見有無義，真似騎驢更覓驢。」答曰：「前念惡業本無，後念善生今有。念念常行善行，後代人天不久。汝今正聽吾言，吾即本無今有。」

第三問：「將生滅却滅，將滅滅却生。不了生滅義，所見似聾盲。」答曰：「將生滅却滅，令人不執性。將滅滅却生，令人心離境。未若離二邊，自除生滅病。」

第四問：「先頓而後漸？先漸而後頓？不悟頓漸人，心裏常迷悶。」答曰：「聽法頓中漸，悟法漸中頓。修行頓中漸，證果漸中頓。頓漸是常因，悟中不迷悶。」

第五問：「先定後慧？先慧後定？定慧後初，何生爲正？」答曰：「常生清浄心，定中而有慧。於境上無心，慧中而有定。定慧等無先，雙修自心正。」

第六問：「先佛而後法？先法而後佛？佛法本根源，起從何處出？」答曰：「説即先佛而後法，聽即先法而後佛。若論佛法本根源，一切衆生心裏出。」

江西大寂道一禪師語

江西大寂道一禪師示衆云：「道不用修，但莫污染。何爲污染？但有生死心，造作趣向，皆是污染。若欲直會其道，平常心是道。謂平常心，無造作，無是非，無取捨，無斷常，無凡無聖。經云：『非凡夫行，非賢聖行，是菩薩行。』只如今行住坐卧，應機接物，盡是道。道即是法界，乃至河沙妙用不出法界。若不然者，云何言心地法門？云何言無盡燈？一切法皆是心法，一切名皆是心名，萬法皆從心生，心爲萬法之根本。經云：『識心達本，故號沙門。』名等義等，一切諸法皆等，純一無雜。若於教門中得隨時自在，建立法界，盡是法界。若立真如，盡是真如。若立理，一切法盡是理。若立事，一切法盡是事。舉一千從，理事無別，盡是妙用，更無別理，皆由心之迴轉。譬如月影有若干，真月無若干。諸源水有若干，水性無若干。森羅萬象有若干，虚空無若干。説道理有若干，無礙慧無若干。種種成立，皆由一心也。建立亦得，掃蕩亦得，盡是妙用。妙用盡是自家，非離真而有立處，立處即真，盡是自家體。若不然者，更是何人？一切法皆是佛法，諸法即解脱，解脱者即真如，諸法不出於真如。行住坐卧，悉是不思議用，不待時節。經云：『在在處處，則爲有佛。』佛是能仁，有智慧，善機情，能破一切衆生疑網，出離有無等縛。凡聖情盡，人法俱空。轉無等輪，超於數量，所作無礙，事理雙通。如天起雲，忽有還無，不留礙迹。猶如畫水成文，不生不滅，是大寂滅。在纏名如來藏，出纏名大法身。法身無窮，體無增減，能大能小，能方能圓，應物現形，如水中月。滔滔運用，不立根栽，不盡有爲，不住無爲。有爲是無爲家用，無爲是有爲家依。不住於依，故云如空無所依。心生滅義，心真如義，心真如者。譬如明鏡照像，鏡喻於心，像喻諸法。若心取法，即涉外因緣，即是生滅義。不取諸法，即是真如義。聲聞聞見佛性，菩薩眼見佛性，了達無二，名平等性。性無有異，用則不同。在迷爲識，在悟爲智。順理爲悟，順事爲迷。迷即迷自家本心，悟即悟自家本性。一悟永悟，不復更迷。如日出時不合於冥，智慧日出不與煩惱暗俱。了心及境界，妄想即不生。妄想既不生，即是無生法忍。本有今有，不假修道坐禪。不修不坐，即是如來清淨禪。如今若見此理，真正不造諸業，隨分過生，一衣一鉢，坐起相隨，戒行增熏，積於淨業。但能如是，何慮不通？久立，諸人珍重！」

澧州藥山惟儼和尚語

澧州藥山惟儼和尚上堂曰：「祖師只教保護，若貪瞋起來，切須防禦，莫教摚直庚切。觸。是爾欲知枯木、石頭却須擔荷，實無枝葉可得。雖然如此，更宜自看，不得絶却言語。我今爲汝説遮箇語，顯無語底，他那箇本來無耳目等貌。」時有僧問云：「何有六趣？」師曰：「我此要輪雖在其中，元來不染。」問：「不了身中煩惱時如何？」師曰：「煩惱作何相狀？我且要爾考看。更有一般底，只向紙背上記持言語，多被經論惑，我不曾看經論策子。汝只爲迷事，走失自家不定，所以便有生死心。未學得一言半句，一經一論，便説恁麽菩提涅槃，世攝不攝？若如是解，即是生死。若不被此得失繫縛，便無生死。汝見律師説什麽尼薩耆、突吉羅，最是生死本。雖然恁麽，窮生死且不可得。上至諸佛，下至螻蟻，盡有此長短、好惡、大小不同。若也不從外來，何處有閑漢掘地獄待爾？爾欲識地獄道，只今鑊湯煎煮者是。欲識餓鬼道，即今多虚少實不令人信者是。欲識畜生道，見今不識仁義不辨親疎者是。豈須披毛戴角，斬割倒懸？欲識人天，即今洗浄威儀，持瓶挈鉢者是。保任免墮諸趣，第一不得棄遮箇，遮箇不是易得。須向高高山頂立，深深海底行。此處行不易，方有少相應。如今出頭來，盡是多事人，覓箇癡鈍人不可得。莫只記策子中言語，以爲自己見知，見他不解者，便生輕慢。此輩盡是闡提外道，此心直不中，切須審悉。恁麽道猶是三界邊事，莫在衲衣下空過，到遮裏更微細在。莫將等閑，須知珍重！」

越州大珠慧海和尚語

越州大珠慧海和尚上堂曰：「諸人幸自好箇無事人，苦死造作，要檐枷落獄作麽？每日至夜奔波，道我參禪學道，解會佛法，如此轉無交涉也。只是逐聲色走，有何歇時？貧道聞江西和尚道：『汝自家寶藏一切具足，使用自在，不假外求。』我從此一時休去，自己財寶，隨身受用，可謂快活。無一法可取，無一法可捨，不見一法生滅相，不見一法去來相，遍十方界無一微塵許不是自家財寶。但自子細觀察自心，一體三寶，常自現前，無可疑慮。莫尋思，莫求覓，心性本來清淨。故華嚴經云：『一切法不生，一切法不滅。』若能如是，解諸佛常現前。又净名經云：『觀聲實相，觀佛亦然。』若不隨聲色動念，不逐相貌生解，自然無事去。莫久立，珍重！」

此日，大衆普集，久而不散。師曰：「諸人何故在此不去？貧道已對面相呈，還肯休麽？有何事可疑？莫錯用心，枉費氣力。若有疑情，一任諸人恣意早問。」時有僧法淵問曰：「云何是佛？云何是法？云何是僧？云何是一體三寶？願師垂示。」師曰：「心是佛，不用將佛求佛。心是法，不用將法求法。佛法無二，和合爲僧，即是一體三寶。經云：『心、佛與衆生，是三無差別。』身口意清淨，名爲佛出世。三業不清淨，名爲佛滅度。喻如嗔時無喜，喜時無嗔，唯是一心，實無二體。本智法爾，無漏現前。如蛇化爲龍，不改其鱗。衆生迴心作佛，不改其面。性本清淨，不待修成。有證有修，即同增上慢者。真空無滯，應有無窮無始無終利根頓悟。用無等等，即是阿耨菩提。心無形相，即是微妙色身。無相即是實相法身，性相體空即是虚空無邊身，萬行莊嚴即是功德法身。此法身者，乃是萬化之本，隨處立名。智用無盡，名無盡藏。能生萬法，名本法藏。具一切智，是智慧藏。萬法歸如，名如來藏。經云：『如來者，即諸法如義。』又云：『世間一切生滅法，無有一法不歸如也。』」

時有人問云：「弟子未知律師、法師、禪師，何者最勝？願和尚慈悲指示。」師曰：「夫律師者，啓毘尼之法藏，傳壽命之遺風。洞持犯而達開遮，秉威儀而行軌範。牒三番羯磨，作四果初因。若非宿德白眉，焉敢造次？夫法師者，踞獅子之座，瀉懸河之辯。對稠人廣衆，啓鑿玄關。開般若妙門，等三輪空施。若非龍象蹴蹋，安敢當斯？夫禪師者，撮其樞要，直了心源。出没卷舒，縱横應物。咸均事理，頓見如來。拔生死深根，獲見前三昧。若不安禪静慮，到遮裏總須茫然。隨機授法，三學雖殊，得意忘言，一乘何異？故經云：『十方佛土中，唯有一乘法。無二亦無三，除佛方便説。但以假名字，引導於衆生。』」曰：「和尚深達佛旨，得無礙辯。」又問：「儒、道、釋三教，同異如何？」師曰：「大量者用之即同，小機者執之即異。總從一性上起用，機見差别成三。迷悟由人，不在教之同異。」

講唯識道光座主問曰：「禪師用何心修道？」師曰：「老僧無心可用，無道可修。」

曰：「既無心可用，無道可修，云何每日聚衆，勸人學禪修道？」師曰：「老僧尚無卓錐之地，什麽處聚衆來？老僧無舌，何曾勸人來？」曰：「禪師對面妄語。」師曰：「老僧尚無舌勸人，焉解妄語？」曰：「某甲却不會禪師語論也。」師曰：「老僧自亦不會。」

講華嚴志座主問：「禪師何故不許『青青翠竹，盡是法身，鬱鬱黄華，無非般若』？」師曰：「法身無象，應翠竹以成形。般若無知，對黄華而顯相。非彼黄華、翠竹而有般若法身，故經云：『佛真法身猶若虚空，應物現形，如水中月。』黄華若是般若，般若即同無情。翠竹若是法身，翠竹還能應用？座主會麽？」曰：「不了此意。」師曰：「若見性人道是亦得，道不是亦得。隨用而説，不滯是非。若不見性人説翠竹著翠竹，説黄華著黄華，説法身滯法身，説般若不識般若，所以皆成争論。」志禮謝而去。

人問：「將心修行，幾時得解脱？」師曰：「將心修行，喻如滑泥洗垢。般若玄妙，本自無生。大用現前，不論時節。」曰：「凡夫亦得如此否？」師曰：「見性者即非凡夫，頓悟上乘，超凡越聖。迷人論凡論聖，悟人超越生死涅槃。迷人説事説理，悟人大用無方。迷人求得求證，悟人無得無求。迷人期遠劫，悟人頓見。」

維摩座主問：「經云：『彼外道六師等是汝之師，因其出家，彼師所墮，汝亦隨墮。其施汝者，不名福田。供養汝者，墮三惡道。謗於佛，毀於法，不入衆數，終不得滅度。汝若如是，乃可取食。』今請禪師明爲解説。」師曰：「迷徇六根者，號之爲六師。心外求佛，名爲外道。有物可施，不名福田。生心受供，墮三惡道。汝若能謗於佛者，是不著佛求。毀於法者，是不著法求。不入衆數者，是不著僧求。終不得滅度者，智用現前。若有如是解者，便得法喜禪悦之食。」

有行者問：「有人問佛答佛，問法答法，喚作一字法門，不知是否？」師曰：「如鸚鵡學人語話，自語不得，爲無智慧故。譬如將水洗水，將火燒火，都無義趣。」

人問：「言之與語爲同爲異？」師曰：「夫一字曰言，成句名語。且如靈辯滔滔，譬大川之流水。峻機疊疊，如圓器之傾珠。所以郭象號懸河，春鸚稱義海，此是語也。言者一字表心也，内著玄微外現妙相，萬機撓而不亂，清濁渾而常分。齊王到此，猶慚大夫之辭。文殊到此，尚歎净名之説。如今常人云何能解？」

源律師問：「禪師常譚即心是佛，無有是處。且一地菩薩分身百佛世界，二地增于十倍，禪師試現神通看。」師曰：「闍梨自己是凡是聖？」曰：「是凡。」師曰：「既是凡僧，能問如是境界？經云：『仁者心有高下，不依佛慧。』此之是也。」又問：「禪師每云：『若悟道現前，身便解脱。』無有是處。」師曰：「有人一生作善，忽然偷物入手，即身是賊否？」曰：「故知是也。」師曰：「如今了了見性，云何不得解脱？」曰：「如今必不可，須經三大阿僧祇劫始得。」師曰：「阿僧祇劫還有數否？」源抗聲曰：「將賊比解脱，道理得通否？」師曰：「闍梨自不解道，不可障一切人解。自眼不開，瞋一切人見物。」源作色而去，云：「雖老，渾無道。」師曰：「即行去者是汝道。」

講止觀慧座主問：「禪師辨得魔否？」師曰：「起心是天魔，不起心是陰魔，或起不起是煩惱魔，我正法中無如是事。」曰：「一心三觀義又如何？」師曰：「過去心已過去，未來心未至，現在心無住。於其中間，更用何心起觀？」曰：「禪師不解止觀。」師曰：「座主解否？」曰：「解。」師曰：「如智者大師説止破止，説觀破觀，住止没生死，住觀心神亂。且爲當將心止心，爲復起心觀？觀若有心，觀是常見法。若無心，觀是斷見法。亦有亦無，成二見法。請座主子細説看。」曰：「若如是問，俱説不得也。」師曰：「何曾止觀？」

人問：「般若大否？」師曰：「大。」曰：「幾許大？」師曰：「無邊際。」曰：「般若小否？」師曰：「小。」曰：「幾許小？」師曰：「看不見。」曰：「何處是？」師曰：「何處不是？」

維摩座主問：「經云：『諸菩薩各入不二法門，維摩默然。』是究竟否？」師曰：「未是究竟。聖意若盡，第三卷更説何事？」座主良久曰：「請禪師爲説未究竟之意。」師曰：「如經第一卷是引衆呵十大弟子住心，第二諸菩薩各説入不二法門，以言顯於無言。文殊以無言顯於無言，維摩不以言、不以無言故，默然收前言語故。第三卷從默然起説，又顯神通作用。座主會麽？」曰：「奇怪如是。」師曰：「亦未如是。」曰：「何故未是？」師曰：「且破人執情，作如此説。若據經意，只説色心空寂，令見本性，教捨僞行入真行，莫向言語紙墨上討意度。但會『净名』兩字便得，净者本體也，名者迹用也。從本體起迹用，從迹用歸本體。體用不二，本迹非殊。所以古人道：『本迹雖殊，不思議一也。』一亦非一，若識『净名』兩字假號，更説什麽究竟與不究竟？無前無後，非本非末，非净非名，只示衆生本性不思議解脱。若不見性，人終身不見此理。」

僧問：「萬法盡空，識性亦爾。譬如水泡，一散更無再合。身死更不再生，即是空無。何處更有識性？」師曰：「泡因水有，泡散可即無水？身因性起，身死豈言性滅？」曰：「既言有性，將出來看。」師曰：「汝信有明朝否？」曰：「信。」師曰：「試將明朝來看。」曰：「明朝實是有，如今不可得。」師曰：「明朝不可得，不是無明朝。汝自不見性，不可是無性。今見著衣喫飯、行住坐卧對面不識，可謂愚迷。汝欲見明朝，與今日不異，將性覓性，萬劫終不見。亦如盲人不見日，不是無日。」

講青龍疏座主問：「經云：『無法可説，是名説法。』禪師如何體會？」師曰：「爲般若體畢竟清浄，無有一物可得，是名無法。即於般若空寂體中具河沙之用，即無事不知，是名説法，故云『無法可説，是名説法』。」

講華嚴座主問：「禪師信無情是佛否？」師曰：「不信。若無情是佛者，活人應不如死人，死驢、死狗亦應勝於活人。經云：『佛身者，即法身也，從戒定慧生，從三明六通生，從一切善法生。』若説無情是佛者，大德如今便死，應作佛去。」

有法師問：「持般若經最多功德，師還信否？」師曰：「不信。」曰：「若爾，靈驗傳十餘卷皆不堪信也。」師曰：「生人持孝自有感應，非是白骨能有感應。經是文字紙墨，性空何處有靈驗？靈驗者，在持經人用心，所以神通感物。試將一卷經安著案上，無人受持，自能有靈驗否？」

僧問：「未審一切名相及法相，語之與默，如何通會即得無前後？」師曰：「一念起時，本來無相無名，何得説有前後？不了名相本浄，妄計有前後。夫名相關鎖，非智鑰不能開。中道者病在中道，二邊者病在二邊，不知現用是無等等法身。迷悟得失，常人之法。自起生滅，埋没正智，或斷煩惱，或求菩提，背却般若波羅蜜。」

人問：「律師何故不信禪？」師曰：「理幽難顯，名相易持，不見性者所以不信。若見性者，號之爲佛。識佛之人，方能信入。佛不遠人，而人遠佛。佛是心作，迷人向文字中求，悟人向心而覺。迷人修因待果，悟人了心無相。迷人執物守我爲己，悟人般若應用見前。愚人執空執有生滯，智人見性了相靈通。乾慧辯者口疲，大智體了心泰。菩薩觸物斯照，聲聞怕境昧心。悟者日用無生，迷人見前隔佛。」

人問：「如何得神通去？」師曰：「神性靈通遍周沙界，山河石壁去來無礙，刹那萬里往返無蹤。火不能燒，水不能溺。愚人自無心智，欲得四大飛空。經云：『取相凡夫，隨宜爲説。』心無形相，即是微妙色身，無相即是實相。實相體空，唤作虚空無邊身。萬行莊嚴，故云功德法身。即此法身，是萬行之本，隨用立名。實而言之，只是清净法身也。」

人問：「一心修道，過去業障得消滅否？」師曰：「不見性人未得消滅，若見性人如日照霜雪。又見性人猶如積草等須彌，只用一星之火。業障如草，智慧似火。」曰：「云何得知業障盡？」師曰：「見前心通前後生事猶如對見，前佛後佛，萬法同時。經云：『一念知一切法是道場，成就一切智故。』」

有行者問云：「何得住正法？」師曰：「求住正法者是邪。何以故？法無邪正故。」曰：「云何得作佛去？」師曰：「不用捨衆生心，但莫污染自性。經云：『心、佛及衆生，是三無差別。』」曰：「若如是解者，得解脱否？」師曰：「本自無縛，不用求解。法過語言文字，不用數句中求。法非過、現、未來，不可以因果中契。法過一切，不可比對，法身無象，應物現形，非離世間而求解脱。」

僧問：「何者是般若？」師曰：「汝疑不是者試説看。」又問云：「何得見性？」師曰：「見即是性，無性不能見。」又問：「如何是修行？」師曰：「但莫污染自性即是修行，莫自欺誑即是修行，大用現前即是無等等法身。」又問：「性中有惡否？」師曰：「此中善亦不立。」曰：「善惡俱不立，將心何處用？」師曰：「將心用心是大顛倒。」曰：「作麽生即是？」師曰：「無作麽生，亦無可是。」

人問：「有人乘船，船底刺殺螺蜆，爲是人受罪？爲復船當辜？」師曰：「人船兩無心，罪正在汝。譬如狂風折樹損命，無作者，無受者。世界之中，無非衆生受苦處。」

僧問：「未審託情勢、指境勢、語默勢，乃至揚眉動目等勢，如何得通會於一念間？」

師曰：「無有性外事，用妙者動寂俱妙，心真者語默總真，會道者行住坐卧是道。爲迷自性，萬惑茲生。」又問：「如何是法有宗旨？」師曰：「隨其所立即有衆義，文殊於無住本立一切法。」曰：「莫同太虚否？」師曰：「汝怕同太虚否？」曰：「怕。」師曰：「解怕者不同太虚。」又問：「言方不及處如何得解？」師曰：「汝今正説時，疑何處不及？」

有宿德十餘人同問：「經云『破滅佛法』，未審佛法可破滅否？」師曰：「凡夫外道謂佛法可破滅，二乘人謂不可破滅。我正法中無此二見。若論正法，非但凡夫外道未至佛地者，二乘亦是惡人。」又問：「真法、幻法、空法、非空法，各有種性否？」師曰：「夫法雖無種性，應物俱現。心幻也一切俱幻，若有一法不是幻者，幻即有定。心空也一切皆空，若有一法不空，空義不立。迷時人逐法，悟時法由人。如森羅萬象，至空而極。百川衆流，至海而極。一切賢聖，至佛而極。十二分經、五部毘尼、五圍陀論至心而極。心者是總持之妙本，萬法之洪源，亦名大智慧藏、無住涅槃。百千萬名，盡心之異號耳。」又問：「如何是幻？」師曰：「幻無定相，如旋火輪，如乾闥婆城，如機關木人，如陽焰，如空華，俱無實法。」又問：「何名大幻師？」師曰：「心名大幻師，身爲大幻城，名相爲大幻衣食，河沙世界無有幻外事。凡夫不識幻，處處迷幻業。聲聞怕幻境，昧心而入寂。菩薩識幻法、達體幻，不拘一切名相。佛是大幻師，轉大幻法輪，成大幻涅槃，轉幻生滅，得不生不滅，轉河沙穢土，成清淨法界。」

僧問：「何故不許誦經，喚作客語？」師曰：「如鸚鵡只學人言，不得人意。經傳佛意，不得佛意而但誦，是學語人，所以不許。」曰：「不可離文字言語，別有意耶？」師曰：「汝如是說，亦是學語。」曰：「同是語言，何偏不許？」師曰：「汝今諦聽，經有明文，我所說者義語非文，衆生說者文語非義。得意者越於浮言，悟理者超於文字。法過語言文字，何向數句中求？是以發菩提者，得意而忘言，悟理而遺教，亦猶得魚忘筌，得兔忘蹄也。」

有法師問：「念佛是有相大乘，禪師意如何？」師曰：「無相猶非大乘，何況有相？經云：『取相凡夫，隨宜爲說。』」又問：「願生淨土，未審實有淨土否？」師曰：「經云：『欲得淨土，當淨其心。隨其心淨，即佛土淨。』若心清淨，所在之處皆爲淨土。譬如生國王家，決定紹王業，發心向佛道，是生淨佛國。其心若不淨，在所生處皆是穢土，淨穢在心不在國土。」又問：「每聞說道，未審何人能見？」師曰：「有慧眼者能見。」曰：「甚樂大乘，如何學得？」師曰：「悟即得，不悟不得。」曰：「如何得悟去？」師曰：「但諦觀。」曰：「似何物？」師曰：「無物似。」曰：「應是畢竟空？」師曰：「空無畢竟。」曰：「應是有？」師曰：「有而無相。」曰：「不悟如何？」師曰：「大德自不悟，亦無人相障。」

人問：「佛法在於三際否？」師曰：「見在無相，不在其外，應用無窮，不在於內。中間無住處，三際不可得。」曰：「此言大混。」師曰：「汝正説混之一字時，在内外否？」曰：「弟子究檢，内外無蹤迹。」師曰：「若無蹤迹，明知上來語不混。」曰：「如何得作佛？」師曰：「是心是佛，是心作佛。」曰：「衆生入地獄，佛性入否？」師曰：「如今正作惡時更有善否？」曰：「無。」師曰：「衆生入地獄，佛性亦如是。」曰：「一切衆生皆有佛性，如何？」師曰：「作佛用是佛性，作賊用是賊性，作衆生用是衆生性。性無形相，隨用立名。經云：『一切賢聖皆以無爲法而有差别。』」

僧問：「何者是佛？」師曰：「離心之外，即無有佛。」曰：「何者是法身？」師曰：「心是法身，謂能生萬法，故號法界之身。起信論云：『所言法者，謂衆生心。』即依此心顯示摩訶衍義。」又問：「何名有大經卷内在一微塵？」師曰：「智慧是經卷。經云：『有大經卷量等三千大千界，内在一微塵中。』一塵者，是一念心塵也，故云『一念塵中，演出河沙偈』。時人自不識。」又問：「何名大義城？何名大義王？」師曰：「身爲大義城，心爲大義王。經云：『多聞者善於義，不善於言説。』言説生滅，義不生滅，義無形相，在言説之外，心爲大經卷，心爲大義王。若不了了識心者，不名善義，只是學語人也。」又問：「般若經云：『度九類衆生，皆入無餘涅槃。』又云：『實無衆生得滅度者。』此兩段經文如何通會？前後人説皆云，實度衆生而不取衆生相。常疑未決，請師爲説。」師曰：「九類衆生，一身具足，隨造隨成。是故無明爲卵生，煩惱包裹爲胎生，愛水浸潤爲濕生，欻起煩惱爲化生。悟即是佛，迷號衆生。菩薩只以念念心爲衆生，若了念念心體空，名爲度衆生也。智者於自本際上度於未形，未形既空，即知實無衆生得滅度者。」

僧問：「言語是心否？」師曰：「言語是緣，不是心。」曰：「離緣何者是心？」師曰：「離言語無心。」曰：「離言語既無心，若爲是心？」師曰：「心無形相，非離言語，非不離言語。心常湛然，應用自在。祖師云：『若了心非心，始解心心法。』」

僧問：「如何是定慧等學？」師曰：「定是體，慧是用。從定起慧，從慧歸定。如水與波一體，更無前後，名定慧等學。夫出家兒莫尋言逐語，行住坐卧並是汝性用，什麽處與道不相應？且自一時休歇去。若不隨外境，風心性水，常自湛湛。無事，珍重！」

汾州大達無業國師語

汾州大達無業國師上堂，有僧問曰：「十二分教流于此土，得道果者，非止一二，云何祖師東化，別唱玄宗，直指人心，見性成佛？豈得世尊説法有所未盡？只如上代諸德高僧，並學貫九流，洞明三藏，生、肇、融、叡，盡是神異間生，豈得不知佛法遠近？某甲庸昧，願師指示。」

師曰：「諸佛不曾出世，亦無一法與人，但隨病施方，遂有十二分教。如將蜜果換苦葫蘆，淘汝諸人業根，都無實事。神通變化及百千三昧門，化彼天魔外道，福智二嚴爲破執有滯空之見。若不會道及祖師來意，論什麼生、肇、融、叡？如今天下，解禪解道如河沙數，説佛説心有百千萬億。纖塵不去，未免輪迴。思念不亡，盡須沈墜。如斯之類，尚不能自識業果，妄言自利利他，自謂上流，並他先德。但言觸目無非佛事，舉足皆是道場。原其所習，不如一箇五戒十善凡夫。觀其發言，嫌他二乘十地菩薩。且醍醐上味爲世珍奇，遇斯等人翻成毒藥。南山尚自不許呼爲大乘，學語之流，爭鋒脣舌之間，鼓論不形之事，並他先德，誠實苦哉。只如野逸高士，尚解枕石漱流，棄其利禄，亦有安國理民之謀，徵而不赴。況我禪宗，途路且別！看他古德道人，得意之後，茆茨石室，向折脚鐺子裏煮飯喫，過三十二十年，名利不干懷，財寶不爲念，大忘人世，隱跡巖叢。君王命而不來，諸侯請而不赴，豈同我輩貪名愛利，汨没世途，如短販人，有少希求而忘大果？十地諸賢豈不通佛理？可不如一箇博地凡夫？實無此理！他説法如雲如雨，猶被佛呵，云見性如隔羅縠，只爲情存聖量，見在果因，未能逾越聖情，過諸影跡。先賢古德，碩學高人，博達古今，洞明教綱。蓋爲識學詮文，水乳難辨，不明自理，念静求真。嗟乎！得人身者，如爪甲上土，失人身者，如大地土。良可傷哉！設有悟理之者，有一知一解，不知是悟中之則，入理之門，便謂永出世利。巡山傍澗，輕忽上流，致使心漏不盡，理地不明，空到老死無成，虚延歲月。且聰明不能敵業，乾慧未免苦輪。假使才並馬鳴，解齊龍樹，只是一生兩生不失人身。根思宿净，聞之即解，如彼生公何足爲羡？與道全遠。共兄弟論實不論虚，只遮口食身衣，盡是欺賢罔聖，求得將來他心慧眼，觀之如喫膿血一般，總須償他始得。阿那箇有道果，自然招得他信施來不受者？學般若菩薩，不得自謾，如冰凌上行，似劍刃上走。臨終之時，一豪凡聖情量不盡，纖塵思念未忘，隨念受生，輕重五陰，向驢胎馬腹裏託質，泥犁鑊湯裏煮煠一遍了。從前記持，憶想見解，智慧都盧，一時失却，依前再爲螻蟻，從頭又作蚊虻。雖是善因，而遭惡果。且圖什麽？兄弟，只爲貪欲成性，二十五有向脚跟下繫著，無成辦之期。祖師觀此土衆生，有大乘根性，唯傳心印，指示迷情。得之者，即不揀凡之與聖，愚之與智，且多虚不如少實。大丈夫兒，如今直下便休歇去，頓息萬緣，越生死流，迥出常格，靈光獨照，物累不拘，巍巍堂堂，三界獨步。何必身長丈六，紫磨金輝，項佩圓光，廣長舌相？若以色見我，是行邪道。設有眷屬莊嚴，不求自得。山河大地，不礙眼光。得大總持，一聞千悟，都不希求一餐之直。汝等諸人，儻不如是，祖師來至此土非常，有損有益。有益者，百千人中撈摝一箇半箇堪爲法器。有損者，如前已明，從他依三乘教法修行，不妨却得四果三賢，有進修之分。所以先德云：『了即業障本來空，未了還須償宿債。』」

池州南泉普願和尚語

池州南泉普願和尚上堂曰：「諸子，老僧十八上解作活計。有解作活計者出來，共爾商量，是住山人始得。」良久，顧視大衆，合掌曰：「珍重！無事各自修行。」大衆不去，師曰：「如聖果大可畏，勿量大人尚不奈何，我且不是渠，渠且不是我，渠争奈我何？他經論家説法身爲極則，唤作理盡三昧、義盡三昧。似老僧向前，被人教返本還源去，幾恁麽會禍事。兄弟，近日禪師太多，覔箇癡鈍人不可得。不道全無，於中還少。若有出來，共爾商量。如空劫時，有修行人否？有無作麽？不道阿爾尋常巧脣薄舌，及乎問著，總皆不道。何不出來？莫論佛出世時事。兄弟，今時人擔佛著肩上行，聞老僧言：『心不是佛，智不是道。』便聚頭擬推，老僧無爾推處。爾若束得虚空作棒，打得老僧著，一任推。」

時有僧問：「從上祖師至江西大師，皆云即心是佛，平常心是道。今和尚云：『心不是佛，智不是道。』學人悉生疑惑，請和尚慈悲指示。」師乃抗聲答曰：「爾若是佛，休更涉疑却問。老僧何處有恁麽傍家疑佛來？老僧且不是佛，亦不曾見祖師。爾恁麽道，自覓祖師去。」曰：「和尚恁麽道，教學人如何扶持得？」師曰：「爾急手托虛空著。」曰：「虛空無動相，云何托？」師曰：「爾言無動相，早是動也。虛空何解道我無動相？此皆是爾情見。」曰：「虛空無動相尚是情見，前遣某甲托何物？」師曰：「爾既知不應言托，擬何處扶持他？」曰：「即心是佛既不得，是心作佛否？」師曰：「是心是佛，是心作佛，情計所有，斯皆想成。佛是智人心，是采集主，皆對物時，他便妙用。大德莫認心認佛，設認得是境，被他喚作所知愚。故江西大師云：『不是心，不是佛，不是物。』且教爾後人恁麽行履？今時學人披箇衣服，傍家疑恁麽閑事還得否？」曰：「既不是心，不是佛，不是物，和尚今却云心不是佛，智不是道，未審若何？」師曰：「爾不認心一有「不」字〔一〕。是佛，智不是道，老僧勿一作「忽」〔二〕。得心來，復何處著？」曰：「總既不得，何異太虛？」師曰：「既不是物，比什

〔一〕四部本、趙城本無此小注。
〔二〕四部本、趙城本無此小注。

麽太虚？又教誰異不異？」曰：「不可無他不是心，不是佛，不是物。」師曰：「爾若認遮箇，還成心佛去也。」曰：「請和尚説。」師曰：「老僧自不知。」曰：「何故不知？」師曰：「教我作麽生説？」曰：「可不許學人會道？」師曰：「會什麽道？又作麽生會？」曰：「某甲不知。」師曰：「不知却好。若取老僧語，唤作依通人。設見彌勒出世，還被他燒却頭尾。」曰：「使後人如何？」師曰：「爾且自看，莫憂他後人。」曰：「前不許某甲會道，今復令某甲自看。未審如何？」師曰：「冥會妙會許爾，爾作麽生會？」曰：「如何是妙會？」師曰：「還欲學老僧語，縱説是老僧説，大德如何？」曰：「某甲若自會，即不須和尚，乞慈悲指示。」師曰：「不可指東指西賺人，爾當哆哆和和時，作麽不來問老僧？今時巧黠，始道我不會，圖什麽？爾若此生出頭來道，我出家作禪師。如未出家時，曾作什麽來？且説看，共爾商量。」曰：「恁麽時，某甲不知。」師曰：「既不知，即今認得，可可是耶？」曰：「認得既不是，不認是否？」師曰：「認不認是什麽語話？」曰：「到遮裏，某甲轉不會也。」師曰：「爾若不會，我更不會。」曰：「某甲是學人，即不會。和尚是善知識，合會。」師曰：「遮漢，向爾道不會，誰論善知識？莫巧黠！看他江西老宿在日，有一學士問：『如水無筋骨，能乘萬斛舟。此理如何？』老宿云：『遮裏無水亦無舟，論什麽筋骨？』兄弟，他學士便休去，可不省力？所以數數向道，佛不會道。我自修行，用知作麽？」曰：「如何修行？」師曰：「不可思量得，向人道恁麽修，恁麽行大難。」曰：「還許學人修行否？」師曰：「老僧不可障得爾。」曰：「某甲如何修行？」師曰：「要行即行，不可專尋他背。」曰：「若不因善知識指示，無以得會。如和尚每言修行，須解始得。若不解，即落他因果，無自由分。未審如何修行即免落他因果？」師曰：「更不要商量。若論修行，何處不去得？」曰：「如何去得？」師曰：「爾不可逐背尋得。」曰：「和尚未説，教某甲作麽生尋？」師曰：「縱説何處覓去？且如爾從旦至夜，忽東行西行，爾尚不商量道去得不得，别人不可知得爾。」曰：「當東行西行，總不思量是否？」師曰：「恁麽時，誰道是不是？」曰：「和尚每言『我於一切處而無所行，他拘我不得，唤作遍行三昧，普現色身』，莫是此理否？」師曰：「若論修行，何處不去？不説拘與不拘，亦不説三昧。」曰：「何異有法得菩提道？」師曰：「不論異不異。」曰：「和尚所説修行，迢然與大乘别。未審如何？」師曰：「不管他别不别，兼不曾學來。若論看教，自有經論座主，他教家實大可畏，爾且不如聽去好。」曰：「究竟令學人作麽生會？」師曰：「如汝所問，元只在因緣邊，看爾且不奈何，緣是認得六門頭事。爾但會佛那邊却來，我與爾商量。兄弟，莫恁麽尋逐不住，恁麽不取古人語。行菩薩行，唯一人行。天魔波旬領諸眷屬，常隨菩薩後，覓心行起處，便擬撲倒。如是經無量劫，覓一念異處不得，方與眷屬禮辭讚歎供養，猶是進修位中下之人，便不奈何，況絶功用處，如文殊、普賢，更不話他。兄弟，作麽生道行是無？覓一日行底人不可得。今時傍家，從年至歲，只是覓究竟，作麽生空弄脣舌生解？」曰：「當恁麽時，無佛名，無衆生名，使某甲作麽圖度？」師曰：「爾言無佛名，無衆生名，早是圖度了也。亦是記他言語。」曰：「若如是悉屬佛出世時事，了不可不言。」師曰：「爾作麽生言？」曰：「設使言，言亦不及。」師曰：「若道言不及，是及語。爾虚恁麽尋逐，誰與爾爲境？」曰：「既無爲境者，誰是那邊人？」師曰：「爾若不引教來，即何處論佛？既不論佛，老僧與誰論遮邊那邊？」曰：「果雖不住道，而道能爲因如何？」師曰：「是他古人，如今不可不奉戒。我不是渠，渠不是我，作得伊如狸奴、白牯行履却快活。爾若一念異，即難爲修行。」曰：「云何一念異難爲修行？」師曰：「才一念異，便有勝劣二根，不是情見，隨他因果，更有什麽自由分？」曰：「每聞和尚説報、化非真佛，亦非説法者。未審如何？」師曰：「緣生故非。」曰：「報、化既非真佛，法身是真佛否？」師曰：「早是應身也。」曰：「若恁麽，即法身亦非真佛。」師曰：「法身是真非真，老僧無舌不解道，爾教我道即得。」曰：「離三身外，何法是真佛？」師曰：「遮漢共八九十老人相罵。向爾道了也，更問什麼離不離？擬把楔釘他虚空？」曰：「伏承華嚴經是法身佛説如何？」師曰：「爾適來道什麼語？」其僧重問，師顧視歎曰：「若是法身説，爾向什麼處聽？」曰：「某甲不會。」師曰：「大難！大難！好去，珍重！」

趙州從諗和尚語

趙州從諗和尚上堂云：「金佛不度鑪，木佛不度火，泥佛不度水，真佛内裏坐。菩提涅槃、真如佛性，盡是貼體衣服，亦名煩惱，不問即無煩惱。且實際理〔一〕什麼處著得？一心不生，萬法無咎。汝但究理，坐看三二十年，若不會道，截取老僧頭去。夢幻空華，何勞把捉？心若不異，萬法一如。既不從外得，更拘執作什麼？如羊相似，亂拾物安向口裏。老僧見藥山和尚道：『有人問著者，便教合却口。』老僧亦教合却口。取我是浄〔二〕，一似獵狗專欲喫物。佛法在什麼處？遮裏一千人，盡是覓作佛漢子，於中覓一箇道人，無若與空王爲弟子。莫教心病最難醫。未有世間時，早有此性，世界壞時，此性不壞，從一見老僧後，

〔一〕「理」下四部本有「地」字。
〔二〕「取我是浄」，四部本作「取我是垢，不取我是浄」。

更不是別人，只是一箇主人公。遮箇更用向外覓物作什麽？正恁麽時，莫轉頭換腦，若轉頭換腦，即失却去也。」時有僧問：「承師有言：『世界壞時，此性不壞。』如何是此性？」師曰：「四大五陰。」僧曰：「此猶是壞底，如何是此性？」師曰：「四大五陰。」法眼云：「是一箇兩箇？是壞不壞？且作麽生會？試斷看。」

鎮州臨濟義玄和尚語

鎮州〔一〕臨濟義玄和尚示衆曰：「今時學人，且要明取自己真正見解。若得自己見解，即不被生死染，去住自由，不要求他殊勝〔二〕，殊勝自備。如今道流，且要不滯於惑，要用便用。如今不得病在何處？病在不自信處。自信不及，即便忙忙徇一切境脱，大德若能歇得念念馳求心，便與祖師不別。汝欲識祖師麽？即汝目前聽法底是。學人信不及，便向外馳求，得者只是文字學，與他祖師大遠在。莫錯大德，此時不遇，萬劫千生輪迴三界，徇好惡境，向驢牛肚裏去也。如今諸人與古聖何別？汝且欠少什麽？六道神光，未曾間歇，若能如此見，是一生無事人。一念浄光，是汝屋裏法身佛。一念無分別光，是汝報身佛。一念

〔一〕「州」，四部本、趙城本作「府」。
〔二〕「殊勝」，四部本、趙城本無。

無差别光，是汝化身佛。此三身即是今日目前聽法底人。爲不向外求，有此三種功用，據教三種名爲極則約，山僧道三種是名言，故云身依義而立，土據體而論。法性身，法性土，明知是光影。大德，且要識取弄光影人，是諸佛本源，是一切道流歸舍處。大德，四大身不解説法聽法，虚空不解説法聽法，是汝目前歷歷孤明勿形段者解説法聽法。所以山僧向汝道：『五藴身田内，有無位真人，堂堂顯露，無絲髮許間隔。』何不識取？心法無形，通貫十方，在眼曰見，在耳曰聞，在手執捉，在足運奔，心若不在，隨處解脱。山僧見處，坐斷報、化佛頂。十地滿心猶如客作兒，等妙二覺如擔枷帶鎖，羅漢辟支猶如糞土，菩提涅槃繫驢馬橛。何以如斯？蓋爲不達三祇劫，空有此障隔。若是真道流，盡不如此。如今略爲諸人大約話破，自看遠近。時光可惜，各自努力。珍重！」

玄沙宗一師備大師語

玄沙宗一師備大師上堂曰：「太虚日輪，是一切人成立。太虚見在，諸人作麽生？滿目覷不見，滿耳聽不聞。此兩處不省得，便是瞌睡漢。若明徹得，坐却凡聖，坐却三界。夢幻身心無一物，如針鋒許，爲緣爲對，直饒諸佛出來，作無限神通變現。設如許多教綱，未曾措著一分豪，唯助初學誠信之門。還會麽？水鳥、樹林却解提綱，他甚端的，自是少人聽，非是小事。天魔外道是孤恩負義，天人六趣是自欺自誑。如今沙門不薦此事，翻成弄影漢，生死海裏浮沈，幾時休息去？自家幸有此廣大門風，不能紹繼得更向五蘊身田裏作主宰。還夢見麼？如許多田地，教誰作主宰？大地載不起，虚空包不盡。豈是小事？若要徹，即今遮裏便明徹去，不教仁者取一法如微塵大，不教仁者捨一法如豪髮許。還會麼？」

時有僧問：「從上宗旨如何？」師默然。僧再問，師乃叱之。

僧問：「從何方便門令學人得入？」師曰：「入是方便。」

僧問：「初心人來，師如何指示？」師曰：「什麼處得初心來？」

僧問：「學人創入叢林，乞師提接。」師以杖指之。僧曰：「學人不會。」師曰：「我恁麼爲汝，却成抑屈於人。如今若的自肯當人分上，不論初學入叢林，可謂共諸人久踐，與過去諸佛無所乏少。如大海水，一切魚龍，初生至老吞吐受用，悉皆平等。所以道初發心者，與古佛齊肩。奈何汝無始積劫，動諸妄情，結成煩惱，如重病人心狂熱悶，顛倒亂見，都無實事。如今所覩一切境界，皆亦如是，對汝諸根，盡成顛倒。古人以無窮妙藥醫療對治，直至十地，未得惺惺，將知大不容易。古人思惟，如喪考妣，如今兄弟見似等閑，何處别有人爲汝了得？可惜時光虚度，何妨密密地自究？子細觀尋，至無著力處，自息諸緣去。縱未發萠，種子猶在。若總取我傍家打鼓，弄粥飯氣力，將此造次排遣生死，賺汝一生，有何所益？應須如實知取好。無事，珍重！」

漳州羅漢桂琛和尚語

漳州羅漢桂琛和尚上堂，大衆立久，師曰：「諸上座，不用低頭思量，思量不及，便道不用揀擇，委得下口處麽？汝向什麽處下口？試道看。還有一法近得汝，還有一法遠得汝麽？同得汝、異得汝麽？既然如是，爲什麽却特地艱難去？蓋爲不丈夫男子，儱儱偅偅，無些子威光，慼慼地遮護箇意根，恐怕人問著。我常道，汝若有達悟處，但去却人我，披露將來，與汝驗過，直下作麽不肯？莫把牛迹裏水以爲大海。佛法遍周沙界，莫錯向肉團心上妄立知見，以爲疆界。此見聞覺知、識想情緣，然非不是，若向遮裏點頭，道我真實即不得。只如古人道『此事唯我能知』，是何境界？還識得麽？莫是汝見我、我見汝便是麽？莫錯會！若是遮箇我，我隨生滅，身有即有，身無即無。所以古佛爲汝今日人説，異法有故，異法出生，異法無故，異法滅盡。莫將爲等閑。生死事大，此一團子消殺不到，在處乖張不少。聲色若不破，受想行識亦然，役得汝骨出在。莫道五陰本來空，也不由汝口便解空去。所以道須得親徹，須真實。也不是今日老師始解恁麽道，他古聖告報，汝喚作金剛秘密不思議光明藏，覆蔭乾坤，生凡育聖，亘古亘今，誰人無分？既若如此，更藉何人？所以諸佛慈悲，見汝不奈何，開方便門，示真實相。我今方便也，汝還會麼？若不會，莫向意根下捏怪。」

僧問：「從上宗門，乞師方便。」師曰：「方便即不無，汝喚什麼作宗門？」曰：「恁麼即學人虚施此問。」師曰：「汝有什麼罪過？」

問：「佛法還受雕琢也無？」師曰：「作麼不受？」曰：「如何雕琢？」師曰：「佛法。」

問：「諸行無常，是生滅法。如何是不生不滅法？」師曰：「用不生不滅作麼？」

問：「才擬是過，不擬時如何？」師曰：「擬有什麼過？」曰：「恁麼即便自無瘡也。」師曰：「合取口。」

問：「諸境中以何爲主？」師曰：「那箇是諸境？」曰：「莫是疑處是麼？」師曰：「把將疑處來。」

問：「正恁麼時是什麼？」師曰：「不恁麼時是什麼？」曰：「學人道不得。」師曰：「口裏是什麼塞却？」師又曰：「諸人朝晡恁麼上來下去，也只是被些子聲色惑亂身心不安。若是聲色名字不是佛法，又疑伊什麼？若是佛法不是聲色名字，汝又作麼生擬把身心湊泊伊？若是聲色名字，總是聲色名字。若是佛法，總是佛法。會麽？異聲無聲，異色無色，離字無名，離名無字。試把舌頭點看，有多少聲色名字？自何而色？以何爲名？三界如是峥嶸，尚覓出頭不得，因什麽却特地難爲去？只爲諸人自生顛倒，以常爲斷，悟假迷真，妄外馳求，强捏異見。終日共人商量，便有佛法。不與人商量，便是世間閑人。話到遮裏，才舉著佛法，便道擬心即差，動念即乖，尋常諸處，元無口似紡車，總便不差去。佛法事不是隔日瘧，皆由汝狂識凡情作差與不差解。忽然見我拈箇槌子槌背，便作意度顧覽。不然見我把箇箒子掃東掃西，便各照管。是汝尋常打柴，何不顧覽招呼便悟去？上座，佛法莫向意根下皮袋裏作則度！汝成自賺，我不敢網絆初心，籠罩後學。各自究去。無事，珍重！」

大法眼文益禪師語

大法眼文益禪師上堂曰：「諸上座，時寒何用上來？且道上來好？不上來好？或有上座道，不上來却好，什麽處不是？更用上來作什麽？更有上座道，是伊也不得，一向又須到和尚處始得。諸上座，且道遮兩箇人，於佛法中還有進趣也未？上座，實是不得，並無少許進趣。古人唤作無孔鐵鎚，生盲生聾無異。若更有上座出來道，彼二人總不得。爲什麽如此？爲伊執著，所以不得。諸上座，總似恁麽行脚，總似恁麽商量，且圖什麽？爲復只要弄脣嘴？爲復别有所圖？恐伊執著，且執著什麽？爲復執著理、執著事、執著色、執著空？若是理，理且作麽生執？若是事，事且作麽生執？著色、著空亦然。山僧所以尋常向諸上座道：十方諸佛、十方善知識時常垂手，諸上座時常接手。十方諸佛垂手時有也，什麽處是諸上座時常接手處？還有會處會取好。若未會得，莫道總是都來圓取。諸上座傍家行脚，也須審諦，著些精彩，莫只藉少智慧過却時光。山僧在衆，見此多矣。更有一般上座，自己東西猶未知，向遮邊那邊，東聽西聽，説得少許，以爲胸襟，仍爲他人注脚〔一〕，將爲自己眼目。上座，總似遮箇行脚，自賺亦乃賺他。奉勸諸上座，且明取道眼好，些子粥飯智慧不足可恃。若是世間造作種種非違之事，入地獄猶有劫數，且有出期。若是錯與他人開眼目，陷在地獄，冥冥長夜，無有出期。莫將爲等閑，奉勸且依古聖慈悲門好。他古聖所見諸境，唯見自心，祖師道：『不是風動幡動，仁者心動。』但且恁麽會好，别無親於親處也。」

師良久又云：「諸上座，貶也得，剥也得。」時僧問：「學人不爲别事，請師直道。」師曰：「汝是不爲别事。」

〔一〕「脚」，四部本、趙城本作「解」。

問：「如何是不生不滅底心？」師曰：「那箇是生滅底心？」僧曰：「争奈學人不見？」師曰：「汝若不見，不生不滅底也不是。」

問：「如何是佛法大意？」師曰：「便會取。」

問：「古人才見人恁麽來，便叫失也。古人意如何？」師曰：「汝不信，但問别人。」

問：「維摩與文殊對談何事？」師曰：「汝不妨聰明。」

問：「法同法性，入諸法故。古意如何？」師曰：「汝是行脚僧。」

問：「如何是解修行底人？」師曰：「汝是什麽人？」曰：「恁麽即不落因果也。」師曰：「莫作野干鳴。」

問：「識本還源時如何？」師曰：「謾語。」

問：「明暗不分時如何？」師曰：「道什麽？」

問：「如何是對境數起底心？」師曰：「恰道著。」

問：「如何是學人本分事？」師曰：「謝指示。」

問：「決擇之次，如履輕冰。如何決擇？」師曰：「待汝疑即道。」曰：「學人即今疑。」師曰：「嚇阿誰！」

問：「從上宗乘如何履踐？」師曰：「雷聲甚大，雨點全無。」

問：「如何是末後句？」師曰：「苦。」

問：「如何是玄言妙旨？」師曰：「用玄言妙旨作什麽？」

問：「如何是直道？」師曰：「恐難副此問。」

問：「承教有言：『佛真法身，猶若虚空。應物現形，如水中月。』如何得恁麽？」師曰：「如何得恁麽？」

問：「教云：『佛以一音演説法，衆生隨類各得解。』學人如何解？」師曰：「汝甚解。」師又曰：「此問已是不會古人語也，因什麽却向伊道『汝甚解』？何處是伊解處？莫是於伊分中便點與伊麽？莫是爲伊不會問却反射伊麽？且素非此理，慎莫錯會。除此兩會，别又如何商量？諸上座若會得此語，也即會得諸聖總持門。且作麽生會？若也會得一音演説，不會隨類各解，恁麽道莫是有過無過説麽？莫錯會好。既不恁麽會，作麽生説一音演説隨類得解？有箇去處始得。每日空上來下去，又不當得人事，且究道眼始得。他古人道：『一切聲是佛聲，一切色是佛色。』何不且恁麽會取？」

僧問：「遠遠尋聲，請師一接。」師曰：「汝尋底是什麽聲？是僧聲？是俗聲？是凡聲？是聖聲？還有會處麽？若也實不會，上座吵吵是聲，吵吵是色，聲色不奈何，莫將爲等閑。上座，若會得即是真實，若不會即是幻化。若也會得即是幻化，若也不會即是真實。他古人亦向上座道『唯我能知』。除此外，别無作計校處。上座，成不成從何而出？是不是從何而出？理無事而不顯，事無理而不消。事理不二，不事不理，不理不事。恁麽注解與上座，若更不會，不如且依古語好。他古人見上座百般不得，所以垂慈向汝道：『將聞持佛佛，何不自聞聞？』無事，珍重！」

景德傳燈録卷第二十九

讚頌偈詩

誌公和尚大乘讚十首　誌公和尚十二時頌十二首　誌公和尚十四科頌　歸宗至真禪師頌一首　香嚴襲燈大師頌十九首　筠州洞山和尚頌一首　潭州龍牙和尚頌一十八首　玄沙宗一大師頌三首　招慶真覺大師頌二首　漳州羅漢和尚明道頌一首　南嶽般舟道場劲和尚覺地頌一首　郢州臨溪和尚入道淺深頌五首　大法眼禪師頌十四首　唐白居易八漸偈八首　同安察禪師玄談十首　雲頂山僧德敷詩一十首　僧潤詩三首

讚頌偈詩

梁寶誌和尚大乘讚十首

大道常在目前，雖在目前難覩。若欲悟道真體，莫除聲色言語。言語即是大道，不假斷除煩惱。煩惱本來空寂，妄情遞相纏繞。一切如影如響，不知何惡何好？有心取相爲實，定知見性不了。若欲作業求佛，業是生死大兆。生死業常隨身，黑闇獄中未曉。悟理本來無異，覺後誰晚誰早？法界量同太虛，衆生智心自小。但能不起吾我，涅槃法食常飽。

妄身臨鏡照影，影與妄身不殊。但欲去影留身，不知身本同虛。身本與影不異，不得一有一無。若欲存一捨一，永與真理相疎。更若愛聖憎凡，生死海裏沈浮。煩惱因心有故，無心煩惱何居？不勞分別取相，自然得道須臾。夢時夢中造作，覺時覺境都無。翻思覺時與夢，顛倒二見不殊。改迷取覺求利，何異販賣商徒？動静兩亡常寂，自然契合真如。若言衆生異佛，迢迢與佛常疎。佛與衆生不二，自然究竟無餘。

法性本來常寂，蕩蕩無有邊畔。安心取捨之間，被他二境迴换。斂容入定坐禪，攝境安心覺觀。機關木人修道，何時得達彼岸？諸法本空無著，境似浮雲會散。忽悟本性元空，恰似熱病得汗。無智人前莫説，打爾色身星散。

報爾衆生直道，非有即是非無。非有非無不二，何須對有論虚？有無妄心立號，一破一箇不居。兩名由爾情作，無情即本真如。若欲存情覓佛，將網山上羅魚。徒費功夫無益，幾許枉用工夫。不解即心即佛，真似騎驢覓驢。一切不憎不愛，遮箇煩惱須除。除之則須除身，除身無佛無因。無佛無因可得，自然無法無人。

大道不由行得，説行權爲凡愚。得理返觀於行，始知枉用工夫。未悟圓通大理，要須言行相扶。不得執他知解，迴光返本全無。有誰解會此説？教君向己推求。自見昔時罪過，除却五欲瘡疣。解脱逍遥自在，隨方賤賣風流。誰是發心買者？亦得似我無憂。

内見外見總惡，佛道魔道俱錯。被此二大波旬，便即厭苦求樂。生死悟本體空，佛魔何處安著？只由妄情分别，前身後身孤薄。輪迴六道不停，結業不能除却。所以流浪生死，皆由横生經略。身本虚無不實，返本是誰斟酌？有無我自能爲，不勞妄心卜度。衆生身同太虚，煩惱何處安著？但無一切希求，煩惱自然消落。

可笑衆生蠢蠢，各執一般異見。但欲傍鏊求餅，不解返本觀麪。麪是正邪之本，由人造作百變。所須任意縱横，不假偏耽愛戀。無著即是解脱，有求又遭羅罥。慈心一切平等，真即菩提自現。若懷彼我二心，對面不見佛面。

世間幾許癡人，將道復欲求道。廣尋諸義紛紜，自救己身不了。專尋他文亂説，自稱至理妙好。徒勞一生虚過，永劫沈淪生老。濁愛纏心不捨，清浄智心自惱。真如法界叢林，返生荆棘荒草。但執黄葉爲金，不悟棄金求寶。所以失念狂走，强力裝持相好。口内誦經誦論，心裏尋常枯槁。一朝覺本心空，具足真如不少。

聲聞心心斷惑，能斷之心是賊。賊賊遞相除遣，何時了本語默？口内誦經千卷，體上問經不識。不解佛法圓通，徒勞尋行數墨。頭陀阿練苦行，希望後身功德。希望即是隔聖，大道何由可得？譬如夢裏度河，船師度過河北。忽覺床上安眠，失却度船軌則。船師及彼度人，兩箇本不相識。衆生迷倒羈絆，往來三界疲極。覺悟生死如夢，一切求心自息。

悟解即是菩提，了本無有階梯。堪歎凡夫傴僂，八十不能跋踄。徒勞一生虚過，不覺日月遷移。向上看他師口，恰似失孀孩兒。道俗崢嶸集聚，終日聽他死語。不觀己身無常，心行貪如狼虎。堪嗟二乘狹劣，要須摧伏六府。不食酒肉五辛，邪眼看他飲咀。更有邪行猖狂，修氣不食鹽醋。若悟上乘至真，不假分别男女。

寶誌和尚十二時頌

平旦寅，狂機内有道人身。窮苦已經無量劫，不信常擎如意珍。若捉物，入迷津，但有纖豪即是塵。不住舊時無相貌，外求知識也非真。

日出卯，用處不須生善巧。縱使神光照有無，起意便遭魔事撓。若施功，終不了，日夜被他人我拗。不用安排只麽從，何曾心地生煩惱？

食時辰，無明本是釋迦身。坐卧不知元是道，只麽忙忙受苦辛。認聲色，覓疎親，只是他家染污人。若擬將心求佛道，問取虚空始出塵。

禺中巳，未了之人教不至。假饒通達祖師言，莫向心頭安了義。只守玄，没文字，認著依前還不是。暫時自肯不追尋，曠劫不遭魔境使。

日南午，四大身中無價寶。陽焰空華不肯抛，作意修行轉辛苦。不曾迷，莫求悟，任爾朝陽幾迴暮。有相身中無相身，無明路上無生路。

日昳未，心地何曾安了義？他家文字没親疎，莫起工夫求的意。任縱横，絶忌諱，長在人間不居世〔一〕。運用不離聲色中，歷劫何曾暫抛棄？

晡時申，學道先須不厭貧。有相本來權積聚，無形何用要安真？作净潔，却勞神，莫認愚癡作近鄰。言下不求無處所，暫時唤作出家人。

日入酉，虚幻聲音終不久。禪悦珍羞尚不餐，誰能更飲無明酒？没可抛，無物守，蕩蕩

〔一〕「世」，四部本、趙城本作「止」。

逍遥不曾有。縱爾多聞達古今，也是癡狂外邊走。

黄昏戌，狂子興功投暗室。假使心通無量時，歷劫何曾異今日？擬商量，却啾唧，轉使心頭黑如漆。晝夜舒光照有無，癡人唤作波羅蜜。

人定亥，勇猛精進成懈怠。不起纖豪修學心，無相光中常自在。超釋迦，越祖代，心有微塵還窒閡。廓然無事頓清閑，他家自有通人愛。

夜半子，心住無生即生死。生死何曾屬有無？用時便用没文字。祖師言，外邊事，識取起時還不是。作意搜求實没蹤，生死魔來任相試。

鷄鳴丑，一顆圓珠明已久。内外接尋覓總無，境上施爲渾大有。不見頭，又無手，世界壞時渠不朽。未了之人聽一言，只遮如今誰動口？

誌公和尚十四科頌

菩提煩惱不二

衆生不解修道，便欲斷除煩惱。煩惱本來空寂，將道更欲覓道。一念之心即是，何須別處尋討？大道曉在目前，迷倒愚人不了。佛性天真自然，亦無因緣修造。不識三毒虚假，妄執浮沈生老。昔時迷日一作「未」〔一〕。爲晚，今日始覺非早。

持犯不二

丈夫運用無礙，不爲戒律所制。持犯本自無生，愚人被他禁繫。智者造作皆空，聲聞觸途爲滯。大士肉眼圓通，二乘天眼有翳。空中妄執有無，不達色心無礙。菩薩與俗同居，清凈曾無染世。愚人貪著涅槃，智者生死實際。法性空無言説，緣起略無人子。一本作「爲兹偈」〔二〕。百歲無智小兒，小兒有智百歲。

佛與衆生不二

衆生與佛無殊，大智不異於愚。何須向外求寶？身田自有明珠。正道邪道不二，了知

〔一〕四部本、趙城本無此小注。
〔二〕四部本、趙城本無此小注。

凡聖同途。迷悟本無差別，涅槃生死一如。究竟攀緣空寂，惟求意想清虛。無有一法可得，翛然自入無餘。

事理不二

心王自在翛然，法性本無十纏。一切無非佛事，何須攝念坐禪？妄想本來空寂，不用斷除攀緣。智者無心可得，自然無争無喧。不識無爲大道，何時得證幽玄？佛與衆生一種，衆生即是世尊。凡夫妄生分別，無中執有迷奔。了達貪瞋空寂，何處不是真門？

静亂不二

聲聞厭諠求静，猶如棄麪求餅。餅即從來是麪，造作隨人百變。煩惱即是菩提，無心即是無境。生死不異涅槃，貪瞋如焰如影。智者無心求佛，愚人執邪執正。徒勞空過一生，不見如來妙頂。了達婬慾性空，鑊湯鑪炭自冷。

善惡不二

我自身心快樂，翛然無善無惡。法身自在無方，觸目無非正覺。六塵本來空寂，凡夫妄生執著。涅槃生死平等，四海阿誰厚薄？無爲大道自然，不用將心畫度。菩薩散誕靈通，所作常含妙覺。聲聞執法坐禪，如蠶吐絲自縛。法性本來圓明，病愈何須執藥？了知諸法平等，倏然清虚快樂。

色空不二

法性本無青黄，衆生謾造文章。吾我説他止觀，自意擾擾顛狂。不識圓通妙理，何時得會真常？自疾不能治療，却教他人藥方。外看將爲是善，心内猶若豺狼。愚人畏其地獄，智者不異天堂。對境心常不起，舉足皆是道場。佛與衆生不二，衆生自作分張。若欲除却三毒，迢迢不離災殃。智者知心是佛，愚人樂往西方。

生死不二

世間諸法如幻，生死猶若雷電。法身自在圓通，出入山河無間。顛倒妄想本空，般若無迷無亂。三毒本自解脱，何須攝念禪觀？只爲愚人不了，從他戒律決斷。不識寂滅真如，何時得登彼岸？智者無惡可斷，運用隨心合散。法性本來空寂，不爲生死所絆。若欲斷除煩惱，此是無明癡漢。煩惱即是菩提，何用別求禪觀？實際無佛無魔，心體無形無段。

斷除不二

丈夫運用堂堂，逍遥自在無妨。一切不能爲害，堅固猶若金剛。不著二邊中道，倏然非斷非常。五欲貪瞋是佛，地獄不異天堂。愚人妄生分別，流浪生死猖狂。智者達色無礙，聲聞無不恓惶。法性本無瑕翳，衆生妄執青黄。如來引接迷愚，或説地獄天堂。彌勒身中自有，何須别處思量？棄却真如佛像，此人即是顛狂。聲聞心中不了，唯只趁逐言章。言章本非真道，轉加鬪争剛彊。心裏蚖蛇蝮蝎，螫著便即遭傷。不解文中取義，何時得會真常？死入無間地獄，神識枉受災殃。

真俗不二

法師説法極好，心中不離煩惱。口談文字化他，轉更增他生老。真妄本來不二，凡夫棄妄覓道。四衆雲集聽講，高座論義浩浩。南座北座相争，四衆爲言爲好。雖然口談甘露，心裏尋常枯燥。自己元無一錢，日夜數他珍寶。恰似無智愚人，棄却真金擔草。心中三毒不捨，未審何時得道？

解縛不二

律師持律自縛，自縛亦能縛他。外作威儀恬静，心内恰似洪波。不駕生死船筏，如何度得愛河？不解真宗正理，邪見言辭繁多。有二比丘犯律，便却往問優波。優波依律説罪，轉增比丘網羅。方丈室中居士，維摩便即來訶。優波默然無對，净名説法無過。而彼戒性如空，不在内外娑婆。勸除生滅不肯，忽悟還同釋迦。

境照不二

禪師體離無明，煩惱從何處生？地獄天堂一相，涅槃生死空名。亦無貪瞋可斷，亦無佛道可成。衆生與佛平等，自然聖智惺惺。不爲六塵所染，句句獨契無生。正覺一念玄解，三世坦然皆平。非法非律自制，翛然真入圓成。絶此四句百非，如空無作無依。

運用無礙

我今滔滔自在，不羨公王卿宰。四時猶若金剛，苦樂心常不改。法寶喻於須彌，智慧廣於江海。不爲八風所牽，亦無精進懈怠。任性浮沈若顛，散誕縱横自在。遮莫刀劍臨頭，我自安然不采。

迷悟不二

迷時以空爲色，悟即以色爲空。迷悟本無差别，色空究竟還同。愚人唤南作北，智者達無西東。欲覓如來妙理，常在一念之中。陽焰本非其水，渴鹿狂趁怱怱。自身虚假不實，將空更欲覓空。世人迷倒至甚，如犬吠雷叿叿。

歸宗至真禪師智常頌一首

歸宗事理絶，日輪正當午。自在如師子，不與物依怙。獨步四山頂，優游三大路。欠呿飛禽墜，嚬呻衆邪怖。機竪箭易及，影没手難覆。施張若工伎，裁剪如尺度。巧鏤萬般名，歸宗還似土。語默音聲絶，旨妙情難措。棄箇眼還聾，取箇耳還聵。一鏃破三關，分明箭後路。可憐大丈夫，先天爲心祖。體字函涅槃經二十七卷：「真師子王晨朝出穴，嚬呻欠呿。」

香嚴襲燈大師智閑頌一十九首

授指

古人骨，多靈異。賢子孫，密安置。此一門，成孝義。人未達，莫差池。須志固，遺狐疑。得安静，不傾危。向即遠，求即離。取即急，失即遲。無計校，忘覺知。濁流識，今古僞。一刹那，通變異。嵯峨山，石火氣。内裏發，焚巔崖。無遮攔，燒海底。法網疎，靈焰細。六月卧，去衣被。蓋不得，無假僞。達道人，唱祖意。我師宗，古來諱。唯此人，善安置。足法財，具慚愧。不虚施，用處諦。有人問，少呵氣。更審來，説米貴。

最後語

有一語，全規矩。休思惟，不自許。路逢達道人，揚眉省來處。蹋不著，多疑慮。却思看，帶伴侶。一生參學事無成，殷勤抱得旃檀樹。

暢玄與崔大夫

達人多隱顯，不定露形儀。語下不遺迹，密密潛護持。動容揚古路，明妙乃方知。應物但施設，莫道不思議。

達道場與城陰行者

理奥絶思量，根尋徑路長。因兹知隔闊，無那被封疆。人生須特達，起坐覺馨香。清净如來子，安然坐道場。

與薛判官

一滴滴水，一焰焰火。飲水人醉，向火人老。不飲不向，無復安卧。拗折弓箭，蹋倒射垛。若人要知，先去鉤錐。人須問我，我是阿誰？快道！快道！

與臨濡縣行者

丈夫咄哉，久被塵埋。我因今日，得入山來。揚眉示我，因兹眼開。老僧手風，書處龍鍾。語下有意，的出樊籠。

顯旨

思遠神儀奥，精虚履踐通。見聞離影像，密際語前蹤。得意塵中妙，投機露道容。藏明照警覺，肯可達真宗。

三句後意

書出語多虛，虛中帶有無。却向書前會，放却意中珠。

答鄭郎中問二首

語中埋迹，聲前露容。即時妙會，古人同風。嚮應機宜，無自他宗。訶起駃蟒，奮迅成龍。

語裹埋筋骨，音聲染道容。即時才妙會，拍手趁乖龍。

譚道

的的無兼帶，獨運何依賴？路逢達道人，莫將語默對。

與學人玄機

妙旨迅速，言説來遲。才隨語會，迷却神機。揚眉當問，對面熙怡。是何境界？同道方知。

明道

思思似有蹤，明明不知處。借問示宗賓，徐徐暗迴顧。

玄旨

去去無標的，來來只麽來。有人相借問，不語笑哈哈。

與鄧州行者

林下覺身愚，緣不帶心珠。開口無言説，筆頭無可書。人問香嚴旨，莫道在山居。

三跳後

三門前合掌，兩廊下行道。中庭上作舞，後門外摇頭。

上根

咄哉莫錯，頓爾無覺。空處發言，龍驚一著。小語呼召，妙絶名貌。巍巍道流，無可披剥。

破法身見

向上無父孃，向下無男女。獨自一箇身，切須了却去。聞我有此言，人人競來取。對他一句子，不話無言語。

獨脚

子啐母啄，子覺無縠。母子俱亡，應緣不錯。同道唱和，妙云獨脚。

洞山和尚良价頌一首

無心合道

道無心合人，人無心合道。欲識箇中意，一老一不老。

龍牙和尚居遁頌一十八首

龍牙山裏龍，形非世間色。世上畫龍人，巧巧描不得。唯有識龍人，一見便心息。

唯念門前樹，能容鳥泊飛。來者無心喚，騰身不慕歸。若人心似樹，與道不相違。

一得無心便道情，六門休歇不勞形。有緣不是余朋友，無用雙眉却弟兄。

悟了還同未悟人，無心勝負自安神。從前古德稱貧道，向此門中有幾人？

學道先須有悟由，還如曾鬬快龍舟。雖然舊閣於空地，一度贏來方始休。

心空不及道空安，道與心空狀一般。參玄不是道空士，一乍相逢不易看。

自小從師學祖宗，閑華猶似纏人蜂。僧真不假居雲外，得後知無色自空。

學道無端學畫龍，元來未得筆頭蹤。一朝體得真龍後，方覺從前枉用功。

成佛人希念佛多，念來歲久却成魔。君今欲得自成佛，無念之人不較多。

在夢那知夢是虛，覺來方覺夢中無。迷時恰是夢中事，悟後還同睡起夫。

學道蒙師指〔一〕却閑，無中有路隱人間。饒君講得千經論，一句臨機下口難。

菩薩聲聞未盡空，人天來往訪真宗。争如佛是無疑士，端坐無心只麼通。

〔一〕「指」，原作「詣」，據四部本、趙城本改。

此生不息息何時？息在今生共要知。心息只緣無妄想，妄除心息是休時。

迷人未了勸盲聾，土上加泥更一重。悟人有意同迷意，只在迷中迷不逢。

夫人學道莫貪求，萬事無心道合頭。無心始體無心道，體得無心道亦休。

眉間毫相焰光身，事見争如理見親？事有只因於理有，理權方便化天人。一朝大悟俱消却，方得名爲無事人。

人情濃厚道情微，道用人情世豈知？空有人情無道用，人情能得幾多時？

尋牛須訪迹，學道訪無心。迹在牛還在，無心道易尋。

玄沙師備宗一大師頌三首

玄沙遊徑別，時人切須知。三冬陽氣盛，六月降霜時。有語非關舌，無言切要辭。會我最後句，出世少人知。

奇哉一靈叟，那頓許吺吺。音兜。風起引筌篌，迷子争頭湊。設使總不是，蝦蟇大張口。開口不開口，終是犯靈叟。欲識箇中意，南星真北斗。

萬里神光頂後相，没頂之時何處望？事已成，意亦休，此箇從來觸處周。智者聊聞猛提取，莫待須臾失却頭。

招慶省僜真覺大師頌二首

示執坐禪者

大道分明絶點塵，何須長坐始相親？遇緣儻解無非是，處憒那能有故新？散誕肯齊支遁侶，逍遥曷與慧休鄰？或遊泉石或闤闠，可謂煙霞物外人。

示坐禪方便

四威儀内坐爲先，澄濾身心漸坦然。瞥爾有緣隨濁界，當須莫續是天年。修持只話從功路，至理寧論在那邊？一切時中常管帶，因緣相湊豁通玄。

漳州羅漢桂琛和尚明道頌一首

至道淵曠，勿以言宣。言宣非指，孰云有是？觸處皆渠，豈喻真虚？真虚設辨，如鏡中現。有無雖彰，在處無傷。無傷無在，何拘何閡？不假功成，將何法爾？法爾不爾，俱爲脣齒。若以斯陳，埋没宗旨。宗非意陳，無以見聞。見聞不脱，如水中月。於此不明，翻爲剩法。一法有形，翳汝眼睛。眼睛不明，世界峥嶸。我宗奇特，當陽顯赫。佛及衆生，皆承恩力。不在低頭，思量難得。摎破面門，覆蓋乾坤。快須薦取，脱却根塵。其如不曉，謾説而今。

南嶽惟勁禪師覺地頌一首七言

略明覺地名同異，起復初終互换生。性海首建增名號，妙覺還依性覺明。體覺俱含於明妙，明覺妙覺並雙行。妙覺覺妙元明體，全成無漏一真精。明覺覺明明所了，或因了相失元明。明妙二覺宗體覺，體覺性覺二同明。湛覺圓圓無增減，此中無佛與衆生。不覺始終非了了，不聞迷悟豈惺惺？是稱心地如來藏，亦無覺照及無生。非生非滅真如海，湛然常住名無名。太虛未覺生霞點，豈聞微塵有漏聲？空漚匪離於覺誨，動寂元是一真明。覺明體爾含靈焰，覺明逐焰致虧盈。差之不返名無覺，會之復本始覺生。本覺由因始覺生，正覺還依合覺明。由他二種成差互，遂令渾作賴耶名。具含染浄雙岐路，覺明含處異途萌。性起無生不動智，不離覺體本圓成。性起轉覺翻生所，遂令有漏墮迷盲。無明因愛相滋潤，名色根本漸次生。七識轉處蒙圓鏡，五六生時蔽覺明。觸受有取相依起，生老病死繼續行。業識茫茫没苦海，徇流浩浩逐飄零。大聖慈悲興救濟，一聲用處出三聲。智身由從法身起，行身還約智身生。智行二身融無二，還歸一體本來平。萬有齊含真海印，一心普現總圓明。湛光焰焰何依止？空性蕩蕩無所停。處處示生無生相，處處示滅無滅形。珠鏡頓印無來往，浮雲聚散勿常程。出没任真同水月，應緣如響化群情。衆生性地元無染，只緣浮妄翳真精。不了五陰如空聚，豈知四大若乾城？我慢癡山高屹屹，無明欲海杳溟溟。每逐旃陀憍誑友，常隨猛獸作悲鳴。自性轉識翻爲幻，自心幻境自心驚。了此幻性同陽焰，空華識浪復圓成。太虛忽覺浮雲散，始覺虛空本自清。今古湛然常皎瑩，不得古今凡聖名。

郢州臨谿敬脱和尚入道淺深頌五首

露柱聲聲喚，猢猻繩子絆。中下莫知由，上士方堪看。

露柱不聲喚，猢猻繩子斷。上士笑呵呵，中流若爲見？

猢猻與露柱，未免東西步。任唱太平歌，徒話超佛祖。

我見匠者誇，語默玄妙句。不善本根源，巧布祇園事。

少室與摩竭，第代稱揚許。我今問汝徒，誰作將來主？

大法眼禪師文益頌十四首

三界唯心

三界唯心，萬法唯識。唯識唯心，眼聲耳色。色不到耳，聲何觸眼？眼色耳聲，萬法成辦。萬法匪緣，豈觀如幻？大地山河，誰堅誰變？

華嚴六相義

華嚴六相義，同中還有異。異若異於同，全非諸佛意。諸佛意總别，何曾有同異？男子身中入定時，女子身中不留意。不留意，絶名字，萬象明明無理事。

瞻須菩提

須菩提，貌古奇。説空法，法不離。信不及，又懷疑。信得及，復何之？倚筇杖，視東西。

街鼓鳴

鼓鼕鼕，運大功。滿朝人，道路通。道路通，何所至？達者莫言登寶地。

示捨棄慕道

東堂不折桂，南華不學仙。却來乾竺寺，披衣效坐禪。禪若效坐得，非想亦何偏？經劫守閑，不出生死。爲報參禪者，須悟道中玄。如何道中玄？真規自宛然。

金剛經爲人輕賤章詮云：「持經者，證佛地也。」

寶劍不失，虚舟不刻。不失不刻，彼子爲得。倚待不堪，孤然仍則。鳥迹虚空，有無彌忒。思之。

僧問隨色摩尼珠

摩尼不隨色，色裏勿摩尼。摩尼與衆色，不合不分離。

牛頭庵

國城南，祖師庵。庵舊址，依雲嵐。獸馴淑，人相參。忽有心，終不堪。

乾闥婆城

乾闥婆城，法法皆爾。法爾不爾，名相真軌。日煖月涼，海深山起。乾闥婆城，是非亡矣。

因僧看經

今人看古教，不免心中鬧。欲免心中鬧，但知看古教。

問僧云會麽對不會

會與不會，與汝面對。若也面對，真箇不會。

庭柏盆蓮

一朵菡萏蓮，兩株青瘦柏。長向僧家庭，何勞問高格？

正月偶示

正月春，順時節。情有無，皆含悦。君要知，得誰力？更問誰？教誰決？

寄鍾陵光僧正

西山巍巍兮聳碧，漳水澄澄兮練色，對現分明有何極？

白居易八漸偈并序

唐貞元十九年秋八月，有大師曰凝公，遷化于東都聖善寺鉢塔院。越明年春二月，有東來客白居易作八漸偈，偈六句，句四言，贊之。初，居易嘗求心要於師，師賜我言焉：「曰觀，曰覺，曰定，曰慧，曰明，曰通，曰濟，曰捨。」繇是入於耳，貫於心。嗚呼！今師之報身則化，師之八言不化。至哉！八言實無生忍觀之漸門也。故自「觀」至「捨」，次而贊之，廣一言爲一偈，謂之八漸偈。蓋欲以發揮師之心教，且明居易不敢失墜也。既而升于堂，禮于床，跪而唱泣而去。偈曰：

觀

以心中眼，觀心外相。從何而有？從何而喪？觀之又觀，則辨真妄。

覺

惟真常在，爲妄所蒙。真妄苟辨，覺生其中。不離妄有，而得真空。

定

真若不滅，妄即不起。六根之源，湛如止水。是爲禪定，乃脱生死。

慧

專之以定，定猶有繫。濟之以慧，慧則無滯。如珠在盤，盤定珠慧。

明

定慧相合，合而後明。照彼萬物，物無遁形。如大圓鏡，有應無情。

通

慧至乃明，明則不昧。明至乃通，通則無礙。無礙者何？變化自在。

濟

通力不常，應念而變。變相非有，隨求而見。是大慈悲，以一濟萬。

捨

衆苦既濟，大悲亦捨。苦既非真，悲亦是假。是故衆生，實無度者。

同安察禪師十玄談并序〔一〕

夫玄談妙句，迥出三乘。既不混緣，亦非獨立。當臺應用，如朗月以晶空。轉影泯機，

〔一〕四部本、趙城本作「詩八首同安禪師」，無序，並缺祖意、轉位兩詩，其中原因如序後小注所云。

似明珠而隱海。且學徒有等，妙理無窮。達事者稀，迷源者衆。森羅萬象，物物上明。或即理事雙祛，名言俱喪。是以慇懃指月，莫錯端倪。不迷透水之針，可付開拳之寶。略序微言，以彰事理。卿公事苑云：「叢林所行十玄談，皆無序引。愚曩游廬阜，得其序於同安影堂，今録之云耳。」

心印

問君心印作何顔？心印何人敢授傳？歷劫坦然無異色，呼爲心印早虚言。須知本自虚空性，將喻紅爐火裏蓮。莫謂無心云是道，無心猶隔一重關。

祖意

祖意如空不是空，靈機争墮有無功。三賢固未明斯旨，十聖那能達此宗。透網金鱗猶滯水，回途石馬出沙籠。慇懃爲説西來意，莫問西來及與東。

玄機

迢迢空劫勿能收，豈爲塵機作繫留？妙體本來無處所，通身何更有蹤由？靈然一句超群象，逈出三乘不假修。撒手那邊千聖外，迴程堪作火中牛。

塵異

濁者自濁清者清，菩提煩惱等空平。誰言卞璧無人鑒？我道驪珠到處晶。萬法泯時全體現，三乘分別强安名。丈夫皆有衝天志，莫向如來行處行。

演教

三乘〔一〕次第演金言，三世如來亦共宣。初説有空人盡執，後非空有衆皆緣。龍宫滿藏醫方義，鶴樹終談理未玄。真净界中纔一念，閻浮早已八千年。

達本

勿於中路事空王，策杖還須達本鄉。雲水隔時君莫住，雪山深處我非忘〔二〕。尋思去日顔如玉，嗟歎迴來鬢似霜。撒手到家人不識，更無一物獻尊堂。

還源

返本還源事已差，本來無住不名家。萬年松逕雪深覆，一帶峯巒雲更遮。賓主穆時全是妄，君臣合處正中邪。還鄉曲調如何唱？明月堂前枯樹華。

迴機

涅槃城裏尚猶危，陌路相逢没定〔三〕期。權挂垢衣云是佛，却裝珍御復名誰？木人夜

〔一〕「乘」，四部本、趙城本作「時」。
〔二〕「忘」，四部本、趙城本作「忙」。
〔三〕「定」，四部本、趙城本作「了」。

半穿靴去，石女天明戴帽歸。萬古碧潭空界月，再三撈漉始應知。

轉位

披毛戴角入鄽來，優鉢羅華火裏開。煩惱海中爲雨露，無明山上作雲雷。鑊湯爐炭吹教滅，劍樹刀山喝使摧。金鎖玄關留不住，行於異類且輪迴。

一色

枯木巖前差路多，行人到此盡蹉跎。鷺鷥立雪非同色，明月蘆華不似他。了了了時無可〔一〕了，玄玄玄處亦須訶。殷勤爲唱玄中曲，空裏蟾光撮得麽？

雲頂山僧德敷詩十首

語默難測

閑坐冥然聖莫知，縱言無物比方伊。石人把板雲中拍，木女含笙水底吹。若道不聞渠未曉，欲尋其響爾還疑。教君唱和仍須和，休問宫商竹與絲。

祖教迴異

祖意迴然傳一句，教中廣布引三乘。净名倒嶽雷聲吼，鶖子孤潭月影澄。鄽市賣魚忘

〔一〕「可」，四部本、趙城本作「所」。

進趣，叢林飼虎望超升。雖知同體權方便，也似炎天日裏燈。

學雖得妙

棲心學道數如塵，認得曹谿有幾人？若使聖凡無罣礙，便應甎瓦是修真。瞥然一念邪思起，已屬多生放逸因。不遇祖師親指的，臨機開口卒難陳。

問來衹對不得

莫誇衹對句分明，執句尋言誤殺卿。只合文殊便是道，虧他居士杳無聲。見人須棄敲門物，知路仍忘堠子名。儻若不疑言會盡，何妨默默默浮生。

無指的

不居南北與東西，上下虛空豈可齊？現小毛頭猶道廣，變長天外尚嫌低。頓乾四海紅塵起，能竭三塗黑業迷。如此萬般皆屬壞，更須前進問曹谿。

自樂僻執

雖然僻執不風流，懶出松門數十秋。合掌有時慵問佛，折腰誰肯見王侯？電光夢世非堅久，欲火蒼生早晚休。自蘊本來靈覺性，不能暫使挂心頭。

問答須知起倒

問答須教知起倒，龍頭蛇尾自欺謾。如王秉劍猶王意，似鏡當臺待鏡觀。眨眼參差千里莽，低頭思慮萬重灘。各於此道爭深見，何啻前程作野干？

言行相扶

言語行時不易行，如烏如兔兩光明。寧關晝夜精勤得？非是貪瞋懈怠生。菩薩尚猶難説到，聲聞焉敢擬論評？然無地位長閑坐，誰料龍神來捧迎？

一句子

一句子玄不可盡，颯然會了奈渠何？非干世事成無事，祖教心魔是佛魔。貧子喻中明此道，獻珠偈裏顯張羅。空門有路平兼廣，痛切相招誰肯過？

古今大意

古今以拂示東南，大意幽微肯易參。動指掩頭元是一，斜眸拊掌固非三。道吾無笏同人會，石鞏彎弓作者諳。此理若無師印授，欲將何見語玄談？

僧潤詩三首

因覽寶林傳

祖月禪風集寶林，二千餘載道堪尋。雖分西國與東國，不隔人心到佛心。迦葉最初傳去盛，慧能末後得來深。覽斯頓悟超凡衆，嗟彼常迷古與今。

贈道者

一語真空出世間，可憐迷者蟻[一]循環。此生勝坐三禪樂，好句長吟萬事閑。秋月圓來看盡夜，野雲散去落何山？到頭自了方爲了，休執他經扣祖關。

贈禪客

了妄歸真萬慮空，河沙凡聖體通同。迷來盡似蛾投焰，悟去皆如鶴出籠。片月影分千澗水，孤松聲任四時風。直須密契心心地，休苦勞生睡夢中。

［一］「蟻」，原作「螘」，據四部本、趙城本改。

景德傳燈録卷第三十

銘記箴歌

傅大士心王銘　三祖僧璨大師信心銘　牛頭山初祖法融禪師心銘　僧亡名息心銘

菩提達磨略辨大乘入道四行弟子曇琳序　荷澤大師顯宗記　南嶽石頭大師參同契

五臺山鎮國大師澄觀答皇太子問心要　杭州五雲和尚坐禪箴　永嘉真覺大師證道歌　騰騰和尚了元歌　南嶽懶瓚和尚歌　石頭和尚草庵歌　道吾和尚樂道歌　一鉢歌別録云杯渡禪師作　樂普和尚浮漚歌　蘇谿和尚牧護歌　法燈禪師古鏡歌三首

潭州龍會道尋遍參三昧歌　丹霞和尚翫珠吟二首　關南長老獲珠吟　香嚴和尚勵覺吟歸寂吟二首　韶山和尚心珠歌

銘記箴歌

傅大士心王銘

觀心空王，玄妙難測。無形無相，有大神力。能滅千災，成就萬德。體性雖空，能施法則。觀之無形，呼之有聲。爲大法將，心戒傳經。水中鹽味，色裏膠清。決定是有，不見其形。心王亦爾，身内居停。面門出入，應物隨情。自在無礙，所作皆成。了本識心，識心見佛。是心是佛，是佛是心。念念佛心，佛心念佛。欲得早成，戒心自律。净律净心，心即是佛。除此心王，更無别佛。欲求成佛，莫染一物。心性雖空，貪瞋體實。入此法門，端坐成佛。到彼岸已，得波羅蜜。慕道真士，自觀自心。知佛在内，不向外尋。即心即佛，即佛即心。心明識佛，曉了識心。離心非佛，離佛非心。非佛莫測，無所堪任。執空滯寂，於此漂沈。諸佛菩薩，非此安心。明心大士，悟此玄音。身心性妙，用無更改。是故智者，放心自在。莫言心王，空無體性。能使色身，作邪作正。非有非無，隱顯不定。心性離空，能凡能聖。是故相勸，好自防慎。刹邦造作，還復漂沈。清净心智，如世黄金。般若法藏，並在身心。無爲法寶，非淺非深。諸佛菩薩，了此本心。有緣遇者，非去來今。

三祖僧璨大師信心銘

至道無難，唯嫌揀擇。但莫憎愛，洞然明白。豪釐有差，天地懸隔。欲得現前，莫存順逆。違順相争，是爲心病。不識玄旨，徒勞念静。圓同太虚，無欠無餘。良由取捨，所以不如。莫逐有緣，勿住空忍。一種平懷，泯然自盡。止動歸止，止更彌動。唯滯兩邊，寧知一種？一種不通，兩處失功。遣有没有，從空背空。多言多慮，轉不相應。絶言絶慮，無處不通。歸根得旨，隨照失宗。須臾返照，勝却前空。前空轉變，皆由妄見。不用求真，唯須息見。二見不住，慎莫追尋。才有是非，紛然失心。二由一有，一亦莫守。一心不生，萬法無咎。無咎無法，不生不心。能隨境滅，境逐能沈。境由能境，能由境能。欲知兩段，元是一空。一空同兩，齊含萬象。不見精麄，寧有偏黨？大道體寬，無易無難。小見狐疑，轉急轉遲。執之失度，必入邪路。放之自然，體無去住。任性合道，逍遥絶惱。繫念乖真，昏沈不好。不好勞神，何用疎親。欲取一乘，勿惡六塵。六塵不惡，還同正覺。智者無爲，愚人自縛。法無異法，妄自愛著。將心用心，豈非大錯？迷生寂亂，悟無好惡。一切二邊，良由斟酌。夢幻虚華，何勞把捉？得失是非，一時放却。眼若不睡，諸夢自除。心若不異，萬法一如。一如體玄，兀爾忘緣。萬法齊觀，歸復自然。泯其所以，不可方比。止動無動，動止無止。兩既不成，一何有爾？究竟窮極，不存軌則。契心平等，所作俱息。狐疑盡净，正信調直。一切不留，無可記憶。虚明自照，不勞心力。非思量處，識情難測。真如法界，無他無自。要急相應，唯言不二。不二皆同，無不包容。十方智者，皆入此宗。宗非促延，一念萬年。無在不在，十方目前。極小同大，忘絶境界。極大同小，不見邊表。有即是無，無即是有。若不如此，必不須守。一即一切，一切即一。但能如是，何慮不畢？信心不二，不二信心。言語道斷，非去來今。

牛頭山初祖法融禪師心銘

心性不生，何須知見？本無一法，誰論熏鍊？往返無端，追尋不見。一切莫作，明寂自現。前際如空，知處迷宗。分明照境，隨照冥蒙。一心有滯，諸法不通。去來自爾，胡假推窮？生無生相，生照一同。欲得心浄，無心用功。縱横無照，最爲微妙。知法無知，無知知要。將心守静，猶未離病。生死忘懷，即是本性。至理無詮，非解非纏。靈通應物，常在目前。目前無物，無物宛然。不勞智鑒，體自虚玄。念起念滅，前後無別。後念不生，前念自絶。三世無物，無心無佛。衆生無心，依無心出。分别凡聖，煩惱轉盛。計校乖常，求真背正。雙泯對治，湛然明浄。不須功巧，守嬰兒行。惺惺了知，見網轉彌。寂寂無見，暗室不移。惺惺無妄，寂寂明亮。萬象常真，森羅一相。去來坐立，一切莫執。決定無方，誰爲出入？無合無散，不遲不疾。明寂自然，不可言及。心無異心，不斷貪淫。性空自離，任運浮沈。非清非濁，非淺非深。本來非古，見在非今。見在無住，見在本心。本來不存，本來即今。菩提本有，不須用守。煩惱本無，不須用除。靈知自照，萬法歸如。無歸無受，絶觀忘守。四德不生，三身本有。六根對境，分別非識。一心無妄，萬緣調直。心性本齊，同居不攜。無生順物，隨處幽棲。覺由不覺，即覺無覺。得失兩邊，誰論好惡？一切有爲，本無造作。知心不心，無病無藥。迷時捨事，悟罷非異。本無可取，今何用棄？謂有魔興，言空象備。莫滅凡情，唯教息意。意無心滅，心無行絶。不用證空，自然明徹。滅盡生死，冥心入理。開目見相，心隨境起。心處無境，境處無心。將心滅境，彼此由侵。心寂境如，不遣不拘。境隨心滅，心隨境無。兩處不生，寂静虛明。菩提影現，心水常清。德性如愚，不立親疎。寵辱不變，不擇所居。諸緣頓息，一切不憶。永日如夜，永夜如日。外似頑嚚，内心虛真。對境不動，有力大人。無人無見，無見常現。通達一切，未嘗不遍。思惟轉昏，汩亂精魂。將心止動，轉止轉奔。萬法無所，唯有一門。不入不出，非静非喧〔一〕。聲聞緣覺，智不能論。實無一物，妙智獨存。本際虛冲，非心所窮。正覺無覺，真空不空。三世諸佛，皆乘此宗。此宗豪末，沙界含容。一切莫顧，安心無處。無處安心，虛明自露。寂静不生，放曠縱横。所作無滯，去住皆平。慧日寂寂，定光明明。照無相苑，朗涅槃城。諸緣忘畢，詮神定質。不起法座，安眠虛室。樂道恬然，優遊真實。無爲無得，依無自出。四等六度，同

〔一〕「喧」，原作「暄」，據四部本、趙城本改。

一乘路。心若不生，法無差互。知生無生，現前常住。智者方知，非言詮悟。

僧亡名息心銘

法界有如意寶，人焉久緘其身，銘其膺曰：古之攝心人也，戒之哉！戒之哉！無多慮，無多知。多知多事，不如息意。多慮多失，不如守一。慮多志散，知多心亂。心亂生惱，志散妨道。勿謂何傷，其苦悠長。勿言何畏，其禍鼎沸。滴水不停，四海將盈。纖塵不拂，五嶽將成。防末在本，雖小不輕。關爾七竅，閉爾六情。莫視於色，莫聽於聲。聞聲者聾，見色者盲。一文一藝，空中小蚋。一伎一能，日下孤燈。英賢才藝，是爲愚蔽。捨棄淳朴，耽溺淫麗。識馬易奔，心猿難制。神既勞役，形必損斃。邪行終迷，修途永泥。莫貴才能，日益惛瞢。誇拙羨巧，其德不弘。名厚行薄，其高速崩。内懷憍伐，外致怨憎。或談於口，或書於手。邀人令譽，亦孔之醜。凡謂之吉，聖謂之咎。賞翫暫時，悲哀長久。畏影畏迹，逾遠逾極。端坐樹陰，跡滅影沈。厭生患老，隨思隨造。心想若滅，生死長絶。不死不生，無相無名。一道虚寂，萬物齊平。何貴何賤？何辱何榮？何勝何劣？何重何輕？澄天愧净，皎日慚明。安夫岱嶺，同彼金城。敬貽賢哲，斯道利貞。

菩提達磨略辨大乘入道四行弟子曇琳序

法師者，西域南天竺國是大婆羅門國王第三之子也。神慧疎朗，聞皆曉悟。志存摩訶衍道，故捨素從緇，紹隆聖種。冥心虛寂，通鑒世事。内外俱明，德超世表。悲誨邊隅正教陵替，遂能遠涉山海，遊化漢、魏。忘心之士莫不歸信，存見之流乃生譏謗。于時唯有道育、慧可，此二沙門，年雖後生，俊志高遠，幸逢法師，事之數載，虔恭諮啓，善蒙師意。法師感其精誠，誨以真道，令如是安心，如是發行，如是順物，如是方便。此是大乘安心之法，令無錯謬。如是安心者壁觀，如是發行者四行，如是順物者防護譏嫌，如是方便者遣其不著。此略序所由云爾。

夫入道多途，要而言之，不出二種：一是理入，二是行入。

理入者，謂藉教悟宗，深信含生同一真性，但爲客塵妄想所覆，不能顯了。若也捨妄歸真，凝住壁觀，無自無他，凡聖等一，堅住不移，更不隨於文教，此即與理冥符，無有分别，寂然無爲，名之理入。

行入者，謂四行，其餘諸行悉入此中。何等四耶？一報冤行，二隨緣行，三無所求行，四稱法之行。

云何報冤行？謂修道行人，若受苦時，當自念言：我從往昔無數劫中，棄本從末，流浪諸有，多起冤憎，違害無限。今雖無犯，是我宿殃惡業果熟，非天非人所能見與，甘心忍受都無冤訴。經云：「逢苦不憂。」何以故？識達故。此心生時，與理相應。體冤進道，故説言報冤行。

二隨緣行者，衆生無我，並緣業所轉，苦樂齊受，皆從緣生。若得勝報榮譽等事，是我過去宿因所感，今方得之，緣盡還無，何喜之有？得失從緣，心無增減，喜風不動，冥順於道，是故説言隨緣行也。

三無所求行者，世人長迷，處處貪著，名之爲求。智者悟真，理將俗反，安心無爲，形隨運轉，萬有斯空，無所願樂。功德黑暗，常相隨逐，三界久居，猶如火宅，有身皆苦，誰得而安？了達此處，故捨諸有，息想無求。經云：「有求皆苦，無求乃樂。」判知無求，真爲道行，故言無所求行也。

四稱法行，性浄之理，目之爲法。此理衆相斯空，無染無著，無此無彼。經云：「法無衆生，離衆生垢故。法無有我，離我垢故。」智者若能信解此理，應當稱法而行。法體無慳，於身命財，行檀捨施，心無悋惜，達解三空，不倚不著，但爲去垢，稱化衆生而不取相。此爲自行，復能利他，亦能莊嚴菩提之道。檀施既爾，餘五亦然，爲除妄想，修行六度而無所行，是爲稱法行。

荷澤大師顯宗記

無念爲宗，無作爲本，真空爲體，妙有爲用。夫真如無念，非想念而能知。實相無生，豈色心而能見？無念念者，即念真如。無生生者，即生實相。無住而住，常住涅槃。無行而行，即超彼岸。如如不動，動用無窮。念念無求，求本無念。菩提無得，净五眼而了三身。般若無知，運六通而弘四智。是知即定無定，即慧無慧，即行無行。性等虚空，體同法界。六度自兹圓滿，道品於是無虧。是知我法體空，有無雙泯。心本無作，道常無念。無念無思，無求無得。不彼不此，不去不來。體悟三明，心通八解。功成十力，富有七珍。入不二門，獲一乘理。妙中之妙即妙法身，天中之天乃金剛慧。湛然常寂，應用無方。用而常空，空而常用。用而不有，即是真空。空而不無，便成妙有。妙有即摩訶般若，真空即清净涅槃。般若是涅槃之因，涅槃是般若之果。般若無見，能見涅槃。涅槃無生，能生般若。涅槃般若，名異體同。隨義立名，故云法無定相。涅槃能生般若，即名真佛法身。般若能建涅槃，故號如來知見。知即知心空寂，見即見性無生。知見分明，不一不異。故能動寂常妙，理事皆如如。即處處能通達，即理事無礙。六根不染，即定慧之功。六識不生，即如如之力。心如境謝，境滅心空。心境雙亡，體用不異。真如性浄，慧鑒無窮。如水分千月，能見聞覺知。見聞覺知，而常空寂。空即無相，寂即無生。不被善惡所拘，不被静亂所攝。不厭生死，不樂涅槃。無不能無，有不能有。行住坐卧，心不動摇，一切時中，獲無所得。三世諸佛，教旨如斯。即菩薩慈悲，遞相傳受。

自世尊滅後，西天二十八祖共傳無住之心，同説如來知見。至於達磨，屆此爲初。遞代相承，於今不絶。所傳秘教，要藉得人。如王髻珠，終不妄與。福德智慧，二種莊嚴。行解相應，方能建立。衣爲法信，法是衣宗。唯指衣法相傳，更無别法。内傳心印，印契本心。外傳袈裟，將表宗旨。非衣不傳於法，非法不受於衣。衣是法信之衣，法是無生之法。無生即無虚妄，乃是空寂之心。知空寂而了法身，了法身而真解脱。

南嶽石頭和尚參同契

竺土大仙心，東西密相付。人根有利鈍，道無南北祖。靈源明皎潔，枝派暗流注。執事元是迷，契理亦非悟。門門一切境，迴互不迴互。迴而更相涉，不爾依位住。色本殊質象，聲元異樂苦。暗合上中言，明明清濁句。四大性自復，如子得其母。火熱風動摇，水濕地堅固。眼色耳音聲，鼻香舌鹹醋。然依一一法，依根葉分布。本末須歸宗，尊卑用其語。當明中有暗，勿以暗相遇。當暗中有明，勿以明相覩。明暗各相對，比如前後步。萬物自有功，當言用及處。事存函蓋合，理應箭鋒拄。承言須會宗，勿自立規矩。觸目不會道，運足焉知路？進步非近遠，迷隔山河固。謹白參玄人，光陰莫虛度。

五臺山鎮國大師澄觀答皇太子問心要

至道本乎其心，心法本乎無住。無住心體靈知，不昧性相寂然。包含德用，該攝内外。能深能廣，非有非空。不生不滅，無終無始。求之而不得，棄之而不離。迷現量則惑苦紛然，寤真性則空明廓徹。雖即心即佛，唯證者方知。然有證有知，則慧日沈没於有地。若無照無悟，則昏雲掩蔽於空門。若一念不生，則前後際斷。照體獨立，物我皆如。直造心源，無智無得。不取不捨，無對無修。然迷悟更依，真妄相待。若求真去妄，猶棄影勞形。若體妄即真，似處陰影滅。若無心忘照，則萬慮都捐。若任運寂知，則衆行爰起。放曠任其去住，靜鑒覺其源流。語默不失玄微，動静未離法界。言止則雙亡知寂，論觀則雙照寂知。語證則不可示人，說理則非證不了。是以悟寂無寂，真知無知。以知寂不二之一心，契空有雙融之中道。無住無著，莫攝莫收。是非兩亡，能所雙絶。斯絶亦寂，則般若現前。

般若非心外新生，智性乃本來具足。然本寂不能自現，實由般若之功。般若之與智性，翻覆相成。本智之與始修，實無兩體。雙亡正入，則妙覺圓明。始末該融，則因果交徹。心心作佛，無一心而非佛心。處處成道，無一塵而非佛國。故真妄物我，舉一全收。心佛衆生，渾然齊致。是知迷則人隨於法，法法萬差而人不同。悟則法隨於人，人人一智而融萬境。言窮慮絶，何果何因？體本寂寥，孰同孰異？唯忘懷虚朗，消息沖融。其猶透水月華，虚而可見。無心鑑象，照而常空矣。

杭州五雲和尚坐禪箴

坐不拘身，禪非涉境。拘必乃疲，涉則非静。不涉不拘，真光迴孤。六門齊應，萬行同敷。嗟爾初機，未達玄微。處沈隨掉，能所支離。不有權巧，胡爲對治？驅策抑按，均調惛亂。息慮忘緣，乍同死漢。隨宜合開，靡專壁觀。達磨大師正付法眼外，委示初機修心之要，啓四門四行，匪專一也。馳想頗多，安那鉢那。或掉舉、猛利及惛住等，宜易觀修於數息，或出或入，不得交互。沿流劍閣，無滯木鵝。如火得水，如病得醫。病瘳醫罷，火滅水傾。一念清浄，體寂常靈。是靈是寂，非靈非寂。是非迭生，犯過無極。前滅後興，還如步走。患乎不知，知則無咎。日由背夜，鏡奚照後？此則不然，圓明通透。照而不緣，寂而誰守？萬象瀛漚，太虚閃電。摧壞魔宫，衝倒佛殿。跛者得履，瞽者發見。法界塵寰，齊輪頓現。曠蕩郊鄽，或坐或眠。既明方便，乃號金仙。吾雖强説，爰符聖言。聖言何也？要假重宣。不動不禪，是無生禪。

又云：若學諸三昧，是動非坐禪。心隨境界流，云何名爲定？故知歷代祖，唯傳此一心。祖光既遠大，吾子幸堪任。聊述無言旨，乃曰坐禪箴。

永嘉真覺大師證道歌

君不見，絶學無爲閑道人，不除妄想不求真。無明實性即佛性，幻化空身即法身。法身覺了無一物，本源自性天真佛。五陰浮雲空去來，三毒水泡虚出没。證實相，無人法，刹那滅却阿鼻業。若將妄語誑衆生，自招拔舌塵沙劫。頓覺了，如來禪，六度萬行體中圓。夢裏明明有六趣，覺後空空無大千。無罪福，無損益，寂滅性中莫問覓。比來塵境未曾磨，今日分明須剖析。誰無念？誰無生？若實無生無不生。唤取機關木人問，求佛施功早晚成。放四大，莫把捉，寂滅性中隨飲啄。諸行無常一切空，即是如來大圓覺。決定説，表真乘，有人不肯任情徵。直截根源佛所印，摘葉尋枝我不能。摩尼珠，人不識，如來藏裏親收得。六般神用空不空，一顆圓光色非色。净五眼，得五力，唯證乃知誰可測？鏡裏看形見不難，水中捉月争拈得？常獨行，常獨步，達者同遊涅槃路。調古神清風自高，貌悴骨剛人不顧。窮釋子，口稱貧，實是身貧道不貧。貧則身常披縷褐，道即心藏無價珍。無價珍，用無盡，利物應時終不吝。三身四智體中圓，八解六通心地印。上士一決一切了，中下多聞多不信。但自懷中解垢衣，誰能向外誇精進？從他謗，任他非，把火燒天徒自疲。我聞恰似飲甘露〔一〕，銷融頓入不思議。觀惡言，是功德，此則成吾善知識。不因訕謗起怨親，何表無生慈忍力？宗亦通，説亦通，定慧圓明不滯空。非但我今獨達了，河沙諸佛體皆同。師子吼，無畏説，百獸聞之皆腦裂。香象奔波失却威，天龍寂聽生欣悦。遊江海，涉山川，尋師訪道爲參禪。自從認得曹谿路，了知生死不相干。行亦禪，坐亦禪，語默動静體安然。縱遇鋒刀常坦坦，假饒毒藥也閑閑。我師得見然燈佛，多劫曾爲忍辱仙。幾迴生，幾迴死，生死悠悠無定止。自從頓悟了無生，於諸榮辱何憂喜？入深山，住蘭若，岑崟幽邃長松下。優遊静坐野僧家，闃寂安居實瀟灑。覺即了，不施功，一切有爲法不同。住相布施生天福，猶如仰箭射虚空。勢力盡，箭還墜，招得來生不如意。争似無爲實相門，一超直入如來地。但得本，莫愁末，如凈瑠璃含寶月。既能解此如意珠，自利利他終不竭。江月照，松風吹，永夜清宵何所爲？佛性戒珠心地印，霧露雲霞體上衣。降龍鉢，解虎錫，兩股金鐶鳴歷歷。

〔一〕「露」，原作「靈」，據四部本、趙城本改。

不是標形虚事持，如來實仗親蹤跡。不求真，不斷妄，了知二法空無相。無相無空無不空，即是如來真實相。心鏡明，鑒無礙，廓然瑩徹周沙界。萬象森羅影現中，一顆圓明非内外。豁達空，撥因果，漭漭蕩蕩招殃禍。棄有著空病亦然，還如避溺而投火。捨妄心，取真理，取捨之心成巧僞。學人不了用修行，真成認賊將爲子。損法財，滅功德，莫不由斯心意識。是以禪門了却心，頓入無生智見力。大丈夫，秉慧劍，般若鋒兮金剛焰。非但能摧外道心，早曾落却天魔膽。振法雷，擊法鼓，布慈雲兮灑甘露。龍象蹴蹋潤無邊，三乘五性皆惺悟。雪山肥膩更無雜，純出醍醐我常納。一性圓通一切性，一法遍含一切法。一月普現一切水，一切水月一月攝。諸佛法身入我性，我性還共如來合。一地具足一切地，非色非心非行業。彈指圓成八萬門，刹那滅却阿鼻業。一切數句非數句，與吾靈覺何交涉？不可毁，不可讚，體若虚空勿涯岸。不離當處常湛然，覓則知君不可見。取不得，捨不得，不可得中只麽得。默時説，説時默，大施門開無壅塞。有人問我解何宗？報道摩訶般若力。或是或非人不識，逆行順行天莫測。吾早曾經多劫修，不是等閑相誑惑。建法幢，立宗旨，明明佛勅曹谿是。第一迦葉首傳燈，二十八代西天記。法東流，入此土，菩提達磨爲初祖。六代傳衣天下聞，後人得道何窮數？真不立，妄本空，有無俱遣不空空。二十空門元不著，一性如來體共同。心是根，法是塵，兩種猶如鏡上痕。痕垢盡除光始現，心法雙亡性即真。嗟末法，惡時世，衆生福薄難調制。去聖遠兮邪見深，魔强法弱多怨害。聞説如來頓教門，恨不滅除令瓦碎。作在心，殃在身，不須怨訴更尤人。欲得不招無間業，莫謗如來正法輪。旃檀林，無雜樹，鬱密深沈師子住。境静林間獨自遊，走獸飛禽皆遠去。獅子兒，衆隨後，三歲即能大哮吼。若是野干逐法王，百年妖怪虚開口。圓頓教，勿人情，有疑不決直須爭。不是山僧逞人我，修行恐落斷常坑。非不非，是不是，差之毫釐失千里。是即龍女頓成佛，非即善星生陷墜。吾早年來積學問，亦曾討疏尋經論。分别名相不知休，入海算沙徒自困。却被如來苦訶責，數他珍寶有何益？從來蹭蹬覺虚行，多年枉作風塵客。種性邪，錯知解，不達如來圓頓制。二乘精進没道心，外道聰明無智慧。亦愚癡，亦小騃，空拳指上生實解。執指爲月枉施功，根境法中虚捏怪。不見一法即如來，方得名爲觀自在。了即業障本來空，未了還須償宿債。飢逢王饍不能餐，病遇醫王争得差？在欲行禪知見力，火中生蓮終不壞。勇施犯重悟無生，早時成佛于今在。師子吼，無畏説，深嗟懵懂頑皮靼。多達切。只知犯重障菩提，不見如來開秘訣。有二比丘犯婬殺，波離螢光增罪結。維摩大士頓除疑，還同赫日銷霜雪。不思議，解脱力，此即成吾善知識。四事供養敢辭勞？萬兩黄金亦銷得。粉骨碎身未足醻，一句了然超百億。法中王，最高勝，河沙如來同共證。我今解此如意珠，信受之者皆相應。了了見，無一物，亦無人，亦無佛。大千世界海中漚，一切聖賢如電拂。假使鐵輪頂上旋，定慧圓明終不失。日可冷，月可熱，衆魔不能壞真説。象駕峥嶸謾進途，誰見螗蜋能拒轍？大象不遊於兔徑，大悟不拘於小節。莫將管見謗蒼蒼，未了吾今爲君決。

騰騰和尚了元歌

修道道無可修，問法法無可問。迷人不了色空，悟者本無逆順。八萬四千法門，至理不離方寸。識取自家城郭，莫謾尋他鄉郡。不用廣學多聞，不要辯才聰俊。不知月之大小，不管歲之餘閏。煩惱即是菩提，净華生於泥糞。人來問我若爲？不能共伊談論。寅朝用粥充飢，齋時更餐一頓。今日任運騰騰，明日騰騰任運。心中了了總知，且作佯癡縛鈍。

南嶽懶瓚和尚歌

兀然無事無改换，無事何須論一段？直心無散亂，他事不須斷。過去已過去，未來猶莫算。兀然無事坐，何曾有人唤？向外覓功夫，總是癡頑漢。糧不畜一粒，逢飯但知㗚。陟立切。世間多事人，相趁渾不及。我不樂生天，亦不愛福田。饑來喫飯，困來即眠。愚人笑我，智乃知焉。不是癡鈍，本體如然。要去即去，要住即住。身披一破衲，脚著孃生袴。多言復多語，由來反相誤。若欲度衆生，無過且自度。莫謾求真佛，真佛不可見。妙性及靈臺，何曾受熏鍊？心是無事心，面是孃生面。劫石可移動，箇中無改變。無事本無事，何須讀文字？削除人我本，冥合箇中意。種種勞筋骨，不如林下睡兀兀。舉頭見日高，乞飯從頭揵。將功用功，展轉冥蒙。取即不得，不取自通。吾有一言，絶慮亡緣。巧説不得，只用心傳。更有一語，無過真與。細如豪末，大無方所。本自圓成，不勞機杼。世事悠悠，不如山丘。青松蔽日，碧澗長流。山雲當幕，夜月爲鉤。卧藤蘿下，塊石枕頭。不朝天子，豈羡王侯？生死無慮，更復何憂？水月無形，我常只寧。萬法皆爾，本自無生。兀然無事坐，春來草自青。

石頭和尚草庵歌

吾結草庵無寶貝，飯了從容圖睡快。成時初見茆草新，破後還將茆草蓋。住庵人，鎮常在，不屬中間與内外。世人住處我不住，世人愛處我不愛。庵雖小，含法界，方丈老人相體解。上乘菩薩信無疑，中下聞之必生怪。問此庵，壞不壞？壞與不壞主元在。不居南北與東西，基上堅牢以爲最。青松下，明窗内，玉殿朱樓未爲對。衲帔幪頭萬事休，此時山僧都不會。住此庵，休作解，誰誇鋪席圖人買？迴光返照便歸來，廓達靈根非向背。遇祖師，親訓誨，結草爲庵莫生退。百年抛却任縱横，擺手便行且無罪。千種言，萬般解，只要教君長不昧。欲識庵中不死人，豈離而今遮皮袋。

道吾和尚

樂道歌

樂道山僧縱性多，天迴地轉任從他。閑卧孤峯無伴侣，獨唱無生一曲歌。無生歌，出世樂，堪笑時人和不著。暢情樂道過殘生，張三李四渾忘却。大丈夫，須氣概，莫順人情無妨礙。汝言順即是菩提，我謂從來自相背。有時憨，有時癡，非我途中争得知？特達一生常任運，野客無鄉可得歸。今日山僧只遮是，元本山僧更若爲？探祖機，空王子，體似浮雲没隈倚。自古長披一衲衣，曾經幾度遭寒暑。不是真，不是僞，打鼓樂神施拜跪。明明一道漢江雲，青山緑水不相似。禀性成，無揩改，結角羅紋不相礙。或運慈悲喜捨心，或即逢人以棒鬧。慈悲恩愛落牽纏，棒打教伊破恩愛。報乎月下旅中人，若有恩情吾爲改。

一鉢歌

遏喇喇，鬧聒聒，總是悠悠造休僆。如饑喫鹽加得渴，枉却一生頭枍枍。究竟不能知始末，抛却死屍何處脱？勸君努力求解脱，閑事到頭須結撮。火落身上當須撥，莫待臨時叫菩薩。丈夫語話須豁豁，莫學癡人受摩捋。趁時結裹學擺撥，也學柔和也麁糲。也剃頭，也披褐，也學凡夫生活。直語向君君未達，更作長歌歌一鉢。

一鉢歌，多中一，一中多。莫笑野人歌一鉢，曾將一鉢度娑婆。青天寥寥月初上，此時影空含萬象。幾處浮生自是非，一源清凈無來往。更莫將心造水泡，百毛流血是誰教？不如静坐真如地，頂上從他鵲作巢。萬代金輪聖王子，只遮真如靈覺是。菩提樹下度衆生，度盡衆生不生死。不生不死真丈夫，無形無相大毘盧。塵勞滅盡真如在，一顆圓明無價珠。眼不見，耳不聞，不見不聞真見聞。從來一句無言説，今日千言强爲分。强爲分，須諦聽，人人盡有真如性。恰似黄金在鑛中，鍊去鍊來金體凈。真是妄，妄是真，若除真妄更無人。真心莫謾生煩惱，衣食隨時養色身。好也著，弱也著，一切無心無染著。亦無惡，亦無好，二際坦然平等道。麁也餐，細也餐，莫學凡夫相上觀。也無麁，也無細，上方香積無根蔕。坐亦行，行亦坐，生死樹下菩提果。亦無坐，亦無行，無生何用覓無生？生亦得，死亦得，處處當來見彌勒。亦無生，亦無死，三世如來總如此。離則著，著則離，幻化門中無實義。無可離，無可著，何處更求無病藥？語時默，默時語，語默縱横無處所。亦無語，亦無默，莫唤東西作南北。嗔即喜，喜即嗔，我自降魔轉法輪。亦無嗔，亦無喜，水不離波波即水。慳時捨，捨時慳，不離内外及中間。亦無慳，亦無捨，寂寂寥寥無可把。苦時樂，樂時苦，只遮修行斷門户。亦無苦，亦無樂，本來自在無繩索。垢即净，净即垢，兩邊畢竟無前後。亦無垢，亦無净，大千同一真如性。藥是病，病是藥，到頭兩事須拈却。亦無藥，亦無病，正是真如靈覺性。魔作佛，佛作魔，鏡裏尋形水上波。亦無魔，亦無佛，三世本來無一物。凡即聖，聖即凡，色裏膠青水裏鹹。亦無凡，亦無聖，萬行總持無一行。真中假，假中真，自是凡夫起妄塵。亦無真，亦無假，若不唤時何應喏？本來無姓亦無名，只麽騰騰信脚行。有時鄽市并屠肆，一朵紅蓮火上生。也曾策杖遊京洛，身似浮雲無定著。幻化由來似寄居，他家觸處更清虚。若覓戒，三毒瘡痍幾時瘥？若覓禪，我自縱横汨碖眠。大可憐，不是顛，世間出世天中天。時人不會此中意，打著南邊動北邊。若覓法，雞足山中問迦葉。大士持衣在此中，本來不用求專甲。若覓經，法性真源無可聽。若覓律，窮子不須教走出。若覓修，八萬浮圖何處求？只知黄葉止啼哭，不覺黑雲遮日頭。莫怪狂言無次第，篩羅漸入麁中細。只遮麁中細也無，即是圓明真實諦。真實諦，本非真，但是名聞即是塵。若向塵中解真實，便是堂堂出世人。出世人，莫造作，獨行獨步空索索。無生無死無涅槃，本來生死不相干。無是非，無動靜，莫謾將身入空井。無善惡，無去來，亦無明鏡掛高臺。山僧見解只如此，不信從他造劫灰。

樂普和尚浮漚歌

雲天雨落庭中水，水上漂漂見漚起。前者已滅後者生，前後相續無窮已。本因雨滴水成漚，還緣風激漚歸水。不知漚水性無殊，隨他轉變將爲異。外明瑩，内含虚，内外玲瓏若寶珠。正在澄波看似有，及乎動著又如無。有無動靜事難明，無相之中有相形。只知漚向水中出，豈知水亦從漚生？權將漚水類余身，五藴虚攢假立人。解達藴空漚不實，方能明見本來真。

蘇溪和尚即五洩小師也牧護歌

聽説衲僧牧護，任運逍遥無住。一條百衲瓶盂，便是生涯調度。爲求至理參尋，不憚寒暑辛苦。還曾四海周游，山水風雲滿肚。内除戒律精嚴，不學威儀行步。三乘笑我無能，我笑三乘謾做。智人權立階梯，大道本無迷悟。達者不假修治，不在能言能語。披麻目視雲霄，遮莫王侯不顧。道人本體如然，不是知佛去處。生也猶如著衫，死也還同脱袴。生也無喜無憂，八風豈能驚怖？外相猶似癡人，肚裏非常峭措。活計雖無一錢，敢與君王鬬富。愚人擺手憎嫌，智者點頭相許。那知傀儡牽抽，歌舞盡由行主。一言爲報諸人，打破畫瓶歸去。

法燈禪師泰欽古鏡歌三首

盡道古鏡不曾見，借爾時人看一遍。目前不覩一纖豪，湛湛冷光凝一片。凝一片，勿背面，嫫母臨粧不稱情，潘生迴首頻嘉歎。何欣欣？何戚戚？好醜由來那是的〔一〕？只遮是，轉沈醉，演若晨窺怖走時，子細思量還有以。我問顛狂不暫迴？淚流向予聲哀哀。哽咽未能申吐得，爾頭與影悠悠哉！悠悠哉，爾許多時那裏來？迷雲開，行行携手上高臺。

其二

誰云古鏡無樣度，古今出入何門户？門户君看不見時，即此爲君全顯露。全顯露，與汝一生終保護。若遇知音請益來，逢人不得輕分付。但任作見面，不須生怕怖。看取當時演若多，直至如今成錯誤。如今不省影分明，還是當時同一顧。同一顧，苦苦苦！

其三六言

古鏡精明皎皎，皎皎遍照河沙。到處安名題字，除儂更有誰家？過去未來現在，諸佛

〔一〕「那是的」，四部本、趙城本作「那箇是」。

鏡上纖瑕。纖瑕垢盡無物，此真火裏蓮華。蓮華千朵萬朵，朵朵端然釋迦。誰云俱尸入滅？誰云穿膝蘆芽？不信鏡中看取，羊車鹿車牛車。時人不識古鏡，盡道本來清凈。只看清凈是假，照得形容不正。或圓或短成長，若有纖豪俱病。勸君不如打破，鏡去瑕消可瑩。亦見杜口毘耶，亦知圓通少剩。

潭州龍會道尋徧參三昧歌

天涯海角參知識，遍咨惠我全提力。師乃呵余退步追，省躬廓爾從兹息。覩諸方，垂帶直，善財得處難藏匿。棒頭喝下露幽奇，縱去奪來看殊特。趙州關，雪嶺陟，築盧峯前驗虛實。據證靈由闢萬機，横揮祖刃聞三域。卷舒重重孰可委？休呈識意謾猜揣。衲子攢眉碧眼咦，黄海倒逆崑崙嘴。潙山牛，道吾唱，馬師奮迅呈圓相。執水投針作後規，把鏡持幡看先匠。廣陵歌，誰繼唱？擬續宫商調難況。石人慍色下鞭撾，木馬奔嘶梵天上。麗水金，藍田玉，祝融峯攢湘浪蹙。滿月澄谿松韻清，雲從龍騰好觀矚。

丹霞和尚翫珠吟二首

般若靈珠妙難測，法性海中親認得。隱顯常遊五藴中，内外光明大神力。此珠非大亦非小，晝夜光明皆悉照。覓時無物又無蹤，起坐相隨常了了。黄帝曾遊於赤水，争聽争求都不遂。罔象無心却得珠，能見能聞是虚僞。吾師權指喻摩尼，采人無數溺春池。争拈瓦礫將爲寶，智者安然而得之。森羅萬象光中現，體用如如轉非轉。萬機消遣寸心中，一切時中巧方便。燒六賊，爍衆魔，能摧我山竭愛河。龍女靈山親獻佛，貧兒衣下幾蹉跎。亦名性，亦名心，非性非心超古今。全體明時明不得，權時題作弄珠吟。

其二

識得衣中寶，無明醉自醒。百骸雖潰散，一物鎮長靈。知境渾非體，神珠不定形。悟則三身佛，逃疑萬卷經。在心心可測，歷耳耳難聽。罔象先天地，玄泉出杳冥。本剛非鍛鍊，元浄莫澄渟。盤泊輪朝日，玲瓏映曉星。瑞光流不滅，真氣觸還生。鑒照崆峒寂，羅籠法界明。挫凡功不滅，超聖果非盈。龍女心親獻，闍王口自呈。護鵝人却活，黄雀意猶輕。解語非關舌，能言不是聲。絶邊彌汗漫，無際等空平。演教非爲説，聞名勿認名。兩邊俱莫立，中道不須行。見月休觀指，還家罷問程。識心心則佛，何佛更堪成？

關南長老獲珠吟

三界兮如幻，六道兮如夢，聖賢出世兮如電。國土猶如水上泡，無常生滅日遷變。唯有摩訶般若堅，猶若金剛不可讚。軟似兜羅大等空，小極微塵不可見。擁之令聚而不聚，撥之令散而不散。側耳欲聞而不聞，瞪目觀之而不見。歌復歌，盤陀石上笑呵呵。笑復笑，青松影下高聲叫。自從獲得此心珠，帝釋輪王俱不要。不是山僧獨施爲，自古先賢作此調。不坐禪，不修道，任運逍遥只麽了。但能萬法不干懷，無始何曾有生老？

香嚴和尚智閑吟二首

勵覺吟

滿口語，無處説，明明向人道不决。急著力，勤咬齧，無常到來救不徹。日裏語，暗嗟切，快磨古錐净挑揭。理盡覺，自護持，此生事，終不説。玄學求他古老吟，禪學須窮心影絶。

歸寂吟贈同住

同住道人七十餘，共辭城郭樂山居。身如寒木心牙絶，不話唐言休梵書。心期盡處身雖喪，如來弟子沙門樣。深信共崇鉢塔成，涅槃經云：「如來之身已於無量阿僧祇劫不受飲食，爲諸聲聞説，先受二牧牛女乳糜。」故本行經云：「菩薩將往道樹，時有天人告善生神王二女：一名難陀，華言『喜』。二名婆羅，華言『昌』：『汝可最初施食。』」於是二女以乳烹糜，其釜上現種種瑞相，乃用鉢盛奉獻。菩薩食已，將其鉢擲向尼連河中，天帝釋收歸天上，建塔安置供養，故名鉢塔。此天上四塔之一也。四塔者：一髮塔，二箭塔，三鉢塔，四牙塔。人間亦有四塔：一如來生處塔，二如來成道處塔，三如來轉法輪處塔，四如來涅槃處塔〔一〕。」巍巍置在青山掌。觀夫參道不虛然，脱去形骸甚高尚。從來不説今朝事，暗裏埋頭隱玄暢。不留蹤迹異人間，深妙神光飽明亮。

韶山和尚心珠歌

山僧自達空門久，淬鍊心珠功已搆。珠迴玲瓏主客分，往往聲如師子吼。師子吼，非常義，皆明佛性真如理。有時往往自思惟，豁然大意心歡喜。或造經，或造論，或説漸兮或説頓。若在諸佛運神通，或在凡夫興鄙悋。此心珠，如水月，地角天涯無殊別。只因迷悟有參差，所以如來多種説。地獄趣，餓鬼趣，六道輪迴無暫住。此非諸佛不慈悲，豈是閻王配交做？勸時流，深體悉，見在心珠勿浪失。五蘊身全尚不知，百骸散後何處覓？

附録〔二〕

天聖廣燈録摘引

翰林學士、工部侍郎、贈禮部尚書、文公楊億，任秘書監、知汝州日，嘗有書寄李維内

〔一〕四部本、趙城本無此小注。

〔二〕此下爲卷末附録，四部本無，趙城本有魏府華嚴長老示衆一篇。

翰，叙其始末師承。書云：

病夫夙以頑惷，獲受獎顧。預問南宗之旨，久陪上國之游。動静咨詢，周旋策發。俾其刳心之有詣，牆面之無慚者，誠出於席間床下矣。矧又故安公大師，每垂誘導。自雙林滅影，隻履西歸，中心浩然，罔知所旨。仍歲沈痼，神慮迷恍，殆及小間，再辨方位。又得雲門諒公大士見顧蒿蓬，諒之旨趣，正與安公同轍。並自廬山歸宗、雲居而來，皆是法眼之流裔。去年假守兹郡，適會廣慧禪伯，實承嗣南院念。念嗣風穴，風穴嗣先南院，南院嗣興化，興化嗣臨際，臨際嗣黄檗，黄檗嗣先百丈海，海嗣馬祖，馬祖出讓和尚，讓即曹谿之長嫡也。齋中務簡，退食多暇。或坐邀而至，或命駕從之。請叩無方，蒙滯頓釋。半歲之後，曠然弗疑，如忘忽記，如睡忽覺。平昔礙膺之物，曝然自落。積劫未明之事，燿爾現前。固亦決擇之洞分，應接之無蹇矣。重念先德，率多參尋。如雪峯九度上洞山，三度上投子，遂嗣德山。臨際得法於大愚，終承黄蘗。雲巖多蒙道吾訓誘，乃爲藥山之子。丹霞親承馬祖印可，而作石頭之裔。在古多有，於理無嫌。病夫今繼紹之緣，實屬於廣慧。而提激之自，良出得鼇峯也。忻幸！忻幸！

侍郎問廣慧和尚："尋常承和尚有言：『一切罪業皆因財寶所生。』勸人疎於財利。況南閻衆生以財爲命，邦國以財聚人。教中有財法二施，何得勸人疎財？"廣云："幡竿尖上鐵龍頭。"侍云："海壇馬子似驢大。"廣云："楚雞不是丹山鳳。"侍云："佛滅二千歲，比丘少慚愧。"

問門僧表澄："承云有言：『天上無彌勒，地上無彌勒。』未審彌勒在什麽處？"澄云："手上木。"侍云："罪有所歸。"澄云："知過人難得。"侍云："喫取拄杖。"澄喝，侍云："且放過即不可。"

侍郎問李附馬："釋迦六年苦行，成得什麽事？"尉云："擔折知柴重。"問："一盲引衆盲時如何？"尉云："盲。"侍云："灼然。"尉便休。

同光帝問興化和尚云："朕收得中原之寶，秖是無人酬價。"興化云："略借陛下寶看。"帝以手舒幞頭脚，興化云："君王之寶，誰敢酬價？"玄覺云："秖如興化眼在什麽處？若不肯，過在什麽處？"侍云："興化恁麽秖對，是肯莊宗？不肯莊宗？試辨看。"

因僧談道，侍郎遂云："道不離人，人能弘道。大凡參學之人，十二時中長須照顧。不見南泉道：三十年看一頭水牯牛，若犯他人苗稼，摘鼻拽迴。如今變成露地白牛，裸裸地放他不肯去。諸人長須著些精彩，不可説禪道之時，便有箇照帶底道理。擇菜作務之時，不可便無去也。如鷄抱卵，若是抛離起去，暖氣不接，便不成種子。如今萬境森羅，六根熉動，略失照顧便喪身命，不是小事。今來受此緣生，被生死繫縛，蓋爲塵劫已來順生滅心，隨他流轉以至如今。諸人等且道，若曾喪失，何以得至如今？要識露地白牛麼？試把鼻孔拽看。」

侍郎云：「玄沙和尚道：『大唐國内宗門中事，未曾有人舉唱。有人舉唱，盡大地人總失却性命，無孔鐵鎚相似，一時亡鋒結舌去。』且道是甚道理？如今假立箇賓主，動者兩片皮，竪起指頭，拈起拂子，惣成顛倒知見。順汝狂意，教汝有箇申問處。若是明眼人前，怎生拈掇得出？秖如魯祖和尚，見僧來便面壁。長慶道：『恁麼地接人，驢年得一箇去！』我道魯祖也秖是不識羞，是他明眼人又争肯爾？今來事不獲已，與汝諸人作顛倒知見，一似結巾爲馬，捏目生花。上祖道箇開佛知見，示佛知見，悟佛知見，入佛知見，教他恁麼道，抑下多少威光。且道諸人分上欠少箇什麼？雖然如此，我若不恁麼與汝知聞，爾又什麼處得見？古人道：『知恩者少。』且道承箇甚人恩？於此不明，問取露柱去！」

侍云：「此事大難，釋迦老子三七日中思惟，便欲入涅槃，被帝釋梵王慇懃三請，不得已而許之。始自鹿苑終於俱尸羅城，中間四十九年，大作佛事，說五乘十二分教，如瓶注水。後來於靈山會上，目視迦葉謂大衆云：『吾有正法眼，已付摩訶大迦葉。』又云：『我於四十九年中不曾說一字。』此是什麽道理？若是諸人分上，著一字脚不得，爲諸人各各有奇特事在。唤作奇特，早是不中也。我道釋迦是敗軍之將，迦葉是喪身失命底人。汝等諸人，且怎生會？不見道涅槃生死俱是夢言，佛與衆生並爲增語。直須恁麽會取，不要向外馳求。若也於此未明，敢道諸人乖張不少。」

侍舉肇論云：「會萬物爲己者，其唯聖人乎？如今山河、大地、樹木、人物，摐摐地是同是别？若道同去，是他頭頭物物各各不同。若道别去，他古人又道會萬物有己。且怎生會？秖如教中說，若有一人發真歸元，十方虚空一時鎖隕。古德亦云：『若人識得心，大地無寸土。』此是甚道理？直下盡十方世界是汝一隻眼，一切諸佛天人群生類，盡承汝威光建立，須是信得及方得。」

侍郎臨終前一日，親寫一偈與家人，令來日送達李附馬處。偈曰：「漚生與漚滅，二法本來齊。欲識真歸處，趙州東院西。」尉接得偈，云：「泰山廟裏賣紙錢。」出天聖廣燈録第十八卷。

元釋希渭題記

延祐三年，歲在丙辰，四明苾芻希渭估倡衣鉢，一力命工依廬山穩菴舊本翻刊于道場禪幽菴。集兹善利，上報四恩，下資三有，法界有情，同圓種智者。

跋

右景德傳燈録，本住湖州鐵觀音院僧拱辰所撰。書成，將游京師投進，途中與一僧同舟，因出示之。一夕，其僧負之而走。及至都，則道原者已進而被賞矣。此事與郭象竊向秀莊子注同。拱辰謂：「吾之意，欲明佛祖之道耳。夫既已行矣，在彼在此同。吾其爲名利乎？」絶不復言。拱辰之用心如此，與吾孔子「人亡弓，人得之」之意同。其取予必無容私，又得楊文公具擇法眼以爲之剛定，此其書所以可信。與夫續燈録遺僧採事，而受金厠名以亂真者間矣。或者猶疑佛祖傳法偈無傳譯之人，此夏虫不知春秋也。佛祖雖曰傳無傳，至付授之因，豈容不知？又達磨具正遍知，華竺之言蓋悉通曉。觀其答問，安有傳譯哉？此如世愚人，謂教外別傳，不立文字，便疑棱伽經宋已有之，非達磨携至，豈不悖哉？福州大中寺知藏僧正自以寇亂而來，文籍道厄，募緣再刊此書，以便道俗齎覽。扣余爲序，因書其後。紹興壬子初冬十日，長樂鄭昂題。

疏

天童宏智和尚譔

道樞中虚理不我，取其名像。靈機内發智不我，囙其化通。一念深徹本源，六義具成神用。出氣鼻快，從佛口生。轉眄之間，彈指之頃。廓若雷龍破蟄，炳如霧豹變文。諸方衲子之傳，一等丈夫之作。達磨來不立文字，威音後須要師承。符合符而規矩相投，心印心而語默俱到。燈燈續焰，分照世不斷之光明。葉葉聯芳，綴靈種不枯之春色。嗣連祖譜，師紹誰宗？綿綿踵武之人，的的克家之子。剛柔可則，爛爛憐百鍊之金。劃黜不移，區區抱三獻之璞。不可期也，開池得月。難其契也，擲芥投針。出爐精而放光，入鉗鎚而成器。自得受用，相求證明。哆哆啝啝底，放教舌上毛生。磊磊落落底，拶使額頭汗出。下拳可畏其勇，却來捋虎髭鬚。攛棒作勢且驚，看取弄蛇手段。相分圓缺，應用合宜。位列正偏，隨機中矩。毫釐有差，而天地懸隔。絲糝未凈，而蠅螘留連。不聞不見以降魔，箇非泛泛。自呼自應而作主，許是惺惺。匾擔頭事事挑來，布袋裏般般著得。短長在我，寶公杖頭剪刀。節奏由誰，萬回懷中花鼓。僧伽楊枝舉起，大士拍板歌行。綱鳳釣鼇也，本分工夫。撈摝蝦蜆也，平生快活。應接磨礱之妙，對酬錐鑿之方。電卷之機輪，風馳之問答。

打草驚蛇之句，探竿影草之功。啐啄同時，心目相照。任運騰騰而無累，平懷坦坦而不羈。出家行脚之因緣，坐脱立亡之時節。紀之編簡，如見古人。將以著龜，可格後學。當諧神契，慎勿言求。恐口耳之流通，爲身心之障礙。比丘思鑑，久軫此懷。阿祖傳燈，欲成其印。入眼要分青白，開口莫亂雌黄。葛藤窠無作自纏，擔版漢不嫌人唤。輒投同道，相與結緣。

景德傳燈録後序

左朝奉大夫充右文殿修撰權發遣台州軍州事劉棐譔

傳燈録鏤行舊矣，兵興以來，其版灰飛，慕心宗者患無其書。僧思鑒，婺人也，芒屩訪道三十年矣，亦欲人同悟涅槃妙心，而思有以資發之也。廣募浄信，復鏤其板，緇素贊歎而助成焉。

或曰：「自心之法無形，不從人得。初祖釋迦而降，無一祖師非默契而自證者。故達磨直指，不立文字，少林九年，面壁而已。雖二祖立雪斷臂，一字亦不爲説，但遮其知見之非。二祖因是得正知見，豁然大省。則二祖亦不從達磨言句中入，迺自證也。且百丈卷席，雪峯輥毬，魯祖面壁，石鞏駕箭，道吾舞笏，鳥窠吹布毛，俱胝舉一指，古德如此示人甚多，不在言句之間故也。言句且爾，況文字乎？心宗要當自參，祖師言句於我何與焉？」

余曰：「不然。心法雖曰無形，然遍一切處。翠竹真如也，黄花般若也，蛙蚓發機，管絃傳心，乃至牆壁瓦礫，無非説法。故靈雲見桃花悟道，玄沙謂語燕深談實相。然則大地皆是悟門，孰非此道？況明心宗言句乎！況載明心宗文字乎！若二者於心宗果無與耶，薦福古何爲閲雲門録而省？黄龍心何爲讀多福語而悟？蓋言詞相寂，文字性空，亦此道耳。若即言句文字，而見性相之空寂，是乃一超而直入也。吾故知是書之流布，發明心地者衆矣。且鑒之募緣也，台之寧海邑民周氏歎曰：『吾地有大梨木，閲三世矣。比歲我家之人各嘗夢其上有樓閣行廡，而無數僧往來於其間。每疑之，乃今方悟，當刊此録耶？』遂捨以枏版，且邀鑒即其家僦工而刻之。既刻，周氏夢六僧求已刻者觀焉。周問鑒曰：『此何僧耶？』鑒曰：『此六代傳衣祖師，特來證明此事也。』」嗚呼！是書用爲一大事，則宜有感發之祥，以發寤人心。余故并列之庶觀者，知非小緣而堅其信心云。紹興四年上元日，等慈菴善男子睢陽劉棐仲忱序。

魏府華嚴長老示衆

佛法事在日用處，在爾行住坐卧處、喫茶喫飯處、言語相問處。所作所爲，舉心動念，又却不是也。會麽？若會得，即今無礙自在真人。若也未會，則是箇檐枷帶鎖重罪之人。何故如此？佛法不遠，隔塵沙劫。爾一念中見得，在爾眉毛鼻孔上。爾若不見得，如接竹點月在處。切莫思惟，不可言語。爾時中承何恩力？若知得，爾須有箇歡喜處。

古人道：「常寂寂，常歷歷。諸佛不求覓，衆生斷消息。」爾會得麽？一切諸法本無情，一切諸佛本自靈。混然同太虚，無欠亦無餘。會麽？若不會，直是箇觸途成滯，不知箇身落地處，茫茫劫劫只是戀物著境。認色爲實，不捨恩愛，癡迷財寶，立我争人，一團子意氣，些子箇違情，面青面赤，説强道弱。我不受人欺瞞，我是大丈夫兒，養妻養子。爾豈知在業海之中、罪坑之内，喫肉如似餓鬼吞屍，噇酒如餓狗飲水，愛色如渴蠅咂血？不知此身是大禍患，恣縱無明愚養意氣，不久敗壞，浪死虚生，枉經千劫，徒然出没。何不識取金剛堅固之體、長生不滅之道？在世頭梆梆地，口子吧吧地，眼子眨眨地，無常殺鬼到來向床上，猶似使心用行，戀財戀境，驀然驅去見閻老子，一詞不措，鐵鑪火炭，銅柱刀山，盡爲戲翫。恁時追悔，大段難爲免離。爾如今病未來尋身，何不於十二時中求一毫善利，辨取津梁？幻化色身，憑何爲實？諸佛過去留經造論，一切善法與爾初學底人懺罪滅障，漸漸增長利益。求善知識開示解脱法門，向無明性中認取箇真實主人，於萬劫中得箇人身也不容易。爾還知箇身本性與佛同時，本無欠少。有一大事，在爾尿囊裹、糞堆頭，光爍爍地，圓陀陀地。還信得及麽？若信不及，也從爾深坑罪海，永墮沈淪。爾若迴光返照，於一刹那中即心念息，時中迷惑、煩惱、癡暗、狂情，頓自消滅，諸緣境界轉爲甘露醍醐、安樂國土，豈不是好否？聖人道：「萬法從心生，萬法從心滅。」皆由爾心，善惡也只由爾心，地獄天堂也只由爾心。只今相應，與佛合智，即是佛也，更無相詿，直下奉信，無疑心即正覺，又何必歷僧祇大劫？此身今生甚大難遇，莫道我是凡夫，自家退屈。千經萬論，只爲衆生迷亂，不識本性，爾暫時間那取些子貪物底工夫，看經書上義理，只言衆生被一切境攝著慾之故。山僧苦口，實爲忉忉，爾還肯麽？爾還信麽？尋常著寒著熱，些子違情，喫辛受苦不得，却於日用時中自不醒悟。整頓取心好？爲取身好？百年如箭，富貴如夢，恩情也只不久。百年無多日，頭白是病來，病是業債來，業債是死來，死是地獄來。爾莫道我爲人平生好心吉善，只依本分，不作惡事，我無罪過，別教爾有箇好生處。我即今朝未信爾在何故？爾平等在甚處？爾還知否？不依佛法，一切法皆是邪法外道見解，更莫説擔人擔我，貪色愛財，餐魚啖肉，妄言綺語，日費上事，罪業極深。爾莫道，我捨財造塔起殿，設僧轉經，便爲長久功德。以此爲實，未可託倚衆中。老和尚也爲爾不得。爾還知麽？爾有千般萬種無明罪業，佛亦爲爾不得。須是爾自家著力，前程自辦。爾若作一切有爲功德，只是造業增長頑福，不生箇清浄知見。山僧雖然求得供養，日夜不安，爲慮未是在。還知麽？一任爾説向諸方，耆宿笑我，也嫌山僧不得。欲問爾施主得錢處，想爾應不濟潤於人，不救拔貧苦者，了得了取喫休，了取著休，早修行休，度此身休，悔取心休，悔取心休。伏惟珍重！

中國佛教典籍選刊

景德傳燈録

中

〔宋〕道原 撰
尚之煜 點校

中華書局

景德傳燈録卷第十二

懷讓禪師第四世一十二人

洪州黄檗山希運禪師法嗣一十二人

鎮州臨濟義玄禪師　睦州龍興寺陳尊宿　杭州千頃山楚南禪師　福州烏石山靈觀禪師　杭州羅漢宗徹禪師　相國裴休已上六人見録　揚州六合德元禪師　士門讃禪師　襄州政禪師　吴門山弘宣禪師　幽州超禪師　蘇州憲禪師已上六人無機緣語句不録

第五世五十一[1]人

袁州仰山慧寂禪師法嗣一十人

袁州仰山西塔光穆禪師　晉州霍山景通禪師　杭州龍泉文喜禪師　新羅國順支禪

〔一〕「五十一」，當作「五十二」。

師　袁州仰山南塔光涌禪師　袁州仰山東塔和尚已上六人見録　洪州觀音常蠲大師
福州東禪慧茂大師　福州明月山道崇大師　處州遂昌禪師已上四人無機緣語句不録

鎮州臨濟義玄禪師法嗣二十二人

鄂州灌谿志閑禪師　幽州譚空和尚　鎮州寶壽沼和尚　鎮州三聖慧然禪師　魏府
大覺禪師　魏府興化存獎禪師　定州善崔禪師　鎮州萬歲和尚　雲山和尚　桐峯
菴主　杉洋菴主　涿州級衣和尚　虎谿菴主　覆盆菴主　襄州歷村和尚　滄州米
倉和尚已上一十六人見録　齊聳大師　涿州秀禪師　浙西善權徹禪師　金沙禪師　允
誠禪師　新羅國智異山和尚已上六人無機緣語句不録

睦州陳尊宿法嗣二人

睦州刺史陳操一人見録　睦州嚴陵釣臺和尚一人無機緣語句不録

鄧州香嚴智閑禪師法嗣一十二人

吉州止觀和尚　壽州紹宗禪師　襄州延慶法端禪師十一卷已收在潙山祐下　益州南禪
無染禪師　益州長平山和尚　益州崇福演教大師　安州大安山清幹禪師　終南山
豐德寺和尚　均州武當山佛巖暉禪師　江州雙谿田道者已上一十人見録　益州照覺

寺和尚　睦州東禪和尚已上二人無機緣語句不録

福州雙峯和尚法嗣一人

雙峯古禪師一人見録

杭州徑山洪諲禪師法嗣四人

洪州米嶺和尚已上一人見録　廬州棲賢寺寂禪師　臨川義直禪師　杭州功臣院令道

禪師已上三人無機緣語句不録

揚州光孝院慧覺禪師法嗣一人

昇州長慶道巘禪師一人見録

第六世一十九人

袁州仰山南塔光涌禪師法嗣五人

越州清化全付禪師　郢州芭蕉山慧清禪師　韶州黄連山義初禪師　韶州慧林鴻究

禪師已上四人見録　洪州黄龍山忠和尚一人無機緣語句不録

袁州仰山西塔光穆禪師法嗣一人

吉州資福如寶禪師一人見録

灌谿志閑禪師法嗣一人

池州魯祖山教和尚一人見録

魏府興化存奬禪師法嗣二人

汝州寶應和尚一人見録，即南院顒也　魏府天鉢和尚一人無機緣語句不録

鎮州寶壽沼禪師法嗣二人

汝州西院思明禪師　第二世寶壽和尚已上二人見録

涿州紙衣和尚法嗣一人

鎮州譚空和尚一人無機緣語句不録

鎮州三聖慧然禪師法嗣二人

鎮州大悲和尚　淄州水陸和尚二人見録

魏府大覺和尚法嗣四人

廬州大覺和尚　廬州澄心旻德禪師　汝州南院和尚已上三人見録　宋州法華和尚一人

無機緣語句不録

金陵道巘禪師法嗣一人

金陵廣孝院處微禪師 一人無機緣語句不録

南嶽懷讓禪師第四世下

前洪州黃蘗山希運禪師法嗣

鎮州臨濟義玄禪師

鎮州臨濟義玄禪師，曹州南華人也，姓邢氏。幼負出塵之志，及落髮進具，便慕禪宗。初在黃蘗隨衆參侍，時堂中第一座勉令問話，師乃問：「如何是祖師西來的的意？」黃蘗便打，如是三問三遭打。遂告辭第一座云：「早承激勸問話，唯蒙和尚賜棒。所恨愚魯，且往諸方行脚去。」上座遂告黃蘗云：「義玄雖是後生，却甚奇特。來辭時，願和尚更垂提誘。」來日師辭黃蘗，黃蘗指往大愚。

師遂參大愚，愚問曰：「什麽處來？」曰：「黃蘗來。」愚曰：「黃蘗有何言教？」曰：「義玄親問西來的的意，蒙和尚便打，如是三問三轉被打，不知過在什麽處？」愚曰：「黃蘗恁麽老婆，爲汝得徹困，猶覓過在？」師於是大悟，云：「佛法也無多子。」愚乃搊師衣領云：「適來道我不會，而今又道無多子。是多少來？是多少來？」師向愚肋下打一拳。愚托開云：「汝師黃蘗，非干我事。」

師却返黃蘗，黃蘗問云：「汝迴太速生！」師云：「只爲老婆心切。」黃蘗云：「遮大愚老漢，待見與打一頓。」師云：「説什麽待見，即今便打。」遂鼓黃蘗一掌，黃蘗哈哈〔一〕大笑。

黃蘗一日普請鋤薏穀次〔二〕，師在後行，黃蘗迴頭見師空手，乃問：「钁頭在什麽處〔三〕？」師云：「有人〔四〕將去了也。」黃蘗云：「近前來共汝商量。」師近前叉手，黃蘗竪起钁頭云〔五〕：「只這箇〔六〕天下人拈掇不起，還有人拈掇得起麽？」師就手掣得，竪起云：「爲什麽却在義玄手裏〔七〕？」黃蘗云：「今日自有人普請。」便歸院。溈山因仰山侍立次，方舉此話未了，仰山便問：「钁在黃蘗手裏，爲什麽被臨濟奪却？」溈山云：「賊是小人，智過君子。」

〔一〕「哈哈」，四部本、趙城本作「吟吟」。
〔二〕「次」，四部本、趙城本無。
〔三〕「師在後行」至「钁頭在什麽處」一句，四部本、趙城本作：「回見師在後行空手立，乃問：『钁在什麽處？』」
〔四〕「有人」，四部本、趙城本作「上座」。
〔五〕「黃蘗竪起钁頭云」，四部本作「黃蘗將钁钁地云」。
〔六〕「只這箇」，四部本、趙城本作「我遮钁」。
〔七〕「爲什麽却在義玄手裏」，四部本、趙城本作「钁在義玄手裏」。

黄蘗一日普請鋤茶園，黄蘗後至，師問訊，按钁而立。黄蘗曰：「莫是困邪？」曰：「才钁地，何言困？」黄蘗舉拄杖便打，師接杖推倒和尚。黄蘗呼維那：「維那！拽起我來。」維那拽起曰：「和尚争容得遮風漢？」黄蘗却打維那。師自钁地云：「諸方即火葬，我遮裏活埋。」溈山問仰山：「只如黄蘗與臨濟，此時意作麽生？」仰山云：「作賊人走却，邏賊人喫棒。」溈山云：「如是，如是。」

師一日在黄蘗僧堂裏睡，黄蘗入來，以拄杖於床邊敲三下，師舉首見是和尚，却睡。黄蘗打席三下，去上間見第一座。黄蘗曰：「遮醉漢，豈不知〔一〕下間禪客坐禪，汝只管瞌睡！」上座曰：「遮老和尚患風邪？」黄蘗打之。溈山舉問仰山：「只如黄蘗意作麽生？」仰山云：「一彩兩賽。」

師與黄蘗栽杉，黄蘗曰：「深山裏栽許多樹作麽？」師曰：「與後人作古記。」乃將鍬拍地兩下。黄蘗拈起拄杖曰：「汝喫我棒了也。」師作噓噓聲，黄蘗曰：「吾宗到汝，此記方出。」溈山舉問仰山：「且道黄蘗後語，但囑臨濟？爲復別有意旨？」仰山云：「亦囑臨濟，亦記向後。」溈山云：「向後作麽生？」仰山云：「一人指南，吴越令行。」南塔和尚注云：「獨坐震威，此記方出。」又云：「若遇大風，此記亦出。」

〔一〕「知」，原作「如」，據四部本、趙城本改。

溈山云：「如是，如是。」

師因半夏上黄蘗山，見和尚看經，師曰：「我將謂是箇人，元來是唵黑豆老和尚。」住數日乃辭去。黄蘗曰：「汝破夏來，不終夏去？」曰：「某甲暫來禮拜和尚。」黄蘗遂打趁令去。師行數里，疑此事，却迴終夏。

師一日辭黄蘗，黄蘗曰：「什麼處去？」曰：「不是河南即河北去。」黄蘗拈起拄杖便打，師捉住拄杖曰：「遮老漢莫盲枷瞎棒，已後錯打人。」黄蘗唤侍者：「把將几案禪板來。」師曰：「侍者把將火來。」黄蘗曰：「不然子但將去，已後坐斷天下人舌頭在。」師即便發去。

師到熊耳塔頭，塔主問：「先禮佛？先禮祖？」師曰：「祖佛俱不禮。」塔主曰：「祖佛與長老有什麼冤家，俱不禮？」師無對。又別舉云：「師問塔主：『先禮佛？先禮祖？』塔主曰：『祖佛是什麼人弟子？』師拂袖便去。」

師後還鄉黨，俯徇趙人之請，住子城南臨濟禪苑，學侶奔湊。一日，上堂曰：「汝等諸人赤肉團上〔一〕有一無位真人，常向諸人面門出入。汝若不識，但問老僧。」時有僧問：「如

〔一〕「赤肉團上」，四部本、趙城本作「肉團心上」。

何是無位真人？」師便打云：「無位真人是什麽乾屎橛？」後雪峯聞，乃曰：「臨濟大似白拈賊。」

師問樂普云：「從上來一人行棒，一人行喝，阿那箇親？」對曰：「總不親。」師曰：「親處作麽生？」普便喝，師乃打。

師問木口和尚：「如何是露地白牛？」木口曰：「吽。」師曰：「啞。」木口曰：「老兄作麽生？」師曰：「遮畜生！」

大覺到參，師舉拂子，大覺敷坐具。師擲下拂子，大覺收坐具入僧堂。衆僧曰：「遮僧莫是和尚親故？不禮拜，又不喫棒。」師聞，令唤新到僧，大覺遂出。師曰：「大衆道汝未參長老。」大覺云：「不審。」便自歸衆。

麻谷第二世。到參，敷坐具，問：「十二面觀音阿那面正？」師下繩床，一手收坐具，一手搊麻谷云：「十二面觀音向什麽處去也？」麻谷轉身擬坐繩床，師拈拄杖打。麻谷接却，相捉入方丈。

師上堂云：「大衆，夫爲法者，不避喪身失命。我於黄蘗和尚處三度喫棒，如蒿枝拂相似。如今更思一頓喫〔一〕，誰爲我下得手？」時有僧曰：「某甲下得手，和尚合喫多少？」

〔一〕「如今更思一頓喫」，四部本、趙城本作「如今更思漏一頓痛棒喫」。

師與拄杖，其僧擬接，師便打。

僧問：「如何是第一句？」師曰：「三要印開朱點窄，未容擬議主賓分。」曰：「如何是第二句？」師曰：「妙解豈容無著問？漚和争負截流機。」曰：「如何是第三句？」師曰：「看取棚頭弄傀儡，抽牽全藉裏頭人。」師又曰：「夫一句語須具三玄門，一玄門須具三要，有權有用。汝等諸人作麽生會？」

師唐咸通七年丙戌四月十日將示滅，乃説傳法偈曰：「沿流不止問如何，真照無邊説似他。離相離名如不稟，吹毛用了急須磨。」偈畢坐逝。勅謚慧照大師，塔曰澄靈。

陳尊宿

陳尊宿。初居睦州龍興寺，晦迹藏用。常製草屨，密置於道上。歲久人知，乃有陳蒲鞋之號焉。時有學人叩激，隨問遽答，詞語峻嶮，既非循轍，故淺機之流往往嗤之，唯玄學性敏者欽伏。由是諸方歸慕，謂之陳尊宿。

師因晚參，謂衆曰：「汝等諸人未得箇入頭，須得箇入頭。若得箇入頭，已後不得孤負老僧。」時有僧出禮拜曰：「某甲終不敢孤負和尚。」師曰：「早是孤負我了也。」師又曰：「老僧在此住持，不曾見箇無事人到來，汝等何不近前？」時有一僧方近前，師云：「維那不在，汝自領出去三門外與二十棒。」僧云：「某甲過在什麽處？」師云：「枷上更著杻。」

師尋常或見衲僧來即閉門，或見講僧乃召云：「座主！」其僧應諾，師云：「擔板漢。」或云：「遮裏有桶，與我取水。」

師一日在廊階上立，有僧來問云：「陳尊宿房在何處？」師脱草屨蕉[一]頭打，僧便走。師召云：「大德！」僧迴首，師指云：「却從那邊去。」

有僧扣門，師云：「阿誰？」僧云：「某甲。」師云：「秦時䡾轢鑽。」

一日，有天使問：「三門俱開，從那門而入？」師唤：「尚書！」天使應諾，師云：「從信門入。」天使又見壁畫，問云：「二尊者對譚何事？」師摑露柱云：「三身中那箇不説法？」

師問座主：「汝莫是講唯識否？」對曰：「是。」師云：「五戒不持。」

師問一長老云：「了即毛端呑巨海，始知大地一微塵。長老作麽生？」對云：「問阿誰？」師云：「問長老。」長老云：「何不領話？」師云：「汝不領話？我不領話？」

師見僧來云：「見成公案，放汝三十棒。」僧云：「某甲如是。」師云：「三門金剛爲什

〔一〕「蕉」，原作「騫」，據四部本、趙城本改。

麽舉拳?」僧云:「金剛尚乃如是。」師便打。

問:「如何是向上一路?」師云:「要道有什麽難?」僧云:「請師道。」師云:「初三、十一、中九、下七。」

問:「以一重去一重即不問,不以一重不去一重時如何?」師云:「昨朝栽茄子,今日種冬瓜。」

問:「如何是曹谿的的意?」師云:「老僧愛嗔不愛喜。」僧云:「爲什麽如是?」師云:「路逢劍客須呈劍,不是詩人莫説詩。」

僧到參,師問:「什麽處來?」僧云:「瀏陽。」師云:「彼中老宿祇對佛法大意道什麽?」云:「遍地行無路。」師云:「老宿實有此語否?」云:「實有。」師拈拄杖打云:「遮念言語漢。」

師問一長老:「若有兄弟來,將什麽祇對?」長老云:「待他來。」師云:「何不道?」長老云:「和尚欠少什麽?」師云:「請不煩葛藤。」

有僧參,師云:「汝豈不是行脚僧?」云:「是。」師云:「禮佛也未?」云:「禮那土堆作麽?」師云:「自領出去!」

僧問：「某甲講兼行脚，不會教意時如何？」師云：「實語當懺悔。」僧云：「乞師指示。」師云：「汝若不會，老僧即緘口無言。」僧云：「便請道。」師云：「心不負人，面無慚〔一〕色。」

問：「一句道盡時如何？」師云：「義墮也。」僧云：「什麽是學人義墮處？」師云：「三十棒教誰喫？」

問：「教意、祖意是同是別？」師云：「青山自青山，白雲自白雲。」僧云：「如何是青山？」師云：「還我一滴雨來。」僧云：「道不得，請師道。」師云：「法華鋒前陣，涅槃句後收。」

師問僧：「今夏在什麽處？」云：「待和尚有住處，即説似和尚。」師云：「狐非師子類，燈非日月明。」師問新到僧：「什麽處來？」僧瞪目視之，師云：「驢前馬後漢。」僧云：「請師鑒。」師云：「驢前馬後漢，道將一向來。」無對。

師看經次，陳操尚書問：「和尚看什麽經？」師云：「金剛經。」尚書云：「六朝翻譯，此當第幾譯？」師舉起經云：「一切有爲法，如夢幻泡影。」

師又因看涅槃經，僧問：「和尚看什麽經？」師拈起經云：「遮箇是荼毘品最末後。」

〔一〕「慚」，原作「漸」，據四部本、趙城本改。

師問新到僧：「今夏在什麼處？」僧云：「徑山。」師云：「多少人？」云：「四百人。」師云：「遮喫夜飯漢。」僧云：「尊宿叢林何言喫夜飯？」師乃棒趁出。

師聞一老宿難親近，躬往相訪。老宿見師才入方丈便喝，師側掌云：「兩重公案。」老宿云：「過在什麼處？」師云：「遮野狐精！」便退。

師問僧：「近離什麼處？」僧云：「江西。」師云：「踏破多少草鞋？」僧無對。

師與講僧喫茶，師云：「我救汝不得也。」僧云：「某甲不曉，乞師垂示。」師拈油餅示之，云：「遮箇是什麼？」僧云：「色法。」師云：「遮入鑊湯漢！」

有一紫衣大德到，禮拜，師拈帽子帶示之云：「遮箇唤作什麼？」大德云：「朝天帽。」師云：「恁麼即老僧不卸也。」師復問：「所習何業？」云：「唯識。」師云：「作麼生説？」云：「三界唯心，萬法唯識。」師指門扇，云：「遮箇是什麼？」云：「是色法。」師云：「簾前賜紫，對御譚經，何得不持五戒？」無對。

僧問：「某甲乍入叢林，乞指師示。」師云：「爾不解問。」云：「和尚作麼生？」師云：「放汝三十棒，自領出去。」

問：「教意請師提綱。」師云：「但問將來，與爾道。」僧云：「請和尚道。」師云：「佛殿裏燒香，三門外合掌。」問：「如何得不落展演？」師云：「伏惟尚饗。」

師喚：「焦山近前來！」又呼：「童子取斧來！」童子取斧至，云：「未有繩墨，且斫麄。」師喝之。又喚童子云：「作麼生是爾斧頭？」童子遂作斫勢，師云：「斫爾老爺頭不得。」

問：「如何是放一線道？」師云：「量才補職。」又問：「如何是不放一線道？」師云：「伏惟尚饗。」

新到僧參，師云：「汝是新到否？」云：「是。」師云：「且放下葛藤，會麼？」云：「不會。」師云：「擔枷陳狀，自領出去。」僧便出。師云：「來！來！我實問爾什麼處來？」云：「江西。」師云：「泐潭和尚在爾背後，怕爾亂道，見麼？」無對。

問：「寺門前金剛，托即乾坤大地，不托即絲髮不逢時如何？」師云：「吽！吽！我不曾見此問，先跳三千，倒退八百，爾合作麼生？」僧云：「諾。」師云：「先責一紙罪狀好。」便打。其僧擬出，師云：「來！我共爾葛藤，托即乾坤大地，爾且道洞庭湖裏水深多少？」僧云：「不曾量度。」師云：「洞庭湖又作麼生？」僧云：「只爲今時。」師云：「只遮葛藤尚不會。」乃打之。

問：「如何是觸途無滯底句？」師云：「我不恁麼道。」云：「師作麼生道？」師云：「箭過西天十萬里，向大唐國裏等候。」

有僧扣門，師云：「作麼？」云：「己事未明，乞師指示。」師云：「遮裏只有棒。」方開門，其僧擬問，師便摑其僧口。

問：「以字不成，八字不是，是何章句？」師彈指一聲云：「會麼？」云：「不會。」師云：「上來表讚無限勝因，蝦蟇跳上梵天，蚯蚓走過東海。」

西峯長老來參，師致茶果，命之令坐，問云：「長老今夏在什麼處安居？」云：「蘭谿。」師云：「有多少徒衆？」云：「七十來人。」師云：「時中將何示徒？」長老拈起甘子呈云：「已了。」師云：「著什麼死急。」

時有僧新到參，方禮拜，師叱云：「闍梨因何偷常住果子喫？」僧云：「學人才到，和尚爲什麼道偷果子？」師云：「贓物見在。」

師問僧：「近離什麼處？」曰：「仰山。」師曰：「五戒也不持。」曰：「某甲什麼處是妄語？」師云：「遮裏不著沙彌。」

杭州千頃山楚南禪師

杭州千頃山楚南禪師，閩中人也，姓張氏。自髫齔投開元寺曇藹禪師出家，迨乎冠歲落髪，詣五臺具戒，就趙郡學相部律，往上都聽浄名經。既精研法義，而未了玄機，遂謁芙蓉。芙蓉見曰："吾非汝師，汝師江外黄檗是也。"師禮辭而參黄檗，黄檗垂問曰："子未現三界影像時如何？"師曰："即今豈是有耶？"曰："有無且置，即今如何？"師曰："非今古。"曰："吾之法眼已在汝躬。"師乃入室，執巾侍盥，晨晡請益。

尋值唐武宗廢教，師遂深竄林谷。暨大中初，相國裴公休出撫宛陵，請黄檗和尚出山，師隨出。由兹抵姑蘇報恩寺精修禪定，僅二十餘載，足不踰閾。俄爲郡守請住寶林院，未幾復請居支硎山，又住千頃慈雲院，振黄蘗玄風。

一日，師上堂曰："諸子設使解得三世佛教，如瓶注水，及得百千三昧，不如一念修無漏道，免被人天因果繫絆。"時有僧問："無漏道如何修？"師曰："未有闍梨時體取。"曰："未有某甲時誰人體？"師曰："體者亦無。"

問："如何是易？"師曰："著衣喫飯，不用讀經看教，不用行道禮拜、燒身煉頂，豈不易耶？"曰："此既是易，如何是難？"師曰："微有念生便具五陰，三界輪迴生死，皆從汝一念生。所以佛教諸菩薩云：『佛所護念。』」

師雖應機無倦，而常儼然處定，或逾月、或浹旬。光啓三年，錢氏〔一〕請下山供養。昭宗聞其道化，就賜紫衣。文德元年五月辭衆奄然而化，壽七十六，臘五十六，遷塔于院西隅。景福元年一作「大順二年」。壬子二月，宣州孫儒寇錢塘，兵士發塔，覩全身不散，爪髮俱長，謝罪懺悔而去。師平昔著般若經品頌偈一卷、破邪論一卷，見行于世。

福州烏石山靈觀禪師

福州烏石山靈觀禪師，住本山薛老峯，亦云丁墓山，時稱老觀和尚。尋常扃户，人罕見之，唯一信士每至食時送供方開。一日，雪峯伺便扣門，師出開門，雪峯驀胸搊住云：「是凡是聖？」師唾云：「遮野狐精！」便推出閉却門。雪峯云：「也只要識老兄。」

師因剗草次，問僧：「汝何處去？」云：「西院禮拜安和尚去。」時竹上有一青蛇子，師指蛇云：「欲識西院老野狐精，只遮便是。」

師一日問西院安和尚：「此一片地堪著什麽物？」安云：「好著箇無相佛。」師云：「好片地被兄放不净。」

〔一〕「錢氏」，四部本、趙城本作「錢王」。

師一日引水次，有僧來參，師以引水橫抽示之，其僧便去。師至暮問小師：「適來僧在何處？」小師云：「發去也。」師云：「只得一橛。」玄覺云：「什麽處是少一橛？」

問：「如何是佛？」師出舌示之，其僧禮謝。師云：「住！住！爾見什麽便禮拜？」僧云：「謝和尚慈悲，出舌相示。」師云：「老漢近日舌上生瘡。」

有僧到敲門，行者開門後便出去。其僧入禮拜，問：「如何是西來意？」師云：「適來出去者是什麽人？」僧擬近前，師便托出閉却門。

曹山行脚時問：「如何是毘盧師法身主？」師云：「我若向爾道，即别有也。」曹山舉似洞山，洞山云：「好箇話頭，只欠進語，何不更去問爲什麽不道？」曹山乃却來進前語，師云：「若言我不道，即啞却我口。若言我道，即謇却我舌。」曹山歸，舉示洞山，洞山深肯之。

杭州羅漢院宗徹禪師

杭州羅漢院宗徹禪師，湖州吴興縣人也，姓吴氏。幼歲出家，依年受具，巡方參禮，依黄檗希運禪師法席。黄檗一見便深器之，入室領旨。後至杭州，州牧劉彦慕其道，立精舍於府西號羅漢院，化徒三百。

師有時上堂，僧問：「如何是西來意？」師曰：「骨剉也。」師對機多用此語，故時人因號骨剉和尚。

問：「如何是南宗、北宗？」師曰：「心爲宗。」僧曰：「還看教也無？」師曰：「教是心。」

問：「性地多昏，如何了悟？」師曰：「煩雲風卷，太虚廓清。」曰：「如何得明去？」師曰：「一輪皎潔，萬里騰光。」

師後示疾遷化，門人塔于院之北隅。梁貞明五年，錢王廣其院爲安國羅漢寺，移師塔於大慈山塢。今寺與塔並存。

裴休

裴休，字公美，河東聞喜人也。唐書本傳作孟州濟源人。守新安日，屬運禪師初於黄檗山捨衆入大安精舍，混迹勞侣，掃灑殿堂。

公入寺燒香，主事祇接，因觀壁畫，乃問：「是何圖相？」主事對曰：「高僧真儀。」公曰：「真儀可觀，高僧何在？」僧皆無對。公曰：「此間有禪人否？」曰：「近有一僧投寺執役，頗似禪者。」公曰：「可請來詢問得否？」於是遽尋運師，公覩之欣然，曰：「休適有一問，諸德吝辭，今請上人代酬一語。」師曰：「請相公垂問。」公即舉前問，師朗聲曰：「裴休！」公應諾，師曰：「在什麽處？」公當下知旨，如獲髻珠，曰：「吾師真善知識也！示人剋的若是，何汩没於此乎？」時衆愕然。自此延入府署，留之供養，執弟子之禮。屢辭不已，復堅請住黄檗山薦興祖教。有暇即躬入山頂謁，或渴聞玄論，即請師入州。公既通徹祖心，復博綜教相。諸方禪學咸謂：「裴相不浪出黄檗之門也。」至遷鎮宣城，還思瞻禮，亦創精藍迎請居之。唐新安郡即歙州也，唐史裴相本傳無出守明説。雖未必不經爲歙州太守，然觀其傳心法要序，即知其初識運公於洪州，再見之於宣州，皆迎請而來，非邂逅也。今本章述所問壁畫高僧之處，必爲差誤。苟或果在歙州，則序中安得不言耶？據廣燈以爲在筠州，四家録又云在洪州，皆不然也。按唐史，武德中以洪州高安縣置靖州，更名筠州，尋廢之。至南唐李景再置，中間豈得有郡守？以此知廣燈之誤也。又按傳心法要序云：「予會昌二年廉于鍾陵，自山迎至州，憩龍興寺。」以此知四家録亦誤。其餘在黄蘗章中辨之也。雖圭峯該通禪講，爲裴之所重，未若歸心於黄檗而傾竭服膺者也。又撰圭峯碑云：「休與師於法爲昆仲，於義爲交友，於恩爲善知識，於教爲内外護。」斯可見矣。仍集黄檗語要，親書序引冠於編首，留鎮山門。又親書大藏經五百函號，迄今寶之。又圭峯禪師著禪源諸詮、原人論及圓覺經疏、注法界觀，公皆爲之序。

公父肅字中明，任越州觀察使，應三百年讖記，重建龍興寺大佛殿，自撰碑銘。先是，越州沙門曇彦身長五尺，眉垂數寸，與檀越許詢字玄度，同造塼木大塔二所。彦有神異，天降相輪，能駐日倍工，復從地引其膊至塔頂。塔未就，詢亡。彦師壽長可百二十餘歲，猶待得詢後身爲岳陽王來撫越州，蓋願力也。彦預告門人曰：「許玄度來也。」弟子咸謂：「師老耄，言無準的，許玄度死已三十餘載，何云更來也？」時岳陽王早承誌公密示，才到州便入寺尋訪。彦師出門佇望，遥見乃召曰：「許玄度來何暮？昔日浮圖今如故。」王曰：「弟子姓蕭名〔一〕詧，師何以許玄度呼之？」彦曰：「未達宿命，焉得知之？」遂握手命入室席地，彦以三昧力加被王，忽悟前身造塔之事，宛若今日。由是二塔益資壯麗。時龍興寺大殿墮壞，衆請彦師重修，彦曰：「非貧道緣力也，却後三百年，有緋衣功德主來興此殿，大作佛事。」寺衆刻石記之。及期，裴太守赴任，興隆三寶，傾施俸錢修成大殿，方曉彦師懸記無忒。公遂篤志内典，深入法會。有發願文傳於世。

南嶽懷讓禪師第五世

前袁州仰山慧寂禪師法嗣

仰山西塔光穆禪師

仰山西塔光穆禪師。第二世住。僧問：「如何是正聞？」師曰：「不從耳入。」曰：「作

〔一〕「名」，原作「各」，據四部本、趙城本改。

麼生？」師曰：「還聞麼？」

問：「祖意與教意同别？」師曰：「同别且置，汝道瓶嘴裏什麼物出來入去？」

問：「如何是西來意？」師曰：「汝無佛性。」

問：「如何是頓？」師作圓相示之。曰：「如何是漸？」師以手空中撥三下。

晉州霍山景通禪師

晉州霍山景通禪師。初參仰山，仰山閉目坐。師曰：「如是！如是！西天二十八祖亦如是，中華六祖亦如是，和尚亦如是，景通亦如是。」語訖，向右邊翹一足而立，仰山起來打四藤杖。師因此自稱集雲峯下四藤條天下大禪佛。歸宗下亦有大禪佛，名智通，終於五臺。後住霍山。

有行者問：「如何是佛法大意？」師乃禮拜，行者曰：「和尚爲什麼禮俗人？」師曰：「汝不見道尊重弟子？」

師問僧：「什麼處來？」僧提起坐具，師云：「龍頭蛇尾。」僧問：「如何是佛？」師打之，僧亦打師。師曰：「汝打我有道理，我打汝無道理。」僧無對，師乃打趁。

師化緣將畢，先備薪於郊野，遍辭檀信。食訖，行至薪所，謂弟子曰：「日午當來報。」

至日午，師自執燈登積薪上，以笠置頂後，作圓光相，手執拄杖，作降魔杵勢，立終於紅焰中。

杭州文喜禪師

杭州文喜禪師，嘉禾御兒人也，姓朱氏。七歲出家，唐開成二年趙郡具戒，初習四分律，屬會昌廢教，返服韜晦。大中初，例重懺度於鹽官齊峯寺，後謁大慈山性空禪師。性空曰：「子何不遍參乎？」咸通三年，至洪州觀音院見仰山，言下頓了心契，仰山令典常住。一日，有異僧就求齋食，師減己分饋之。仰山預知，問曰：「適來果位人汝給食否？」答曰：「輟己迴施。」仰山曰：「汝大利益。」

七年，旋浙右止千頃山築室而居，會巢寇之亂，避地湖州住仁王院。光啓三年，錢王請住龍泉廨署。今慈光院。

僧問：「如何是涅槃相？」師〔一〕曰：「香煙盡處驗。」

問：「如何是佛法大意？」師曰：「唤院主來，遮師僧患顛。」

問：「如何是自己？」師默然。僧罔措，再問，師曰：「青天蒙昧，不向月邊飛。」

〔一〕「師」，原作「州」，據四部本、趙城本改。

大順元年，錢王表薦賜紫衣。乾寧四年，又奏師號曰無著。光化三年示疾，十月二十七日夜子時告衆曰：「三界心盡，即是涅槃。」言訖，跏趺而終。壽八十，臘六十。終時，方丈發白光，竹樹同色。十一月二十二日，遷塔靈隱山西塢。天祐二年，宣城帥田頵應杭將許思叛換，縱兵大掠，發師塔，覩肉身不壞，髮爪俱長。武肅王奇之，遣裨將邵志重封瘞焉。

新羅五觀山順支

新羅五觀山順支，本國號了悟大師。僧問：「如何是西來意？」師竪拂子。僧曰：「莫遮箇便是？」師放下拂子。問：「以字不成，八字不是，是什麽字？」師作圓相示之。有僧於師前作五花圓相，師畫破，别作一圓相。

仰山南塔光涌禪師

仰山南塔光涌禪師。僧問：「文殊是七佛師，文殊有師否？」師云：「遇緣即有。」曰：「如何是文殊師？」師竪拂子示之。僧曰：「莫遮箇是麽？」師放下拂子叉手。問：「如何是妙用一句？」師曰：「水到渠成。」問：「真佛住在何處？」師曰：「言下無相，也不在别處。」

仰山東塔和尚

仰山東塔和尚。僧問：「如何是君王劍？」師曰：「落纜不采功。」僧曰：「用者如何？」師曰：「不落時人手。」

問：「法王與君王相見時如何？」師曰：「兩掌無私。」曰：「見後如何？」師曰：「中間絶像。」

前臨濟義玄禪師法嗣

灌谿志閑禪師

灌谿志閑禪師，魏府館陶人也，姓史氏。幼從柏巖禪師披剃，二十受具。後見臨濟和尚，和尚搊住，良久放之。師曰：「領矣。」往後謂衆曰：「我見臨濟無言語，直至如今飽不饑。」問：「請師不借。」師曰：「我滿口道不借。」師又曰：「大庾嶺頭佛不會，黄梅路上没衆生。」

師會下一僧去參石霜，石霜問：「什麽處來？」云：「灌谿來。」石霜云：「我北山住，不如他南山住。」僧無對。師聞云：「但道修涅槃堂了也。」

僧問：「久嚮灌谿，到來只見漚麻池。」師曰：「汝只見漚麻池，不見灌谿。」僧曰：「如何是灌谿？」師曰：「剪〔一〕箭急。」後人舉似玄沙，玄沙云：「更學三十年未會禪。」

〔一〕「剪」，四部本、趙城本作「劈」。

問：「如何是古人骨？」師曰：「安置不得。」曰：「爲什麽安置不得？」師曰：「金烏那教下碧天？」問：「金鎖斷後如何？」師曰：「正是法汝處。」

問：「如何是細？」師曰：「迴換不迴換？」曰：「末後事如何？」師曰：「忌丈六口頭。」

問：「如何是一色？」師曰：「不隨。」曰：「一色後如何？」師曰：「有闍梨承當分也無？」

問：「今日一會，抵敵何人？」師曰：「不爲凡聖。」

問：「一句如何？」師曰：「不落千聖機。」

問：「如何是洞中水？」師曰：「不洗人。」

師唐乾寧二年乙卯五月二十九日問侍者曰：「坐死者誰？」曰：「僧伽。」「立死者誰？」曰：「僧會。」乃行六七步，垂手而逝。

幽州譚空和尚

幽州譚空和尚。有尼欲開堂説法，師曰：「尼女家不用開堂。」尼曰：「龍女八歲成佛，又作麽生？」師曰：「龍女有十八變，汝與老僧試一變看？」尼曰：「變得也是野狐精。」師乃打趁。

寶壽和尚問：「除却中、上二根人來時，師兄作麽生？」師曰：「汝適來舉早錯也。」壽曰：「師兄也不得無過。」師曰：「汝却與我作師兄。」壽側掌云：「遮老賊！」

鎮州寶壽沼和尚

鎮州寶壽沼和尚。第一世住。僧問：「萬境來侵時如何？」師曰：「莫管他。」僧禮拜，師曰：「不要動著，動著即打折汝腰。」

趙州諗和尚來，師在禪床背面而坐。諗展坐具禮拜，師起入方丈，諗收坐具而出。

師問僧：「什麽處來？」曰：「西山來。」師曰：「見獼猴麽？」曰：「見。」師曰：「作什麽伎倆？」曰：「見某甲一箇伎倆也作不得。」師打之。

胡釘鉸參，師問：「汝莫是胡釘鉸？」曰：「不敢。」師曰：「還解釘得虚空否？」曰：「請和尚折破，某甲與釘。」師以拄杖打之，胡曰：「和尚莫錯打某甲。」師曰：「向後有多口阿師，與汝點破在。」趙州云：「只遮一縫尚不柰何！」乃代云：「且釘遮一縫。」

問：「萬里無片雲時如何？」師曰：「青天亦須喫棒。」

師將順世，謂門人曰：「汝還知我行履處否？」對曰：「知和尚一生長坐不卧。」師又令近前，門人近前。師曰：「去！非吾眷屬。」言訖而化。

鎮州三聖院慧然禪師

鎮州三聖院慧然禪師。自臨濟受訣，遍歷叢林。至仰山，仰山問：「汝名什麼？」師曰：「名慧寂。」仰山曰：「慧寂是我名。」師曰：「我名慧然。」仰山大笑而已。

師到香嚴，嚴問：「什麼處來？」師曰：「臨濟來。」嚴曰：「將得臨濟劍來麼？」師以坐具驀口打而去。

師到德山，才展坐具，德山云：「莫展炊巾，遮裏無餿飯。」師曰：「縱有也無著處。」德山以拄杖打師，師接住，却推德山向禪床上。德山大笑，師哭「蒼天」而去。

師在雪峯，聞峯垂語云：「人人盡有一面古鏡，遮箇獮猴亦有一面古鏡。」師出問：「歷劫無名，和尚爲什麼立一作「彰」。爲古鏡？」峯云：「瑕生也。」師咄曰：「遮老和尚話頭也不識？」峯云：「罪過，老僧住持事多。」

師見寶壽和尚開堂，師推出一僧在寶壽前，寶壽便打其僧。師曰：「長老若恁麼爲人，瞎却鎮州一城人眼在。」法眼云：「什麼是瞎却人眼處？」

魏府大覺禪師〔一〕

魏府大覺禪師。興化存奬禪師爲院宰時，師一日問曰：「我常聞汝道：『向南行一迴，拄杖頭未曾撥著箇會佛法底人。』汝憑什麽道理有此語？」興化乃喝，師便打〔二〕。興化又喝，師又打。

來日興化從法堂過，師召曰：「院主，我直下疑汝，昨日行底喝，與我説來。」興化曰：「存奬平生於三聖處學得底，盡被和尚折倒了也，願與存奬箇安樂法門。」師曰：「遮瞎驢來遮裏納敗缺〔三〕，卸却衲帔待痛決一頓。」興化即於語下領旨。雖同嗣臨濟，而常以師爲助發之友。

師臨終時謂衆曰：「我有一隻箭要付與人。」時有一僧出云：「請和尚箭。」師云：「汝唤什麽作箭？」僧喝，師打數下。自歸方丈，却唤其僧入來，問云：「汝適來會麽？」僧云：「不會。」師又打數下，擲却拄杖云：「已後遇明眼人分明舉似。」便乃告寂。

〔一〕此章四部本、趙城本在上文杭州羅漢院宗徹禪師章下。
〔二〕「師便打」，四部本、趙城本作「師打之」。
〔三〕「來遮裏納敗缺」，四部本、趙城本無。

魏府興化存奬禪師

魏府興化存奬禪師。問僧：「什麼處來？」曰：「崔禪處來。」師曰：「將得崔禪喝來否？」曰：「不將得來。」師曰：「恁麼即不從崔禪處來。」僧喝之，師遂打。

師謂衆曰：「我只聞長廊〔一〕也喝，後架〔二〕也喝。諸子汝莫盲喝亂喝，直饒喝得興化向半天裏住，却撲下來氣欲絶，待興化蘇息起來，向汝道未在。何以故？我未曾向紫羅帳裏撒真珠與汝諸人，虚空裏亂喝作什麼？」

師謂克賓維那曰：「汝不久當爲唱道之師。」克賓曰：「不入者保社〔三〕。」師曰：「會了不入，不會不入。」賓云：「總不與麼〔四〕。」師便打，乃云〔五〕：「克賓維那法戰不勝，罰錢五貫設飯一堂，不得五貫設飯一堂〔六〕。」至明日，師自白槌云：「克賓維那法戰不勝，罰錢五貫設飯一堂〔六〕。」

〔一〕「廊」下四部本、趙城本有「下」字。
〔二〕「架」下四部本、趙城本有「裏」字。
〔三〕「不入者保社」，四部本、趙城本作「我不入汝保社」。
〔四〕「賓云：『總不與麼。』」，四部本、趙城本作「曰：『没交涉。』」。
〔五〕「師便打，乃云」，四部本、趙城本作「師乃打之，白衆曰」。
〔六〕「罰錢五貫設飯一堂」，四部本、趙城本作「令捨衣鉢錢五貫文，設堂飯而趁出院」。

喫飯，即時出院〔一〕。」

僧問：「國師喚侍者，意作麽生？」師曰：「一盲引衆盲。」

師有時喚僧：「某甲！」僧應諾，師曰：「到即不點。」又別喚一僧，僧應諾，師曰：「點即不到。」

師後爲後唐莊宗師，莊宗一日謂師曰：「朕收大梁得一顆無價明珠，未有人酬價。」師曰：「請陛下珠看。」帝以手舒開幞頭脚，師曰：「君王之寶，誰敢酬價？」玄覺徵云：「且道興化肯同光？不肯同光？若肯同光，興化眼在什麽處？若不肯同光，過在什麽處？」師滅後，勑謚廣濟大師，塔曰通寂。

定州善崔禪師

定州善崔禪師。州將王公於衙署張座，請師説法。師升坐，良久，謂衆曰：「出來也打，不出來也打。」時譚空和尚出曰：「崔禪聻〔二〕。」師曰：「久立，太尉珍重。」便下坐。

鎮州萬歲和尚

鎮州萬歲和尚。僧問：「大衆上堂合譚何事？」師曰：「序品第一。」

〔一〕「至明日」至「即時出院」一段，四部本、趙城本無。
〔二〕「聻」，四部本、趙城本作「底」。

問：「僧家究竟如何？」師曰：「本來只是吹灰法，却向灘頭卸却衣。」

師訪寶壽，初見便展坐具，寶壽即下禪床，師乃坐彼禪床，寶壽驟入方丈。少頃，知事白師曰：「堂頭和尚已關却門也，請和尚庫頭喫茶。」師乃歸院。翌日，寶壽來復謁，師踞禪床，寶壽展坐具，師亦下禪床，寶壽還坐禪床，師歸方丈閉關。寶壽入侍者寮内取灰，於方丈前圍三道而退。

雲山和尚

雲山和尚。有僧從西京來，師問：「還得西京主人書來否？」僧曰：「不敢妄通消息。」師曰：「作家師僧，天然有在。」僧曰：「殘羹殘菜誰喫？」師曰：「獨有闍梨不甘喫。」其僧乃作吐勢，師喚侍者曰：「扶出遮病僧著。」僧便出去。

桐峯菴主

桐峯菴主。僧問：「和尚遮〔一〕裏忽遇大蟲作麼生？」師作吼聲，僧作怖勢，師大笑。僧曰：「遮老賊！」師曰：「争柰老僧何？」

有僧到菴前便去，師曰：「闍梨！闍梨！」僧迴首便喝。師良久，僧曰：「死却遮老

〔一〕「遮」，原作「遥」，據四部本、趙城本改。

漢！」師乃打之，僧無語，師呵呵大笑。

有僧入菴把住師，師曰：「殺人！殺人！」其僧推開曰：「叫作麽？」師曰：「誰？」僧乃喝，師打之。僧出，迴首曰：「且待！且待！」師大笑。

杉洋菴主

杉洋菴主。有僧到參，師問：「阿誰？」曰：「杉洋菴主。」師曰：「是我。」僧便喝，師作噓聲。僧曰：「猶要棒在。」師便打。

僧問：「菴主得什麽道理後住此山？」師曰：「也欲通箇來由，又恐遭人點檢。」僧曰：「又争免得！」師乃喝之，僧曰：「恰是。」師乃打，其僧大笑而出。師曰：「今日大敗！大敗！」

涿州紙衣和尚

涿州紙衣和尚。初問臨濟：「如何是奪人不奪境？」臨濟曰：「春煦發生鋪地錦，嬰兒垂髮白如絲。」師曰：「如何是奪境不奪人？」曰：「王令已行天下遍，將軍塞外絶烟塵。」師曰：「如何是人境俱不奪？」曰：「王登寶殿，野老謳歌。」師曰：「如何是人境俱奪？」曰：「并、汾絶信，獨處一方。」師於言下領旨，深入三玄三要四句之門，頗資化道。

虎谿菴主

虎谿菴主。僧到，抽坐具相看，師不顧。僧曰：「知道菴主有此機鋒。」師鳴指一聲。僧曰：「是何宗旨？」師便摑之，僧曰：「知道今日落人便宜。」師曰：「猶要棒在。」有僧才入門，師便喝。僧默然，師打之，僧却喝，師曰：「好箇草賊！」僧到不審，師曰：「阿誰？」僧喝，師曰：「得恁麽無賓主？」僧曰：「猶要第二喝在。」師乃喝之。

有僧問：「和尚何處人事？」師云：「隴西人。」僧云：「承聞隴西有鸚鵡，還實也無？」師云：「是。」僧云：「和尚莫不是也無？」師便作鸚鵡聲，僧云：「好箇鸚鵡。」師便棒之。

覆盆菴主

覆盆菴主。問僧：「什麽處來？」曰：「覆盆山下來。」師曰：「還見菴主否？」僧便喝，師便掌。僧曰：「作麽？」師又喝。

一日，有僧從山下哭上，師閉庵門。僧於門上畫一圓月相，師從菴後出，却從山下哭上。僧喝曰：「猶作遮箇去就在！」師便换手搥胸曰：「可惜先師一場埋没！」僧曰：

「苦！苦！」師曰：「菴主被謾。」

襄州歷村和尚

襄州歷村和尚。煎茶次，僧問：「如何是祖師西來意？」師舉茶匙子，僧曰：「莫只遮便當否？」師擲向火中。

問：「如何是觀其音聲而得解脱？」師將火筯打柴頭，問：「汝還聞否？」曰：「聞。」師曰：「誰不解脱？」

滄州米倉和尚

滄州米倉和尚。州牧請師與寳壽和尚入廳供養，令人傳語，請二長老譚論佛法。壽曰：「請師兄長老答話。」師喝之，壽曰：「某甲尚未借問，何便行喝？」師曰：「猶欠少在。」壽却與一喝。

睦州陳尊宿法嗣

睦州刺史陳操

睦州刺史陳操。與僧齋次，拈起餬餅問僧：「江西、湖南還有遮箇麽？」僧曰：「尚書適來喫什麽？」陳曰：「敲鍾謝響。」又一日，齋僧次，躬行餅，僧展手接，陳乃縮手。僧無語，陳曰：「果然！果然！」異日，問僧曰：「有箇事與上坐商量，得麽？」僧曰：「合取狗口。」陳自摑曰：「操罪過。」僧曰：「知過必改。」陳曰：「恁麽即乞上坐口喫飯。」又齋僧，自行食次，曰：「上坐施食。」上坐曰：「三德六味。」陳曰：「錯。」上坐無對。

又與寮屬登樓次，有數僧行來，一官人曰：「來者總是行脚僧。」陳曰：「不是。」曰：「焉知不是？」陳曰：「待近與問。」相次諸僧樓前行過，陳驀喚：「上坐！」僧皆迴顧，陳謂諸官曰：「不信道？」

又與禪者頌曰：「禪者有玄機，機玄是復非。欲了機前旨，咸於句下違。」

前香嚴智閑禪師法嗣

吉州止觀和尚

吉州止觀和尚。問：「如何是毘盧師？」師攔胸與一托。

問：「如何是頓？」師云：「非梁陳。」

壽州紹宗禪師

壽州紹宗禪師。問：「如何是西來意？」師曰：「好事不出門，惡事行千里。」

有官人謂師曰：「見説江西不立宗。」師曰：「遇緣即立。」曰：「遇緣立箇什麽？」師曰：「江西不立宗。」

襄州延慶法端[一]

襄州延慶法端，號紹真大師。官人問：「蚯蚓斬兩段，兩頭俱動，佛性在阿那頭？」師展兩手。洞山别云：「即今問底在那箇頭？」此又收在十一卷潙山下，何也？

益州南禪無染大師

益州南禪無染大師。問：「無句之句，師還答也無？」師曰：「從來只明恁麽事。」僧曰：「畢竟如何？」師曰：「且問看。」

益州長平山和尚

益州長平山和尚。問：「視瞬不及處如何？」師曰：「我眨眼也勿工夫。」問：「如何是祖師意？」師曰：「西天來，唐土去。」

益州崇福演教大師

益州崇福演教大師。問：「如何是寬廓之言？」師曰：「無口道得。」問：「如何是西來意？」師曰：「今日明日。」

〔一〕此章第十一卷重出，收在潙山靈祐禪師下。

安州大安山清幹禪師

安州大安山清幹禪師。問：「從上諸聖從何而證？」師乃斫額。問：「如何是祖師西來意？」師曰：「羊頭車子推明月。」

終南山豐德寺和尚

終南山豐德寺和尚。問：「如何是和尚家風？」師曰：「觸事面牆。」問：「如何是本來事？」師曰：「終不更問人。」

均州武當山佛巖暉禪師

均州武當山佛巖暉禪師。問：「頃年有疾，又中毒藥，請師醫。」師曰：「二宜湯一椀。」

又問：「如何是佛向上事？」曰：「螺髻子。」

江西廬山雙谿田道者

江西廬山雙谿田道者。問：「如何是啐啄之機？」師以手作啄勢。問：「如何是西來意？」師曰：「什麽處得箇問頭來？」

前福州雙峯和尚法嗣

雙峯古禪師

雙峯古禪師。第二世。本業講經，因上雙峯禮謁，雙峯問云：「大德什麽處住？」曰：「城裏住。」雙峯曰：「尋常還思老僧否？」曰：「常思和尚，無由禮覲。」雙峯曰：「只遮思底便是大德。」師從此領旨，即歸本寺，捨所居，罷講入山，執侍數年。後到石霜，但隨衆而已，更不參請。衆僉謂「古侍者嘗受雙峯印記」，往往聞于石霜。霜欲詰其所悟，而未得其便。師因辭石霜，霜將拂子送出門首，召曰：「古侍者！」師迴首，石霜曰：「擬著即差，是著即乖，不擬不是，亦莫作箇會。除非知有，莫能知之。好去！好去！」師應喏喏，即前邁。

尋屬雙峯歸寂，師乃繼續住持。僧問：「和尚當時祇對石霜，石霜恁麽道，意作麽生？」師曰：「只教我不著是非。」玄覺云：「且道他會石霜意不會？」

前徑山第三世洪諲禪師法嗣

洪州米嶺和尚

洪州米嶺和尚。尋常垂語曰：「莫過於此。」僧問：「未審是什麽莫過於此？」師曰：

「不出是。」其僧後問長慶：「爲什麽不出是？」慶云：「汝擬喚作什麽？」

前揚州光孝院慧覺和尚法嗣

道巘禪師

道巘禪師，廬州人也，姓劉氏。初參侍覺和尚，便領悟微言，即於湖南大光山剃度。暨化緣彌盛，受請止昇州長慶禪苑。

師一日上堂謂衆曰：「彌勒世尊朝入伽藍，暮成正覺，乃説偈〔一〕云：『三界上下法，我説皆是心。離於諸心法，更無有可得。』看他恁麽道也大殺惺惺。若比吾徒，猶是鈍漢。所以一念見道，三世情盡，如印印泥，更無前後。諸子，生死事大，快須薦取，莫爲等閑。業識茫茫，蓋爲迷己逐物。世尊臨入涅槃，文殊請佛再轉法輪，世尊咄文殊言：『吾四十九年住世，不曾一字與人。汝請吾再轉法輪，是謂吾曾轉法輪也。』然今時衆中，建立箇賓主問答，事不獲已，蓋爲初心爾。」僧問：「如何是長慶境？」師曰：「闍梨履踐看。」

〔一〕「偈」，原作「俱」，據四部本、趙城本改。

問：「如何是佛法大意？」師曰：「古人豈不道，今日三月三？」僧曰：「學人不會。」師曰：「止！止！不須說。我法妙難思。」便下坐。

咸平二年歸寂。

南嶽懷讓禪師第六世

前仰山南塔光涌禪師法嗣

越州清化全付禪師

越州清化全付禪師，吴郡崑山人也。父賈販，師隨至豫章，聞禪會之盛，遂啓求出家。即詣江夏，投清平大師。清平問曰：「汝來何求？」曰：「求法也。」清平異而攝受之。尋登戒度，奉事彌謹。

一日自謂曰：「學無常師，豈宜匏繫於此乎？」即辭，抵宜春仰山禮南塔涌和尚。涌問：「從何而來？」師曰：「鄂州來。」涌曰：「鄂州使君名什麽？」曰：「化下不敢相觸。」涌曰：「此地通不畏。」師曰：「大丈夫何必相試？」涌囅然而笑，遂蒙印可。乃遊廬陵，安福縣宰爲建應國禪苑，迎以聚徒，本道上聞，賜名清化焉。

僧問：「如何是和尚急切爲人處？」師曰：「朝看東南，暮看西北。」僧曰：「不會。」師曰：「徒誇東陽客，不識西陽珍。」

問：「如何是正法眼？」師曰：「不可青天白日尿床也。」

師後因同里僧勉還故國，錢氏文穆王特加禮重。晉天福二年丁酉歲，錢氏戍將闢雲峯山建院，亦以清化爲名，法侶臻萃。

僧問：「如何是佛法大意？」師曰：「華表柱頭木鶴飛。」問：「路逢達道人，不將語默對，未審將什麽對？」師曰：「眼裏瞳人吹叫子。」

問：「和尚年多少？」師曰：「始見去年九月九，如今又見秋葉黄。」僧曰：「恁麽即無數也。」師曰：「問取黄葉。」曰：「畢竟事如何？」師曰：「六隻骰子滿盆紅。」

問：「亡僧遷化，向什麽處去？」師曰：「長江無間斷，聚沫任風飄。」曰：「還受祭祀也無？」師曰：「祭祀即不無。」僧曰：「如何祭祀？」師曰：「漁歌舉權，谷裏聞聲。」

至忠獻王賜以紫方袍，師不受，王改以衲衣，仍號純一禪師。師曰：「吾非飾讓也，慮後人倣吾而逞欲耳。」

開運四年丁未秋七月示疾，安然坐逝，有大風震摧林木。壽六十六，臘四十五。

郢州芭蕉山慧清禪師

郢州芭蕉山慧清禪師，新羅人。問：「如何是芭蕉水？」師曰：「冬温夏凉。」問：「如何是吹毛劍？」師曰：「進前三步。」僧曰：「用者如何？」師曰：「退後三步。」

問：「如何是和尚爲人一句？」師曰：「只恐闍梨不問。」

師上堂謂衆曰：「會麽？相悉者少，珍重！」問：「不語有問時如何？」師曰：「未出三門千里程。」

問：「如何是自己？」師曰：「望南看北斗。」

問：「光境俱亡復是何物？」師曰：「知。」曰：「知箇什麽？」師曰：「建州九郎。」

問：「如何是提婆宗？」師曰：「赤幡在左。」

師問：「僧近離什麽處？」曰：「請師試道看。」師曰：「將謂是舶上商人，元來是當州小客。」

問：「不問二頭三首，請師直指本來面目。」師默然正坐。

問：「賊來須打，客來須看，忽遇客賊俱來時如何？」師曰：「屋裏有一緉破草鞋。」

曰："只如破草鞋，還堪受用也無？"師曰："汝若將去，前凶後不[一]吉。"問："北斗裏藏身，意旨如何？"師曰："九九八十一。"師又曰："會麽？"僧曰："不會。"師曰："一二三四五。"問："古佛未出興時如何？"師曰："千年茄子根。"曰："出興後如何？"師曰："金剛努出眼。"

師上堂，良久曰："也大相辱，珍重！"

韶州昌樂縣黄連山義初

韶州昌樂縣黄連山義初，號明微大師。問："三乘十二分教即不問，請師開口不答話。"師曰："寶華臺上定古今。"曰："如何是寶華臺上定古今？"師曰："一點墨子，輪流不移。"曰："學人全體不會，請師指示。"師曰："靈覺雖轉，空華不墜。"問："古路無蹤，如何進步？"師曰："金烏遶須彌，元與劫同時。"曰："恁麽即得達於彼岸也。"師曰："黄河三千年一度清。"

廣南劉氏嚮師道化，請入府内說法。僧問："人王與法王相見時如何？"師曰："兩

〔一〕"不"，四部本無。

鏡相照，萬像歷然。」曰：「法王心要，達磨西來，五祖付與曹溪，自此不傳衣鉢。未審碧玉階前將何付囑？」師曰：「石羊水上行，木馬夜翻駒。」僧曰：「恁麽即我王有感，萬國歸朝。」師曰：「時人盡唱太平歌。」

問：「如何是佛？」師曰：「胸題卍字，背負圓光。」僧問：「如何是道？」師展兩手示之。僧曰：「佛之與道相去幾何？」師曰：「如水如波。」

韶州慧林鴻究

韶州慧林鴻究，號妙濟大師。有僧問：「千聖常行此路，如何是此路？」師曰：「果然不見。」

問：「魯祖面壁意如何？」師曰：「有什麽雪處？」

問：「如何是急切事？」師曰：「鈍漢！」

問：「如何是和尚家風？」師曰：「諸方例大。」

問：「定慧等學，明見理性如何？」師曰：「新修梵宇。」

前仰山西塔光穆禪師法嗣

吉州資福如寶禪師

吉州資福如寶禪師。僧問：「如何是應機之句？」師默然。

問：「如何是玄旨？」師曰：「汝與我掩却門。」

問：「魯祖面壁，意作麽生？」師曰：「勿交涉。」

問：「如何是從上真正眼？」師搥胸曰：「蒼天！蒼天！」僧曰：「借問又何妨？」師曰：「困。」

問：「遮箇還受學也無？」師曰：「未曾钁地栽虚空。」

問：「如何是衲僧急切處？」師曰：「不過此問。」僧曰：「學人未問已前，請師道。」師曰：「噫！」

問：「諸方盡皆妙用，未審和尚此間如何？」師曰：「噫！」

問：「古人拈搥竪拂，此理如何？」師曰：「瘂！」

問：「如何是一路涅槃門？」師彈指一聲，又展開兩手。僧曰：「如何領會？」師曰：「不是秋月明，子自横行八九。」

問：「如何是和尚家風？」師曰：「飯後三椀茶。」

師一日拈起蒲團示衆云：「諸佛菩薩及入理聖人，皆從遮裏出。」便擲下，擘胸開曰：「作麽生？」衆無對。

問：「學人創入叢林，一夏將末，未蒙和尚指教，願垂提拯。」師托開其僧，乃曰：「老僧自住持來，未曾瞎却一僧眼。」

師有時坐良久，周視左右，曰：「會麽？」衆曰：「不會。」師曰：「不會即謾汝去也。」

師一日將蒲團於頭上曰：「汝諸人恁麽時難共語。」衆無對。師將坐，却曰：「猶較些子。」

前灌谿志閑禪師法嗣

池州魯祖山教和尚

池州魯祖山教和尚。僧問：「如何是目前事？」師曰：「絲竹未將爲樂器，架上葫蘆猶未收。」

問：「如何是雙林樹？」師曰：「有相身中無相身。」曰：「如何是有相身中無相身？」師曰：「金香山下鐵崑崙。」

問：「如何是高峯孤宿底人？」師曰：「半夜日頭明，日午打三更。」

問：「如何是格外事？」師曰：「化導緣終後，虚空更那邊。」

問：「進向無門時如何？」師曰：「太鈍生。」僧曰：「不是鈍根，直下進向無門時如何？」師曰：「靈機未曾論邊際，執法無邊在暗中。」問：「如何是學人著力處？」師曰：「春來草自青，月上已天明。」曰：「如何是不著力處？」師曰：「崩山石頭落，平川燒火行。」

魏府興化存獎禪師法嗣

汝州寶應和尚

汝州寶應和尚，亦曰南院第一世住顒禪師。上堂示衆曰：「赤肉團上，壁立千仞。」時有僧問：「赤肉團上，壁立千仞，豈不是和尚道？」師曰：「是。」其僧乃掀禪床，師曰：「遮瞎驢！」便棒。

師問僧：「近離什麽處？」曰：「長水。」師曰：「東流西流？」曰：「總不恁麽。」師曰：「作麽生？」僧珍重，師打之趁下法堂。

僧到參，師舉拂子，僧曰：「今日敗闕。」師放下拂子，僧曰：「猶有遮箇在。」師乃棒之。

師問僧：「近離什麽處？」曰：「近離襄州。」師曰：「來作什麽？」曰：「特來禮拜和尚。」師曰：「恰遇寶應老不在。」僧便喝，師曰：「向汝道不在，又喝作什麽？」僧又喝，師乃棒之，其僧禮拜。師曰：「遮棒本分汝打我，我且打汝三五棒，要此話大行。」

思明和尚未住西院時，到參禮拜後，白曰：「別無好物人事，從許州買得一口江西剃刀來獻和尚。」師云：「汝從許州來，什麽處得江西剃刀？」明把師手掐一下，師云：「侍者收取。」明拂袖而去，師云：「阿剌剌！」

師上堂云：「諸方只具啐啄同時眼，不具啐啄同時用。」時有僧便問：「如何是啐啄同時用？」師云：「作家相見不啐啄，啐啄同時失。」僧云：「此猶未是某甲問處。」師云：「汝問處又作麽生？」僧云：「失。」師乃打之，其僧不肯。其僧後於雲門會下聞二僧舉前因緣，一僧云：「當時南院棒折。」那僧聞此語忽然大悟，方見南院答話處。其僧却來汝州省覲，值師已遷化，乃訪風穴。風穴認得便問：「上座是當時問南院啐啄同時話底麽？」僧云：「是。」穴云：「會也未？」僧云：「會也。」穴云：「爾當時作麽生會？」僧云：「某甲當時如在燈影裏行相似。」穴云：「汝會也〔一〕。」

〔一〕「其僧後於雲門會下」至「汝會也」一段，四部本、趙城本文字多有不同。四部本作：「後於雲門會下聞别僧舉此語，方悟旨，却回參省，師已圓寂，遂訪風穴和尚。風穴問曰：『汝當時問先師啐啄話，後來還有省處也無？』僧曰：『已見箇道理也。』曰：『作麽生？』僧曰：『某甲當時如在燈影裏行，照顧不著。』風穴云：『汝會也。』」「遂訪」，趙城本作「遥禮」。

前寶壽沼和尚法嗣

汝州西院思明禪師

汝州西院思明禪師。有人問：「如何是伽藍？」師曰：「荊棘叢林。」曰：「如何是伽藍中人？」師曰：「獾兒貉子。」問：「如何是臨濟一喝？」師曰：「千鈞之弩不爲鼷鼠而發機。」曰：「和尚慈悲何在？」師打之。

僧從漪到法席旬日，乃曰：「莫道會佛法人，覓箇舉話底人也無。」師聞而默之。漪異日上法堂次，師召從漪，漪舉首。師曰：「錯！」漪進三兩步，師又曰：「錯！」從漪〔一〕復近前，師曰：「適來兩錯，是上座錯？是思明老錯？」曰：「是從漪錯。」師曰：「錯！」又曰：「上座且遮裏過夏，共汝商量遮兩錯。」漪不肯，便去。

後住相州天平山，每舉前話曰：「我行脚時，被惡風吹到汝州。有西院長老勘我，連下三箇錯，更待留我過夏商量，我不説恁麼時錯。我當時發足擬向南去，便知道錯了也。」首山

〔一〕「漪」下原衍「漪」字，今删。

省念和尚云：「據天平作恁麽會解，未夢見西院在。何故？話在。」

寶壽和尚

寶壽和尚。第二世住。有僧問：「如何是祖？」師曰：「面黑眼睛白。」

問：「蹋倒化城時如何？」師曰：「死漢不斬。」僧曰：「斬。」師乃打。

前三聖慧然禪師法嗣

鎮州大悲和尚

鎮州大悲和尚。有僧問：「除上去下，請師便道。」師曰：「我開口即錯。」僧曰：「真是學人師。」師曰：「今日向弟子手裏死。」

淄州水陸和尚

淄州水陸和尚。有僧問：「如何是學人用心處？」師曰：「用心即錯。」僧曰：「不起一念時如何？」師曰：「勿用處漢。」

問：「此事如何保任？」師曰：「切忌。」

問：「如何是最初一句？」師便喝。

問：「狹路相逢時如何？」師便攔胸托一托。

前魏府大覺和尚法嗣

廬州大覺和尚

廬州大覺和尚。問：「牛頭未見四祖時，爲什麽鳥獸銜華？」師曰：「有恁麽畜生。」曰：「見後爲什麽不來銜華？」師曰：「無恁麽畜生。」

廬州澄心院旻德和尚

廬州澄心院旻德和尚。在興化時，遇興化和尚示衆云：「若是作家戰將，便請單刀直入，更莫如何若何。」師出禮三拜，起而喝，興化亦喝。師再喝，化亦喝，師乃作禮歸衆。化云：「旻德今夜較却興化二十棒，然雖如是，是他旻德會，旻德且不是喝。」

汝州南院和尚

汝州南院和尚。問：「匹馬單槍來時如何？」師曰：「待我斫棒。」問：「上上根器人還接否？」師曰：「接。」僧曰：「便請師接。」師曰：「且得平交。」師問新到僧：「近離什麽處？」曰：「漢上。」師曰：「汝也罪過，我也罪過。」僧無語。

師見新到僧，乃搊住曰：「作麽生？作麽生？」僧無對。師曰：「三十年馬騎，今日却被驢撲。」一作「學馬伎」，又作「弄馬騎」。

有僧新到，師曰：「敗也。」乃抛下柱杖。僧曰：「恁麽語話？」師便打〔一〕。

〔一〕此下原附鎮州臨濟義玄禪師一章，因與卷首相重，故不録。

景德傳燈録卷第十三

懷讓禪師及曹溪别出共七十七人懷讓禪師第七世至第九世，曹溪别出第二世至第六世

懷讓第七世一十一人「七世」，一作「九世」

郢州芭蕉山慧清禪師法嗣四人

郢州興陽清讓禪師　洪州幽谷山法滿禪師已上二人見録　郢州興陽義深禪師　芭蕉山第二世住遇禪師已上二人無機緣語句不録

吉州資福如寶禪師法嗣四人

吉州資福貞邃禪師　吉州福壽和尚　潭州鹿苑和尚已上三人見録　潭州報慈德韶大師一人無機緣語句不録

汝州寶應和尚法嗣一人即南院顒也

汝州風穴延沼禪師

汝州西院思明禪師法嗣一人見録

郢州興陽歸静禪師
韶州慧林鴻究禪師法嗣一人見録
韶州靈瑞和尚
懷讓第八世六人
汝州風穴延沼禪師法嗣四人
汝州廣慧真禪師　汝州首山省念禪師已上二人見録　鳳翔長興和尚　潭州靈泉和尚
已上二人無機緣語句不録
潭州報慈歸真大師德韶法嗣二人
蘄州三角山志謙禪師　郢州興陽詞鐸禪師
懷讓第九世一人
汝州首山省念禪師法嗣一人見録
汾州善昭禪師一人見録，讚頌附卷末
曹谿別出第二世三十人
羅浮山定真和尚法嗣一人

羅浮山靈運禪師一人無機緣語句不録

制空山道進和尚法嗣

荊州玄覺禪師一人無機緣語句不録

韶州下回田善快和尚法嗣一人

善悟禪師一人無機緣語句不録

司空山本浄和尚法嗣一人

中使楊光庭一人無機緣語句不録

緣素和尚法嗣二人

韶州小道進禪師　韶州遊寂禪師已上二人無機緣語句不録

衹陀和尚法嗣一人

衡州道倩禪師一人無機緣語句不録

南陽慧忠國師法嗣五人一人見録

吉州耽源山真應禪師　唐肅宗皇帝　唐代宗皇帝　開封孫知古　鄧州香嚴惟戒禪師已上四人無機緣語句不録

洛陽荷澤神會大師法嗣一十八人二人見録

黄州大石山福琳禪師　沂水蒙山光寶禪師　磁州法如禪師　懷安郡西隱山進平禪師　澧陽慧演禪師　河陽懷空禪師　南陽圓震禪師　宜春廣敷禪師　江陵行覺禪師　五臺山神英禪師　五臺山無名禪師　南嶽皓玉禪師　宣州志滿禪師　涪州朗禪師　廣陵靈坦禪師　寧州通隱禪師　益州南印禪師　河南尹李常已上一十六人無機緣語句不録

曹谿別出第三世九人

下回田善悟禪師法嗣

潭州無學禪師一人無機緣語句不録

衡州道倩和尚法嗣

湖南如寶禪師一人無機緣語句不録

耽源山真應和尚法嗣

吉州貞遂禪師一人無機緣語句不録

磁州法如和尚法嗣

荆南惟忠禪師一人無機緣語句不録

河陽懷空和尚法嗣

蔡州道明禪師一人無機緣語句不録

烏牙山圓震禪師法嗣

吴頭陀　四面山法智禪師已上二人無機緣語句不録

五臺山無名禪師法嗣一人

五臺華嚴澄觀大師一人無機緣語句不録

益州南印和尚法嗣一人

義俛禪師一人無機緣語句不録

曹谿别出第四世五人

荆南惟忠禪師法嗣四人忠禪師亦名南印

道圓禪師　益州如一禪師　奉國神照禪師　廬山東林雅禪師已上四人無機緣語句不録

吴頭陀法嗣一人

玄固禪師一人無機緣語句不録

曹谿别出第五世四人

遂州道圓禪師法嗣一人見録

終南山圭峯宗密禪師

奉國神照禪師法嗣

鎮州常一禪師　滑州智遠禪師　鹿臺玄邃禪師已上三人無機緣語句不録

曹谿别出第六世一十一人

圭峯宗密禪師法嗣

圭峯温禪師　慈恩寺太恭禪師　興善寺太錫禪師　萬乘寺宗禪師　瑞聖寺覺禪師

化度寺仁瑜禪師已上六人無機緣語句不録

鹿臺玄邃禪師法嗣

龍興念禪師一人無機緣語句不録

滑州智遠禪師法嗣

彭門審用禪師　圓紹禪師　上方真禪師　東京法志禪師已上四人無機緣語句不録

南嶽懷讓禪師第七世

前郢州芭蕉山慧清禪師法嗣

郢州興陽山清讓禪師

郢州興陽山清讓禪師。僧問：「『大通智勝佛，十劫坐道場。佛法不現前，不得成佛道』時如何？」師曰：「其問甚諦當。」僧曰：「既是坐道場，爲什麽不得成佛道？」師曰：「爲伊不成佛。」

洪州幽谷山法滿禪師

洪州幽谷山法滿禪師。僧問：「如何是道？」師良久曰：「會麽？」僧曰：「學人不會。」師曰：「話道語下無聲，舉揚奥旨丁寧。禪要如今會取，不須别後消停。」

前吉州資福如寶禪師法嗣

吉州資福貞邃禪師

吉州資福貞邃禪師。第二世住。僧問：「和尚見古人得何意旨便歇去？」師作圓相示之。

問：「如何是古人歌？」師作圓相示之。問：「如何是最初一句？」師曰：「未具世界時，闍梨亦在此。」問：「百丈卷席意如何？」師良久。

問：「古人道『前三三，後三三』，意如何？」師曰：「汝名什麽？」曰：「某甲。」師曰：「喫茶去！」

師謂衆曰：「隔江見資福刹竿便迴去，脚跟也好與三十棒，豈況過江來時？」有僧才出，師曰：「不堪共語。」問：「如何是古佛心？」師曰：「山河大地。」

吉州福壽和尚

吉州福壽和尚。僧問：「祖意教意同别？」師乃展手。

問：「文殊騎師子，普賢騎象，未審釋迦騎什麽？」師舉手云：「邪！邪！」

潭州鹿苑和尚

潭州鹿苑和尚。僧問：「餘國作佛，還有異名也無？」師作圓相示之。

問：「如何是鹿苑一路？」師曰：「吉嘹舌頭問將來。」問：「如何是閉門造車？」師曰：「南嶽石橋。」僧曰：「如何是出門合轍？」師曰：「拄杖頭鞋。」

師上堂展手云：「天下老和尚、諸上座命根，總在遮裏。」有一僧出曰：「還收得也無？」師曰：「天台石橋側。」僧曰：「某甲不恁麽。」師曰：「伏惟尚饗。」問：「如何是世尊不説説？」師曰：「須彌山倒。」曰：「如何是迦葉不聞聞？」師曰：「大海枯竭。」

前汝州寶應和尚法嗣亦曰南院

汝州風穴延沼禪師

汝州風穴延沼禪師，餘杭人也。初發迹於越州鏡清順德大師，未臻堂奥。尋詣襄〔一〕州華嚴院，遇守廊上坐，即汝州南院侍者也，乃密探南院宗旨。後至南院，初見不禮拜，便問曰：「入門須辨主，端的請師分。」南院以左手拊膝，師喝。南院以右手拊膝，師又喝。南院舉左手曰：「遮箇即從闍梨。」又舉右手曰：「遮箇又作麽生？」師曰：「瞎。」南院擬拈拄杖次，師曰：「作什麽？奪拄杖打著老和尚，莫言不道！」南院曰：「三十年住持，今日被黄面浙子上門羅織。」師曰：「和尚大似持鉢不得，詐道不饑。」南院曰：「闍梨幾時曾

〔一〕「襄」，原作「裏」，據四部本、趙城本改。

到南院來？」師曰：「是何言歟？」曰：「老僧端的問汝。」師曰：「也不得放過。」南院曰：「且坐喫茶。」師方叙師資之禮。自後應潙、仰之懸記，出世聚徒，南院法道由是大振諸方矣〔一〕。

師上堂謂衆曰：「夫參學眼目，臨機直須大用現前，勿自拘於小節。設使言前薦得，猶是滯㲉迷封〔二〕。縱然句下精通，未免觸途狂見。觀汝諸人，應是向來依他作解，明昧兩岐，與爾一時掃却，直教箇箇如師子兒，吒呀地哮吼一聲，壁立千仞，誰敢正眼覷著？覷著即瞎却渠眼〔三〕。」

師又赴郢州衙内，昇座示衆云：「祖師心印，狀似鐵牛之機。去即印住，住即印破。秖如不去不住，印即是不印即是？還有人道得麽〔四〕？」時有盧陂長老出問：「學人有鐵牛之

〔一〕此下四部本、趙城本多一段：「師上堂曰：『祖師心印，比日全提。去即印住，住即印破。只如不去不住，印即是？不印即是？衆中還有得者麽？』」「比」，趙城本作「此」。

〔二〕「滯㲉迷封」，四部本、趙城本作「滯巧迷風」。

〔三〕「應是向來依他作解」至「覷著即瞎却渠眼」一段，四部本、趙城本作：「從前依他學解，迷昧兩蹊，而今與汝一齊掃却，个个作大師子兒，吒呀地哮吼一聲，壁立千仞，誰敢正眼覷著？若覷著即瞽却一目也。」

〔四〕「師又赴郢州衙内」至「還有人道得麽」一段，四部本、趙城本無。

機，請師不搭〔一〕印。」師云：「慣釣鯨鯢澄巨浸，却嗟蛙步驏泥沙。」卿公事苑云：蛙當作洼，謂馬出於渥洼水也。風穴所謂驏者，以良馬出清水，而反驏卧於泥沙之中，是其意也。今録謂蛙者，蝦蟇也，豈能爲馬步而驏卧邪？驏，張扇切〔二〕。陂佇思，師喝云：「長老何不進語！」陂擬議，師打一拂子云：「還記得話頭麽？試舉看。」陂擬開口，師又打一拂子。牧主云：「信知佛法與王法一般。」師云：「見什麽道理？」牧主云：「當斷不斷，返招其亂。」師便下座〔三〕。

上堂僧〔四〕問：「師唱誰家曲？宗風嗣阿誰？」師曰：「超然迥出威音外，翹足徒勞讚底沙。」本生經云：「過去久遠有佛名曰底沙，時有二菩薩：一名釋迦，二名彌勒。是佛觀見釋迦心未成熟，而諸弟子心皆純熟，如是思惟：『一人之心易可速化，衆人之心難可疾治。』即上雪山，入寶窟中入大禪定。時釋迦菩薩作外道仙人，上山採藥，見底沙佛。見已歡喜，心生敬信，翹一脚立，叉手向佛，一心而觀，目未曾瞬，七日七夜，以一偈讚佛曰：『天上天下無如佛，十方世界亦無比。世界所有我盡見，一切無有如佛者。』於是超越九劫，於九十一劫得阿耨菩提〔五〕。」

〔一〕「搭」，四部本、趙城本無。
〔二〕四部本、趙城本無此小注。
〔三〕「牧主云」至「師便下座」一段，四部本、趙城本無。
〔四〕「上堂僧」，四部本、趙城本無。
〔五〕四部本、趙城本無此小注。

問：「古曲無音韻，如何和得齊？」師曰：「木雞啼子夜，芻狗吠天明。」

問：「如何是一稱南無佛？」師曰：「燈連鳳翅當堂照，月影娥眉頼匹迷切，傾頭也。面看。」

問：「如何是佛？」師曰：「如何不是佛？」

問：「未曉玄言，請師直指。」師曰：「家住海門洲，扶桑最先照。」

問：「朗月當空時如何？」師曰：「不從天上輥，任向地中埋。」

問：「如何是佛？」師曰：「嘶風木馬緣無絆，背角泥牛痛下鞭。」

問：「如何是廣慧劍？」師曰：「不斬死漢。」

問：「古鏡未磨時如何？」師曰：「天魔膽裂。」僧曰：「磨後如何？」師曰：「軒轅無道。」

僧問：「朗月當空時如何？」師曰：「不在團天，一作「圓天」。且居羑里。」

問：「矛盾本成雙翳病，帝網明珠事若何？」師曰：「爲山登九仞，捻土定千鈞。」僧曰：「如何？」師曰：「如何？」

問：「干木奉文侯，知心有幾人？」師曰：「少年曾決龍蛇陣，潦倒還聽稚子歌。」

問：「如何是清涼山中主？」師曰：「一句不遑無著問，迄今猶作野盤僧。」

問：「句不當機，如何顯道？」師曰：「大昴縱同天，日輪不當午。」

問：「如何是和尚家風？」師曰：「鶴有九皋難翥翼，馬無千里漫追風。」

問：「如何是佛？」師曰：「勿使異人聞。」

問：「未有之言，請師試道。」師曰：「入市能長嘯，歸家著短衣。」

問：「夏終今日，師意如何？」師曰：「不憐鵝護雪，且喜蠟人冰。」

問：「歸鄉無路時如何？」師曰：「平窺紅爛處，暢殺子平生。」

師赴州衙，請上堂。有僧問：「人王與法王相見時如何？」師曰：「大舞遶林泉，世間無憂喜。」或作「有喜」。僧曰：「共譚何事？」師曰：「虎豹巖前曾宴坐，隼旟光裏播真宗。」

問：「摘葉尋枝即不問，如何是直截根源？」師曰：「赴供凌晨入，開堂或作「塘」。帶雨歸。」

問：「凡有所問，盡是捏怪[一]，請師直截根源。」師曰：「罕逢穿耳客，多遇刻舟人。」

問：「正當恁麽時如何？」師曰：「盲龜值木雖優穩，枯木生華物外春。」

[一]「凡有所問，盡是捏怪」，四部本、趙城本作「門門盡怪」。

問：「如何是密室中事？」師曰：「出袖當作「就」。譚今古，迴顏獨皺眉。」

問：「驪龍頷下珠如何取得？」師曰：「曾向海邊乾竹刺，直至如今治素琴。」

問：「大舸摇空，如何舉櫂？」師曰：「自在不點胸，渾家不喜見。」

問：「追風難把促，前程事若何？」師曰：「波斯衣褩丘畏。解。」

問：「誕生王子還假及第否？」師曰：「一句擬光禪子問，或作「訝」。三緘恐負古人機。」

問：「隨緣不變者，急遇知音人時如何？」師曰：「披莎側笠千峯裏，引水澆蔬五老前。」

問：「刻舟求不得，當體事如何？」師曰：「大動不立賞，柴扉草自深。」

問：「從上古人印印相契，如何是印底眼？」師曰：「輕譽道者知機變，拈與霑魂拭淚巾。」

問：「九夏賞勞，請師言薦。」師曰：「出岫拂開龍洞雨，汎波僧涌鉢囊華。」

問：「最初自恣，合對何人？」師曰：「一把香芻拈未下，六環金錫響摇空。」

問：「西祖傳來，請師端的。」師曰：「一犬吠虚，千猱啀實。」「猱」當作「獿」，奴刀切，惡犬長毛也。猱，猴也，非義。啀，音崖，犬鬬也〔一〕。

問：「王道與佛道相去幾何？」師曰：「芻狗吠時天地合，木雞啼後祖燈輝。」

問：「祖師心印，請師拂拭。」師曰：「祖月凌空圓聖智，何山松檜不青青？」

問：「大衆雲集，請師説法。」師曰：「赤脚人趁兔，著鞾人喫肉。」

問：「不曾博覽空王教，略借玄機試道看。」師曰：「白玉無瑕，卞和刖足。」

問：「如何是無爲之句？」師曰：「寶燭當軒顯，紅光爍太虚。」

問：「如何是臨機一句？」師曰：「因風吹火，用力不多。」問：「素面相呈時如何？」師曰：「拈却蓋面帛。」

問：「如何是衲僧氣息？」師曰：「膝行肘步，大衆見之。」

問：「紫菊半開秋已至，月圓當户意如何？」師曰：「月生蓬島人皆望，昨夜遭霜子不知。」

問：「如何是直截一路？」師曰：「直截迂曲。」

問：「如何是師子吼？」師曰：「阿誰要汝野干鳴？」

〔一〕四部本、趙城本無此小注。

問：「如何是諦實之言？」師曰：「心懸壁上。」

問：「心不能緣，口不能言時如何？」師曰：「逢人但恁麼舉看。」

問：「龍透清潭時如何？」師曰：「印駿捺尾。」

問：「任性浮沈時如何？」師曰：「牽牛不入欄。」

問：「有無俱無去處時如何？」師曰：「三月懶遊華下路，一家愁閉雨中門。」

問：「語默涉離微，肇法師寶藏論離微體净品云：「其入離，其出微。知入離，外塵無所依。知出微，內心無所爲。內心無所爲，諸見不能移。外塵無所依，萬有不能機。萬有不能機，想慮不乘馳。諸見不能移，寂滅不思議。可謂本净體離微也。據入故名離，約用故名微，混而爲一，無離無微。體净不可染，無染故無净。體微不可有，無有故無無。」如何通不犯？」師曰：「常憶江南三月裏，鷓鴣啼處野華香。」

問：「百了千當時如何？」師曰：「不許夜行，投明須到。」

問：「無地容身時如何？」師曰：「熊耳塔開無叩客。」僧曰：「如何即是？」師曰：「快〔一〕須斷却。」

問：「盡大地人來，一時致問，如何祇對？」師曰：「伯牙或作「子期」。琴韻少知音。」

〔一〕「快」，四部本、趙城本作「恰」。

問：「央堀逼佛時如何？」師曰：「大家保護萬迴憨。」

問：「心印未明，如何得入？」師曰：「雖聞西帥投歸款，未見牽羊納璧來。」

問：「如何是臨濟下事？」師曰：「桀犬吠堯。」

問：「如何是鑿鏃事？」太平廣記：「隋末有督君謨者，善閉目而射，志其目則中目，志其口則中口。有王靈智者學射於謨，以爲曲盡其妙，欲射殺謨，獨擅其美。謨執一短刀，箭來輒截之，惟有一矢，謨張口承之，遂齧其鏑，笑曰：『汝學三年，吾未教汝齧鏃之法〔一〕。』」師曰：「孟浪借辭論馬角。」

問：「不修定慧，爲什麽成佛無疑？」師曰：「金雞專報曉，漆桶黑光生。」

問：「一念萬年時如何？」師曰：「拂石仙衣破。」

問：「洪鍾未擊時如何？」師曰：「充塞大千無不韻，妙含幽致豈能分？」僧曰：「擊後如何？」師曰：「石壁山河無障礙，翳消開後好沾聞。」

問：「如何是西來意？」師曰：「尋山水盡山無盡。」

問：「大人相爲什麽不具足？」師曰：「鵂鶹夜半欺鷹隼。」

問：「古今才分請師密要。」師曰：「截却重舌。」

〔一〕四部本、趙城本無此小注。

問：「如何是大人相？」師曰：「赫赤窮僧。」曰：「未審和尚二時如何？」師曰：「携籮挈杖。」

問：「如何是賓中主？」師曰：「入市雙瞳瞽。」曰：「如何是主中賓？」師曰：「迴鑾兩曜新。」曰：「如何是賓中賓？」師曰：「攢眉坐白雲。」曰：「如何是主中主？」師曰：「磨礱三尺刃，待斬不平人。」

問：「如何是鑁頭邊事？」師曰：「山前一片青。」

問：「如何是佛？」師曰：「杖林山下竹筋鞭。」西域記云：「昔摩竭陀國有婆羅門，聞釋迦佛身長丈六，常懷疑惑，未之信也。乃以丈六竹杖，欲量佛身，恒於杖端出過丈六，如是增高，莫能窮實。遂投杖而去，因植根焉。今竹林脩茂，被山滿谷〔一〕。」

師於大宋開寶六年癸酉八月旦日昇座説偈，至十五日跏趺而化。前一日，手書別檀越。壽八十七，臘五十九。

前汝州西院思明禪師法嗣

〔一〕四部本、趙城本無此小注。

郢州興陽歸静禪師

郢州興陽歸静禪師。初參西院，乃問曰：「擬問不問時如何？」西院便打。師良久，西院云：「若喚作棒，眉鬚墮落。」師言下大悟。

僧問：「師唱誰家曲？宗風嗣阿誰？」師曰：「少室山前無異路。」

前韶州慧林鴻究禪師法嗣

韶州靈瑞和尚

韶州靈瑞和尚。有人問：「如何是佛？」師喝云：「汝是村裏人。」

問：「如何是西來意？」師曰：「十萬八千里。」

問：「如何是本來心？」師曰：「坐却毘盧頂，出没太虛中。」

南嶽懷讓禪師第八世

前風穴延沼禪師法嗣

汝州廣慧真禪師

汝州廣慧真禪師。僧問：「如何是廣慧境？」師曰：「小寺前頭資慶後。」

問：「如何是和尚家風？」師曰：「杴爬钁子。」

汝州首山省念禪師

汝州首山省念禪師，萊州人也，姓狄氏。受業於本部南禪院，得法於風穴，初住首山爲第一世。

開堂日，有僧問曰：「師唱誰家曲？宗風嗣阿誰？」師曰：「少室巖前親掌視。」僧曰：「更請洪音和一聲。」師曰：「如今也要大家知。」師謂衆曰：「佛法付與國王、大臣有力檀越，令燈燈相然，相續不斷，至于今日。大衆且道，相續箇什麽？」師良久又曰：「今日須是迦葉師兄始得。」

僧問：「如何是和尚家風？」師曰：「一言截斷千江口，萬仞峯前始得玄。」

問：「如何是首山境？」師曰：「一任衆人看。」僧曰：「如何是境中人？」師曰：「喫棒得也未？」僧禮拜。師曰：「且待别時。」

問：「如何是祖師西來意？」師曰：「風吹日炙。」

問：「從上諸聖向什麽處行履？」師曰：「牽犁拽杷。」

問：「古人拈槌竪拂，意旨如何？」師曰：「孤峯無宿客。」僧曰：「未審意旨如何？」

師曰：「不是守株人。」

問：「如何是菩提路？」師曰：「此去襄縣五里。」僧曰：「向上事如何？」師曰：「往來不易。」

問：「諸聖説不盡處，請師舉唱。」師曰：「萬里神光都一照，誰人敢並日輪齊？」

問：「一樹還開華也無？」師曰：「開來久矣。」僧曰：「未審還結子也無？」師曰：「昨夜遭霜了。」

問：「臨濟喝，德山棒，未審明得什麽邊事？」師曰：「汝試道看。」僧喝，師曰：「瞎！」僧再喝，師曰：「遮瞎漢只麽亂喝作麽？」僧禮拜，師便打。

問：「四衆圍繞，師説何法？」師曰：「打草蛇驚。」僧曰：「未審怎〔一〕麽生下手？」師曰：「適來幾合喪身失命。」

問：「二龍争珠，誰是得者？」師曰：「得者失。」僧曰：「不得者又如何？」師曰：「珠在什麽處？」

問：「維摩默然文殊贊善，未審此意如何？」師曰：「當時聽衆，必不如是。」僧曰：

〔一〕「怎」，四部本作「作」。

「未審維摩默然意旨如何？」師曰：「知恩者少，負恩者多。」

問：「一切諸佛皆從此經出，如何是此經？」師曰：「低聲，低聲。」僧曰：「如何受持？」師曰：「切不得污染。」

問：「世尊滅後，法付何人？」師曰：「好箇問頭，無人荅得。」

問：「見色便見心，諸法無形將何所見？」師曰：「一家有事百家忙。」僧曰：「學人不會，乞師再指。」師曰：「三日看取。」

問：「如人入京朝聖主，只到潼關便却迴時如何？」師曰：「猶是鈍漢。」

問：「路逢達道人，不將語默對，未審將什麼對？」師曰：「瞥爾三千界。」

問：「一句了然超百億，如何是一句？」師曰：「到處舉似人。」僧曰：「畢竟事如何？」師曰：「但知恁麼道。」

問：「如何是古佛心？」師曰：「鎮州蘿蔔重三斤。」

問：「虚空以何爲體？」師曰：「老僧在汝脚底。」僧曰：「和尚爲什麼在學人脚底？」師曰：「知汝是箇瞎漢。」

問：「如何是玄中的？」師曰：「有言須道却。」僧曰：「此意如何？」師曰：「無言鬼也瞋。」

問：「如何是衲僧眼？」師曰：「此問猶不當。」僧曰：「當後如何？」師曰：「堪作麽？」

問：「如何得離衆緣去？」師曰：「千年一遇。」僧曰：「不離時如何？」師曰：「立在衆人前。」

問：「如何是大安樂人？」師曰：「不見有一法。」僧曰：「將何爲人？」師曰：「謝闍梨領話。」

問：「如何是常在底人？」師曰：「亂走作麽？」

問：「一毫未發時如何？」師曰：「路逢穿耳客。」僧曰：「發後如何？」師曰：「不用更遲疑。」

問：「無絃琴請師音韻。」師良久曰：「還聞麽？」僧曰：「不聞。」師曰：「何不高聲聞著？」

問：「學人久處沈迷，請師一接。」師曰：「老僧無恁麽閑功夫。」僧曰：「和尚爲什麽如此？」師曰：「要行即行，要坐即坐。」

問：「如何是離凡聖底句？」師曰：「嵩山安和尚。」僧曰：「莫便是和尚極則處否？」師曰：「南嶽讓禪師。」

問：「學人乍入叢林，乞師指示。」師曰：「闍梨到此多少時也？」僧曰：「已經冬夏。」師曰：「莫錯舉似人。」

問：「有一人蕩盡來時，師還接否？」師曰：「蕩盡即不無，那箇是誰？」僧曰：「今日風高月冷。」師曰：「僧堂内幾人坐卧？」僧無對。師曰：「賺殺老僧。」

問：「如何是梵音相？」師曰：「驢鳴狗吠。」

問：「如何是徑截一路？」師曰：「或在山間，或在樹下。」

問：「曹谿一句天下人聞，未審和尚一句，什麽人得聞？」師曰：「不出三門外。」僧曰：「爲什麽不出三門外？」師曰：「舉似天下人。」

僧問：「如何是和尚不欺人眼？」師曰：「看看冬到來。」僧曰：「究竟如何？」師曰：「即便春風至。」

問：「遠聞和尚寸絲不掛，及至到來，爲什麽有山可守？」師曰：「道什麽？」僧喝，師亦喝。僧禮拜，師曰：「放汝二十棒。」

師次住寶安山廣教院，亦第一世。後徇衆請入城下寶應院，即南院第三世。三處法席，海衆常臻。淳化三年十二月四日午時，上堂説偈示衆曰：「今年六十七，老病隨緣且遣日。今年記却來年事，來年記著今朝日。」至四年，月日與時無爽前記，上堂辭衆，仍説偈曰：「白銀世界金色身，情與非情共一真。明暗盡時俱不照，日輪午後見全身。」言訖安坐，日將昳而逝。壽六十有八，荼毘收舍利。

前潭州報慈歸真大師德韶法嗣

蘄州三角山志謙禪師

蘄州三角山志謙禪師。僧問：「如何是佛？」師曰：「速禮三拜。」

郢州興陽詞鐸禪師

郢州興陽詞鐸禪師。第三世住。僧問：「佛界與衆生界相去多少？」師曰：「道不得。」僧曰：「真箇那！」師曰：「有些子。」

問：「傘蓋忽臨於寶坐，師今何異鵲巢時？」師曰：「道不得。」僧曰：「即今底。」師曰：「輸汝一佛法。」

南嶽懷讓禪師第九世

前汝州首山省念禪師法嗣

汾州善昭禪師

汾州善昭禪師。上堂謂衆曰：「凡一句語須具三玄門，每一玄門須具三要。有照有用，或先照後用，或先用後照，或照用同時，或照用不同時。先照後用，且要共爾商量。先用後照，爾也須是箇人始得。照用同時，爾作麼生當抵？照用不同時，爾又作麼生湊泊？」

僧問：「如何是大道之源？」師曰：「掘地覓青天。」曰：「何得如此？」師曰：「識取幽玄。」

問：「如何是賓中賓？」師曰：「合掌庵前問世尊。」曰：「如何是賓中主？」師曰：「對面無儔侶。」曰：「如何是主中賓？」師曰：「陣雲横海上，拔劍攪龍門。」曰：「如何是主中主？」師曰：「三頭六臂驚天地，忿怒那吒撲帝鍾。」

曹谿别出第二世

前南陽慧忠國師法嗣

吉州耽源山真應禪師

吉州耽源山真應禪師。爲國師侍者時，一日，國師在法堂中，師入來，國師乃放下一足，師見便出。良久却回，國師曰：「適來意怎麽生？」師云：「向阿誰説即得？」國師曰：「我問爾。」師云：「什麽處見某甲？」師又問：「百年後有人問極則事，如何？」國師曰：「幸自可憐生，須要覓箇護身符子作麽？」異日，師携籃子歸方丈，國師問：「籃裏什麽物？」師曰：「青梅。」國師曰：「將來何用？」師曰：「供養。」國師曰：「青在争堪供養？」師曰：「以此表獻。」國師曰：「佛不受供養。」師曰：「某甲只恁麽，和尚如何？」國師曰：「我不供養。」師曰：「爲什麽不供養？」國師曰：「我無果子。」

百丈海和尚在泐潭山牽車次，師曰：「車在遮裏，牛在什麽處？」海斫額，師乃拭目。

麻谷問：「十二面觀音豈不是聖？」師曰：「是。」麻谷與師一摑。師曰：「想汝未到此境。」國師諱日設齋，有僧問曰：「國師還來否？」師曰：「未具他心。」曰：「又用設齋作麽？」師曰：「不斷世諦。」

洛陽荷澤神會大師法嗣

黄州大石山福琳禪師

黄州大石山福琳禪師，荆州人也，姓元氏。本〔一〕儒家子，幼歸釋氏，就玄静寺謙著禪師剃度登戒。遊方遇荷澤師，示「無念靈知，不從緣有」，即焕然見諦。後抵黄州大石山結庵而居，四方禪侣依之甚衆。唐興元二年入滅，壽八十有二。

沂水蒙山光寶禪師

沂水蒙山光寶禪師，并州人也，姓周氏。初謁荷澤和尚服勤左右，荷澤一日謂之曰：「汝名光寶，名以定體，寶即己有，光非外求。縱汝意用而無少乏，長夜蒙照而無間歇。汝還信否？」師曰：「信則信矣，未審光之與寶同耶異耶？」荷澤曰：「光即寶，寶即光，何有同異之名乎？」師曰：「眼耳緣聲色時，爲復抗行？爲有迴互？」荷澤曰：「抗互且置，汝指何法爲聲色之體乎？」師曰：「如師所説，即無有聲色可得。」荷澤曰：「汝若了聲色體空，亦信眼耳諸根，及與凡聖平等如幻，抗行迴互，其理昭然。」師由是領悟，禮辭而去。

〔一〕「本」，原作「木」，據四部本、趙城本改。

初隱沂水蒙山，唐元和二年圓寂，壽年九十。

曹谿別出第五世

前遂州道圓禪師法嗣

終南山圭峯宗密禪師

終南山圭峯宗密禪師，果州西充人也，姓何氏。家本豪盛，髫齔通儒書，冠歲探釋典。唐元和二年，將赴貢舉，遇造圓和尚法席，欣然契會，遂求披削，當年進具。一日，隨衆僧齋于府吏任灌家，居下位。以次受經，得圓覺十二章，覽未終軸，感悟流涕。歸以所悟之旨告于圓，圓撫之曰：「汝當大弘圓頓之教，此諸佛授汝耳。行矣，無自滯於一隅也。」師涕泣奉命，禮辭而去。因謁荆南張禪師，南印。張曰：「傳教人也，當宣導於帝都。」復見洛陽照禪師，奉國神照。照曰：「菩薩人也，誰能識之？」尋抵襄、漢，因病，僧付華嚴疏，即上都澄觀大師之所撰也。師未嘗聽習，一覽而講，自欣所遇，曰：「向者諸師述作，罕窮厥旨，未若此疏辭源流暢，幽賾焕然。吾禪遇南宗，教逢圓覺，一言之下，心地開通，一軸之中，義天朗耀。今復偶兹絶筆，罄竭于懷。」暨講終，思見疏主。時屬門人太恭斷臂醻恩，師先齎書上疏主，遥叙師資，往復慶慰。尋太恭痊損，方隨侍至上都，執弟子之禮。觀曰：「毘盧華藏能隨我遊者，其汝乎？」師預觀之室，雖日新其德，而認筌執象之患永亡矣。北遊清涼山，迴住鄠縣草堂寺。未幾，復入寺南圭峯蘭若。大和中徵〔一〕入内，賜紫衣。帝累問法要，朝士歸慕。惟相國裴公休深入堂奥，受教爲外護。師以禪教學者互相非毁，遂著禪源諸詮，寫録諸家所述詮表禪門根源道理文字句偈，集爲一藏，或云一百卷。以貽後代。其都序略曰：

禪是天竺之語，具云禪那，翻云思惟修，亦云静慮，皆是定慧之通稱也。源者是一切衆生本覺真性，亦名佛性，亦名心地。悟之名慧，修之名定，定慧通名爲禪。此性是禪之本源，故云禪源，亦名禪那。理行者，此之本源是禪理，忘情契之是禪行，故云理行。然今所集諸家述作，多譚禪理少説禪行，故且以「禪源」題之。

今時有但目真性爲禪者，是不達理行之旨，又不辨華、竺之音也。然非離真性，别有禪體。但衆生迷真合塵，即名散亂。背塵合真，名爲禪定。若直論本性，即非真非妄，無背無合，無定無亂，誰言禪乎？况此真性非唯是禪門之源，亦是萬法之源，故名

〔一〕「徵」，原作「微」，據四部本、趙城本改。

法性。亦是衆生迷悟之源，故名如來藏藏識。出楞伽經。亦是諸佛萬德之源，故名佛性。涅槃等經。亦是菩薩萬行之源，故名心地。梵網經心地法門品云：「是諸佛之本源，行菩薩道之根本，是大衆諸佛子之根本也。」萬行不出六波羅蜜，禪門但是六中之一，當其第五，豈可都目真性爲一禪行哉？

然禪定一行最爲神妙，能發起性上無漏智慧。一切妙用，萬行萬德，乃至神通光明，皆從定發。故三乘學人，欲求聖道，必須修禪，離此無門，離此無路。至於念佛求生淨土，亦修十六觀禪，及念佛三昧、般舟三昧。

又真性即不垢不淨，凡聖無差，禪則有淺有深，階級殊等。謂帶異計，欣上厭下而修者，是外道禪。正信因果，亦以欣厭而修者，是凡夫禪。悟我空偏真之理而修者，是小乘禪。悟我法二空所顯真理而修者，是大乘禪。上四類，皆有四色四空之異也。若頓悟自心本來清淨元無煩惱，無漏智性本自具足，此心即佛畢竟無異，依此而修者是最上乘禪，亦名如來清淨禪，亦名一行三昧，亦名真如三昧。此是一切三昧根本。若能念念修習，自然漸得百千三昧。達磨門下展轉相傳者，是此禪也。

達磨未到，古來諸家所解，皆是前四禪八定，諸高僧修之皆得功用。南嶽、天台令依三諦之理，修三止三觀，教義雖最圓妙，然其趣入門户次第，亦只是前之諸禪行相。唯達磨所傳者，頓同佛體，迥異諸門，故宗習者難得其旨。得即成聖，疾證菩提。失則成邪，速入塗炭。先祖革昧防失，故且人傳一人。後代已有所憑，故任千燈千照。洎乎法久成弊，錯謬者多，故經論學人疑謗亦衆。

原夫佛説頓教漸教，禪開頓門漸門，二教二門各相符契。今講者偏彰漸義，禪者偏播頓宗，禪、講相逢，胡、越之隔。宗密不知宿生何作，薰得此心，自未解脱，欲解他縛，爲法亡於軀命，愍人切於神情。亦如浄名云：「若自有縛，能解他縛，無有是處。」然欲罷不能，驗是宿習難改故。每歎人與法差，法爲人病，故别撰經律論疏。大開戒、定、慧門，顯頓悟資於漸修，證師説符於佛意。意既本末而委示，文乃浩博而難尋，汎學雖多，秉志者少。況迹涉名相，誰辨金鍮？徒自疲勞，未見機感。雖佛説悲增是行，而自慮愛見難防。遂捨衆入山，習定均慧，前後息慮，相繼十年。云前後者，中間被勑追入内，住城二年，方却表請歸山也。微細習情，起滅彰於静慧。差别法義，羅列現於空心。虚隙日光，纖埃擾擾。清潭水底，影像昭昭。豈比夫空守默之癡禪，但尋文之狂慧者也？然本因了自心而辨諸教，故懇情於心宗。又因辨諸教而解修心，故虔誠於教義。教也者，諸佛菩薩所留經論也。禪也者，諸善知識所述句偈也。但佛經開張，羅大千八部之衆。禪偈撮略，就此方一類之機。羅衆則莽蕩難依，就機則指的易用。今之纂集，意在斯焉。

裴休爲之序曰：

諸宗門下，皆有達人。然各安所習，通少局多，數十年中，師法益壞。以承禀爲户牖，各自開張。以經論爲干戈，互相攻擊。情隨函音含。矢而遷變，周禮曰：「函人爲甲。」孟子曰：「矢人豈不仁於函人哉？函人唯恐傷人，矢人唯恐不傷人。蓋所習之術使然也。」今學者但隨宗徒彼此相非耳。法逐人我以高低。是非紛拏，莫能辨析。則向者世尊、菩薩諸方教宗，適足以起諍，後人增煩惱病，何利益之有哉？圭山大師久而歎曰：「吾丁此時不可以默矣！」於是以如來三種教義，印禪宗三種法門，融瓶盤釵釧爲一金，攪酥酪醍醐爲一味。振綱領而舉者皆順，荀子云：「如振裘領，屈五指而頓之，順者不可勝數。」據會要而來者同趣。周易略例云：「處會要以觀方來，則六合輻輳未足多也。」都序據圓教以印諸宗，雖百家亦無所不統。尚恐學者之難明也，又復直示宗源之本末，真妄之和合，空性之隱顯，法義之差殊，頓漸之異同，遮表之迴互，權實之深淺，通同之是非。若吾師者，捧佛日而委曲迴照，疑噎盡除。順佛心而横亘大悲，窮劫蒙益。則世尊爲闡教之主，吾師爲會教之人，本末相符，道近相照，可謂畢一代時教之能事矣。自世尊演教，至今日會而通之，能事方畢。或曰：「自如來未嘗大都而通之，今一旦違宗趣而不守，廢關防而不據，無乃乖秘藏密契之道乎？」答曰：「如來初雖別說三乘，後乃通爲一道。三十年前或說小乘，或說空教，或說相教，或說性教，聞者各隨機證悟，不相通知也。四十年後，坐靈鷲而會三乘，詣拘尸而顯一性。前後之軌則也。故涅槃經迦葉菩薩曰：『諸佛有密語，無密藏。』世尊讚之曰：『如來之言，開發顯露，清净無翳，愚人不解，謂之秘藏。智者達了，則不名藏。』」此其證也。故王道興則外户不閉，而守在戎夷。佛道備則諸法總持，而防在魔外。涅槃圓教和會諸法，唯簡別魔說及外道邪宗耳。不當復執情攘臂於其間也。師又著圓覺大小二疏鈔、法界觀門、原人等論，皆裴休爲之序引，盛行於世。

師會昌元年正月六日於興福塔院坐滅。二十二日，道俗等奉全身于圭峯。二月十二日茶毘，得舍利，明白潤大。後門人泣而求之，皆得於煨燼，乃藏之石室。壽六十有二，臘三十四。遺誡令：「舁屍施鳥獸，焚其骨而散之。勿得悲慕，以亂禪觀。每清明上山，必講道七日，其餘住持儀則當合律科。違者非吾弟子。」持服四衆數千百人哀泣喧野。暨宣宗再闢真教，追謚定慧禪師，塔曰青蓮。

蕭俛相公呈己見解，請禪師注釋〔一〕，曰：「荷澤云：見清净體於諸三昧八萬四千諸波

〔一〕此篇大字爲蕭解，小字爲師注。

羅蜜門，皆於見上一時起用，名爲慧眼。右〔一〕當真如相應之時，善惡不思，空有不念。萬化寂滅。萬法俱從思想緣念而生，皆是虚空，故云化也。既一念不生，則萬法不起。故不待泯之，自然寂滅也。此時更無所見，照體獨立，夢智亡階。三昧諸波羅蜜門，亦一時空寂，更無所得。散亂與三昧，此岸與彼岸，是相待對治之説。若知心無念，見性無生，則定亂真妄一時空寂，故無所得也。不審此是見上一時起用否？然見性圓明，理絶相累，即絶相爲妙用，住相爲執情，於八萬法門一一皆爾。一法有爲一塵，一法空爲一用。故云見清浄體，則一時起用矣。望於此後示及。俛狀。」

答史山人十問：問答各是一本，今參而寫之。

一問：「云何是道？何以修之？爲復必須修成？爲復不假功用？」答：「無礙是道，覺妄是修。道雖本圓，妄起爲累。妄念都盡，即是修成。」

二問：「道若因修而成，即是造作，便同世間法，虚僞不實，成而復壞，何名出世？」答：「造作是結業，名虚僞世間。無作是修行，即真實出世。」

三問：「其所修者爲頓爲漸？漸則忘前失後，何以集合而成？頓則萬行多方，豈得一時圓滿？」答：「真理即悟而頓圓，妄情息之而漸盡。頓圓如初生孩子，一日而

〔一〕「右」，四部本作「又」。

肢體已全。漸修如長養成人，多年而志氣方立。」

四問：「凡修心地之法，爲當悟心即了？爲當別有行門？若別有行門，何名南宗頓旨？若悟即同諸佛，何不發神通光明？」答：「識冰池而全水，籍陽氣而鎔消，悟凡夫而即真，資法力而修習。冰消則水流潤，方呈溉滌之功，妄盡則心靈通，始發通光之應。修心之外，無別行門。」

五問：「若但修心而得佛者，何故諸經復説必須莊嚴佛土，教化衆生，方名成道？」答：「鏡明而影像千差，心浄而神通萬應，影像類莊嚴佛國，神通則教化衆生，莊嚴而即非莊嚴，影像而亦色非色。」

六問：「諸經皆説度脱衆生，衆生且〔一〕即非衆生，何故更勞度脱？」答：「衆生若是實，度之則爲勞。既自云即非衆生，何不例度而無度？」

七問：「諸經説佛常住，或即説佛滅度。常即不滅，滅即非常。豈不相違？」答：「離一切相即名諸佛，何有出世入滅之實乎？見出没者，在乎機緣，機緣應則菩提樹下而出現，機緣盡則娑羅林間而涅槃。其猶浄水無心，無像不現。像非我有，蓋外

〔一〕「衆生且」，四部本、趙城本作「且衆生」。

質之去來。相非佛身，豈如來之出没？」

八問：「云何佛化所生，吾如彼生？佛既無生，生是何義？若言心生法生，心滅法滅，何以得無生法忍耶？」答：「既云如化，化即是空，空即無生，何詰生義？生滅滅已，寂滅爲真。忍可此法無生，名曰無生法忍。」

九問：「諸佛成道説法，秖爲度脱衆生，衆生既有六道，佛何但住在人中現化？又佛滅後付法於迦葉，以心傳心，乃至此方七祖，每代秖傳一人。既云於一切衆生皆得一子之地，何以傳授不普？」答：「日月麗天，六合俱照，而盲者不見，盆下不知。非日月不普，是障隔之咎也。度與不度，義類如斯，非局人天，揀於鬼畜。但人道能結集，傳授不絶故，秖知佛現人中也。滅度後委付迦葉，展轉相承一人者，此亦蓋論當代爲宗教主，如土無二王，非得度者唯爾數也。」

十問：「和尚因何發心？慕何法而出家？今如何修行？得何法味？所行得至何處地位？今〔一〕住心耶？修心耶？若住心妨修心，若修心則動念不安，云何名爲學道？若安心一定，則何異定性之徒？伏願大德運大慈悲，如理如如，次第爲説。」答：

〔一〕「今」，原作「令」，據四部本、趙城本改。

「覺四大如坏幻，達六塵如空華，悟自心爲佛心，見本性爲法性，是發心也。知心無住，即是修行。無住而知，即爲法味。住著於法，斯爲動念。故如人入闇，則無所見。今無所住，不染不著，故如人有目，及日光明，見種種法，豈爲定性之徒？既無所住著，何論處所？」

又山南温造尚書問：「悟理息妄之人不結業，一期壽終之後靈性何依者？」答：「一切衆生無不具有覺性，靈明空寂，與佛無殊。但以無始劫來未曾了悟，妄執身爲我相，故生愛惡等情。隨情造業，隨業受〔一〕報，生老病死，長劫輪迴。然身中覺性未曾生死，如夢被驅役，而身本安閑。如水作冰，而濕性不易。若能悟此性即是法身，本自無生，何有依託？靈靈不昧，了了常知，無所從來，亦無所去。然多生妄執，習以性成，喜怒哀樂，微細流注。真理雖然頓達，此情難以卒除。須長覺察，損之又損，如風頓止，波浪漸停。豈可一生所修，便同諸佛力用？但可以空寂爲自體，勿認色身。以靈知爲自心，勿認妄念。妄念若起，都不隨之，即臨命終時，自然業不能繫。雖有中陰，所向自由，天上人間，隨意寄託。若愛惡之念已泯，即不受分段之身，自能易短爲長，

〔一〕「受」，原無，據四部本、趙城本補。

易庵爲妙。若微細流注，一切寂滅，唯圓覺大智朗然獨存，即隨機應現千百億身，度有緣衆生，名之爲佛。謹對。」

釋曰：馬鳴菩薩撮略百本大乘經宗旨，以造大乘起信論。論中立宗，説一切衆生心有覺義、不覺義，覺中復有本覺義、始覺義。上所述者，雖但約照理觀、心處言之，而法義亦同。彼論謂從初至「與佛無殊」，是本覺也。從「但以無始」下，是不覺也。從「若能悟此」下，是始覺也。始覺中，復有頓悟漸修。從此次至「亦無所去」，是頓悟也。從「然多生妄執」下，是漸修也。漸修中，從初發心乃至成佛，有三位自在。從此至「隨意寄託」者，是受生自在也。從「若愛惡之念」下，是變易自在。從「若微細流注」下至末，是究竟自在也。又從「但可以空寂爲自體」至「自然業不能繫」，正是悟理之人朝暮行心，修習止觀之要節也。宗密先有八句之偈，顯云此意。曾於尚書處誦之，奉命解釋，今謹注釋如後。偈曰：「作有義事，是惺悟心。義謂義理，非謂仁義、恩義意。明凡所作爲，先詳利害，須有所以當於道理，然後行之，方免同惛醉顛狂之人也。就佛法中，有三種義，即可爲之：一、資益色身之事，謂衣食、醫藥、房舍等世間義也。二、資益法身，謂戒定慧、六波羅蜜等第一義也。三、弘正法利濟群生也，乃至爲法諸餘緣事，通世出世也。作無義事，是狂亂心。謂凡所作爲，若不緣上三般事，即名無義也。是狂亂者，且如世間醉人、狂人，所往不揀處所，所作不量是非。今既不擇有何義利，但縱情妄念，要爲即爲，故如狂也。上四句述業因也，下四句述受果報云。**狂亂隨情念，臨終被業牽。**既隨妄念，欲作即作，不以悟理之智揀擇是非，猶如狂人。故臨終時，於業道被業所引，受當來報。故涅槃經云：「無明郎主，貪愛魔王。役使身心，策如僮僕。」**惺悟不由情，臨終能轉業。**情中欲作，而察理不應，即須便止。情中不欲作，而照理相應，即須便作。但由是非之理，不由愛惡之情，即臨命終時，業不能繫，隨意自在，天上人間也。通而言之，但朝暮之間所作，被情塵所牽，即臨終被業所牽而受生。若所作所爲由於覺智，不由情塵，即臨終由我自在而受生，不由業也。當知欲驗臨終受生自在不自在，但驗尋常行心於塵境自由不自由。

景德傳燈録卷第十四

吉州青原山行思禪師法嗣

第一世一人

南嶽石頭希遷大師一人見録

第二世二十一人

南嶽石頭希遷大師法嗣二十一人

荆州天皇寺道悟禪師　京兆尸利禪師　鄧州丹霞山天然禪師　潭州招提寺慧朗禪師　長沙興國寺振朗禪師　澧州藥山惟儼禪師　潭州大川和尚　汾州石樓和尚

鳳翔法門寺佛陀和尚　潭州華林和尚　潮州大顛和尚　潭州長髭曠禪師　水空和尚已上一十三人見録　寶通禪師　海陵大辯禪師　渚涇和尚　衡州道詵禪師　漢州常清禪師　福州碎石和尚　商州商嶺和尚　常州義興和尚已上八人無機緣語句不録

第三世二十三人

荆州天皇道悟禪師法嗣一人

澧州龍潭崇信禪師一人見録

鄧州丹霞山天然禪師法嗣七人

京兆翠微無學禪師　丹霞山義安禪師　吉州性空禪師　本童和尚　米倉和尚已上五人見録　揚州六合大隱禪師　丹霞山慧勤禪師已上二人無機緣語句不録

藥山惟儼和尚法嗣十人

潭州道吾山圓智禪師　潭州雲巖曇晟禪師　華亭船子德誠禪師　宣州椑樹慧省禪師　藥山高沙彌　鄂州百顔明哲禪師已上六人見録　郢州涇源山光虙禪師　藥山夔禪師　宣州落霞和尚　朗州刺史李翺已上四人無機緣語句不録

潭州長髭曠禪師法嗣一人

潭州石室善道和尚一人見録

潮州大顛和尚法嗣二人

漳州三平山義忠禪師一人見録　吉州薯山和尚一人無機緣語句不録

潭州大川和尚法嗣二人

僊天和尚　福州普光和尚已上二人見録

青原行思禪師第一世

石頭希遷大師

石頭希遷大師，端州高要人也，姓陳氏。母初懷妊，不喜葷茹。師雖在孩提，不煩保母。既冠，然諾自許。鄉洞獠民畏鬼神，多淫祀，殺牛釃酒，習以爲常。師輒往毁叢祠，奪牛而歸。歲盈數十，鄉老不能禁。

後直造曹谿，六祖大師度爲弟子。未具戒，屬祖師圓寂，禀遺命謁于廬陵青原山思禪師，乃攝衣從之。緣會語句如思禪師章叙之。一日，思問師曰：「有人道嶺南有消息。」師曰：「有人不云云。」曰：「若恁麽，大藏、小藏從何而來？」師曰：「盡從遮裏去，終不少他事。」思甚然之。師於唐天寶初薦之衡山南寺，寺之東有石狀如臺，乃結庵其上，時號石頭和尚。

師一日上堂曰：「吾之法門，先佛傳授。不論禪定精進，達佛之知見，即心即佛。心佛衆生，菩提煩惱，名異體一。汝等當知，自己心靈，體離斷常，性非垢浄，湛然圓滿，凡聖齊同。應用無方，離心意識。三界六道，唯自心現，水月鏡像，豈有生滅？汝能知之，無所不備。」時門人道悟問：「曹谿意旨誰人得？」師曰：「會佛法人得。」曰：「師還得否？」師曰：「我不會佛法。」

僧問：「如何是解脱？」師曰：「誰縛汝？」又問：「如何是浄土？」師曰：「誰垢汝？」問：「如何是涅槃？」師曰：「誰將生死與汝？」

師問新到僧：「從什麽處來？」僧曰：「江西來。」師曰：「見馬大師否？」僧曰：「見。」師乃指一橛柴曰：「馬師何似遮箇？」僧無對，却迴舉似馬大師，馬曰：「汝見橛柴大小？」僧曰：「勿量大。」馬曰：「汝甚有力。」僧曰：「何也？」馬曰：「汝從南嶽負一橛柴來，豈不是有力？」

問：「如何是西來意？」師曰：「問取露柱。」曰：「學人不會。」師曰：「我更不會。」

大顛問師：「古人云道有、道無是二謗，請師除。」師曰：「一物亦無，除箇什麽？」師却問：「併却咽喉脣吻，道將來！」顛曰：「無遮箇。」師曰：「若恁麽，即汝得入門。」

道悟問：「如何是佛法大意？」師曰：「不得不知。」悟曰：「向上更有轉處也無？」師曰：「長空不礙白雲飛。」

問：「如何是禪？」師曰：「碌塼。」又問：「如何是道？」師曰：「木頭。」

自餘門屬領旨所有問答，各於本章出焉。師著參同契一篇，辭旨幽濬，頗有注解，大行於世。南嶽鬼神多顯迹聽法，師皆與授戒。廣德二年，門人請下于梁端廣闡玄化。江西主大寂，湖南主石頭，往來憧憧，並湊二大士之門矣。貞元六年庚午十二月二十五日順世，壽九十一，臘六十三。門人建塔于東嶺。長慶中謚無際大師，塔曰見相。

青原行思禪師第二世

前石頭希遷法嗣

荆州天皇道悟禪師

荆州天皇道悟禪師，婺州東陽人也，姓張氏。神儀挺異，幼而生知，長而神俊。年十四，懇求出家，父母不聽。遂誓志損減飲膳，日才一食，形體羸悴，父母不得已而許之，依明州大德披削。二十五，杭州竹林寺具戒，精修梵行，推爲勇猛。或風雨昏夜，宴坐丘塚，身心安静，離諸怖畏。

一日，遊餘杭，首謁徑山國一禪師，受心法，服勤五載。唐大曆中，抵鍾陵，造馬大師，重印前解，法無異説，復住二夏。乃謁石頭遷大師而致問曰：「離却定慧，以何法示人？」石頭曰：「我遮裏無奴婢，離箇什麽？」曰：「如何明得？」石頭曰：「汝還撮得空麽？」曰：「恁麽即不從今日去也。」石頭曰：「未審汝早晚從那邊來？」曰：「道悟不是那邊人。」石頭曰：「我早知汝來處。」曰：「師何以贓誣於人？」石頭曰：「汝身見在。」曰：「雖如是，畢竟如何示於後人？」石頭曰：「汝道阿誰是後人？」師從此頓悟，於前二哲匠言下有所得心罄殫其迹。後卜于荆州當陽柴紫山，五百羅漢翱翔之地也。學徒依附，駕肩接迹，都人士女，嚮風而至。

時崇業寺上首以狀聞于連帥，迎入郡。城〔一〕之左有天皇寺，乃名藍也，因火而廢。主寺僧靈鑒將謀修復，乃曰：「苟得悟禪師爲化主，必能福我。」乃中宵潛往哀請，肩輿而至，遂居天皇。時江陵尹右僕射裴公稽首問法，致禮勤至。師素不迎送，客無貴賤皆坐而揖之，裴公愈加歸向。由是石頭法道盛于此席。

僧問：「如何是玄妙之説？」師曰：「莫道我解佛法。」僧曰：「争奈學人疑滯何？」師曰：「何不問老僧？」僧曰：「問了也。」師曰：「去！不是汝存泊處。」

〔一〕「郡城」，四部本、趙城本作「城郡」。

師元和丁亥四月示疾，命弟子先期告終。至晦日，大衆問疾，師驀召典座，典座近前，師曰：「會麽？」對曰：「不會。」師乃拈枕子拋於地上，即便告寂。壽六十，臘三十五。以其年八月五日，塔于郡東。

寂音尊者曰：「荆州天王寺道悟禪師，如傳燈録所載則曰道悟得法於石頭，所居寺曰天皇，婺州東陽人，姓張氏。年十四出家，依明州大德披剃。年二十五，杭州竹林寺受具。首謁徑山國一禪師，服勤五年。大曆中抵鍾陵，謁馬大師，經二夏乃造石頭。元和丁亥四月示疾，壽六十，臘三十五。及觀達觀穎禪師所集五家宗派，則曰道悟嗣馬祖，引唐丘玄素所撰碑文幾千言，其略曰：師號道悟，渚宫人，姓崔氏，即子玉後胤也。年十五，於長沙寺禮曇翥律師出家。二十三，詣嵩山律德得尸羅。謁石頭，扣寂二年，無所契悟，乃入長安親忠國師。三十四，與侍者應真南還，謁馬大師，大悟於言下。祝曰：『他日莫離舊處。』故復還渚宫。元和十三年戊戌歲四月初示疾，十三日歸寂，壽八十二，臘六十三。考其傳，正如兩人。然玄素所載曰：有傳法一人崇信，住澧州龍潭。南岳讓禪師碑，唐聞人歸登譔，列法孫數人于後，有道悟名。圭峯答裴相國宗趣狀列馬祖之嗣六人，首曰江陵道悟，其下注曰兼禀徑山。今妄以雲門、臨濟二宗競者，可發一笑。」出林間録。

覺夢堂重校五家宗派序云：「景德間，吴僧道原集傳燈録三十卷，自曹溪下列爲兩派：一曰南岳讓，讓出馬大師。一曰青原思，思出石頭遷。自兩派下，又分五宗。馬大師出八十四員善知識，内有百丈海，海出黄檗運、大潙祐二人。運下出臨濟玄，故號臨濟宗。祐下出仰山寂，故號潙仰宗。八十四人内又有天王悟，悟得龍潭信，信得德山鑒，鑒得雪峯存，存下出雲門偃，號雲門宗。次玄沙備，備出地藏琛，琛出清涼益，號法眼宗。次石頭遷出藥山儼、天皇悟二人。悟下得慧真，真得幽閑，閑得文賁，三世便絶。唯藥山得雲巖晟，晟得洞山价，价得曹山章，是爲曹洞宗。今傳燈却收雲門、法眼兩宗歸石頭下，誤矣。緣同時道悟有兩人：一曰江陵城西天王寺道悟者，渚宫人也，崔子玉之後，嗣馬祖，元和十三年四月十三日化。正議大夫丘玄素撰塔銘，文幾千言。其略云馬祖祝曰：『他日莫離舊處。』故復還渚宫。一曰江陵城東天皇寺道悟者，婺州東陽人也，姓張氏，嗣石頭。元和二年丁亥化，叶律郎符載撰塔銘。二碑所載生緣、出處甚詳，但緣道原採集傳燈之日，非〔一〕一一親往討尋，不過宛轉託人捃拾而得，其差誤可知也。自景德至今，天下四海以傳燈爲據，雖列刹據位立宗者，不能略加究辦。惟丞相無盡居士張公及吕夏卿二君子，每會議宗門中事，嘗曰：『石頭得藥山，藥山得曹洞，一宗教理行果，言説宛轉。且天皇道悟下出箇周金剛，呵風罵雨，雖佛祖不敢嬰其鋒。恐自天皇處或有差誤。』寂音尊者亦嘗疑之云，道悟似有兩人。無盡居士後於達觀穎禪師處，得唐符載所撰天皇道悟塔記，又討得丘玄素所作天王道悟塔記，賫以遍示諸方曰：『吾嘗疑德山、洞山同出石頭下，因甚垂手處作用殺活不同。今以丘、符二記證之朗然明白，方信吾擇法驗人之不謬耳。』寂音曰：『圭峯答裴相國宗趣狀列馬祖之嗣六人，首曰江陵道悟，其下注曰兼稟徑山。今妄以雲門、臨濟二宗競者，可發一笑。』略書梗概以傳，明達者庶知五家之正派如是而已〔二〕。」

京兆尸利禪師

京兆尸利禪師。初問石頭：「如何是學人本分事？」石頭曰：「汝何從吾覓？」曰：「不從師覓如何即得？」石頭曰：「汝還曾失却麽？」師乃契會厥旨。

〔一〕「非」下原衍「非」字，今删。

〔二〕四部本、趙城本無此小注。

鄧州丹霞天然禪師

鄧州丹霞天然禪師，不知何許人也。初習儒學，將入長安應舉，方宿於逆旅，忽夢白光滿室。占者曰：「解空之祥也。」偶一禪客問曰：「仁者何往？」曰：「選官去。」禪客曰：「選官何如選佛？」曰：「選佛當往何所？」禪客曰：「今江西馬大師出世，是選佛之場，仁者可往。」遂直造江西。才見馬大師，以手托幞頭額。馬顧視良久，曰：「南嶽石頭是汝師也。」遽抵南嶽，還以前意投之。石頭曰：「著槽廠去。」師禮謝，入行者房，隨次執爨役凡三年。

忽一日石頭告衆曰：「來日剗佛殿前草。」至來日，大衆諸童行各備鍬钁剗草，獨師以盆盛水浄頭，於和尚前胡跪。石頭見而笑之，便與剃髪，又爲説戒法。師乃掩耳而出，便往江西再謁馬師。未參禮便入僧堂内，騎聖僧頸而坐。時大衆驚愕，遽報馬師，馬躬入堂，視之曰：「我子天然。」師即下地禮拜，曰：「謝師賜法號。」因名天然。馬師問：「從什麽處來？」師云：「石頭。」馬云：「石頭路滑，還蹉倒汝麽？」師曰：「若蹉倒即不來。」乃杖錫觀方，居天台華頂峯三年，往餘杭徑山禮國一禪師。

唐元和中至洛京龍門香山，與伏牛和尚爲莫逆之友。後於慧林寺遇天大寒，師取木佛焚之。人或譏之，師曰：「吾燒取舍利。」人曰：「木頭何有？」師曰：「若爾者何責我乎？」

師一日謁忠國師，先問侍者：「國師在否？」曰：「在即在，不見客。」師曰：「太深遠生！」曰：「佛眼亦覷不見。」師曰：「龍生龍子，鳳生鳳兒。」國師睡起，侍者以告，國師乃鞭侍者二十棒，遣出。後丹霞聞之，乃云：「不謬爲南陽國師。」至明日，却往禮拜。見國師，便展坐具，國師云：「不用！不用！」師退步，國師云：「如是！如是！」師却進前，國師云：「不是！不是！」師繞國師一匝便出。國師云：「去聖時遥，人多懈怠。三十年後，覓此漢也還難得。」

師訪龐居士，見女子取菜次，師云：「居士在否？」女子放下籃子斂手而立。師又云：「居士在否？」女子便提籃子去。

元和三年，師於天津橋横卧，會留守鄭公出，呵之不起。吏問其故，師徐曰：「無事僧。」留守異之，奉束素及衣兩襲，日給米麪，洛下翕然歸信。至十五年春，告門人言：「吾思林泉終老之所。」時門人令齊静方卜南陽丹霞山，結庵以奉事。三年間，玄學者至盈三百衆，構成大院。

師上堂曰：「阿爾渾家切須保護一靈之物，不是爾造作名貌得，更說什麽薦與不薦。吾往日見石頭和尚，亦只教切須自保護，此事不是爾譚話得。阿爾渾家各有一坐具地，更疑什麽？禪可是爾解底物？豈有佛可成？佛之一字，永不喜聞。阿爾自看。善巧方便，慈悲喜捨，不從外得，不著方寸。善巧是文殊，方便是普賢。爾更擬趁逐什麽物？不用經，不落空去。今時學者紛紛擾擾，皆是參禪問道。吾此間無道可修，無法可證，一飲一啄，各自有分，不用疑慮，在在處處，有恁麽底。若識得釋迦即老〔一〕凡夫，是阿爾須自看取。莫一盲引衆盲，相將入火坑。夜裏暗雙陸，賽彩若爲生？無事，珍重！」

有僧到參，於山下見師乃問：「丹霞山向什麽處去？」師指山曰：「青黯黯地。」僧曰：「莫只遮箇便是麽？」師曰：「真師子兒，一撥便轉。」

師問僧：「什麽處宿？」云：「山下宿。」師曰：「什麽處喫飯？」曰：「山下喫飯。」師曰：「將飯與闍梨喫底人，還具眼也無？」僧無對。長慶舉問保福：「將飯與人喫，感恩有分，爲什麽不具眼？」保福云：「施者受者，二俱瞎漢。」長慶云：「盡其機來，又作麽生？」保福云：「道某甲瞎得麽？」玄覺徵云：「且道長慶明丹霞意？爲復自用家財？」

〔一〕「老」，原作「者」，據四部本、趙城本改。

師以長慶四年六月二十三日告門人曰：「備湯沐，吾欲行矣。」乃戴笠策杖受履，垂一足未及地而化，壽八十六。門人斵石爲塔。勑謚智通禪師，塔號妙覺。

潭州招提慧朗禪師

潭州招提慧朗禪師，始興曲江人也，姓歐陽氏。年十三依鄧林寺模禪師披剃，十七遊南嶽，二十於嶽寺受具。往虔州龔公山謁大寂，大寂問曰：「汝來何求？」師曰：「求佛知見。」曰：「佛無知見，知見乃魔界。汝從南嶽來，似未見石頭曹谿心要爾，汝應却歸。」師承命迴嶽，造于石頭，問：「如何是佛？」石頭曰：「汝無佛性。」曰：「蠢動含靈又作麽生？」石頭曰：「蠢動含靈却有佛性。」曰：「慧朗爲什麽却無？」石頭曰：「爲汝不肯承當。」師於言下信入。後住梁端招提寺，不出户三十餘年。凡參學者至，皆曰：「去！去！汝無佛性。」其接機大約如此。時謂大朗禪師。

長沙興國寺振朗禪師

長沙興國寺振朗禪師。初參石頭問：「如何是祖師西來意？」石頭曰：「問取露柱。」曰：「振朗不會。」石頭曰：「我更不會。」師俄然省悟。

住後，有僧來參，師乃召曰：「上坐！」僧應諾。師曰：「孤負去也。」曰：「師何不鑒？」師乃拭目而視之，僧無語。時謂小朗禪師。

澧州藥山惟儼禪師

澧州藥山惟儼禪師，絳州人，姓韓氏。年十七，依潮陽西山慧照禪師出家。唐大曆八年，納戒于衡嶽希操律師，乃曰：「大丈夫當離法自浄，豈能屑屑事細行於布巾耶？」即謁石頭，密領玄旨。

一日，師坐次，石頭覩之，問曰：「汝在遮裏作麼？」曰：「一切不爲。」石頭曰：「恁麼即閑坐也。」曰：「若閑坐即爲也。」石頭曰：「汝道不爲，且不爲箇什麼？」曰：「千聖亦不識。」石頭以偈讃曰：「從來共住不知名，任運相將只麼行。自古上賢猶不識，造次凡流豈可明？」

石頭有時垂語曰：「言語動用勿交涉。」師曰：「不言語動用亦勿交涉。」石頭曰：「遮裏針劄不入。」師曰：「遮裏如石上栽華。」石頭然之。師後居澧州藥山，海衆雲會。廣語見別卷。

一日，師看經次，柏巖曰：「和尚休猱人得也。」師卷却經曰：「日頭早晚？」曰：「正當午。」師曰：「猶有遮箇文彩在。」曰：「某甲無亦無。」師曰：「汝大殺聰明。」曰：「某甲只恁麽，和尚尊意如何？」師曰：「我跛跛挈挈，百醜千拙，且恁麽過。」

師與道吾説：「茗谿上世爲節察來。」吾曰：「和尚上世曾爲什麽？」師曰：「我瘻瘻羸羸，且恁麽過時。」吾曰：「憑何如此？」師曰：「我不曾展他書卷。」石霜别云：「書卷不曾展。」

院主報：「打鍾也，請和尚上堂。」師曰：「汝與我擎鉢盂去。」曰：「和尚無手來多少時？」師曰：「汝只是枉披袈裟。」曰：「某甲只恁麽，和尚如何？」師曰：「我無遮箇眷屬。」

師見園頭栽菜次，師曰：「栽即不障汝栽，莫教根生。」曰：「既不教根生，大衆喫什麽？」師曰：「汝還有口麽。」無對〔一〕。

僧問：「如何不被諸境惑？」師曰：「聽他何礙汝？」曰：「不會。」師曰：「何境惑汝？」

僧問：「如何是道中至寶？」師曰：「莫諂曲。」曰：「不諂曲時如何？」師曰：「傾國

〔一〕「無對」，四部本作小注。

不換。」

有僧再來依附，師問：「阿誰？」曰：「常坦。」師呵曰：「前也是常坦，後也是常坦。」

一日，院主請師上堂，大衆才集，師良久，便歸方丈閉門。院主逐後曰：「和尚許某甲上堂，爲什麼却歸方丈？」師曰：「院主，經有經師，論有論師，律有律師，又争怪得老僧？」

師問雲巖：「作什麼？」巖曰：「擔屎。」師曰：「那箇聻？」巖曰：「在。」師曰：「汝來去爲誰？」曰：「替他東西。」師曰：「何不教並行？」曰：「和尚莫謗他。」師曰：「不合恁麼道。」曰：「如何道？」師曰：「還曾擔麼？」

師坐次，有僧問：「兀兀地思量什麼？」師曰：「思量箇不思量底。」曰：「不思量底如何思量？」師曰：「非思量。」

僧問：「學人擬歸鄉時如何？」師曰：「汝父母遍身紅爛，卧在荆棘林中，汝歸何所？」僧曰：「恁麼即不歸去也。」師曰：「汝却須歸去。汝若歸鄉，我示汝箇休糧方。」僧曰：「便請。」師曰：「二時上堂，不得齩破一粒米。」

僧問：「如何是涅槃？」師曰：「汝未開口時，喚作什麼？」

師見遵布衲洗佛，乃問：「遮箇從汝洗，還洗得那箇麼？」遵曰：「把將那箇來。」師乃休。長慶云：「邪法難扶。」玄覺云：「且道長慶恁麼道，在賓在主？衆中唤作洗佛語，亦云兼帶語，且道盡善不盡善？」

僧問曰：「學人有疑，請師決。」師曰：「待上堂時來與闍梨決疑。」至晚間上堂，大衆集定。師曰：「今日請決疑，上坐在什麽處？」其僧出衆而立，師下禪床把却，曰：「大衆，遮僧有疑。」便托開歸方丈。玄覺云：「且道與伊決疑否？若決疑，什麽處是決疑？若不與決疑，又道待上堂時與汝決疑？」

師問飯頭：「汝在此多少時也？」曰：「三年。」師曰：「我總不識汝。」飯頭罔測，發憤而去。

僧問：「身命急處如何？」師曰：「莫種雜種。」曰：「將何供養？」師曰：「無物者。」

師令供養主鈔化，甘行者問：「什麽處來？」僧曰：「藥山來。」甘曰：「來怎麽？」僧云：「教化。」甘云：「將得藥來麽？」曰：「行者有什麽病？」甘便捨銀兩鋌，曰：「有人即送來，無人即休。」師怪僧歸太急，僧曰：「問佛法相當，得兩鋌銀。」師令舉其語，舉已，師令僧速送還行者家。行者見僧迴，云：「僧〔一〕來。」遂添銀施之。同安代云：「早知行者恁麽問，終不道藥山來。」

〔一〕「僧」，四部本、趙城本作「猶」。

師問僧：「見説汝解算虛實？」曰：「不敢。」師曰：「汝試算老僧看。」僧無對。雲巖後來舉問洞山：「汝作麽生？」洞山云：「請和尚生日。」

師書「佛」字問道吾：「是什麽字？」吾云：「『佛』字。」師云：「多口阿師。」

僧問：「己事未明，乞和尚指示。」師良久曰：「吾今爲汝道一句亦不難，只宜汝於言〔一〕下便見去，猶較些子。若更入思量，却成吾罪過，不如且各合口，免相累及。」

大衆夜參不點燈。師垂語曰：「我有一句子，待特牛生兒即向汝道。」時有僧曰：「特牛生兒也，何以不道？」師曰：「把燈來〔二〕！」其僧抽退入衆。雲巖後舉似洞山，洞山云：「遮僧却會，只是不肯禮拜。」

僧問：「祖師未到此土，此土還有祖師意否？」師曰：「有。」僧曰：「既有祖師意，又來作什麽？」師曰：「只爲有，所以來。」

師看經，有僧問：「和尚尋常不許人看經，爲什麽却自看？」師曰：「我只圖遮眼。」曰：「某甲學和尚，還得也無？」師曰：「若是汝，牛皮也須看透。」長慶云：「眼有何過？」玄覺

〔一〕「於言」，原作「言於」，據四部本、趙城本改。

〔二〕「把燈來」，四部本、趙城本作「把燈來！把燈來！」。

云：「且道長慶會藥山意？不會藥山意？」

朗州刺史李翺嚮師玄化，屢請不起，乃躬入山謁之。師執經卷不顧，侍者白曰：「太守在此。」翺性褊急，乃言曰：「見面不如聞名。」師呼：「太守！」翺應諾，師曰：「何得貴耳賤目？」翺拱手謝之。問曰：「如何是道？」師以手指上下，曰：「會麽？」翺曰：「不會。」師曰：「雲在天，水在缾。」翺乃欣愜作禮，而述一偈曰：「練得身形似鶴形，千株松下兩函經。我來問道無餘説，雲在青天水在缾。」玄覺云：「且道李太守是讚他語？明他語？須具行脚眼始得。」翺又問：「如何是戒定慧？」師曰：「貧道遮裏無此閑家具。」翺莫測玄旨。師曰：「太守欲得保任此事，直須向高高山頂坐，深深海底行。閨閤中物，捨不得便爲滲漏。」師一夜登山經行，忽雲開見月，大笑一聲，應澧陽東九十許里，居民盡謂東家，明晨迭相推問，直至藥山。徒衆云：「昨夜和尚山頂大笑。」李翺再贈詩曰：「選得幽居愜野情，終年無送亦無迎。有時直上孤峯頂，月下披雲笑一聲。」

師大和八年二月臨順世叫云：「法堂倒！法堂倒！」衆皆持柱撑之，師舉手云：「子不會我意。」乃告寂。壽八十有四，臘六十，入室弟子沖虚建塔于院東隅，勅謚弘道大師，塔曰化城。

潭州大川和尚

潭州大川和尚。亦名湖〔一〕。有江陵僧新到，禮拜了在一邊立。師曰：「幾時發江陵？」僧拈起坐具，師曰：「謝子遠來，下去！」僧便出。師曰：「若不恁麽，争知眼目〔二〕端的？」僧拊掌曰：「苦殺人！幾錯判諸方老宿。」師肯之。僧舉似丹霞，霞曰：「於大川法道即得，於我遮裏即不然。」僧曰：「未審此間怎麽生？」霞曰：「猶較大川三步。」其僧禮拜，霞曰：「錯判諸方底甚多〔三〕！」洞山聞之曰：「不是丹霞，難分玉石。」

汾州石樓和尚

汾州石樓和尚。師上堂，有僧出問曰：「未識本來生，乞師方便指。」曰：「石樓無耳朵。」僧曰：「某甲自知非。」師曰：「老僧還有過。」僧曰：「和尚過在什麽處？」曰：「過在汝非處。」僧禮拜，師乃打之。

師問僧：「發足何處？」僧云：「漢國。」師云：「漢國天子還重佛法麽？」僧云：「苦

〔一〕「湖」，四部本、趙城本作「大湖」。
〔二〕「目」，原作「自」，據四部本、趙城本改。
〔三〕「甚多」，四部本、趙城本作「甚多！甚多！」。

哉！苦哉！賴遇問著某甲，問著别人則禍生。」師云：「作什麽嘛？」僧云：「人尚不見有，何佛法可重？」師云：「闍梨受戒來多少夏？」僧云：「三十夏。」師云：「大好不見有人！」便打之〔一〕。

鳳翔府法門寺佛陀和尚

鳳翔府法門寺佛陀和尚。師常持一串數珠，念三種名號，曰一釋迦，二元和，三佛陀，自餘是什麽「椀躂丘」。一箇過，終而復始。事迹異常，時人不可測。

潭州華林和尚

潭州華林和尚。僧到參，方展坐具，師曰：「緩！緩！」僧曰：「和尚見什麽？」師曰：「可惜許，磕破鍾樓。」其僧大悟。

〔一〕「師問僧」至「便打之」一段，四部本、趙城本文字多有不同，四部本作：「師問僧：『近離什麽處？』曰：『漢國。』師曰：『漢國主人還重佛法麽？』曰：『賴遇某甲，若問别人即禍生。尚不見有人，更有佛法可重？』師曰：『汝受戒得多少夏？』僧曰：『三十夏。』師曰：『大好不見人。』便打之。」趙城本作：「師問僧：『近離什麽處？』曰：『漢國。』師曰：『漢國主人還重佛法麽？』曰：『賴遇問著某甲，若問著别人即禍生。』師云：『作麽生？』僧云：『人尚不見有，何佛法可重？』師曰：『汝受戒得多少夏？』僧曰：『三十夏。』師曰：『大好不見有人。』便打之。」

潮州大顛和尚

潮州大顛和尚。初參石頭，石頭問師曰：「那箇是汝心？」師曰：「言語者是。」便被喝出。經旬日，師却問曰：「前者既不是，除此外何者是心？」石頭曰：「除却揚眉動目，將心來。」師曰：「無心可將來。」石頭曰：「元來有心，何言無心？無心盡同謗。」師言下大悟。

異日侍立次，石頭問曰：「汝是參禪僧？是州縣白蹋僧？」師曰：「是參禪僧。」石頭曰：「何者是禪？」師曰：「揚眉動目。」石頭曰：「除却揚眉動目外，將爾本來面目呈看。」師曰：「請和尚除揚眉動目外鑒某甲。」石頭曰：「我除竟。」師曰：「將呈和尚了也。」石頭曰：「汝既將呈，我心如何？」師曰：「不異和尚。」石頭曰：「不關汝事。」師曰：「本無物。」石頭曰：「汝亦無物。」師曰：「既無物，即真物。」石頭曰：「真物不可得，汝心見量意旨如此也，大須護持。」師後辭往潮州靈山隱居，學者四集。

師上堂示衆曰：「夫學道人須識自家本心，將心相示，方可見道。多見時輩只認揚眉動目，一語一默，驀頭印可，以爲心要。此實未了。吾今爲汝諸人分明説出，各須聽受。但除却一切妄運想念見量，即汝真心。此心與塵境及守認静默時，全無交涉。即心是佛，不待修治。何以故？應機隨照，泠泠〔一〕自用，窮其用處，了不可得，唤作妙用，乃是本心。大須護持，不可容易。」僧問：「其中人相見時如何？」師曰：「早不其中也。」僧曰：「其中者如何？」師曰：「不作箇問。」

問：「苦海波深，以何爲船筏？」師曰：「以木爲船筏。」曰：「恁麽即得度也。」師曰：「盲者依前盲，瘂者依前瘂。」

潭州攸縣長髭曠禪師

潭州攸縣長髭曠禪師。初往曹谿禮祖塔，迴參石頭。石頭問：「什麽處來？」曰：「嶺南來。」石頭曰：「嶺頭一尊，功德成就也未？」師曰：「成就久矣，只欠點眼在。」石頭曰：「莫要點眼麽？」師曰：「便請。」石頭乃翹一足，師禮拜。石頭曰：「汝見什麽道理便禮拜？」師曰：「據某甲所見，如洪鑪上一點雪。」玄覺云：「且道長髭具眼祇對？不具眼祇對？若具眼，爲什麽請他點眼？若不具眼，又道成就久矣，且作麽生商量？」法燈代云：「和尚可謂眼昏。」

水空和尚

水空和尚。師一日廊下逢見一僧，乃問：「時中事作麽生？」僧良久，師曰：「只恁便

〔一〕「泠泠」，原作「冷冷」，據四部本、趙城本改。

得麽？」僧曰：「頭上更安頭。」師便打之，曰：「去！去！已後惑亂人家男女在。」

青原行思禪師第三世

荆州天皇道悟禪師法嗣

澧州龍潭崇信禪師

澧州龍潭崇信禪師，本渚宫賣餅家子也，未詳姓氏。少而英異。初，悟和尚爲靈鑒潛請居天皇寺，人莫之測。師家居于寺巷，常日以十餅饋之。悟受之，每食畢，常留一餅，曰：「吾惠汝以蔭子孫。」師一日自念曰：「餅是我持去，何以返遺我耶？其别有旨乎？」遂造而問焉，悟曰：「是汝持來，復汝何咎？」師聞之，頗曉玄旨，因請出家。悟曰：「汝昔崇福善，今信吾言，可名崇信。」由是服勤左右。

一日，問曰：「某自到來，不蒙指示心要。」悟曰：「自汝到來，吾未嘗不指汝心要。」師曰：「何處指示？」悟曰：「汝擎茶來，吾爲汝接。汝行食來，吾爲汝受。汝和南時，吾便低首。何處不指示心要？」師低頭良久，悟曰：「見則直下便見，擬思即差。」師當下開解，乃復問：「如何保任？」悟曰：「任性逍遥，隨緣放曠。但盡凡心，無别勝解。」師後詣澧陽龍潭棲止。

僧問：「髻中珠誰人得？」師曰：「不賞翫者得。」僧曰：「安著何處？」師曰：「有處即道來。」

尼衆問：「如何得爲僧去？」師曰：「作尼來多少時也？」尼曰：「還有爲僧時也無？」師曰：「汝即今是什麽？」尼曰：「現是尼身，何得不識？」師曰：「誰識汝？」

李翺問：「如何是真如般若？」師曰：「我無真如般若。」翺曰：「幸遇和尚。」師曰：「此猶是分外之言。」

德山問：「久嚮龍潭，到來潭又不見，龍亦不現。」師曰：「子親到龍潭。」德山即休。玄覺云：「且道德山肯龍潭不肯龍潭？若肯龍潭，德山眼在什麽處？若不肯，爲什麽承嗣他？」

鄧州丹霞山天然禪師法嗣

京兆終南山翠微無學禪師

京兆終南山翠微無學禪師。初問丹霞：「如何是諸佛師？」丹霞咄曰：「幸自可憐生，須要執巾箒作麽！」師退三步，丹霞曰：「錯！」師即進前，丹霞曰：「錯！錯！」師翹一足，旋身一轉而出。丹霞曰：「得即得，孤他諸佛。」師由是領旨，住翠微。

投子問：「未審二祖初見達磨當何所得？」師曰：「汝今見吾，復何所得？」一日，師在法堂内行，投子進前，接禮而問曰：「西來密旨，和尚如何示人？」師駐步少時，又曰：「乞師垂示。」師曰：「更要第二杓惡水作麽？」投子禮謝而退。師曰：「莫埰却。」投子曰：「時至根苗自生。」

師因供養羅漢，有僧問曰：「丹霞燒木佛，和尚爲什麽供養羅漢？」師曰：「燒也不燒著，供養亦一任供養。」又問：「供養羅漢，羅漢還來也無？」師曰：「汝每日還喫麽？」僧無語，師曰：「少有靈利底！」

丹霞山義安禪師

丹霞山義安禪師。第二世住。僧問：「如何是佛？」師曰：「如何是上坐？」曰：「恁麽即無異去也。」師曰：「向汝道。」

吉州性空禪師

吉州性空禪師。有一僧來參，師乃展手示之。僧近前却退，師曰：「父母俱喪，略不慘顔。」僧呵呵大笑，師曰：「少間與闍梨舉哀。」其僧打筋斗而出，師曰：「蒼天！蒼天！」

本童和尚

本童和尚。因門僧寫師真呈師，師曰：「此若是我，更呈阿誰？」僧曰：「豈可分外？」師曰：「若不分外，汝却收取這箇。」僧便擬收，師打云：「正是分外彊爲！」僧曰：「若恁麽，即須呈於師。」師曰：「收取！收取！」

米倉和尚

米倉和尚。有僧新到參，繞師三匝，敲禪床曰：「不見主人翁，終不下參衆。」師曰：「什麽處情識去來？」僧曰：「果然不在。」師打一拄杖，僧曰：「幾落情識，呵呵！」師曰：「村草步頭逢著一箇，有什麽話處？」僧曰：「且參衆去！」

前藥山惟儼禪師法嗣

潭州道吾山圓智禪師

潭州道吾山圓智禪師，豫章海昏人也，姓張氏。幼依槃和尚受教登戒，預藥山法會，密契心印。一日，藥山問：「子去何處來？」曰：「遊山來。」藥山曰：「不離此室，速道將來。」曰：「山上烏兒白似雪，澗底遊魚忙不徹。」

師與雲巖侍立次，藥山曰：「智不到處切忌道著，道著即頭角生，智頭陀怎麽生？」師便出去。雲巖問藥山曰：「智師兄爲什麽不祇對和尚？」藥山曰：「我今日背痛，是他却會，汝去問取。」雲巖即來問師曰：「師兄適來爲什麽不祇對和尚？」師曰：「汝却去問取和尚。」僧問雲居：「切忌道著，意怎麽生？」雲居云：「此語最毒。」僧云：「如何是最毒底語？」雲居云：「一棒打殺龍蛇。」

雲巖臨遷化時，遣人送辭書到，師展書覽之，曰：「雲巖不知有悔，當時不向伊道。然雖如是，要且不違藥山之子。」玄覺云：「古人恁麽道，還有也未？」又云：「雲巖當時不會，且道什麽處是伊不會處？」

藥山上堂云：「我有一句子，未曾説向人。」師出云：「相隨來也。」僧問藥山：「一句子如何説？」藥山曰：「非言説。」師曰：「早言説了也。」

師臥次，椑樹云：「作甚麽？」師云：「蓋覆。」椑云：「臥是坐是？」師云：「不在兩頭。」椑云：「争奈蓋覆？」師云：「莫亂道。」師見椑樹坐次，師云：「作什麽？」椑云：「和南。」師云：「隔闊來多少時？」椑云：「恰是。」乃拂袖出。

師提笠子出，雲巖云：「作甚麽？」師云：「有用處。」巖云：「風雨來怎麽生？」師云：「蓋覆著。」巖云：「他還受蓋覆麽？」師云：「雖然如此，且無遺漏。」

因溈山問雲巖：「菩提以何爲坐？」雲巖曰：「以無爲爲坐。」雲巖却問溈山，溈山曰：「以諸法空爲坐。」溈山又問師：「怎麽生？」師曰：「坐也聽伊坐，臥也聽伊臥，有一人不坐不臥，速道！速道！」

潙山問師：「什麽處去來？」師曰：「看病來。」曰：「有幾人病？」師曰：「有病底，有不病底。」曰：「不病底莫是智頭陀否？」師曰：「病與不病，總不干他事。急道！急道！」

僧問：「萬里無雲未是本來天，如何是本來天？」師曰：「今日好曬麥。」問：「無神通菩薩爲什麽足迹難尋？」師曰：「同道方知。」曰：「和尚知否？」師曰：「不知。」曰：「爲什麽不知？」師曰：「汝不識我語。」

雲巖問：「師兄家風作麽生？」師曰：「教汝指點著，堪作什麽？」曰：「無遮箇來多少時也？」師曰：「牙根猶帶生澁在。」

又問：「如何是今時著力處？」師曰：「千人喚不迴頭，方有少分。」曰：「忽然火起時如何？」師曰：「能燒大地。」

師問僧：「除却星及焰，阿那箇是火？」僧曰：「不是火。」別一僧却問師：「還見火否？」師曰：「見。」曰：「見從何起？」師曰：「除却行住坐臥，更請一問。」

南泉示衆云：「法身具四大否？有人道得，與他一褄裩。」師云：「性地非空，空非性地。此是地大，三一本作「四」。大亦然。」南泉不違前言，乃與師裩。

師見雲巖不安，乃謂曰：「離此殼漏子向什麽處相見？」巖云：「不生不滅處相見。」師曰：「何不道非不生不滅處亦不求相見？」

師見雲巖補草鞋，云：「作甚麽？」巖云：「將敗壞補敗壞。」師云：「何不道即敗壞非敗壞？」

師聞僧念維摩經云：「八千菩薩，五百聲聞，皆欲隨從文殊師利。」師云：「甚麽處去？」其僧無對，師便打。後僧問禾山，禾山代云：「給侍者方諧。」

師下山到五峯，五峯問：「還識藥山老宿否？」師曰：「不識。」五峯曰：「爲甚麽不識？」師曰：「不識！不識！」

問：「如何是和尚家風？」師下禪床作女人拜曰：「謝子遠來，都無祇待。」

問：「如何是祖師西來意？」師曰：「東土不曾逢。」

問：「設先師齋，未審先師還來也無？」師曰：「汝諸人設齋作麽生？」

問：「頭上寶蓋生，不得道我是，如何？」師曰：「聽他。」曰：「和尚如何？」師曰：「我無遮箇。」

石霜問師：「百年後有人問極則事，作麽生向他道？」師喚沙彌，沙彌應諾，師曰：「添却浄缾水著。」師良久，却問石霜：「適來問什麽？」石霜再舉，師便起去。石霜異日又問：「和尚一片骨，敲著似銅鳴，向什麽處去也？」師喚侍者，侍者應諾，師曰：「驢年去。」

師唐大和九年乙卯九月示疾有苦，僧衆慰問體候。師曰：「有受非償，子知之乎？」衆皆愀然。十一日將行，謂衆曰：「吾當西邁，理無東移。」言訖告寂，壽六十有七。闍維得靈骨數片，建塔于石霜山之陽。勅謚修一大師，塔曰寶相。

潭州雲巖曇晟禪師

潭州雲巖曇晟禪師，鍾陵建昌人也，姓王氏。少出家於石門，初參百丈海禪師，未悟玄旨。侍左右二十年，百丈歸寂，師乃謁藥山，言下契會。語見藥山章。

一日，藥山問：「汝除在百丈，更到什麽處來？」師曰：「曾到廣南來。」曰：「見説廣州城東門外有一團石，被州主移却，是否？」師曰：「非但州主，闔國人移亦不動。」藥山乃又問：「聞汝解弄師子，是否？」師曰：「是。」曰：「弄得幾出？」師曰：「弄得六出。」曰：「我亦弄得。」師曰：「和尚弄得幾出？」曰：「我弄得一出。」師曰：「一即六，六即一。」

師後到潙山，潙山問曰：「承長老在藥山弄師子，是否？」師曰：「是。」曰：「長弄耶？還有置時？」師曰：「要弄即弄，要置即置。」曰：「置時師子在什麼處？」師曰：「置也！置也！」

問：「從上諸聖什麼處去？」師良久云：「作麼！作麼！」問：「暫時不在，如同死人如何？」師曰：「好埋却。」

問：「大保任底人，與那箇是一是二？」師云：「一機之絹是一段是兩段？」洞山聞云：「如人接樹。」

師煎茶次，道吾問：「煎與阿誰？」師曰：「有一人要。」曰：「何不教伊自煎？」師曰：「幸有某甲在。」

師問石霜：「什麼處來？」霜云：「潙山來。」師云：「在彼中得多少時？」霜云：「粗經冬夏。」師云：「恁麼即成山長也。」霜云：「雖在彼中却不知。」師云：「他家亦非知非識。」無對。後道吾聞云：「得恁無佛法身心！」

師後居潭州攸縣雲巖山。一日，謂衆曰：「有箇人家兒子，問著無有道不得底。」洞山問：「他屋裏有多少典籍？」師曰：「一字也無。」曰：「爭得恁麼多知？」師曰：「日夜不曾眠。」曰：「問一段事還得否？」師曰：「道得却不道。」

師問僧：「什麽處來？」僧曰：「添香來。」師曰：「見佛否？」曰：「見。」師曰：「什麽處見？」曰：「下界見。」師曰：「古佛！古佛！」

道吾問：「大悲千手眼如何？」師曰：「如無燈時把得枕子，怎麽生？」道吾曰：「我會也！我會也！」師曰：「怎麽生會？」道吾曰：「通身是眼。」

師掃地次，潙山云：「太驅驅生。」師云：「須知有不驅驅者。」潙云：「恁麽即有第二月也。」師竪起掃箒云：「是第幾月？」師低頭而去。玄妙聞云：「正是第二月〔一〕。」

師問僧：「什麽處來？」僧曰：「石上語話來。」師曰：「石還點頭也無？」僧無對。師曰：「未問時却點頭。」

師作鞋次，洞山問：「就師乞眼睛，未審還得也無〔二〕？」師曰：「汝底與阿誰去也？」曰：「良价無。」師曰：「有，汝向什麽處著？」洞山無語。師曰：「乞眼睛底是眼否？」曰：「非眼。」師咄之。

〔一〕「玄妙聞云」一句，四部本、趙城本作正文。
〔二〕「未審還得也無」，四部本無。

師問尼衆：「汝爺在否？」曰：「在。」師曰：「年多少？」曰：「年八十。」師曰：「汝有箇爺不年八十還知否？」曰：「莫是恁麼來者？」師曰：「猶是兒子。」洞山云：「直是不恁麼來者，亦是兒子。」

僧問：「一念瞥起，便落魔界時如何？」師曰：「汝因什麼從佛界而來？」僧無對。師曰：「會麼？」曰：「不會。」師曰：「莫道體不得，設使體得也，只是左之右之。」師問僧：「聞汝解卜是否？」曰：「是。」師曰：「試卜老僧看。」僧無對。洞山代云：「請和尚生月。」

師唐會昌元年辛酉十月示疾，二十六日沐身竟，喚主事僧令備齋，來日有上坐發去。至二十七日，並無人去。及夜，師歸寂。壽六十，荼毘得舍利一千餘粒，瘞于石墳。勅謚無住大師，塔曰净勝。

華亭船子和尚

華亭船子和尚，名德誠，嗣藥山，嘗於華亭吴江汎一小舟，時謂之船子和尚。

師嘗謂同參道吾曰：「他後有靈利坐主，指一箇來。」道吾後激勉京口和尚善會參禮師。師問曰：「坐主住甚寺？」會曰：「寺即不住，住即不似。」師曰：「不似，似〔一〕箇什

〔一〕「似」，四部本、趙城本作「又不似」。

麽？」會曰：「目前無相似〔一〕。」師曰：「何處學得來？」曰：「非耳目之所到。」師笑曰：「一句合頭語，萬劫繫驢橛〔二〕。垂絲千尺〔三〕，意在深潭，離鉤三寸〔四〕，速道！速道！」會擬開口，師便以篙撞在水中，因而大悟。師當下棄舟而逝，莫知其終。

宣州椑樹慧省禪師

宣州椑樹慧省禪師。洞山參師，師問曰：「來作什麽？」洞山曰：「來親近和尚。」師曰：「若是親近，用動兩片皮作麽？」洞山無對。曹山後聞乃云：「一子親得。」

僧問：「如何是佛？」師曰：「猫兒上露柱。」曰：「學人不會。」師曰：「問取露柱去！」

高沙彌

高沙彌。藥山住庵。初參藥山，藥山問師：「什麽處來？」師曰：「南嶽來。」山云：「何處去？」師曰：「江陵受戒去。」藥云：「受戒圖什麽？」師曰：「圖免生死。」藥云：「有一

〔一〕「目前無相似」，四部本作「目前無一法可似」。
〔二〕「橛」下四部本有「師又曰」三字。
〔三〕「尺」，四部本作「丈」。
〔四〕「寸」，四部本作「尺」。

人不受戒，亦免生死，汝還知否？」師曰：「恁麼即佛戒何用？」藥云：「猶掛脣齒在。」便召維那云：「遮跛脚沙彌不任僧務，安排向後庵著。」藥山又謂雲巖、道吾曰：「適來一箇沙彌却有來由。」道吾云：「未可全信，更勘始得。」藥乃再問師曰：「見説長安甚鬧？」師曰：「我國晏然。」法眼別云：「見誰説？」藥云：「汝從看經得？請益得？」師曰：「不從看經得，亦不從請益得。」山云：「大有人不看經、不請益，爲什麼不得？」師曰：「不道他無，只是他不肯承當。」

師乃辭藥山住庵，藥云：「生死事大，何不受戒去？」師曰：「知是遮般事，喚什麼作戒？」藥咄：「遮沙彌饒舌！入來近處住庵時，復要相見。」師住庵後，雨裏來相看，藥云：「爾來也。」師曰：「是。」藥云：「可殺濕。」師曰：「不打遮箇鼓笛。」雲巖云：「皮也無，打什麼鼓？」道吾云：「鼓也無，打什麼皮？」藥云：「今日大好曲調。」

僧問：「一句子還有該不到處否？」師曰：「不順世。」

藥山齋時自打鼓，高沙彌捧鉢作舞入堂。藥山便擲下鼓槌云：「是第幾和？」高曰：「第二和。」曰：「如何是第一和？」高就桶内舀一杓飯便出去。

鄂州百顏明哲禪師

鄂州百顏明哲禪師。洞山與密師伯到參，師問曰：「闍梨近離什麼處？」洞山曰：

「近離湖南。」師曰：「觀察使姓什麽？」曰：「不得姓。」師曰：「名什麽？」曰：「不得名。」師曰：「還治事也無？」曰：「自有郎幕在。」師曰：「豈不出入？」洞山便拂袖去。師明日入僧堂曰：「昨日對二闍梨一轉語不穏〔一〕，今請二闍梨道。若道得，老僧便開粥飯相伴過夏。速道！速道！」洞山曰：「太尊貴生。」師乃開粥共過一夏。

潭州長髭曠禪師法嗣

潭州石室善道和尚

潭州石室善道和尚，嗣攸縣長髭曠禪師。作沙彌時，長髭遣令受戒，謂之曰：「汝迴日須到石頭禮拜。」師受戒後，迴參石頭。一日，隨石頭遊山次，石頭曰：「汝與我斫却面前頭樹子，礙我。」師曰：「不將刀來？」石頭乃抽刀，倒與師。師云：「不過那頭來？」石頭曰：「爾用那頭作什麽？」師即大悟，便歸。長髭問：「汝到石頭否？」師曰：「到即到，不通號。」長髭曰：「從誰受戒？」師曰：「不依他。」長髭曰：「在彼即恁麽，來我遮裏作麽生？」師曰：「不違背。」長髭曰：「太忉忉生！」師曰：「舌頭未曾點著在。」長髭咄曰：

〔一〕「穏」，四部本作「隱」。

「沙彌出去！」師便出。長髭曰：「爭得不遇於人？」

師尋值沙汰，乃作行者居于石室。每見僧，便竪起杖子，云：「三世諸佛，盡由遮箇。」對者少得冥契。長沙聞之，乃云：「我若見，即令放下杖子，别通箇消息。」三聖將此語到石室祇對，被師認破是長沙語。杏山聞三聖失機，又親到石室。師見杏山僧衆相隨，潛往碓米。杏山曰：「行者不易，貧道難消。」師曰：「無心椀子盛將來，無縫合盤合取去。説什麽難消？」杏山便休。

仰山問：「佛之與道，相去幾何？」師曰：「道如展手，佛似握拳。」曰：「畢竟如何的當可信可依？」師以手撥空三兩下，曰：「無恁麽事，無恁麽事。」曰：「還假看教否？」師曰：「三乘十二分教是分外之事。若與他作對，即是心境兩法，能所雙行。便有種種見解，亦是狂慧，未足爲道。若不與他作對，一事也無，所以祖師云『本來無一物』。汝不見小兒出胎時，可道我解看教、不解看教？當恁麽時，亦不知有佛性義、無佛性義。及至長大，便學種種知解出來，便道我能、我解，不知是客塵煩惱。十六行中，嬰兒行爲最哆哆和和時，喻學道之人離分别取捨心，故讚歎嬰兒，何〔一〕況喻取之？若謂嬰兒是道，

〔一〕「何」，四部本作「可」。

今時錯會。」

師一夕與仰山翫月，仰山問曰：「遮箇月尖時，圓相什麽處去？圓時，尖相又什麽處去？」師曰：「尖時圓相隱，圓時尖相在。」雲巖云：「尖時圓相在，圓時無尖相。」道吾云：「尖時亦不尖，圓時亦不圓。」

仰山辭，師送出門，乃召曰：「闍梨！」仰山應諾，師曰：「莫一向去，却迴遮邊來。」

僧問：「師曾到五臺山否？」師曰：「曾到。」僧曰：「還見文殊麽？」師曰：「見。」僧曰：「文殊向行者道什麽？」師曰：「文殊道闍梨父母生在村草裏。」

潮州大顛和尚法嗣

漳州三平義忠禪師

漳州三平義忠禪師，福州人也，姓楊氏。初參石鞏，石鞏常張弓架箭以待學徒。師詣法席，鞏曰：「看箭！」師乃撥開胸云：「此是殺人箭，活人箭又作麽生？」鞏乃扣弓絃三下，師便作禮。鞏云：「三十年一張弓、兩隻箭，只謝得半箇聖人。」遂拗折弓箭〔一〕。

〔一〕「師乃撥開胸云」至「遂拗折弓箭」一段，四部本、趙城本文字多有不同，作：「師乃披襟當之，石鞏云：『三十年張弓架箭，只射得半箇漢。』」

師後舉似大顛，顛云：「既是活人箭，爲什麽向弓絃上辨？」師無對。顛云：「三十年後，要人舉此話也難〔一〕。」

師後參大顛，往漳州住三平山，示衆曰：「今時出來，盡學馳求走作，將當自己眼目，有什麽相當？阿爾欲學麽？不要諸餘，汝等各有本分事，何不體取？作麽心憤憤，口悱悱，有什麽利益？分明説，若要修行路及諸聖建立化門，自有大藏教文在。若是宗門中事，汝切不得錯用心。」時有僧出問：「還有學路也無？」師曰：「有一路滑如苔。」僧曰：「學人躡得否？」師曰：「不擬心，汝自看。」

有人問：「黑豆未生牙時如何？」師曰：「佛亦不知。」

講僧問：「三乘十二分教某甲不疑，如何是祖師西來意？」師曰：「龜毛拂子，兔角拄杖，大德藏向什麽處？」僧曰：「龜毛兔角豈是有耶？」師曰：「肉重千斤，智無銖兩。」

師又示衆曰：「諸人若未曾見知識即不可，若曾見作者來，便合體取些子意度，向巖谷間木食草衣，恁麽去方有少分相應。若馳求知解義句，即萬里望鄉關去也。珍重！」

〔一〕「師後舉似大顛」至「要人舉此話也難」一段，四部本、趙城本無。

潭州大川和尚法嗣

僊天和尚

僊天和尚。新羅僧到參，方展坐具擬禮拜，師捉住云：「未發本國時，道取一句！」其僧無語，師便推出，云：「問伊一句，便道兩句。」

又有一僧至，擬禮拜，師云：「野狐鬼！見什麼了便禮拜？」僧云：「老禿奴！見什麼了便恁問？」師云：「苦哉！苦哉！僊天今日忘前失後。」僧云：「要且得時，終不補失。」師云：「争不如此？」僧云：「誰？」師云：「呵呵！遠即遠矣。」

福州普光和尚

福州普光和尚。有僧立次，師以手開胸云：「還委老僧事麼？」僧云：「猶有遮箇在。」師却掩胸云：「不妨太顯。」僧云：「有什麼避處？」師云：「的是無避處。」僧云：「即今作麼生？」師便打。

景德傳燈録卷第十五

吉州青原山行思禪師法嗣

第四世一十七人

澧州龍潭崇信禪師法嗣二人

朗州德山宣鑒禪師　洪山溮潭寶峯和尚已上二人見録

吉州性空禪師法嗣二人

歙州茂源和尚　棗山光仁禪師已上二人見録

京兆翠微無學禪師法嗣五人

鄂州清平山令遵禪師　舒州投子山大同禪師　湖州道場山如訥禪師　建州白雲約禪師已上四人見録　伏牛山元通禪師一人無機緣語句不録

潭州道吾山圓智禪師法嗣三人

潭州石霜山慶諸禪師　潭州漸源仲興禪師　禄清和尚已上三人見録

潭州雲巖曇晟禪師法嗣四人

筠州洞山良价禪師　涿州杏山鑒洪禪師　潭州神山僧密禪師　幽谿和尚已上四人見録

華亭船子德誠禪師法嗣一人

澧州夾山善會禪師一人見録

第五世上一十四人

舒州投子山大同禪師法嗣一十三人

第二世投子温禪師　福州牛頭微禪師　西川香山澄照大師　陜府天福和尚　濠州思明和尚　鳳翔府招福和尚　興元中梁山遵古禪師　襄州谷隱和尚　安州九嵕山和尚　幽州盤山第二世和尚　九嵕山敬慧禪師　東京觀音院巖俊禪師已上一十二人見録　桂陽龍福真禪師一人無機緣語句不録

鄂州清平山令遵禪師法嗣一人

蘄州三角山令珪禪師一人見録

青原行思禪師第四世

前澧州龍潭崇信禪師法嗣

朗州德山宣鑒禪師

朗州德山宣鑒禪師，劍南人也，姓周氏。丱歲出家，依年受具，精究律藏，於性相諸經貫通旨趣。常講金剛般若，時謂之周金剛。厥後訪尋禪宗，因謂同學曰：「一毛吞海，海性無虧。纖芥投鋒，鋒利不動。學與無學，唯我知焉。」因造龍潭信禪師，問答皆一語而已。前章出之。師即時辭去，龍潭留之。一夕於室外默坐，龍問：「何不歸來？」師對曰：「黑。」龍乃點燭與師，師擬接，龍便吹滅，師乃禮拜。龍曰：「見什麼？」曰：「從今向去，不疑天下老和尚舌頭也。」至明日便發。龍潭謂諸徒曰：「可中有一箇漢，牙如劍樹，口似血盆，一棒打不迴頭。他時向孤峯頂上，立吾道在。」

師抵于溈山，從法堂西過東，迴視方丈，溈山無語。師曰：「無也！無也！」便出至僧堂前，乃曰：「然雖如此，不得草草。」遂具威儀上再參，才跨門，提起坐具喚曰：「和尚！」溈山擬取拂子，師喝之，揚袂而出。溈山晚間問大衆：「今日新到僧何在？」對曰：「那僧見和尚了，更不顧僧堂便去也。」潙山問衆：「還識遮阿師也無？」衆曰：「不識。」潙曰：「是伊將來有把茅蓋頭，罵佛罵祖去在。」

師住澧陽三十年，屬唐武宗廢教，避難於獨浮山之石室。大中初，武陵太守薛廷望再崇德山精舍，號古德禪院，相國裴休題額見存。將訪求哲匠住持，聆師道行，屢請不下山。廷望乃設詭計，遣吏以茶鹽誣之，言犯禁法，取師入州，瞻禮，堅請居之，大闡宗風。總印禪師開山創院，鑒即第二世住也。

師上堂謂衆曰：「於己無事，則勿妄求，妄求而得，亦非得也。汝但無事於心，無心於事，則虚而靈，空而妙。若毛端許言之本末者，皆爲自欺。毫氂繫念，三塗業因。瞥爾生情，萬劫羈鎖。聖名凡號，盡是虚聲。殊相劣形，皆爲幻色。汝欲求之，得無累乎？及其厭之，又成大患，終而無益。」

師上堂曰：「今夜不得問話，問話者三十拄杖。」時有僧出，方禮拜，師乃打之。僧曰：「某甲話也未問，和尚因什麽打某甲？」師曰：「汝是什麽處人？」曰：「新羅人。」師曰：「汝未跨船舷時，便好與三十拄杖。」法眼云：「大小德山語作兩橛。」玄覺云：「叢林中唤作隔下語且從，只如德山道問話者三十拄杖，意作麽生？」

有僧到參，師問維那：「今日幾人新到？」對曰：「八人。」師曰：「將來一時生案著。」龍牙問：「學人仗鏌鋣劍，擬取師頭時如何？」師引頸，法眼別云：「汝向什麽處下手？」龍牙曰：「頭落也。」師微笑。龍牙後到洞山舉前語，洞山曰：「德山道什麽？」云：「德山無語。」洞山曰：「莫道無語，且將德山落底頭呈似老僧。」龍牙省過懺謝。有人舉似師，師曰：「洞山老人不識好惡，遮箇漢死來多少時，救得有什麽用處？」

僧問：「如何是菩薩？」師打曰：「出去！莫向遮裏屙。」僧問：「如何是佛？」師曰：「佛即是西天老比丘。」

雪峯問：「從上宗風以何法示人？」師曰：「我宗無語句，實無一法與人。」巖頭聞之曰：「德山老人一條脊梁骨，硬似鐵，拗不折。然雖如此，於唱教門中猶較些子。」保福拈問招慶：「只如巖頭出世，有何言教過於德山，便恁麽道？」慶云：「汝不見巖頭道如人學射，久久方中。」福云：「中時如何？」慶云：「展闍黎莫不識痛癢？」福云：「和尚今日非唯舉話。」慶云：「展闍黎是什麽心行？」明昭云：「大小招慶錯下名言。」

師尋常遇僧到參，多以拄杖打。臨濟聞之，遣侍者來參，教令：「德山若打，汝但接取拄杖，當胸一拄。」侍者到，方禮拜，師乃打。侍者接得拄杖與一拄，師歸方丈。侍者迴，舉似臨濟，濟云：「從〔一〕來疑遮箇漢。」巖頭云：「德山老人尋常只據目前一箇杖子，佛來亦打，祖來亦打，争奈較些子？」東禪齊云：「只如臨濟道我從前疑遮漢，是肯底語不肯語？爲當別有道理？試斷看。」

師上堂曰：「問即有過，不問又乖。」有僧出禮拜，師便打。僧曰：「某甲始禮拜，爲什麽便打？」師曰：「待汝開口堪作什麽？」

師令侍者唤義存，即雪峯也。存上來。師曰：「我自唤義存，汝又來作什麽？」存無對。

師見僧來，乃閉門。其僧敲門，師曰：「阿誰？」曰：「師子兒。」師乃開門，僧禮拜，師便騎項曰：「遮畜生！什麽處去來？」

雪峯問：「古人斬猫兒，意如何？」師乃打趁，却唤曰〔二〕：「會麽？」峯曰：「不會。」師曰：「我恁麽老婆也不會？」

僧問：「凡聖相去多少？」師便喝。

師因疾，有僧問：「還有不病者無？」師曰：「有。」曰：「如何是不病者？」師曰：「阿邪！阿邪！」師復告諸徒曰：「捫空追響，勞汝心神。夢覺覺非，竟有何事？」言訖，安

〔一〕「從」，原作「後」，據四部本、趙城本改。
〔二〕「曰」，原作「師」，據四部本、趙城本改。

坐而化，即唐咸通六年乙酉十二月三日也。壽八十六，臘六十五。勅謚見性大師。

洪州㳙潭寶峯和尚

洪州㳙潭寶峯和尚。有僧新到，師謂曰：「其中事即易道，不落其中事，始終難道。」僧曰：「某甲在途時，便知有此一問。」師曰：「更與二十年行脚，也不較多。」曰：「莫不契和尚意麽？」師曰：「苦瓜那堪待客？」

師問僧：「古人有一路接後進初心，汝還知否？」曰：「請師指出古人一路。」師曰：「恁麽即闍梨知了也。」曰：「頭上更安頭。」師曰：「寶峯不合問仁者。」曰：「問又何妨？」師曰：「遮裏不曾有人亂説道理，出去！」

前吉州性空禪師法嗣

歙州茂源和尚

歙州茂源和尚。平田來參，師欲起身，平田乃把住曰：「開口即失，閉口即喪。去却恁麽時，請師道。」師以手掩耳而已。平田放手曰：「一步易，兩步難。」師曰：「有什麽死急？」平田曰：「若非此箇，師不免諸方點檢。」

棗山光仁禪師

棗山光仁禪師。上堂次，大衆集，師從方丈出，未至禪床，謂衆曰：「不負平生行脚眼目，致箇問訊，將來還有麽？」方乃升堂坐。時有僧出禮拜，師曰：「不負我，且從大衆，何也？」便歸方丈。翌日，有别僧請辨前語意旨如何。師曰：「齋時有飯與汝喫，夜後有床與汝眠，一向煎迫我作什麽？」僧禮拜。師曰：「苦！苦！」僧曰：「請師直指。」師乃垂足曰：「舒縮一任老僧。」

前京兆翠微無學禪師法嗣

鄂州清平山令遵禪師

鄂州清平山令遵禪師，東平人也，姓王氏。少依本州北菩提寺，唐咸通六年落髮，後詣滑州開元寺受具，攻律學。一旦謂同流曰：「夫沙門應決徹死生，玄通佛理，若乃孜孜卷軸，役役拘文，悉數海沙，徒勞片心。」遂罷所業，遠參禪會。

至江陵白馬寺，堂中遇一老宿名曰慧勤，師親近詢請，勤曰：「吾久侍丹霞，今既垂老，倦於提誘。汝可往謁翠微，彼即吾同參也。」師禮辭而去，造于翠微之堂，問：「如何是西來的的意？」翠微曰：「待無人即向汝説。」師良久曰：「無人也，請師説。」翠微下禪床，引師入竹園。師又曰：「無人也，請和尚説。」翠微指竹曰：「遮竿得恁麽長，那竿得恁麽短。」師雖領其微言，猶未徹其玄旨。

文德元年抵上蔡，會州將重法，創大通禪苑，請闡宗要。師自舉初見翠微語句，謂衆曰：「先師入泥入水爲我，自是我不識好惡。」師自此化導將十稔。至光化中，領徒百餘遊鄂州，從節度使杜洪請，居清平山安樂院。

上堂曰：「諸上坐，夫出家人須會佛意始得。若會佛意，不在僧俗、男女、貴賤，但隨家豐儉安樂便得。諸上坐盡是久處叢林，遍參尊宿，且作麽生會佛意？試出來大家商量。莫空氣高，至後一事無成，一生空度。若未會佛意，直饒頭上出水，足下出火，燒身鍊臂，聰慧多辯，聚徒一千二千，説法如雲如雨，講得天華亂墜，只成箇邪説，争競是非，去佛法大遠在。諸人幸值色身安健，不值諸難，何妨近前，著些工夫，體取佛意好？」時有僧問：「如何是大乘？」師曰：「麻索。」曰：「如何是小乘？」師曰：「錢貫。」

問：「如何是清平家風？」師曰：「一斗麪作三箇蒸餅。」

問：「如何是禪？」師曰：「胡孫上樹尾連顛。」

問：「如何是有漏？」師曰：「笊籬。」曰：「如何是無漏？」師曰：「木杓。」

問：「覿面相呈時如何？」師曰：「分付與典坐。」自餘逗機方便，靡徇時情，逆順卷舒，語超格量。天祐十六年正月二十五日午時歸寂，壽七十有五。周顯德六年，勅謚法喜禪師，塔曰善應。

舒州投子山大同禪師

舒州投子山大同禪師，本州懷寧人也，姓劉氏。幼歲依洛下保唐滿禪師出家，初習安般觀，次閲華嚴教，發明性海。復謁翠微山法席，頓悟宗旨。語見翠微章。由是放任周遊，歸旋故土，隱投子山結茆而居。

一日，趙州諗和尚至桐城縣，師亦出山，途中相遇，未相識。趙州潛問俗士，知是投子，乃逆而問曰：「莫是投子山主麽？」師曰：「茶鹽錢乞一箇。」趙州即先到庵中坐，師後携一缾油歸庵。趙州曰：「久嚮投子，到來只見箇賣油翁。」師曰：「汝只見賣油翁，且不識投子。」曰：「如何是投子？」師曰：「油！油！」趙州問：「死中得活時如何？」師曰：「不許夜行，投明須到。」趙州曰：「我早侯白，伊更侯黑。」同、諗二師互相問讎，廣如本集。其辭句簡健，意趣玄險，諸方謂趙州、投子得逸群之用。自爾師道聞天下，雲水之侣競奔湊焉。

師謂衆曰：「汝諸人來遮裏擬覓新鮮語句，攢華四六，口裏貴有可道。我老人氣力稍劣，脣舌遲鈍。汝若問我，我便隨汝答對，也無玄妙可及於汝，亦不教汝垛根，終不説向上向下、有佛有法、有凡有聖，亦不存坐繫縛。汝諸人變現千般，總是汝生解自擔帶將來，自作自受。遮裏無可與汝，不敢誑嚇汝。無表無裏，可得説似。汝諸人還知麽？」時有僧問：「表裏不收時如何？」師曰：「汝擬向遮裏垛根？」

僧問：「大藏教中還有奇特事也無？」師曰：「演出大藏教。」

問：「如何是眼未開時事？」師曰：「目净脩廣如青蓮。」

問：「一切諸佛及諸佛法皆從此經出，如何是此經？」師曰：「以是名字，汝當奉持。」

問：「枯木中還有龍吟也無？」師曰：「我道髑髏裏有師子吼。」

問：「一法普潤一切群生，如何是一法？」師曰：「雨下也。」

問：「一塵含法界時如何？」師曰：「早是數塵也。」

問：「金鎖未開時如何？」師曰：「開也。」

問：「學人欲修行時如何？」師曰：「虚空不曾爛壞。」

雪峯侍立，師指庵前一塊石曰：「三世諸佛總在裏許。」雪峯曰：「須知有不在裏許者。」師乃歸庵中坐。

一日，雪峯隨師訪龍眠庵主。雪峯問：「龍眠路向什麽處去？」師以拄杖指前面。雪峯曰：「東邊去？西邊去？」師曰：「漆桶。」雪峯異日又問：「一槌便成時如何？」師曰：「不是性燥〔一〕蘇到切。漢。」雪峯曰：「不假一槌時如何？」師曰：「漆桶。」

師一日庵中坐，雪峯問：「和尚此間還有人參否？」師於床下拈钁頭拋向面前，雪峯曰：「恁麽即當處掘去也。」師曰：「漆桶不快。」

雪峯辭去，師出門送，驀召曰：「道者！」雪峯迴首應諾。師曰：「途中善爲。」

僧問：「故歲已去，新歲到來，還有不涉此二途者無？」師曰：「有。」僧曰：「如何是不涉者？」師曰：「元正啓祚，萬物惟新。」

問：「依俙似半月，彷彿若三星。乾坤收不得，師向何處明？」師曰：「道什麽？」僧曰：「想師只有湛水之波，且無滔天之浪。」師曰：「閑言語。」

問：「類中來時如何？」師曰：「人類中來？馬類中來？」

問：「佛佛授手，祖祖相傳，傳箇什麽法？」師曰：「老僧不解謾語。」

問：「如何是出門不見佛？」師曰：「無所覩。」曰：「如何是入室別爺孃？」師曰：

〔一〕「燥」，四部本、趙城本作「敏」。

「無所生。」

問：「如何是火焰裏藏身？」師曰：「有什麽掩處？」曰：「如何是炭堆裏藏身？」師曰：「我道汝黑似漆。」

問：「的的不明時如何？」師曰：「明也。」

問：「如何是末後一句？」師曰：「最初明不得。」

問：「從苗辨地，因語識人，未審將何辨識？」師曰：「引不著。」

問：「院裏三百人，還有不在數者無？」師曰：「一百年前、五十年後看取。」

師問僧：「久嚮疎山薑頭，莫便是否？」無對。法眼代云：「嚮重和尚日久〔一〕。」

僧問：「抱璞投師，請師雕琢。」師曰：「不爲棟梁材。」曰：「恁麽即卞和無出身處也。」師曰：「擔帶即伶俜辛苦。」曰：「不擔帶時如何？」師曰：「不教汝抱璞投師，更請雕琢。」

問：「那吒太子析骨還父，析肉還母，如何是那吒本來身？」師放下手中杖子。

問：「佛法二字，如何辨得清濁？」師曰：「佛法清濁。」曰：「學人不會。」師曰：「汝

〔一〕「久」，四部本作「夕」。

適來問什麽？」

問：「一等是水，爲什海鹹河淡？」師曰：「天上星，地下木。」法眼別云：「大似相違。」

問：「如何是祖師意？」師曰：「彌勒覓箇受記處不得。」

問：「和尚住此來有何境界？」師曰：「丱角女子白頭絲。」

問：「如何是無情説法？」師曰：「惡。」

問：「如何是毘盧？」師曰：「已有名字。」曰：「如何是毘盧師？」師曰：「未有毘盧時會取。」

問：「歷落一句，請師道。」師曰：「好。」

問：「四山相逼時如何？」師曰：「五蘊皆空。」

問：「一念未生時如何？」師曰：「真箇謾語。」

問：「凡聖相去幾何？」師下禪床立。

問：「學人一問即和尚答，忽若千問萬問時如何？」師曰：「如雞抱卵。」

問：「天上天下唯我獨尊，如何是我？」師曰：「推倒遮老胡有什麽過？」

問：「如何是和尚師？」師曰：「迎之不見其首，隨之不見其形。」

問：「塑像未成，未審身在什麽處？」師曰：「莫亂造作。」僧曰：「争奈現不現何？」師曰：「隱在什麽處？」

問：「無目底人如何進步？」師曰：「遍十方。」僧曰：「無目爲什麽遍十方？」師曰：「著得目也無？」

問：「如何是西來意？」師曰：「不諱。」

問：「月未圓時如何？」師曰：「呑却兩三箇。」僧曰：「圓後如何？」師曰：「吐却七八箇。」

問：「日月未明，佛與衆生在什麽處？」師曰：「見老僧瞋便道瞋，見老僧喜便道喜。」

師問僧：「什麽處來？」曰：「東西山禮祖師來。」師曰：「祖師不在東西山。」僧無語。法眼代云：「和尚識祖師。」

問：「如何是玄中的？」師曰：「不到汝口裏道。」

問：「牛頭未見四祖時如何？」師曰：「與人爲師。」又問：「見後如何？」師曰：「不與人爲師。」

問：「諸佛出世，唯以一大事因緣，如何是一大事因緣？」師曰：「尹司空爲老僧開堂。」

問：「如何是佛？」師曰：「幻不可求。」

問：「千里尋師，乞師一接。」師曰：「今日老僧腰痛。」菜頭入方丈請益，師曰：「且去，待無人時來，爲闍梨説。」菜頭明日伺得無人，又來請和尚説。師曰：「近前來！」菜頭近前，師曰：「輒不得舉似於人。」

問：「併却咽喉脣吻，請師道。」師曰：「汝只要我道不得。」

問：「達磨未來時如何？」師曰：「遍天遍地。」曰：「來後如何？」師曰：「蓋覆不得。」

問：「和尚未見先師時如何？」師曰：「通身不奈何。」曰：「見先師後如何？」師曰：「通身撲不碎。」曰：「還從師得也無？」師曰：「終不相孤負。」曰：「恁麽即從師得也。」師曰：「自著眼趁取。」曰：「恁麽即孤負先師也。」師曰：「非但孤負先師，亦乃孤負老僧。」

問：「七佛是文殊弟子，文殊還有師也無？」師曰：「適來恁麽道也，大似屈己推人。」

問：「金雞未鳴時如何？」師曰：「無遮箇音響。」曰：「鳴後如何？」師曰：「各自知時。」

問：「師子是獸中之王，爲什麽被六塵吞？」師曰：「不作大，無人我。」

師居投子山三十餘載，往來激發請益者常盈于室。師縱之，以無畏辯隨問遽答，啐啄同時，微言頗多。今略録少分而已。唐中和年，巢寇暴起，天下喪亂。有狂徒持刃上山，問師曰：「此〔一〕何爲？」師乃隨宜説法，魁渠聞而拜伏，脱身服施之而去。

師乾化四年甲戌四月六日示有微疾，大衆請醫。師謂衆曰：「四大動作，聚散常程。汝等勿慮，吾自保矣。」言訖，跏趺坐亡，壽九十有六。詔謚慈濟大師，塔曰真寂。

湖州道場山如訥禪師

湖州道場山如訥禪師。僧問：「如何是教意？」師曰：「汝自看。」僧禮拜，師曰：「明月鋪霄漢，山川勢自分。」

問：「如何得聞性不隨緣去？」師曰：「汝聽看。」僧禮拜，師曰：「聾人也唱胡笳調，好惡高低自不聞。」僧曰：「恁麽即聞性宛然也。」師曰：「石從空裏立，火向水中焚。」

問：「虚空還有邊際否？」師曰：「汝也太多知。」僧禮拜，師曰：「三尺杖頭挑日月，

〔一〕「此」，四部本、趙城本作「住此」。

一塵飛起任遮天。」

問：「如何是道人？」師曰：「行運無蹤迹，起坐絶人知。」僧曰：「如何即是？」師曰：「三爐力盡無煙焰，萬頃平由水不流。」

問：「一念不生時如何？」師曰：「堪作什麽？」僧無語，師又曰：「透出龍門雲雨合，山川大地入無蹤。」

師目有重瞳，垂手過膝。自翠微受訣，乃止于道場山，薙草卓庵，學徒四至，遂成禪苑，廣闡法化。所遺壞衲三事，及開山拄杖、木屐，今在影堂中。按塔銘云：「師姓許氏，吴興人。七歲去氏於烏墩光福寺，八年如京師受具戒。抵豫章得心印，於翠微後結廬於道場山，猛摯之獸馴戢如奉教〔一〕。」

建州白雲約禪師

建州白雲約禪師。曾住江州東禪院。僧問：「不坐偏空堂，不居無學位。此人合向什麽處安置？」師曰：「青天無電影。」

天台韶和尚參，師問：「什麽處來？」韶曰：「江北來。」師曰：「船來陸來？」曰：「船來。」師曰：「還逢見魚鼈麽？」曰：「往往遇之。」師曰：「遇時作麽生？」韶曰：

〔一〕四部本、趙城本無此小注。

「咄！縮頭去。」師大笑。

潭州前道吾山圓智禪師法嗣

潭州石霜山慶諸禪師

潭州石霜山慶諸禪師，廬陵新淦人也，姓陳氏。年十三，依洪井西山紹鑾禪師落髮。二十三，嵩嶽受具，就洛下學毘尼之教。雖知聽制，終爲漸宗。迴抵大潙山法會，爲米頭。一日，師在米寮内篩米，潙山云：「施主物，莫抛撒。」師曰：「不抛撒。」潙山於地上拾得一粒，云：「汝道不抛撒，遮箇什麽處得來？」師無對。潙山又云：「莫欺遮一粒子，百千粒從遮一粒生。」師曰：「百千粒從遮一粒生，未審遮一粒從什麽處生？」潙山呵呵笑歸方丈。晚後上堂云：「大衆，米裏有蟲。」

師後參道吾問：「如何是觸目菩提？」道吾喚沙彌，沙彌應諾，吾曰：「添净缾水著。」吾却問師：「汝適來問什麽？」師乃舉前問，道吾便起去，師從此惺覺。道吾曰：「我疾作，將欲去世。心中有物，久而爲患，誰可除之？」師曰：「心物俱非，除之益患。」道吾曰：「賢哉！賢哉！」于時始爲二夏之僧。

因避世，混俗于長沙瀏陽陶家坊，朝遊夕處，人莫能識。後因洞山价和尚遣僧訪尋，囊錐始露，乃舉之住石霜山。他日，道吾將捨衆順世，以師爲嫡嗣，躬至石霜而就之。師日勤執侍，全于師禮。暨道吾歸寂，學侶雲集，盈五百衆。廣語出别卷。

一日，謂衆曰：「一代時教，整理時人脚手，凡有其由，皆落在今時，直至法身非身，此是教家極則。我輩沙門全無肯路，若分即差，不分即坐著泥水，但由心意妄説見聞。」僧問：「如何是西來意？」師曰：「空中一片石。」僧禮拜，師曰：「會麽？」曰：「不會。」師曰：「賴汝不會，若會即打破爾頭。」

問：「如何是和尚本分事？」師曰：「石頭還汗出麽？」

問：「到遮裏爲什麽却道不得？」師曰：「脚底著口。」

問：「真身還出世也無？」師曰：「不出世。」曰：「争奈真身何？」師曰：「瑠璃缾子口。」

師居方丈，有僧在明窗外問：「咫尺之間，爲什麽不覩師顔？」師曰：「我道遍界不曾藏。」僧舉問雪峯：「遍界不曾藏，意旨如何？」雪峯曰：「什麽處不是石霜？」僧迴舉雪峯之語呈師，師曰：「老大漢，有什麽死急！」東禪齊云：「只如雪峯是會石霜意？不會石霜意？若會也，他爲什麽道死急？若不會作麽生？雪峯豈可不會？然法且無異，奈以師承不同，解之差别。他云遍界不曾藏，也須曾學來始得會，亂説即不可。」

雲蓋問：「萬户俱閉即不問，萬户俱開時如何？」師曰：「堂中事作麽生？」曰：「無人接得渠。」師曰：「道也大殺道也，只道得八九成。」曰：「未審和尚作麽生道？」師曰：「無人識得渠。」東禪齊云：「只如石霜意作麽生？若道一般，前來爲什麽不許伊？若道别有道理，又只重説一遍？且道古人意作麽生？」

問：「佛性如虚空如何？」師曰：「卧時即有，坐時即無。」

問：「忘收一足時如何？」師曰：「不共汝同盤。」

問：「風生浪起時如何？」師曰：「湖南城裏大殺鬧，有人不肯過江西。」

因僧舉洞山參次示衆曰：「兄弟！秋初夏末，或東去西去，直須向萬里無寸草處去始得。」又曰：「只如萬里無寸草處，且作麽生去？」師聞之乃曰：「出門便是草。」僧舉似洞山，洞山曰：「大唐國内能有幾人？」東禪齊拈云：「且道石霜會洞山意否？若道會去，只如諸上座每日折旋俯仰，迎來送去，爲當落路下草？爲當一一合轍？若言不會洞山意，又争解恁麽下語，還有會處麽？上座擬什麽處去？於此若明得，可謂還鄉曲也不見，也會著箇語云：『恁麽即不去也。』」

師止石霜山二十年間，學衆有長坐不卧，屹若株杌，天下謂之枯木衆也。唐僖宗聞師道譽，遣使齎賜紫衣，師牢讓不受。光啓四年戊申二月二十日己亥示疾告寂，壽八十有二，臘五十九。三月十五日，葬于院之西北隅。勅謚普會大師，塔曰見相。

潭州漸源仲興禪師

潭州漸源仲興禪師。在道吾處爲典座，一日，隨道吾往檀越家弔喪。師以手拊棺曰：「生耶？死耶？」道吾曰：「生也不道，死也不道。」師曰：「爲什麽不道？」道吾曰：「不道！不道！」弔畢，同迴途次，師曰：「和尚今日須與仲興道，儻更不道，即打去也。」道吾曰：「打即任打，生也不道，死也不道。」師遂打道吾數拳。道吾歸院，令師：「且去！少間主事知了打汝。」師乃禮辭，往石霜，舉前語及打道吾之事：「今請和尚道。」石霜曰：「汝不見道吾道，生也不道，死也不道。」師於此大悟，乃設齋懺悔。

師一日將鍬子於法堂上，石霜曰：「作麽？」師曰：「覓先師靈骨來。」石霜曰：「洪波浩渺，白浪滔天，覓什麽靈骨？」師曰：「正好著力。」石霜曰：「遮裏針劄不入，著什麽力？」太原孚上座代云：「先師靈骨猶存。」

禄清和尚

禄清和尚。僧問：「不落道吾機，請師道。」師云：「庭前紅莧樹，生葉不生華。」良久云：「會麽？」僧云：「不會。」師云：「正是道吾機，因什麽不會？」僧禮拜，師便打云：

「須是老僧打爾始得。」

潭州前雲巖曇晟禪師法嗣

筠州洞山良价禪師

筠州洞山良价禪師，會稽人也，姓俞氏。幼歲從師，因念般若心經，以「無根塵」義問其師，其師駭異曰：「吾非汝師。」即指往五洩山，禮默禪師披剃。年二十一，嵩山具戒。遊方，首謁南泉。值馬祖諱晨，修齋次，南泉垂問衆僧曰：「來日設馬師齋，未審馬師還來否？」衆皆無對，師乃出對曰：「待有是〔一〕伴即來。」南泉聞已，讚曰：「此子雖後生，甚堪雕琢。」師曰：「和尚莫壓良爲賤。」

次參潙山問曰：「頃聞忠國師有無情説法，良价未究其微。」潙山曰：「我遮裏亦有，只是難得其人。」曰：「便請師道。」潙山曰：「父母所生口終不敢道。」曰：「還有與師同時慕道者否？」潙山曰：「此去石室相連，有雲巖道人，若能撥草瞻風，必爲子之所重。」

既到雲巖，問：「無情説法，什麽人得聞？」雲巖曰：「無情説法，無情得聞。」師曰：

〔一〕「是」，四部本、趙城本無。

「和尚聞否？」雲巖曰：「我若聞，汝即不得聞吾説法也。」曰：「若恁麽，即良价不聞和尚説法也。」雲巖曰：「我説法汝尚不聞，何況無情説法也？」師乃述偈呈雲巖曰：「也大奇，也大奇，無情解説不思議。若將耳聽聲不現，眼處聞聲方可知。」遂辭雲巖，雲巖曰：「什麽處去？」師曰：「雖離和尚，未卜所止。」曰：「莫湖南去？」師曰：「無。」曰：「莫歸鄉去？」師曰：「無。」曰：「早晚却來。」師曰：「待和尚有住處即來。」曰：「自此一去，難得相見。」師曰：「難得不相見。」又問雲巖：「和尚百年後，忽有人問還貌得師真不〔一〕，如何祇對？」雲巖曰：「但向伊道，即遮箇是。」師良久。雲巖曰：「承當遮箇事，大須審細。」師猶涉疑，後因過水覩影，大悟前旨，因有一偈曰：「切忌從他覓，迢迢與我疎。我今獨自往，處處得逢渠。渠今正是我，我今不是渠。應須恁麽會，方得契如如。」他日，因供養雲巖真，有僧問曰：「先師道只遮是，莫便是否？」師曰：「是。」僧曰：「意旨如何？」師曰：「當時幾錯會先師語。」曰：「未審先師還知有也無？」師曰：「若不知有，争解恁麽道？若知有，争肯恁麽道？」長慶稜云：「既知有，爲什麽恁麽道？」又云：「養子方知父慈。」

師在泐潭，見初上座示衆云：「也大奇，也大奇，佛界道界不思議。」師曰：「佛界道界

〔一〕「不」，四部本、趙城本無。

即不問，且如説佛界道界是什麽人？只請一言。」初良久無對，師曰：「何不急道？」初曰：「争即不得。」師曰：「道也未曾道，説什麽争即不得！」初無對，師曰：「佛之與道只是名字，何不引教？」初曰：「教道什麽？」師曰：「得意忘言。」初曰：「猶將教意向心頭作病在。」師曰：「説佛界道界病大小？」初因此遷化。

師至唐大中末於新豐山接誘學徒，厥後盛化豫章高安之洞山。今筠州也。因爲雲巖諱日營齋，有僧問：「和尚於先師處得何指示？」師曰：「雖在彼中，不蒙他指示。」僧曰：「既不蒙指示，又用設齋作什麽？」師曰：「然雖如此，焉敢違背於他？」僧問：「和尚初見南泉發迹，爲什麽與雲巖設齋？」師曰：「我不重先師道德，亦不爲佛法，只重不爲我説破。」又因設忌齋，僧問：「和尚爲先師設齋，還肯先師也無？」師曰：「半肯半不肯。」曰：「爲什麽不全肯？」師曰：「若全肯即孤負先師也。」

僧問：「欲見和尚本來師，如何得見？」師曰：「年涯相似，即無阻矣。」僧再舉所疑，師曰：「不躡前蹤，更請一問。」僧無對。雲居代云：「恁麽即某甲不見和尚本來師也。」後皎上坐拈問長慶：「如何是年涯相似者？」長慶云：「古人恁麽道，皎闍梨又向這裏覓箇什麽？」師又曰：「還有不報四恩三有者無？若不體此意，何超始終之患？直須心心不觸物，步步無處所，常不間斷，稍得相應。」

師問僧：「什麽處來？」曰：「遊山來。」師曰：「還到頂否？」曰：「到。」師曰：「頂上還有人否？」曰：「無人。」師曰：「恁麽即闍梨不到頂也。」曰：「若不到頂，争知無人？」師曰：「闍梨何不且住？」曰：「某甲不辭住西天，有人不肯。」

師問太長老曰：「有一物上拄天，下拄地，黑如漆〔一〕，常在動用中，過在什麽處？」太曰：「過在動用。」同安顯别云：「不知。」師乃咄云：「出去！」

問：「如何是西來意？」師曰：「大似駭雞犀。」

師問雪峯：「從什麽處來？」雪峯曰：「天台來。」師曰：「見智者否？」曰：「義存喫鐵棒有分。」

僧問：「蛇吞蝦蟇，救即是？不救即是？」師曰：「救即雙目不覩，不救即形影不彰。」

因夜間不點燈，有僧出問話，退後，師令侍者點燈，乃召適來問話僧出來。其僧近前，師曰：「將取三兩粉來與遮箇上坐。」其僧拂袖而退。自此惺發玄旨，遂罄捨衣資設齋，得三年後辭師。師曰：「善爲！」時雪峯侍立次，問曰：「只如遮僧辭去，幾時却來？」師

〔一〕「黑如漆」，四部本、趙城本在下文「常在動用中」下。

曰：「他只知一去，不解再來。」其僧歸堂，就衣鉢下坐化。雪峯上報師，師曰：「雖然如此，猶較老僧三生在。」

雪峯上問訊，師曰：「入門來須得語，不得道早箇入了也。」雪峯曰：「義存無口。」師曰：「無口且從，還我眼來。」雪峯無語。雲居膺別前語云：「待某甲有口即道。」長慶稜別云：「恁麼即某甲謹退。」

師問僧：「什麼處來？」曰：「三祖塔頭來。」師曰：「既從祖師處來，又要見老僧作什麼？」曰：「祖師即別，學人與和尚不別。」師曰：「老僧欲見闍梨本來師還得否？」曰：「亦須待和尚自出頭來始得。」師曰：「老僧適來暫時不在。」

雲居問：「如何是祖師西來意？」師曰：「闍梨向後有把茅蓋頭，或有人問『闍梨且作麽生』向伊道。」

官人問：「有人修行否？」師曰：「待公作男子即修行。」

僧問：「承古有言『相逢不擎出，舉意便知有』時如何？」師乃合掌頂戴。

師問德山侍者：「從何方來？」曰：「德山來。」師曰：「來作什麼？」曰：「孝順和尚來。」師曰：「世間什麽物最孝順？」侍者無對。

師有時云："體得佛向上事，方有些子語話分。"僧便問："如何是語話？"師曰："語話時闍梨不聞。"曰："和尚還聞否？"師曰："待我不語話時即聞。"

僧問："如何是正問正答？"師曰："不從口裏道。"曰："若有人問，師還答否？"師曰："也未問。"

問："如何是從門入者非寶？"師曰："便休！便休！"

師問講維摩經僧曰："不可以智知，不可以識識，喚作什麽語？"對曰："讚法身語。"師曰："法身是讚，何用更讚？"

師有時垂語曰："直道本來無一物，猶未消得他鉢袋子。"僧便問："什麽人合得？"師曰："不入門者。"僧曰："只如不入門者，還得也無？"師曰："雖然如此，不得不與他。"師又曰："直道本來無一物，猶未消得他衣鉢。遮裏合下得一轉語，且道下得什麽語？"有一上坐下語九十六轉不愜師意，末後一轉始可師意。師曰："闍梨何不早恁麽道？"有一僧聞，請舉，如是三年執侍巾瓶，終不爲舉。上坐因有疾，其僧曰："某甲三年請舉前話，不蒙慈悲，善取不得，惡取。"遂持刀向之，曰："若不爲某甲舉，即便殺上坐也。"上坐悚然曰："闍梨且待，我爲汝舉。"乃曰："直饒將來亦無處著。"其僧禮謝。

僧問：「師尋常教學人行鳥道，未審如何是鳥道？」師曰：「不逢一人。」曰：「如何行？」師曰：「直須足下無絲去。」曰：「只如行鳥道，莫便是本來面目否？」師曰：「闍梨因什麼顛倒？」曰：「什麼處是學人顛倒？」師曰：「若不顛倒，因什麼認奴作郎？」曰：「如何是本來面目？」師曰：「不行鳥道。」

師謂衆曰：「知有佛向上人，方有語話分。」時有僧問：「如何是佛向上人？」師曰：「非常。」保福別云：「佛非。」法眼別云：「方便呼爲佛。」

師問僧：「去什麼處來？」僧曰：「製鞋來。」師曰：「自解？依他？」僧曰：「依他。」師曰：「他還指教闍梨也無？」僧曰：「允即不違。」

僧來，舉問茱萸：「如何是沙門行？」茱萸曰：「行即不無，人覺即乖。」師令彼僧去，進語曰：「未審是什麼行？」茱萸曰：「佛行！佛行！」僧迴舉似師，師曰：「幽州猶似可，最苦是新羅。」東禪齊拈云：「此語還有疑訛也無？若有，且道什麼處不得？若無，他又道最苦是新羅，還點檢得出麼？他道行即不無，人覺即乖。師令再問是什麼行，又道佛行。那僧是會了問？不會而問？請斷看。」僧却問師：「如何是沙門行？」師曰：「頭長三尺，頸長二寸。」有僧舉問歸宗權和尚：「只如洞山，意作麼生？」權云：「封皮厚二寸。」

師見幽上坐來，遽起向禪床後立，幽曰：「和尚爲什麽迴避學人？」師曰：「將謂闍梨覓老僧。」

問：「如何是玄中又玄？」師曰：「如死人舌。」

師洗鉢次，見兩烏争蝦蟇。有僧便問曰：「遮箇因什麽到恁麽地？」師曰：「只爲闍梨。」

僧問：「如何是毘盧師法身主？」師曰：「禾莖粟幹。」

問：「三身之中，阿那身不墮衆數？」師曰：「吾常於此切。」僧問曹山：「先師道『吾常於此切』，意作麽生？」曹山云：「要頭即斫將去。」又問雪峯，雪峯以拄杖擬之云：「我亦曾到洞山來。」

師因看稻田次，朗上坐牽牛，師曰：「遮箇牛須好看，恐喫稻去。」朗曰：「若是好牛，應不喫稻。」

師問僧：「世間何物最苦？」僧曰：「地獄最苦。」師曰：「不然。」曰：「師意如何？」師曰：「在此衣線下，不明大事，是名最苦。」

師問僧：「名什麽？」僧曰：「某甲。」師曰：「阿那箇是闍梨主人公？」僧曰：「見祇對次。」師曰：「苦哉！苦哉！今時人例皆如此，只是認得驢前馬後將爲自己。佛法平沈，此之是也。客中辨主尚未分，如何辨得主中主？」僧便問：「如何是主中主？」師曰：「闍梨自道取。」僧曰：「某甲道得即是客中主，如何是主中主？」師曰：「恁麼道即易，相續也大難。」雲居别云：「某甲道得，不是客中主。」

師示疾，令沙彌去雲居傳語，又曰：「他忽問汝和尚有何言句，但道雲巖路欲絶也。汝下此語須遠立，恐他打汝去。」沙彌領旨去，語未終，早被雲居打一棒，沙彌無語。同安顯代云：「恁麼即雲巖一枝不墜也。」後雲居錫云：「上座且道，雲巖路絶不絶？」崇壽稠云：「古人打此一棒意作麼生？」

師將圓寂，謂衆曰：「吾有閑名在世，誰爲吾除得？」衆皆無對，時沙彌出曰：「請和尚法號。」師曰：「吾閑名已謝。」石霜云：「無人得他肯。」雲居云：「若有閑名，非吾先師。」曹山云：「從古至今無人辨得。」疎山云：「龍有出水之機，無人辨得。」

問：「和尚遺和，還有不病者也無？」師曰：「有。」僧曰：「不病者，還看和尚否？」師曰：「老僧看他有分。」曰：「和尚争得看他？」師曰：「老僧看時，即不見有病。」師又曰：「離此殼漏子，向什麼處與吾相見？」衆無對〔一〕。

唐咸通十年三月，命剃髪披衣，令擊鍾，儼然坐化。時大衆號慟移晷，師忽開目而起，

〔一〕「衆無對」，四部本、趙城本作小注。

曰：「夫出家之人心不附物，是真修行。勞生息死，於悲何有？」乃召主事僧令辦愚癡齋一中，蓋責其戀情也。衆猶戀慕不已，延至七日，食具方備。師亦隨齋畢，曰：「僧家勿事大率臨行之際喧動如斯。」至八日，浴訖端坐長往。壽六十有三，臘四十二。勅謚悟本大師，塔曰慧覺。師昔在泐潭尋譯大藏，纂出大乘經要一卷，并激勵道俗偈、頌、誡等，流布諸方。

涿州杏山鑒洪禪師

涿州杏山鑒洪禪師。臨濟問：「如何是露地白牛？」師曰：「吽！」濟曰：「啞却杏山口。」師曰：「老兄作麼生？」濟曰：「遮畜生！」師乃休。與石室問答，如彼章出之。

師五詠十秀，皆暢玄風。滅後荼毘，收五色舍利。

潭州神山僧密禪師

潭州神山僧密禪師。師在南泉打羅次，南泉問：「作什麼？」師曰：「打羅。」曰：「汝以手打脚打？」師曰：「却請和尚道。」南泉曰：「分明記取，向後遇明眼作家，但恁麼舉似。」雲巖代云：「無手脚者始解打。」

師與洞山渡水，洞山曰：「莫錯下脚。」師曰：「錯即過不得也。」洞山曰：「不錯底事作麼生？」師曰：「共長老過水。」

一日，與洞山鋤茶園，洞山擲下钁頭，曰：「我今日困，一點氣力也無。」師曰：「若無氣力，爭解恁麽道得？」洞山曰：「汝將謂有氣力底是也。」

裴大夫問僧：「供養佛還喫否？」僧曰：「如大夫祭家神。」大夫舉似雲巖，雲巖代曰：「有幾般飯食，但一時下來。」雲巖却問師：「一時下來後作麽生？」師曰：「合取〔一〕鉢盂。」巖肯之。

僧問：「如何是無所聞者乃曰聽經？」師曰：「要〔二〕會麽？」僧曰：「要會。」師曰：「未解聽經在。」

問：「一地不見，二地如何？」師曰：「汝莫錯否？汝是何地？」有行者問：「生死事乞師一言。」師曰：「汝何時生死去來？」曰：「某甲不會，請師説。」師曰：「不會須死一場去。」

幽谿和尚

幽谿和尚。僧問：「大用現前，不存軌則時如何？」師起，繞禪床一匝而坐。僧欲進

〔一〕「取」，原作「後」，據四部本、趙城本改。
〔二〕「要」，原作「惡」，據四部本、趙城本改。

語，師與一踢，僧歸位而立。師曰：「汝恁麽，我不恁麽。汝不恁麽，我却恁麽。」僧再擬進語，師又與一踢，曰：「三十年後吾道大行。」

前華亭船子德誠禪師法嗣

澧州夾山善會禪師

澧州夾山善會禪師，廣州峴亭人也，姓廖氏。九歲於潭州龍牙山出家，依年受戒，往江陵聽習經論，該練三學。遂參禪會，勵力參承。

初住京口，一夕道吾策杖而至，遇師上堂。僧問：「如何是法身？」師曰：「法身無相。」曰：「如何是法眼？」師曰：「法眼無瑕。」師又曰：「目前無法，意在目前。不是目前法，非耳目所到。」道吾乃笑。師乃生疑，問吾：「何笑？」吾曰：「和尚一等出世未有師，可往潮中華亭縣參船子和尚去。」師曰：「訪得獲否？」道吾曰：「彼師上無片瓦遮頭，下無卓錐之地。」師遂易服直詣華亭，會船子鼓櫂而至。師資道契，微眹不留。語見船子章。

師比遁世忘機，尋以學者交湊，廬室星布，曉夕參依。唐咸通十一年庚寅，海衆卜于夾山，遽成院宇。

師上堂示衆曰：「夫有祖以來，時人錯會，相承至今，以佛祖句爲人師範，如此却成狂人無智人去。他只指示汝：無法本是道，道無一法，無佛可成，無道可得，無法可捨，故云目前無法，意在目前。他不是目前法，若向佛祖邊學，此人未有眼目，皆屬所依之法，不得自在。本只爲生死茫茫，識性無自由分，千里萬里求善知識，須有正眼，永脱虚謬之見，定取目前生死，爲復實有？爲復實無？若有人定得，許汝出頭。上根之人言下明道，中下根器波波浪走，何不向生死中定當取？何處更疑佛疑祖替汝生死？有智人笑汝。偈曰：『勞持生死法，唯向佛邊求。目前迷正理，撥火覓浮漚。』」僧問：「從上立祖意教意，和尚此間爲什麼言無？」師曰：「三年不食飯，目前無饑人。」曰：「既無饑人，某甲爲什麼不悟？」師曰：「只爲悟迷却闍梨。」師説頌曰：「明明無悟法，悟法却迷人。長舒兩脚睡，無僞亦無真。」

僧問：「如何是道？」師曰：「太陽溢目，萬里不掛片雲。」曰：「如何得會？」師曰：「清浄之水，游魚自迷。」

問：「如何是本？」師曰：「飲水不迷源。」

問：「古人布髮掩泥，當爲何事？」師曰：「九烏射盡，一翳猶存。一箭墮地，天下不黑。」

問：「祖意與教意同別？」師曰：「風吹荷葉滿池青，十里行人較一程。」

師有小師，隨侍日久。師住後，遣令行脚，游歷禪肆，無所用心。聞師聚衆，道播他室，迴歸省覲而問曰：「和尚有如是奇特事，何不早向某甲説？」師曰：「汝蒸飯，吾著火。汝行益，吾展鉢。什麽處是孤負汝處？」小師從此悟入。

師一日喫茶了，自烹一椀，過與侍者，侍者擬接，師乃縮手曰：「是什麽？」侍者無對。

有一大德來問師：「若是教意某甲即不疑，只如禪門中事如何？」師曰：「老僧也只解變生爲熟。」

問：「如何是實際之理？」師曰：「石上無根樹，山含不動雲。」

問：「如何是出窟師子？」師曰：「虚空無影象，足下野雲生。」

西川首座遊方至白馬，舉華嚴教語問曰：「一塵含法界無邊時如何？」白馬曰：「如鳥二翼，如車二輪。」首座曰：「將謂禪門别有奇特事，元來不出教乘。」乃迴本地。尋嚮夾山盛化，遣小師持前語而問師。師曰：「雕沙無鏤玉之譚，結草乖道人之思。」小師迴舉似首座，首座乃讚：「將謂禪門與教意不殊，元來有奇特之事。」

問：「如何是夾山境？」師曰：「猿抱子歸青嶂裏，鳥銜華落碧巖前。」

師再闢玄樞，逮于一紀。唐中和元年辛丑十一月七日，召主事曰：「吾與衆僧話道累歲，佛法深旨各應自知，吾今幻質，時盡即去。汝等善保護，如吾在日，勿得雷同世人，輒生惆悵。」言訖，至于夜奄然而逝。其月二十九日塔于本山，壽七十七，臘五十七。勅謚傳明大師，塔曰永濟。

青原行思禪師第五世上

前舒州投子山大同禪師法嗣

投子感温禪師

投子感温禪師。第二世住。僧問：「師登寶座，接示何人？」師曰：「如月覆千谿。」僧曰：「恁麼即滿地不虧也。」師曰：「莫恁麼道。」

僧問：「父不投，爲什麼却投子？」師曰：「豈是別人屋裏事？」僧曰：「父與子還屬功也無？」師曰：「不屬。」曰：「不屬功底如何？」師曰：「父子各自脱。」曰：「爲什麼如此？」師曰：「汝與我會。」

師遊山，見蟬蜕殼，侍者問曰：「殼在遮裏，蟬子向什麼處去也？」師拈殼就耳畔摇三五下，作蟬響聲，其僧於是開悟。

福州牛頭微禪師

福州牛頭微禪師。師上堂示衆曰：「三世諸佛用一點伎倆不得。天下老師口似匾擔，諸人作麼生大不容易。除非知有，莫能知之。」僧問：「如何是和尚家風？」師曰：「山畬粟米飯，野菜澹黄齏。」僧曰：「忽遇上客來，又作麼生？」師曰：「喫即從君喫，不喫任東西。」

問：「不問驪龍頷下珠，如何識得家中寶？」師曰：「忙中争得作閑人？」

西川青城香山澄照大師

西川青城香山澄照大師。僧問：「諸佛有難，向火焰裏藏身。未審衲僧有難，向什麼處藏身？」師曰：「水精甕裏著波斯。」

問：「如何是初生月？」師曰：「太半人不見。」

陝府天福和尚

陝府天福和尚。僧問：「如何是佛法大意？」師曰：「黄河無滴水，華嶽總平治。」

濠州思明和尚

濠州思明和尚。在投子衆時，有僧問：「如何是上座沙彌童行？」師曰：「諾。」僧問：「如何是清浄法身？」師曰：「屎裏蛆兒，頭出頭没。」

鳳翔府招福和尚

鳳翔府招福和尚。僧問：「東牙烏牙皆出隊，和尚爲什麽不出隊？」師曰：「住持各不同，闍梨争得怪？」

興元府中梁山遵古禪師

興元府中梁山遵古禪師。問：「空劫無人能問法，即今有問法何安？」師曰：「大悲菩薩甕裏坐。」

問：「如何是祖師西來意？」師曰：「道士擔漏巵。」

襄州谷隱和尚

襄州谷隱和尚。僧問：「如何是不觸白雲機？」師曰：「鶴帶鵶顔，浮生不棄。」

安州九㟋山和尚

安州九㟋山和尚。僧問：「如何是佛？」師曰：「即汝是。」

問：「遠聞九峻，及至到來只見一峻。」師曰：「闍梨只見一峻，不見九峻。」曰：「如何是九峻？」師曰：「水急浪華麁。」

盤山和尚

盤山和尚。幽州第二世住。僧問：「如何出得三界？」師曰：「在裏頭來多少時耶？」曰：「如何出得？」師曰：「青山不礙白雲飛。」問：「承教有言：『如化人煩惱，如石女兒。』此理如何？」師曰：「闍梨直如石女兒去。」

安州九峻敬慧禪師

安州九峻敬慧禪師。第二世住。僧問：「解脱深坑如何過得？」師曰：「不求過。」僧曰：「如何過得？」師曰：「求過亦非。」

東京觀音院巖俊禪師

東京觀音院巖俊禪師，邢臺人也，姓廉氏。初參祖席，遍歷衡、廬、岷、蜀。嘗經鳳林深谷，欻覩珍寶發現，同侶相顧，意將取之。師曰：「古人鋤園，觸黄金若瓦礫，待吾菅茆覆頂，須此供四方僧。」言訖捨去。

造謁投子，投子問曰：「子昨宿何處？」師曰：「在不動道場。」曰：「既言不動，曷由至此？」師曰：「至此豈是動耶？」曰：「元來宿不著處。」然投子默認許之。

尋抵東京，會有梁少保李鄑，即河陽節度使罕之兄也，雅信内典，尤重于〔一〕師。因捨宅建院曰觀音明聖，請師居之。周高祖、世宗二帝潛隱時，每登方丈，必施跪禮。及即位，特賜紫，號浄戒大師，衆常數百。

乾德丙寅三月示疾，垂誡門人訖，怡顔合掌而滅。壽八十五，臘六十五。其年四月八日，塔于東郊豐臺村。

前鄂州清平山令遵禪師法嗣

蘄州三角山令珪禪師

蘄州三角山令珪禪師。初參清平，清平問曰：「來作麽？」師曰：「來禮拜。」曰：「禮拜阿誰？」師曰：「特來禮拜和尚。」清平咄曰：「遮鈍根阿師！」師乃禮拜。清平於師頸上以手斫一下，師從此摳衣，密領宗旨。住後，僧問：「如何是佛？」師曰：「明日來向汝道，如今道不得。」

〔一〕「于」，四部本作「才」。

景德傳燈録卷第十六

吉州青原山行思禪師第五世中七十二人

朗州德山宣鑒禪師法嗣九人

鄂州巖頭全豁禪師　福州雪峯義存禪師　天台瑞龍院慧恭禪師　泉州瓦棺和尚

襄州高亭簡禪師　洪州感潭資國和尚已上六人見録　德山鵶湖紹贇大師　鳳翔府無

垢和尚　益州雙流尉遲和尚已上三人無機緣語句不録

潭州石霜慶諸禪師法嗣四十一人

河中南際山僧一禪師　潭州大光山居誨禪師　廬山懷祐禪師　筠州九峯道虔禪師

台州涌泉景欣禪師　潭州雲蓋山志元禪師　潭州谷山藏禪師　福州覆船山洪荐禪

師　朗州德山存德慧空禪師　吉州崇恩和尚　石霜第三世輝禪師　郢州芭蕉和尚

潭州肥田伏和尚　潭州鹿苑暉禪師　潭州寶蓋約禪師　越州雲門海晏禪師　湖南

文殊和尚　鳳翔府石柱和尚　潭州中雲蓋和尚　河中棲巖存壽禪師　南嶽玄泰上

座已上二十一人見録　杭州龍泉敬禪師　潞府盤亭宗敏禪師　新羅欽忠禪師　新羅行寂禪師　洪州鹿源和尚　郢州大陽山和尚　滑州觀音和尚　鄆州正覺和尚　商州高明和尚　許州慶壽和尚　鎮州萬歲和尚　第二世鎮州靈壽和尚　鎮州洪濟禪師　吉州簡之禪師　大梁洪方禪師　印州守閑禪師　新羅朗禪師　新羅清虚禪師　汾州爽禪師　餘杭通禪師已上二十人無機緣語句不録

澧州夾山善會禪師法嗣二十二人

澧州樂普山元安禪師　洪州上藍令超禪師　鄆州四禪和尚　江西逍遥山懷忠禪師　袁州盤龍山可文禪師　撫州黄山月輪禪師　洛京韶山寰普禪師　太原海湖和尚　嘉州白水寺和尚　鳳翔府天蓋山幽禪師　洪州同安和尚已上一十一人見録　韶州曇普禪師　吉州僊居山和尚　太原資福端禪師　洪州盧僊山延慶和尚　越州越峯和尚　朗州祇闍山和尚　益州棲穆和尚　嵩山全禪師　益州夾山院和尚　西京雲巖和尚　安福延休和尚已上一十一人無機緣語句不録

青原行思禪師第五世中

前朗州德山宣鑒禪師法嗣

鄂州巖頭全豁禪師

鄂州巖頭全豁禪師，泉州人也，姓柯氏。少禮清原誼公落髪，往長安寶壽寺稟戒。習經律諸部，優遊禪苑，與雪峯義存、欽山文邃爲友。自餘杭大慈山迤邐造于臨濟，屬臨濟歸寂，乃謁仰山。才入門，提起坐具曰：「和尚！」仰山取拂子擬舉之，師曰：「不妨好手。」

後參德山和尚，執坐具上法堂瞻視。德山曰：「作麽？」師咄之，德山曰：「老僧過在什麽處？」師曰：「兩重公案。」乃下參堂。德山曰：「遮箇阿師稍似箇行脚人。」至來日上問訊，德山曰：「闍梨是昨日新到否？」曰：「是。」德山曰：「什麽處學得遮箇虚頭來？」師曰：「全豁終不自謾。」德山曰：「他後不得孤負老僧。」

他日參，師入方丈門，側身問：「是凡是聖？」德山喝，師禮拜。有人舉似洞山，洞山曰：「若不是豁上座，大難承當。」師聞之，乃曰：「洞山老人不識好惡，錯下名言。我當時一手擡，一手搦。」

雪峯在德山作飯頭，一日飯遲，德山掌鉢至法堂上，峯曬飯巾次，見德山便云：「這老漢，鍾未鳴，鼓未響，托鉢向什麽處去？」德山便歸方丈。峯舉似師，師云：「大小德山不會末後句。」山聞，令侍者喚師至方丈問：「爾不肯老僧那？」師密啓其意。德山至來日上堂，與尋常不同，師到僧堂前撫掌大笑云：「且喜得老漢會末後句，他後天下人不奈何。雖然如此，也秖得三年〔一〕。」德山果三年後示滅。

師〔二〕一日與雪峯義存、欽山文邃三人聚話，存驀然指一椀水，邃曰：「水清月現。」存曰：「水清月不現。」師踢却水椀而去。自此邃師於洞山，存、豁二士同嗣德山。

師與存同辭德山，德山問：「什麼處去？」師曰：「暫辭和尚下山去。」德山曰：「子他後作麼生？」師曰：「不忘。」曰：「子憑何有此説？」師曰：「豈不聞智過於師，方堪傳授。智與師齊，減師半德。」曰：「如是！如是！當善護持。」二士禮拜而退。存返閩川居象骨山之雪峯，師庵于洞庭卧龍山，徒侣臻萃。

〔一〕「雪峯在德山作飯頭」至「也秖得三年」一段，四部本、趙城本文字多有不同，四部本作：「雪峯在德山作飯頭，一日飯遲，德山擎鉢下法堂，雪峯曬飯巾次，見德山乃曰：『鐘未鳴，鼓未打，老和尚却什麼處去？』德山却歸方丈，師在堂中聞之，拊掌曰：『大小德山猶未會句在。』時大衆駭之，白德山曰：『豁上坐不肯和尚，請勘過。』德山令侍者喚入方丈，問曰：『上坐今日道老人未會句在，且做麼生？』師密而啓述。德山明日説法竟，大衆下堂，師於僧堂前拊掌曰：『慚愧大衆，喜德山老人會句也。他後天下人近不得。然雖如此，也只得三年。』」「老和尚却什麼處去」，趙城本「却」作「向」，其他同四部本。

〔二〕「師」，四部本、趙城本無。

僧問：「無師還有出身處也無？」師曰：「聲前古毳爛。」

問：「堂堂來時如何？」師曰：「刺破眼。」

問：「如何是祖師意？」師曰：「移取廬山來向汝道。」

師一日上堂，謂諸徒曰：「吾嘗究涅槃經七八年，覩三兩段文，似衲僧説話。」又曰：「休！休！」時有一僧出禮拜，請師舉。師曰：「吾教意如伊字三點，第一向東方下一點，點開諸菩薩眼。第二向西方下一點，點諸菩薩命根。第三向上方下一點，點諸菩薩頂。此是第一段義。」又曰：「吾教意如摩醯首羅，劈開面門，竪亞一隻眼。此是第二段義。」又曰：「吾教意猶如塗毒鼓，擊一聲遠近聞者皆喪，亦云俱死。此是第三段義。」時小嚴上座問：「如何是塗毒鼓？」師以兩手按膝亞身曰：「韓信臨朝底。」嚴無語。

夾山會下一僧到石霜，入門便道：「不審。」石霜曰：「不必，闍梨。」僧曰：「恁麼即珍重。」又到巖頭如前道：「不審。」師曰：「噓。」僧曰：「恁麼即珍重。」方迴步，師曰：「雖是後生，亦能管帶。」其僧歸舉似夾山，夾山曰：「大衆還會麼？」衆無對。夾山曰：「若無人道，老僧不惜兩莖眉毛道去也。」乃曰：「石霜雖有殺人刀，且無活人劍。」

師與羅山卜塔基，羅山中路忽曰：「和尚！」師迴顧曰：「作麼？」羅山舉手曰：「遮裏好片地。」師咄曰：「瓜州賣瓜漢！」又行數里，徘徊問羅山禮拜問曰：「和尚豈不是三十年在洞山而不肯洞山？」師曰：「是。」又曰：「和尚豈不是法嗣德山又不肯德山？」師曰：「是。」曰：「不肯德山即不問，只如洞山有何所闕？」師良久曰：「洞山好箇佛，只是無光。」

僧問：「利劍斬天下，誰是當頭者？」師曰：「暗擬。」再問，師咄曰：「遮鈍漢出去！」

問：「不歷古今時如何？」師曰：「卓朔地。」曰：「古今事如何？」師曰：「任爛。」

師問僧：「什麽處來？」曰：「西京來。」師曰：「黄巢過後還收得劍麽？」曰：「收得。」師引頸作受刃勢，僧曰：「師頭落也。」師大笑。其僧後到雪峯舉前語，被拄杖打趁下山。

問：「二龍争珠，誰是得者？」師曰：「俱錯。」

僧問雪峯：「聲聞人見性，如夜見月。菩薩人見性，如晝見日。未審和尚見性如何？」峯以拄杖打三下。其僧後舉前語問師，師與三摑。

問：「如何是三界主？」師曰：「汝還解喫鐵棒麽？」

瑞巖問：「如何是毘盧師？」師曰：「道什麽？」瑞巖再問之，師曰：「汝年十七八未？」

問：「塵中如何辨主？」師曰：「銅鈔鑼裏滿盛油。」問：「弓折箭盡時如何？」師曰：「去！」問：「如何是巖中的的意？」師曰：「謝指示。」僧曰：「請和尚答話。」師曰：「珍重。」

問：「如何是道？」師曰：「破草鞋與抛向湖裏著。」

問：「萬丈井中如何得倒底？」師曰：「吽！」僧再問，師曰：「脚下過也。」

問：「古帆不掛時如何？」師曰：「後園驢喫草。」

爾後人或問佛、問法、問道、問禪者，師皆作噓聲，而常謂衆曰：「老漢去時，大吼一聲了去。」

唐光啓之後，中原盜起，衆皆避地，師端居晏如也。一日，賊大至，責以無供饋，遂傳刃焉，師神色自若，大叫一聲而終，聲聞數十里，即光啓三年丁未四月八日也。門人後焚之，獲舍利四十九粒，衆爲起塔。壽六十。僖宗謚清嚴大師，塔曰出塵。

福州雪峯義存禪師

福州雪峯義存禪師，泉州南安人也，姓曾氏。家世奉佛，師生惡葷茹，於襁褓中聞鍾梵之聲，或見幡華像設，必爲之動容。年十二，從其父遊莆田玉澗寺，見慶玄律師，遽拜曰：「我師也。」遂留侍焉。十七落髮，謁芙蓉山常照大師，照撫而器之。後往幽州寶刹寺受具足戒。久歷禪會，緣契德山。唐咸通中迴閩中，登象骨山雪峯創院，徒侶翕然。懿宗賜號真覺大師，仍賜紫袈裟。

僧問：「祖意與教意是同是別？」師曰：「雷聲震地，室内不聞。」又曰：「闍梨行脚爲什麽事？」

問：「我眼本正，因師故邪時如何？」師曰：「迷逢達磨。」曰：「我眼何在？」師曰：「得不從師。」

問：「剃髮染衣受佛依蔭，爲什麽不許認佛？」師曰：「好事不如無。」

師問坐主：「如是兩字盡是科文，作麽生是本文？」座主無對。五雲和尚代云：「更分三段著。」

問：「有人問：『三身中那箇身不墮諸數？』古人云：『吾常於此切。』意旨如何？」師曰：「老漢九轉上洞山。」僧擬再問，師曰：「拽出此僧著。」

問：「如何是覿面事？」師曰：「千里未是遠。」

問：「如何是大人相？」師曰：「瞻仰即有分。」

問：「文殊與維摩對譚何事？」師曰：「義墮也。」

僧問：「寂然無依時如何？」師曰：「猶是病。」曰：「轉後如何？」師曰：「船子下揚州。」

問：「承古有言。」師便作卧勢，良久起曰：「問什麽？」僧再舉，師曰：「虚生浪死漢。」

問：「箭露投鋒時如何？」師曰：「好手不中的。」僧曰：「盡眼勿摽的時如何？」師曰：「不妨隨分好手。」

問：「古人道：『路逢達道人，不將語默對。』未審將什麽對？」師曰：「喫茶去。」

師問僧：「什麽處來？」對曰：「神光來。」師曰：「晝喚作日光，夜喚作火光，作麽生是神光？」僧無對。師自代曰：「日光火光。」

棲典座問：「古人有言：『知有佛向上事，方有語話分。』如何是語話？」師把住曰：「道！道！」棲無對。師蹋倒，棲起來汗流。

師問僧：「什麽處來？」僧曰：「近離淛中。」師曰：「船來陸來？」曰：「二途俱不涉。」師曰：「争得到遮裏？」曰：「有什麽隔礙？」師便打。問：「古人道覿面相呈？」師曰：「是。」曰：「如何是覿面相呈？」師曰：「蒼天！蒼天！」

師問僧：「此水牯牛年多少？」僧無對。師自代曰：「七十七也。」僧曰：「和尚爲什麽作水牯牛？」師曰：「有什麽罪過？」

僧辭，師問：「什麽處去？」曰：「禮拜徑山和尚去。」師曰：「徑山若問汝此間佛法如何，作麽生道？」曰：「待問即道。」師以拄杖打。尋舉問道怤：怤即鏡清順德大師。「遮僧過在什麽處便喫棒？」怤曰：「問得徑山徹困也。」師曰：「徑山在浙中，因什麽問得徹困？」怤曰：「不見道遠問近對。」師乃休。東禪齊云：「那僧若會雪峯意，爲什麽被打？若不會，又打伊作什麽？且道過在什麽處？鏡清雖即子父與他分析，也大似成就其醜拙。還會麽？且如雪峯便休，是肯伊不肯伊？」

師一日謂慧稜曰：稜即長慶。「吾見溈山問仰山：『諸聖什麽處去？』他道：『或在天上，或在人間。』汝道仰山意作麽生？」稜曰：「若問諸聖出没處，恁麽道即不可。」師曰：「汝渾不肯，忽有人問，汝作麽生道？」稜曰：「但道錯。」師曰：「是汝不錯。」稜曰：「何異於錯？」

師問僧：「什麽處來？」對曰：「離江西。」師曰：「江西與此間相去多少？」曰：「不遥。」師豎起拂子曰：「還隔遮箇麽？」曰：「若隔遮箇即遥去也。」師便打。

問：「學人乍入叢林，乞師指示箇入路。」師曰：「寧自碎身如微塵，終不敢瞎却一僧眼。」

問：「四十九年後事即不問，四十九年前事如何？」師以拂子驀口打。

有僧辭去參靈雲，問：「佛未出世時如何？」靈雲舉拂子。又問：「出世後如何？」靈雲亦舉拂子。其僧却迴，師問：「闍梨近去，返太速生！」僧曰：「某甲到彼問佛法，不相當乃迴。」師曰：「汝問什麽事？」僧舉前話，師曰：「汝問，我爲汝道。」僧便問：「佛未出世時如何？」師舉拂子。又問：「出世後如何？」師放下拂子。僧禮拜，師便打。後僧舉似玄沙，玄沙云：「汝欲得會麽？我與汝説箇喻：如人賣一片園，東西南北一時結契總了也，中心有箇樹子猶屬我在。」崇壽稠云：「爲當打伊解處？别有道理？」

因舉六祖云「不是風動，不是旛動，仁者心動」，師曰：「大小祖師龍頭蛇足，好與二十拄杖。」時太原孚上座侍立，聞之咬齒。師又曰：「我適來恁麽道，也好與二十拄杖。」雲居錫云：「什麽處是祖師龍頭蛇尾，便好喫棒？只如雪峯自道『我也好喫拄杖』，且道佛法意旨作麽生？久在衆上座無有不知，初機兄弟且作麽生會？」東禪齊云：「雪峯恁麽道，爲當點檢别有落處，衆中喚作自抽過。抽過且置，祖師道『不是風動，不是幡動』，作麽生？」

師問慧全：「汝得入處作麽生？」全曰：「共和尚商量了。」師曰：「什麽處商量？」曰：「什麽處去來？」師曰：「汝得入處又作麽生？」全無對，師打之。

全坦問：「平洋淺草，麈鹿成群，如何射得麈中主？」師喚全坦，坦應諾。師曰：「喫茶去！」

師問僧：「近離什麽處？」僧曰：「離潙山。曾問如何是祖師西來意，潙山據坐。」師曰：「汝肯他否？」僧曰：「某甲不肯他。」師曰：「潙山古佛，子速去禮拜懺悔。」玄沙曰：「山頭老漢蹉過潙山也。」東禪齊云：「什麽處是蹉過？的當蹉過，莫便恁麽會也無？若恁麽會，即未會潙山意在。只如雪峯云『潙山古佛，子速去懺悔』，是證明潙山？是讚歎潙山？此〔一〕事也難子細，好見去也不難。」

問：「學人道不得處請師道。」師曰：「我爲法惜人。」

師舉拂子示一僧，其僧便出去。長慶稜舉似泉州王延彬，乃曰：「此僧合喚轉與一頓棒。」彬曰：「和尚是什麽心行？」稜曰：「幾放過。」

師問慧稜：「古人道『前三三，後三三』，意作麽生？」稜便出去。鵝湖別云：「諾。」

〔一〕「此」，四部本作「去」，趙城本作「古」。

師問僧：「什麽處來？」對曰：「藍田來。」師曰：「何不入草？」長慶稜云：「險。」

問：「大事作麽生？」師執僧手曰：「上坐將此問誰？」

有僧禮拜，師打五棒。僧曰：「過在什麽處？」師又打五棒，喝出。

師問僧：「什麽處來？」僧曰：「嶺外來。」師曰：「還逢達磨也無？」僧曰：「青天白日。」師曰：「自己作麽生？」僧曰：「更作麽生？」師便打。

師送僧出，行三五步，召曰：「上坐！」僧迴首，師曰：「途中善爲。」

僧問：「拈搥竪拂，不當宗乘，和尚如何？」師竪起拂子。其僧自把頭出，師乃不顧。法眼代云：「大衆看此一員戰將。」

僧問：「三乘十二分教爲凡夫開演？不爲凡夫開演？」師曰：「不消一曲楊柳枝。」

師謂鏡清曰：「古來有老宿引官人巡堂，云：『此一衆盡是學佛法僧。』官人云：『金屑雖貴又作麽生？』老宿無對。」鏡清代曰：「比來抛塼引玉。」法眼别云：「官人何得貴耳而賤目？」

師上堂舉拂子曰：「遮箇爲中下。」僧問：「上上人來如何？」師舉拂子，僧曰：「遮箇爲中下。」師打之。

問：「國師三唤侍者，意如何？」師乃起，入方丈。

師問僧：「今夏在什麽處？」曰：「涌泉。」師曰：「長時涌？暫時涌？」曰：「和尚問不著。」師曰：「我問不著？」曰：「是。」師乃打。

普請往寺莊，路逢獼猴，師曰：「遮畜生！一人背一面古鏡，摘山僧稻禾。」僧曰：「曠劫無名，爲什麽彰爲古鏡？」師曰：「瑕生也。」僧曰：「有什麽死急，話端也不識！」師曰：「老僧罪過。」

閩帥施銀交床，僧問：「和尚受大王如此供養，將何報答？」師以手托地曰：「少打我。」僧問踈山曰：「雪峯道『少打我』，意作麽生？」踈山云：「頭上插瓜虀，垂尾脚跟齊。」

問：「吞盡毗盧時如何？」師曰：「福唐歸得〔一〕平善否？」

師謂衆曰：「我若東道西道，汝則尋言逐句。我若羚羊掛角，汝向什麽處捫摸？」僧問保福：「只如雪峯有什麽言教，便以羚羊掛角時？」保福云：「莫是與雪峯作小師不得麽？」

師住閩川四十餘年，學者冬夏不減千五百人。梁開平二年戊辰春三月示疾，閩帥命醫診視。師曰：「吾非疾也。」竟不服其藥，遺偈付法。夏五月二日朝遊藍田，暮歸澡身，中

〔一〕「福唐歸得」，四部本、趙城本作「福堂歸德」。

夜入滅。壽八十七，臘五十九。

天台瑞龍院慧恭禪師

天台瑞龍院慧恭禪師，福州人也，姓羅氏。家世爲儒，年十七舉進士，隨計京師。因遊終南山奉日寺，覩祖師遺像，遂求出家。二十二受戒，遊方謁德山鑒禪師。鑒問曰：「會麼？」恭曰：「作麼？」鑒曰：「請相見。」恭曰：「識麼？」鑒大笑，遂入室焉。暨鑒順世，與門人之天台瑞龍院大開法席。

唐天復三年癸亥十二月二日午時，命衆聲鍾，顧左右曰：「去！」言訖，跏趺而化。壽八十四，臘六十二。門人建塔。

泉州瓦棺和尚

泉州瓦棺和尚。德山問曰：「汝還會麼？」師曰：「不會。」德山曰：「汝成褫〔一〕取箇不會好。」師曰：「不會成褫箇什麼？」德山曰：「汝似一團鐵。」師遂摳衣德山。

襄州高亭簡禪師

襄州高亭簡禪師。初隔江見德山，遥合掌呼云：「不審！」德山以手中扇子再招之，

〔一〕「褫」，四部本、趙城本作「持」。下「褫」字同。

師忽開悟，乃横趨而去，更不迴顧。後於襄州開法，嗣德山。

洪州大寧感潭資國和尚

洪州大寧感潭資國和尚。白兆問：「家内停喪，請師慰問。」師曰：「苦痛！蒼天！」兆曰：「死却爺？死却孃？」師打而趁之。

師凡遇僧來，亦多以拄杖打趁。

前潭州石霜山慶諸禪師法嗣

河中南際山僧一禪師

河中南際山僧一禪師。僧問：「幸獲親近，乞師指示。」師曰：「我若指示，即屈著汝。」僧曰：「教學人作麽生即是？」師曰：「切忌是非。」

問：「如何是衲僧氣息？」師曰：「還曾熏著汝也無？」

問：「類即不問，如何是異？」師曰：「要頭即一任斫將去。」

問：「如何是法身主？」師曰：「不過來。」又問：「如何是毘盧師？」師曰：「不超越。」

師初居末山，後閩帥請開法，於長慶禪苑卒。謚本浄大師，塔曰無塵。

潭州大光山居誨禪師

潭州大光山居誨禪師，京兆人也，姓王氏。初造于石霜之室，函丈請益。經二載，又令主北〔一〕塔。麻衣草屨，殆忘身意。

一日，石霜將試其所得，垂問曰：「國家每年放舉人及第，朝門還得拜也無？」師曰：「有人不求進。」曰：「憑何？」師曰：「且不爲名。」石霜又因疾問曰：「除却今日，別更有時也無？」師曰：「渠亦不道今日是。」石霜甚然之。如是徵詰數四，疇對無爽。盤桓二十餘祀，瀏陽信士胡公請居大光山，提唱宗致。

有僧問：「只如達磨是祖否？」師曰：「不是祖。」僧曰：「既不是祖，又來作什麽？」師曰：「爲汝不薦祖。」僧曰：「薦後如何？」師曰：「方知不是祖。」

問：「混沌未分時如何？」師曰：「時教阿誰敘？」

師又曰：「一代時教，只是收拾一代時人。直饒剥徹底，也只是成得箇了事人〔二〕。汝不可便將當却衲衣下事，所以道四十九年明不盡，四十九年標不起。」凡示學徒，大要如此。

〔一〕「北」，四部本作「此」。

〔二〕「事人」，四部本、趙城本無。

唐天復三年癸亥九月三日歸寂，壽六十有七。

廬山棲賢懷祐禪師

廬山棲賢懷祐禪師，泉州僊遊人也。受業於九坐山陳禪師，尋參學預石霜之室。既承奥旨，居于謝山，其道未震，復還止棲賢，徒侣臻萃。

僧問：「如何是五老峯前句？」師曰：「萬古千秋。」僧曰：「恁麽莫成嗣絶也無？」師曰：「躊躇欲與誰？」

僧問：「自遠而來，請師激發。」師曰：「也不憑時。」曰：「請師憑時。」師曰：「我亦不换。」

問：「如何是法法無差？」師曰：「雪上更加霜。」

師後終于廬山，謚玄悟大師，塔曰傳燈。

筠州九峯道虔禪師

筠州九峯道虔禪師，福州侯官人也，姓劉氏。遍歷法會，後受石霜印記，化徒於九峯焉。

師上堂，有僧問：「無間中人行什麽行？」師曰：「畜生行。」曰：「畜生復行什麽行？」師曰：「無間行。」曰：「此猶是長生路上人。」師曰：「汝須知有不共命者。」曰：「不共什麽命？」師曰：「長生氣不常。」師又曰：「諸兄弟還識得命麽？欲知命，流泉是命，湛寂是身，千波競涌是文殊境界，一亘晴空是普賢床榻。其次，借一句子是指月，於中事是話月。從上宗門中事，如節度使信旗。且如諸方先德未建許多名目指陳已前，諸兄弟約什麽體格商量？到遮裏不假三寸試話會看？不假耳根試采聽看？不假眼試辨白看？所以道聲前抛不出，句後不藏形。盡乾坤都來，是汝當人箇體。向什麽處安眼耳鼻舌？莫但向意根下圖度作解，盡未來際亦未有休歇分。所以古人道：『擬將心意學玄宗，狀似西行却向東。』」時有僧問：「九重無信，恩赦何來？」師曰：「流光雖遍，闔内不周。」曰：「流光與闔内相去多少？」師曰：「渌水騰波，青山秀色。」

問：「人人盡言請益，未審師將何拯濟？」師曰：「汝道巨嶽還曾乏寸土也無？」曰：「恁麽即四海參尋當爲何事？」師曰：「演若迷頭心自狂。」曰：「還有不狂者也無？」師曰：「有。」曰：「如何是不狂者？」師曰：「突曉途中眼不開。」

問：「如何是學人自己？」師曰：「更問阿誰？」曰：「便恁麽承當時如何？」師曰：「須彌還更戴須彌麽？」

問：「祖祖相傳，復傳何法？」師曰：「釋迦慳，迦葉富。」曰：「畢竟傳底事作麽生？」師曰：「同歲老人分夜燈。」

問：「諸佛非我道，如何是我道？」師曰：「我道非諸佛。」曰：「既非諸佛，爲什麽却立我道？」師曰：「適來暫喚來，如今却遣出。」曰：「爲什麽却遣出？」師曰：「若不遣出，眼裏塵生。」

問：「一切處覓不得，豈不是聖？」師曰：「是什麽聖？」曰：「牛頭未見四祖時豈不是聖？」師曰：「是聖境未忘。」曰：「二聖相去幾何？」師曰：「塵中雖有隱形術，争奈全身入帝鄉。」

問：「承古有言『真心妄心』，如何？」師曰：「是立真顯妄。」曰：「如何是真心？」師曰：「不雜食。」曰：「如何是妄心？」師曰：「攀緣起倒是。」曰：「離此二途，如何是學人本體？」師曰：「本體不離。」曰：「爲什麽不離？」師曰：「不敬功德天，誰嫌黑暗女？」

問：「承古有言『盡乾坤都來是箇眼』，如何是乾坤眼？」師曰：「乾坤在裏許。」曰：「乾坤眼何在？」師曰：「正是乾坤眼。」曰：「還照矚也無？」師曰：「不借三光勢。」曰：「既不借三光勢，憑何喚作乾坤眼？」師曰：「若不如是，髑髏前見鬼人無數。」

問：「一筆丹青爲什麽貌不得？」師曰：「僧繇却許誌公。」曰：「未審僧繇得什麽人證旨，却許誌公？」師曰：「烏龜稽首須彌柱。」

問：「動容沈古路，身没乃方知，此意如何？」師曰：「偷佛錢買佛香。」曰：「學人不會。」師曰：「不會即燒香，供養本爺孃。」

師後住泐潭而終，謚大覺禪師，塔曰圓寂。

台州涌泉景欣禪師

台州涌泉景欣禪師，泉州僊遊人也。本白雲山受業，得石霜開示，而止丹丘涌泉之蘭若。

一日，師不披袈裟喫飯，有僧問：「莫成俗否？」師曰：「即今豈是僧耶？」

有彊、德二禪客到，於路次見師騎牛，不識師，乃曰：「蹄角甚分明，争奈騎者不識。」師驟牛而去。二禪客憩於樹下煎茶，師迴下牛，近前不審，與坐喫茶。師問曰：「二禪客近離什麽處？」曰：「離那邊。」師曰：「那邊事作麽生？」彼提起茶盞，師曰：「此猶是遮邊，那邊事作麽生？」二人無對。師曰：「莫道騎者不識好。」

潭州雲蓋山志元

潭州雲蓋山志元，號圓净大師。遊方時問雲居曰：「志元不奈何時如何？」雲居曰：

「只爲闍梨功力不到處。」師不禮拜而退，遂參石霜，亦如前問。石霜曰：「非但闍梨，老僧亦不奈何。」師曰：「和尚爲什麽不奈何？」石霜曰：「老僧若奈何，拈過汝不奈何。」別有問答，石霜章出之。

有僧問：「如何是佛？」師曰：「黄面底是。」曰：「如何是法？」師曰：「藏裏是。」問：「然燈未出時如何？」師曰：「昧不得。」問：「蛇子爲什麽吞蛇師？」師曰：「通身色不同。」問：「如何是衲僧？」師曰：「參尋訪道。」

潭州谷山藏禪師

潭州谷山藏禪師。僧問：「祖意教意是一是二？」師曰：「青天白日，夜半濃霜。」

福州覆船山洪荐禪師

福州〔一〕覆船山洪荐禪師。僧問：「如何是本來面目？」師閉目吐舌，又開目吐舌。僧曰：「本來有如許多面目？」師曰：「適來見什麽？」問：「路逢達道人，不將語默對，未審將什麽對？」師曰：「老僧也恁麽。」

〔一〕「州」，原作「山」，據四部本、趙城本改。

師將示滅三日前，令侍者喚第一坐來。師卧，出氣一聲。第一坐喚侍者曰：「和尚渴，要湯水喫。」師乃面壁而卧。臨終，令集衆，乃展兩手，出舌示之。時第三坐曰：「諸人，和尚舌根硬也！」師曰：「苦哉！苦哉！誠如第三坐所言，舌根硬去也。」再言之而告寂。謚紹隆大師，塔曰廣濟。

朗州德山存德

朗州德山存德，號慧空大師。第六世住。僧問：「如何是一句？」師曰：「更請問。」問：「如何是和尚僊陀婆？」師曰：「昨夜三更見月明。」

吉州崇恩和尚

吉州崇恩和尚。僧問：「祖意教意是一是二？」師曰：「少林雖有月，葱嶺不穿雲。」

石霜輝禪師

石霜輝禪師。第三世住。僧問：「佛出世先度五俱輪，和尚出世先度何人？」師曰：「總不度。」曰：「爲什麽不度？」師曰：「爲伊不是五俱輪。」問：「如何是和尚家風？」師曰：「竹筯瓦椀。」

郢州芭蕉和尚

郢州芭蕉和尚。僧問：「從上宗乘如何舉唱？」師曰：「已被冷眼人覷破了。」

問：「不落諸緣，請師直指。」師曰：「有問有答。」

問：「如何是和尚爲人一句？」師曰：「只恐闍梨不問。」

潭州肥田伏和尚

潭州肥田伏和尚，號慧覺大師。僧問：「此地名什麼？」師曰：「肥田。」曰：「宜什麼？」師以拄杖打而趁之。

潭州鹿苑暉禪師

潭州鹿苑暉禪師。僧問：「不假諸緣，請僧道。」師敲火爐，僧曰：「親切處更請一言。」師曰：「莫睡語。」

問：「牛頭未見四祖時如何？」師曰：「如月在水。」曰：「見後如何？」師曰：「如水在月。」

問：「祖祖相傳，未審傳箇什麼？」師曰：「汝問我，我問汝。」僧曰：「恁麼即緇素不分也。」師曰：「什麼處去來？」

潭州寶蓋約禪師

潭州寶蓋約禪師。僧問：「寶蓋高高掛，其中事若何？請師言下旨，一句不消多。」師曰：「寶蓋掛空中，有路不曾通。儻求言下旨，便是有西東。」

越州雲門山拯迷寺海晏禪師

越州雲門山拯迷寺海晏禪師。僧問：「如何是衲衣下事？」師曰：「如人䠒硬石頭。」問：「如何是古寺一爐香？」師曰：「廣大勿人嗅。」曰：「嗅者如何？」師曰：「六根俱不到。」問：「久嚮拯迷，到來爲什麼不見拯迷？」師曰：「闍梨不識拯迷。」

湖南文殊和尚

湖南文殊和尚。僧問：「僧繇爲什麼貌誌公不得？」師曰：「非但僧繇，誌公也貌不成。」曰：「誌公爲什麼貌不成？」師曰：「彩繢不將來。」曰：「和尚還貌得也無？」師曰：「我亦貌不得。」曰：「和尚爲什麼貌不得？」師曰：「渠不以〔一〕苟我顔色，教我作麼生貌？」問：「如何是密室？」師曰：「緊不就。」曰：「如何是密室中人？」師曰：「不坐上牛。」

鳳翔府石柱和尚

鳳翔府石柱和尚。遊方時遇洞山和尚第三世。垂語曰：「有四種人：一人説過佛祖，

〔一〕「以」，四部本作「似」。

一步行不得。一人行過祖佛，一句説不得。一人説得，行得。一人説不得，行不得。阿那箇是其人？」師出衆而對曰：「一人説過祖佛，行不得者，只是無舌不許行。一人行過祖佛，一句説不得者，只是無足不許説。一人説得行得者，即是函蓋相稱。一人説不得，行不得，若斷命而求活。此是石女披枷帶鎖。」洞山曰：「闍梨自己作麽生？」師曰：「該通會上卓卓寧彰。」洞山曰：「只如海上明公秀，又作麽生？」師曰：「幻人相逢，拊掌呵呵。」

潭州中雲蓋和尚

潭州中雲蓋和尚。僧問：「和尚開堂當爲何事？」師曰：「爲汝驢漢！」曰：「諸佛出世當爲何事？」師曰：「爲汝驢漢！」

問：「祖佛未出世時如何？」師曰：「像不得。」曰：「出世後如何？」師曰：「闍梨也須側身始得。」

問：「如何是向上一句？」師曰：「文殊失却口。」

曰：「如何是門頭一句？」師曰：「頭上插華子。」

問：「如何是超百億？」師曰：「超人不得肯。」

河中府棲巖山大通院存壽禪師

河中府棲巖山大通院存壽禪師，不知〔一〕何許人也，姓梅氏。初講經論，後入石霜之室。隨緣誘化，抵于蒲坂，緇素歸心。

僧問：「蓮華未出水時如何？」師曰：「汝莫問出水後蓮華事麽？」僧無語。

師平居罕言，叩之則應，度弟子四百人，尼衆百數。終壽九十有三，謚真寂大師。

南嶽玄泰上坐

南嶽玄泰上坐，不知何許人也。沈静寡言，未嘗衣帛，衆謂之泰布衲。始見德山鑒禪師，升于堂矣，後謁石霜普會禪師，遂入室焉。所居蘭若在衡山之東，號七寶臺。誓不立門徒，四方後進依附，皆用交友之禮。嘗以衡山多被山民斬木燒畬，爲害滋甚，乃作畬山謡，遠邇傳播，達于九重，有詔禁止。故嶽中蘭若無復延燎，師之力也。畬山謡：「畬山兒，無所知，年年斫斷青山嵋。就中最好衡嶽色，杉松利斧摧貞枝。靈禽野鶴無因依，白雲迴避青煙飛。猿猱路絶巖崖出，芝术失根茅草肥。年年斫罷仍栽鋤，千秋終是難復〔二〕初。又道今年種不多，來年更斫當陽坡。國家壽嶽尚如此，不知此理如之何〔三〕？」

〔一〕「知」，原作「如」，據四部本、趙城本改。

〔二〕「復」，原無，據四部本補。

〔三〕趙城本無此小注。

將示滅，並無僧至，乃自出門，召一僧入，付囑令備薪蒸，又留偈曰：「今年六十五，四大將離主。其道自玄玄，箇中無佛祖。不用剃頭，不須澡浴。一堆猛火，千足萬足。」偈終端坐，垂一足而逝。闍維收舍利，於堅固禪師塔左營小浮圖置之。壽六十有五。

前澧州夾山善會禪師法嗣

澧州樂普山元安禪師

澧州樂普山元安禪師，鳳翔麟遊人也，姓淡氏。丱年出家，依本郡懷恩寺祐律師披削具戒，通經論。首問道于翠微、臨濟，臨濟常對衆美之曰：「臨濟門下一隻箭，誰敢當鋒？」師蒙許可，自謂已足。尋之夾山卓庵，後得夾山書，發而覽之，不覺竦然，乃棄庵至夾山禮拜，端身而立。夾山曰：「雞棲鳳巢，非其同類。出去！」師問曰：「自遠趨風，請師一接。」夾山曰：「目前無闍梨，夾山無老僧。」師曰：「錯也！」夾山曰：「住！住！闍梨且莫草草怱怱〔一〕。雲月是同，雞山各異。闍梨坐却天下人舌頭即不無，争教無舌人解語？」師茫然無對，夾山遂打。師因茲服膺數載。興化代云：「但知作佛，莫愁衆生。」

〔一〕「怱怱」，四部本、趙城本作「忩速」。

師一日問夾山：「佛魔不到處，如何體會？」夾山曰：「燭明千里像，闇室老僧迷。」又問：「朝陽已昇，夜月不現時如何？」夾山曰：「龍銜海珠，游魚不顧。」

夾山將示滅，垂語於衆曰：「石頭一枝，看看即滅矣。」師對曰：「不然。」夾山曰：「何也？」曰：「自有青山在。」夾山曰：「苟如是，即吾道不墜矣。」

暨夾山順世，師抵于涔陽，遇故人，因話武陵事。故人問曰：「倏忽數年，何處逃難？」師曰：「只在闤闠中。」曰：「何不無人處去？」師曰：「無人處有何難？」曰：「闤闠中如何逃避？」師曰：「雖在闤闠中，人且不識。」故人罔測，又問曰：「承西天有二十八祖，至於此土人傳一人，且如彼此不垂曲者如何？」師曰：「野老門前不話朝堂之事。」曰：「合譚何事？」師曰：「未逢別者，終不開拳。」曰：「有不從朝堂來，相逢還話否？」師曰：「量外之機，徒勞目擊。」僧〔一〕無對。

師尋之澧陽樂普山，卜于宴處，後遷止朗州蘇谿，四方玄侶憧憧奔湊。

師示衆曰：「末後一句始到牢關，鎖斷要津，不通凡聖。欲知上流之士，不將祖佛見解貼在額頭，如靈龜負圖，自取喪身之本。」又曰：「指南一路，智者知疏。」

〔一〕「僧」，四部本、趙城本無。

問：「瞥然便見時如何？」師曰：「曉星分曙色，争似太陽輝？」

問：「恁麽來不立，恁麽去不泯時如何？」師曰：「鬻薪樵子貴，衣錦道人輕。」

問：「經云：『飯百千諸佛，不如飯一無修無證者。』未審百千諸佛有何過？無修無證者有何德？」師曰：「一片白雲横谷口，幾多歸鳥夜迷巢。」

問：「日未出時如何？」師曰：「水竭滄溟龍自隱，雲騰碧漢鳳猶飛。」問：「如何是本來事？」師曰：「一粒在荒田，不耘苗自秀。」曰：「若一向不耘，莫草裏埋没却也無？」師曰：「肌骨異芻蕘，稊稗終難映。」

問：「不傷物命者如何？」師曰：「眼華山影轉，迷者謾彷徨。」

問：「不譚今古時如何？」師曰：「靈龜無掛兆，空殼不勞鑽。」

問：「不掛明暗時如何？」師曰：「玄中易舉，意外難提。」

問：「不生如來家，不坐華王座時如何？」師曰：「汝道火鑪重多少？」

問：「祖意與教意是一是二？」師曰：「師子窟中無異獸，象王行處絶狐蹤。」

問：「行到不思議處如何？」師曰：「青山常舉足，白日不移輪。」

問：「枯盡荒田獨立事如何？」師曰：「鷺倚雪巢猶可辨，烏投漆立〔一〕事難分。」

問：「如何是賓主雙舉？」師曰：「枯樹無横枝，鳥來難措足。」

問：「終日朦朧時如何？」師曰：「擲寶混沙中，識者天然異。」曰：「恁麼即展手不逢師也。」師曰：「莫將鶴唳誤作鸎啼。」

問：「圓伊三點人皆重，樂普家風事若何？」師曰：「雷霆一震，布鼓聲銷。」

問：「停午時如何？」師曰：「停午猶虧半，烏沈始得圓。」

問：「如何是西來意？」師曰：「颯颯當軒竹，經霜不自寒。」僧擬再問，師曰：「只聞風擊響，不知幾千竿。」

師上堂謂衆曰：「孫賓收鋪去也，有卜者出來。」時有僧出曰：「請和尚一掛。」師曰：「汝家爺死。」僧無語。法眼代拊掌三下。

問：「如何是西來意？」師敲禪床曰：「會麼？」曰：「不會。」師曰：「天上忽雷驚宇宙，井底蝦蟇不舉頭。」

問：「佛魔不到處如何辨得？」師曰：「演若頭非失，鏡中認取乖。」

〔一〕「立」，四部本作「笠」。

問：「如何是救離生死？」師曰：「執水苟延生，不聞天樂妙。」問：「四大如何而有？」師曰：「湛水無波，漚因風擊。」曰：「漚滅歸水時如何？」師曰：「不渾不濁，魚龍任躍。」

問：「生死事如何？」師曰：「一念忘機，太虚無點。」

問：「如何是道？」師曰：「存機猶滯迹，去兀却通途。」

問：「如何是一藏收不得者？」師曰：「雨滋三草秀，片玉本來輝。」

問：「一毫吞盡巨海，於中更復何言？」師曰：「家有白猼之圖，必無如是妖怪。」保福別云：「家無白猼之圖，亦無如是之怪。」

問：「凝然時如何？」師曰：「時雷應節，震嶽驚蟄。」曰：「千般運動不異箇凝然時如何？」師曰：「靈鶴翥空外，鈍鳥不離巢。」曰：「如何？」師曰：「白首拜少年，舉世人難信。」

問：「諸聖恁麽來，將何供養？」師曰：「土宿雖持錫，不是婆羅門。」問：「祖意與教意是同是别？」師曰：「日月並輪空，誰家别有路？」曰：「恁麽即顯晦殊途，事非一概也。」師曰：「但自不亡羊，何須泣岐路？」

問："學人擬歸鄉時如何？"師曰："家破人亡，子歸何處？"曰："恁麽即不歸去也。"師曰："庭前殘雪日輪消，室中遊塵遣誰掃？"問："動是法王苗，寂是法王根。根苗即不問，如何是法王？"師舉拂子，僧曰："此猶是法王苗。"師曰："龍不出洞，誰人奈何？"

師二山開法，語播諸方。唐光化元年戊午秋八月，誡主事曰："出家之法，長物不留。播種之時，切宜減省。締構之務，悉從廢停。流光迅速，大道深玄。苟或因循，曷由體悟？雖激勵懇切，衆以爲常，略不相儆。"至冬，師示有微疾，亦不倦參請。十二月一日告衆曰："吾非明即後也。今有一事問汝等：若道遮箇是，即頭上安頭。若道遮箇不是，即斬頭求活。"時第一坐對曰："青山不舉足，日下不挑燈。"師曰："遮裏是什麽時節，作遮箇語話？"時有彦從上坐别對曰："離此二途，請和尚不問。"師曰："未在，更道。"曰："彦從道不盡。"師曰："我不管汝盡不盡！"曰："彦從無侍者祗對和尚。"師乃下堂。至夜，令侍者唤彦從入方丈，曰："闍梨今日祗對老僧甚有道理，據汝合體先師意旨。先師道：『目前無法，意在目前。不是目前法，非耳目之所到。』且道那句是主句？若擇得出，分付鉢袋子。"曰："彦從不會。"師曰："汝合會，但道。"曰："彦從實不知。"師喝出乃曰：

「苦！苦！」玄覺云：「且道從上坐實不會？是怕見鉢袋子粘著伊？」二日午時，别僧舉前語問師，師自代曰：「慈舟不棹清波上，劍峽徒勞放木鵝。」便告寂，壽六十有五，臘四十六。塔于寺西北隅。

洪州上藍令超禪師

洪州上藍令超禪師，初住筠州上藍山，説夾山之禪，學侶俱會。後於洪井創禪苑居之，還以上藍爲名，化導益盛。

僧問：「如何是上藍本分事？」師曰：「不從千聖借，豈向萬機求？」曰：「只如不借不求時如何？」師曰：「不可拈放汝手裏得麽？」

問：「鋒前如何辨事？」師曰：「鋒前不露影，莫向舌頭尋。」

問：「二龍争珠，誰是得者？」師曰：「其珠遍地，目覩如泥。」

問：「善財見文殊，却往南方意如何？」師曰：「學憑入室，知乃通方。」曰：「爲什麽彌勒遣見文殊？」師曰：「道廣無涯，逢人不盡。」

至唐大順庚戌歲正月初，召衆僧而告曰：「吾本約住此十年，今化事既畢，當欲行矣。」十五日，齋畢聲鍾，端坐長往。謚元真大師，塔曰本空。

郢州四禪和尚

郢州四禪和尚。僧問：「古人有請不背，今請和尚入井，還去也無？」師曰：「深深無別源，飲者消諸患。」問：「如何是和尚家風？」師曰：「會得底人意，須知月色寒。」

江西逍遥山懷忠禪師

江西逍遥山懷忠禪師。僧問：「不似之句還有人道得否？」師曰：「或即五日齋前，或即五日齋後。」

問：「劍鏡明利，毫毛何惑？」師曰：「不空羂索。」

問：「洪鑪猛焰，烹鍛何物？」師曰：「烹佛烹祖。」曰：「佛祖作麽生烹？」師曰：「業在其中。」曰：「唤作什麽業？」師曰：「佛力不如。」

問：「四十九年不説一句，如何是不説底一句？」師曰：「隻履西行，道人不顧。」曰：「莫便是和尚消停處也無？」師曰：「馬是官馬不用印。」

問：「如何是一老一不老？」師曰：「三從六義。」曰：「如何是奇特一句？」師曰：「坐佛床斫佛朴。」

問：「祖與佛阿那箇最親？」師曰：「真金不肯博，誰肯换泥丸？」曰：「恁麽即有不肯也。」師曰：「汝貴我賤。」

問：「如何是懸劍萬年松？」師曰：「非言不可及。」曰：「當爲何事？」師曰：「只汝道話。」曰：「言外之事如何明得？」師曰：「日久年多筋骨成。」

問：「不敵魔軍，如何證道？」師曰：「海水不勞杓子舀。」

問：「不住有雲山，常居無底船時如何？」師曰：「果熟自然香〔一〕。」曰：「更請師道。」師曰：「門前真佛子。」曰：「學人爲什麽不見？」師曰：「處處王老師。」

袁州盤龍山可文禪師

袁州盤龍山可文禪師。僧問：「亡僧遷化向什麽處去也？」師曰：「石牛沿江路，日裏夜明燈。」

問：「如何是佛？」師曰：「癡兒捨父逃。」

師後居上藍院。

撫州黄山月輪禪師

撫州黄山月輪禪師，福州福唐人也，姓許氏。志學之歲，詣本郡黄檗山寺，投觀禪師稟

〔一〕「香」，原無，據四部本補。

教。及圓戒品，遂遊方。抵塗水謁三峯和尚，雖問答有序，而機緣靡契。尋聞夾山盛化，乃往叩之。夾山問師：「名什麽？」師曰：「名月輪。」夾山作一圓相曰：「何似遮箇？」師曰：「和尚恁麽語話，諸方大有人不肯在。」曰：「貧道即恁麽，闍梨作麽生？」師曰：「還見月輪麽？」曰：「闍梨恁麽道，此間大有人不肯諸方。」師乃服膺參訊。

一日，夾山抗聲問曰：「子是什麽處人？」師曰：「閩中人。」曰：「還識老僧否？」師曰：「和尚還識學人否？」曰：「不然。子且還老僧草鞋價，然後老僧還子江陵米價。」師曰：「恁麽即不識和尚，未委江陵米作麽價？」夾山曰：「子善能哮吼。」乃入室受印，依附七年，方辭往撫州，卜龍濟山隱居，玄侶雲集。師遂演夾山奥旨，名聞諸方。後歸臨川，樂棲黄山，謂諸徒曰：「吾居此山，頗諧素志矣。」

師上堂謂衆曰：「祖師西來，特唱此事。自是諸人不薦，向外馳求。投赤水以尋珠，就荆山而覓玉。所以道從門入者，不是家珍，認影爲頭，豈非大錯？」時有僧問：「如何是祖師意？」師曰：「梁殿不施功，魏邦絶心迹。」

問：「如何是道？」師曰：「石牛頻吐三春霧，木馬嘶聲滿道途。」問：「如何得見本來面目？」師曰：「不勞懸石鏡，天曉自雞鳴。」問：「宗乘一句，請師商量。」師曰：「黄峯獨脱物外秀，年來月往冷颼颼。」

問：「不辨中言，如何指撥？」師曰：「劍去遠矣，爾方刻舟。」

問：「如何是衲衣下事？」師曰：「石牛水上卧，東西得自由。」

問：「如何是目前意？」師曰：「秋風有韻，片月無方。」

問：「如何是學人用心處？」師曰：「覺户不掩，對月莫迷。」

問：「如何是青霄路？」師曰：「鶴棲雲外樹，不倦苦風霜。」

問：「過去事如何？」師曰：「龍叫清潭，波瀾自肅。」

師住黄山僅十三載，學者來無虚往。以後唐同光三年十二月二十一日示有微恙，至二十六日午時奄然坐化。壽七十二，臘五十三。明年正月二十日，塔于院西北隅。

洛京韶山寰普禪師

洛京韶山寰普禪師。有僧到參，禮拜起立，師曰：「大才藏拙户。」僧過一邊立，師曰：「喪却棟梁材。」

遵布衲山下見師，乃問：「韶山在什麽處？」師曰：「青青翠竹處是。」遵曰：「莫只遮便是否？」師曰：「是即是，闍梨有什麽事？」曰：「擬申一問，未審師還答否？」師云：

「看君不是金牙作，争解彎弓射尉遲？」遵云：「鳳凰直入煙霄去〔一〕，誰怕林間野鵲兒？」師曰：「當軒畫鼓從君擊，試展家風似老僧。」遵曰：「一句迴超今古格，松蘿不與月輪齊。」師曰：「饒君直出威音外，猶較韶山半月程。」遵曰：「過在什麽處？」師曰：「倜儻之辭，時人知有。」遵曰：「與麽即真玉泥中異，不撥萬機塵。」師曰：「魯般門下，徒施巧妙。」遵云：「學人即恁麽，師意如何？」師曰：「玉女夜拋梭，寄錦於西舍。」遵曰：「莫便是和尚家風也無？」師曰：「耕夫置玉漏，卿公事苑云：「當作『玉耬』，謂耬犁也，耕人用耬所以布子種。禪録所謂看耬〔二〕打耬，正謂是也。魏略曰：『皇甫隆爲燉煌太守，民不曉耕種，因教民作耬犁，省力過半。』然耬乃陸種之具，南人多不識之，故詳出焉。音樓〔三〕。」不是行家作。」遵曰：「此是文言，和尚家風如何？」師曰：「横身當宇宙，誰是出頭人？」

終，謚無畏禪師。

太原海湖和尚

太原海湖和尚。因有人請灌頂三藏供養，敷坐訖，師乃就彼位坐。時有雲涉坐主問

〔一〕「去」，四部本、趙城本作「路」。
〔二〕「耬」，原作「縷」，據四部本改。
〔三〕趙城本無此小注。

曰：「和尚什麽年行道？」師曰：「坐主近前來。」涉近前，師曰：「只如憍陳如是什麽年行道？」涉茫然，師咄曰：「遮尿牀〔一〕鬼！」

僧問：「和尚院内人何太少？定水院人何太多？」師曰：「草深多野鹿，巖高獮豸稀。」

嘉州白水寺和尚

嘉州白水寺和尚。僧問：「如何是西來意？」師曰：「四溟無窟宅，一滴潤乾坤。」問：「曹溪一路合譚何事？」師曰：「澗松千載鶴來聚，月中香桂鳳皇歸。」

鳳翔天蓋山幽禪師

鳳翔天蓋山幽禪師。僧問：「如何是天蓋水？」師曰：「四海滂池〔二〕，不犯涓滴。」問：「學人擬看經時如何？」師曰：「既是大商，何求小利？」

洪州建昌鳳棲山同安和尚

洪州建昌鳳棲山同安和尚。第一世住。僧問：「如何是和尚家風？」師曰：「金雞抱子

〔一〕「牀」，原作「狀」，據四部本、趙城本改。
〔二〕「池」，四部本作「沱」，趙城本作「沲」。

歸霄漢，玉兔懷胎入紫微。」僧曰：「忽遇客來，將何祇待？」師曰：「金果早朝猿摘去，玉華晚後鳳銜來。」

問：「終日在潭，爲什麽釣不得？」師曰：「玄源不隱無生寶，莫謾垂鉤向碧潭。」

問：「澄機一句，曉露不逢時如何？」師曰：「太陽門下無星月，天子殿前無貧兒。」

問：「如何是同安轉身處？」師曰：「曠劫不曾沈玉露，目前豈滯太陽機？」

問：「險惡道中如何進步？」師曰：「玄身透過千差路，碧海無波往即難。」

問：「如何是衲衣下事？」師曰：「一片玉輪今古在，豈同漁父夜沈鉤？」

問：「如何是大勿慚愧底人？」師曰：「空王不坐無生殿，迦葉堂前不點燈。」

景德傳燈録卷第十七

吉州青原山行思禪師法嗣

第五世下二十六人

袁州洞山良价禪師法嗣二十六人

洪州雲居山道膺禪師　撫州曹山本寂禪師　洞山第二世道全禪師　湖南龍牙山居遁禪師　京兆華嚴寺休静禪師　京兆蜆子和尚　筠州九峯普滿大師　台州幽棲道幽禪師　洞山第三世師虔禪師　洛京白馬遁儒禪師　越州乾峯和尚　吉州禾山和尚　明州天童山咸啓禪師十一卷有目無傳　潭州寶蓋山和尚　益州北院通禪師　高安白水本仁禪師　撫州踈山光仁禪師　澧州欽山文邃禪師已上二十八人見録　明州天童山義禪師　太原資聖方禪師　新羅國金藏和尚　益州白禪師　潭州文殊和尚　舒州白水山和尚　邵州西湖和尚　青陽通玄和尚已上八人無機緣語句不録

第六世之一四十三人

鄂州巖頭全豁禪師法嗣九人

台州瑞巖師彦禪師　懷州玄泉彦禪師　吉州靈巖慧宗禪師　福州羅山道閑禪師　福州香谿從範禪師　福州羅源聖壽嚴禪師六人見録　洪州大寧海一禪師　信州鵝湖山韶和尚　洪州大寧訥和尚已上三人無機縁語句不録

洪州感潭資國和尚法嗣一人

安州白兆山志圓禪師一人見録

濠州思明和尚法嗣一人

襄州鷲嶺善本禪師一人見録

潭州大光山居誨禪師法嗣一十三人

潭州谷山有縁禪師　潭州龍興和尚　潭州伏龍山第一世和尚　京兆白雲善藏禪師　潭州伏龍山第二世和尚　陝府龍峻山和尚　潭州伏龍山第三世和尚已上七人見録　大光山玄禪師　漳州藤霞和尚　宋州净覺和尚　華州崇勝證和尚　鄂州永壽和尚　鄂州靈竹和尚已上六人無機縁語句不録

筠州九峯道虔禪師法嗣一十人

新羅清院和尚　洪州泐潭神黨禪師　吉州南源山行修禪師　洪州泐潭明禪師　吉州秋山和尚　洪州泐潭延茂禪師　洪州同安常察禪師　洪州泐潭悟禪師　吉州禾山無殷禪師　洪州泐潭牟和尚已上十人見録

台州涌泉景欣禪師法嗣一人

台州六通院紹禪師一人見録

潭州雲蓋山志元禪師法嗣三人

雲蓋山志罕禪師　新羅卧龍和尚　彭州天台和尚已上三人見録

潭州谷山藏禪師法嗣三人

新羅瑞巖和尚　新羅泊嚴和尚　新羅大嶺和尚已上三人見録

潭州中雲蓋山和尚法嗣一人

雲蓋山景和尚一人見録

河中府棲巖存壽禪師法嗣一人

道德禪師一人無機緣語句不録

青原行思禪師第五世下

袁州洞山良价禪師法嗣

洪州雲居道膺禪師

洪州雲居道膺禪師，幽州玉田人也，姓王氏。童丱依師稟教，二十五受具於范陽延壽寺。本師令習聲聞篇聚，乃歎曰：「大丈夫豈可桎梏於律儀耶？」乃去，詣翠微山問道。經三載，有雲遊僧自豫章來，盛稱洞山价禪師法席，師遂造焉。

洞山問曰：「闍梨名什麽？」曰：「道膺。」洞山云：「向上更道。」師云：「向上道即不名道膺。」洞山曰：「與吾在雲巖時祇對無異也。」

後師問：「如何是祖師意？」洞山曰：「闍梨他後有一把茅蓋頭，忽有人問，闍梨如何祇對？」曰：「道膺罪過。」

洞山有時謂師曰：「吾聞思大和尚生倭國作王虚實？」曰：「若是思大，佛亦不作，況乎國王？」洞山然之。

一日，洞山問：「什麽處去來？」師曰：「蹋山來。」洞山曰：「阿那箇山堪住？」曰：「阿那箇山不堪住？」洞山曰：「恁麽即國内總被闍梨占却也。」曰：「不然。」洞山曰：「恁麽即子得箇入路。」曰：「無路。」洞山曰：「若無路，争得與老僧相見？」曰：「若有路，即與和尚隔生去也。」洞山曰：「此子已後千人萬人把不住。」

師隨洞山渡水，洞山問：「水深淺？」曰：「不濕。」洞山曰：「麄人。」曰：「請師道。」洞山曰：「不乾。」

洞山謂師曰：「昔南泉問講彌勒下生經僧曰：『彌勒什麽時下生？』曰：『見在天宫，當來下生。』」南泉曰：「天上無彌勒，地下無彌勒。」師隨舉而問曰：「只如天上無彌勒，地下無彌勒，未審誰與安字？」洞山直得禪床震動，乃曰：「膺闍梨！」

師合醬次，洞山問：「作什麽？」師曰：「合醬。」洞山曰：「用多少鹽？」曰：「旋入。」洞山曰：「作何滋味？」師曰：「得。」

洞山問：「大闡提人殺父害母，出佛身血，破和合僧，如是種種，孝養何在？」師曰：「始得孝養。」自爾洞山許之爲室中領袖。

初止三峯，其化未廣。後開雲居山，四衆臻萃。一日上堂，因舉古人云「地獄未是苦，向此衣服下不明大事失却最苦」，師乃謂衆曰：「汝等既在遮箇行流，十分去九不較多也。更著些力，便是上坐不屈平生，行脚不孤負叢林。古人道：『欲得保任此事，須向高高山頂立，深深水底行，方有些子氣力。』汝若大事未辨，且須履踐玄途。」

問：「如何是沙門所重？」師曰：「心識不到處。」

問：「佛與祖有何階級？」師曰：「俱是階級。」

問：「如何是西來意？」師曰：「古路不逢人。」

可觀上座問：「的罷標指，請師速接。」師曰：「即今作麼生？」觀曰：「道即不無，莫領話好。」師曰：「何必闍梨？」

問：「如何是口訣？」師曰：「近前來向汝道。」僧近前，曰：「請師道。」師曰：「也知，也知。」

師擲癢和問：「衆還會麼？」衆曰：「不會。」師曰：「趁雀兒也不會？」

問：「如何得不惱亂和尚？」師曰：「與我喚處德來。」僧遂去喚來。師曰：「與我閉却門。」

問：「馬祖出八十八人善知識，未審和尚出多少人？」師展手示之。

問：「如何是向上人行履處？」師曰：「天下太平。」

問：「遊子歸家時如何？」師曰：「且喜歸來。」曰：「將何奉獻？」師曰：「朝打三千，暮打八百。」

師謂衆曰：「如好獵狗，只解尋得有縱迹底。忽遇羚羊掛角，莫道迹，氣亦不識。」僧問：「羚羊掛角時如何？」師曰：「六六三十六。」又曰：「會麽？」僧曰：「不會。」師曰：「不見道無蹤迹。」有僧舉似趙州，趙州云：「雲居師兄猶在。」僧乃問：「羚羊掛角時如何？」趙州云：「六六三十六。」

衆僧夜參，侍者持燈來，見影在壁上，有僧便問：「兩箇相似時如何？」師曰：「一箇是影。」

問：「學人擬欲歸鄉時如何？」師曰：「只遮是新羅僧。」

問：「佛陀波利見文殊，爲什麽却迴去？」師曰：「只爲不將來，所以却迴去。」

師謂衆曰：「學佛法底人，如斬釘截鐵始得。」時一僧出曰：「便請和尚釘鐵。」師曰：「口裏底是什麽？」

僧問：「承教有言：『是人先世罪業，應墮惡道，以今世人輕賤。』此意如何？」師曰：

「動即應墮惡道，静即爲人輕賤。」崇壽稠答云：「心外有法應墮惡道，守住自己爲人輕賤。」

僧問：「香積之飯什麼人得喫？」師曰：「須知得喫底人，入口也須抉出。」

有一僧在房内念經，師隔窗問：「闍梨念者是什麼經？」對曰：「維摩經。」師曰：「不問維摩經，念者是什麼經？」其僧從此得入。

問：「孤迥峭〔一〕巍巍時如何？」師曰：「孤迥峭巍巍。」僧曰：「不會。」師曰：「面前案山子也不會？」

新羅僧問：「是什麼得恁麼難道？」師曰：「有什麼難道？」曰：「便請和尚道。」師曰：「新羅！新羅！」

問：「明眼人爲什麼黑如漆？」師曰：「何怪？」

荆南節度使成汭遣大將入山送供，問曰：「世尊有密語，迦葉不覆藏。如何是世尊密語？」師召曰：「尚書！」其人應諾，師曰：「會麼？」曰：「不會。」師曰：「汝若不會，世尊有〔二〕密語。汝若會，迦葉不覆藏。」

〔一〕「峭」，四部本、趙城本作「且」。下「峭」字同。

〔二〕「有」，原無，據四部本補。

僧問：「才生爲什麼不知有？」師曰：「不同生。」曰：「未生時如何？」師曰：「不曾滅。」曰：「未生時在什麼處？」師曰：「有處不收。」曰：「什麼人受滅？」師曰：「是滅不得者。」

師謂衆曰：「汝等師僧家發言吐氣，須有來由。凡問事須識好惡、尊卑、良賤，信口無益。傍家到處覓相似語，所以尋常向兄弟道，莫恠不相似，恐同學太多去。第一莫將來，將來不相似。八十老人出場屋，不是小兒戲。一言參差，千里萬里難爲收攝，直至敲骨打髓須有來由。言語如鉗夾鉤鎖，相續不斷，始得頭頭上具，物物上新，可不是精得妙底事！道汝知有底人終不取次，十度擬發言，九度却休去。爲什麼如此？恐怕無利益。體得底人心如臘月扇，口邊直得醭出。不是汝彊爲，任運如此。欲得恁麼事，須是恁麼人。既是恁麼人，何愁恁麼事？學佛邊事是錯用心。假饒解千經萬論，講得天華落，石點頭，亦不干自己事。況乎其餘，有何用處？若將有限心識作無限中用，如將方木逗圓孔，多少差訛。設使攢花簇錦，事事及得，及盡一切事，亦只喚作了事人，無過人，終不喚作尊貴。將知尊貴邊著得什麼物？不見從門入者非寶，棒上不成龍，知麼？」

師如是三十年開發玄楗，徒衆常及千五百之數。南昌周氏尤所欽風。唐天復元年秋示微疾，十二月二十八日爲大衆開最後方便，叙出世始卒之意，衆皆愴然。越明年正月三日，跏趺長往。今本山影堂存焉。勅謚弘覺大師，塔曰圓寂。

撫州曹山本寂禪師

撫州曹山本寂禪師，泉州莆田人也，姓黄氏。少慕儒學。年十九出家，入福州福唐縣靈石山，二十五登戒。唐咸通初，禪宗興盛，會洞山价禪師坐道場，往來請益。洞山問：「闍梨名什麽？」對曰：「本寂。」曰：「向上更道。」師曰：「不道。」曰：「爲什麽不道？」師曰：「不名本寂。」洞山深器之，師自此入室，密印所解，盤桓數載，乃辭洞山。洞山問：「什麽處去？」曰：「不變異處去。」洞山云：「不變異豈有去耶？」師曰：「去亦不變異。」遂辭去，隨緣放曠。初受請止于撫州曹山，後居荷玉山，二處法席，學者雲集。

問：「不與萬法爲侶者是什麽人？」師曰：「汝道洪州裏許多人什麽處去也？」

問：「眉與目還相識也無？」師曰：「不相識。」曰：「爲什麽不相識？」師曰：「爲同在一處。」曰：「恁麽即不分也。」師曰：「眉且不是目。」曰：「如何是目？」師曰：「端的去。」曰：「如何是眉？」師曰：「曹山却疑。」曰：「和尚爲什麽却疑？」師曰：「若不疑即端的去也。」

問：「於相何真？」師曰：「即相即真。」曰：「當何顯示？」師提起托子。

問：「幻本何真？」師曰：「幻本元真。」法眼別云：「幻本不真。」曰：「當幻何顯？」師曰：「即幻即顯。」法眼別云：「幻即無當。」曰：「恁麼即始終不離於幻也。」師曰：「覓幻相不可得。」

問：「如何是常在底人？」師曰：「恰遇曹山暫出。」曰：「如何是常不在底人？」師曰：「難得。」

僧清鋭問：「某甲孤貧，乞師拯濟。」師曰：「鋭闍梨近前來。」鋭近前，師曰：「泉州白家酒三盞，猶道未沾脣。」玄覺云：「什麼處是與他酒喫？」

問：「擬豈不是類？」師曰：「直是不擬亦是類。」曰：「如何是異？」師曰：「莫不識痛痒？」

鏡清問：「清虚之理，畢竟無身時如何？」師曰：「理即如此，事作麼生？」曰：「如理，如事。」師曰：「謾曹山一人即得，争奈諸聖眼何？」曰：「若無諸聖眼，争鑒得箇不恁麼？」師曰：「官不容針，私通車馬。」

雲門問：「不改易底人來，師還接否？」師曰：「曹山無恁麼閑工夫人。」

問：「古人云：『人人盡有。』弟子在塵蒙，還有也無？」師曰：「過手來。」乃點指曰：

「一二三四五，足。」

問：「魯祖面壁，用表何事？」師以手掩耳。

問：「承古有言：『未有一人倒地，不因地而起。』如何是倒？」師曰：「肯即是。」曰：「如何是起？」師曰：「起也。」

問：「承教有言：『大海不宿死屍。』如何是海？」師曰：「包含萬有。」曰：「爲什麼不宿死屍？」師曰：「絶氣者不著。」曰：「既是包含萬有，爲什麼絶氣者不著？」師曰：「萬有非其功，絶氣有其德。」曰：「向上還有事也無？」師曰：「道有道無即得，争奈龍王按劍何？」

問：「具何知解善能對衆問難？」師曰：「不呈句。」曰：「問難箇什麼？」師曰：「刀斧斫不入。」曰：「能恁麼問難，還更有不肯者也無？」師曰：「有。」曰：「是什麼人？」師曰：「曹山。」

問：「無言如何顯？」師曰：「莫向遮裏顯。」曰：「向什麼處顯？」師曰：「昨夜三更床頭失却三文錢。」

問：「日未出時如何？」師曰：「曹山也曾恁麼來。」曰：「日出後如何？」師曰：「猶較曹山半月程〔一〕。」

師問僧：「作什麼？」曰：「掃地。」師曰：「佛前掃？佛後掃？」曰：「前後一時掃。」師曰：「與曹山過靸鞋來。」

師問彊德上坐曰：「菩薩在定，聞香象渡河，出什麼經？」曰：「出涅槃經。」師曰：「定前聞？定後聞？」曰：「和尚流也。」師曰：「道也大殺道，始道得一半。」曰：「和尚如何？」師曰：「灘下接取。」

問：「學人十二時中如何保任？」師曰：「如經蠱毒之鄉，水不得霑著一滴。」

問：「如何是法身主？」師曰：「謂秦無人。」曰：「遮箇莫便是否？」師曰：「斬。」

問：「親近什麼道伴，即得常聞於未聞？」師曰：「同共一被蓋。」曰：「此猶是和尚得聞，如何是常聞於未聞？」師曰：「不同於木石。」曰：「何者在先？何者在後？」師曰：「不見道常聞於未聞？」

問：「國内按劍者是誰？」師曰：「曹山。」法燈别云〔二〕：「汝不是恁麼人。」曰：「擬殺何

〔一〕「程」，四部本、趙城本作「糧」。

〔二〕「云」，原作「山」，據四部本、趙城本改。

人？」師曰：「但有一切總殺。」曰：「忽逢本父母作麽生？」師曰：「揀什麽？」曰：「争奈自己何？」師曰：「誰奈我何？」曰：「爲什麽不殺？」師曰：「勿下手處。」

問：「一牛飲水，五馬不嘶時如何？」師曰：「曹山解忌口。」又別云：「曹山孝滿。」

問：「常在生死海中沈没者是什麽人？」師曰：「第二月。」曰：「還求出離也無？」師曰：「也求出離，只是無路。」曰：「出離什麽人接得伊？」師曰：「擔鐵枷者。」

僧舉：「藥山問僧：『年多少？』僧曰：『七十二。』藥山曰：『是年七十二麽？』曰：『是。』藥山便打。此意如何？」師曰：「前箭猶似可，後箭射人深。」僧曰：「如何免得棒？」師曰：「王〔一〕勑既行，諸侯避道。」東禪齊云：「曹山是明藥山意自出手？爲復別有道理？還斷得麽？只如遮僧舉問曹山，伊還有會處麽？忽爾問上坐年多少，別作麽生祇對？」

問：「如何是佛法大意？」曰：「填溝塞壑。」

問：「如何是師子？」師曰：「衆獸近不得。」曰：「如何是師子兒？」師曰：「能吞父母。」曰：「既是衆獸近不得，爲什麽被兒吞？」師曰：「子若哮吼，祖父母俱盡。」曰：「只如祖父母還盡也無？」師曰：「亦盡。」曰：「盡後如何？」師曰：「全身歸父。」曰：「前來

〔一〕「王」，原作「正」，據四部本改。

爲什麽道祖父亦盡？」師曰：「不見道王子能成一國事，枯木上更采些子華。」

問：「才有是非，紛然失心如何？」師曰：「斬！斬！」

僧舉：「有人問香嚴：『如何是道？』答曰：『枯木裏龍吟。』學云：『不會。』曰：『髑髏裏眼睛。』後問石霜：『如何是枯木裏龍吟？』石霜云：『猶帶喜在。』又問：『如何是髑髏裏眼睛？』石霜云：『猶帶識在。』」師因而頌曰：「枯木龍吟真見道，髑髏無識眼初明。喜識盡時消不盡，當人那辨濁中清？」其僧却問師：「如何是枯木裏龍吟？」師曰：「血脈不斷。」曰：「如何是髑髏裏眼睛？」師曰：「乾不盡。」曰：「未審還有得聞者無？」師曰：「盡大地未有一箇不聞。」曰：「未審龍吟是何章句？」師曰：「也不知是何章句，聞者皆喪。」

師如是啓發上機，曾無軌轍可尋。及受洞山五位銓量，特爲叢林標準。時洪州鍾氏屢請，不起，但寫大梅和尚山居頌一首答之。天復辛酉季夏夜，師問知事僧：「今是何日月？」對曰：「六月十五日。」師曰：「曹山一生行脚到處，只管九十日爲一夏。」至明日辰時告寂，壽六十有二，臘三十有七。門人奉真骨樹塔。勅謚元證大師，塔曰福圓。

洞山道全禪師

洞山道全禪師。第二世住，亦云中洞山。初問洞山价和尚：「如何是出離之要？」洞山曰：「闍梨足下煙生。」師當下契悟，更不他遊。雲居膺進語云：「終不敢孤負和尚足下煙生。」洞山云：「步步玄者，即是功到。」暨价和尚圓寂，衆請踵迹住持，海衆悦服，玄風不墜。

僧問：「佛入王宫，豈不是大聖再來？」師曰：「護明不下生。」僧曰：「既是大聖再來，何更六年苦行？」師曰：「幻人呈幻事。」曰：「非幻者如何？」師曰：「王宫覓不得。」問：「清浄行者不入涅槃，破戒比丘不入地獄，如何？」師曰：「度盡無遺影，還他越涅槃。」問：「極目千里是什麼風範？」師曰：「是闍梨風範。」曰：「未審和尚風範如何？」師曰：「不布婆娑眼。」

湖南龍牙山居遁禪師

湖南龍牙山居遁禪師，撫州南城人也，姓郭氏。年十四於吉州滿田寺出家，後往嵩嶽受戒，乃杖錫遊諸禪會。因參翠微和尚，問曰：「學人自到和尚法席一箇餘月，每日和尚上堂，不蒙一法示誨，意在於何？」翠微曰：「嫌什麼？」有僧舉前語問洞山，洞山云：「闍梨争怪得老僧？」法眼别云：「祖師來也。」東禪齊云：「此三人尊宿語，還有親疎也無？若有，阿那箇親？若無，親疎眼在什麼處？」又謁德山問曰：「遠聞德山一句佛法，及乎到來，未曾見和尚説一句佛法。」德山曰：「嫌什麽？」師不肯，乃造洞山，如前問之。洞山曰：「争怪得老僧？」師復舉德山「頭落」語，因自省過，遂止于洞山，隨衆參請。

一日，問：「如何是祖師意？」洞山曰：「待洞水逆流，即向汝道。」師從此始悟厥旨，復摳衣八稔。受湖南馬氏請，住龍牙山妙濟禪苑，號證空大師，有徒五百餘衆，法無虚席。

上堂示衆曰：「夫參學人須透過祖佛始得。新豐和尚云：『祖教佛教似生怨家，始有學分。若透祖佛不得，即被祖佛謾去。』」時有僧問：「祖佛還有謾人之心也無？」師曰：「汝道江湖還有礙人之心也無？」又曰：「江湖雖無礙人之心，爲時人過不得，江湖成礙人去，不得道江湖不礙人。祖佛雖無謾人之心，爲時人透不得，祖佛成謾人去，不得道祖佛不謾人。若透得祖佛過，此人過却祖佛也。始是體得祖佛意，方與向上古人同。如未透得，但學佛學祖，則萬劫無有得期。」又問：「如何得不被祖佛謾去？」師曰：「則須自悟去。」

師在翠微時，問：「如何是祖師意？」翠微曰：「與我將禪板來。」師遂過禪板，翠微接得便打。師曰：「打即任打要，且無祖師意。」又問臨濟：「如何是祖師意？」臨濟曰：「與我將蒲團來。」師乃過蒲團，臨濟接得便打。師曰：「打即任打要，且無祖師意。」後有僧問：「和尚行脚時，問二尊宿祖師意，未審二尊宿道眼明也未？」師曰：「明即明也，要且無祖師意。」東禪齊云：「衆中道佛法即有，只是無祖師意，若恁麼會有何交涉？別作麼生會無祖師意底道理？」

問：「如何是道？」師曰：「無異人心是。」又曰：「若人體得道無異人心，始是道人。若是言說，則勿交涉。道者，汝知打底道人否？十二時中，除却著衣喫飯，無絲髮異於人心，無誑人心，此箇始是道人。若道我得我會，則勿交涉。大不容易！」

問：「如何是祖師西來意？」師曰：「待石烏龜解語即向汝道。」曰：「石烏龜語也。」師曰：「向汝道什麼？」

問：「古人得箇什麼便休去？」師曰：「如賊入空室。」

問：「無邊身菩薩爲什麼不見如來頂相？」師曰：「汝道如來還有頂相麼？」

問：「大庾嶺頭提不起時如何？」師曰：「六祖爲什麼將得去？」

問：「二鼠侵藤時如何？」師曰：「須有隱身處始得。」曰：「如何是隱身處？」師曰：「還見儂家麼？」問：「維摩掌擎世界，未審維摩向什麼處立？」師曰：「道者，汝道維摩掌擎世界？」

問：「知有底人還有生死也無？」師曰：「恰似道者未悟時。」

問：「如何是西來意？」師曰：「此一問最苦。」報慈云：「此問最好。」

問：「祖意與教意同别？」師曰：「祖師在後來。」

問：「祖師是無事沙門？」師曰：「若是沙門，不得無事。」曰：「爲什麽不得無事？」

師曰：「覓一箇難得。」

問：「蟾蜍無返照之光，玉兔無伴月之意時如何？」師曰：「堯、舜之君猶有化在。」東禪齊云：「是什麽問訊與上坐？十二時中是什麽時節？」

問：「如何得此身安去？」師曰：「不被别身謾始得。」法眼别云：「誰惱亂汝？」

師梁龍德三年癸未八月示有微疾，九月十三日夜半，大星隕于方丈前，詰旦端坐而逝，壽八十有九。

京兆華嚴寺休静禪師

京兆華嚴寺休静禪師。師曾在樂普作維那，白槌普請曰：「上間般柴，下間鋤地。」時第一座問：「聖僧作麽生？」師曰：「當堂不正坐，不赴兩頭機。」

師在洞山時，問曰：「學人未見理路，未免情識。」洞山曰：「汝還見理路也無？」曰：「見無理路。」洞山曰：「什麽處得情識來？」曰：「學人實問。」洞山曰：「恁麽須向萬里無寸草處立。」曰：「無寸草處還許立也無？」洞山曰：「直須恁麽去。」般柴次，洞山把住柴問：「狹路相逢時作麽生？」曰：「反仄何幸！」洞山曰：「汝記吾言，汝向南住，有一千人。若向北住，即三二百而已。」師初住福州東山之華嚴，未幾，屬後唐莊宗皇帝徵入輦下，大闡玄風，其徒果三百矣。

問：「祖意與教意同别？」師曰：「探盡龍宫藏，衆義不能詮。」

問：「大悟底人爲什麽却迷？」師曰：「破鏡不重照，落華難上枝。」

問：「大軍設天王齋求勝，賊軍亦設天王齋求勝，未審天王赴阿誰願？」師曰：「天垂雨露，不揀榮枯。」

一日，車駕入寺燒香。帝問曰：「遮箇是什麽神？」師對曰：「護法善神。」帝曰：「沙汰時什麽處去來？」師曰：「天垂雨露，不爲榮枯。」

師後遊河朔，於平陽示滅，荼毘獲舍利，建四浮圖：一晉州、二房州、三終南山逍遥園、四終南山華嚴寺。勑諡寶智大師、無爲之塔。

京兆蜆子和尚

京兆蜆子和尚，不知何許人也。事迹頗異，居無定所。自印心於洞山，混俗於閩川，不畜道具，不循律儀。常日沿江岸採掇蝦蜆以充腹，暮即卧東山白馬廟紙錢中，居民目爲蜆子和尚。華嚴静師聞之，欲決真假，先潛入紙錢中。深夜師歸，静把住問曰：「如何是祖師西來意？」師遽答曰：「神前酒臺盤。」静奇之，懺謝而退。

後静師化行京都，師亦至焉，竟不聚徒演法，惟佯狂而已。

筠州九峯普滿大師

筠州九峯普滿大師。問僧：「離什麽處？」曰：「閩中。」師曰：「遠涉不易。」曰：「不難，動步便到。」師曰：「有不動步者麽？」僧曰：「有。」師曰：「争得到此間？」僧無對。師曰：「賺殺人。」

問：「如何是和尚家風？」師曰：「即今是什麽？」曰：「學人不會。」師曰：「十字路上馬藺華。」

台州幽棲道幽禪師

台州幽棲道幽禪師。鏡清問：「如何是少父？」師曰：「無標的。」曰：「無標的以爲少父耶？」師曰：「有什麽過？」曰：「只如少父作麽生？」師曰：「道者是什麽心行？」

問：「如何是佛？」師曰：「汝不信是衆生。」曰：「學人大信。」師曰：「若作勝解即受群邪。」

師將示滅，有僧問曰：「和尚百年後向什麽處去？」師曰：「調然！調然！」言訖坐亡。

後洞山師虔禪師

後洞山師虔禪師。第三世住也，亦號青林和尚。初自夾山來參，先洞山价和尚問曰：「近離什麽處？」師曰：「武陵。」曰：「武陵法道何似此間？」師曰：「胡地冬抽筍。」价曰：「别甑炊香飯，供養於此人。」師乃出去。洞山曰：「此子向後走殺天下人在。」

師在洞山栽松，有劉翁者從師求偈。師作偈曰：「長長三尺餘，鬱鬱覆荒草。不知何代人，得見此松老。」劉翁得偈呈于洞山，洞山曰：「賀翁翁喜，只此人是第三世也。」師先住隋州土門小青林蘭若，後果迴洞山接踵。凡有新到僧，先令般柴三轉，然後參堂。有一僧不肯，問曰：「三轉内即不問，三轉外如何？」師曰：「鐵輪天子寰中旨。」僧無對，師便打令去。

僧問：「昔年疾苦又中毒，請師醫。」師曰：「金鎚撥破腦，頂上灌醍醐。」曰：「恁麽即謝師醫。」師便打。

問：「久負不逢時如何？」師曰：「古皇尺一寸。」

問：「請師答話。」師曰：「修羅掌於日月。」

師上堂謂衆曰：「祖師宗旨今日施行，法令已彰，復有何事？」時有僧問：「正法眼藏，祖祖同印，未審和尚傳付何人？」師曰：「靈苗生有地，大悟不存師。」

問：「如何是道？」師曰：「迴牛尋遠澗。」曰：「如何是道中人？」師曰：「擁雪首揚眉。」問：「千差路別，如何頓曉？」師曰：「足下背驪珠，空怨長天月。」

洛京白馬遁儒禪師

洛京白馬遁儒禪師。問：「如何是衲僧本分事？」師曰：「十道不通風，啞子傳遠信。」曰：「傳什麽信？」師乃合掌頂戴。

問：「如何是密室中人？」師曰：「才生不可得，不貴未生時。」曰：「是箇什麽不貴未生時？」師曰：「是汝阿爺。」

問：「三千里外嚮白馬，及乎到來爲什麽不見？」師曰：「是汝不見，干老僧什麽事？」曰：「請和尚指示。」師曰：「指即勿交涉。」

問：「如何是學人本分事？」師曰：「昨夜三更日正午。」

問：「如何是法身向上事？」師曰：「井底蝦蟇吞却月。」僧問黄龍：「如何是井底蝦蟇吞却月？」黄龍云：「不奈何。」僧云：「恁即吞却去也。」黄龍云：「一任吞。」僧云：「吞後如何？」黄龍云：「好蝦蟇。」

問：「如何是學人急切處？」師曰：「俊鳥猶嫌鈍，瞥然早已遲。」

問：「如何是西來意？」師曰：「點額猢猻探月波。」

越州乾峯和尚

越州乾峯和尚。或云瑞峯。問僧：「什麽處來？」曰：「天台。」師曰：「見説石橋作兩段，是否？」曰：「和尚什麽處得遮消息來？」師曰：「將謂華頂峯前客，元是平田莊裏人。」

問：「如何得出三界？」師曰：「唤院主來，趁出遮僧著！」

師問衆僧：「輪迴六趣具什麽眼？」衆無對。

問：「如何是超佛越祖之談？」師曰：「老僧問汝。」曰：「和尚且置。」師曰：「老僧一問尚自不會，問什麽超佛越祖之談。」

吉州禾山和尚

吉州禾山和尚。僧問：「學人欲申一問，師還容許否？」師曰：「禾山答汝了也。」

問：「如何是西來意？」師曰：「禾山大頂。」

問：「如何是和尚家風？」師曰：「滿目青山起白雲。」

明州天童山咸啓禪師〔一〕

明州天童山咸啓禪師。先住蘇州寶華山。僧問：「如何是本無物？」師曰：「石潤無含玉，鑛異自生金。」

伏龍山和尚來，師問：「什麼處來？」曰：「伏龍來。」師曰：「還伏得龍麼？」曰：「不曾伏遮畜生。」師曰：「喫茶去。」

簡大德問：「學人卓卓上來，請師的的。」師曰：「我遮裏一屙便了，有什麼卓卓的的？」曰：「和尚恁麼對話，更買草鞋行脚好。」師曰：「近前來。」簡近前，師曰：「只如老僧恁麼對，過在什麼處？」簡無對，師便打。十一卷又收在徑山鑒宗下，何也〔二〕？

潭州寶蓋山和尚

潭州寶蓋山和尚。僧問：「一間無漏舍，合是何人居？」師曰：「無名不挂體。」曰：

〔一〕第十一卷細目收在徑山鑒宗大師下，因無機緣語，正文未録。

〔二〕四部本、趙城本無此小注。

「還有位也無?」師曰:「不處。」

問:「如何是寶蓋?」師曰:「不從人天得。」曰:「如何是寶蓋中人?」師曰:「不與時人知。」僧曰:「佛來時如何?」師曰:「覓他路不得。」

問:「切切時爲什麽不立人?」師曰:「歸亦蹋不著。」曰:「恁麽時如何成立?」師曰:「不與時人知。」

問:「世界壞時,此箇何處去?」師曰:「千聖尋不得。」曰:「時人如何歸向?」師曰:「直須似去。」曰:「還有的也無?」師曰:「不立標則。」

益州北院通禪師

益州北院通禪師。在夾山時,一日,夾山上堂曰:「坐斷主人公,不落第二見。」師出曰:「須知有一人不合伴。」夾山曰:「猶是第二見。」師乃掀倒禪床,夾山曰:「老兄作麽生?」師曰:「待某甲舌頭爛即向和尚道。」異日,師又問夾山曰:「目前無法,意在目前。不是目前法,非耳目之所到。豈不是和尚語?」夾山曰:「是。」師乃掀倒禪床,叉手立地。夾山起來打一拄杖,師便下去。法眼云:「是他掀倒禪床,何不便去?須待夾山打一棒了去,意在什麽處?」

師在洞山隨衆參請,未契旨,遂辭洞山擬入嶺去。洞山曰:「善爲,飛猿嶺峻好看!」

師沈吟良久，洞山曰：「通闍梨！」師應諾。洞山曰：「何不入嶺去？」師因此惺悟，更不入嶺，師事於洞山。時號钁頭通。

住後，上堂示衆曰：「諸上座，有什麼事出來論量取。若上上根機，不假如斯。若是中下之流，直須團削門户〔一〕，索索地，莫教入泥水。第一速疾省事，應須無心。若不無心，舉得千般萬般，只成知解。與此衲僧門下，有什麼交涉？」僧問：「如何是無心？」師曰：「不管繫。」

問：「二龍争珠，誰是得者？」師曰：「得即失。」曰：「不失如何？」師曰：「還我珠來。」

問：「如何是清净法身？」師曰：「無點污。」

問：「轉不得時如何？」師曰：「功不到。」

問：「如何是大富貴底人？」師曰：「如輪王寶藏。」曰：「如何是赤窮底人？」師曰：「如酒店腰帶。」

問：「水灑不著時如何？」師曰：「乾剥剥地。」

〔一〕「户」，原作「尸」，據四部本、趙城本改。

問：「一槌便成時如何？」師曰：「不是偶然。」

示滅後，勅謚證真大師。

高安白水本仁禪師

高安白水本仁禪師。自洞山受記，唐天復中遷止洪井高安白水院，衆盈三百，玄言流播。

因設洞山忌齋，有僧問：「供養先師，先師還來也無？」師曰：「更下一分供養著。」

洪州西山衆行者來禮拜，問曰：「今日不爲別事，乞師指示。」師曰：「汝諸人求指示耶？」對曰：「是。」師曰：「教我委付阿誰？」

鏡清行脚到，師謂之曰：「時寒道者。」清曰：「不敢。」師曰：「還有卧單得蓋否？」曰：「設有亦無展底工夫。」師曰：「直饒道者滴水滴涷，亦不干他事。」曰：「滴水冰生，事不相涉。」師曰：「是。」曰：「此人意作麼生？」師曰：「此人不落意。」曰：「不落意此人那？」師曰：「高山頂上，無可與道者啗啄。」

問：「如何是西來意？」師曰：「還見庭前杉樧〔一〕否？」曰：「恁麼即和尚今日因學

〔一〕「樧」下四部本、趙城本有「樹」字。

人致得是非。」師曰：「多口座主。」

皎然去後，師知是雪峯禪客，乃曰：「盜法之人終不成器。」皎然後住長生山，有僧問：「從上宗乘如何舉唱？」然曰：「不可爲闍梨一人荒却長生山也。」玄沙聞之曰：「然師兄佛法即大行，受記之緣亦就矣。」厥後衆緣不備，果如仁和尚所記。

僧問：「如何是不遷義？」師曰：「落華隨流水，明月上孤岑。」

師將順世，四衆俱集，營齋聲鍾，焚香白衆曰：「香煙絶處是吾涅槃時也。」言訖跏趺而坐，息隨煙滅。

撫州疎山光仁禪師

撫州疎山光仁禪師。身相短陋，精辯冠衆。洞山門下時有齧鏃之機，激揚玄奧，咸以仁爲能銓量者，諸方三昧可以詢乎矬師叔。

僧問：「如何是諸佛師？」師曰：「何不問疎山老漢？」僧無對。

師手握木蛇，有僧問：「手中是什麽？」師提起曰：「曹家女。」問：「如何是和尚家風？」師曰：「尺五頭巾。」曰：「如何是尺五頭巾？」師曰：「圓中取不得。」

師舉香嚴語問鏡清：「肯重不得全，怤道者作麽生會？」怤曰：「全歸肯重。」師曰：

「不得全肯者作麽生？」岱曰：「箇中無肯路。」師曰：「始愜病僧意。」

因鼓山舉威音王佛師，師乃問：「作麽生是威音王佛師？」鼓山曰：「莫無慚愧好。」師曰：「闍梨恁麽道即得，若約病僧即不然。」曰：「作麽生是威音王佛師？」師曰：「不坐無貴位。」

洞山第四世。問：「如何是一句？」師曰：「不道。」曰：「爲什麽不道？」師曰：「少時輩。」

問：「恁麽時如何？」師曰：「將軍不上便橋，金牙徒勞拈筈。」

問：「如何是直指？」師曰：「珠中有水若不信，擬向天邊問太陽。」

冬至夜，有僧上堂問：「如何是冬來意？」師曰：「京中出大黄。」

問：「和尚百年後向什麽處去？」師曰：「背底芒叢，四脚指天。」

師遷化時有偈曰：「我路碧空外，白雲無處閑。世有無根樹，黄葉風送還。」偈終而逝。又著四大等頌略、華嚴長者論，流傳於世。

灃州欽山文邃禪師

灃州欽山文邃禪師，福州人也。少依杭州大慈山寰中禪師受業，時巖頭、雪峯在衆，覩師吐論，知是法器，相率遊方。二士緣契德山，各承印記。師雖屢激揚，而終然凝滯。

一日，問德山曰：「天皇也恁麽道，龍潭也恁麽道，未審德山作麽生道？」德山曰：「汝試舉天皇、龍潭道底來。」師方欲進語，德山以拄杖打，舁入涅槃堂。師曰：「是即是，打我太殺。」法眼別云：「是即是，錯打我。」更有語句如德山、巖頭章出焉。

師後於洞山言下發解，乃爲洞山之嗣。年二十七止于欽山，對大衆前自省過，舉初參洞山時，洞山問：「什麽處來？」師曰：「大慈來。」曰：「還見大慈麽？」師曰：「見。」曰：「色前見色後見？」師曰：「非前後見。」洞山默置，師乃曰：「離師太早，不盡師意。」

問：「如何是祖師西來意？」師曰：「梁公曲尺，誌公剪刀。」

問：「一切諸佛法，皆從此經出，如何是此經？」師曰：「常轉。」曰：「未審經中說什麽？」師曰：「有疑請問。」

問：「如何是和尚家風？」師曰：「錦帳銀香囊，風吹滿路香。」

有僧寫師真呈，師問：「還似我也無？」僧無對，師自代曰：「衆僧看取。」

一日，師入浴院，見僧蹋水輪。僧見師乃下不審，師曰：「幸自碌碌地轉，何須却恁麽？」僧云：「不恁麽又争得？」師曰：「若恁麽，欽山眼堪作什麽也？」僧云：「作麽生是師眼？」師乃以手作撥眉勢。僧云：「和尚又得恁麽。」師曰：「是！是！爲我恁麽，便不得恁麽。」僧無對。師曰：「索戰無功，一場氣悶。」良久，乃問僧云：「會麽？」僧云：「不會。」師云：「欽山爲汝擔一半。」

師與雪峯、巖頭因過江西，到一茶店内喫茶次，師曰：「不會轉身通氣者，今日不得茶喫。」巖頭云：「若恁麽，我定不得茶喫也。」雪峯云：「某甲亦然。」師曰：「兩人老漢俱不識語在。」巖頭云：「什麽處去也？」師曰：「布袋裏老鴟，雖活如死。」巖頭云：「退後著！退後著！」師曰：「豁兄且置，存公作麽生？」雪峯以手畫箇圓相，師曰：「不得不問。」巖頭呵呵云：「太遠生。」師曰：「有口不喫茶人多。」巖頭、雪峯俱無語。

有良禪客参次，才禮拜後便問云：「一箭射三關時如何？」師曰：「放出關中主看。」良云：「恁麽即知過必改去也。」師云：「更待何時？」良云：「好隻箭放不著所在。」便出去。師曰：「擬射三關且從，試爲欽山發箭。」良近前，師乃打良七拄杖，良乃出去。師曰：「且聽箇亂統漢心内疑三十年。」有人舉似同安和尚，安云：「良公雖發箭，要且未中的。」其僧便問同安云：「未審如何得中的去？」安云：「關中主是什麽人？」其僧却迴舉向師，師曰：「良公若解恁麽，也免得欽山口也。然雖如此，同安不是好心，亦須看始得。」

僧參，師竪起拳頭云：「若開成掌，即五指參差，如今爲拳必無高下。汝道欽山通商量不通商量？」其僧近前，却竪拳而已。師曰：「便恁麽，合〔一〕是箇無開合漢。」僧云：「未審和尚如何接人？」師曰：「我若接人，共汝一般去也。」僧云：「特參於師，也須吐露宗風。」師曰：「汝若特來，我須吐露。」僧云：「便請。」師乃打之，其僧無語。師曰：「守株待兔，枉用心神。」

青原行思禪師第六世之一

前巖頭全豁禪師法嗣

台州瑞巖師彦禪師

台州瑞巖師彦禪師，閩越人也，姓許氏。自幼披緇，秉戒無缺。初禮巖頭，致問曰：「如何是本常理？」巖頭曰：「動也。」曰：「動時如何？」巖頭曰：「不是本常理。」師沈思

〔一〕「合」，四部本作「只」。

良久，巖頭曰：「肯即未脱根塵，不肯即永沈生死。」師遂領悟，身心皎如。巖頭頻召與語，徵疇無忒。師復謁夾山會和尚，會問：「什麽處來？」曰：「卧龍來。」會曰：「來時龍還起未？」師乃顧視之，會曰：「炙瘡上更著艾燋。」曰：「和尚又苦如此作什麽？」會便休。師尋抵丹丘，終日如愚，四衆欽慕，請住瑞巖，統衆嚴整，江表稱之。

僧問：「頭上寶蓋現，足下雲生時如何？」師曰：「披枷帶鎖漢。」曰：「頭上無寶蓋，足下無雲生時如何？」師曰：「猶有杻在。」曰：「畢竟如何？」師曰：「齋後困。」鏡清問：「天不能覆，地不能載，豈不是？」師曰：「若是，即被覆載。」清曰：「若不是瑞巖，幾遭也。」師自稱曰師彦。

問：「如何是佛？」師曰：「石牛。」曰：「如何是法？」師曰：「石牛兒。」曰：「恁麽即不同也。」師曰：「合不得。」曰：「爲什麽合不得？」師曰：「無同可同，合什麽？」

問：「作麽生商量，即得不落階級？」師曰：「排不出。」曰：「爲什麽排不出？」師曰：「他從前無階級。」曰：「未審居何位次？」師曰：「不坐普光殿。」曰：「還理化也無？」師曰：「名聞三界重，何處不歸朝？」

一日，有村媪來作禮，師曰：「汝疾歸去，救取數千物命。」媪忽忙至舍，乃見兒婦提竹器拾田螺歸，媪接取放諸水濱。師之異迹頗多，存諸別録。

懷州玄泉彦禪師

懷州玄泉彦禪師。僧問：「如何是道中人？」師曰：「日落投孤店。」問：「如何是佛？」師曰：「張家三箇兒。」曰：「學人不會。」師曰：「孟、仲、季便不會。」問：「如何是聲前一句？」師曰：「吽！」曰：「轉後如何？」師曰：「是什麽？」

吉州靈巖慧宗禪師

吉州靈巖慧宗禪師，福州長谿人也，姓陳氏。受業於龜山。僧問：「如何是靈巖境？」師曰：「松檜森森密密遮。」曰：「如何是境中人？」師曰：「夜夜有猿啼。」問：「如何是學人自己本分事？」師曰：「抛却真金拾瓦礫作麽？」師後住禾山而終。

福州羅山道閑禪師

福州羅山道閑禪師，郡之長谿人也，姓陳氏。出家於龜山，年滿受具，遍歷諸方。嘗謁石霜問：「去住不寧時如何？」石霜曰：「直須盡却。」師不愜意，乃參巖頭，問同前語，巖頭曰：「從他去住，管他作麽？」師於是服膺。尋遊清涼山，閩帥飲其法味，請居羅山，號法寶大師。

初上堂日，方升座斂衣，乃曰：「珍重。」少頃又曰：「未識底近前來。」時有僧出禮拜，師抗聲曰：「也大苦！」僧起擬伸問，師乃喝出。

問：「如何是奇特一句？」師曰：「道什麽？」

問：「佛放眉間白毫光，照萬八千世界，如何是光？」師曰：「高聲道。」僧曰：「照何世界？」師乃喝出。

問：「急急相投，請師一接。」師曰：「會麽？」曰：「不會。」師曰：「箭過也。」

問：「九女不携，誰是哀提者？」師曰：「高聲問。」僧擬再問，師曰：「什麽處去也？」

問：「如何是宗門流布？」師展足示之。

問：「當鋒事如何辨明？」師舉如意，僧曰：「乞和尚垂慈。」師曰：「大遠也。」

問：「如何是最妙一句？」師曰：「披露識麽？」僧擬進語，師曰：「話墮也。」

定慧上座參，師問：「什麽處來？」曰：「遠離西蜀，近發開元。」又進前問：「即今作麽生？」師曰：「喫茶去。」慧猶未退，師曰：「秋氣稍暖去。」慧出法堂外，歎曰：「今日擬打羅山寨，弓折箭盡也。休！休！」乃下參衆。明日師上堂，慧出問：「豁開户牖，當軒者誰？」師乃喝，慧無語。師又曰：「毛羽未備，且去！」

僧舉寒山詩問師曰：「百鳥銜苦華時如何？」師曰：「貞女室中吟。」曰：「千里作一息時如何？」師曰：「送客遊庭外。」曰：「欲往蓬萊山時如何？」師曰：「欹枕覷獼猴。」

問：「如何是百草頭上盡是祖師意？」師曰：「刺破汝眼。」

問：「聲前古毳爛，意作麽生？」師曰：「倚著壁。」

問：「前是萬丈洪崖，後是虎狼師子，正當恁麽時如何？」師曰：「自在。」

問：「三界誰爲主？」師曰：「還解喫飯麽？」

師臨遷化，上堂集衆，良久展左手。主事罔測，乃令東邊師僧退後，又展右手，又令西邊師僧退後。師謂衆曰：「欲報佛恩，無過流通大教。歸去也！歸去也！珍重！」言訖莞爾而寂。

福州香谿從範禪師

福州香谿從範禪師。僧到參，師曰：「汝豈不是鼓山僧？」對曰：「是。」師曰：「額上珠爲何不見？」無對。僧辭，師門送，召曰：「上座！」僧迴首，師曰：「滿肚是禪。」曰：「和尚是什麽心行？」師大笑而已。師因僧披衲衣，示偈曰：「迦葉上名衣，披來須捷機。才分招的箭，密露不藏龜。」

福州羅源聖壽嚴和尚

福州羅源聖壽嚴和尚。有僧自泉州迴來參，師補衲次，提起示之曰：「山僧一衲衣，展似衆人見。雲水請兩條，莫教露針線。快道！」僧無對。師曰：「如許多時，在彼作什麽？」

前洪州感潭資國和尚法嗣

安州白兆山竺乾院志圓

安州白兆山竺乾院志圓，號顯教大師。僧問：「諸佛心印什麽人傳得？」師曰：「達磨大師。」曰：「達磨争能傳得？」師曰：「汝道什麽人傳得？」

問：「如何是直截一路？」師曰：「截。」

問：「如何是佛法大意？」師曰：「苦。」

問：「如何是道？」師曰：「普。」

問：「如何是學人自己？」師曰：「失。」

問：「如何一有「是」字。得無山河大地去？」師曰：「不起見。」玄則問：「如何是佛？」師曰：「丙丁童子來求火。」則師後參法眼方明厥旨，住金陵報恩院。

問：「如何是畢鉢羅窟迦葉道場中人？」師曰：「釋迦牟尼佛。」問：「如何是朱頂王菩薩？」師曰：「問那箇赤頭漢作麽？」

前濠州思明和尚法嗣

襄州鷲嶺善本禪師

襄州鷲嶺善本禪師。因入浴室，有僧問：「和尚是離垢底人，爲什麽却浴？」師曰：「定水湛然滿，浴此無垢人。」

問：「祖意教意是同是別？」師曰：「鷲嶺峯上青草森天，鹿野苑中狐兔交横。」

前潭州大光山居誨禪師法嗣

潭州谷山有緣禪師

潭州谷山有緣禪師。僧問：「伶俜之子如何歸向？」師曰：「會人路不通。」曰：「恁麽即無奉重處也。」師曰：「我道爾鉢盂落地拈不起。」問：「一撥便轉時如何？」師曰：

「野馬走時鞭轡斷，石人撫掌笑呵呵。」

潭州龍興和尚

潭州龍興和尚。僧問：「一撥便轉時如何？」師曰：「根不利。」

問：「得座披衣時如何？」師曰：「不端嚴。」曰：「爲什麽不端嚴？」師曰：「不從證得。」

問：「如何是道中人？」師曰：「終日寂攢眉。」

潭州伏龍山和尚

潭州伏龍山和尚。第一世住。僧問：「攪長河爲酥酪，變大地爲黄金時如何？」師曰：「臂長衫袖短。」

問：「隨緣認果，如何是果？」師曰：「雪内牡丹華。」

問：「如何是祖師西來意？」師曰：「爾得恁麽不識痛痒。」

京兆白雲善藏禪師

京兆白雲善藏禪師。僧問：「如何是深深處？」師曰：「矮子渡深溪。」

問：「赤脚時如何？」師曰：「何不脱却？」

問：「如何是法法不生？」師曰：「萬水千山。」

潭州伏龍山和尚

潭州伏龍山和尚。第二世住。僧問：「隨緣認得時如何？」師曰：「汝道興國門樓高多少？」

問：「子不譚父德時如何？」師曰：「低聲！低聲！」

陝府龍峻山和尚

陝府龍峻山和尚。僧問：「如何是龍峻山？」師曰：「佛眼看不見。」曰：「如何是山中人？」師曰：「作麽？」

問：「如何是不知善惡底人？」師曰：「千聖近不得。」曰：「此人還知有向上事也無？」師曰：「不知。」曰：「爲什麽不知？」師曰：「不識善惡，説什麽向上事。」曰：「如何？」師曰：「不見道犴狢。上俄寒切，下音欲。」問：「如何是佛向上人？」師曰：「不戴容。」

問：「凡有展拓盡落，今時不展拓時如何？」師曰：「不展！不展！」曰：「畢竟如何？」師曰：「不拓！不拓！」

潭州伏龍山和尚

潭州伏龍山和尚。第三世住。問：「行盡千山路，玄機事若何？」師曰：「鳥道不曾棲。」

前筠州九峯道虔禪師法嗣

新羅清院和尚

新羅清院和尚。問：「奔馬争毬，誰是得者？」師曰：「誰是不得者？」曰：「恁麽即不争是也。」師曰：「直得不争，亦有過在。」曰：「如何免得此過？」師曰：「要且不曾失。」曰：「不失處如何鍛鍊？」師曰：「兩手捧不起。」

洪州泐潭寶峯神黨禪師

洪州泐潭寶峯神黨禪師。僧問：「四威儀中如何辨主？」師曰：「正遇寶峯不脱鞋。」問：「如何是佛法大意？」師曰：「虚空駕鐵船，嶽頂浪滔天。」

吉州南源山行修

吉州南源山行修，號慧觀禪師，亦云光睦和尚。僧問：「如何是南源境致？」師曰：「幾處峯巒猿鳥嘯，一帶平川遊子迷。」問：「如何是南源深深處？」師曰：「衆人皆見。」曰：「恁麽即淺去也。」師曰：「也是兩頭遥。」

洪州泐潭明禪師

洪州泐潭明禪師。一日，下到客位，衆請師歸方丈，師曰：「道得即去。」時牟和尚對曰：「大衆請師。」乃上法堂。

問：「非思量處，識情難測時如何？」師曰：「我不欲違古人。」曰：「不違古人意作麽生？」師曰：「也合消得禮三拜。」

僧問：「碓擣磨磨，不得忘却，此意如何？」師曰：「虎口裏活雀兒。」

問：「如何是道者？」師曰：「毛毿毿。」曰：「如何是道者家風？」師曰：「佛殿前逢尊者。」

問：「如何是和尚終日事？」師曰：「鉢盂裏無折筯。」曰：「如何是沙門終日事？」師曰：「轟轟不借萬人。」

吉州秋山和尚

吉州秋山和尚。僧問：「如何是祖師西來意？」師曰：「杉樹子。」

洪州泐潭延茂禪師

洪州泐潭延茂禪師。僧問：「如何是古佛心？」師曰：「終不道土木瓦礫是。」

問：「日落西山去，林中事若何？」師曰：「庭前紅華秀，室内不知春。」

洪州鳳棲山同安院常察禪師

洪州鳳棲山同安院常察禪師。僧問：「如何是鳳棲家風？」師曰：「鳳棲無家風。」

曰：「既是鳳棲，爲什麽却無家風？」師曰：「不迎賓，不待客。」曰：「恁麽即四海參尋，當爲何事？」師曰：「盤飣自有旁人施。」問：「如何是鳳棲境？」師曰：「千峯連嶽秀，萬嶂不知春。」曰：「如何是境中人？」師曰：「孤巖倚石坐，不下白雲心。」

洪州泐潭匡悟禪師

洪州泐潭匡悟禪師。第四世住。僧問：「如何是直截一路？」師曰：「恰好消息。」曰：「還通向上事也無？」師曰：「魚從下過。」問：「如何是閉門造車？」師曰：「活計一物無。」曰：「如何是出門合轍？」師曰：「坐地進長安。」問：「香煙馥郁，大張法筵，從上宗乘如何舉唱？」師曰：「莫錯舉似人。」曰：「恁麽即總應如是。」師曰：「還是没交涉。」問：「六葉芬芳，師傳何葉？」師曰：「六葉不相續，華開果不成。」曰：「豈無今日事？」師曰：「若是今日即有。」曰：「今日事如何？」師曰：「葉葉連枝秀，華開處處芳。」

吉州禾山無殷禪師

吉州禾山無殷禪師者，福州人也，姓吴氏。七歲依雪峯真覺大師出家，年滿受戒，遊方抵筠陽，謁九峯，峯許入室。一日，謂之曰：「汝遠遠而來，暉暉音混。隨衆，見何境界而可修行？由何徑路而能出離？」師對曰：「重昏廓闢，盲者自盲。」峯初未許，師於是發明厥旨，頓忘知見。

先受請止吉州禾山大智院，學徒濟濟。嘗述垂誡十篇，諸方歎伏，咸謂「禾山可以爲叢林表則」。時江南李氏召而問曰：「和尚何處來？」師曰：「禾山來。」曰：「山在什麽處？」師曰：「人來朝鳳闕，山嶽不曾移。」國主重之，命居揚州祥光院。復乞入山，以翠巖院乃江西之勝概，遂棲止焉。時上藍院復虚其室，命師來往闡化，號澄源禪師。

僧問：「學人乍入叢林，乞師指示。」師曰：「於汝不惜。」

問：「仰山插鍬，意作麽生？」師曰：「汝問我。」曰：「玄沙踏倒鍬，意作麽生？」師曰：「我問汝。」

問：「未辨眞宗，如何體悉？」師曰：「頭大尾尖。」

問：「咫尺之間，爲什麽不覩師顔？」師曰：「且與闍梨道一半。」曰：「爲什麽不全道？」師曰：「盡法無民。」曰：「不怕無民，請師盡法。」師曰：「爲知己喪身。」曰：「爲什麽却喪身？」師曰：「好心無好報。」

問：「尊者撥眉擊目，視育王時如何？」師曰：「即今也什麽。」曰：「學人如何領會？」師曰：「莫非摩利支山？」

問：「摩尼寶殿有四角，一角常露，如何是露底角？」師舉手曰：「汝打我。」却問：「汝還會麽？」曰：「不會。」師曰：「汝争解打得我？」

問：「如何是西來意？」師曰：「撲破著。」

問：「已在紅焰，請師烹鍊。」師曰：「槌下成器。」曰：「恁麽即烹鍊去也。」師曰：「池州和尚。」

問：「四壁打禾，中行剗草，和尚赴阿那頭？」師曰：「什麽處不赴？」曰：「恁麽即同於衆去也。」師曰：「小師弟子。」

師建隆元年庚申二月示有微疾，三月二日令侍者啓方丈，集大衆，告辭曰：「後來學者未識禾山，即今識取。珍重！」先是大衆爲立生藏。本國謚法性禪師，塔曰妙相。

洪州泐潭牟和尚

洪州泐潭牟和尚。問：「如何是學人著力處？」師曰：「正是著力。」

問：「古人卷席意如何？」師曰：「珍重！」便下堂。

前台州涌泉景欣禪師法嗣

台州六通院紹禪師

台州六通院紹禪師。初參涌泉和尚，入室領旨。一日，燒畬歸院，泉問：「去什麽處來？」師曰：「燒畬來。」泉曰：「火後事作麽生？」紹曰：「鐵蛇鑽不入。」泉許之。後居六通院，玄侶依附。

僧問：「不出咽喉唇吻事如何？」師曰：「待汝一钁斸斷巾子山，我亦不向汝道。」

問：「南山有一毒龍，如何近得？」師曰：「非但闍梨，千聖亦近不得。」

人問：「承聞南方有一劍話，如何是一劍？」師曰：「不當鋒。」曰：「頭落又作麽生？」師曰：「我道不當鋒，有什麽頭？」其人禮謝而去。

師休夏，入天台山華頂峯晦迹，莫知所終。

前潭州雲蓋山志元禪師法嗣

潭州雲蓋山志罕禪師

潭州雲蓋山志罕禪師。僧問：「如何是嶽頂浪滔天？」師曰：「文殊正作鬧。」曰：「正作鬧時如何？」曰：「不向機前展大悲。」

新羅卧龍和尚

新羅卧龍和尚。問：「如何是大人相？」師曰：「紫羅帳裏不垂手。」曰：「爲什麽不垂手？」師曰：「不尊貴。」問：「十二時中如何用心？」師曰：「猢猻喫毛蟲。」

彭州天台和尚

彭〔一〕州天台和尚。先住天台。問：「古佛向什麽處去？」師曰：「中央甲第高，歲歲出靈苗。」問：「古鏡未磨時如何？」師曰：「不施功。」曰：「磨後如何？」師曰：「不照燭。」

前潭州谷山藏禪師法嗣

新羅瑞巖和尚

新羅瑞巖和尚。問：「黑白兩亡開佛眼時如何？」師曰：「恐爾守内。」問：「如何是誕生王子？」師曰：「深宫引不出。」

新羅泊巖和尚

新羅泊巖和尚。問：「如何是禪？」師曰：「古塚不爲家。」問：「如何是道？」師曰：

〔一〕「彭」，原作「影」，據卷首細目、四部本、趙城本改。

「徒勞車馬迹。」問：「如何是教？」師曰：「貝葉收不盡。」

新羅大嶺和尚

新羅大嶺和尚。僧問：「只到潼關便却休時如何？」師曰：「只是途中活計。」曰：「其中活計如何？」師曰：「體即得，當即不得。」曰：「體得爲什麽當不得？」師曰：「體是什麽人分上事？」曰：「其中事如何？」師曰：「不作尊貴。」

前潭州中雲蓋和尚法嗣

潭州雲蓋山景和尚

潭州雲蓋山景和尚，號證覺禪師。僧問：「國土晏清，功歸何處？」師曰：「銀臺門下不賀。」曰：「轉爲無功時如何？」師曰：「王家事可〔一〕然。」

〔一〕「可」，四部本作「宛」。

景德傳燈録卷第十八

吉州青原山行思禪師第六世之二一十四人
福州雪峯義存禪師法嗣上一十四人
福州玄沙師備禪師　福州長慶慧稜禪師　福州大普山玄通禪師　杭州龍册寺道怤禪師　福州長生山皎然禪師　信州鵝湖山智孚禪師　漳州報恩懷岳禪師　杭州西興化度師郁禪師　福州鼓山神晏國師　漳州隆壽紹卿禪師　福州僊宗行瑫禪師　福州蓮華山永福從弇禪師　杭州龍華寺靈照禪師　明州翠巖令參禪師已上一十四人見録

青原行思禪師第六世之二

福州雪峯義存禪師法嗣上

福州玄沙宗一大師

福州玄沙宗一大師，法名師備，福州閩縣人也，姓謝氏。幼好垂釣，泛小艇於南臺江，狎諸漁者。唐咸通初，年甫三十，忽慕出塵，乃棄釣舟，投芙蓉山靈訓禪師落髪，往豫章開元寺道玄律師受具。布衲芒屨，食才接氣。常終日宴坐，衆皆異之。

與雪峯義存本法門昆仲，而親近若師資。雪峯以其苦行，呼爲頭陀。一日，雪峯問曰：「阿那箇是備頭陀？」對曰：「終不敢誑於人。」異日，雪峯召曰：「備頭陀何不遍參去？」師曰：「達磨不來東土，二祖不往西天。」雪峯然之。暨登象骨山，乃與師同力締構，玄徒臻萃。師入室咨決，罔替晨昏。又閲楞嚴經發明心地，由是應機敏捷，與修多羅冥契。諸方玄學有所未決，必從之請益。至若與雪峯和尚徵詰，亦當仁不讓。雪峯曰：「備頭陀其再來人也。」

一日，雪峯上堂曰：「要會此事，猶如古鏡當臺，胡來胡現，漢來漢現。」師曰：「忽遇明鏡來時如何？」雪峯曰：「胡漢俱隱。」師曰：「老和尚脚跟猶未點地。」

師上堂時久，大衆盡謂不説法，一時各歸。師乃呵云：「看總是一様底，無一箇有智慧。但見我開遮兩片皮，盡來簇著覓言語意度，是我真實爲他，却總不知。看恁麽，大難！大難！」

師有時云：「諸禪德！汝諸人盡巡方行脚來。稱我參禪學道，爲有奇特去處？爲當只恁麽東問西問？若有試通來，我爲汝證明是非。我盡識得，還有麽？若無，當知只是趁讚。古困切。是汝既到遮裏來，我今問汝，汝諸人還有眼麽？若有，即今便合識得。還識得麽？若不識，便被我唤作生盲生聾底人，還是麽？肯恁麽道麽？禪德亦莫自屈，是汝真實何曾是恁麽人？十方諸佛把汝向頂上著，不敢錯誤著一分子。只道此事唯我能知，會麽？如今相紹繼盡道承他釋迦，我道釋迦與我同參。汝道參阿誰？會麽？大不容易知。莫非大悟，始解得知。若是限劑所悟，亦莫能覩。汝還識大悟麽？不可是汝向髑髏前認他鑒照，不可是汝説空説無，説遮邊那邊。有世間法，有一箇不是世間法。和尚子，虚空猶從迷妄幻生。如今若是大肯去，何處有遮箇稱説？尚無虚空消息，何處有三界業次，父母緣生，與汝樁立前後？如今道無尚是誑語，豈況是有知麽？是汝多時行脚，和尚子，稱道有覺悟底事。我今問汝，只如巔山巖崖迥絶人處，還有佛法麽？還裁辨得麽？若辨不得，卒未在。我尋常道，亡僧面前正是觸目菩提，萬里神光頂後相。若人覩得，不妨出得陰界，脱汝髑髏前意想。都來只是汝真實人體，何處更别有一法解蓋覆？汝知麽？還信得麽？解承當得麽？大須努力！」

師又云：「我今問汝諸人，且承得箇什麽事？在何世界安身立命？還辨得麽？若辨不得，恰似捏目生華，見事便差。知麽？如今現前，見有山河大地，色空明暗，種種諸物，皆是狂勞華相，唤作顛倒知見。夫出家人識心達本，故號沙門。汝今既已剃髮披衣爲沙門相，即合有自利利他分。如今看著盡黑漫漫地，如黑汁相似，自救尚不得，争解爲得他人？仁者！佛法因緣事大，莫當等閑，相聚頭亂，説雜話，趁讃過時。光陰難得，可惜許大丈夫兒，何不自省察看是什麽事？只如從上宗風，是諸佛頂族。汝既承當不得，所以我方便勸汝，但從迦葉門接續頓超去。此一門超汝凡聖因果，超他毘盧妙莊嚴世界海，超他釋迦方便門，直下永劫，不教有一物與汝作眼見。何不急急究取？未必道我且待三生兩生，久積浄業。仁者！汝宗乘是什麽事？不可由汝身心用工莊嚴便得去，不可他心宿命便得法。會麽？只如釋迦出頭來，作如許多變弄，説十二分教，如瓶灌水，大作一場佛事向汝，此門中用一點不得，用一毛頭伎倆不得。知麽？如同夢事，亦如寱語。沙門不應得出頭來，蓋爲識得。知麽？識得即是大出脱、大出頭。所以道超凡越聖，出生離死，離因離果，超毘盧，越釋迦，不被凡聖因果所謾，一切處無人識得汝。知麽？莫只長戀生死愛網，被善惡業拘將去，無自由分。饒汝鍊得身心同空去，饒汝得到精明湛不摇處，不出他識陰。古人唤作如急流水，流急不覺，妄爲澹浄。恁麽修行，盡不出他輪迴際，依前被輪轉去。所以道諸行無常，直是三乘功果，如是可畏。若無道眼，亦不爲究竟，何如從今日博地凡夫，不用一毫工夫便頓超去解省心力麽？還願樂麽？勸汝：我如今立地待汝覰去，不用汝加功練行。如今不恁麽，更待何時？還肯麽？還肯麽？」

師有時上堂謂衆曰：「是汝真實如是。」又有時云：「達磨如今現在，汝諸人還見麽？」

師云：「是諸人見有險惡，見有大蟲刀劍諸事逼汝身命，便生無限怕怖。如似什麽？恰如世間畫師一般，自畫作地獄變相，作大蟲刀劍了，好好地看了，却自生怕怖。汝今諸人亦復如是。百般見有，是汝自幻出，自生怕怖，亦不是別人與汝爲過。汝今欲覺此幻惑麽？但識取汝金剛眼睛。若識得，不曾教汝有纖塵可得露現，何處更有虎狼刀劍解慴嚇得汝？直至釋迦，如是伎倆亦覓出頭處不得。所以我向汝道，沙門眼把定世界，函蓋乾坤，不漏絲髮，何處更有一物爲汝知見？知麽？如是出脱，如是奇特，何不究取？」

師云：「汝諸人如似在大海裏坐，没頭水浸却了，更展手問人乞水喫。還會麽？夫學般若菩薩是大根器，有大智慧始得，若有智慧即今便得出脱。若是根機遲鈍，直須勤苦忍〔一〕耐

〔一〕「忍」，四部本、趙城本作「志」。

日夜，忘疲失食，如喪考妣相似。恁麽急切，盡一生去，更得人荷挾，剋骨究實不妨，亦得覯去。且況如今誰是堪任受學底人？仁者！莫只是記言記語，恰似念陀羅尼相似，蹋步向前來，口裏哆哆咊咊地，被人把住詰問著没去處，便瞋道：『和尚不爲我答話。』恁麽學事大苦，知麽？有一般坐繩床和尚，稱爲善知識，問著便動身、動手、點眼、吐舌、瞪視。更有一般便説昭昭靈靈，靈臺智性，能見能聞，向五藴身田裏作主宰。恁麽爲善知識，大賺人。知麽？我今問汝，汝若認昭昭靈靈是汝真實，爲什麽瞌睡時又不成昭昭靈靈？若瞌睡時不是，爲什麽有昭昭時？汝還會麽？遮箇唤作認賊爲子，是生死根本，妄想緣氣。汝欲識此根由麽？我向汝道，汝昭昭靈靈，只因前塵色聲香等法而有分别，便道此是昭昭靈靈。若無前塵，汝此昭昭靈靈同於龜毛兔角。仁者！真實在什麽處？汝今欲得出他五藴身田主宰，但識取汝秘密金剛體。古人向汝道：『圓成正遍，遍周沙界。』我今少分爲汝智者，可以譬喻得解。汝見此南閻浮提日麽？世間人所作興營、養身、活命，種種心行作業，莫非承他日光成立。只如日體，還有多般及心行麽？還有不周遍處麽？欲識此金剛體亦如是。只如今山河大地，十方國土，色空明暗及汝身心，莫非盡承汝圓成威光所現。直是天人群生類所作業次，受生果報，有性無情，莫非承汝威光。乃至諸佛成道成果，接物利生，莫非盡承汝威光。只如金剛體，還有凡夫諸佛麽？有汝心行麽？不可道無便得當去也。知麽？汝既有如是奇特當陽出身處，何不發明取？便隨他向五蘊身田中鬼趣裏作活計，直下自謾却去。忽然無常殺境到來，眼目譸張，身見命見，恁麽時大難枝荷，如生脱龜箇相似，大苦。仁者！莫把瞌睡見解便當却去，未解蓋覆得毛頭許。汝還知麽？三界無安，猶如火宅。且汝未是得安樂底人，只大作群隊干他人世，遮邊那邊，飛走野鹿相似，但知求衣爲食。若恁麽，争行他王道？知麽？國王大臣不拘汝，父母放汝出家，十方施主供汝衣食，土地龍神護汝，也須具慚愧知恩始得。莫孤負人好！長連床上排行著地銷將去，道是安樂未在，皆是粥飯將養得汝，爛冬瓜相似變將去，土裏埋將去。業識茫茫，無本可據。沙門因什麽到恁麽地？只如大地上蠢蠢者，我唤作地獄劫住。如今若不了，明朝後日，看變入驢胎馬肚裏，牽犁拽杷，銜鐵負鞍，碓擣磨磨，水火裏燒煮去，大不容易受，大須恐懼好！是汝自累，知麽？若是了去，直下永劫，不曾教汝有遮箇消息。若不了此，煩惱惡業因緣，未是一劫兩劫得休，直與汝金剛齊壽，知麽？」

南際長老到雪峯，雪峯令訪于師。師問曰：「古人道此事唯我能知，長老作麽生？」南際曰：「須知有不求知者。」歸宗柔别拊掌三下。師曰：「山頭和尚喫許多辛苦作麽？」

雪峯因普請畬田，見一蛇，以杖挑起，召衆曰：「看！看！」以刀芟爲兩段。師以杖拋於背後，更不顧視，衆愕然。雪峯曰：「俊哉！」

師一日隨侍雪峯遊山，雪峯指一片地曰：「此處造得一所無縫塔。」師曰：「高多少？」雪峯乃顧視上下，師曰：「人天依報，即不如和尚。若是靈山受記，大遠在。」雪峯曰：「世界闊一尺，古鏡闊一尺。世界闊一丈，古鏡闊一丈。」師指火鑪曰：「火鑪闊多少？」雪峯曰：「如古鏡闊。」師曰：「老和尚脚跟未點地。」

師初受請住梅谿場普應院，中間遷止玄沙山，自是天下叢林海衆，皆望風而賓之。閩帥、王公請演無上乘，待以師禮，學徒餘八百，室戶不閉。

師上堂，良久，謂衆曰：「我爲汝得徹困也，還會麼？」僧問：「寂寂無言時如何？」師曰：「寱語作麼？」曰：「本分事，請師道。」師曰：「瞌睡作麼？」曰：「學人即瞌睡，和尚如何？」師曰：「爭得恁麼不識痛癢？」又曰：「可惜如許大師僧，千道萬里行脚到遮裏，不消箇瞌睡寱語，便屈却去。」

問：「如何是學人自己？」師曰：「用自己作麼？」

僧問：「從上宗門中事，師此間如何言論？」師曰：「少人聽。」僧曰：「請和尚直道。」

師曰：「患聾作麽？」又曰：「仁者！如今事不獲已，教我抑下如是威光。苦口相勸，百千方便，道如此如彼，共汝相知聞，盡成顛倒知見。將此咽喉脣吻，只成得箇野狐精業謾汝我。還肯麽？只如有過無過，唯我自知，汝争得會？若是恁麽人出頭來，甘伏呵責。夫爲人師匠大不易，須是善知識始得知。我如今恁麽方便助汝，猶尚不能覯得。可中純舉宗乘，是汝向什麽處措？還會麽？四十九年是方便，只如靈山會有百萬衆，唯有迦葉一人親聞，餘盡不聞。汝道迦葉親聞事作麽生？不可道如來無説説，迦葉不聞聞便得當，不可是汝修因成果福智莊嚴底事。知麽？且如道，吾有正法眼，付囑大迦葉，我道猶如話月，曹谿竪拂子如還指月。所以道大唐國内宗乘中事，未曾見有一人舉唱，設有人舉唱，盡大地人失却性命，如無孔鐵槌相似，一時亡鋒結舌去。汝諸人賴遇我不惜身命，共汝顛倒知見，隨汝狂意，方有申問處。我若不共汝恁麽有聞去，汝向什麽處得見我？會麽？大難！努力珍重！」乃有偈曰：「萬里神光頂後相，没頂之時何處望？事已成，意亦休，此箇來蹤觸處周。智者撩著便提取，莫待須臾失却頭。」又偈曰：「玄沙遊徑别，時人切須知。三冬陽氣盛，六月降霜時。有語非關舌，無言切要詞。會我最後句，出世少人知。」

問：「四威儀外如何奉王？」師曰：「汝是王法罪人，争會問事？」

問：「古人拈槌竪拂，還當宗乘中事也無？」師曰：「不當。」曰：「古人意作麽生？」師舉拂子，僧曰：「宗乘中事如何？」師曰：「待汝悟始得。」

問：「如何是金剛力士？」師乃吹之。

文桶頭下山，師問：「桶頭下山幾時歸？」曰：「三五日。」師曰：「歸時有無底桶子將一擔歸。」文無對。歸宗柔代云：「和尚用作什麽？」

師有時垂語曰：「諸方老宿盡道接物利生，且問汝，只如盲、聾、瘂三種病人，汝作麽生接？若拈槌竪拂，他眼且不見。共他説話耳又不聞，口復瘂。若接不得，佛法盡無靈驗。」時有僧出曰：「三種病人，和尚還許人商量否？」師曰：「許，汝作麽生商量？」其僧「珍重」出。師曰：「不是！不是！」法眼云：「我當時見羅漢和尚舉此僧語，我便會三種病人。」雲居錫云：「只如此僧會不會？若道會，玄沙又道不是。若道不會，法眼爲什麽道我因此僧語便會三種病人？上座無事，上來商量，大家要知。」羅漢云：「桂琛見有眼耳，和尚作麽生接？」中塔云：「三種病人即今在什麽處？」又一僧云：「非唯謾他，兼亦自謾。」

長慶稜來，師問：「除却藥忌，作麽生道？」稜曰：「憨作麽！」師曰：「雪峯山橡子恰食來，遮裹雀兒放糞。」

師見僧來禮拜，乃曰：「禮拜著，因我得禮拜汝。」

一日普請，往海坑斫柴，見一虎。僧〔一〕曰：「和尚，虎！」師曰：「是汝虎！」歸院後，僧問：「適來見虎云是汝，未審尊意如何？」師曰：「娑婆世界有四重障，若人透得，許汝出陰界。」東禪齊云：「上座，古人見了，道我身心如大地虚空，如今人還透得麽？」

師問長生然和尚：「維摩觀佛，前際不來，後際不去，今則無住。汝作麽生觀？」對曰：「放皎然過，有商量。」師曰：「放汝過作麽生？」長生良久，師曰：「教阿誰委？」曰：「徒勞側耳。」師曰：「情知汝向山鬼窟裏作活計。」崇壽稠别長生云：「唤什麽作如來？」

僧問師：「學人爲什麽道不得？」師曰：「畐塞汝口，争解道得？」法眼云：「古人恁麽道甚奇特，且問上座口是什麽？」

問：「凡有言句盡落捲櫝，不落捲櫝，請和尚商量。」師曰：「拗折秤衡來，與汝商量。」

問：「古人瞬視接人，和尚如何接人？」師曰：「我不瞬視接人。」

僧問：「是什麽得恁麽難見？」師曰：「只爲太近。」法眼云：「也無可得近，直下是上座。」

師在雪峯時，光侍者謂師曰：「師叔若學得禪，某甲打鐵船下海去。」師住後，問曰：

〔一〕「僧」，原作「師」，據四部本、趙城本改。

「光侍者打得鐵船也未？」光無對。法眼代云：「和尚終不恁麽。」法燈代云：「請和尚下船。」玄覺代云：「貧兒思舊債。」

師一日遣僧送書上雪峯和尚，雪峯開緘，唯白紙三幅，問僧：「會麽？」曰：「不會。」雪峯曰：「不見道君子千里同風？」其僧迴，舉似於師。師曰：「遮老和尚蹉過也不知。」東禪齊云：「什麽處蹉過？若的蹉過，師豈不會弟子意？若不恁麽會，只如玄沙意作麽生？若會，便參取玄沙。」

師問鏡清：「教中道『菩薩摩訶薩不見一法爲大過失』，且道不見什麽法？」鏡清指露柱云：「莫是不見遮箇法麽？」同安顯别云：「也知和尚不造次。」師曰：「浙中清水白米從汝喫，佛法未會在。」玄覺云：「且道玄沙恁麽道意在什麽處？不見僧問洞山云：『不見一法爲大過失，此意如何？』洞山云：『不見一法好言語，上座。』」一宿覺云：『不見一法即如來，方得名爲觀自在、普賢菩薩。』又云：『不見一法爲大過失。』是一箇？是兩箇？試斷看。」

僧問：「承和尚有言『盡十方世界是一顆明珠』，學人如何得會？」師曰：「盡十方世界是一顆明珠，用會作麽？」師來日却問其僧：「盡十方世界是一顆明珠，汝作麽生會？」對曰：「盡十方世界是一顆明珠，用會作麽？」師曰：「知汝向山鬼窟裏作活計。」玄覺云：「一般恁麽道，爲什麽却成山鬼窟去？」

問：「如何是無縫塔？」師曰：「遮一縫大小。」玄覺云：「叢林中道恁麽來何處得無縫？還會得著不著？」

韋監軍來謁，舉：「曹山和尚甚奇怪。」師乃問：「撫州取曹山多少？」韋指傍僧云：「上座曾到曹山否？」曰：「曾到。」韋曰：「撫州取曹山多少？」曰：「一百二十里。」韋曰：「恁麽即上座不到曹山。」韋却起，禮拜師。師曰：「監軍却須禮此僧，此僧却具慚愧。」雲居錫云：「什麽處是此僧具慚愧？若檢得出，許上座有行脚眼。」

西天有聲明三藏到，閩帥令與師相見。師以火筯敲銅鑪問：「是什麽聲？」三藏對曰：「銅鐵聲。」法眼別云：「請大師爲大王。」法燈別云：「聽和尚問。」師曰：「大王莫受外國人謾。」三藏無對。法眼代云：「大師久受大王供養。」法燈代云：「却是和尚謾大王。」

師南遊，莆田縣排百戲迎接。來日師問小塘長老：「昨日許多喧鬧，向什麽處去也？」小塘提起衲衣角，師曰：「料掉勿交涉。」法眼別云：「昨日有多少喧鬧？」法燈別云：「今日更好笑。」

師問僧：「乾闥婆城汝作麽生會？」僧曰：「如夢如幻。」法眼別敲物示之。

師與地藏琛在方丈内説話，夜深，侍者閉却門，師曰：「門總閉了，汝作麽生得出去？」琛曰：「唤什麽作門？」法燈別云：「和尚莫欲歇去？」

師一日以杖拄地，問長生曰：「僧見俗見？男見女見？汝作麽生見？」長生曰：「和尚還見皎然見處麽？」師曰：「相識滿天下。」

問：「承和尚有言：『聞性遍周法界。』雪峯打鼓，遮裏爲什麽不聞？」師曰：「誰知不聞？」

問：「險惡道中以何爲津梁？」師曰：「以汝眼爲津梁。」曰：「未得者如何？」師曰：「快救取！」

師與韋監軍喫果子，韋問：「如何是日用而不知？」師拈起果子曰：「喫。」韋喫果子了，再問之，師曰：「只者是日用而不知。」

普請般柴，師曰：「汝諸人盡承吾力。」一僧曰：「既承師力，何用普請？」師叱之曰：「不普請争得柴歸！」

師問明真大師：「善財參彌勒，彌勒指歸文殊，文殊指歸佛處。汝道佛指歸什麽處？」對曰：「不知。」師曰：「情知汝不知。」法眼別云：「唤什麽作佛？」

大普玄通到禮覲，師謂曰：「汝在彼住，莫誑惑人家男女。」對曰：「玄通只是開箇供養門，晚來朝去，争敢作恁麽事？」師曰：「事難。」曰：「其情是難。」師曰：「什麽處是難處？」曰：「爲伊不肯承當。」師便入方丈，拄却門。

問：「學人乍入叢林，乞師指箇入路。」師曰：「還聞偃溪水聲否？」曰：「聞。」師曰：「是汝入處。」

泉守王公請師登樓，先語客司曰：「待我引大師到樓前便昇却梯。」客司禀旨，公曰：「請大師登樓。」師視樓，復視其人，乃曰：「佛法不是此道理。」法眼云：「未昇梯時，一日幾度登樓？」

師與泉守在室中説話，有一沙彌揭簾入見，却退步而出，師曰：「那沙彌好與二十拄杖。」曰：「恁麽即某甲罪過。」同安顯别云：「祖師來也。」師曰：「佛法不恁麽。」鏡清云：「不爲打水。」有僧問：「不爲打水意作麽生？」鏡清云：「青山碾爲塵，敢保勿閑人。」東禪齊云：「只如玄沙意作麽生？或云直饒恁麽去，也好與拄杖。或云事在當機。或云拈破會處。此三説還會玄沙意也無？」

師應機接物僅三十祀，致青原、石頭之濬流，迨今不絶。轉導來際，所演法要，有大小録行於海内。自餘語句，各隨門弟子章及諸方徵舉出焉。梁開平二年戊辰十一月二十七日示疾而終，壽七十有四，臘四十有四，閩帥爲之樹塔。

福州長慶慧稜禪師

福州長慶慧稜禪師，杭州鹽官人也，姓孫氏。幼歲禀性淳澹，年十三於蘇州通玄寺出家登戒，歷參禪肆。

唐乾符五年入閩中，謁西院，訪靈雲，尚有凝滯，後之雪峯，疑情冰釋。因問：「從上諸聖傳受一路，請垂指示。」雪峯默然，師設禮而退，雪峯莞爾而笑。異日，雪峯謂師曰：「我尋常向師僧道：『南山有一條鼈鼻蛇，汝諸人好看取。』」對曰：「今日堂中，大有人喪身失命。」雪峯然之。

師入方丈參，雪峯曰：「是什麽？」師曰：「今日天晴好普請。」自此疇問未嘗爽於玄旨，乃述悟解頌曰：「萬象之中獨露身，唯人自肯乃方親。昔時謬向途中覓，今日看如火裏冰。」

師在西院，問詵上座曰：「遮裏有象骨山，汝曾到麽？」曰：「不曾到。」師曰：「爲什不到？」曰：「自有本分事。」師曰：「作麽生是上座本分事？」詵乃提起衲衣角，師曰：「爲當只遮箇？別更有？」曰：「上座見什麽？」師曰：「何得龍頭蛇尾？」

師在宣州保福，後辭歸雪峯，保福問師曰：「山頭和尚或問上座信，作麽生祇對？」師曰：「不避腥羶，亦有少許。」曰：「信道什麽？」師曰：「教我分付阿誰？」曰：「從展雖有此語，未必有恁麽事。」師曰：「若然者，前程全自闍梨。」

師與保福遊山，保福問：「古人道妙峯山頂，莫即遮箇便是也無？」師曰：「是即是，可惜許！」僧問鼓山：「只如稜和尚恁麽道，意作麽生？」鼓山云：「孫公若無此語，可謂髑髏遍野，白骨連山。」

師來往雪峯二十九載，至天祐三年，受泉州刺史王延彬請，住招慶。初開堂日，公朝服趨隅，曰：「請師説法。」師曰：「還聞麽？」公設拜，師曰：「雖然如此，慮恐有人不肯。」於是敷揚祖意，隨機與奪，故毳容幢幢，日資道化。後閩帥請去長樂府之西院，奏額曰長慶，號超覺大師。

上堂良久，謂衆曰：「還有人相悉麽？若不相悉，欺謾兄弟去。只今有什麽事？莫有窒塞也無？復是誰家屋裏事？不肯當荷，更待何時？若是利根參學，不到遮裏來，還會麽？如今有一般行脚人，耳裏總滿也，假饒收拾得底，還當諸人行脚事麽？」時有僧問：「行脚事如何學？」師曰：「但知就人索取。」又問：「如何是獨脱一路？」師曰：「何煩更問？」又問：「名言妙義，教有所詮，不涉三科，請師直道。」師曰：「珍重。」師乃謂衆曰：「明明歌詠，汝尚不會，忽被暗來底事，汝作麽生？」又僧問：「如何是暗來底事？」師曰：「喫茶去！」中塔云：「便請和尚相伴。」

問：「如何是不隔毫端底事？」師曰：「當不當。」

問：「如何得不疑不惑去？」師乃展兩手。僧不進語，師曰：「汝更問，我與汝道。」僧再問之，師露膊而坐，僧禮拜。師曰：「汝作麽生會？」僧曰：「今日風起。」師曰：「恁麽道未定人見解，汝於古今中有什麽節要齊得長慶？若舉得，許汝作話主。」其僧但立而已。師却問：「汝是什麽處人？」曰：「向北人。」師曰：「南北三千里外，學妄語作麽？」僧無對。

師上堂，良久曰：「莫道今夜較些子。」便下坐。

問：「如何是合聖之言？」師曰：「大小長慶被汝一問，口似匾擔。」僧曰：「何故如此？」師曰：「適來問什麽？」

師謂衆曰：「我若純舉唱宗乘，須閉却法堂門，所以盡法無民。」時有僧曰：「不怕無民，請師盡法。」師曰：「還委落處麽？」

問：「如何是西來意？」師曰：「香嚴道底，一時坐却。」

師有時示衆曰：「總似今夜，老胡〔一〕有望。」保福聞之，乃曰：「總似今夜，老胡絶望。」玄覺云：「恁麽道，是相見語？不是相見語？」東禪齊云：「此二尊宿語，一般各有道理。衆中道總似如此，嫌什

〔一〕「胡」，四部本、趙城本作「狐」。下「胡」字同。

麽？又道總似今夜，堪作什麽？若如此會，欠悟在。」

安國瑫和尚新得師號，師去賀，瑫出接，師問曰：「師號來耶？」曰：「來也。」師曰：「是什麽號？」曰：「明真。」師乃展手，瑫曰：「什麽處去來？」師曰：「幾不問過。」

師問僧：「什麽處來？」曰：「鼓山來。」師曰：「鼓山有不跨石門底句，有人借問，汝作麽生道？」曰：「昨夜報慈宿。」師曰：「拍脊棒汝又作麽生？」曰：「和尚若行此棒，不虚受人天供養。」師曰：「幾放過。」

問：「古人有言『相逢不擎出，舉意便知有』時如何？」師曰：「知有也未？」僧將前語問保福，福云：「此是誰語？」僧云：「丹霞語。」福云：「去！莫妨我打睡。」

師入僧堂，舉起疏頭曰：「見即不見，還見麽？」衆無對。法眼代云：「縱受得，到別處亦不敢呈人。」

師到羅山，見新製龕子，師以杖敲之，曰：「大殺豫備。」羅山曰：「拙布置。」師曰：「還肯入也無？」羅山曰：「吽！」

師上堂，大衆集定，師乃拽出一僧曰：「大衆禮拜此僧。」又曰：「此僧有什麽長處，便教大衆禮拜？」衆無對。

問：「如何是文彩未生時事？」師曰：「汝先舉，我後舉。」其僧但立而已。法眼別云：

「請和尚舉。」師曰：「汝作麽生舉？」僧曰：「某甲截舌有分。」

保福遷化，人問師：「保福拋却殼漏子，向什麽處去也？」師曰：「且道保福在那箇殼漏子裏？」法眼别云：「那箇是保福殼漏子？」

閩帥夫人崔氏奉道，自稱練師。遣使送衣物至，云：「練師令就大師請取迴信。」師曰：「傳語練師，領取迴信。」須臾，使却來師前唱喏，便迴。師明日入府，練師曰：「昨日謝大師迴信。」師曰：「却請昨日迴信看。」練師展兩手。閩帥問師曰：「練師適來呈信，還愜大師意否？」師曰：「猶較些子。」法眼别云：「遮一轉語，大王自道取。」曰：「未審大師意旨如何？」師良久。帥曰：「不可思議，大師佛法深遠。」

僧舉：高麗有僧造一觀音像，於明州上船，衆力舁不起，因請入開元寺供養。問師：「無刹不現身，爲什麽不肯去高麗？」師曰：「現身雖普，覩相生偏。」法眼别云：「汝識得觀音未？」

有人問僧：「點什麽燈？」曰：「長明燈。」曰：「什麽時點？」曰：「去年點。」曰：「長明何在？」僧無語。師代曰：「若不如此，争知公不受人謾？」法眼别云：「利動君子。」

師兩處開法，徒衆一千五百，化行閩越二十七載。後唐長興三年壬辰五月十七日歸寂，壽七十有九，臘六十，王氏建塔。

福州大普山玄通禪師

福州大普山玄通禪師，福州福唐人也。受業於兜率山，師事雪峯，經數稔，受心法，止于大普焉。

僧問：「驪龍頷下珠，如何取得？」師乃拊掌瞬視。

問：「方便以前事如何？」師托出其僧。

問：「如何是祖師西來意？」師曰：「咬骨頭漢出去！」

問：「撥塵見佛時如何？」師曰：「脱枷來商量。」

問：「急急相投，請師接。」師曰：「鈍漢！」

杭州龍册寺順德大師

杭州龍册寺順德大師道怤，永嘉人也，姓陳氏。丱歲不食葷茹，親黨彊啖以枯魚，隨即嘔烏没。噦，乙劣。遂求出家，于本州開元寺受具。

遊方抵閩川，謁雪峯。峯問：「什麽處人？」曰：「温州人。」雪峯曰：「恁麽即與一宿覺是鄉人也。」曰：「只如一宿覺是什麽處人？」雪峯曰：「好喫一頓棒，且放過。」

一日，師問：「只如古德，豈不是以心傳心？」雪峯曰：「兼不立文字語句。」曰：「只如不立文字語句，師如何傳？」雪峯良久，師禮謝。雪峯曰：「更問我一轉豈不好？」曰：「就和尚請一轉問頭。」雪峯曰：「只恁麽？爲别有商量？」曰：「和尚恁麽即得。」雪峯曰：「於汝作麽生？」曰：「孤負殺人！」

雪峯有時謂衆曰：「堂堂密密地。」師出問曰：「是什麽堂堂密密？」雪峯起立曰：「道什麽？」師退步而立，雪峯垂語曰：「此事得恁麽尊貴，得恁麽綿密。」對曰：「道忞自到來，數年不聞和尚恁麽示誨。」雪峯曰：「我向前雖無，如今已有，莫有所妨麽？」曰：「不敢，此是和尚不已而已。」雪峯曰：「致使我如此。」師從此信入而且隨衆，閩中謂之小忞布衲。

因普請處，雪峯舉潙山「見色便見心」語問師：「還有過也無？」曰：「古人爲什麽事？」雪峯曰：「雖然如此，要共汝商量。」曰：「恁麽即不如道忞鋤地去。」

一日，雪峯問師：「何處來？」曰：「從外來。」雪峯曰：「什麽處逢見達磨？」曰：「更什麽處？」雪峯曰：「未信汝在。」曰：「和尚莫恁麽粘膩好。」雪峯肯之。

師後遍歷諸方，益資權智。因訪曹山寂和尚，問：「什麽處來？」曰：「昨日離明水。」

寂曰：「什麽時到明水？」曰：「和尚到時到。」寂曰：「汝道我什麽時到？」曰：「適來猶記得。」寂曰：「如是！如是！」

師罷參受請，止越州鏡清禪苑，唱雪峯之旨，學者奔湊。副使皮光業者，日休之子也，辭學宏贍，屢擊難之，退謂人曰：「恷師之高論，人莫窺其極也。」

新到僧參，師拈起拂子。僧曰：「久嚮鏡清，猶有遮箇在。」師曰：「今日遇人，又不遇人。」

問：「如何是靈源一直道？」師曰：「鏡湖水可殺深。」

師問僧：「什麽處來？」曰：「應天來。」師曰：「還見鰻鱺魚麽？」曰：「不見。」師曰：「闍梨不見鰻鱺？鰻鱺不見闍梨？」曰：「總不恁麽。」師曰：「闍梨只解慎初護末。」

問：「學人未達其原，請師方便。」師曰：「是什麽原？」僧曰：「其原。」師曰：「若是其原，争受方便？」僧禮拜退後，侍者問曰：「和尚適來莫是成他問否？」師曰：「無。」曰：「莫是不成他問否？」師曰：「無。」曰：「未審畢竟意作麽生？」師曰：「一點水墨，兩處成龍。」

師在帳中坐，有僧問訊，師撥帳問曰：「當斷不斷，返招其亂。」僧曰：「既是當斷，爲什麽不斷？」師曰：「我若盡法，直恐無民。」曰：「不怕無民，請師盡法。」師曰：「維那，拽出此僧著！」又曰：「休！休！我在南方識伊和尚來。」

因普請鋤草次，浴頭請師浴，師不顧，如是三請。師舉钁作打勢，浴頭乃走。師召曰：「來！來！」浴頭迴首，師曰：「向後遇作家，分明舉似。」其僧後至保福，舉前語未了，保福以手掩其僧口。僧却迴舉似師，師曰：「饒汝恁麽也未作家。」

師問荷玉：「什麽處來？」曰：「天台來。」師曰：「我豈是問汝天台？」曰：「和尚何得龍頭蛇尾？」師曰：「鏡清今日失利。」

師看經，僧問：「和尚看什麽經？」師曰：「我與古人鬬百草。」師却問：「汝會麽？」曰：「小年也會恁麽來。」師曰：「如今作麽生？」僧舉拳，師曰：「我輸汝也。」

僧到參，師問：「闍梨從什麽處來？」曰：「佛國來。」師曰：「佛以何爲國？」曰：「清浄莊嚴爲國。」師曰：「國以何爲佛？」曰：「妙浄真常爲佛。」師曰：「闍梨從妙浄來莊嚴來？」曰：「無不答對。」師曰：「噓！噓！别處有人問汝，不可作遮箇語話。」

錢王欲廣府中禪會，命居天龍寺，始見師，乃曰：「真道人也。」致禮勤厚，由是吴越盛於玄學。其後又創龍册寺延請居焉。

師上堂曰：「如今事不得已，向汝道。若自驗著，實箇親切到汝分上，因何特地生疎？只爲抛家日久，流浪年深，一向緣塵致見如此。所以唤作背覺合塵，亦名捨父逃逝。今勸兄弟，未歇歇去好，未徹徹去好。大丈夫兒得恁麽無氣概，還惆悵麽？終日茫茫地，何不且覓取箇管帶路好，也無人問我管帶一路？」時有僧問：「如何是管帶一路？」師曰：「嘘！嘘！要棒即道。」曰：「恁麽即學人罪過也。」師曰：「幾被汝打破蔡州。」

問：「無源有路不歸時如何？」師曰：「遮箇師僧，得坐便坐。」

問：「如何是心？」師曰：「是即二頭。」曰：「不是如何？」師曰：「又不成是頭。」

問：「是不是總不恁麽時如何？」師曰：「更多饒過。」

問：「十二時中以何爲驗？」師曰：「得力即向我道。」僧曰：「諾。」師曰：「十萬八千猶可近。」

問：「如何是方便門速易成就？」師曰：「速易成就。」曰：「争奈學人領覽未的。」師曰：「代得也代却。」

問：「如何是玄中玄？」師曰：「不是是什麽？」曰：「還得當也無？」師曰：「木頭也解語。」

問：「如何是人無心合道？」師曰：「何不問道無心合人？」曰：「如何是道無心合人？」師曰：「白雲乍可來青嶂，明月那教下碧天？」

問：「學人問不到處，請師不答。和尚答不到處，學人即不問。」師乃搊住曰：「是我道理？是汝道理？」曰：「和尚若打學人，學人也即却打也。」師曰：「得對相耕去。」

僧舉：有僧辭歸宗，宗問：「什麽處去？」曰：「百丈學五味禪去。」歸宗不語，師乃曰：「緣歸宗單行底事。」僧問：「如何是歸宗單行底事？」師曰：「棒了趁出院。」僧禮拜，師曰：「作麽生會？」曰：「學人罪過。」師曰：「料汝恁麽去。」

問：「承師有言：『諸方若不是走作〔一〕，便是籠罩人。』未審和尚如何？」師曰：「被汝致此一問，直得當門齒落。」

問：「如何是親的密密底事？」師曰：「常用及人。」曰：「不知者如何？」師曰：「好晴好雨。」

師問僧：「門外什麽聲？」曰：「雨滴聲。」師曰：「衆生顛倒，迷己逐物。」法眼別云：「畫出。」

〔一〕「走作」，四部本作「走作人」，趙城本作「走人」。

僧問：「如何是同相？」師將火筯插向鑪中。僧又問：「如何是别相？」師又將火筯插向一邊。法眼别云：「問不當理。」

有僧引童子到，曰：「此兒子常愛問僧佛法，請和尚驗看。」師乃令點茶，童子點茶來，師啜訖，過盞托與童子，童子近前接，師却縮手曰：「還道得麼？」童子曰：「問將來。」法眼别云：「和尚更喫茶否？」僧問：「和尚，此兒子見解如何？」師曰：「也只是一兩生持戒僧。」

師三處開法語要，隨門人編録，今但梗概而已。晉天福二年丁酉八月示滅，壽七十四。黑白哀號，制服者甚衆。荼毘於大慈山，獲舍利，就龍母山之陽建塔。

福州長生山皎然禪師

福州長生山皎然禪師，本郡人。入雪峯室密受心印，執侍經十載。因與僧斫樹，雪峯曰：「斫到心且住。」師曰：「斫却著。」雪峯曰：「古人以心傳心，汝爲什麼道斫却？」師擲下斧子，曰：「傳。」雪峯打一拄杖而去。

僧問雪峯：「如何是第一句？」雪峯良久，僧退舉似於師。師曰：「此是第二句。」雪峯再令其僧來，問：「如何是第一句？」師曰：「蒼天！蒼天！」

雪峯普請般柴，問師曰：「古人道：『誰知席帽下，元是昔愁人。』古人意作麼生？」師側戴笠子，曰：「遮箇是什麽人語？」

雪峯問師：「持經者能荷擔如來，作麽生是荷擔如來？」師乃捧雪峯向禪床上著。

雪峯普請歸，自將一束藤，路逢一僧，放下藤，叉手立。其僧近前拈，雪峯即蹋其僧。歸院，後舉示於師曰：「我今日蹋那僧得恁麽快！」師對曰：「和尚却替那僧入涅槃堂。」法眼住崇壽寺時，有二僧各説道理，請師斷。法眼云：「汝兩僧一時入涅槃堂。」玄覺云：「什麽處是替那僧入涅槃堂處？」崇壽稠云：「此一轉語却還老兄。」東禪齊云：「只如長生，意作麽生？」

師嘗訪一庵主款話，庵主曰：「近有一僧問某甲西來意，遂舉拂子示之，不知還得也無？」師曰：「争敢道得與不得？」有人問庵主：「此事有人保任，如虎頭帶角。有人嫌棄，則不直一文錢。此事爲什麽毀譽不同？請試揀出看。」曰：「適來出自偶然，争揀得出？」師曰：「若恁麽，此後不得爲人。」玄覺云：「一等是恁麽事，爲什麽有得有失？上座若無智眼，難辨得失。」

雪峯問師：「光境俱亡，復是何物？」師曰：「放皎然過，敢有商量。」雪峯曰：「許汝過，作麽生商量？」曰：「皎然亦放和尚過。」雪峯深許之。

尋受記止于長生山分化焉。僧問：「從上宗乘如何舉唱？」師曰：「不可爲闍梨荒却長生山也。」問：「古人有言：『無明即佛性，煩惱不須除。』如何是無明即佛性？」師忿然作色，舉拳呵曰：「今日打遮師僧去也。」僧曰：「如何是煩惱不須除？」師以手挐〔一〕頭，曰：「遮師僧得恁麽發人業！」

問：「路逢達道人，不將語默對。未審將什麽對？」師曰：「上紙墨堪作什麽？」

閩帥署禪主大師，莫知所終。

信州鵝湖智孚禪師

信州鵝湖智孚禪師，福州人也。始依講肆，肄業於長安。因思玄極之理，乃造雪峯，師事數年。既領心訣，隨緣而止鵝湖，大張法席。

僧問：「萬法歸一，一歸何所？」師曰：「非但闍梨一人忙。」

問：「虛空講經，以何爲宗？」師曰：「闍梨不是聽衆，出去！」

問：「五逆之子還受父約也無？」師曰：「雖有自裁，未免傷己。」

問：「如何是佛向上人？」師曰：「情知闍梨不奈何。」曰：「爲什麽不奈何？」師曰：「未必小兒得見君子。」

有人報云：「徑山和尚遷化也。」僧問：「徑山遷化，向什麽處去？」師曰：「大有靈利

〔一〕「挐」，四部本作「拏」，其下有小注：「女餘切，又音如，牽引也。」

底過於闍梨。」

問：「在先一句，請師道。」師曰：「脚跟下探取什麽？」曰：「即今見問。」師曰：「看闍梨變身不得。」

問：「雪峯抛下拄杖，意作麽生？」師以香匙抛下地。僧曰：「未審此意如何？」師曰：「不是好種，出去！」

問：「如何是鵝湖第一句？」師曰：「道什麽？」曰：「如何即是？」師曰：「妨我打睡。」

問：「不問不答時如何？」師曰：「問人焉知？」

問：「迷子未歸家時如何？」師曰：「不在途。」曰：「歸後如何？」師曰：「正迷。」

問：「如何是源頭事？」師曰：「途中覓什麽？」

問：「如何是一句？」師曰：「會麽？」曰：「恁麽莫便是否？」師曰：「蒼天！蒼天！」

鏡清問：「如何是即今底？」師曰：「何更即今？」清曰：「幾就支荷。」師曰：「語逆言順。」

漳州報恩院懷岳禪師

漳州報恩院懷岳禪師，泉州人也。少依本州聖壽院受業，罷參雪峯，止龍溪，玄侶奔湊。

僧問：「十二時中如何行履？」師曰：「動即死。」曰：「不動時如何？」師曰：「猶是守古冢鬼。」

問：「如何是學人出身處？」師曰：「有什麽物纏縛闍梨？」曰：「争奈出身不得何？」師曰：「過在阿誰？」

問：「如何是報恩一靈物？」師曰：「喫如許多酒糟作麽？」曰：「還露脚手也無？」師曰：「遮裏是什麽處所？」

僧問：「牛頭未見四祖時如何？」師曰：「萬里一片雲。」曰：「見後如何？」師曰：「廓落地。」

僧問：「如何是佛法大意？」師曰：「昨夜三更失却火。」問：「黑雲斗暗，誰當雨者？」師曰：「峻處先傾。」

問：「宗乘不却，如何舉唱？」師曰：「山不自稱，水無間斷。」

問：「佛未出世時如何？」師曰：「汝争得知？」

問：「撥塵見佛時如何？」師曰：「什麽年中得見來？」

問：「師子在窟時如何？」師曰：「師子是什麽家具？」又問：「師子出窟時如何？」師曰：「師子在什麽處？」

問：「如何是目前佛？」師曰：「快禮拜。」

師臨遷化，上堂示衆曰：「山僧十二年來舉提宗教，諸人怪我什麽處？若要聽三經五論，此去開元寺咫尺。」言訖告寂。

杭州西興化度悟真大師

杭州西興化度悟真大師師郁，泉州人也。自得雪峯心印，化緣盛于杭越之間。後居西興鎮之化度院，法席大興。

僧問：「如何是西來意？」師舉拂子，僧曰：「學人不會。」師曰：「喫茶去。」

問：「如何是無縫塔？」師曰：「五尺六尺。」

問：「如何是一塵？」師曰：「九世刹那分。」曰：「如何含得法界？」師曰：「法界在什麽處？」

問：「谿谷各異，師何明一？」師曰：「汝喘作麽？」

問：「學人初機，乞和尚指示入路。」師曰：「汝怪化度什麽處？」

問：「如何是隨色摩尼珠？」師曰：「青黄赤白。」曰：「如何是不隨色摩尼珠？」師曰：「青黄赤白。」

問：「如何是西來意？」師曰：「是東來西來？」

問：「牛頭未見四祖時如何？」師曰：「鳥獸俱迷。」曰：「見後如何？」師曰：「山深水冷。」

問：「維摩與文殊對談何事？」師曰：「唯有門前鏡湖水，清風不改舊時波。」

師自是聲聞于遐邇，錢王欽其道德，奏紫衣、師號。

福州鼓山興聖國師

福州鼓山興聖國師神晏，大梁人也，姓李氏。幼惡葷羶，樂聞鍾梵。年十二，時有白氣數道騰于所居屋壁，師即揮毫書其壁曰：「白道從兹速改張，休來顯現作妖祥。定祛邪行歸真見，必得超凡入聖鄉。」題罷，氣即隨滅。年甫志學，遘疾甚亟〔一〕，夢神人與藥，覺而頓

〔一〕「亟」，原作「丞」，據四部本、趙城本改。

愈。明年又夢梵僧告云：「出家時至矣。」遂依衛州白鹿山道規禪師披削，嵩嶽受具。謂同學曰：「古德云：『白四羯磨後，全體戒定慧。』豈準繩而可拘也？」於是杖錫遍叩禪關，而但記語言存乎知解。及造雪嶺，朗然符契。

一日參雪峯，雪峯知其緣熟，忽起搊住曰：「是什麽？」師釋然了悟，亦忘其了心，唯舉手摇曳而已。雪峯曰：「子作道理耶？」師曰：「何道理之有？」雪峯審其懸解，撫而印之。暨雪峯歸寂，閩帥於府城之左二十里，開鼓山創禪宫請揚宗致。

師上堂衆集，良久曰：「南泉在日亦有人舉，要且不識南泉，即今還有識南泉者麽？試出來對衆驗看。」時有僧出禮拜，才起，師曰：「作麽生？」僧近前曰：「咨和尚。」師曰：「不才請退。」又曰：「經有經師，論有論師，律有律師，有函有號，有部有帙，各有人傳持。且佛法是建立教，禪道乃止啼之説。他諸聖興來，蓋爲人心不等，巧開方便遂有多門。受疾不同，處方還異，在有破有，居空叱空，二患既除，中道須遣。鼓山所以道：句不當機，言非展事。承言者喪，滯句者迷。不唱言前，寧譚句後？直至釋迦掩室，净名杜口。大士梁時童子，當日一問二問三問，盡有人了也。諸仁者作麽生？」時有僧禮拜，師曰：「高聲問。」僧曰：「學人咨和尚。」師乃喝出。

問：「己事未明，以何爲驗？」師抗音：「似未聞。」其僧再問，師曰：「一點隨流，食咸不重。」問：「如何是包盡乾坤底句？」師曰：「近前。」僧近前，師曰：「鈍置殺人！」

問：「如何紹得？」師曰：「犴寒、岸二音。狢音欲。無風，徒勞展掌。」曰：「如何即是？」師曰：「錯。」

問：「學人便承當時如何？」師曰：「汝作麽生承當？」法燈别云：「莫費力。」

問：「如何是學人正立處？」師曰：「不從諸聖行。」法燈别云：「汝擬亂走。」

問：「千山萬山，阿那箇是正山？」師曰：「用正山作麽？」法燈云：「千山萬山。」

師與招慶相遇，招慶曰：「家常。」師曰：「無厭生。」招慶曰：「且款款。」師却云：「家常。」招慶曰：「今日未有火。」師曰：「太鄙吝生。」招慶曰：「穩便將取去。」東禪齊拈云：「此二尊宿語還有得失也無？若有，阿那箇得？阿那箇失？若無得失，諸人未具行脚眼在。」

問：「如何免得輪迴生死？」師曰：「把將生死來。」

問：「如何是宗門中事？」師側掌曰：「吽！吽！」問：「如何是向上一關棙子？」師乃打之。

問：「如何是鼓山正主？」師曰：「瞎作麽？」

師問保福：「古人道：『非不非，是不是。』意作麽生？」保福拈起茶盞，師曰：「莫是非好。」

問：「如何是真實人體？」師曰：「即今是什麽體？」曰：「究竟如何？」師曰：「争得到恁麽地？」

問：「如何是佛法大意？」師曰：「金烏一點，萬里無雲。」師問僧：「鼓山有不跨石門句，汝作麽生道？」僧曰：「請。」師乃打之。

問：「如何是古人省心力處？」師曰：「汝何費力？」

問：「言滿天下無口過，如何是無口過？」師曰：「有什麽過？」

問：「如何是省要處？」師曰：「還自恥麽？」

師與閩帥瞻仰佛像，閩帥問：「是什麽佛？」曰：「請大王鑒。」曰：「鑒即不是佛。」曰：「是什麽？」無對。長慶代云：「久承大師在衆，何得造次？」

問：「從上宗乘如何舉唱？」師以拂子驀口打。

問：「如何是教外别傳底事？」師曰：「喫茶去！」又曰：「今爲諸仁者刺頭入他諸聖化門裏，抖擻不出。所以向仁者道，教排不到，祖不西來，三世諸佛不能唱，十二分教載不起，凡聖攝不得，古今傳不得。忽爾是箇漢，未通箇消息。向他恁麽道，被他驀口摑，還怪得他麽？雖然如此，也不得亂摑。鼓山尋常道，更有一人不跨石門，須有不跨石門句。作麽生是不跨石門句？鼓山自住三十餘年，五湖四海來者，向高山頂上看山翫水，未見一人快利通得。如今還有人通得，也不昧兄弟。珍重！」乃有偈示衆曰：「直下猶難會，尋言轉更賒。若論佛與祖，特地隔天涯。」

閩帥禮重，常詢法要焉。

漳州隆壽興法大師

漳州隆壽興法大師紹卿，泉州人也，姓陳氏。幼于靈巖寺習經論，講業既就，而深慕禪那，乃問法于雪峯之室，服勤數載，從緣開悟。因侍經行，見芋葉動，雪峯指動葉視之，師對曰：「紹卿甚生怕怖。」雪峯曰：「是汝屋裏底，怕怖什麽？」師於是恍然惺悟，頓息他遊。尋受請居龍谿焉。

僧問：「古人道：『摩尼殿有四角，一角常露。』如何是常露底角？」師舉拂子。

問：「糧不畜一粒，如何濟得萬人饑？」師曰：「俠客面前如奪劍，看君不是黠兒郎。」

問：「大拍盲底人來，師還接否？」師曰：「前後大應得此便也。」曰：「莫便是接否？」師曰：「遮漢來遮裏插嘴。」問：「耳目不到處如何？」師曰：「汝無此作。」曰：「恁麽即聞也。」師曰：「真箇聾漢！」

漳守王公欽尚祖風，爲奏紫衣、師名。

福州僊宗院仁慧大師

福州僊宗院仁慧大師行瑫，泉州人也，姓王氏。本州開元寺受業，預雪峯禪會，聲聞四遠。閩帥請轉法輪，玄徒奔至。

上堂曰：「我與釋迦同參，汝道參什麽人？」時一僧出禮拜，擬伸問，師曰：「錯！」

問：「如何是西來意？」師曰：「熊耳不曾藏。」

問：「直下事乞師方便。」師曰：「不因汝問，我亦不道。」

問：「如何是西來意？」師曰：「白日無閑人。」

福州蓮華山永福院超證大師

福州蓮華山永福院超證大師從弇。先住漳州報恩院。僧問：「儒門以五常爲極則，未審宗門以何爲極則？」師良久。僧曰：「恁麽即學人造次也。」師曰：「好與拄杖。」

問：「教云『唯有一乘法』，如何是一乘法？」師曰：「汝道我在遮裏作什麽？」曰：「恁麽即不知教意也。」師曰：「雖然如此，却不孤負汝。」

問：「不向問處領，猶是學人問處，和尚如何？」師曰：「喫茶去！」

長慶常云：「盡法無民。」師曰：「永福即不然。若不盡法，又争得民？」時有僧曰：「請師盡法。」師曰：「我不要汝納税。」

問：「諸餘即不問，聊徑處乞師垂慈。」師曰：「不快禮三拜！」

師上堂曰：「咄！咄！看箭！」便歸方丈。

問：「請師盡令。」師曰：「莫埋没。」

問：「大衆雲集，請師説法。」師曰：「聞麽？」曰：「若更佇思，應難得及。」師曰：「實即得。」

問：「摩尼殿有四角，一角常露，如何是常露底角？」師曰：「不可更點。」

師上堂，於座邊立，謂衆曰：「二尊不並化。」便歸方丈。

杭州龍華寺真覺大師

杭州龍華寺真覺大師靈照，高麗人也。萍遊閩越，升雪峯之堂，冥符玄旨。居唯一衲，服勤衆務，閩中謂之照布衲。

一夕，指半月問溥上座：「那一片什麽處去也？」溥曰：「莫妄想。」師曰：「失却一片也。」衆雖歎美，而恬澹自持。

初止婺州齊雲山。上堂良久，忽舒手視其衆曰：「乞取些子！乞取些子！」又曰：「一人傳虚，萬人傳實。」

僧問：「草童能歌舞，未審今時還有無？」師下座作舞曰：「沙彌會麽？」僧曰：「不會。」師曰：「山僧蹋曲子也不會？」

問：「靈山會上，法法相傳，未審齊雲將何付囑？」師曰：「不可爲汝一人荒却齊雲也。」曰：「莫便是親付囑也無？」師曰：「莫令大衆笑。」

問：「還丹一粒，點鐵成金。至理一言，點凡成聖。請師一點。」師曰：「還知齊雲點金成鐵麽？」曰：「點金成鐵，未之前聞。至理一言，敢希垂示。」師曰：「句下不薦，後悔難追。」

師次居越州鏡清院，海衆悦隨。一日，謂衆曰：「盡令去也。」僧曰：「請師盡令。」師曰：「吽！吽！」

問：「如何是學人本分事？」師曰：「鏡清不惜口。」

問：「請師雕琢。」師曰：「八成。」曰：「爲什麽不十成？」師曰：「還知鏡清生修理麽？」

師問僧：「什麽處來？」曰：「五峯來。」師曰：「來作什麽？」曰：「禮拜和尚。」師曰：「何不自禮？」曰：「禮了也。」師曰：「鏡湖水淺。」

問：「如何是第一句？」師曰：「莫錯下名言。」曰：「師豈無方便？」師曰：「烏頭養雀兒。」

問：「向上一路，千聖不傳，未審什麽人傳得？」師曰：「千聖也疑我。」曰：「莫便是傳也無？」師曰：「晉帝斬嵇康。」

問：「釋迦掩室於摩竭，净名杜口於毘耶，此意如何？」師曰：「東廊下兩兩三三。」

師謂衆曰：「諸方以毘盧法身爲極則，鏡清遮裏即不然。須知毘盧有師，法身有主。」

問：「如何是毘盧師、法身主？」師曰：「二公争敢論？」

問：「古人道『見色便見心』，此即是色，阿那箇是心？」師曰：「恁麽問，莫欺山僧麽？」

問：「未剖以前，請師斷。」師曰：「落在什麼處？」曰：「恁麼即失口也。」師曰：「寒山送潙山。」又曰：「住！住！闍梨失口，山僧失口。」曰：「惡虎不食子。」師曰：「驢頭出，馬頭迴。」

師驀問一僧：「記得麼？」曰：「記得。」師曰：「道什麼？」曰：「道什麼？」師曰：「淮南小兒入寺。」

問：「是什麼即俊鷹俊鷂趁不及？」師曰：「闍梨別問，山僧別答。」問：「請師別答。」師曰：「十里行人較一程。」

問：「金屑雖貴，眼裏著不得時如何？」師曰：「著不得，還著得麼？」僧禮拜，師曰：「深沙神。」

問：「菩提樹下度衆生，如何是菩提樹？」師曰：「大似苦練樹。」曰：「爲什麼似苦練樹？」師曰：「素非良馬，何勞鞭影？」

後湖守錢公卜杭之西關，創報慈院，延請開法，禪衆翕然依附。尋而錢王建龍華寺，迎金華傅大士靈骨、道具寘焉，命師住持。晉天福十二年丁未閏七月二十六日，終于本寺，壽七十八，塔于大慈山。

明州翠巖永明大師

明州翠巖永明大師令參，湖州人也。自雪峯受記，止于翠巖，大張法席。

問：「不借三寸，請師道。」師曰：「茶堂裏貶剥去！」

問：「國師三喚侍者，意旨如何？」師曰：「抑逼人作麽？」

問：「諸餘即不問。」師默之，僧曰：「如何舉似於人？」師喚侍者：「點茶來！」

師上堂曰：「今夏與諸兄弟語論，看翠巖眉毛還在麽？」長慶聞舉云：「生也。」

問：「凡有言句，盡是點污，如何是向上事？」師曰：「凡有言句，盡是點污。」

問：「如何是省〔一〕要處？」師曰：「大衆笑汝。」

問：「坦然不滯鋒鋩時如何？」師云：「大有人作此見解。」曰：「畢竟如何？」師曰：「坦然不滯鋒鋩。」

問：「古人拈槌竪拂，意旨如何？」師曰：「邪法難扶。」

問：「僧繇爲什麽寫誌公真不得？」師曰：「作麽生合殺？」

問：「險惡道中以何爲津梁？」師曰：「藥山再三叮囑。」

〔一〕「省」，原作「者」，據四部本、趙城本改。

問：「不帶凡聖，當機何示？」師曰：「莫向人道翠巖靈利。」問：「妙機言句，盡皆不當，宗乘中事如何？」師曰：「禮拜著。」曰：「學人不會。」師曰：「出家行脚，禮拜也不會。」

錢王嚮師道風，請居龍册寺，終焉。

景德傳燈録卷第十九

吉州青原山行思禪師第六世之三四十二人

福州雪峯義存禪師法嗣下四十二人

福州安國弘瑫禪師　襄州雲蓋山歸本禪師　韶州林泉和尚　洛京南院和尚　越州洞巖可休禪師　定州法海院行周禪師　杭州龍井通禪師　漳州保福從展禪師　泉州睡龍道溥禪師　杭州龍興寺宗靖禪師　福州南禪契璠禪師　越州越山師鼐禪師　南嶽金輪可觀禪師　泉州福清玄訥禪師　韶州雲門文偃禪師　衢州南臺仁禪師　泉州東禪和尚　餘杭大錢山從襲禪師　福州永泰和尚　池州和龍山守訥禪師　建州夢筆和尚　福州古田極樂元儼禪師　福州芙蓉山如體禪師　洛京憩鶴山和尚　潭州溈山棲禪師　吉州潮山延宗禪師　益州普通山普明大師　隨〔一〕州雙泉梁家

〔一〕「隨」，原作「惰」，據正文、四部本、趙城本改。

庵永禪師　漳州保福超悟禪師　太原孚上座　南嶽惟勁禪師已上三十一人見録　台州十相審超禪師　江州廬山訥禪師　新羅國大無爲禪師　潞州玄暉禪師　湖州清浄和尚　益州永安雪峯和尚　盧僊德明禪師　撫州明水懷忠禪師　益州懷果禪師　杭州耳相行修禪師　嵩山安德禪師已上一十一人無機緣語句不録

青原行思禪師第六世之三

福州雪峯義存禪師法嗣下

福州安國院明真大師

福州安國院明真大師弘瑫，泉州人也，姓陳氏。幼絶葷茹，自誓出家，於龍華寺東禪始圓戒體，而造于雪峯。雪峯觀其少俊，堪爲法器，乃導以本心，信入過量。復遍參禪苑，獲諸方三昧，却迴雪峯。雪峯問：「什麼處來？」曰：「江西來。」雪峯曰：「什麼處見達磨？」曰：「分明向和尚道。」雪峯曰：「道什麼？」曰：「什麼處去來。」

一日，雪峯見師，忽搊住曰：「盡乾坤是箇解脱門，把手教伊入不肯入。」曰：「和尚怪弘瑫不得。」雪峯曰：「雖然如此，争奈背後許多師僧何？」

師因舉國師碑文云：「得之於心，伊蘭作栴檀之樹。失之於旨，甘露乃蒺蔾之園。」拈問僧曰：「一語須具得失兩意，汝作麽生道？」僧舉拳曰：「不可唤作拳頭也。」師不肯，亦舉拳別云：「只爲唤遮箇作拳頭。」

師受請止囷山，毳徒臻集。後閩帥嚮師道德，命居安國寺，大闡玄風，徒餘八百矣。

僧問：「如何是西來意？」師曰：「是即是，莫錯會。」

問：「如何是第一句？」師曰：「問！問！」

問：「學人上來未盡其機，請師盡機。」師良久，僧禮拜。師曰：「忽到別處，人問汝作麽生舉？」曰：「終不敢錯舉。」師曰：「未出門已見笑具。」

問：「如何是達磨傳底心？」師曰：「素非後躅。」

問：「如何是宗乘中事？」師曰：「不可爲老兄散却衆也。」

問：「不落有無之機，請師全道。」師曰：「汝試斷看。」

問：「如何是一毛頭事？」師拈起袈裟，僧曰：「乞師指示。」師曰：「抱璞不須頻下淚，來朝更獻楚王看。」

問：「寂寂無言時如何？」師曰：「更進一步。」

問：「凡有言句，皆落因緣方便，不落因緣方便事如何？」師曰：「桔槔之士頻逢，抱甕之流罕遇。」

問：「向上一路千聖不傳，未審和尚如何傳？」師曰：「且留口喫飯著。」

問：「如何是高尚底人？」師曰：「河濱無洗耳之叟，磻溪絶垂釣之人。」

問：「十二時中如何救得生死？」師曰：「執鉢不須窺衆樂，履冰何得步參差？」

問：「學人擬問宗乘，師還許也無？」師曰：「但問。」僧擬問，師乃喝出。

問：「目前生死如何免得？」師曰：「把將生死來。」

問：「知有底人爲什麽道不得？」師曰：「汝爺名什麽？」

問：「如何是活人之劍？」師曰：「不敢瞎却汝。」曰：「如何是殺人之刀？」師曰：「只遮箇是。」

問：「不犯鋒鋩，如何知音？」師曰：「驢年去！」

問：「苦澀處乞師一言。」師曰：「可殺沈吟。」曰：「爲什麽如此？」師曰：「也須相悉好。」

問：「常居正位底人，還消得人天供養否？」師曰：「消不得。」曰：「爲什麽消不得？」師曰：「是什麽心行？」曰：「什麽人消得？」師曰：「著衣喫飯底消得。」

師舉：稜和尚住招慶時，在法堂東角立，謂僧曰：「遮裏好致一問。」僧便問：「和尚爲何不居正位？」稜曰：「爲汝恁麽來。」曰：「即今作麽生？」稜曰：「用汝眼作麽？」師舉畢乃曰：「他家恁麽問，别是箇道理，如今作麽生道？」後安國曰：「恁麽即大衆一時散去得也。」師亦自代曰：「恁麽即大衆一時禮拜。」

襄州雲蓋山雙泉院歸本禪師

襄州雲蓋山雙泉院歸本禪師，亦曰西雙泉，以隋州有東雙泉故也。京兆府人也。幼出家，十六納戒，念法華經。初禮雪峯，雪峯下禪床跨背而坐，師於是省覺。

僧問：「如何是雙泉？」師曰：「可惜一雙眉。」曰：「學人不會。」師曰：「不曾煩禹力，湍流事不知。」問：「如何是西來的的意？」師乃搊住，其僧變色。師曰：「我遮裏無遮箇。」

師手指纖長，特異于人，號手相大師。

韶州林泉和尚

韶州林泉和尚。先住巘山。僧問：「如何是塵？」師曰：「不覺成丘山。」

師謁白雲慈光大師，辭出，白雲門送，扶師下階，曰：「款款，莫教蹉倒。」師曰：「忽然蹉倒又作麽生？」白雲曰：「更不用扶也。」師大笑而退。

洛京南院和尚

洛京南院和尚。問：「如何是法法不生？」師曰：「生也。」

有儒士博覽古今，時人呼爲張百會。一日，來謁師，師曰：「莫是張百會麽？」曰：「不敢！」師以手於空畫一畫，曰：「會麽？」曰：「不會。」師曰：「一尚不會，什麽處得百會來？」

越州洞巖可休禪師

越州洞巖可休禪師。問：「如何是洞巖正主？」師曰：「開著。」

問：「如何是和尚親切爲人處？」師曰：「大海不宿屍。」

問：「如何是向上一路？」師舉衣領示之。

問：「學人遠來，請師方便。」師曰：「方便了也。」

定州法海院行周禪師

定州法海院行周禪師。問：「風恬浪静時如何？」師曰：「吹倒南牆。」

問：「如何是道中寶？」師曰：「不露光。」曰：「莫便是否？」師曰：「是即露也。」

杭州龍井通禪師

杭州龍井通禪師。處棲上座問：「如何是龍井龍？」師曰：「意氣天然別，神筆畫不成。」曰：「爲什麽畫不成？」師曰：「出群不戴角，不與類中同。」曰：「還解行雨也無？」師曰：「普潤無邊際，處處皆結粒。」曰：「還有宗門中事也無？」師曰：「有。」曰：「如何是宗門中事？」師曰：「從來無形段，應物不曾虧。」

問：「如何是吹毛劍？」師曰：「拽出死屍著！」

漳州保福院從展禪師

漳州保福院從展禪師，福州人也，姓陳氏。年十五，禮雪峯爲受業師。十八，本州大中寺具戒。遊吳、楚間，後歸執侍。雪峯一日忽召曰：「還會麽？」師欲近前，雪峯以杖拄之，師當下知歸，作禮而退。

又常以古今方便詢于長慶稜和尚，稜深許之。長慶稜和尚有時云：「寧説阿羅漢有三毒，不説如來有二種語。不道如來無語，只是無二種語。」師曰：「作麽生是如來語？」曰：「聾人争得聞？」師曰：「情知和尚向第二頭道。」長慶却問：「作麽生是如來語？」師曰：「喫茶去！」雲居錫云：「什麽處是長慶向第二頭道處？」

因舉：盤山云：「光境俱亡，復是何物？」洞山云：「光境未亡，復是何物？」師曰：「據此二尊者商量，猶未得勦絶。」乃問長慶：「如今作麽生道得勦絶？」長慶良久，師曰：「情知和尚向山鬼窟裏作活計。」長慶却問：「作麽生？」師曰：「兩手扶犁水過膝。」

一日，長慶問：「見色便見心，還見船子麽？」師曰：「見。」曰：「船子且置，作麽生是心？」師却指船子。歸宗柔別云：「和尚只解問人。」

雪峯謂衆曰：「諸上座，到望州亭與上座相見了，到烏石嶺與上座相見了，到僧堂前與上座相見了。」師舉問鵝湖曰：「僧堂前相見即且置，只如望州亭、烏石嶺什麽處是相見？」鵝湖驟步入方丈，師歸僧堂。東禪齊云：「此二尊宿會處，是相見不相見？試斷看。」

梁貞明四年丁丑歲，漳州刺史王公欽承道譽，創保福禪苑迎請居之。開堂日，王公禮跪三請，躬自扶掖升堂。師曰：「須起箇笑端作麽？然雖如此，再三不容推免。諸仁者還識麽？若識得，便與古佛齊肩。」時有僧出，方禮拜，師曰：「晴乾不肯去，要待雨淋頭。」僧乃申問曰：「郡守崇建精舍，大闡真風，便請和尚舉揚宗教。」師曰：「還會麽？」曰：「恁麽即群生有賴也。」師曰：「莫把那不浄塗污人好！」僧出禮拜，師曰：「大德好與麽〔一〕，莫覆却船子。」

問：「泯默將何爲則？」師曰：「落在什麽處？」曰：「不會。」師曰：「𥈻五合切。睡漢出去！」

師見一僧，乃以杖子打露拄，又打其僧頭，僧作痛聲。師曰：「那箇爲什麽不痛？」僧無對。玄覺代云：「貪行拄杖。」

問：「摩騰入漢，一藏分明。達磨西來，將何指示？」師曰：「上座行脚事作麽生？」曰：「不會。」師曰：「不會會取好，莫傍家取人處分。若是久在叢林，麁委些子遠近，可以隨處任真。其有初心後學，未知次序，山僧所以不惜口業，向汝道塵劫來事，只在如今。還會麽？然佛法付囑國王、大臣、郡守，昔同佛會，今方如是。若是福禄榮貴則且不論，只如當時受佛付囑底事，還記得麽？若識得便與千聖齊肩。儻未識得，直須諦信。此事不從人得，自己亦非，言多去道轉遠。直道言語道斷，心行處滅，猶未是在。久立，珍重！」

異日上堂，大衆雲集，師曰：「有人從佛殿後過，見是張三、李四。從佛殿前過，爲什麽不見？且道佛法利害在什麽處？」僧曰：「爲有一分麁境，所以不見。」師乃叱之，自代

〔一〕「麽」，四部本、趙城本無。

曰："若是佛殿即不見。"僧曰："不是佛殿還可見否？"師曰："不是佛殿見什麼？"

問："十二時中如何據驗？"師曰："恰好據驗。"曰："學人爲什麼不見？"師曰："不可更捏目去也。"

問："主伴重重，極十方而齊唱，如何是極十方而齊唱？"師曰："汝何不教別人問？"

問："因言辯意時如何？"師曰："因什麼言？"僧低頭良久，師曰："擊電之機，徒勞佇思。"

問："欲入無爲海，須乘般若船，如何是般若船？"師曰："便請。"曰："便恁麼進去時如何？"師曰："也是涅槃堂裏漢。"

師見僧喫飯，乃托鉢曰："家常。"僧曰："和尚是什麼心行？"

有尼到參，師曰："阿誰？"侍者報曰："覺師姑。"師曰："既是覺師姑，用來作麼？"尼曰："仁義道中即不無。"師自別云："和尚是什麼心行？"玄覺因舉："法眼見僧擔土，乃以一塊土放擔上云：『吾助汝。』僧云：『謝和尚慈悲。』法眼不肯。有一僧別云：『和尚是什麼心行？』法眼便休。"玄覺徵云："此三則語一般？別有道理？什麼處是心行處？"

閩帥遣使送朱記到，師上堂曰：「去即印住，住即印破。」僧曰：「不去不住，用印奚爲？」師乃打之。僧曰：「恁麽即山鬼窟裏全因今日也。」師默而已。玄覺云：「什麽處是山鬼窟？叢林中道住在不去不住處便是山鬼窟，所以打破。如此商量，正是鬼窟。且道保福打伊，意作麽生？」

師問僧：「什麽處來？」曰：「江西。」師曰：「學得底那？」曰：「拈不出。」師曰：「作麽生？」法眼别云：「謾語。」僧無對。

師舉洞山真讚云：「徒觀紙與墨，不是山中人。」僧問：「如何是山中人？」師曰：「汝試貌掠看。」曰：「若不黠兒，幾成貌掠。」師曰：「汝是黠兒。」曰：「和尚是什麽心行？」師曰：「來言不豐。」

師見僧數錢，乃展手曰：「乞我一錢。」曰：「和尚因何到恁麽地？」師曰：「我到恁麽地。」曰：「若到恁麽地，將取一文去。」師曰：「汝爲何到恁麽地？」

師問僧：「什麽處來？」曰：「江西觀音。」師曰：「還見觀音麽？」曰：「見。」師曰：「左邊見？右邊見？」曰：「見時不歷左右。」法眼别云：「如和尚見。」

問：「如何是入火不燒，入水不溺？」師曰：「若是水火，即被燒溺。」

師問飯頭：「鑊闊多少？」曰：「和尚試量看。」師以手作量勢，曰：「和尚莫謾某甲。」

師曰：「却是汝謾我。」

問：「欲達無生路，應須識本源，如何是本源？」師良久，却問侍者：「適來僧問什麽？」其僧再舉，師乃喝出，曰：「我不患聾！」

問：「學人近入叢林，乞師全示入路。」師曰：「若教全示，我却禮拜汝。」

師見一僧，乃曰：「汝作什麽業來，得恁麽長大？」曰：「和尚短多少？」師蹲身作短勢，僧曰：「和尚莫謾人好。」師曰：「却是汝謾我。」

師令侍者屈隆壽長老云：「但獨自來，莫將侍者來。」壽曰：「不許將來，争解離得？」師曰：「大殺恩愛。」壽無對，師自代曰：「更謝和尚上足傳示。」

師住保福僅一紀，學衆常不下七百，其接機利物不可備録。閩帥禮重，爲奏命服。唐天成三年戊子示有微疾。僧入丈室問訊，師謂之曰：「吾與汝相識年深，有何方術相救？」僧曰：「方術甚有，聞説和尚不解忌口。」法燈別云：「和尚解忌口麽？」又謂衆曰：「吾旬日來氣力困劣，别無他，只是時至。」僧問：「時既至矣，師去即是？住即是？」師曰：「道！」曰：「恁麽即某甲不敢造次。」師曰：「失錢遭罪。」言訖跏趺告寂，即三月二十一日也。

泉州睡龍山道溥

泉州睡龍山道溥，號弘教大師，福州福唐人也，姓鄭氏。寶林院受業，自雪峯印心，住五峯。

上堂曰：「莫道空山無祇待。」便歸方丈。

僧問：「凡有言句，不出大千頂，未審頂外事如何？」師曰：「凡有言句，不是大千頂。」曰：「如何是大千頂？」師曰：「摩醯首羅天，猶是小千界。」

問：「初心後學近入叢林，方便門中乞師指示。」師敲門枋，僧曰：「向上還有事也無？」師曰：「有。」曰：「如何是向上事？」師再敲門枋。

杭州龍興宗靖禪師

杭州龍興宗靖禪師，台州人也。初參雪峯密承宗印，乃自誓充飯頭，服勞逾十載。嘗於衆堂中袒一膊釘簾，雪峯覩而記曰：「汝向後住持有千僧，其中無一人衲子也。」師悔過，辭歸故鄉，住六通院。錢王命居龍興寺，有衆千餘，唯三學講誦之徒，果如雪峯所誌。周廣順初，年八十一。錢王請於寺之大殿演無上乘，黑白駢擁。

僧問：「如何是六通奇特之唱？」師曰：「天下舉去。」

問：「如何是六通家風？」師曰：「一條布衲，一斤有餘。」

僧問：「如何是學人進前一路？」師曰：「誰敢謾汝？」曰：「豈無方便？」師曰：「早是屈抑也。」

問：「如何是和尚家風？」師曰：「早朝粥，齋時飯。」曰：「更請和尚道。」師曰：「老僧困。」曰：「畢竟作麽生？」師大笑而已。

錢王特加禮重，屢延入府，以始住院署六通大師。顯德元年甲寅季冬月示滅，壽八十四，塔于大慈山。

福州南禪契璠禪師

福州南禪契璠禪師。上堂曰：「若是名言妙句，諸方總道了也。今日衆中還有超第一義者致得一句麽？若有，即不孤負於人。」時有僧問：「如何是第一義？」師曰：「何不問第一義？」曰：「見問。」師曰：「已落第二義也。」

問：「古佛曲調請師和。」師曰：「我不和汝雜亂底。」曰：「未審爲什麽人和？」師曰：「什麽處去來？」

越州諸暨縣越山師鼐

越州諸暨縣越山師鼐，號鑒真禪師。初參雪峯而染指，後因閩王請於清風樓齋，坐久舉目忽覩日光，豁然頓曉而有偈曰：「清風樓上赴官齋，此日平生眼豁開。方知普通年遠事，不從葱嶺路將來。」歸呈雪峯，雪峯然之。

僧問：「如何是佛身？」師曰：「汝問那箇佛身？」曰：「釋伽佛身。」師曰：「舌覆三千界。」

師臨終時集衆，示一偈曰：「眼光隨色盡，耳識逐聲消。還源無別旨，今日與明朝。」偈畢，跏趺而逝。

南嶽金輪可觀禪師

南嶽金輪可觀禪師，福州福唐人也，姓蘇氏。依石佛寺齊合禪師披剃，戒度既圓，便參雪峯。雪峯曰：「近前。」師方近前作禮，雪峯舉足蹋之，師忽然冥契。師事十二載，復歷叢林，止南嶽法輪峯。

師上堂謂衆曰：「我在雪峯遭他一蹋，直至如今眼不開，不知是何境界？」

僧問：「如何是西來意？」師曰：「不是。」

大衆夜參後下堂，師召曰：「大衆！」衆迴首，師曰：「看月。」大衆看月，師曰：「月似彎弓，少雨多風。」衆無對。

問：「古人道：『毘盧有師，法身有主。』如何是毘盧師、法身主？」師曰：「不可床上安床。」

問：「如何是日用事？」師拊掌三下，僧曰：「學人未領此意。」師曰：「更待什麽？」

問：「從上宗乘如何爲人？」師曰：「我今日未喫茶。」曰：「請師指示。」師曰：「過也。」

問：「正則不問，請師傍指。」師曰：「抱取猫兒去。」

師問僧：「什麽處來？」曰：「華光。」師即托出，閉門，僧無對。

問：「路逢達道人，不將語默對。未審將何對？」師曰：「咄！出去。」

師問僧：「作麽生是覿面事？」曰：「請師鑒。」師曰：「恁麽道還當麽？」曰：「故爲即不可。」師曰：「别是一著。」

問：「如何是靈源一路？」師曰：「蹋過作麽？」

雪峯院主有書來招師曰：「山頭和尚年尊也，長老何不再入嶺一轉？」師迴書曰：「待山頭和尚别有見解即入嶺。」有僧問：「如何是雪峯見解？」師曰：「我也驚。」

泉州福清院玄訥禪師

泉州福清院玄訥禪師，高麗人也。初住福清道場，傳象骨之燈，學者歸慕。

泉守王公問：「如何是宗乘中事？」師叱之。

僧問：「如何是觸目菩提？」師曰：「闍梨失却半年糧。」曰：「爲什麽失却半年糧？」師曰：「只爲圖他一斗米。」

問：「如何是清净法身？」師曰：「蝦蟇、曲蟮。」

問：「教云：『唯一堅密身，一切塵中現。』如何是堅密身？」師曰：「驢馬、猫兒。」曰：「乞師指示。」師曰：「驢馬也不會！」

問：「如何是物物上辨明？」師展一足示之。

師住福清三十年，大闡玄風，終於本山。

韶州雲門山文偃禪師

韶州雲門山文偃禪師，姑蘇嘉興人也，姓張氏。初參睦州陳尊宿發明大旨，後造雪峯而益資玄要。因藏器混衆于韶州靈樹敏禪師法席，居第一座。敏將滅度，遺書於廣主，請接踵住持。師不忘本，以雪峯爲師。

開堂日，廣主親臨曰：「弟子請益。」師曰：「目前無異路。」法眼別云：「不可無益於人。」

師云：「莫道今日謾諸人好！抑〔一〕不得已，向諸人道遮裏作一場狼藉。忽遇明眼人見，謂之一場笑具。如今亦不能避得也。且問爾諸人，從上來有什麽事？欠少什麽？向爾道無事，亦是謾爾也，須到遮田地始得。亦莫趁口頭亂問，自己心裏黑漫漫地。明朝後日，大有事在。爾若是根性遲迴，且向古人建化門庭東覷西覷看，是箇什麽道理？汝欲得會麽？都緣是汝自家無量劫來妄想濃厚，一期聞人説著，便生疑心。問佛問祖，向上向下，求覓解會，轉没交涉。擬心即差，況復有言，莫是不擬心麽？更有什麽事？珍重！」

師上堂云：「我事不獲已，向爾諸人道，直下無事，早是相埋没了也。爾諸人更擬進步向前，尋言逐句，求覓解會，千差萬巧，廣設問難，只是贏得一場口滑。去道轉遠，有什麽休歇時？此箇事若在言語上，三乘十二分教豈是無言語？因什麽更道教外别傳？若從學解機智得，只如十地聖人説法，如雲如雨，猶被呵責，見性如隔羅縠。以此故知一切有心，天地懸殊。雖然如此，若是得底人道火不可燒，口終日説事，不曾掛著脣齒，未曾道著一字。終日著衣喫飯，未嘗觸一粒米、掛一縷線。雖然如此，猶是門庭之説，也須實得恁麽始得。若約衲僧門下，句裏呈機，徒勞佇思，直饒一句下承當得，猶是瞌睡漢。」

〔一〕「抑」，四部本、趙城本作「扼理」。

師云：「三乘十二分教横説竪説，天下老和尚縱横十字説，與我拈針鋒許説底道理來，看恁麽道死馬醫。雖然如此，且有幾箇到此境界？不敢望汝言中有響，句裏藏鋒，瞬目千差，風恬浪静。伏惟尚饗。珍重！」

師上堂云：「諸兄弟盡是諸方參尋知識，決擇生死，到處豈無尊宿垂慈方便之詞？還有透不得底句麽？出來舉看，老漢大家共爾商量。」時有僧出來禮拜，擬舉次，師云：「去去西天路，迢迢十萬餘。」

問〔一〕學人：「簇簇地商量箇什麽？」云：「大衆久立。」師云：「舉一則語，教汝直下承當，早是撒屎著汝頭上。直饒拈一毫頭，盡大地一時明得，也是剜肉作瘡。雖然如此，汝亦須實到遮箇田地始得。若未切，不得掠虚，却須退步向自己根脚下推尋看，是箇甚麽道理？實無絲髮與汝作解會，與汝作疑惑。汝等各各且當人一段事，大用現前，更不煩汝一毫頭氣力，便與祖佛無别。自是諸人信根淺薄，惡業濃厚，突然起得許多頭角，擔鉢囊千鄉萬里受屈。且汝諸人有什麽不足處？大丈夫漢阿誰無分？觸目承當得，猶是不著便，不可受人欺謾，取人處分。才見老和尚動口，便好把特石驀口塞，便是屎上青蠅相似，鬭競接將

〔一〕「問」，四部本、趙城本作「師問」。

去，三箇五箇聚頭地商量，苦屈！兄弟，他古德一期爲爾諸人不奈何，所以方便垂一言半句，通汝入路。遮般事拈放一邊，獨自著些子筋骨，豈不是有少許相親處？快與！快與！時不待人，出息不保入息，更有什麽身心别處閑用？切須在意在意！珍重！」

師云：「盡乾坤把一時將來著汝眼睫上，爾諸人聞恁麽道，不敢望爾出來，性燥把老漢打一摑。且緩緩子細看是有是無，是箇什麽道理〔一〕？直饒向遮裏明得，若遇衲僧門下，好搥折兩脚。汝若是箇人，聞説道什麽處有老宿出世，便好驀面唾污我耳目？汝若不是箇脚手，才聞人舉便當荷得，早落第二機也。汝且看他德山和尚，才見僧上來，拽拄杖便打趁。睦州和尚才見入門來，便云『且放汝三十棒』，或時云『見成公案』。自餘之輩，合作麽生？若是一般掠虚漢，食人涎唾，記得一堆一擔骨董〔二〕到處逞，驢脣馬嘴誇我解問十轉五轉話〔三〕。饒爾從朝問到夜，論劫恁麽，還曾夢見也未？什麽處是與人著力處？似遮般底，有人屈衲僧齋，也道我得飯喫，堪什麽共語？他日閻羅王面前，不取爾口解説。諸兄弟，若是

〔一〕「是箇什麽道理」，四部本、趙城本作「什麽」。
〔二〕「董」，四部本、趙城本作「幢」。
〔三〕「話」，四部本、趙城本無。

得底人，他家依衆遺日。若也未得，切莫容易過時，大須子細。古人大有葛藤相爲處，即如雪峯和尚道：『盡大地是汝。』夾山云：『百草頭識取老僧，市門頭認取天子。』樂普云：『一塵才舉，大地全收。一毛師子，全身總是。』汝把取翻覆思量，日久歲深，自然有箇入路。此事無爾替代處，莫非各在當人分上。老和尚出世，只是爲爾證明。汝若有少許來由，且昧爾亦不得。爾若實未得方便，撥汝則不可。兄弟，一等是蹋破草鞋，抛却師僧父母行脚，直須著些子精彩始得實。若有箇〔一〕入頭處，遇著一箇咬猪狗脚手，不惜性命入泥入水相爲。有可咬嚼，劄上眉毛，高掛鉢囊，拗折拄杖。十年二十年擬取徹頭，莫愁不成辦。直是今生未得徹頭，來生亦不失人身。向此箇門中亦乃省力，不虛孤負平生，亦不孤負師僧、父母、十方施主。直須在意，莫空遊州獵縣，横擔柱杖，一千二千里走趁，遮邊經冬，那邊過夏，好山水堪取性，多齋供易得衣鉢，苦屈圖他一粒米，失却半年糧。如此行脚，有什麽利益？信心檀越把菜粒米作麽生消得？直須自看，時不待人。忽然一日眼光落地，到來前頭將什麽抵擬？莫一似落湯螃蟹，手脚忙亂，無爾掠虛説大話處。莫將等閑空過時光，一失人身，萬劫不復。不是小事，莫據目前。古人尚道『朝聞道，夕死可矣』，況我沙門日

〔一〕「箇」下四部本、趙城本有「人」字。

夕合履踐箇什麽事？大須努力努力！珍重！」

師云：「汝等没可恁麽了，見人道著祖意，便問箇超佛越祖之談。汝且喚那箇爲佛？那箇爲祖？且説箇超佛越祖底道理。問箇出三界，爾把將三界來看，有什麽見聞覺知隔礙著爾？有〔一〕什麽聲〔二〕色可與爾？了了什麽椀？以阿那箇爲差殊之見？他古聖不奈何，横身爲物，道箇舉體全真物，物〔三〕覿體不可得。我向爾道，直下有什麽事，早是相埋没了也。爾若〔四〕實未有入頭處，且中私〔五〕獨自參詳，除却著衣喫飯，屙屎送尿，更有什麽事？無端起得許多妄想作什麽？更有一般底，恰似等閑相似，聚頭學得箇古人話路，識性記持，妄想卜度，道我會佛法了也。只管説葛藤，取性過時，更嫌不稱意。千鄉萬里，抛却老爺孃、師僧、和尚，作遮去就〔六〕。遮般打約野秃〔七〕，有什麽死急行脚去！」

〔一〕「爾有」，四部本、趙城本無。
〔二〕「聲」下四部本、趙城本有「塵」字。
〔三〕「物」，四部本、趙城本無。
〔四〕「爾若」，四部本、趙城本無。
〔五〕「私」，四部本、趙城本作「思量」。
〔六〕「作遮去就」，四部本、趙城本作「遮般底去去」。
〔七〕「遮般打約野秃」，四部本、趙城本作「遮打野菜秃」。

師上堂云：「故知時運澆漓，迨于像季。近日師僧北去禮文殊，南去遊衡嶽，若恁麽行脚，名字比丘徒消信施。苦哉！苦哉！問著黑似漆相似，只管取性過時。設使有三箇兩箇，枉學多聞，記持話路，到處覓相似言語，印可老宿，輕忽上流，作薄福德業，他日閻羅王釘爾之時，莫道無人向爾説。若是初心後學，直須著精神，莫空記人説情〔一〕，多虚不如少實，向後只是自賺。有什麽事？近前！」

師上堂，大衆雲集，師以拄杖指面前云：「乾坤大地，微塵諸佛，總在〔二〕裏許争佛法，各覓勝負，還有人諫得麽？若無人諫得，待老漢與爾諫。」時有僧出云：「便請和尚諫。」師云：「遮野狐精！」

師云：「汝諸人傍家行脚，皆是河南海北，各各盡有生緣所在，還自知得麽？試出來舉看，老漢與汝證明。有麽？有麽？出來！汝若不知，老漢謾爾去也。汝欲得知，若生緣在北，北有趙州和尚，五臺山有文殊，總在遮裏。若生緣在南，南有雪峯、卧龍、西堂、鼓山，總在遮裏。汝欲得識麽？欲得識，向遮裏識取。若不見，亦莫掠虚。見麽！見麽！且看老僧騎佛殿出去也。珍重！」

〔一〕「情」，四部本、趙城本作「處」。
〔二〕「在」下四部本、趙城本有「遮」字。

師上堂云：「天親菩薩無端變作一條榔㮽木杖。」乃畫地一下云：「塵沙諸佛盡向遮裏葛藤。」便下堂。

師云：「我看爾諸人，二三機中不能覯得，空披衲衣何益？汝還會麼？與汝注破，久後諸方若見老宿舉一指，竪一拂子，云是禪是道，拽拄杖打破頭便行。若不如此，盡是天魔眷屬，壞滅吾宗。汝若不會，且向葛藤社裏看。我尋常向汝道，微塵刹土，三世諸佛，西天二十八祖，唐土六祖，盡在拄杖頭上説法。神通變現，聲應十方，一任縱横。爾還會麼？若不會，且莫掠虚。然雖據實，實是諦見也未？直饒到此田地，未曾夢見衲僧、沙彌在，三家村裏不逢一人。」師驀起以拄杖劃地一下，云：「總在遮裏。」又劃一下，云：「總從遮裏出去也。珍重！」

師上堂云：「和尚子，衲僧直須明取衲僧鼻孔，且作麼生是衲僧鼻孔？」衆皆無對。師云：「摩訶般若波羅蜜，大普請。下去！」

師上堂云：「諸和尚子，饒爾道有什麼事，猶是頭上著頭，雪上加霜，棺木裏瞠眼，炙瘡瘢〔一〕上著艾燋，遮箇一場狼藉，不是小事，爾合作麼生？各自覓取箇托生處好！莫空遊州

〔一〕「瘢」，四部本、趙城本作「盤」。

獵〔一〕縣，只欲捉搦閑話。待老和尚口動，便問禪問道，向上向下，如何若何，大卷抄了，塞在皮袋裏卜度，到處火鑪邊，三箇五箇聚頭，口喃喃舉，更〔二〕道遮箇是公，才語遮箇是從裏道出語〔三〕，遮箇是就事上道底語〔四〕，遮箇是體語〔五〕，體爾屋裏老爺老孃！噇却飯了，只管説夢，便道我會佛法了也。將知爾行脚，驢年得箇休歇麽？更有一般底，才聞人説箇休歇處，便向陰界裏閉眉合眼，老鼠孔裏作活計，黑山下坐，鬼趣裏體當，便道得箇入頭路。夢見麽？似遮般底，殺一萬箇有什麽罪過？喚作打底不遇作家，至竟只是箇掠虚漢。爾若實有箇見處，試捻來看共爾商量。莫空不識好惡〔六〕，矻矻地聚頭説閑葛藤，莫教老漢見捉來，勘不相當，搥折脚。莫道不道。爾還皮下有血麽？」以拄杖一時趁下。

問：「如何是佛法大意？」師曰：「春來草自青。」

〔一〕「獵」，四部本、趙城本作「打」。
〔二〕「更」，四部本無。
〔三〕「語」，四部本、趙城本作「悟」。
〔四〕「底語」，四部本、趙城本無。
〔五〕「語」，四部本、趙城本作「悟」。
〔六〕「不識好惡」，四部本、趙城本作「不謝兩惡」。

師問新羅僧:「將什麽物過海?」曰:「草賊敗也。」師引手曰:「汝爲什麽在我遮裏?」曰:「恰是。」師曰:「更踍跳。」

問:「牛頭未見四祖時如何?」師曰:「家家觀世音。」曰:「見後如何?」師曰:「火裏蝍蟉吞大蟲。」

問:「如何是雲門一句?」師曰:「臘月二十五。」

問:「如何是雪嶺泥牛吼?」師曰:「天地黑。」曰:「如何是雲門木馬嘶?」師曰:「山河走。」

問:「從上來事請師提綱。」師曰:「朝看東南,暮看西北。」曰:「便恁麽領會時如何?」師曰:「東屋裏點燈,西屋裏暗坐。」

問:「十二時中如何即得不空過?」師曰:「向什麽處著此一問?」曰:「學人不會,請師舉。」師曰:「將筆硯來。」僧乃取筆硯來,師作一頌曰:「舉不顧,即差互。擬思量,何劫悟?」

問:「如何是學人自己?」師曰:「遊山翫水。」曰:「如何是和尚自己?」師曰:「賴遇維那不在。」

問：「一口吞盡時如何？」師曰：「我在汝肚裏。」曰：「和尚爲什麽在學人肚裏？」師曰：「還我話頭來。」

問：「如何是道？」師曰：「去！」曰：「學人不會，請師道。」師曰：「闍梨，公憑分明，何得重判？」

問：「生死到來，如何排遣？」師展手曰：「還我生死來。」

問：「如何是父母不聽，不得出家？」師曰：「淺。」曰：「學人不會。」師曰：「深。」

問：「如何是學人自己？」師曰：「汝怕我不知？」

問：「萬機俱盡時如何？」師曰：「與我拈却佛殿來與汝商量。」曰：「佛殿豈關他事？」師喝曰：「遮謾語漢！」

問：「如何是教外別傳一句？」師曰：「對衆將來。」曰：「直得恁麽時如何？」師曰：「照從何立？」

問：「如何是和尚家風？」師曰：「門前有讀書人。」

問：「如何是透法身句？」師曰：「北斗裏藏身。」

問：「如何是西來意？」師曰：「久雨不晴。」又曰：「粥飯氣。」

問：「古人横説竪説，猶未知向上關棙子，如何是向上關棙子？」師曰：「西山東嶺青。」

問：「如何是西來意？」師曰：「河裏失錢河裏漉。」

師有時坐良久，僧問：「何似釋迦當時？」師曰：「大衆立久，快禮三拜。」

師嘗有頌曰：「雲門聳峻白雲低，水急遊魚不敢棲。入户已知來見解，何煩再舉轢中泥？」

衢州南臺仁禪師

衢州南臺仁禪師。問：「如何是南臺境？」師曰：「不知貴。」曰：「畢竟如何？」師曰：「闍梨即今在什麽處？」

師後還住本郡鎮境寺而終。

泉州東禪和尚

泉州東禪和尚。初開堂，僧問：「人王迎請，法王出世。如何提唱宗乘，即得不謬於祖風？」師曰：「還奈得麽？」曰：「若不下水，焉知有魚？」師曰：「莫閑言語。」

問：「如何是佛法最親切處？」師曰：「過也。」

問：「學人末後來，請師最先句。」師曰：「什麼處來？」

問：「如何是學人己分事？」師曰：「苦。」

問：「如何是佛法大意？」師曰：「幸自可憐生，剛要異鄉邑。」

餘杭大錢山從襲禪師

餘杭大錢山從襲禪師，雪峯之上足也。自本師印解，洞曉宗要。常曰：「擊關南鼓，唱雪峯歌。」後入浙中謁錢王，王欽服道化，命居此山而闡法焉。

僧問：「不因王請，不因衆聚，請師直道西來的的意。」師曰：「那邊師僧過遮邊著。」曰：「學人不會，乞師指示。」師曰：「爭得恁麼不識好惡？」

問：「閉門造車，出門合轍。如何是閉門造車？」師曰：「造車即不問〔一〕，汝作麼生是轍？」曰：「學人不會，乞師指示。」師曰：「巧匠施工，不露斤斧。」

福州永泰和尚

福州永泰和尚。問：「承聞和尚見虎，是否？」師作虎聲，僧作打勢。師曰：「遮死漢！」

〔一〕「問」，原作「門」，據四部本、趙城本改。

問：「如何是天真佛？」師乃拊掌曰：「不會！不會！」

池州和龍山壽昌院守訥

池州和龍山壽昌院守訥。號妙空禪師，福州閩縣人也，姓林氏。受業於古田壽峯。問：「未到龍門如何湊泊？」師曰：「立命難存。」有新到僧參，師問：「近離什麼處？」曰：「不離方寸。」師曰：「不易來。」僧亦曰：「不易來。」師與一掌。

問：「如何是傳底心？」師曰：「再三囑汝，莫向人説。」問：「如何是從上宗乘？」師曰：「向闍梨口裏著得麽？」問：「省要處請師一接。」師曰：「甚是省要。」

建州夢筆和尚

建州夢筆和尚。問：「如何是佛？」師曰：「不誑汝。」曰：「莫便是否？」師曰：「汝誑他。」

閩王請師齋，問：「和尚還將得筆來也無？」師曰：「不是稽山繡管，慚非月裏兔毫。大王既垂顧問，山僧敢不通呈？」又問：「如何是法王？」師曰：「不是夢筆家風。」

福州古田極樂元儼禪師

福州古田極樂元儼禪師。問：「如何是極樂家風？」師曰：「滿目看不盡。」問：「萬法本無根，未審教學人承當什麼？」師曰：「莫窺語。」問：「久處暗室，未達其源，今日上來乞師一接。」師曰：「莫閉眼作夜好。」曰：「恁麼即優曇華折，曲爲今時。向上宗風，如何垂示？」師曰：「汝還識也無？」曰：「恁麼即息疑去也。」師曰：「莫向大衆前窺語。」

問：「摩騰入漢即不問，達磨來梁時如何？」師曰：「如今豈謬？」曰：「恁麼即理出三乘，華開五葉。」師曰：「説什麼三乘五葉，出去！」

福州芙蓉山如體禪師

福州芙蓉山如體禪師。僧問：「如何是古人曲調？」師良久，曰：「聞麼？」曰：「不聞。」師示一頌曰：「古曲發聲雄，今時韻亦同。若教第一指，祖佛盡迷蹤。」

洛京憩鶴山和尚

洛京憩鶴山和尚。柏谷長老來訪，師曰：「太老去也。」谷曰：「還我不老底來。」師與一摑。

問：「駿馬不入西秦時如何？」師曰：「向什麽處去？」

潭州潙山棲禪師

潭州潙山棲禪師。問：「正恁麽時，如何親近？」師曰：「汝擬作麽生親近？」曰：「豈無方便門？」師曰：「開元龍興、大藏小藏。」

問：「如何是速疾神通？」師曰：「新衣成弊帛。」

問：「如何是黄尋橋？」師曰：「賺却多少人？」

問：「不假忉忉，如何是和尚家風？」師曰：「莫作野干聲！」

吉州潮山延宗禪師

吉州潮山延宗禪師。資福和尚來謁，師下禪床接。資福問曰：「和尚住此山得幾年也？」師曰：「鈍鳥棲蘆，困魚止箔。」曰：「恁麽即真道人也。」師曰：「且坐喫茶。」

問：「如何是潮山？」師曰：「不宿屍。」曰：「如何是山中人？」師曰：「石上種紅蓮。」

問：「如何是和尚家風？」師曰：「切忌犯朝儀。」

益州普通山普明大師

益州普通山普明大師。問：「如何是佛性？」師曰：「汝無佛性。」曰：「蠢動含靈皆有佛性，學人爲何却無？」師曰：「爲汝向外求。」問：「如何是玄玄之珠？」師曰：「遮箇不是。」曰：「如何是玄玄珠？」曰：「失却也。」

隨州雙泉山梁家庵永禪師

隨州雙泉山梁家庵永禪師。問：「達磨九年面壁意如何？」師曰：「睡不著。」護國長老來，師問：「隨陽一境是男是女？各申一問，問問各別。長老將何祇對？」護國以手空中畫圓相，師曰：「謝長老慈悲。」曰：「不敢。」師低頭不顧。問：「如何得頓息諸緣去？」師曰：「雪上更加霜。」

漳州保福院超悟禪師

漳州保福院超悟禪師。第二世住。問：「魚未透龍門時如何？」師曰：「養性深潭。」曰：「透出時如何？」師曰：「才昇霄漢，衆類難追。」曰：「昇後如何？」師曰：「慈雲普覆，潤及大千。」曰：「還有不受潤者無？」師曰：「有。」曰：「如何是不受潤者？」師曰：

「直机撑太陽。」

太原孚上座

太原孚上座。遍歷諸方，名聞宇内。嘗遊浙中，登徑山法會。一日，於大佛殿前，有僧問：「上座曾到五臺否？」師曰：「曾到。」曰：「還見文殊麽？」師曰：「見。」曰：「什麽處見？」師曰：「徑山佛殿前見。」其僧後適閩川，舉似雪峯，曰：「何不教伊入嶺來？」師聞，乃趨裝而邁。初上雪峯，廨院憩錫，因分甘子與僧。長慶稜和尚問：「什麽處將來？」師曰：「嶺外將來。」曰：「遠涉不易擔負得來。」師曰：「甘子！甘子！」方上參雪峯，禮拜訖，立于座右。雪峯才顧視，師便下看主事。

異日，雪峯見師，乃指日示之，師摇手而出。雪峯曰：「汝不肯我？」師曰：「和尚摇頭，某甲擺尾，什麽處不肯和尚？」曰：「到處也須諱却。」

一日，衆僧晚參，雪峯在中庭卧。師曰：「五州管内只有遮和尚較些子。」雪峯便起去。

雪峯嘗問師曰：「見説臨濟有三句是否？」師曰：「是。」曰：「作麽生是第一句？」師舉目視之。雪峯曰：「此猶是第二句，如何是第一句？」師叉手而退。自此雪峯深器之。

室中印解，師資道成，師更不他遊而掌浴室焉。

一日，玄沙上問訊，雪峯曰：「此間有箇老鼠子，今在浴室裏。」玄沙曰：「待與和尚勘破。」言訖，到浴室遇師打水。玄沙曰：「相看上座。」師曰：「已相見了。」玄沙曰：「什麼劫中曾相見？」師曰：「瞌睡作麼？」玄沙却入方丈，白雪峯曰：「已勘破了。」雪峯曰：「作麼生勘伊？」玄沙舉前語，雪峯曰：「汝著賊也。」

鼓山晏和尚問師：「父母未生時，鼻孔在什麼處？」師曰：「老兄先道。」晏曰：「如今生也，汝道在什麼處？」師不肯，晏却問：「作麼生？」師曰：「將手中扇子來。」晏與扇子再徵之，師默置。晏罔測，乃毆之一拳。

師在庫前立，有僧問：「如何是觸目菩提？」師踢狗子作聲走。僧無對。師曰：「小狗子不消一踢。」

師不出世，諸方目爲太原孚上座，終于維揚。

南嶽般舟道場寶聞大師

南嶽般舟道場寶聞大師惟勁，福州人也。素持苦行，不衣繒纊，惟壞衲以度寒暑，時謂頭陀焉。初參雪峯，深入淵奧，復問法玄沙之席，心印符會。

一日，謂鑒上座曰：「聞汝注楞嚴經。」鑒曰：「不敢。」師曰：「二文殊汝作麽生注？」曰：「請師鑒。」師乃揚袂而去。

唐光化中，入南嶽住報慈東藏。亦號三生藏。藏中有鏡燈一座，即華嚴第三祖賢首大師之所製也。師覩之，頓喻廣大法界，重重帝網之門，佛佛羅光之像，因美之曰：「此先哲之奇功，苟非具不思議善權之智，何以創焉？」乃著五字頌五章，覽之者悟理事相融。後終於南嶽。

師於梁開平中撰續寶林傳四卷，紀貞元之後禪門繼踵之源流也。又製七言覺地頌，廣明諸教緣起，别著南嶽高僧傳，皆流傳于世。

景德傳燈録卷第二十

吉州青原山行思禪師第六世之四一百六人

洪州雲居山道膺禪師法嗣二十八人

杭州佛日和尚　蘇州永光院真禪師　洪州同安丕禪師　廬山歸宗澹權禪師　池州廣濟和尚　潭州水西南臺和尚　歙州朱谿謙禪師　揚州豐化和尚　雲居山道簡禪師　廬山歸宗懷惲禪師　洪州大善慧海禪師　朗州德山第七世和尚　南嶽南臺和尚　雲居山昌禪師　池州嵇山章禪師　晉州大梵和尚　新羅雲住和尚　雲居山懷岳禪師　陊與嶺同珏和尚已上一十九人見録　潭州龍興寺悟空大師　建州白雲減禪師　潭州慕輔山和尚　舒州白水山瑋禪師　廬山冶父山和尚　南嶽法志禪師　新羅慶猷禪師　新羅慧禪師　洪州鳳棲山慧志禪師已上九人無機緣語句不録

撫州曹山本寂禪師法嗣十四人

撫州荷玉光慧禪師　筠州洞山道延禪師　衡州育王山弘通禪師　撫州金峯從志禪

師　襄州鹿門處真禪師　撫州曹山慧霞大師　衡州華光範禪師　處州廣利容禪師
泉州廬山小谿院行傳禪師　西川布水巖和尚　蜀川西禪和尚　華州草庵法義禪師
韶州華嚴和尚已上一十三人見録　廬山羅漢他隆山主和尚一人無機緣語句不録

潭州龍牙山居遁禪師法嗣五人
潭州報慈藏嶼禪師　襄州含珠山審哲禪師已上二人見録　鳳翔白馬弘寂禪師　撫州
崇壽院道欽禪師　楚州觀音院斌禪師已上三人無機緣語句不録

京兆華嚴寺休静禪師法嗣三人
鳳翔府紫陵匡一禪師一人見録　饒州北禪院惟直禪師　濰州化城和尚已上二人無機緣語
句不録

筠州九峯普滿大師法嗣一人
洪州同安威禪師一人見録

青林師虔禪師法嗣六人
韶州龍光和尚　襄州石門寺獻禪師　襄州廣德和尚　郢州芭蕉和尚　定州石藏慧
炬禪師已上五人見録　襄州延慶通性大師一人無機緣語句不録

洛京白馬遁儒禪師法嗣二人

興元府青剉山和尚一人見録　京兆保福和尚一人無機緣語句不録

益州北院通禪師法嗣一人

京兆香城和尚一人見録

高安白水本仁禪師法嗣二人

京兆重雲智暉禪師　杭州瑞龍幼璋禪師已上二人見録

撫州疎山匡仁禪師法嗣二十人

第二世疎山證禪師　洪州百丈安禪師　筠州黄檗慧禪師　隨城山護國守澄禪師

洛京靈泉歸仁禪師　延州延慶奉璘禪師　安州大安山省禪師　洪州百丈超禪師

洪州天王院和尚　常州正勤院蘊禪師　襄州後洞山和尚　京兆三相和尚已上一十二人見録

筠州五峯山行繼禪師　商州高明和尚　華州西谿道泰禪師　撫州疎山和尚　筠州黄蘗山令約禪師　揚州祥光遠禪師　安州大安山傳性大師　筠州黄蘗山嬴禪師已上八人無機緣語句不録

澧州欽山文邃禪師法嗣二人

洪州上藍院自古禪師　澧州太守雷滿已上二人無機緣語句不録

欒普山元安禪師法嗣十人

京兆永安善静禪師　蘄州烏牙山彦賓禪師　鳳翔府青峯傳楚禪師　鄧州中度和尚

嘉州洞谿和尚　京兆卧龍和尚已上六人見録　嘉州黑水寺慧通大師　京兆盤龍和尚

單州東禪和尚　鄜州善雅和尚已上四人無機緣語句不録

江西逍遥山懷忠禪師法嗣二人

泉州福清師巍禪師　京兆白雲無休禪師二人見録

袁州盤龍山可文禪師法嗣五人

江州廬山永安浄悟禪師　袁州木平山善道禪師　陜州龍谿和尚已上三人見録　桂陽

志通大師　廬山壽昌院浄寂禪師已上二人無機緣語句不録

撫州黄山月輪禪師法嗣一人

郢州桐泉山和尚一人見録

洛京韶山寰普禪師法嗣二人

潭州文殊和尚一人見録　洋州大巖白和尚一人無機緣語句不録

洪州上藍院令超禪師法嗣二人

河東北院簡禪師　洪州南平王鍾傳二人無機緣語句不録

青原行思禪師第六世之四

前洪州雲居山道膺禪師法嗣

杭州佛日和尚

杭州佛日和尚。初遊天台山，嘗曰：「如有人奪得我機者，即我師矣。」尋抵于江西謁雲居膺和尚，作禮而問曰：「二龍争珠，誰是得者？」雲居曰：「卸却業身來相見。」對曰：「業身已卸。」曰：「珠在什麽處？」師無對。同安代云：「迴頭即勿交涉。」師乃投誠入室，便禮雲居爲師。

後參夾山，才入門見維那，維那曰：「此間不著後生。」師曰：「某甲暫來禮謁和尚，不宿。」維那白夾山，夾山許見，未陞階便問：「什麽處來？」師曰：「雲居來。」曰：「即今在什麽處？」師曰：「在夾山頂上。」曰：「老僧行年在坎，五鬼臨身。」師乃上階禮拜。夾山又問：「闍梨與什麽人爲同行？」師曰：「木上座。」曰：「他何不來相看？」師曰：「和尚看他有分。」曰：「在什麽處？」師曰：「在堂中。」夾山便共師下到堂中，師遂去取得柱杖，擲于夾山面前。夾山曰：「莫從天台得來否？」師曰：「非五嶽之所生。」曰：「莫從須彌山得來否？」師曰：「月宫亦不逢。」曰：「恁麽即從他人得也。」師曰：「自己尚是冤家，從人得堪作什麽？」曰：「冷灰裏有一粒豆子爆。」喚維那來令安排向明窗下著。師却問：「燈籠還解語也無？」夾山曰：「待燈籠解語即向汝道。」至明日，夾山入堂問：「昨日新到上座在什麽處？」師出應諾，夾山曰：「子未到雲居前在什麽處？」對曰：「天台國清。」夾山曰：「天台有潺潺之瀑，淥淥之波。謝子遠來，子意如何？」師曰：「久居巖谷，不掛松蘿。」夾山曰：「此猶是春意，秋意如何？」師良久，夾山曰：「看君只是撑船漢，終歸不是弄潮人。」

一日大普請，維那請師送茶，師曰：「某甲爲佛法來，不爲送茶來。」維那曰：「和尚教上座送茶。」曰：「和尚尊命即得。」乃將茶去作務處，摇茶椀作聲。夾山迴顧，師曰：「釅茶三五椀，意在钁頭邊。」夾山曰：「瓶有傾茶意，籃中幾箇甌？」師曰：「瓶有傾茶意，籃中無一甌。」便傾茶行之，時大衆皆舉目。師又問曰：「大衆鶴望，請師一言。」夾山曰：「路逢死蛇莫打殺，無底籃子盛將歸。」師曰：「手執夜明符，幾箇知天曉？」夾山曰：「大衆有人，歸去！歸去！」從此住，普請歸院，衆皆仰歎。

師後迴淛西，住佛日而終。

蘇州永光院真禪師

蘇州永光院真禪師。上堂謂衆曰：「言鋒若差，鄉關萬里。直須懸崖撒手，自肯承當。絶後再蘇，欺君不得。非常之旨，人焉庾哉？」

問：「道無横徑，立者皆危，如何得不被横徑取侵去？」師以拄杖驀口拄。僧曰：「此猶是横徑。」師曰：「合取！」

洪州鳳棲山同安丕禪師

洪州鳳棲山同安丕禪師。問：「如何是無縫塔？」師曰：「吽！吽！」僧曰：「如何是塔中人？」師曰：「今日大有人從建昌來。」

問：「一見便休，去時如何？」師曰：「是也，更來遮裹作麽？」

問：「如何是點額魚？」師云：「不透波瀾。」僧曰：「慚耻時如何？」師曰：「終不仰面。」僧曰：「恁麽即不變其身也。」師曰：「是也，青雲事作麽生？」

問：「如何是和尚家風？」師曰：「金雞抱子歸霄漢，玉兔懷兒向紫微。」云：「忽遇客來將何祇待？」師曰：「金果朝來猿去摘，玉花晚後鳳銜歸。」

問：「路逢達道人，不將語默對。未審將什麽對？」師曰：「要蹋！要拳！」

問：「不傷王道如何？」師曰：「喫粥喫飯。」曰：「莫便是不傷王道也無？」師曰：「遷流左降。」

問：「玉印開時，何人受信？」師曰：「不是恁麽人。」曰：「親宮事如何？」師曰：「道什麽？」

問：「如何是毘盧師？」師曰：「闍梨在什麽處出家？」

問：「如何是觸目菩提？」師曰：「面前佛殿。」

問：「片玉無瑕，請師不觸。」師曰：「落汝後。」

問：「玉印開時，何人受信？」師云：「不是小小。」

問：「如何是妙旨？」師曰：「好。」

問：「迷頭認影如何止？」師曰：「告阿誰？」曰：「如何即是？」師曰：「從人覓即轉遠也。」曰：「不從人覓時如何？」師曰：「頭在什麽處？」

問：「如何是同安一隻箭？」師曰：「腦後看。」曰：「腦後事如何？」師曰：「過也。」

問：「亡僧衣衆人唱，祖師衣什麽人唱？」師曰：「打。」

問：「將來不相似，不將來時如何？」師曰：「什麽處著？」

問：「未有遮箇時，作麽生行履？」師曰：「尋常又作麽生？」曰：「恁麽即不改舊時人也。」師曰：「作何行履？」

廬山歸宗寺澹權禪師

廬山歸宗寺澹權禪師。第二世。問：「金雞未鳴時如何？」師曰：「失却威音王。」曰：「鳴後如何？」師曰：「三界平沈。」問：「盡身供養時如何？」師曰：「將得什麽來？」曰：「所有不惜。」師曰：「供養什麽人？」僧無語。

問：「學人爲佛法來，如何是佛法？」師曰：「正閑空。」曰：「便請商量。」師曰：「周匝有餘。」

問：「大衆雲集，合譚何事？」師曰：「三三兩兩。」

問：「路逢達道人，不將語默對。未審將什麽對？」師曰：「争能肯得人？」又曰：「會麽？」曰：「不會。」師曰：「長安路厠坑子。」

問：「學人不問諸餘，如何是佛法大意？」師曰：「三枷五棒。」

問：「通通會底人如何道？」師曰：「只今事作麽生？」僧曰：「隨流。」師曰：「不隨流争得息？」

池州廣濟和尚

池州廣濟和尚。問：「匹馬單槍時如何？」師曰：「頭落也。」

問：「如何是方外之譚？」師曰：「汝道什麽？」

問：「如何是廣濟水？」師曰：「無饑渴。」曰：「恁麽即學人不虚設也。」師曰：「情知爾受人安排。」

問：「遠遠來投，乞師指示。」師曰：「有口只解喫飯。」

問：「温伯雪與仲尼相見時如何？」師曰：「此間無恁麽人。」

問：「不識不見，請師道出。」師曰：「不昧。」曰：「不昧時作麽生？」師曰：「汝唤作什麽？」

潭州水西南臺和尚

潭州水西南臺和尚。僧問：「如何是此間一滴水？」師曰：「入口即擭出。」

問：「如何是西來意？」師曰：「靴頭線綻。」

問：「祖祖相傳，未審傳箇什麽？」師曰：「不因闍梨問，老僧亦不知。」

歙州朱谿謙禪師

歙州朱谿謙禪師。饒州刺史與師造大藏殿，師與一僧同看殿次，師喚某甲，僧應諾。師曰：「此殿著得多少佛？」曰：「著即不無，有人不肯。」師曰：「我不問遮箇人。」曰：「恁麽即某甲亦未曾祇對，珍重！」

師後住兜率山而終。

揚州豐化和尚

揚州豐化和尚。問：「如何是敵國一著碁？」師曰：「下來。」

問：「一棒打破虚空時如何？」師曰：「把一片來。」

問：「上無片瓦，下無卓錐，學人向什麽處立？」師曰：「莫飄露麽？」

雲居山昭化禪師

雲居山昭化禪師道簡，第二世住。范陽人也。久入雲居之室，密受真印，而分掌寺務，典司樵爨。以臘高居堂中爲第一座，屬膺和尚將臨順寂，主事僧問：「誰堪繼嗣？」曰：「堂中簡。」主事僧雖承言而未曉其旨，謂之揀選，乃與衆僧僉議，舉第二座爲化主，然且備禮先請第一座，必若謙讓，即堅請第二座焉。時簡師既密承師記，略不辭免，即自持道具入方丈，攝衆演法。主事僧等不愜素志，罔循規式，師察其情，乃棄院潛下山。其夜，山神號泣。詰旦，主事大衆奔至麥莊悔過，哀請歸院。衆聞山神連聲唱云：「和尚來也！」

僧問：「如何是和尚家風？」師曰：「隨處得自在。」

問：「維摩豈不是金粟如來？」師曰：「是。」曰：「爲什麽却預釋迦會下聽法？」師曰：「他不争人我。」

問：「横身蓋覆時如何？」師曰：「還蓋覆得麽？」

問：「蛇子爲什麽却吞蛇師？」師曰：「在裏不傷。」

問：「諸聖道不得處，和尚還道得麽？」師曰：「汝道什麽處諸聖道不得？」

問：「路逢猛虎時如何？」師曰：「千人萬人不逢，偏汝便逢！」

問：「孤峯獨宿時如何？」師曰：「閑著七間僧堂不宿，阿誰教汝孤峯獨宿？」

師示滅後，廬州帥張崇施財，建石塔於本山，至今存焉。

廬山歸宗寺懷惲禪師

廬山歸宗寺懷惲禪師。第三世住。問：「無佛無衆生時如何？」師曰：「什麽人如此？」

問：「水清魚現時如何？」師曰：「把一箇來。」僧無對。同安代云：「動即失。」

問：「如何是五老峯？」師曰：「突兀地。」

問：「截水停輪時如何？」師曰：「磨不轉。」曰：「如何是磨不轉？」師曰：「不停輪。」

問：「如何是塵中子？」師曰：「灰頭土面。」同安代云：「不拂拭。」

問：「世尊無説説，迦葉不聞聞事如何？」師曰：「正恁麽時作麽生？」曰：「不同無聞説。」師曰：「是什麽人？」

問：「學人不到處請師説。」師曰：「汝不到什麽處來？」

洪州大善慧海禪師

洪州大善慧海禪師。問：「不坐青山時如何？」師曰：「是什麽人？」

問：「如何是解作客底人？」師曰：「不占上。」

問：「靈泉忽逢時如何？」師曰：「從什麽處來？」

問：「如何道即不違於師？」師曰：「莫惜口。」曰：「道後如何？」師曰：「道什麽？」

問：「如何道得相親去？」師曰：「快道！」曰：「恁麽即不道之。」師曰：「用口作什麽？」

師後住百丈而終。

朗州德山和尚

朗州德山和尚。第七世住。問：「路逢達道人，不將語默對。未審將什麽對？」師曰：「只恁麽。」僧良久，師曰：「汝更問。」僧再問，師乃喝出。

衡州南嶽南臺和尚

衡州南嶽南臺和尚。問：「直上融峯時如何？」師曰：「見麽？」

雲居山昌禪師

雲居山昌禪師。第三世住。問：「相逢不相識時如何？」師曰：「既相逢爲什麽不相識？」

問：「紅鑪猛焰時如何？」師曰：「裹頭是什麽？」

問：「不受商量時如何？」師曰：「來作什麽？」曰：「來亦不商量。」師曰：「空來何益？」

問：「方丈前容身時如何？」師曰：「汝身大小。」

池州嵇山章禪師

池州嵇山章禪師。曾在投子作柴頭，投子喫茶次，謂師曰：「森羅萬象，總在遮一椀茶裏。」師便覆却茶，云：「森羅萬象在什麽處？」投子曰：「可惜一椀茶。」師後謁雪峯和尚，雪峯問：「莫是章柴頭麽？」師乃作輪椎勢，雪峯肯之。

晉州大梵和尚

晉州大梵和尚。僧問：「如何是學人顧望處？」師曰：「井底竪高樓。」曰：「恁麽即超然也。」師曰：「何不擺手？」

新羅雲住和尚

新羅雲住和尚。問：「諸佛道不得，什麽人道得？」師曰：「老僧道得。」曰：「諸佛道不得，和尚作麽生道？」師曰：「諸佛是我弟子。」曰：「請和尚道。」師曰：「不對君王，好與二十棒！」

雲居山懷岳

雲居山懷岳，號達空禪師。第四世住。問：「如何是大圓鏡？」師曰：「不鑑照。」曰：「忽遇四方八面來，怎麽生？」師曰：「胡來胡現。」曰：「大好不鑑照。」師便打。

問：「如何是一丸療萬病底藥？」師曰：「汝患什麽？」

呤珏和尚

呤珏和尚。問：「學人不負師機，還免披毛戴角也無？」師曰：「闍梨也可畏，對面不相識。」曰：「恁麽即吞盡百川水，方明一點心。」師曰：「雖脱毛衣，猶披鱗甲。」曰：「好來和尚，具大慈悲。」師曰：「盡力道也，出老僧格不得。」

前撫州曹山本寂禪師法嗣

撫州荷玉山玄悟大師

撫州荷玉山玄悟大師光慧。初住龍泉，上堂謂衆曰：「雪峯和尚爲人，如金翅鳥入海取龍相似。」時有僧問：「和尚如何？」師曰：「什麽處去來？」

問：「如何是西來的的意？」師曰：「不禮拜更待何時？」

問：「如何是密傳底心？」師良久，僧曰：「恁麽即徒勞側耳。」師唤侍者云：「來燒火著！」

問：「古人道：『若記一句，論劫作野狐精。』未審古人意如何？」師曰：「龍泉僧堂未曾鎖。」曰：「和尚如何？」師曰：「風吹耳朵。」

問：「路逢猛獸時如何？」師曰：「憨作麼！」

問：「如何是聲前一句？」師曰：「恰似不道。」

問：「古人云『如紅鑪上一點雪』，意旨如何？」師曰：「惜取眉毛好。」

問：「如何指示即不昧於時中？」師曰：「不可雪上更加霜。」曰：「恁麼即全因和尚去也。」師曰：「因什麼？」

問：「如何履踐即得不昧於宗風？」師曰：「須道龍泉好手。」曰：「請和尚好手。」師曰：「却憶鍾期。」

問：「古人道：『生也不道，死也不道。』意如何？」師良久，僧禮拜。師曰：「會麼？」曰：「不會。」師曰：「也是厨寒甑足塵。」

師有時舉拄杖示衆曰：「從上皆留此一路，方便接人。」時有僧出曰：「和尚又是從頭起也。」師曰：「謝相悉。」

問：「機關不轉，請師商量。」師曰：「啞得我口麼？」

問：「如何是文殊？」師曰：「不可有第二月也。」曰：「即今事如何？」師曰：「正是第二月。」

問：「如何是如來語？」師曰：「猛風可繩縛。」

問：「如何是妙明真性？」師曰：「寬寬莫搕損。」

師上堂良久，有僧出曰：「爲衆竭力，禍出私門，未審放過不放過？」師默然。

問：「如何是和尚爲人一句？」師曰：「汝是九色鹿。」

問：「抱璞投師時如何？」師曰：「不是自家珍。」曰：「如何是自家珍？」師曰：「不琢不成珍。」

筠州洞山道延禪師

筠州洞山道延禪師。第四世住，時號鹿頭和尚。始因曹山和尚垂語云：「有一人向萬丈崖頭騰身擲下，此是什麽人？」衆皆無對，師出對曰：「不存。」曹山曰：「不存箇什麽？」曰：「始得撲不碎。」曹山深肯之。

僧問：「請和尚密付真心。」師曰：「欺者裏無人作麽？」

衡州常寧縣育王山弘通禪師

衡州常寧縣育王山弘通禪師。僧問：「混沌未分時如何？」師曰：「混沌。」僧云：「分後如何？」師曰：「混沌。」

上堂示衆曰：「釋迦如來出世四十九年説不到底句，今夜某甲不避羞恥，與諸尊者共譚。」師良久云：「莫道錯。珍重！」

僧問：「學人有病，請師醫。」師曰：「將病來與汝醫。」曰：「便請師醫。」師曰：「還老僧藥價錢來。」

問：「曹源一路即不問，衡陽江畔事如何？」師曰：「紅鑪焰上無根草，碧潭深處不逢魚。」

問：「心法雙忘時如何？」師曰：「三脚蝦蟇背大象。」

問：「如何是西來意？」師曰：「老僧毛竪。」

問：「如何是佛法大意？」師曰：「直待文殊過即向爾道。」曰：「文殊過也，請和尚道。」師便打。

問：「如何是和尚家風？」師曰：「渾身不直五分錢。」曰：「太傜貧寒生。」師曰：「古代如是。」曰：「如何施設？」師曰：「隨家豐儉。」

撫州金峯從志

撫州金峯從志，號玄明大師。有進上座問：「如何是金峯正主？」師曰：「此去鎮縣不遥，闍梨莫造次。」進曰：「何不道？」師曰：「口如磉盤。」

問：「千峯萬峯，如何是金峯？」師乃斫額而已。

問：「千山無雲，萬里絶霞時如何？」師曰：「飛猿嶺那邊何不猛吐却？」

問：「如何是西來意？」師曰：「壁邊有鼠耳。」

問：「如何是和尚家風？」師曰：「金峯門前無五里牌。」

師後住金陵報恩院，入滅，謚圓廣禪師，塔曰歸寂。

襄州鹿門山華嚴院處真禪師

襄州鹿門山華嚴院處真禪師。問：「如何是和尚家風？」師曰：「有鹽無醋。」

問：「如何是道人？」師曰：「有口似鼻孔。」曰：「忽遇客來時，將何祇對？」師曰：「柴門草户，謝汝經過。」

問：「祖祖相傳是什麽物？」師曰：「金襴袈裟。」

問：「如何是函中般若？」師曰：「佛殿挾頭六百卷。」

問：「和尚百年後向什麽處去？」師曰：「山下李家作有本作「使」。牛去。」曰：「還許學人相隨也無？」師曰：「汝若相隨，莫同頭角。」曰：「諾。」師曰：「合到什麽處？」曰：

佛眼辨不得。」師曰：「若不放過，亦是茫茫。」

問：「如何是鹿門高峻處？」師曰：「汝曾上主山也無？」

問：「如何是禪？」師曰：「鸞鳳入鷄籠。」曰：「如何是道？」師曰：「藕絲牽大象。」

問：「劫壞時此箇還壞也無？」師曰：「臨崖覷虎眼，特地一場愁。」

問：「如何是和尚轉身處？」師曰：「昨夜三更失却枕子。」

問：「一句下豁然時如何？」師曰：「汝是誰家生？」

師有一偈示衆曰：「一片凝然光燦爛，擬意追尋卒難見。炳然擲著豁人情，大事分明皆總辨。是快活，無繫絆，萬兩黄金終不換。任他千聖出頭來，從是向渠影中現。」

撫州曹山慧霞了悟大師

撫州曹山慧霞了悟大師。第二世住，先住荷玉山。問：「佛未出世時如何？」師曰：「曹山不如。」曰：「佛出世後如何？」師曰：「不如曹山。」

問：「四山相逼時如何？」師曰：「曹山在裏許。」曰：「還求出也無？」師曰：「若在裏許即求出。」

僧侍立，師曰：「道者，可殺炎熱！」曰：「是。」師曰：「只如炎熱向什麽處迴避得？」

曰：「向鑊湯鑪炭裏迴避。」師曰：「只如鑊湯鑪炭作麼生迴避得？」曰：「衆苦不能到。」師默置。

衡州華光範禪師

衡州華光範禪師。問：「如何是無縫塔？」師指僧堂曰：「此間僧堂無門户。」

師問僧：「曾到紫陵無？」曰：「曾到。」師曰：「曾到鹿門無？」曰：「曾到。」師曰：「嗣紫陵即是？嗣鹿門即是？」曰：「即今嗣和尚得麼？」師曰：「人情不打即不可。」

問：「非隱現是學人，阿那箇是和尚？」師曰：「盡乾坤。」曰：「此猶是學人，阿那箇是和尚？」師曰：「適來道不錯。」

處州廣利容禪師

處州廣利容禪師。先住貞谿。有僧新到，師舉拂子曰：「貞谿老師還具眼麼？」曰：「某甲不敢見人過。」師曰：「死在闍梨手裏也。」

問：「如何是和尚家風？」師曰：「謝闍梨道破。」

問：「西院拍手笑噓噓，意作麼生？」師曰：「卷上簾子著。」

問：「自己不明，如何明得？」師曰：「不明。」曰：「爲什麼不明？」師曰：「不見道自己事。」

問：「魯祖面壁，意作麽生？」師良久曰：「還會麽？」曰：「不會。」師曰：「魯祖面壁。」

因郡守受代歸，師出送，接話次，郡守問：「和尚遠出山門，將什麽物來？」師曰：「無盡之寶呈獻。」太守無對。後有人進語曰：「便請。」師曰：「太守尊嚴。」

問：「千途路絶，語思不通時如何？」師曰：「猶是階下漢。」

師謂衆曰：「若來到廣利門下，須道得第一句，即開一線道，與兄弟商量。」時有僧出禮拜，師曰：「將謂是異國舶主，元來是此郡商人。」

泉州廬山小谿院行傳禪師

泉州廬山小谿院行傳禪師，青原人也，姓周氏。本州石鍾院出家，福州太平寺受戒，自曹山印可而居小谿。

僧問：「久嚮廬山石門，爲什麽入不得？」師曰：「鈍漢。」曰：「忽逢猛利者，還許也無？」師曰：「喫茶去！」

西川布水巖和尚

西川布水巖和尚。問：「如何是西來意？」師曰：「一迴思著一傷心。」問：「寶劍未磨時如何？」師曰：「用不得。」曰：「磨後如何？」師曰：「觸不得。」

蜀川西禪和尚

蜀川西禪和尚。問：「佛是摩耶降，未審和尚是誰家子？」師曰：「水上卓紅旗。」問：「三十六路，阿那箇一路最妙？」師曰：「不出第一手。」曰：「忽被出頭時如何？」師曰：「脊著地也不難。」

華州草菴法義禪師

華州草菴法義禪師。問：「如何是祖師西來意？」師曰：「爛炒浮漚飽滿喫。」問：「擬心即差，動念即乖。學人如何進道？」師曰：「有人常擬，爲什麽不差？」曰：「即今事如何？」師曰：「早成差也。」

韶州華嚴和尚

韶州華嚴和尚。問：「既是華嚴，還將得來麽？」師曰：「孤峯頂上千華秀，一句當機對聖明。」

問：「如何是道？」師曰：「靈樹無横枝，天機道合同。」

前潭州龍牙山居遁禪師法嗣

潭州報慈藏嶼匡化大師

潭州報慈藏嶼匡化大師。僧問：「心眼相見時如何？」師曰：「向汝道什麽？」問：「如何是實見處？」師曰：「絲豪不隔。」曰：「恁麽即見也。」師曰：「南泉甚好去處。」

問：「如何是西來意？」師曰：「昨夜三更送過江。」

問：「臨機便用時如何？」師曰：「海東有果樹頭心。」

問：「如何是真如佛性？」師曰：「阿誰無？」

問：「如何是向上一路？」師曰：「郴、連、道、永。」

問：「和尚年多少？」師曰：「秋來黄葉落，春到便開花。」

師嘗著真贊曰：「日出連山，月圓當户。不是無身，不欲全露。」一日，師在帳内坐，僧問：「承師有言『不是無身，不欲全露』，請師全露。」師乃撥開帳。法眼别云：「飽叢林。」

問：「如何是湖南境？」師曰：「樓船戰櫂。」曰：「還許學人遊翫也無？」師曰：「一任闍梨打傍。」

問：「和尚百年後有人問，如何祇對？」師曰：「分明記取。」

問：「如何是龍牙山？」師曰：「益陽那邊。」曰：「如何即是？」師曰：「不擬。」曰：「如何是不擬去？」師曰：「恁麽即不是。」

問：「古人面壁意如何？」師良久，却喚：「某甲！」學人應諾，師曰：「爾去，別時來。」

師垂語曰：「一句遍大地，一句才問便道，一句問亦不道。」問：「如何是遍大地句？」師曰：「無空缺。」「如〔一〕何是才問便道句？」師曰：「低聲！低聲！」「如何是問亦不道句？」師曰：「便合知時。」

襄州含珠山審哲禪師

襄州含珠山審哲禪師。僧問：「如何是深深處？」師曰：「寸釘入木，八牛拽不出。」

問：「如何是正法眼？」師曰：「三門前神子。」

問：「如何是佛法大意？」師曰：「貧女抱子渡，恩愛競隨流。」

〔一〕「如」前四部本、趙城本有「曰」字。下「如」字同。

師問僧曰：「有亦不是，無亦不是，不有不無俱不是。汝本來名箇什麽？」曰：「學人已具名了。」師曰：「具名即不無，名箇什麽？」曰：「只遮莫便是否？」師曰：「且喜没交涉。」曰：「如何即是？」師曰：「親切處更請一問。」曰：「學人道不得，請和尚道。」師曰：「别日來與汝道。」曰：「即今爲什麽不道？」師曰：「覓箇領話人不可得。」

師又問一僧曰：「姓王、姓張、姓李俱不是，汝本來姓什麽？」曰：「與和尚同姓。」師曰：「同姓即且從，本來姓箇什麽？」曰：「待漢水逆流即向和尚道。」師曰：「即今爲什麽不道？」曰：「漢水逆流也未？」師乃休。

前京兆華嚴寺休静禪師法嗣

鳳翔府紫陵匡一定覺大師

鳳翔府紫陵匡一定覺大師。師到盤龍，見僧問盤龍云：「碧潭清似鏡，盤龍何處安？」龍曰：「沈沙不見底，浮浪足巑岏。」師不肯，自答曰：「金剛迴透青霄外，潭中豈曉玉輪機？」盤龍肯之。

師住後，僧問曰：「未作人身已前，作箇什麽來？」師曰：「石牛步步水中行，返顧休銜日中草。」

前筠州九峯普滿大師法嗣

洪州鳳棲山同安院威禪師

洪州鳳棲山同安院威禪師。僧問：「牛頭未見四祖時如何？」師曰：「路邊神廟子，見者盡擎拳。」曰：「見後如何？」師曰：「室内無靈床，渾家不著孝。」

問：「祖意教意如何？」師曰：「玉兔不曾知曉意，金烏争肯夜頭明？」

問：「如何是同安一曲？」師曰：「靈琴不引人間韻，知音豈度伯牙門？」曰：「誰人知得？」師曰：「木馬嘶時從彼聽，石人拊掌阿誰聞？」曰：「知音如何？」師曰：「知音不度耳，達者豈同聞？」

前青林師虔禪師洞山第三世住法嗣

韶州龍光和尚

韶州龍光和尚。僧問：「人王與法王相見時如何？」師曰：「越國君王不按劍，龍光一句不曾虧。」

師上堂，良久云：「不煩。珍重！」

問：「如何是西來意？」師曰：「胡風一扇，漢地成機。」

問：「撥塵見佛時如何？」師拊掌顧視。

問：「如何是龍光一句子？」師曰：「不空羂索。」曰：「學人不會。」師曰：「唵。」

問：「如何極則爲人處？」師曰：「慇懃付囑後人看。」

問：「賓頭盧一身爲什麽赴四天供？」師曰：「千江同一月，萬户盡逢春。」

師有偈曰：「龍光山頂寶月輪，照耀乾坤爍暗雲。尊者不移元一質，千江影現萬家春。」

襄州鳳凰山石門寺獻禪師

襄州鳳凰山石門寺獻禪師，京兆人也。自青林受記，兩處開法，凡對機多云「好好大哥」，時謂大哥和尚。初居衡嶽，宴坐巖室，屬夾山和尚歸寂，衆請師住持，師遂至澧州。時楚王馬氏出城延接，王問：「如何是祖師西來大道？」師曰：「好好大哥，御駕六龍千古秀，玉堦排仗出金門。」王仰重，延入天册府，供養數日，方至夾山。

坐道場，僧問：「今日一會，何異靈山？」師曰：「天垂寶蓋重重異，地湧金蓮葉葉新。」曰：「未審將何法示人？」師曰：「無絃琴韻流沙界，清和普應大千機。」

問：「師唱誰家曲？宗風嗣阿誰？」師曰：「一曲宫商看品弄，辨寶須知碧眼胡。」

曰：「恁麽即清流分洞下，滿月照青林。」師曰：「多子塔前分的意，至今異世度洪音。」

師自夾山遷至石門，開山創寺，再闡玄風。上堂示衆曰：「瑠璃殿上光輝之日日無私，七寶山中晃耀之頭頭有據。泥牛運步，木馬嘶聲。野老謳歌，樵人舞袖。太陽路上，古曲玄音。林下相逢，復有何事？」僧問：「月生雲際時如何？」師曰：「三箇童兒抱華鼓，好好大哥，莫來攔我毬門路。」

問：「如何是和尚家風？」師曰：「騎駿馬，驟高樓，鐵鞭指盡胡人路。」

問：「如何是石門境？」師曰：「遍界黄金無異色，往來遊子罷追尋。」曰：「如何是境中人？」師曰：「無相不居凡聖位，經行鳥道没蹤由。」

問：「衆手淘金，誰是得者？」師曰：「張三李四出金門，遍握乾坤石人在。」曰：「恁麽即不從人得也。」師曰：「三公九卿排班位，看取金雞竪也無？」問：「道界無窮際，通身絶點痕時如何？」師曰：「渺渺白雲漫雪岳，轉身玄路莫遲遲。」曰：「未審轉身路在什麽處？」師曰：「石人舉手分明記，萬年枯骨笑時看。」問：「如如不動時如何？」師曰：「有什麽了日？」曰：「如何即是？」師曰：「石户非關鎖。」

問：「如何是石門境？」師曰：「烏鳶飛叫頻。」曰：「如何是境中人？」師曰：「風射舊簾櫳。」

因般若寺遭焚，有人問曰：「既是般若，爲什麽被火燒？」師曰：「萬里一條鐵。」

襄州萬銅山廣德和尚

襄州萬銅山廣德和尚。第一世住。僧問：「如何是和尚家風？」師曰：「山前人不住，山後更茫茫。」

問：「如何是透法身句？」師曰：「無力登山水，茅户絶知音。」

問：「如何是佛法大意？」師曰：「始嗟黄葉落，又見柳條青。」

問：「盡大地是一箇死屍，向什麽處葬？」師曰：「北邙山下千丘萬丘。」

師因不安，僧問：「和尚患箇什麽，太羸瘦生？」師曰：「無思不墜的。」曰：「恁麽即知和尚病源也。」師曰：「爾道老僧患什麽？」曰：「和尚忌口好！」師便打。

郢州芭蕉和尚

郢州芭蕉和尚。問：「十二時中如何用心？」師曰：「櫳檍一木盆。」

定州石藏慧炬和尚

定州石藏慧炬和尚。問：「如何是伽藍？」師曰：「只遮箇。」曰：「如何是伽藍中人？」師曰：「作麽！作麽！」曰：「忽遇客來，將何祇待？」師曰：「喫茶去！」

前洛京白馬遁儒禪師法嗣

興元府青剉山和尚

興元府青剉山和尚。問：「如何是和尚家風？」師曰：「無底籃子拾生菜。」問：「如何是白馬境？」師曰：「三冬華木秀，九夏雪霜飛。」

前益州北院通禪師法嗣

京兆香城和尚

京兆香城和尚。初參通和尚問：「一似兩箇時如何？」通曰：「一箇賺汝。」師乃省悟。

僧問：「三光景色謝照燭事如何？」師曰：「朝邑峯前卓五彩。」曰：「不涉文彩事作麽生？」師曰：「如今特地過江來。」

問：「向上一路請師舉唱。」師曰：「釣絲鉤不出。」

問：「牛頭還得四祖意否？」師曰：「沙書不點落千字。」曰：「下點後如何？」師曰：「別將一撮俵人天。」曰：「恁麽即人人有分也。」師曰：「汝又作麽生？」

問：「囊無繫螘之絲，厨絶聚蠅之糁時如何？」師曰：「日捨不求，思從妄得。」

前高安白水本仁禪師法嗣

京兆重雲智暉禪師

京兆重雲智暉禪師，咸秦人也，姓高氏。總角之歲，好遊佛宇，誓志出家，父不能止。禮圭峯温和尚剃度，後謁高安仁和尚，獨領微言，潛通秘鍵。尋迴洛，卜於中灘創温室院。常施藥，有比丘患白癩，衆惡之，惟師延迎供養，與摩洗垢穢，斯須有神光異香，既而辭去，遂失所在。所遺瘡痂，馨香酷烈，遂聚而塑觀音像以藏之。

梁開平五年，忽思林泉，乃歸終南圭峯舊居。師一日閑步巖岫間，倏覩摩衲、數珠、銅瓶、椶笠，觸之即壞。謂侍者曰：「此吾前身道具耳。」欲就兹建寺，以醻昔因。」當薙草開基，有祥雲蔽日屯于峯頂，久而不散，因目爲重雲山。先是，谷多猛獸，皆自引去。及塞龍潭以通徑，潭中龍亦徙他所。後唐明宗賜額曰長興，學侣臻萃。

師上堂，有僧問：「如何是歸根得旨？」師曰：「早是忘却。」問：「不意塵生，如何是進身一路？」師曰：「足下已生草，前程萬丈坑。」

問：「要路坦然，如何履踐？」師曰：「我若指汝，則東西南北去也。」

問：「佛未出世時如何？」師曰：「一堆泥土。」

問：「如何是重雲稱？」師曰：「任將天下勘。」

問：「如何是截鐵之言？」師曰：「寧死不犯。」

問：「如何是重雲境？」師曰：「四時不開華，三冬盛芳草。」

師再歸故山，創寺聚徒，涉四十五年，誨人之暇，撰歌頌千餘首，度弟子一千五百人。永興節度使王彦超，早遊師户庭，嘗欲披緇，師止之曰：「汝後當榮顯，爲教門外護則可矣。」厥後果如師言。及鎮永興，與師再會，益加尊禮。周顯德三年丙辰夏六月，師詣府辭王公，屬以山門事。至七月二十四日，體中無恙，垂誡門人，併示一偈曰：「我有一間舍，父母爲修蓋。住來八十年，近來覺損壞。早擬移住處，事涉有憎愛。待他摧毀時，彼此無相礙。」趺坐而逝。壽八十有四，臘六十四，塔于本山。

杭州瑞龍院幼璋禪師

杭州瑞龍院幼璋禪師，唐相國夏侯孜之猶子也。大中初，伯父司空出鎮廣陵，師方七歲，遊慧照寺，聞諷蓮經，志求出家。伯父初不允，因絶不飲食，不得已而許之。禮慧遠爲師，十七具戒，二十五遊諸禪會，薯山、白水咸受心訣，二宗匠深器之。

咸通十三年至江陵，會騰騰和尚囑之曰：「汝往天台，尋『静』而棲，遇『安』即止。」又值憨憨和尚撫而記曰：「汝却後四十年，有巾子下菩薩王於江南，當此時吾道昌矣。」二逸士各有密言授之。尋抵天台山於静安鄉創福唐院，乃契騰騰之言。又衆請住隱龍院。中和四年，浙東饑疫，師於温、台、明三郡，收瘞遺骸數千，時謂悲增大士。乾寧中，雪峯和尚經遊，遺師椶櫚拂子而去。天祐三年，錢尚父遣使童建齎衣服香藥入山致請，師領徒至府庭，署志德大師，就功臣堂安置，日親問法。師請每年於天台山建金光明道場，諸郡黑白大會，逾月而散。光明大會始於師也。師將辭歸山，王加戀慕，於府城建瑞龍院，文穆王改爲寶山院。延請開法。時禪門興盛，斯則憨憨懸記應矣。

師上堂謂衆曰：「老僧頃年遊歷江外、嶺南、荆湖，但有知識叢林，無不參問來。蓋爲今日與諸人聚會，各要知箇去處。然諸方終無異説，只教當人歇却狂心，休從他覓。但隨方任真，亦無真可任。隨時受用，亦無時可用。設垂慈苦口，且不可呼晝作夜。更饒善巧，終不能指東爲西。脱或能爾，自是神通作怪，非干我事。若是學語之輩，不自省己知非，直欲向空裏采華，波中取月，還著得心力麽？汝今各且退思，忽然肯去，始知瑞龍老漢事不獲已，迂迴太甚。還肯麽？」時有僧問：「如何是瑞龍境？」師曰：「汝道不見得麽？」曰：

「如何是境中人?」師曰:「後生可畏。」問:「廓然無雲,如何是中秋月?」師曰:「最好是無雲。」曰:「恁麽即一輪高掛,萬國同觀去也。」師曰:「捏目之子,難與言至。」

天成二年丁亥夏四月,師乞壙塔,尚父命陸仁璋於西關選勝地建塔創院,賜名額,令僧守護,仍改天台隱龍爲隱迹。修塔畢,師入府庭辭尚父,囑以護法恤民之事。剋期順寂,尚父悲悼,遣僧主集在城宿德迎引入塔。壽八十有七,臘七十。

前撫州疎山匡仁禪師法嗣

疎山證禪師

疎山證禪師。第二世住。初參仁和尚,得旨後遊歷諸方。謁投子同禪師,投子問曰:「近離什麽處?」曰:「延平來。」投子曰:「還將得劍來麽?」曰:「將得來。」投子曰:「呈似老僧看。」師乃指面前地上。投子便休,師遂去。三日後,投子問主事:「新到僧在什麽處?」曰:「當時去也。」投子曰:「三十年學馬伎,昨日被驢撲。」

師住後,僧問:「如何是就事學?」師曰:「著衣掃地。」曰:「如何是就理學?」師曰:「騎牛去穢。」曰:「向上事如何?」師曰:「溥際不收。」

問：「如何是聲色中混融一句？」師曰：「不辨消不及。」曰：「如何是聲色外別行一句？」師曰：「難逢不可得。」

洪州百丈安和尚

洪州百丈安和尚，號明照禪師。第十世住。問：「一藏圓光如何是體？」師曰：「勞汝遠來。」曰：「莫是一藏圓光麽？」師曰：「更喫一椀茶。」

問：「如何是和尚家風？」師曰：「手巾寸半布。」

問：「萬法歸一，一歸何處？」師曰：「未有一箇不問。」

問：「如何是極則事？」師曰：「空王殿裏登九五，野老門前不立人。」

問：「隨緣認得時如何？」師曰：「未認得時作麽生？」

師本新羅國人，自百丈統衆，所度弟子道亘等凡七人，各從參嗣，僉化一方。師滅後，門人寫影，法眼讚曰：「對目誰寫？蟾輝碧池。日面月面，輪圓須彌。須彌一指，月面豪芒。明照禪師，詎曰違方？方塵不指，大悲何起？我謂玄功，胡是非是？」

筠州黄蘗山慧禪師

筠州黄蘗山慧禪師，洛陽人也。少出家，業經論學，因增受菩薩戒而歎曰：「大士攝律儀，與吾本受聲聞戒，俱止持作犯也。然於篇聚增減，支本通别，制意且殊。既微細難防，復於攝善中未嘗行於少分，況饒益有情乎？且世間泡幻身命，何可留戀哉？」由是置講課，欲以身捐於水中，飼鱗甲之類。念已將行，偶二禪者接之款話謂：「南方頗多知識，師何滯於一隅也？」師從此迴志參尋，屬關津嚴緊，乃謂守吏曰：「吾非翫山水，誓求祖道，他日必不忘恩也。」守者察其志，遂不苛留，且謂之曰：「師既爲法忘身，迴時願無吝所聞。」師欣謝，直造疎山。

時仁和尚坐法堂受參，師先顧視大衆，然後致問曰：「剎那便去時如何？」疎山曰：「畐塞虚空，汝作麽生去？」師曰：「畐塞虚空，不如不去。」疎山便休。師下堂參第一座，第一座曰：「適覩座主祇對和尚語甚奇特。」師曰：「此乃率爾，實自偶然，敢望慈悲開示愚迷。」第一座曰：「一剎那間還有擬議否？」師於言下頓省，禮謝，退於茶堂。悲喜交盈，如是三日。

尋住黄蘗山，聚衆開法，第二世住。終于本山。今塔中全身如生。

隋州隋城山護國院守澄

隋州隋城山護國院守澄淨果大師。問：「如何是佛？」師曰：「遮驢漢！」

問：「盡大地是一隻眼底人來，師如何？」師曰：「堦下漢。」

問：「諸佛不倒處，什麽人履踐？」師曰：「眴耳鬅頭。」曰：「何人通得彼中信？」師曰：「驢面獸顋。」

問：「隨緣認得時如何？」師曰：「錯。」

問：「如何是西來意？」師曰：「一人傳虚，萬人傳實。」

問：「不落干將手，如何是太阿？」師曰：「七星光采耀，六國罷煙塵。」

洛京長水靈泉歸仁禪師

洛京長水靈泉歸仁禪師。問：「如何是祖師意？」師曰：「仰面獨揚眉，迴頭自拍手。」

問：「如何是祖師西來的的意？」師曰：「洛河水逆流。」

問：「如何是和尚家風？」師曰：「騎牛戴席帽，過水著靴衫。」

延州伏龍山延慶院奉璘禪師

延州伏龍山延慶院奉璘禪師。問：「如何是和尚家風？」師曰：「横身卧海，日裏挑燈。」

問：「如何是伏龍境？」師曰：「山峻水流急，三春足異華。」問：「和尚還愛財色也無？」師曰：「愛。」曰：「既是善知識，爲什麼却愛財愛色？」師曰：「知恩者少，負恩者多。」

師問火頭：「培火了未？」曰：「低聲。」師曰：「什麼處得遮消息來？」曰：「不假多言。」師曰：「省錢易飽，喫了還飢。」

問：「如何是和尚家風？」師曰：「長韲冷飯。」曰：「又太寂寞生。」師曰：「僧家合如是。」

安州大安山省禪師

安州大安山省禪師。第三世住。問：「失路迷人，請師直指。」師曰：「三門前去。」

問：「舉步臨危，請師指月。」師曰：「不指月。」曰：「爲什麼不指月？」師曰：「臨坑不推人。」

問：「離四句，絶百非，請和尚道。」師曰：「我王庫内無如是刀。」

問：「重重關鎖，信息不通時如何？」師曰：「争得到遮裏？」曰：「到後如何？」師曰：「彼中事作麽生？」

問：「如何是真中真？」師曰：「十字路頭泥佛子。」

洪州大雄山百丈超禪師

洪州大雄山百丈超禪師，海東人也〔一〕。問：「祖意與教意同別？」師曰：「金鷄玉兔，聽遶須彌。」

問：「日落西山去，林中事若何？」師曰：「洞深雲出晚，澗曲水流遲。」

僧辭，問曰：「今日下山，有人問和尚說什麽法，向他道什麽？」師曰：「但向他道大雄山上虎生師子兒。」

洪州天王院和尚

洪州天王院和尚。問：「國内按劍者是誰？」師曰：「天王。」

問：「百骸俱潰散，一物鎮長靈如何？」師曰：「不墮無壞爛。」

問：「如何是佛？」師曰：「錯。」

常州正勤院蘊禪師

常州正勤院蘊禪師，第一世住。魏府人也，姓韓氏。幼而出家，老有童顔，得法於疎山

〔一〕「海東人也」，四部本、趙城本作小注。

之室。

僧問：「師唱誰家曲？宗風事若何？」師曰：「適然簫韶外，六律不能過。」曰：「不過底事作麽生？」師曰：「聲前拍不散，句後覓無蹤。」

僧問：「如何是正勤一條路？」師曰：「涅深三尺。」曰：「如何得到？」師曰：「闍梨從什麽處來？」

問：「如何是禪？」師曰：「石裏蓮華火裏泉。」曰：「如何是道？」師曰：「楞伽峯頂一莖草。」曰：「禪道相去多少？」師曰：「泥人落水木人撈。」

師晉天福中將順寂，預告大衆，及期，闔城士女奔走至院。師囑付訖，怡然坐化，門人葬于院後。經二稔發塔，覩全身儼然，髮爪俱長，乃於城東闍維，收舍利真骨重建塔。

襄州後洞山和尚

襄州後洞山和尚。問：「道有又無時如何？」師曰：「龍頭蛇尾，腰間一劍。」

京兆三相和尚

京兆三相和尚。問：「如何是無縫塔？」師曰：「覓縫不得。」曰：「如何是塔中人？」師曰：「對面不得見。」

前樂普元安禪師法嗣

京兆永安院善静禪師

京兆永安院善静禪師，京兆人也，姓王氏。父任牧守，母因夢金像，覺而有娠。師幼習儒學，博通群言。年二十七，忽厭浮幻，潛詣終南山，禮廣度禪師，披削受具。唐天復中，南謁樂普安禪師，師器之，容其入室。仍典園務，力營衆事。

有僧辭樂普，樂普曰：「四面是山，闍梨向什麼處去？」僧無對。樂普曰：「限汝十日内下語，得中即從汝發去。」其僧冥搜，久之無語，因經行偶入園中。師怪問曰：「上座豈不是辭去，今何在此？」僧具陳所以，堅請代語。師不得已代曰：「竹密豈妨流水過，山高那阻野雲飛。」其僧喜踊，師囑之曰：「祇對和尚不須言是善静語也。」僧遂白樂普，樂普曰：「誰下此語？」曰：「某甲。」樂普曰：「非汝之語。」其僧具言園頭所教。樂普至晚上堂，謂衆曰：「莫輕園頭，他日住一城隍，五百人常隨也。」師尋辭樂普，北還故山，結廬而止，道俗歸向。復遊峨眉，迴住興元，連帥王公禮重。後歸故鄉，屬兵火之後，舊寺荒廢，節帥創永安禪苑以居之，徒衆五百餘。

僧問：「知有道不得時如何？」師曰：「知有箇什麽？」曰：「不可無也。」師曰：「恁麼即合道得。」曰：「道即不無，争奈語偏？」師曰：「水凍魚難躍，山寒花發遲。」

問：「如何是衲衣向上事？」師曰：「龍魚不出海，水月不吞光。」

問：「不可以智知，不可以識識時如何？」師曰：「鶴鷺並頭踏雪睡，月明驚起兩遲疑。」

問：「如何是西來意？」師曰：「壁上畫枯松，蜂來不見蘂。」

問：「牛頭未見四祖時如何？」師曰：「異境靈松，覩者皆羡。」曰：「見後如何？」師曰：「葉落已枝摧，風來不得韻。」

問：「如何得生如來家？」師曰：「披衣望曉，論劫不明。」曰：「劫後如何明？」師曰：「一句不可得。」

師往遊棘〔一〕道，避昭宗蒙塵之亂。以漢開運丙午歲冬，鳴犍稚集僧囑累，入方丈，東向右脇而化。壽八十有九，臘六十，勅謚净悟禪師。

蘄州烏牙山彦賓禪師

蘄州烏牙山彦賓禪師。問：「未作人身以前作什麼來？」師曰：「三脚石牛坡上走，

〔一〕「棘」，四部本、趙城本作「棘」。

一枝瑞氣月前分。」

問：「匹馬單槍直入時如何？」師曰：「饒爾雄信解拈槍，猶較秦王一步在。」

問：「久戰沙場，爲什麽功名不就？」師曰：「雙鵰隨箭落，李廣不當名。」

問：「百步穿楊，中的者誰？」師曰：「將軍不上便橋，金牙徒勞拈筈。」

問：「螮蝀飲雲根時如何？」師曰：「金輪天子下閻浮，鐵饅頭上金花異。」

鳳翔府青峯山傳楚禪師

鳳翔府青峯山傳楚禪師，涇州人也。性淳貌古，眼有三角，承樂普開示心地，俾宰于衆事。

一日，樂普問曰：「院主，汝去什麽處來？」師曰：「掃雪來。」曰：「雪深多少？」師曰：「樹上總是。」曰：「得即也得，汝向後有山住箇雪窟定矣。」自受記，乃訪于白水，白水問：「樂普有生機一路是否？」師曰：「是。」白水曰：「止却生路，向熟路上來。」師曰：「生路上死人無數，熟路上不著活漢。」白水曰：「此是樂普底，爾作麽生？」師曰：「非但樂普，夾山亦不奈何。」曰：「夾山爲什麽不奈何？」師曰：「不見道生機一路。」

師住後，有僧問：「佛魔未現，向什麽處應？」師曰：「諸上座聽祇對。」

問：「如何是臨機一句？」師曰：「便道將來。」曰：「請和尚道。」師曰：「穿過髑髏，不知痛處。」

問：「如何是明了底人一句？」師曰：「駿馬寸步不移，鈍鳥昇騰出路。」

鄧州中度和尚

鄧州中度和尚。問：「海内不逢師，如何是寰中主？」師曰：「金鷄常報曉，時人不自知。」

問：「如何是暗中明鏡？」師曰：「萬機昧不得。」曰：「未審照何物？」師曰：「什麽物不照？」

問：「如何是實際理地不受一塵，佛事門中不捨一法？」師曰：「真常塵不染，海内百川流。」

問：「請和尚離聲色外答。」師曰：「木人常對語，有性不能言。」

嘉州洞谿和尚

嘉州洞谿和尚。初問樂普：「月樹無根枝覆蔭，請師直指妙幽微。」樂普曰：「森羅秀處，事不相依。淥水千波，孤峯自異。」師於是領旨承嗣。

問：「蛇師爲什麽被蛇吞？」師曰：「幾度扣門[一]拈不出。」

京兆卧龍和尚

京兆卧龍和尚。初開堂，有僧問：「杲日符天際，珠光照舊都。浦津通法海，今日意如何？」師曰：「寶劍㸌時，豈該明暗？」

前江西逍遥山懷忠禪師法嗣

泉州福清院師巍和尚

泉州福清院師巍和尚，號通玄禪師。僧問：「枝分夾嶺，的紹逍遥，寶座既登，法雷請震。」師曰：「逍遥迥物外，物外霞不生。」

問：「如何是西來的的意？」師曰：「立雪未爲勞，斷臂方爲的。」曰：「恁麽即一華開五葉，芬芳直至今。」師曰：「因圓三界外，果滿十方知。」

京兆白雲無休禪師

京兆白雲無休禪師。問：「路逢猛虎如何降伏？」師曰：「歸依佛，歸依法，歸依僧。」

[一]「門」，四部本、趙城本作「問」。

問：「如何是白雲境？」師曰：「月夜樓邊海客愁。」

前袁州盤龍山可文禪師法嗣

江州廬山永安净悟禪師

江州廬〔一〕山永安净悟禪師。僧問：「如何是出家底事？」師曰：「萬丈懸崖撒手去。」曰：「如何是不出家底事？」師曰：「迴殊雪嶺安巢節，有異許由掛一瓢。」

問：「六門不通如何通信？」師曰：「闍梨外邊與誰相識？」

問：「脱籠頭，卸角馱來時如何？」師曰：「换骨洗腸投紫塞，洪門切忌更銜蘆。」

問：「從上諸聖，將何示人？」師曰：「有異祖龍行化節，迴超棲鳳越揚塵。」

問：「如何是解作客底人？」師曰：「寶御珍床猶尚棄，誰能歷劫傍他門？」問：「衆手淘金，誰是得者？」師曰：「黄帝不曾遊赤水，珠承罔象也虚然。」

問：「雪覆蘆華時如何？」師曰：「雖則沍凝呈瑞色，太陽輝後却迷人。」

袁州木平山善道禪師

袁州木平山善道禪師。初謁樂普，問：「一漚未發已前，如何辨其水脈？」樂普曰：

〔一〕「廬」，原作「盧」，據四部本、趙城本改。

「移舟諳水勢，舉棹別波瀾。」師不愜意，乃參盤龍，語同前問。盤龍曰：「移舟不辨水，舉棹即迷源。」師從此悟入。

僧問：「如何是西來意？」師曰：「石羊頭子向東看。」

問：「如何是正法眼？」師曰：「拄杖孔。」

問：「如何是不動尊？」師曰：「浪浪宕宕。」

問：「如何是木平一句？」師曰：「畐塞虛空。」曰：「畐塞虛空即不問，如何是一句？」師乃打之。

師凡有新到僧，未許參禮，先令運土三擔，而示偈曰：「南山路仄東山低，新到莫辭三轉泥。嗟汝在途經日久，明明不曉却成迷。」

師肉髻羅紋，金陵李氏嚮其道譽，迎請供養，待以師禮。嘗問：「如何是木平？」師曰：「不動斤斧。」曰：「如何不動斤斧？」師曰：「木平。」時大法眼禪師有偈贈曰：「木平山裏人，貌古年復少。相看陌路同，論心秋月皎。壞衲線非蠶，助歌聲有鳥。城闕今日來，一漚曾已曉。」師異迹頗多，此不繁述。滅後，門人建塔，刊石影。本國謚真寂禪師，塔曰普慧。

陜府龍谿和尚

陜府龍谿和尚。上堂謂衆曰：「直饒説似箇無縫塔，也不免老僧下一箇橛，作麽生免得下橛？」衆無對。師自代曰：「下去！」僧問：「如何是無縫塔？」師曰：「百寶莊嚴今已了，四門開豁已多時。」

前撫州黄山月輪禪師法嗣

郢州桐泉山和尚

郢州桐泉山和尚。初參黄山，問：「天門一合，十方無路。有人道得，擺手出漳江。」師對曰：「蟄户不開，龍無龍句。」黄山曰：「是爾恁麽道。」師曰：「是即直言是，不是直言不是。」黄山曰：「擺手出漳江。」黄山復問：「『卞和到處荆山秀，玉印從他天子傳』時如何？」師曰：「靈鶴不於林下憩，野老不重太平年。」黄山深肯之。師住後，僧問：「如何是相傳底事？」師曰：「龍吐長生水，魚吞無盡漚。」問：「請師挑揥。他狄切。」師曰：「擂鼓轉船頭，棹挑波裏月。」

前洛京韶山寰普禪師法嗣

潭州文殊和尚

潭州文殊和尚。僧問：「如何是祝融峯前事？」師曰：「巖前瑞草生。」問：「仁王登位，萬姓霑恩，和尚出世何如？」師曰：「萬里長沙駕鐵船。」問：「如何是本爾莊嚴？」師曰：「菊華原上景，行人去路長。」

景德傳燈録卷第二十一

吉州青原山行思禪師第七世上

福州玄沙師備禪師法嗣十三人

漳州羅漢院桂琛禪師　福州安國慧球禪師　杭州天龍重機禪師　福州僊宗契符禪師　婺州國泰瑫禪師　衡嶽南臺誠禪師　福州白龍道希禪師　福州螺峯沖奥禪師　泉州睡龍山和尚　天台雲峯光緒禪師　福州大章山契如庵主　福州永興禄和尚　天台國清師静上座已上十三人見録

福州長慶慧稜禪師法嗣二十六人

泉州招慶道匡禪師　杭州龍華彦球禪師　杭州保安連禪師　福州報慈光雲禪師　廬山開先紹宗禪師　婺州報恩寶資禪師　杭州傾心法瑫禪師　福州水陸洪儼禪師　杭州廣嚴咸澤禪師　福州報慈慧朗禪師　福州長慶常慧禪師　福州石佛院静禪師

處州翠峯從欣禪師　福州枕峯青〔一〕換禪師　福州東禪契訥禪師　福州長慶弘辯大師　福州東禪可隆大師　福州僊宗守玭禪師　撫州永安懷烈大師　福州閩山令含禪師　新羅龜山和尚　吉州龍須山道殷禪師　福州祥光澄靜禪師　襄州鷲嶺明遠禪師　杭州報慈從瓌禪師　杭州龍華契盈禪師已上二十六人見録

杭州龍冊寺道怤禪師法嗣五人

越州清化山師訥禪師　衢州南禪遇緣禪師　復州資福智遠禪師已上三人見録　筠州洞山龜端禪師　温州景豐禪師已上二人無機緣語句不録

信州鵝湖智孚禪師法嗣一人

法進禪師一人無機緣語句不録

漳州報恩懷嶽禪師法嗣一人

潭州妙濟師浩禪師一人見録

福州鼓山神晏禪師法嗣十一人

杭州天竺山子儀禪師　建州白雲智作禪師　福州鼓山智嚴禪師　福州龍山智嵩禪

〔一〕「青」，正文作「清」，四部本、趙城本同。

師　泉州鳳凰山强禪師　福州龍山文義禪師　福州鼓山智嶽禪師　襄州定慧和尚

福州鼓山清諤禪師　金陵净德沖煦禪師　金陵報恩院清護禪師已上十一人見録

青原行思禪師第七世上

前福州玄沙師備禪師法嗣

漳州羅漢院桂琛禪師

漳州羅漢院桂琛禪師，常山人也，姓李氏。爲童兒時，日一素食，出言有異。既冠，辭親事本府萬歲寺無相大師，披削登戒，學毘尼。一日，爲衆升臺宣戒本布薩已，乃曰：「持犯但律身而已，非真解脱也。依文作解，豈發聖乎？」於是訪南宗，初謁雲居雪峯，參訊勤恪，然猶未有所見。

後造玄沙宗一大師，一言啓發，廓爾無惑。玄沙嘗問曰：「三界唯心，汝作麽生會？」師指倚子曰：「和尚唤遮箇作什麽？」玄沙曰：「倚子。」曰：「和尚不會三界唯心。」玄沙曰：「我唤遮箇作竹木，汝唤作什麽？」曰：「桂琛亦唤作竹木。」玄沙曰：「盡大地覓一箇會佛法底人不可得。」師自爾愈加激勵。玄沙每因誘迪學者流出諸三昧，皆命師爲助發。

師雖處衆韜晦，然聲譽甚遠。

時漳牧王公請於閩城西之石山，建精舍曰地藏，請師駐錫焉。僅逾一紀，後遷止漳州羅漢院，大闡玄要，學徒臻湊。

師上堂曰：「宗門玄妙爲當只恁麽也？更別有奇特？若別有奇特，汝且舉箇什麽？若無去，不可將三箇字便當却宗乘也。何者三箇字？謂宗教乘也。汝才道著宗乘便是宗乘，道著教乘便是教乘。禪德，佛法、宗乘元來由汝口裏安立名字，作取説取便是也。斯須向遮裏説平説實，説圓説常。禪德，汝喚什麽作平實？把什麽作圓常？傍家行脚，理須甄別，莫相埋没。得些聲色名字貯在心頭，道我會解善能揀辨，汝且會箇什麽？揀箇什麽？記持得底是名字，揀辨得底是聲色。若不是聲色名字，汝又作麽生記持揀辨？風吹松樹也是聲，蝦蟇、老鵶也是聲，何不那裏聽取揀擇去？若那裏有箇意度模樣，只如老師口裏，又有多少意度與上坐？莫錯！即今聲色摐摐地，爲當相及不相及？若相及，即汝靈性金剛秘密應有壞滅去也。何以如此？爲聲貫破汝耳，色穿破汝眼，緣即塞却汝，幻妄走殺汝，聲色體爾不容也。若不相及，又什麽處得聲色來？會麽？相及不相及試裁辨看。」少間又道：「是圓常平實，什麽人恁道？未是黄夷村裏漢解恁麽説，是他古聖垂些子相助顯發。今時不識好惡，便安圓實，道我别有宗風玄妙。釋迦佛無舌頭，不如汝些子便恁麽點胸。若論殺盜婬罪，雖重猶輕，尚有歇時。此箇謗般若〔一〕，瞎却衆生眼，入阿鼻地獄吞鐵丸，莫將爲等閑。所以古人道：『過在化主，不干汝事。』珍重！」

僧問：「如何是羅漢一句？」師曰：「我若向爾道，成兩句也。」

問：「不會底人來，師還接否？」師曰：「誰是不會者？」曰：「適來道了也。」師曰：「莫自屈。」

問：「八字不成，以字不是時如何？」師曰：「汝實不會？」曰：「學人實不會。」師曰：「看取下頭注脚。」

問：「如何是沙門正命食？」師曰：「喫得麽？」曰：「欲喫此食，作何方便？」師曰：「塞却爾口。」

問：「如何是羅漢家風？」師曰：「不向爾道。」曰：「爲什麽不道？」師曰：「是我家風。」

問：「如何是法王身？」師曰：「汝今是什麽身？」曰：「恁麽即無身也。」師曰：「苦

〔一〕「若」，原作「吞」，據四部本、趙城本改。

痛深。」

師上堂才坐，有二僧一時禮拜。師曰：「俱錯。」

問：「如何是撲不破底句？」師曰：「撲。」

問：「一佛出世普爲群生，和尚今日爲箇什麽？」師曰：「什麽處遇一佛？」曰：「恁麽即學人罪過。」師曰：「謹退。」

問：「如何是羅漢家風？」師曰：「表裏看取。」

問：「如何是諸聖玄旨？」師曰：「四楞塌地。」

問：「大事未肯時如何？」師曰：「由汝。」

問：「如何是十方眼？」師曰：「眨上眉毛著。」

問〔一〕因請保福齋，令人去傳語曰：「請和尚慈悲降重。」保福曰：「慈悲爲阿誰？」師曰：「和尚恁麽道，渾是不慈悲。」

師翫月，乃曰：「雲動有，雨去有。」僧曰：「不是雲動，是風動。」師曰：「我道雲亦不動，風亦不動。」僧曰：「和尚適來又道雲動。」師曰：「阿誰罪過？」

〔一〕「問」，四部本作「師」，趙城本無。

師見僧來，舉拂子曰：「還會麽？」僧曰：「謝和尚慈悲示學人。」師曰：「見我竪拂子，便道示學人。汝每日見山見水，可不示汝？」

師又見僧來，舉拂子，其僧讚歎禮拜。師曰：「見我竪拂子，便禮拜讚歎。那裏掃地竪起掃箒，爲什麽不讚歎？」玄覺云：「一般竪起拂子，拈一種物，有肯底，有不肯底道理，且道利害在什麽處？」

僧問：「承教有言：『若見諸相非相，則見如來。』如何是非相？」師曰：「燈籠子。」

問：「如何是出家？」師曰：「唤什麽作家？」

師問僧：「什麽處來？」曰：「秦州來。」師曰：「將得什麽物來？」曰：「不將得物來。」師曰：「汝爲什麽對衆謾語？」其僧無語。師却問：「秦州豈不是出鸚鵡？」僧曰：「鸚鵡出在隴州。」師曰：「也不較多。」

師問僧：「什麽處來？」曰：「報恩來。」師曰：「何不且在彼中？」僧曰：「僧家不定。」師曰：「既是僧家，爲什麽不定？」僧無對。玄覺代云：「謝和尚顧問。」

師住地藏時，僧報云：「保福和尚已遷化也。」師曰：「保福遷化，地藏入塔。」僧問法眼：「古人意旨如何？」法眼云：「蒼天！蒼天！」

後王公上雪峯施衆僧衣時，有從弇上坐者不在，有師弟代上名受衣。弇歸，師弟曰：

「某甲爲師兄上名了。」弇曰：「汝道我名什麽？」師弟無對。師代云：「師兄得恁麽貪。」又云：「什麽處是貪處？」師又代云：「兩度上名。」雲居錫云：「什麽處是弇上坐兩度上名處？」

師與長慶、保福入州，見牡丹障子。保福云：「好一朵牡丹花。」長慶云：「莫眼花。」師曰：「可惜許一朵花。」玄覺云：「三尊宿語還有親疎也無？只如羅漢恁麽道，落在什麽處？」

師問僧：「汝在招慶有什麽異聞底事？試舉看。」僧曰：「不敢錯舉。」師曰：「真實底事作麽生舉？」僧曰：「和尚因什麽如此？」師曰：「汝話墮也。」

衆僧晚參，聞角聲，師曰：「羅漢三日一度上堂，王太傅二時相助。」

僧問：「如何是學人本來心？」師曰：「是汝本來心〔一〕。」

僧問：「師居寶座，説法度人，未審度什麽人？」師曰：「汝也居寶座，度什麽人？」

僧問：「鏡裏看形見不難，如何是鏡？」師曰：「還見形麽？」

僧問：「但得本，莫愁末，如何是末？」師曰：「總有也。」

師因疾，僧問：「和尚尊候較否？」師以杖拄地曰：「汝道遮箇還痛否？」僧曰：「和尚問阿誰？」師曰：「問汝。」僧曰：「還痛否？」師曰：「元來共我作道理。」

〔一〕「如何是學人本來心」「是汝本來心」，原作「如何是學人本來」「是心汝本來心」，據四部本、趙城本改。

師後唐天成三年戊子秋復届閩城舊止，遍遊近城梵宇已。俄示疾，數日安坐，告終。壽六十有二，臘四十。荼毘收舍利，建塔于院之西隅，禀遺教也。清泰二年乙未十二月望日入塔，謚曰真應禪師。

福州卧龍山安國院慧球寂照禪師

福州卧龍山安國院慧球寂照禪師，第二世住，亦曰中塔。泉州莆田人也。龜洋山出家，玄沙室中參訊居首。因問：「如何是第一月？」玄沙曰：「用汝箇月作麽？」師從此悟入。梁開平二年，玄沙將示滅，閩帥王氏遣子至問疾，仍請密示：「繼踵説法者誰乎？」玄沙曰：「球子得。」王氏默記遺旨，乃問鼓山國師曰：「卧龍法席，孰當其任？」鼓山舉城下宿德具道眼者十有二人皆堪出世，王氏亦默之。至開堂日，官寮與僧侶俱會法筵。王氏忽問衆曰：「誰是球上座？」於是衆人指出師，王氏便請陞座。師良久謂衆曰：「莫嫌寂寞，莫道不堪，未詳涯際，作麽生論量？所以尋常用其音響聊撥一兩下，助他機發，道盡十方世界覓一人爲伴侶不可得。」

僧問：「佛法大意從何方便頓入？」師曰：「入是方便。」

問：「雲自何山起？風從何澗生？」師曰：「盡力施爲，不離中塔。」

師上堂謂衆曰：「我此間粥飯因緣，爲兄弟舉唱，終是不常。欲得省要，却是山河大地與汝發明。其道既常，亦能究竟。若從文殊門入者，一切無爲，土木瓦礫，助汝發機。若從觀音門入者，一切音響，蝦蟇蚯蚓，助汝發機。若從普賢門入者，不動步而到。我以此三門方便示汝，如將一隻折箸攪大海水，令彼魚龍知水爲命，會麽？若無智眼而審諦之，任汝百般巧妙，不爲究竟。」

僧問：「學人近入叢林，不明己事，乞師指示。」師以杖指之曰：「會麽？」曰：「不會。」師曰：「我恁麽爲汝，却成抑屈人，還知麽？若約當人分上，從來底事，不論初入叢林，及過去諸佛，不曾乏少。如大海水，一切魚龍初生及至老死，所受用水，悉皆平等。」

問：「不謬正宗，請師真實。」師曰：「汝替我道。」僧曰：「或有不辨者作麽生？」師曰：「待不辨者來。」

問：「諸佛還有師否？」師曰：「有。」僧曰：「如何是諸佛師？」師曰：「一切人識不得。」

師上堂，良久，有僧出禮拜。師曰：「莫教髑髏搒損。」

問：「如何是靈山會上事？」師曰：「少得靈利底。」僧曰：「忽遇靈利底作麽生？」師曰：「遮懵懂！」

師上堂示衆曰：「諸人若要商量，向髑髏後通取消息來相共商量，遮裏不曾障人光明。」

問：「從上宗乘事如何？」師良久，僧再問，師便喝出。

問：「如何是大庾嶺頭事？」師曰：「料汝承當不得。」僧曰：「重多少？」師曰：「遮般底論劫不奈何！」

師問了院主：「只如先師道：『盡十方世界是真實人體。』爾還見僧堂麽？」了曰：「和尚莫眼花。」師曰：「先師遷化，肉猶暖在。」

師梁乾化三年癸酉八月十七日不疾而逝。

杭州天龍寺重機明真大師

杭州天龍寺重機明真大師，台州黄巖人也。自玄沙得法，迴入浙中，錢武肅王請説法住持。

上堂示衆曰：「若直舉宗風，獨唱本分事，便同於頑石。若言絶凡聖消息，無大地山河，盡十方世界都是一隻眼。此乃事不獲已恁麽道。所以常説：『盲聾瘖瘂是僊陀，滿眼時人不奈何。只向目前須體妙，身心萬象與森羅。』」

僧問：「如何是璿璣不動？」師曰：「青山數重。」僧曰：「如何是寂爾無根？」師曰：「白雲一帶。」

問：「如何是歸根得旨？」師曰：「兔角生也。」僧曰：「如何是隨照失宗？」師曰：「龜毛落也。」

問：「蓮華未出水時如何？」師曰：「誰人不知有？」僧曰：「出水後如何？」師曰：「馨香目擊。」

問：「朗月輝空時如何？」師曰：「正是分光景，何消指玉樓？」

福州僊宗院契符清法大師

福州僊宗院契符清法大師。初開堂日，有僧問：「師登寶座，合談何事？」師曰：「剔開耳孔著。」僧曰：「古人爲什麽道非耳目之所到？」師曰：「金櫻樹上不生梨子。」僧曰：「古今不到處，請師道。」師曰：「汝作麽生問？」

問：「衆手淘金，誰是得者？」師曰：「舉手隔千里，休功任意看。」

問：「飛岫巖邊華子秀，仙境臺前事若何？」師曰：「無價大寶光中現，暗客惛惛争奈何？」僧曰：「優曇華拆人皆覩，向上宗乘意若何？」師曰：「闍梨若問宗乘意，不如静處薩婆訶。」

問：「如何是大閩國中諸佛境界？」師曰：「造化終難測，春風徒自輕。」

問：「如何是道中寶？」師曰：「雲孫淚亦垂。」

問：「諸聖收光歸源後如何？」師曰：「三聲猿屢斷，萬里客愁聽。」僧曰：「未審今時人，如何湊得古人機？」師曰：「好心向子道，切忌未生時。」

婺州金華山國泰院瑫禪師

婺州金華山國泰院瑫禪師。上堂曰：「不離當處，咸是妙明真心，所以玄沙和尚道：『會我最後句，出世少人知。』争似國泰有末頭一句。」僧問：「如何是國泰末頭一句？」師曰：「闍梨上太遲生！」

問：「如何是毘盧師？」師曰：「專甲與老兄是弟子。」

問：「達磨來唐土即不問，如何是未來時事？」師曰：「親遇梁王。」

問：「古鏡未磨時如何？」師曰：「古鏡。」僧曰：「磨後如何？」師曰：「古鏡。」

衡嶽南臺誠禪師

衡嶽南臺誠禪師。僧問：「玄沙宗旨，請師舉揚。」師曰：「什麽處得此消息？」僧曰：「垂接者何？」師曰：「得人不迷己。」

問：「潭清月現，是何人境界？」師曰：「不干爾事。」僧曰：「相借問又何妨？」師曰：「覓潭月不可得。」

問：「離地四指，爲什麽却有魚紋？」師曰：「有聖量在。」僧曰：「此量爲什麽人施？」師曰：「不爲聖人。」

福州升山白龍院道希禪師

福州升山白龍院道希禪師，福州閩縣人也。師上堂曰：「不要舉足，是誰威光？還會麽？若道自家去處，本自如是，切喜勿交涉。」

問：「如何是西來意？」師曰：「汝從什麽處來？」

問：「如何是佛法大意？」師曰：「汝早禮三拜。」

問：「不責上來，請師直道。」師曰：「得。」

問：「如何是正真道？」師曰：「騎驢覓驢。」

問：「請師答無賓主話。」師曰：「昔年曾記得。」僧曰：「即今如何？」師曰：「非但耳聾，亦兼眼暗。」

問：「情忘體合時如何？」師曰：「別更夢見箇什麽？」問：「學人擬申一問，請師裁。」師曰：「不裁。」僧曰：「爲什麽不裁？」師曰：「須知好手。」

問：「大衆雲集，請師舉揚宗教。」師曰：「少過聽者。」

問：「不涉脣鋒，乞師指示。」師曰：「不涉脣鋒問將來。」僧曰：「恁麽即群生有賴。」師曰：「莫閑言語。」

問：「請和尚生機答話。」師曰：「把紙筆來録將去。」

問：「如何是思大口？」師曰：「出來向爾道。」僧曰：「學人即今見出。」師曰：「曾賺幾人來？」

問：「承古人有言：『髑髏常干世界，鼻孔毛觸家風。』如何是髑髏常干世界？」師曰：「近前來向爾道。」僧曰：「如何是鼻孔毛觸家風？」師曰：「退後去，別時來。」

福州螺峯沖奥明法大師

福州螺峯沖奥明法大師。先住白龍，師上堂曰：「人人具足，人人成見，爭怪得山僧？

珍重！」

僧問：「諸法寂滅相，不可以言宣。如何是寂滅相？」師曰：「問答俱備。」僧問〔一〕：「恁麼即真如法界，無自無他。」師曰：「特地令人愁。」

問：「牛頭未見四祖時如何？」師曰：「德重鬼神欽。」曰：「見後如何？」師曰：「通身聖莫測。」

問：「如何是螺峯一句？」師曰：「苦。」

問：「如何是本來人？」師曰：「惆悵松蘿境界危。」

泉州睡龍山和尚

泉州睡龍山和尚。僧問：「如何是觸目菩提？」師以杖趁之，僧乃走。師曰：「住！住！向後遇作家舉看。」

師上堂，舉拄杖云：「三十年住山，得此拄杖氣力。」時有僧問：「和尚得他什麼氣力？」師曰：「過谿過嶺，東拄西拄。」招慶聞云：「我不恁麼道。」僧問：「和尚作麼生道？」招慶以杖下地拄行。

〔一〕「問」，四部本、趙城本作「曰」。

天台山雲峯光緒至德大師

天台山雲峯光緒至德大師。上堂曰：「但以衆生日用而不知，譬如三千大千世界，日月星辰，江河淮濟，一切含靈，從一毛孔，入一毛孔。毛孔不小，世界不大，其中衆生不覺不知。若要易會，上坐日用亦復不知。」

僧問：「日裏僧馱像，夜裏像馱僧。未審此意如何？」師曰：「闍梨豈不是從茶堂裏來？」

福州大章山契如庵主

福州大章山契如庵主，福州永泰人也。泉州百丈村兜率院受業，素蘊孤操，志探祖道。預玄沙之宫，穎悟幽旨。玄沙記曰：「子禪已逸格，則他後要一人侍立也無。」師自此不務聚徒，不畜童侍，隱于小界山，剞大朽杉若小庵，但容身而已。凡經遊僧至，隨叩而應，無定開示。

僧問：「生死到來，如何迴避？」師曰：「符到奉行。」曰：「恁麽即被生死拘將去也。」師曰：「阿邪邪！」

問：「西天持錫，意作麽生？」師拈錫杖卓地振之，僧曰：「未審此是什麽義？」師曰：「遮箇是張家打。」僧擬進語，師以錫攩蒼戀切。之。

清豁、沖煦二長老嚮師名，未嘗會遇，一旦同訪之。值師采栗，豁問曰：「道者，如庵主在何所？」師曰：「從什麼處來？」曰：「山下來。」師曰：「因什麼得到遮裏？」曰：「遮裏是什麼處所？」師揖曰：「去那下喫茶去。」二公方省是師，遂詣庵所，頗味高論。晤坐於左右，不覺及夜。覩豺虎奔至庵前，自然馴擾。豁因有詩曰：「行不等閑行，誰知去住情？一餐猶未飽，萬户勿聊生。非道應難伏，空拳莫與争。龍吟雲起處，閑嘯兩三聲。」二公尋於大章山創庵請師居之。兩處孤坐，垂五十二載而卒。豁雖承指喻，而後於睡龍印可，乃嗣睡龍，住漳州保福。

福州蓮華山永興禄和尚

福州蓮華山永興禄和尚。閩王請師開堂日，未陞座，先於座前立，云：「大王、大衆聽，已有真正舉揚也。此一會總是得聞，豈有不聞者？若有不聞，彼此相謾去也。」方乃登座，僧問：「國王請師出世，未委今日一會何似靈山？」師曰：「徹古傳今。」

問：「如何是和尚家風？」師曰：「毛頭顯沙界，日月現其中。」

天台山國清寺師静上座

天台山國清寺師静上座。始遇玄沙和尚示衆云：「汝諸人但能一生如喪考妣，吾保汝究得徹去。」師乃躡前語而問曰：「只如教中不得以所知心測度如來無上知見，又作麼生？」玄沙曰：「汝道究得徹底所知心，還測度得及否？」師從此信入。後居天台，三十餘載不下山。博綜三學，操行孤立。禪寂之餘，常閱龍藏。遐邇欽重，時謂大静上座。

嘗有人問曰：「弟子每當夜坐，心念紛飛。未明攝伏之方，願垂示誨。」師答曰：「如或夜間安坐，心念紛飛，却將紛飛之心，以究紛飛之處。究之無處，則紛飛之念何存？返究心，則能究之心安在？又能照之智本空，所緣之境亦寂。寂而非寂者，蓋無能寂之人也。照而非照者，蓋無所照之境也。境智俱寂，心慮安然。外不尋枝，内不住定。二途俱泯，一性怡然。此乃還源之要道也。」

師因覩教中幻義，乃述一偈問諸學流，偈曰：「若道法皆如幻有，造諸過惡應無咎。云何所作業不妄，而藉佛慈興接誘。」時有小静上座答曰：「幻人興幻幻輪圍，幻業能招幻所治。不了幻生諸幻苦，覺知如幻幻無爲。」二静上座並終於本山，今國清寺遺蹤在焉。

前福州長慶院慧稜禪師法嗣

泉州招慶院道匡禪師

泉州招慶院道匡禪師，潮州人也。自稜和尚始居招慶，師乃入室參侍。暨稜和尚召入長樂府，盛化于西院，師繼踵住於招慶，學衆如故。

師上堂曰：「聲前薦得，孤負平生。句後投機，殊乖道體。爲什麽如此？大衆且道，從來合作麽生？」又謂衆曰：「招慶今夜與諸人一時道却，還委落處麽？」時有僧出曰：「大衆一時散去，還稱師意也無？」師曰：「好與拄杖。」僧禮拜，師曰：「雖有盲龜之意，且無曉月之程。」僧曰：「如何是曉月之程？」師曰：「此是盲龜之意。」

問：「如何是沙門行？」師曰：「非行不行。」

問：「如何是西來意？」師曰：「蚊子上鐵牛。」

問：「如何是在匣劍？」師良久，僧罔措。師曰：「也須感荷招慶始得。」

問：「如何是提宗一句？」師曰：「不得昧著招慶。」其僧禮拜起。師又曰：「不得昧著招慶，囑汝作麽生是提宗一句？」僧無對。

問：「文殊劍下不承當時如何？」師曰：「未是好手人。」僧曰：「如何是好手人？」師曰：「是汝話墮也。」

問：「如何是招慶家風？」師曰：「寧可清貧自樂，不作濁富多憂。」

問：「如何是南泉一線道？」師曰：「不辭向汝道，恐較中更較去。」

問：「如何是佛法大意？」師曰：「七顛八倒。」

問：「學人根思遲迴，乞師曲運慈悲，開一線道。」師曰：「遮箇是老婆心。」僧曰：「悲華剖拆，以領尊慈，從上宗乘事如何？」師曰：「恁麼須得汝親問始得。」

師問僧：「什麼處去來？」僧曰：「劈柴來。」師曰：「還有劈不破底也無？」僧曰：「有。」師曰：「作麼生是劈不破底？」僧無語。師曰：「汝若道不得，問我，我與汝道。」僧曰：「作麼生是劈不破底？」師曰：「賺殺人。」

因地動，僧問：「還有不動者無？」師曰：「有。」僧曰：「如何是不動者？」師曰：「動從東來，却歸西去。」問：「法雨普霑，還有不潤處否？」師曰：「有。」僧曰：「如何是不潤處？」師曰：「水灑不著。」

問：「如何是招慶深深處？」師曰：「和汝没却。」

問：「如何是九重城裏人？」師曰：「還共汝知聞麼？」

師上堂，僧衆擁法座。師曰：「遮裏無物，諸人苦恁麼相促相拶作麼？擬心早勿交涉，更上門户千里萬里。今既上來，各著精彩。招慶一時抛與諸人，好麼？」師復問：「還接得也未？」衆無對。師曰：「勞而無功，汝諸人得恁麼鈍？看他古人一兩箇得恁麼快，才見便負將去，亦較些子。若有此箇人，非但四事供養，便以瑠璃爲地，白銀爲壁，亦未爲貴。帝釋引前，梵王從後，攪長河爲酥酪，變大地爲黄金，亦未爲足。直得如是，猶更有一級在。還委得麽？珍重！」

杭州龍華寺彦球實相得一大師

杭州龍華寺彦球實相得一大師。開堂日謂衆曰：「今日既升法座，又争解諱得？只如不諱底事，此衆還有人與作證明麽？若有即出來，相共作箇榜樣。」時有僧問：「郡尊請師，如何舉揚宗指？」師曰：「法到别處，切忌謬傳。」

問：「此座爲從天降下？爲從地涌出？」師曰：「是什麽？」僧曰：「此座高廣，如何升得？」師曰：「今日幾被汝安頓著。」

問：「靈山一會，迦葉親聞。今日一會，何人得聞？」師曰：「同我者擊其大節。」僧曰：「酌然俊哉！」師曰：「去般水漿茶堂裏用去！」

師又曰：「從前佛法付囑國王大臣及有力檀越，今日郡尊及諸官寮特垂相請，不勝荷愧。山僧更有末後一句子，賤賣與諸人。」師乃起身立云：「還有人買麽？若有人買即出來，若無人買即賤貨自收。久立珍重！」

師有時上堂云：「好時好日。速道！速道！」又曰：「大衆近前來，聽老漢説第一義。」大衆近前，師便打趂。

問：「如何是學人自己？」師曰：「雪上更加霜。」

杭州臨安縣保安連禪師

杭州臨安縣保安連禪師。僧問：「如何是保安家風？」師曰：「問有什麽難？」

問：「如何是吹毛劍？」師曰：「豫章鐵柱堅。」僧曰：「學人不會。」師曰：「漳江親到來。」

問：「如何是沙門行？」師曰：「師僧頭上戴冠子。」

問：「如何是西來意？」師曰：「死虎足人看。」

問：「一問一答，彼此興來，如何是保安不驚人之句？」師曰：「汝到別處作麽生擧？」

福州報慈院光雲慧覺大師

福州報慈院光雲慧覺大師。上堂云：「差病之藥，不假驢馱。若據今夜，各自歸堂去也。珍重！」

僧問：「承聞慧覺有鎖，口訣如何示人？」師曰：「賴我拄杖不在手。」僧曰：「恁麽即深領尊慈也。」師曰：「待我肯汝即得。」

師入府，閩王問：「報慈與神泉相去近遠？」師曰：「若説近遠，不如親到。」師却問曰：「大王日應千差，是什麽心？」王曰：「什麽處得心來？」師曰：「豈有無心者？」王曰：「那邊事作麽生？」師曰：「請向那邊問。」王曰：「道師謾別人即得。」

問：「大衆臻湊，請師舉揚。」師曰：「更有幾人未聞？」曰：「恁麽即不假上來也。」師曰：「不上來且從，汝向什麽處會？」曰：「若有處所，即孤負和尚。」師曰：「即恐不辨精麁。」

問：「夫説法者，當如法説。此意如何？」師曰：「有什麽疑訛？」

問：「故人面壁意如何？」師打之。

問：「不假言詮，請師徑直。」師曰：「何必更待商量！」

廬山開先寺紹宗圓智禪師

廬山開先寺紹宗圓智禪師，姑蘇人也。稟性朴野，不群流俗。少依本郡流水寺出家受具，入長慶之室，密契真要。初結庵於虔州了山二十載，道聲遐布。江南國主李氏建寺，請轉法輪，玄徒輻湊。暨國主巡幸洪井，躬入山瞻謁，請上堂。令僧出問：「如何是開先境？」師曰：「最好是一條界破青山色。」僧曰：「如何是境中人？」師曰：「拾枯柴煮布水。」國主益加欽重，後終於山寺，靈塔存焉。

婺州金鱗報恩院寶資曉悟大師

婺州金鱗報恩院寶資曉悟大師。上堂，大衆立久。師曰：「諸兄弟各詣山門來，主人口如匾擔相似，莫成相違負。也無久在衆，兄弟也未要怪訝著。若帶參學眼，何煩久立？各自歸堂。珍重！」

師開方丈基，僧問：「丈基已成，如何通信？」師曰：「不可昧兄弟此問。」僧曰：「不昧底事作麽生？」師曰：「青天白日。」

問：「學人初心，請師示箇入路。」師遂側掌示之曰：「還會麽？」僧曰：「不會。」師曰：「獨掌不浪鳴。」

問：「如何是報恩家風？」師曰：「也知闍梨入衆日淺。」

問：「古人拈搥豎拂意如何？」師曰：「報恩截舌有分。」僧曰：「爲什麽如此？」師曰：「屈著作麽？」

問:「如何是文殊劍?」師曰:「不知。」僧曰:「只如一劍下活得底人作麽生?」師曰:「山僧只管二時齋粥。」

問:「如何是觸自菩提?」師曰:「背後是什麽立地?」僧曰:「學人不會,乞師再示。」師提拄杖曰:「汝不會,合喫多少拄杖?」

問:「如何是具大慚愧底人?」師曰:「開口取合不得。」僧曰:「此人行履如何?」師曰:「逢茶即茶,遇飯即飯。」

問:「如何是金剛一隻箭?」師曰:「道什麽?」其僧再問,師曰:「過新羅國去也。」

問:「波騰鼎沸,起必全真,未審古人意如何?」師乃叱之。僧曰:「恁麽即非次也。」師曰:「爾話墮也。」又曰:「我話亦墮,汝作麽生?」僧無對。

問:「去却賞罰,如何是吹毛劍?」師曰:「延平屬劍州。」僧曰:「恁麽即喪身失命去也。」師曰:「錢塘江裏潮。」

杭州傾心寺法瑫宗一禪師

杭州傾心寺法瑫宗一禪師。上堂云:「大衆,不待一句語便歸堂去,還有紹繼宗風分也無?還有人酬得此問麽?若有人酬得去也,遮裏與諸人爲怪笑。若酬不得去也,諸人與遮裏爲怪笑。珍重！」

問：「如何揲文甲切。實免見虚頭？」師曰：「汝問若當，衆人盡鑒。」

問：「恁麽來皆不丈夫，只如不恁麽來，還有紹繼宗風分也無？」師曰：「出兩頭致一問來。」僧曰：「什麽人辨得？」師曰：「波斯養兒。」

問：「佛法去處，乞師全示。」師曰：「汝但全致一問來。」僧曰：「爲什麽却拈此問去？」師曰：「汝適來問什麽？」僧曰：「若不遇於師，幾成走作。」師曰：「賊去後關門。」

問：「别傳一句，如何分付？」師曰：「可惜許問。」僧曰：「恁麽即別酬亦不當去也。」師曰：「也是閑辭。」

問：「如何是不朝天子、不羨王侯底人？」師曰：「每日三條線，長年一衲衣。」僧曰：「未審此人還紹宗風也無？」師曰：「鵲來頭上語，雲向眼前飛。」

問：「承古人有言『不斷煩惱』，此意如何？」師曰：「又是發人業。」僧曰：「如何得不發業？」師曰：「爾話墮也。」

問：「請去賞罰，如何是吹毛劍？」師曰：「如法禮三拜。」

師後住龍册寺歸寂。

福州水陸院洪儼禪師

福州水陸院洪儼禪師。上堂，大衆集定，師下座，捧香鑪巡行大衆前，曰：「供養十方諸佛。」便歸方丈。

僧問：「離却百非兼四句，請師盡力爲提綱。」師曰：「落在什麼處？」僧曰：「恁麼即人天有賴。」師曰：「莫將惡水澆潑人好。」

杭州靈隱山廣嚴院咸澤禪師

杭州靈隱山廣嚴院咸澤禪師。初參保福展和尚，保福問曰：「汝名什麼？」師曰：「咸澤。」保福曰：「忽遇枯涸者如何？」師云：「誰是枯涸者？」保福曰：「我是。」師曰：「和尚莫謾人好！」保福曰：「却是汝謾我。」師後承長慶印記，住廣嚴道場。

僧問：「如何是覿面相呈事？」師下禪床曰：「尊體起居萬福。」

問：「不與萬法爲侶者是什麼人？」師曰：「城中青史樓，雲外高峯塔。」

問：「如何是佛法大意？」師曰：「幽澗泉清，高峯月白。」

問：「如何是廣嚴家風？」師曰：「一塢白雲，三間茆屋。」僧曰：「畢竟作麼生？」師曰：「既無維那，兼無典座。」

問：「如何是廣嚴家風？」師曰：「師子石前靈水響，鷄籠山上白猿啼。」

福州報慈院慧朗禪師

福州報慈院慧朗禪師。上堂曰：「從上諸聖爲一大事因緣故出現於世，遞相告報，是汝諸人還會麽？若不會，大不容易。」僧問：「如何是一大事？」師曰：「莫錯相告報麽？」僧曰：「恁麽即學人不疑也。」師曰：「争奈一翳在目何？」

問：「三世諸佛盡是傳語人，未審傳什麽人語？」師曰：「聽。」僧曰：「未審是什麽語。」師曰：「爾不是鍾期。」

問：「如何是學人眼？」師曰：「不可更撒沙。」

福州怡山長慶常慧禪師

福州怡山長慶常慧禪師。僧問：「王侯請命，法嗣怡山，鎖口之言，請師不謬。」師曰：「得。」僧曰：「恁麽即深領尊慈。」師曰：「好與！莫鈍置人。」

問：「不犯宗風，不傷物議，請師滿口道。」師曰：「今日豈不是開堂？」

問：「焰續雪峯，印傳超覺。不違於物，不負於人，不在當頭。即今何道？」師曰：「違負即道。」僧曰：「恁麽即善副來言，淺深已辨。」師曰：「也須識好惡。」

福州石佛院静禪師

福州石佛院静禪師。上堂曰：「若道素面相呈，猶添脂粉〔一〕，縱離添過，猶有負愆。諸人且作麽生體悉？」僧問：「學人欲見和尚本來師時如何？」師曰：「洞上有言親體取。」僧曰：「恁麽即不得見去也。」師曰：「灼然，客路如天遠，侯門似海深。」

處州翠峯從欣禪師

處州翠峯從欣禪師。上堂曰：「更不展席，珍重！」却問僧：「還會麽？」僧曰：「不會。」師曰：「將謂闍梨到百丈。」

福州枕峯觀音院清换禪師

福州枕峯觀音院清换禪師。上堂曰：「諸禪德，若要論禪説道，舉唱宗風，只如當人分上，以一毛端裏，有無量諸佛轉大法輪。於一塵中現寶王刹，佛説衆生説，山河大地一時説，未嘗間斷。如毘沙門王，始終未求外寶。既各有如是家風，阿誰欠少？不可更就別人取處分也。」

僧問：「如何是法界性？」師曰：「汝身中有萬象。」僧曰：「如何體得？」師曰：「不

〔一〕「粉」，原作「紛」，據四部本、趙城本改。

可谷裏尋聲，更求本末。」

福州東禪契訥禪師

福州東禪契訥禪師。上堂曰：「未曾暫失，全體現前，恁麼道亦是分外。既恁麼道不得，向兄弟前合作麼生道？莫無道處不受道麼？莫錯會好！」

僧問：「如何是現前三昧？」師曰：「何必更待道？」

問：「己事未明，乞師指示。」師曰：「何不禮謝？」

問：「如何是東禪家風？」師曰：「一人傳虛，萬人傳實。」

福州長慶院弘辯妙果大師

福州長慶院弘辯妙果大師。一日上堂，於座側立云：「大衆各歸堂，得也未？還會得麼？若也未會得，山僧謾諸人去也。」遂乃升座。

僧問：「海衆雲臻，請師開方便門，示真實相。」師曰：「遮箇是方便門。」僧曰：「恁麼即大衆側聆去也。」師曰：「空側聆作麼？」

問：「超覺後焰，妙果傳燈，去却語默動静，如何相示？」師曰：「還解怪得麼！」

福州東禪院可隆了空大師

福州東禪院可隆了空大師。初開堂，有僧問："遠棄九峯丈室，來坐東禪道場。人天瞻仰於尊顔，願賜一言而演説。"師曰："堯風千載，了空不昧於闍梨。"曰："恁麼即人天有賴。"師曰："當不當？"

問："如何是道？"師曰："正是道。"曰："如何是道中人？"師曰："分明向汝道。"

師上堂曰："大好省要，自不仙陀。若是聽響之流，不如歸堂向火。珍重！"問："如何是普賢第一句？"師曰："落第二句也。"

福州僊宗院守玭禪師

福州僊宗院守玭禪師。一日，不上堂，大衆入方丈參。師曰："今夜與大衆同請假，未審還給假也無？若未聞給假，即先言者負。珍重！"

僧問："十二時中常在底人，還消得人天供養也無？"師曰："消不得。"僧曰："爲什麼消不得？"師曰："爲汝常在。"僧曰："只如常不在底人還消得也無？"師曰："驢年去！"

僧問："請師答無賓主話。"師曰："向無賓主處問將來。"

撫州永安院懷烈浄悟禪師

撫州永安院懷烈浄悟禪師。上堂衆集，師顧視左右曰：「患聻作麼？」便歸方丈。又一日上堂，良久曰：「幸自可憐生，又被污却也。」又曰：「大衆，正是著力處，莫容易。」僧問：「怡山親聞一句，請師爲學人道。」師曰：「向後莫錯舉似人。」

福州閩山令含禪師

福州閩山令含禪師，初住永福院。上堂曰：「還恩恩滿，賽願願圓。」便歸方丈。僧問：「既到妙峯頂，誰人爲伴侶？」師曰：「到。」僧曰：「什麽人爲伴侶？」師曰：「喫茶去！」

問：「明明不會，乞師指示。」師曰：「指示且置，作麽生是爾明明底事？」僧曰：「學人不會，再乞師指示。」師曰：「七棒十三！」

新羅龜山和尚

新羅龜山和尚。有舉：相國裴公休啓建法會，問看經僧：「是什麽經？」僧曰：「無言童子經。」公曰：「有幾卷？」僧曰：「兩卷。」公曰：「既是無言，爲什麽却有兩卷？」僧無對，師代曰：「若論無言，非唯兩卷。」

吉州龍須山資國院道殷禪師

吉州龍須山資國院道殷禪師。僧問：「如何是祖師西來意？」師曰：「普通八年遭梁怪，直至如今不得雪。」問：「千山萬山如何是龍須山？」師曰：「千山萬山。」僧曰：「如何是山中人？」師曰：「對面千里。」問：「不落有無，請師道。」師曰：「汝作麽生問？」

福州祥光院澄静禪師

福州祥光院澄静禪師。僧問：「如何是道？」師曰：「長安鼎沸。」僧曰：「向上事如何？」師曰：「谷聲萬籟起，松老五雲披。」

問：「如何是和尚家風？」師曰：「門下平章事，宫闈較幾重。」

襄州鷲嶺明遠禪師

襄州鷲嶺明遠禪師。初參長慶，長慶問曰：「汝名什麽？」師曰：「明遠。」慶曰：「那邊事作麽生？」師曰：「明遠退兩步。」慶曰：「汝無端退兩步作麽？」師無語，長慶代云：「若不退步，争知明遠？」師乃喻旨。

師住後，僧問：「無一法當前，應用無虧時如何？」師以手卓火，其僧因爾有悟。

杭州報慈院從瓌禪師

杭州報慈院從瓌禪師，福州人也，姓陳氏。少投石梯出家，初住越州稱心寺，後住慈院。

僧問：「古人有言：『今人看古教，未免心中鬧。欲免心中鬧，應須看古教。』如何是古教？」師曰：「如是我聞。」僧曰：「如何是心中鬧？」師曰：「那畔雀兒聲。」

師開寶六年癸酉六月十四日辰時沐浴易衣，告門人付囑訖，右脇而逝。

杭州龍華寺契盈廣辯周智大師

杭州龍華寺契盈廣辯周智大師，本福州黄蘗山受業，於長慶領旨。住後，僧問：「如何是龍華境？」師曰：「翠竹摇風，寒松鎖月。」僧曰：「如何是境中人？」師曰：「切莫唐突。」

問：「如何是三世諸佛道場？」師曰：「莫别瞻禮。」僧曰：「恁麽則亘古亘今。」師曰：「是什麽年中？」

問：「如何是黄蘗山主？」師曰：「謝仁者相訪。」

問：「如何是黄蘗境？」師曰：「龍吟瀑布水，雲起翠微峯。」

前杭州龍册寺道怤禪師法嗣

越州清化山師訥禪師

越州清化山師訥禪師。僧問：「十二時中如何得不疑不惑去？」師曰：「好。」僧曰：「恁麼則得遇於師也。」師曰：「珍重！」

有僧來禮拜，師曰：「子亦善問，吾亦善答。」僧曰：「恁麼即大衆久立。」師曰：「抑逼大衆作什麼？」

問：「去却賞罰，如何是吹毛劍？」師曰：「錢塘江裏好渡船。」

問：「如何是西來意？」師曰：「可殺新鮮。」

衢州南禪遇緣禪師

衢州南禪遇緣禪師。有俗士時謂之鐵脚，忽因騎馬，有僧問：「師既是鐵脚，爲什麼却騎馬？」師曰：「腰帶不因遮腹痛，幞頭豈是禦天寒？」

有俗官問：「和尚恁後生，爲什麼却爲尊宿？」師云：「千歲只言朱頂鶴，朝生便是鳳凰兒。」師有時云：「此箇事得恁難道。」有僧出曰：「請師道。」師曰：「睦州溪苔，錦軍石耳。」

復州資福院智遠禪師

復州資福院智遠禪師，福州連江人也。童蒙出家，詣峽山觀音院法宣禪師落髮受具。給侍勤恪，專於誦持。一日，宣禪師謂曰：「觀汝上根，堪任大事，何不徧參而滯於此乎？」師遂禮辭，歷諸方。至越州鏡清禮順德大師，因問曰：「如何是諸佛出身處？」順德曰：「大家要知。」師曰：「斯則衆眼難謾。」順德曰：「理能縛豹。」師因此發悟玄旨。周顯德三年丙辰，復州刺史率僚吏及緇黄千衆，請師於資福院開堂説法。時謂東禪院。

僧問：「師唱誰家曲？宗風嗣阿誰？」師曰：「雪嶺峯前月，鏡湖波裏明。」

問：「諸佛出世，天雨四華，地摇六動，和尚今日有何禎祥？」師曰：「一物不生全體露，目前光彩阿誰知？」

問：「如何是直示一句？」師曰：「是什麽？」師又曰：「還會麽？會去即今便了，不會塵沙算劫。只據諸賢分上，古佛心源，明露現前，匝天遍地，森羅萬象，自己家風。佛與衆生，本無差别。涅槃生死，幻化所爲。性地真常，不勞修證。」師又曰：「要知此事，當陽顯露，並無寸草蓋覆，便承當取，最省心力。」

師如是爲衆，涉于二十二載，太平興國二年丁丑九月十六日，聲鍾辭衆，至二十七日辰時，恬然坐化。壽八十三，臘六十三。

前漳州報恩院懷岳禪師法嗣

潭州妙濟院師浩傳心大師

潭州妙濟院師浩傳心大師，曾住郴州香山。僧問：「擬即第二頭，不擬即第三首，如何是第一頭？」師曰：「收。」

僧問：「古人斷臂，當爲何事？」師曰：「我寧可斷臂。」

問：「如何是學人眼？」師曰：「須知我好心。」

問：「如何是香山劍？」師曰：「異。」僧曰：「還露也無？」師曰：「不忍見。」

問：「如何是松門第一句？」師曰：「切不得錯舉。」

問：「如何是妙濟家風？」師曰：「左右人太多。」

問：「如何是佛法大意？」師曰：「兩口無一舌。」

問：「如何是香山一路？」師曰：「滔滔地。」僧曰：「到者如何？」師曰：「息汝平生。」

問：「如何是世尊密語？」師曰：「阿難亦不知。」僧曰：「爲什麽不知？」師曰：「莫非仙陀。」

問：「如何是香山寶？」師曰：「碧眼胡人不敢定。」僧曰：「露者如何？」師曰：「龍王捧不起。」

因僧舉聖僧塑像被虎咬，乃問師：「既是聖僧，爲什麽被大蟲咬？」師曰：「疑殺天下人。」

問：「如何是無慚愧底人？」師曰：「闍梨合喫棒。」

前福州鼓山神晏國師法嗣

杭州天竺山子儀心印水月大師

杭州天竺山子儀心印水月大師，温州樂清縣人也，姓陳氏。初遊方，謁鼓山，因問曰：「子儀三千里外遠投法席，今日非時上來，乞師非時答話。」鼓山曰：「不可鈍置仁者。」師曰：「省力處如何？」鼓山曰：「汝何費力？」師自此承言領旨，便往浙中。錢忠懿王聆其道譽，命開法于羅漢、光福二道場，海衆臻湊。

師上堂示衆曰：「久立大衆！更待什麽？不辭展拓，却恐誤於禪德，轉迷歸路。時寒，珍重！」

僧問：「如何是從上來事？」師曰：「住。」僧曰：「如何薦？」師曰：「可惜龍頭翻成蛇尾。」

有僧禮拜起，將問話，師曰：「如何且置？」其僧乃問：「只如興工〔一〕之子，還有相親分也無？」師曰：「只待局終，不知柯爛。」

問：「如何是維摩默？」師曰：「謗。」僧曰：「文殊因何讚？」師曰：「同案領過。」僧曰：「維摩又如何？」師曰：「頭上三尺巾，手裏一枝拂。」

問：「如何是諸佛出身處？」師曰：「大洋海裏一星火。」僧曰：「學人不會。」師曰：「燒盡魚龍。」

問：「丹霞燒木佛，意旨如何？」師曰：「寒即圍鑪向猛火。」僧曰：「還有過也無？」師曰：「熱即竹林溪畔坐。」

問：「如何是法界義宗？」師曰：「九月九日浙江潮。」

問：「諸餘即不問，如何是光福門下超毘盧越釋迦底人？」師曰：「諸餘奉衲。」僧曰：「恁麼即平生慶幸去也。」師曰：「慶幸事作麼生？」其僧罔措，師喝之。

〔一〕「工」，四部本作「聖」。

師將下堂，僧問：「下堂一句，乞師分付。」師曰：「携履已歸西國去，此山空有老猿啼。」

問：「鼓山有掣鼓奪旗之説，師且如何？」師曰：「敗將不忍誅。」僧曰：「或遇良將又如何？」師曰：「念子孤魂，賜汝三奠。」

問：「世尊入滅當歸何所？」師曰：「鶴林空變色，真歸無所歸。」僧曰：「夫子必定何之？」師曰：「朱實殞勁風，繁英落素秋。」僧曰：「我師將來復歸何所？」師曰：「子今欲識吾歸處，東西南北柳成絲。」

問：「如何修行即得與道相應？」師曰：「高捲吟中箔，濃煎睡後茶。」

師迴故里，雍熙三年示滅。門人闍維，收舍利建塔。

建州白雲智作真寂禪師

建州白雲智作真寂禪師，永貞人也，姓朱氏。容若梵僧，禮鼓山國師披剃，二十四具戒。一日，鼓山上堂，召大衆，衆皆迴眸。鼓山披襟示之，衆罔措，唯師朗悟厥旨，入室印證。又參次，鼓山召令近前，問：「南泉唤院主，意作麽生？」師斂手端容，退立而已。鼓山莞然奇之，自爾遊吴、楚，却復閩川。初住南峯，次住建州白雲院。

師上堂曰："還有人向宗乘中致得一問麼？待山僧向宗乘中答。"時有僧禮拜才起，師便歸方丈。

問："如何是枯木裏龍吟？"師曰："火裏蓮生。"僧曰："如何是髑髏裏眼睛？"師曰："泥牛入水。"

問："如何是主中主？"師曰："汝還具眼麼？"僧曰："恁麼即學人歸堂去也。"師曰："猢猻入布袋。"

問："如何是延平津？"師曰："萬古水溶溶。"僧曰："如何是延平劍？"師曰："速須退步。"僧曰："未審津與劍是同是異？"師曰："可惜許漢。"

乾祐二年己酉，江南國主李氏延居奉先，賜紫衣、師名。上堂升坐，衆咸側聆。師曰："相謾去也，還知得麼？可不聞昔日靈山多少士衆，只道迦葉親聞。今日叨奉恩命，俾揚宗教，不可異於靈山也。既不異靈山，諸仁者作麼生相體悉？也莫泥他古今，但彼此著些精彩，大家驗看是什麼？"僧問："靈山一會不異而今，未審親聞底事如何？"師曰："更舉。"曰："恁麼即人天有賴。"師曰："闍梨且作麼生？"

問："賢王請命，大展法筵，祖嗣西來如何指示？"師曰："分明記取。"曰："終不敢孤負和尚。」師曰：「也未在。」

僧問：「如何是奉先境？」師曰：「一任觀看。」僧曰：「如何是境中人？」師曰：「莫無禮！」

問：「如何是奉先家風？」師曰：「即今在什麼處？」僧曰：「恁麼即大衆有賴也。」師曰：「闗汝什麼事？」

問：「如何是爲人一句？」師曰：「不是奉先道不得。」

鼓山智嚴了覺大師

鼓山智嚴了覺大師。第二世住。師上堂曰：「多言復多語，由來返相誤。珍重！」

僧問：「石門之句即不敢問，請師方便。」師曰：「問取露柱。」

問：「國王出世三邊静，法王出世有何恩？」師曰：「還會麼？」僧曰：「幸遇明朝，輒伸呈獻。」師曰：「吐却著！」僧曰：「若不禮拜，幾成無孔鐵鎚。」師曰：「何異無孔鐵鎚！」

福州龍山智嵩妙空大師

福州龍山智嵩妙空大師。師上堂曰：「幸自分明，須作遮箇節目作麼？到遮裏便成節目，便成增語，便成塵玷。未有如許多時作麽生？」

僧問：「古佛化導，今祖重興。人天輻湊於禪庭，至理若爲於開示？」師曰：「亦不敢孤負大衆。」僧曰：「恁麽即人天不謬殷勤請，頓使凡心作佛心。」師曰：「仁者作麽生？」僧曰：「退身禮拜，隨衆上下。」師曰：「我識得汝也。」

泉州鳳凰山彊禪師

泉州鳳凰山彊〔一〕禪師。僧問：「燈傳鼓嶠，道霸温陵。不跨石門，請師通信。」師曰：「若不是今日，攔胸撞出。」僧曰：「恁麽即今日親聞師子吼，他時終作鳳凰兒。」師曰：「又向遮裏塗污人！」

問：「白浪滔天境，何人住太虚？」師曰：「静夜思堯鼓，迴頭聞舜琴。」

福州龍山文義禪師

福州龍山文義禪師。上堂曰：「若舉宗乘，即院寂徑荒。若留委問，更待箇什麽？還有人委麽？出來驗看。若無人委，莫略虚好。」

僧問：「如何是人王？」師曰：「威風人盡懼。」僧曰：「如何是法王？」師曰：「一句

〔一〕「彊」，原作「疆」，據四部本、趙城本改，卷首細目作「强」。

令當行。」僧曰：「二王還分不分？」師曰：「適來道什麽？」

福州鼓山智岳了宗大師

福州鼓山智岳了宗大師，福州人也。初遊方至鄂州黄龍，問曰：「久嚮黄龍，到來只見赤斑蛇。」黄龍曰：「汝只見赤斑蛇，且不識黄龍。」師曰：「如何是？」黄龍曰：「滔滔地。」師曰：「忽遇金翅鳥來，又作麽生？」曰：「性命難存。」師曰：「恁麽即被他吞却也。」曰：「謝闍梨供養。」師當下未省覺。尋迴受業山，禮覲國師和尚，啓發微旨，而後次補山門爲第三世。

上堂曰：「我若全舉宗乘，汝向什麽處領會？所以向汝道，古今常露，體用無妨。」

僧問：「諸餘即不問，如何是誕生王種？」師曰：「金枝玉葉不相似，是作麽生？」僧曰：「恁麽即同中不得異。」師曰：「不得異事作麽生？」僧曰：「金枝争能續？」師曰：「猶是閫外之辭。」

問：「虚空還解作用也無？」師拈起拄杖曰：「遮箇師僧好打！」僧無語。

襄州定慧和尚

襄州定慧和尚。僧問：「如何是佛向上事？」師曰：「無人不驚。」僧曰：「學人未委在。」師曰：「不妨難向。」

問：「不借時機用，如何話祖宗？」師曰：「闍梨還具慚愧麽？」僧便喝，師無語。

福州鼓山清諤宗曉禪師

福州鼓山清諤宗曉禪師，得法於受業和尚。鼓山第四世住。問：「亡僧遷化，向什麽處去也？」師曰：「時寒不出手。」

金陵净德道場沖煦慧悟禪師

金陵净德道場沖煦慧悟禪師，福州人也，姓和氏。幼不染葷血，自誓出家，登鼓山剃度，得法受記。年二十四，於洪州豐城爲衆開演，時謂小長老。周顯德中，江南國主延住光睦。

僧問：「如何是大道？」師曰：「我無小徑。」曰：「如何是小徑？」師曰：「我不知有大道。」

師次住廬山開先，後居净德，並聚徒説法。開寶八年歸寂。

金陵報恩院清護禪師

金陵報恩院清護禪師，福州長樂人也，姓陳氏。六歲，辭親禮鼓山披削，十五納戒，於國師言下發明真趣。暨國師圓寂，乃之建州白雲。閩帥王氏奏〔一〕賜紫，號崇因大師。晉天福八年，金陵興師入建城時，統軍查文徽至院，師出延接。查問曰：「此中相見時如何？」師曰：「惱亂將軍。」查後請師歸金陵，國主命居長慶院攝衆。周顯德初，退歸建州卓庵。時節度使陳誨創顯親報恩禪苑，堅請住持。

開堂日，僧問：「諸佛出世，天華亂墜，未審和尚出世有何祥瑞？」師曰：「昨日新雷發，今朝細雨飛。」

問：「如何是諸佛玄旨？」師曰：「草鞋木履。」

開寶三年五月，江南後主再請入住報恩、净德二道場，來往説法，改號妙行禪師。當年十一月示疾，預辭國主。二十日平旦，聲鍾召大衆，囑付訖，儼然坐亡。壽五十有五，臘四十。國主厚禮荼毗，收舍利三百餘粒，并靈骨歸葬于建州鷄足山卧雲院建塔。師風神清灑，操行孤標。二十年不服綿絹，唯衣紙布。辭藻札翰，並皆冠衆。五處語要、偈頌，別行于世。

〔一〕「奏」，原作「秦」，據四部本、趙城本改。